# LA DOCTRINA Y BREWER-CARÍAS: ESTUDIOS JURÍDICOS A PARTIR DE SU OBRA

Selección y presentación:
Antonio Silva Aranguren

Revisión:
Carlos García Soto y Jessica Vivas Roso

Instituto de Derecho Público
de la Universidad Central de Venezuela

Fundación Estudios de Derecho Administrativo (FUNEDA)

editorial jurídica venezolana
international

Caracas, 2026

Cita sugerida: Antonio Silva Aranguren (compilador), *La doctrina y Brewer-Carías: Estudios jurídicos a partir de su obra,* Instituto de Derecho Público de la Universidad Central de Venezuela y Fundación Estudios de Derecho Administrativo, Caracas, 2026.

Editado por:
Instituto de Derecho Público de la Universidad Central de Venezuela
Caracas, Venezuela
https://www.idpucv.net

Fundación Estudios de Derecho Administrativo
Caracas, Venezuela
https://www.funeda.online

HECHO EL DEPÓSITO DE LEY
Depósito legal: MI2026000101
ISBN: 978-980-410-058-1

# PLAN DE LA OBRA

PRESENTACIÓN. Antonio Silva Aranguren
CONTENIDO DE ESTA COMPILACIÓN

**MÁS ALLÁ DEL DERECHO INTERNO**

1. ALLAN R. BREWER-CARÍAS Y SUS MAESTROS: LEGADO PARA LAS NUEVAS GENERACIONES. Jesús María Alvarado Andrade
2. LA OBRA DE ALLAN R. BREWER-CARÍAS EN EL DERECHO COMPARADO. José Ignacio Hernández G.
3. LA OBRA ENCICLOPÉDICA DE BREWER-CARÍAS PARA EL DERECHO PÚBLICO Y SU VALOR UNIVERSAL. Leonardo Palacios Márquez
4. SOBRE EL DERECHO PÚBLICO IBEROAMERICANO: A PROPÓSITO DEL TRATADO DE DERECHO ADMINISTRATIVO DE ALLAN R. BREWER-CARÍAS. Jesús María Alvarado Andrade
5. LA FIGURA DEL ESTADO CONSTITUCIONAL, DEMOCRÁTICO Y CONVENCIONAL. DOS IDEAS BÁSICAS EN LA OBRA DE ALLAN R. BREWER-CARÍAS. Jaime Orlando Santofimio Gamboa
6. LA TEORÍA DE ALLAN R. BREWER-CARÍAS SOBRE EL DERECHO DE AMPARO LATINOAMERICANO Y EL JUICIO DE AMPARO MEXICANO. Héctor Fix-Zamudio
7. LA INFLUENCIA DEL PROFESOR ALLAN R. BREWER-CARÍAS EN COLOMBIA. Sandra Morelli Rico

**DERECHO CONSTITUCIONAL**

8. AUGE, CAÍDA Y RECONSTRUCCIÓN DEL DERECHO PÚBLICO VENEZOLANO EN LOS OCHENTA AÑOS DEL PROFESOR ALLAN R. BREWER-CARÍAS. José Ignacio Hernández G.
9. LOS APORTES DE BREWER-CARÍAS EN LA CONSTITUCIÓN DE 1999. Cecilia Sosa Gómez
10. LA CONTRIBUCIÓN DE BREWER-CARÍAS EN LA DEFENSA DE LA ASAMBLEA NACIONAL. Juan Manuel Raffalli Arismendi
11. LA DEMOCRACIA, EL DERECHO DE PARTICIPACIÓN CIUDADANA Y LA ADMINISTRACIÓN PÚBLICA, EN EL PENSAMIENTO DE ALLAN R. BREWER-CARÍAS. Cecilia Sosa Gómez
12. SOBRE LA DESTRUCCIÓN DEL "ESTADO DE DERECHO" (RULE OF LAW) Y LA DEMOCRACIA EN VENEZUELA (REFLEXIONES SOBRE

UNA OBRA DE ALLAN R. BREWER-CARÍAS). Jesús María Alvarado Andrade

## DERECHO ADMINISTRATIVO GENERAL

13. LA FORMACIÓN DEL IUS ADMINISTRATIVUM Y EL PENSAMIENTO JURÍDICO HUMANISTA DE ALLAN R. BREWER-CARÍAS. José Ignacio Hernández G.

14. EL MÉTODO DE ENSEÑANZA DEL DERECHO ADMINISTRATIVO Y LA OBRA DE BREWER-CARÍAS. Román Duque Corredor

15. LAS FUENTES DE LA LEGALIDAD ADMINISTRATIVA Y LA VIGENCIA DEL CAPÍTULO II DE LA OBRA: LAS INSTITUCIONES FUNDAMENTALES DEL DERECHO ADMINISTRATIVO Y LA JURISPRUDENCIA VENEZOLANA DEL PROF. ALLAN BREWER-CARÍAS. Henrique Meier Echeverría

16. DISCRECIONALIDAD ADMINISTRATIVA. REFLEXIONES SOBRE DOS DOGMAS DEL DERECHO ADMINISTRATIVO A PARTIR DE LA OBRA DEL PROFESOR ALLAN RANDOLPH BREWER-CARÍAS. José Antonio Muci Borjas

17. CONCEPTO Y NATURALEZA DEL CONTRATO ADMINISTRATIVO EN ALLAN R. BREWER-CARÍAS. Carlos García Soto

## ACTOS Y PROCEDIMIENTOS ADMINISTRATIVOS

18. ALLAN R. BREWER-CARÍAS, SU INFLUENCIA EN LA PROMULGACIÓN, PROMOCIÓN Y ESTUDIO DE LA LEY ORGÁNICA DE PROCEDIMIENTOS ADMINISTRATIVOS. Flavia Pesci-Feltri

19. LA NOCIÓN DE "ACTO ADMINISTRATIVO" EN LA OBRA DE ALLAN R. BREWER-CARÍAS. Jesús María Alvarado Andrade

20. LA CLASIFICACIÓN DE LOS ACTOS ADMINISTRATIVOS EN LA OBRA DE ALLAN BREWER-CARÍAS. Marilena Asprino Salas y Gladys Mata Marcano

## CONTENCIOSO ADMINISTRATIVO

21. LA CONTRIBUCIÓN DE BREWER-CARÍAS AL CONTENCIOSO ADMINISTRATIVO EN VENEZUELA. Rafael Badell Madrid

22. ASPECTOS ESENCIALES DE LA JURISDICCIÓN CONTENCIOSO-ADMINISTRATIVA A LA LUZ DE LAS "INSTITUCIONES FUNDAMENTALES DEL DERECHO ADMINISTRATIVO Y LA JURISPRUDENCIA VENEZOLANA". Daniela Urosa Maggi

## DERECHO TRIBUTARIO Y MUNICIPAL

23. ALLAN R. BREWER-CARÍAS TRIBUTARISTA: SUS APORTACIONES AL DERECHO TRIBUTARIO VENEZOLANO. Humberto Romero Muci
24. EL MUNICIPALISMO EN EL PENSAMIENTO Y LA OBRA DE BREWER-CARÍAS. José Luis Villegas Moreno
25. EL CONCEPTO DE MUNICIPIO EN ALLAN R. BREWER-CARÍAS. Fortunato González Cruz
26. ALGUNAS REFLEXIONES EN TORNO A LA "CIUDAD ORDENADA" DE ALLAN R. BREWER-CARÍAS. Luciano Parejo Alfonso
27. BREWER Y CARACAS. Dolores Aguerrevere Valero

# ÍNDICE

PRESENTACIÓN. Antonio Silva Aranguren....15

CONTENIDO DE ESTA COMPILACIÓN....19

MÁS ALLÁ DEL DERECHO INTERNO

ALLAN R. BREWER-CARÍAS Y SUS MAESTROS: LEGADO PARA LAS NUEVAS GENERACIONES. Jesús María Alvarado Andrade....27

LA OBRA DE ALLAN R. BREWER-CARÍAS EN EL DERECHO COMPARADO. José Ignacio Hernández G. ....41

LA OBRA ENCICLOPÉDICA DE BREWER-CARÍAS PARA EL DERECHO PÚBLICO Y SU VALOR UNIVERSAL. Leonardo Palacios Márquez ....45

SOBRE EL DERECHO PÚBLICO IBEROAMERICANO: A PROPÓSITO DEL TRATADO DE DERECHO ADMINISTRATIVO DE ALLAN R. BREWER-CARÍAS. Jesús María Alvarado Andrade....55

Introducción....55

1. La gestación del Tratado de Derecho Administrativo. Derecho Público Iberoamericano de Allan R. Brewer-Carías (1975-2013)....56
2. Las preocupaciones intelectuales de Brewer-Carías por la disciplina del Derecho Constitucional: ¿Olvido del Derecho Administrativo?.... 61
3. El Derecho Administrativo como producto de la historia: Los horizontes intelectuales de Brewer-Carías....69
4. Las influencias intelectuales no jurídicas en los estudios de Derecho Administrativo de Allan R. Brewer-Carías....77
5. El Tratado de Derecho Administrativo. Derecho Público Iberoamericano como resultado del "milagro Brewer": Las relaciones culturales y jurídicas España-Venezuela como sustrato de ese milagro.... 81
6. Reflexión final: Allan R. Brewer-Carías y la creación de una escuela de Derecho Público y sus relaciones con España....89

LA FIGURA DEL ESTADO CONSTITUCIONAL, DEMOCRÁTICO Y CONVENCIONAL. DOS IDEAS BÁSICAS EN LA OBRA DE ALLAN R. BREWER-CARÍAS. Jaime Orlando Santofimio Gamboa....95

1. Allan R. Brewer-Carías: Ideólogo del Estado constitucional, maestro y constructor de democracia, cultor del orden convencional....95
2. Dos ideas rectoras en torno al Estado constitucional en la obra de Allan R. Brewer-Carías....96
   - 2.1. Ideas fundantes del concepto de Estado constitucional y convencional....96
   - 2.2. Ideas fundantes del concepto de democracia dificultades, desfiguraciones y peligros....98

Conclusiones....103

**LA TEORÍA DE ALLAN R. BREWER-CARÍAS SOBRE EL DERECHO DE AMPARO LATINOAMERICANO Y EL JUICIO DE AMPARO MEXICANO. Héctor Fix-Zamudio** .......... 105
Introducción .......... 105
1. La doctrina de Brewer-Carías sobre el derecho de amparo latinoamericano .......... 106
2. Una ojeada sobre el derecho de amparo en Latinoamérica y España .......... 109
3. El derecho de amparo en los instrumentos internacionales .......... 118
4. El amparo mexicano como paradigma original y su evolución .......... 121
5. Complejidad actual del amparo mexicano .......... 128
6. Naturaleza .......... 137
7. Derechos protegidos .......... 142
8. Personas tuteladas .......... 148
9. Organismos jurisdiccionales de protección .......... 150

**LA INFLUENCIA DEL PROFESOR ALLAN R. BREWER-CARÍAS EN COLOMBIA. Sandra Morelli Rico** .......... 155

**DERECHO CONSTITUCIONAL**

**AUGE, CAÍDA Y RECONSTRUCCIÓN DEL DERECHO PÚBLICO VENEZOLANO EN LOS OCHENTA AÑOS DEL PROFESOR ALLAN R. BREWER-CARÍAS. José Ignacio Hernández G.** .......... 167
1. 1939: Un año singular en la historia del Derecho Público venezolano .......... 167
2. La formación de la República Liberal Autocrática y el gap político en la creación del Estado venezolano .......... 168
3. El petróleo y la transición a la democracia bajo la consolidación del Estado venezolano .......... 170
4. La evolución del Estado y el Derecho Administrativo en los orígenes de la democracia .......... 172
5. El Petro-Estado, el sesgo estatista del Derecho Público y la crisis terminal del sistema político a la sombra del Derecho Constitucional autoritario populista .......... 174
6. La (re)construcción del Derecho Público venezolano .......... 178

**LOS APORTES DE BREWER-CARÍAS EN LA CONSTITUCIÓN DE 1999. Cecilia Sosa Gómez** .......... 181

**LA CONTRIBUCIÓN DE BREWER-CARÍAS EN LA DEFENSA DE LA ASAMBLEA NACIONAL. Juan Manuel Raffalli Arismendi** .......... 189

**LA DEMOCRACIA, EL DERECHO DE PARTICIPACIÓN CIUDADANA Y LA ADMINISTRACIÓN PÚBLICA, EN EL PENSAMIENTO DE ALLAN R. BREWER-CARÍAS. Cecilia Sosa Gómez** .......... 197
Introducción .......... 197
1. Los condicionamientos económicos y sociales de la Administración Pública .......... 197
2. El sometimiento de la Administración Pública a la legalidad .......... 199
3. La justicia administrativa .......... 200
Conclusión .......... 201

**SOBRE LA DESTRUCCIÓN DEL "ESTADO DE DERECHO" (RULE OF LAW) Y LA DEMOCRACIA EN VENEZUELA (REFLEXIONES SOBRE UNA OBRA DE ALLAN R. BREWER-CARÍAS). Jesús María Alvarado Andrade** ........ 203

## DERECHO ADMINISTRATIVO GENERAL

**LA FORMACIÓN DEL IUS ADMINISTRATIVUM Y EL PENSAMIENTO JURÍDICO HUMANISTA DE ALLAN R. BREWER-CARÍAS. José Ignacio Hernández G.** ........ 229

Introducción ........ 229

1. El Derecho Administrativo, la acción colectiva y las raíces humanistas del ius administrativum ........ 230
2. La convergencia de las instituciones administrativas en el siglo XXI y la vuelta a la tradición legal clásica del ius administrativum ........ 242
3. El estudio del Derecho Administrativo y la creación del Estado nacional –liberal y autocrático– en la primera mitad del siglo XX ........ 257
4. El Derecho Administrativo a partir del proceso de democratización iniciado en 1958 y el pensamiento de Allan R. Brewer-Carías ........ 260
5. Las tres etapas del Derecho Administrativo venezolano a la sombra del Petro-Estado, y el rol del pensamiento de Allan R. Brewer-Carías ........ 264
6. El pensamiento humanista de Allan R. Brewer-Carías y la reacción frente al falso Derecho Administrativo ........ 277

**EL MÉTODO DE ENSEÑANZA DEL DERECHO ADMINISTRATIVO Y LA OBRA DE BREWER-CARÍAS. Román Duque Corredor** ........ 285

**LAS FUENTES DE LA LEGALIDAD ADMINISTRATIVA Y LA VIGENCIA DEL CAPÍTULO II DE LA OBRA: LAS INSTITUCIONES FUNDAMENTALES DEL DERECHO ADMINISTRATIVO Y LA JURISPRUDENCIA VENEZOLANA DEL PROF. ALLAN BREWER-CARÍAS. Henrique Meier Echeverría** ........ 289

Introducción ........ 289

1. Fuentes escritas ........ 290
    - 1.1. Impuestas a la Administración ........ 290
        - 1.1.1. Jerarquía de las fuentes ........ 290
        - 1.1.2. Enumeración de las fuentes ........ 290
    - 1.2. Creadas por la Administración ........ 306
        - 1.2.1. De carácter general ........ 306
        - 1.2.2. De orden interno ........ 315
2. Fuentes no escritas ........ 317
    - 2.1. La jurisprudencia ........ 318
    - 2.2. Los principios generales del Derecho ........ 323
    - 2.3. La costumbre administrativa ........ 327
3. Fuentes de carácter particular ........ 329
    - 3.1. La cosa juzgada jurisdiccional ........ 329
    - 3.2. La cosa juzgada administrativa ........ 331
    - 3.3. Los contratos administrativos ........ 332

Conclusiones ........ 335

**DISCRECIONALIDAD ADMINISTRATIVA. REFLEXIONES SOBRE DOS DOGMAS DEL DERECHO ADMINISTRATIVO A PARTIR DE LA OBRA DEL PROFESOR ALLAN RANDOLPH BREWER-CARÍAS. José Antonio Muci Borjas** ........ 337
Introducción ........ 337
1. La discrecionalidad en la obra de Brewer-Carías ........ 337
2. Revisión de dos dogmas del Derecho Administrativo asociados a la discrecionalidad administrativa ........ 339
2.1. La incompetencia del juez contencioso administrativo para revisar la oportunidad y la conveniencia de una medida administrativa dictada en ejercicio de potestades discrecionales ........ 339
2.1.1. La oportunidad según la Ley Orgánica de la Administración Pública ........ 339
2.1.2. La conveniencia ........ 341
2.1.3. Recapitulación ........ 341
2.2. Los poderes de sustitución del juez contencioso-administrativo, con particular referencia a la especialización de funciones ........ 343
2.2.1. La ponderación de intereses como actividad propia de la Administración Pública y la Ley Orgánica de la Jurisdicción Contencioso-Administrativa ........ 343
2.2.2. La Corte Primera de lo Contencioso-Administrativo ........ 345
2.2.3. La Sala Político-Administrativa del Tribunal Supremo de Justicia ........ 346
2.2.4. La Sala Constitucional del Tribunal Supremo de Justicia ........ 347
2.2.5. Recapitulación ........ 350

**CONCEPTO Y NATURALEZA DEL CONTRATO ADMINISTRATIVO EN ALLAN R. BREWER-CARÍAS. Carlos García Soto** ........ 351
Introducción ........ 351
1. Los contratos administrativos como contratos sometidos a normas jurídicas autónomas ........ 351
2. Contratos con un régimen preponderante de Derecho Administrativo o preponderante de Derecho Civil ........ 353
3. Contratos administrativos, contratos públicos, contratos del Estado ........ 356
Conclusión ........ 361

**ACTOS Y PROCEDIMIENTOS ADMINISTRATIVOS**

**ALLAN R. BREWER-CARÍAS, SU INFLUENCIA EN LA PROMULGACIÓN, PROMOCIÓN Y ESTUDIO DE LA LEY ORGÁNICA DE PROCEDIMIENTOS ADMINISTRATIVOS. Flavia Pesci-Feltri** ........ 365
Introducción ........ 365
1. Antecedentes y promulgación de la Ley Orgánica de Procedimientos Administrativos ........ 365
2. Vigencia y aplicación de La Ley Orgánica de Procedimientos Administrativos ........ 371

**LA NOCIÓN DE “ACTO ADMINISTRATIVO” EN LA OBRA DE ALLAN R. BREWER-CARÍAS. Jesús María Alvarado Andrade** ........ 375
Introducción ........ 375

1. Brewer-Carías 1964 vs Brewer-Carías 2014: Cincuenta años de estudio en relación al "acto administrativo" ..... 377
2. Constitución y Estado de Derecho en la obra de Brewer-Carías: Algunas consideraciones críticas ..... 382
3. Brewer-Carías y las tensiones con la doctrina de la separación de poderes: La noción amplia de "acto administrativo" ..... 389
Conclusiones ..... 399

**LA CLASIFICACIÓN DE LOS ACTOS ADMINISTRATIVOS EN LA OBRA DE ALLAN BREWER-CARÍAS. Marilena Asprino Salas y Gladys Mata Marcano** ..... **403**
Introducción ..... 403
1. Clasificación de los actos administrativos en "Las instituciones fundamentales del derecho administrativo y la jurisprudencia venezolana" ..... 404
2. Incidencia de la promulgación y entrada en vigencia de la Ley Orgánica de La Corte Suprema de Justicia en la clasificación de los actos administrativos ..... 407
3. Incidencia de la Ley Orgánica de Procedimientos Administrativos en la clasificación de los actos administrativos elaborada por Brewer-Carías ..... 410
4. La clasificación de los actos administrativos y la Constitución de 1999 ..... 415
A modo de conclusión ..... 422

## CONTENCIOSO ADMINISTRATIVO

**LA CONTRIBUCIÓN DE BREWER-CARÍAS AL CONTENCIOSO ADMINISTRATIVO EN VENEZUELA. Rafael Badell Madrid** ..... **425**
Introducción ..... 425
1. Consideraciones generales sobre la justicia administrativa ..... 427
2. La justicia administrativa ..... 428
3. Carácter universal de la justicia administrativa ..... 430
4. La justicia administrativa en Venezuela ..... 431
5. Impronta del Dr. Brewer-Carías en el contencioso administrativo ..... 436

**ASPECTOS ESENCIALES DE LA JURISDICCIÓN CONTENCIOSO-ADMINISTRATIVA A LA LUZ DE LAS "INSTITUCIONES FUNDAMENTALES DEL DERECHO ADMINISTRATIVO Y LA JURISPRUDENCIA VENEZOLANA". Daniela Urosa Maggi** ..... **447**
Introducción ..... 447
1. Fundamento y naturaleza jurídica de la jurisdicción contencioso-administrativa en las Instituciones Fundamentales ..... 448
    1.1. Fundamento y justificación de la Jurisdicción Contencioso-Administrativa ..... 448
    1.2. Naturaleza jurídica de la Jurisdicción Contencioso-Administrativa ..... 449
2. Definición y características de la jurisdicción contencioso-administrativa en las Instituciones Fundamentales ..... 452
    2.1. Definición de Jurisdicción Contencioso-Administrativa ..... 452
    2.2. Características de la Jurisdicción Contencioso-Administrativa ..... 453
        2.2.1. Es una "jurisdicción especial" ..... 453
        2.2.2. Es una "jurisdicción que controla a la Administración" ..... 455

2.2.3. Es una "jurisdicción que controla actos, hechos y relaciones jurídicas fundadas en Derecho administrativo" ....................... 458
2.2.4. La Jurisdicción Contencioso-Administrativa ejerce control de legalidad y legitimidad de la actuación administrativa...... 461

## DERECHO TRIBUTARIO Y MUNICIPAL

**ALLAN R. BREWER-CARÍAS TRIBUTARISTA: SUS APORTACIONES AL DERECHO TRIBUTARIO VENEZOLANO. Humberto Romero Muci......467**

**EL MUNICIPALISMO EN EL PENSAMIENTO Y LA OBRA DE BREWER-CARÍAS. José Luis Villegas Moreno ........................................................ 471**

**EL CONCEPTO DE MUNICIPIO EN ALLAN R. BREWER-CARÍAS. Fortunato González Cruz ..................................................................479**

**ALGUNAS REFLEXIONES EN TORNO A LA "CIUDAD ORDENADA" DE ALLAN R. BREWER-CARÍAS. Luciano Parejo Alfonso ..........................489**

**BREWER Y CARACAS. Dolores Aguerrevere Valero ...............................497**
Introducción ..................................................................................................497
1. Brewer y los problemas institucionales de Caracas .................................. 500
1.1. Planteamientos anteriores a la Constitución de 1999........................ 500
1.2. Debate Constituyente ............................................................................ 504
1.3. Planteamientos posteriores a la Constitución 1999 ........................... 507
2. Brewer y el urbanismo en Caracas.............................................................. 509
2.1. Sobre la planificación y ordenación urbanística de Caracas............ 509
2.2. Sobre el trazado regular de la ciudad .................................................. 515
Conclusiones.................................................................................................... 516

# PRESENTACIÓN

A este libro le hemos dado por título *La doctrina y Brewer-Carías: Estudios jurídicos a partir de su obra* y reúne trabajos –en concreto, veintisiete– que están precisamente dedicados al análisis de nociones jurídicas a partir de la obra de Allan Brewer-Carías, el autor venezolano más influyente del Derecho público, en su país[1] y en Iberoamérica[2].

La idea de esta compilación fue bien recibida por las autoridades del Instituto de Derecho Público de la Facultad de Ciencias Jurídicas y Políticas de la Universidad Central de Venezuela -del que Brewer fue director hasta 1987[3] y al que entró como auxiliar desde su tiempo de estudiante en 1960[4]- y por las de la Fundación Estudios de Derecho Administrativo (FUNEDA), organizadora de las Jornadas y la cátedra virtual que llevan el nombre de Brewer-Carías.

Conviene advertir que los trabajos aquí compilados no responden a un mismo tipo de aproximación. Algunos constituyen análisis de los aportes

---

1 Su influencia ha permitido a Vivas Roso hacer recuento de "algunos de los reconocimientos principales que se le han hecho en el país y que llevan su nombre", desde una biblioteca, un aula virtual, un premio de investigación, dos cátedras universitarias, diversas jornadas académicas, varios libros homenajes y un semillero de investigación. Jessica Vivas Roso, "El maestro Brewer-Carías y su impronta en los estudios jurídicos venezolanos", 2021, https://aveda.org.ve/el-maestro-brewer-carias-y-su-impronta-en-los-estudios-juridicos-venezolanos/

2 La influencia continental es narrada en Luciano Parejo Alfonso y León Henrique Cottin (coordinadores), *Allan R. Brewer-Carías: Proyección de su obra en Iberoamérica* (Caracas: EJVI, 2020), bajo los auspicios de la Cátedra de Estudios Jurídicos Iberoamericanos de la Universidad Carlos III de Madrid. En el mismo sentido, puede verse este breve texto de Jorge Prats que con claridad identifica el alcance de su obra: "Brewer-Carías: gran jurista de las Américas", 2025, https://www.elnacional.com/2025/11/brewer-carias-gran-jurista-de-las-americas. Sobre el caso de España: Fernando López Ramón, "Proyección de Allan R. Brewer-Carías en España", en *Allan R. Brewer-Carías: Proyección de su obra en Iberoamérica* (Caracas: EJVI, 2020), 211-214. Sobre su proyección internacional en general: Libardo Rodríguez, "La proyección internacional de Allan R. Brewer-Carías", en *Allan R. Brewer-Carías: Proyección de su obra en Iberoamérica* (Caracas: EJVI, 2020), 247-266.

3 Antes de ser director, cargo que ocupó entre 1978 y 1887, fue relator de la Sección de Derecho Administrativo desde 1962. Precisamente esa relación de casi tres décadas le permitió ofrecer su *Contribución a la historia del Instituto de Derecho Público de la Universidad Central de Venezuela 1948-1987* (New York: EJV, 2011).

4 Brewer publicó sus "Primeras páginas en el Instituto de Derecho Público de la Facultad de Derecho (1960-1961)" como "testimonio de la labor del joven Auxiliar de Investigación" en ese instituto y que dio "inicio a mi carrera de Investigador y docente". Ver Allan R., *Derecho administrativo. Escritos de Juventud (1959-1964)* (Caracas: EJV, 2014), 214 y ss.

desarrollados por Brewer-Carías, mientras otros utilizan su obra como marco conceptual para reflexionar sobre problemas del Derecho constitucional, administrativo, comparado, tributario o municipal. Esta diversidad es fácilmente explicable si se tiene en cuenta que una parte significativa de los textos fue concebida para libros homenaje, en los que el título mismo de los artículos cumple a veces también una función de reconocimiento académico[5].

La influencia de Brewer en la doctrina –venezolana en particular e hispanoamericana en general– es de sobra conocida y él mismo está consciente de ello[6]. Es un dato tan indiscutible que quien lea trabajos relacionados con el Derecho Público publicados en Venezuela solo se llevaría sorpresa si él no estuviera citado, lo que habla de su autoridad doctrinal y de la amplitud de los temas a las que ha dedicado su atención.

Por ello cabe esta precisión: al preparar esta compilación se fijó un criterio y se estimó que podría centrarse en los trabajos que desde su título anunciaran que el objeto de estudio implica el repaso de los escritos de Brewer. Claro que ese repaso puede ser de mayor o menor profundidad e incluso a veces podría constituir más un punto de partida para plantear ideas propias que el desarrollo exhaustivo del pensamiento *breweriano*. Con esas diferencias, lo que comparten los veintisiete trabajos de este libro es el reconocimiento expreso de que lo que viene a continuación llevará a adentrase en la obra de Brewer y, desde luego, invitará a leerla o releerla.

---

5 Tenemos constancia de los siguientes libros homenaje, publicados en Venezuela, España, Colombia, Perú y República Dominicana: Carlos García Soto y Antonio Silva Aranguren (coordinadores), *Allan R. Brewer-Carías: Una personalidad multifacética. Libro-homenaje de la Asociación Venezolana de Derecho Administrativo por sus 80 años* (Caracas: AVEDA, 2020); Caterina Balasso Tejera, José Ignacio Hernández, Claudia Nikken, Antonio Silva Aranguren, Flavia Pesci Feltri (coordinadores), *Libro homenaje a Allan R. Brewer-Carías. 80 años de evolución del derecho público* (Caracas: EJV y CIDEP, 2020); Alfredo Arismendi y Jesús Caballero Ortiz (coordinadores), *El derecho público a comienzos del Siglo XXI. Libro Homenaje al Profesor Allan R. Brewer-Carías* (Madrid: Civitas, 2003); Eduardo Jorge Prats y Olivo Rodríguez Huerta (coordinadores), *La doctrina constitucional y administrativa del Estado social y democrático de derecho. Liber amicorum, Allan Brewer-Carías* (Santo Domingo: Librería Jurídica Internacional, 2016); Orlando Vignolio Cueva y Roberto Jiménez Murillo (coordinadores), *Homenaje a Allan Brewer-Carías. Comentarios a la jurisprudencia de derecho administrativo y el tribunal constitucional peruano (2000-2010)* (Lima: Ediciones legales, 2012); William Zambrano Cetina (coordinador), *Retos de la contratación pública en Iberoamérica. Homenaje a Allan R. Brewer-Carías* (Bogotá: Universidad del Rosario, Institut of Latin American Studies, University of Columbia, Foro Iberoamericano de Derecho Administrativo, Editorial Ibañez, 2017).

6 En sus palabras, "he tenido la satisfacción, en la edad madura, de poder ver los frutos de un esfuerzo ininterrumpido de investigación y docencia que, debo señalarlo con modesto orgullo, ha influido en el pensamiento jurídico iuspublicista venezolano contemporáneo". En *Ceremonial y discursos pronunciados en el acto de investidura de Doctor Honoris Causa del Profesor Allan R. Brewer Carías* (San Cristóbal: Universidad Católica del Táchira, 1992), 47-54.

Son por tanto los autores que ahora se ven reunidos en este libro los que nos han facilitado la labor, si bien este criterio de selección deja fuera estudios para los que Brewer también es sustento doctrinario fundamental. No pretendemos exhaustividad y sí creemos que el criterio escogido permite constatar un rasgo particularmente significativo de la recepción de la obra de Brewer-Carías: su capacidad para ser no solo una fuente de citas, sino material base para la elaboración de nuevas reflexiones. En ese sentido, una parte relevante de la doctrina no se limita a apoyarse en sus planteamientos, sino que escribe *a partir de ellos*.

Cabe además una precisión acerca de lo que no se ha incluido:

En primer lugar, recensiones y prólogos a sus libros. Las recesiones en principio tienen solo una finalidad divulgativa de novedades editoriales y, aunque es frecuente que se adentren en detalles e incluso permitan a quien la escribe avanzar sobre su propia posición, carecen de la vocación de ser piezas doctrinales, dicho esto sin ignorar que hay magníficas reseñas que merecen lectura detenida y hasta ser objeto de citas en sí mismas. Similar razón permitió excluir los escritos solo concebidos para presentarnos las obras prologadas.

En segundo lugar, textos preparados en su homenaje que se limitan al reconocimiento de su trascendencia, esenciales para conocerlo mejor y ubicarlo en un contexto más allá del doctrinal, pero que no pretenden entrar en el estudio de figuras e instituciones jurídicas[7]. Incluso se ha optado por no incluir los publicados en el homenaje que le rindió la Asociación Venezolana de Derecho Administrativo, en el que 48 autores, en su mayoría miembros de esa asociación cuya fundación él mismo impulsó y de la que fue su primer Secretario, hacen semblanzas sobre algunas de esas muchas facetas[8] y entre los cuales algunos se centran en sus aportes al Derecho Público y a otras disciplinas jurídicas[9].

---

[7] Ente los que conocemos; *Allan R. Brewer-Carías: Proyección de su obra en Iberoamérica*, en el que hay apartados para referirse a la persona (texto de Carlos Ayala), el jurista (José Araujo-Juárez), el abogado (Víctor Hernández-Mendible), el editor (José Ignacio Hérnandez), el reformador (Carlos Eduardo Herrera) y el político (Francisco González Cruz). Algunos de los textos de ese libro sí han sido recogidos acá, por entender que corresponden a la idea tras esta edición (a saber, los de Morelli y Santofimio). Más recientemente, los textos aparecidos en el *Papel literario* de *El Nacional*, 16 de noviembre de 2025, firmados por Jesús María Casal, Gabriel Ruan Santos, Eduardo Jorge Prats, José Ignacio Hernández Leonardo Palacios Márquez, Antonio Silva Aranguren, Víctor Hernández-Mendible, Ramón Escovar León, Jesús María Alvarado Andrade, Jesús Caballero Ortiz, Sergio Dahbar, Enrique Urdaneta Fontiveros, Fortunato González Cruz y Francisco González Cruz (https://allanbrewercarias.com/wp-content/uploads/2025/11/PAPEL-LITERARIO.-15-NOV-y.-30-NOV-2025.-PDF-Con-la-Nota-de-envio-del-Editor-N.-RIVERA-2.pdf).

[8] *Cfr. Allan R. Brewer-Carías: Una personalidad multifacética. Libro-homenaje de la Asociación Venezolana de Derecho Administrativo por sus 80 años*.

[9] Véase en esa obra los trabajos sobre su influencia en el Derecho Constitucional (texto de Rafael Chavero Gazdik), Derechos Humanos (Gerardo Fernández), justicia consti-

Como la producción bibliográfica de Brewer-Carías es inmensa –ya prácticamente inmanejable para quien no haya profundizado en ella[10] y por esa causa él mismo se ha encargado en los últimos años de ordenarla[11]–, la lectura conjunta de los trabajos reunidos en el libro que ahora presentamos además de dar cuenta de la extraordinaria amplitud temática de su obra en distintos ámbitos del Derecho Público y poner de manifiesto su vigencia y la diversidad de formas en que ha sido recibida por la doctrina nos permite (re)aproximarnos a ella y desde luego sirve para estimular el debate académico.

Antonio Silva Aranguren

Expresidente de la Asociación Venezolana de Derecho Administrativo

Director Ejecutivo del Centro para la Integración y el Derecho Público

---

tucional (Daniela Urosa), Derecho Administrativo (Consejo Directivo de AVEDA), contencioso-administrativo (Rafael Badell Madrid), Derecho Funcionarial (Manuel Rojas Pérez), Derecho Tributario (Humberto Romero-Muci), Historia del Derecho en Venezuela (Rogelio Pérez Perdomo), Derecho Comparado (José Ignacio Hernández), Derecho Civil (María Candelaria Domínguez Guillén), Derecho Mercantil (Nayibe Chacón Gómez), Derecho Penal (Alberto Arteaga Sánchez), arbitraje (José Gregorio Torrealba), arbitraje internacional (Eugenio Hernández-Bretón), libre competencia (Faustino Flamarique), Derecho Comunitario (Jorge Luis Suárez Mejías) y Derecho del Comercio Internacional (Jorge Castro Bernieri).

10 En la biografía firmada por Dahbar se narra la anécdota de la primera vez que Brewer fue a la Biblioteca del Congreso de los Estados Unidos y los encargados querían ver quién era esa persona que enviaba libros y más libros. Décadas más tarde ese número creció de modo tal que Brewer editó una bibliografía de 486 páginas que contiene la lista de su obra escrita. *Cfr*. Sergio Dahbar, *Allan Brewer-Carías, una vida* (Caracas: Dahbar, 2019), 19; Allan R. Brewer-Carías, *La obra de / The Works Of Allan R. Brewer-Carías. Catálogo / Catalog 1960-2019, Edición preparada por sus hijos y nietos con ocasión de celebrar 80 años de vida y 60 años de actividad académica* (New York / Madrid: EJVI, 2019).

11 Por ejemplo, los dieciséis tomos de su Tratado de Derecho Constitucional (Caracas: EJV, 2013-2017) y los seis tomos de su Tratado de Derecho Administrativo (Caracas: EJV, 2013) que reúnen trabajos en esas áreas, además de otras recopilaciones que pueden consultarse en su web https://allanbrewercarias.com

# CONTENIDO DE ESTA COMPILACIÓN

La estructura de este libro responde a los criterios temáticos que reflejan los principales ámbitos en los que la obra de Brewer-Carías ha tenido incidencia y se le han dedicado estudios. A continuación relacionaremos cada uno de los artículos que conforman las seis partes de esta compilación.

## I. Más allá del Derecho interno

*"Allan R. Brewer-Carías y sus maestros: legado para las nuevas generaciones" de Jesús María Alvarado Andrade.* El trabajo reconstruye la formación intelectual de Brewer-Carías a partir de la influencia de sus maestros y de las tradiciones jurídicas en las que se inscribe su pensamiento. De este modo, Alvarado Andrade no propone un análisis dogmático de su obra, sino una aproximación histórico-académica que permite comprender los fundamentos metodológicos y conceptuales que la sustentan, además de la importancia de la transmisión del conocimiento jurídico.

*"La obra de Allan R. Brewer-Carías en el Derecho comparado" de José Ignacio Hernández G.* Este estudio analiza la presencia constante del método comparado en la obra de Allan R. Brewer-Carías, ya que el recurso del Derecho extranjero y el análisis comparativo constituye una herramienta útil para la comprensión del Derecho público venezolano y latinoamericano. Así, se muestra que el Derecho comparado permite identificar principios comunes, advertir diferencias y enriquecer la interpretación del Derecho interno como parte de la concepción del Derecho público como un fenómeno abierto al diálogo entre ordenamientos jurídicos.

*"La obra enciclopédica de Brewer-Carías para el Derecho público y su valor universal" de Leonardo Palacios Márquez.* El autor caracteriza la obra de Allan R. Brewer-Carías como una producción de gran alcance y orientada a la sistematización integral del Derecho público. En este sentido, el trabajo describe su amplitud temática y destaca su utilidad para la enseñanza, la investigación y la práctica jurídica, aunado al valor universal de esta producción en la medida en que trasciende el contexto venezolano y se inserta en debates doctrinales comunes a otros ordenamientos.

*"Sobre el Derecho público iberoamericano: a propósito del Tratado de Derecho Administrativo de Allan R. Brewer-Carías" de Jesús María Alvarado Andrade.* El trabajo toma como punto de partida el tratado mencionado para reflexionar sobre la existencia y configuración de un Derecho público iberoamericano, describiéndose la estructura y categorías comunes para el estudio del Derecho administrativo en la región. En breve, el autor señala

que la obra de Brewer-Carías facilita la comparación y comprensión de instituciones fundamentales del Derecho administrativo en este ámbito.

*"La figura del Estado constitucional, democrático y convencional. Dos ideas básicas en la obra de Allan R. Brewer-Carías" de Jaime Orlando Santofimio Gamboa.* Este estudio examina dos nociones recurrentes en la obra de Brewer-Carías: el Estado constitucional y el Estado convencional. Así, Santofimio Gamboa describe el modo en que estas categorías se articulan en el pensamiento del homenajeado –especialmente en relación con la supremacía constitucional, la democracia y la protección de los derechos humanos–, a la par que se examina cómo la incorporación del Derecho internacional de los derechos humanos transforma la comprensión tradicional del Estado constitucional.

*"La teoría de Allan R. Brewer-Carías sobre el derecho de amparo latinoamericano y el juicio de amparo mexicano" de Héctor Fix-Zamudio.* El autor analiza la contribución de Brewer-Carías al estudio del derecho de amparo en América Latina, con particular atención al juicio de amparo mexicano. Para ello, el trabajo describe los elementos comunes y las diferencias entre estos modelos de justicia constitucional a partir de la teoría desarrollada por el homenajeado, estudiándose al amparo como un instrumento de protección de los derechos fundamentales frente al poder público y su evolución histórica y funcional.

*"La influencia del profesor Allan R. Brewer-Carías en Colombia" de Sandra Morelli Rico.* La autora describe el impacto del homenajeado tanto en la doctrina como en el debate académico y judicial, destacándose su presencia en estudios de Derecho constitucional y administrativo. De este modo, el análisis se centra en la manera en que sus planteamientos han sido utilizados como referencia teórica para la interpretación de instituciones fundamentales del Derecho público colombiano y pone de relieve la proyección regional de su pensamiento y su inserción en el constitucionalismo latinoamericano contemporáneo.

## II. Derecho constitucional

*"Auge, caída y reconstrucción del Derecho público venezolano en los ochenta años del profesor Allan R. Brewer-Carías" de José Ignacio Hernández G.* El autor ofrece una reconstrucción del devenir del Derecho público venezolano durante varias décadas, tomando como referencia la trayectoria académica de Allan R. Brewer-Carías. Así, el trabajo describe el desarrollo institucional, crisis y transformación del ordenamiento jurídico venezolano y se analizan los procesos de consolidación democrática, deterioro institucional y la necesidad de reconfigurar el ordenamiento venezolano.

*"Los aportes de Brewer-Carías en la Constitución de 1999" de Cecilia Sosa Gómez.* Este trabajo examina la participación de Allan R. Brewer-Carías en la Asamblea Nacional Constituyente de 1999 al describir las propuestas formuladas por el autor y su incorporación –o no– al texto constitucional.

El análisis abarca materias como los valores superiores del ordenamiento, el federalismo, los derechos humanos, la participación ciudadana y la responsabilidad del Estado, con la intención de documentar la contribución de Brewer-Carías en el debate constitucional venezolano.

*"La contribución de Brewer-Carías en la defensa de la Asamblea Nacional" de Juan Manuel Raffalli Arismendi.* El autor analiza los trabajos de Allan R. Brewer-Carías en defensa de la Asamblea Nacional venezolana y los argumentos desarrollados frente a decisiones judiciales y actuaciones institucionales que afectaron las competencias, integración y funcionamiento del Parlamento. El texto se estructura en torno a los principales ejes de esa defensa –a saber, la separación de poderes, la representación popular y el respeto al orden constitucional– como parte del debate contemporáneo sobre el constitucionalismo y la crisis institucional.

*"La democracia, el derecho de participación ciudadana y la Administración pública, en el pensamiento de Allan R. Brewer-Carías" de Cecilia Sosa Gómez.* El trabajo describe los fundamentos conceptuales de estas nociones y su evolución dentro del pensamiento del autor homenajeado. Así, analiza la participación como elemento estructural del Estado democrático y como mecanismo de control del poder, destacándose la conexión entre la participación ciudadana, la legalidad y la legitimidad democrática.

*"Sobre la destrucción del "Estado de Derecho" (Rule of Law) y la democracia en Venezuela (Reflexiones sobre una obra de Allan R. Brewer-Carías)" de Jesús María Alvarado Andrade.* El trabajo reflexiona sobre el menoscabo del Estado de Derecho y de la democracia en Venezuela dada la concentración del poder, el deterioro institucional y la afectación de las garantías constitucionales. De este modo, se estudia el concepto del *Rule of Law* y su progresiva desnaturalización en el contexto venezolano.

## III. Derecho administrativo general

*"La formación del ius administrativum y el pensamiento jurídico humanista de Allan R. Brewer-Carías" de José Ignacio Hernández G.* El autor analiza la formación del Derecho administrativo moderno y describe la evolución histórica del *ius administrativum* con ocasión de los principios que lo estructuran, la centralidad de la persona y los derechos fundamentales. Ello, a la par que demuestra cómo la obra de Brewer-Carías se inserta en una tradición doctrinal que concibe la Administración como instrumento al servicio del ciudadano.

*"El método de enseñanza del Derecho Administrativo y la obra de Brewer-Carías" de Román Duque Corredor.* El autor describe las características pedagógicas de la producción académica de Brewer-Carías al destacar su claridad expositiva, sistematicidad y rigor conceptual. El análisis se centra en la función didáctica de sus manuales y tratados, así como su influencia en la formación de varias generaciones de abogados.

*"Las fuentes de la legalidad administrativa y la vigencia del capítulo II de la obra: Las instituciones fundamentales del Derecho Administrativo y la jurisprudencia venezolana" de Henrique Meier Echeverría.* El autor analiza el régimen de las fuentes del Derecho administrativo siguiendo la sistematización propuesta por Allan R. Brewer-Carías. El trabajo describe las fuentes escritas y no escritas, su jerarquía y función como parte de la legalidad administrativa, para luego reflexionar sobre la vigencia de estos planteamientos a la luz de cierta jurisprudencia.

*"Discrecionalidad administrativa. Reflexiones sobre dos dogmas del Derecho Administrativo a partir de la obra del profesor Allan Randolph Brewer-Carías" de José Antonio Muci Borjas.* El autor describe los límites de la discrecionalidad y las formas de su control jurídico, tal como han sido desarrolladas en la doctrina y la jurisprudencia. A tal efecto, Muci Borjas se apoya en los planteamientos del autor homenajeado y examina la relación entre discrecionalidad, legalidad y control judicial.

*"Concepto y naturaleza del contrato administrativo en Allan R. Brewer-Carías" de Carlos García Soto.* El autor describe los criterios utilizados para distinguir esta figura de otros tipos contractuales así como sus elementos esenciales, centrándose en la función del contrato administrativo dentro de la actividad de la Administración Pública. El texto reconstruye la posición del autor homenajeado a lo largo del tiempo y destaca sus aportes para la comprensión del régimen jurídico de la contratación pública.

## IV. Actos y procedimientos administrativos

*"Allan R. Brewer-Carías, su influencia en la promulgación, promoción y estudio de la Ley Orgánica de Procedimientos Administrativos" de Flavia Pesci-Feltri.* El trabajo examina su contribución al desarrollo doctrinal del procedimiento administrativo como garantía de los derechos de los administrados y la importancia de esta ley en la estructuración del Derecho administrativo venezolano. En este sentido, el texto documenta el papel del autor en la promoción de la cultura de legalidad y el debido proceso en sede administrativa.

*"La noción de 'acto administrativo' en la obra de Allan R. Brewer-Carías" de Jesús María Alvarado Andrade.* El autor describe los elementos constitutivos, función y relevancia de estos actos dentro del Derecho administrativo, al estudiar al acto administrativo como la manifestación típica de la actividad de la Administración Pública y destacar la claridad de la construcción doctrinal del homenajeado y su utilidad para la interpretación normativa y jurisprudencial.

*"La clasificación de los actos administrativos en la obra de Allan Brewer-Carías" de Marilena Asprino Salas y Gladys Mata Marcano.* El trabajo describe los criterios de clasificación de los actos administrativos y su función práctica, además de la utilidad de estas categorías para la comprensión del régimen jurídico aplicable a cada tipo de acto. Finalmente, las autoras des-

tacan la importancia de estas distinciones para el control administrativo y jurisdiccional de la actividad de la Administración.

## V. Contencioso administrativo

*"La contribución de Brewer-Carías al contencioso administrativo en Venezuela" de Rafael Badell Madrid.* El trabajo describe sus aportes doctrinales en materia de control jurisdiccional de la Administración pública, la evolución de la justicia administrativa y la influencia de Brewer-Carías en la configuración de principios y categorías que resultan de especial utilidad para la protección de los derechos de los ciudadanos frente a la Administración.

*"Aspectos esenciales de la jurisdicción contencioso-administrativa a la luz de las 'Instituciones fundamentales del Derecho Administrativo y la jurisprudencia venezolana'" de Daniela Urosa Maggi.* El trabajo describe la naturaleza, funciones y principios de esta jurisdicción y su papel como mecanismo de control de la Administración y de garantía del Estado de Derecho, tomando como punto de partida los dichos de Brewer-Carías en lo que fue su tesis doctoral.

## VI. Derecho tributario y municipal

*"Allan R. Brewer-Carías tributarista: sus aportaciones al Derecho Tributario venezolano" de Humberto Romero Muci.* El autor describe los aportes en materia de legalidad fiscal, principios tributarios y control del poder impositivo de Brewer-Carías, además de la relación del Derecho tributario con los derechos fundamentales. De este modo, se destaca la relevancia de la obra del homenajeado para la comprensión del sistema tributario venezolano desde una perspectiva constitucional.

*"El municipalismo en el pensamiento y la obra de Brewer-Carías" de José Luis Villegas Moreno.* El trabajo describe la evolución de sus planteamientos sobre el municipio y la descentralización a lo largo del tiempo, y analiza al municipio como entidad básica del Estado descentralizado y como espacio de participación ciudadana.

*"El concepto de municipio en Allan R. Brewer-Carías" de Fortunato González Cruz.* El autor describe los elementos constitutivos del municipio, su autonomía y su función dentro del Estado federal y descentralizado, como institución fundamental del Derecho público. El texto destaca la importancia de esta noción para la organización territorial del poder y para la participación democrática a nivel local, como aspectos ampliamente defendidos en la obra del homenajeado.

*"Algunas reflexiones en torno a la 'ciudad ordenada' de Allan R. Brewer-Carías" de Luciano Parejo Alfonso.* El trabajo describe la vinculación de Brewer-Carías con el Derecho urbanístico y con la organización del espacio urbano, a la vez que examina los fundamentos jurídicos de la ciudad y sus implicaciones institucionales, con especial mención al orden, legalidad y calidad de vida en la ciudad.

*"Brewer y Caracas" de Dolores Aguerrevere Valero.* El trabajo distingue diferentes etapas de las reflexiones del homenajeado sobre Caracas antes, durante y después de la Constitución de 1999. Así, se examinan aspectos institucionales, urbanísticos y normativos vinculados a la organización de la ciudad capital y se presenta a Caracas como un espacio para el análisis del Derecho público urbano.

# MÁS ALLÁ DEL DERECHO INTERNO

# ALLAN R. BREWER-CARÍAS Y SUS MAESTROS: LEGADO PARA LAS NUEVAS GENERACIONES

Jesús María Alvarado Andrade[1]

> "...tenemos que aprender a que no se puede vivir la vida como si fuéramos a vivir para siempre, pues si lo hacemos, incluso inconscientemente, la vida siempre será escasa, y esa parte de la misma que muchas veces dejamos para el futuro, sucede que con frecuencia no hay ocasión de disfrutarla; pues en realidad cuando quizás nos demos cuenta ya no será vida, sólo será tiempo que ya no se puede aprovechar"[2].

El caraqueño que más ha influido en el derecho público en Hispanoamérica y que ha sido objeto de las mayores distinciones académicas ha sido el jurista y profesor Allan R. Brewer-Carías. A raíz de sus ochenta años de edad un grupo de discípulos y amigos dispersos a lo largo y ancho de Occidente, organizaron diversos eventos para conmemorar un año de vida del maestro, aprovechando dicha ocasión, para agradecerle por cuanto ha hecho en sus sesenta años de incesante actividad intelectual.

Un homenaje más a Brewer-Carías requiere de explicación. Bien puede sostenerse que esta deferencia resulta oportunidad perfecta para incitar a las nuevas generaciones al estudio del Derecho, especialmente, en tiempos en los cuales se duda del valor civilizatorio de esta milenaria disciplina o arte.

Este homenaje permite que diversos estudiosos escruten la colosal obra del maestro, la cual es un portentoso regalo al saber jurídico, la cual permanece virgen, por lo cual se requiere la labor de exploradores que se atrevan a escudriñarla y explotarla al máximo con el objetivo de hacer de este lugar, la América española, más libre y competitivo en el orden político y económico mundial.

---

1 Profesor de Derecho Constitucional. Universidad Francisco Marroquí y Universidad Central de Venezuela. Miembro de la Asociación Venezolana de Derecho Constitucional.

2 Brewer-Carías, Allan R. "Palabras en el acto de graduación de la Promoción de Abogados Allan R. Brewer Carías", Aula Magna-Universidad Central de Venezuela, Caracas, 2013. Palabras leídas en el acto por Jesús María Alvarado Andrade.

Todos los homenajes que se le han hecho y se le seguirán haciendo al maestro son merecidos. Nadie ha escrito tantas obras jurídicas valiosas, como muestra el prodigioso currículum del autor editado en libro gracias a la diligencia de sus familiares[3]. En esta oportunidad me referiré de manera sucinta a la relación que tiene Brewer-Carías con sus maestros. El tema ha sido poco explorado. De hecho, se pretende indagar cómo la obra del maestro sigue una tradición que le precede.

Brewer es el maestro incuestionado del derecho público en América española, pero no se ha reparado que el maestro tiene a su vez unos maestros, a quienes constantemente honra, dato éste que puede apreciarse mediante un análisis de su obra. Para quienes lo hemos estudiado podemos aprovecharnos del agrado intelectual que le depara la crítica. En este sentido, este es un ensayo homenaje crítico de un discípulo para con su maestro.

Una lectura de la obra de Brewer-Carías muestra la profunda convicción por parte del autor de ser parte de una tradición jurídica que le precede y que está llamado a cultivar, expandir y divulgar. Recientemente, existe una confesión que es relevante retener, al referirse nuestro autor, a que existe una tríada de relaciones culturales entre Viena, París y Caracas que condiciona su obra.

En efecto, a partir del hecho de que Hans Kelsen fue profesor de Charles Eisenmann en Viena, jurista que dejó sembrado un impacto fundamental en el caraqueño, Brewer ha sostenido que gracias a sus estudios en Francia con Eisenmann, existe una tradición –quizás un método jurídico– que ha llegado a Caracas a través de él. En tal sentido, los alumnos de Brewer en Caracas han aprovechado parte de esa tradición que el maestro de manera recelosa quiere mantener y preservar.

En la presentación de una obra importantísima en materia de interpretación jurídica que colma por lo demás una laguna existente en lo que se denomina la "Escuela Brewer"[4] el maestro Brewer sostuvo que sus alumnos en Caracas no han hecho más que estudiar a través de su obra, una tradición jurídica europea que se remonta a nombres tan portentosos como los de Hans Kelsen y Charles Eisenmann[5].

La influencia de Eisenmann en Brewer-Carías es indudable, aspecto sobre la cual no se ha reparado debidamente. En efecto, el polémico jurista

---

3 Brewer-Carías, Allan R. *La Obra de / The Works of Allan R. Brewer-Carías. Catálogo/Catalog 1960-2019, Edición preparada por sus hijos y nietos con ocasión de celebrar 80 años de vida y 60 años de actividad académica / Edition prepared by* is *children and grandchildren on the occasion of celerating 80 years of life and 60 years of academic activity,* New York-Madrid, 2019.

4 Me refiero a la obra de la profesora Claudia Nikken.

5 Brewer-Carías, Allan R. "Palabras en el Acto de presentación del libro de Claudia Nikken, *Consideraciones sobre las fuentes del derecho constitucional y la interpretación de la Constitución* Centro para la Integración y el Derecho Público-Editorial Jurídica Venezolana", Academia de Ciencias Políticas y Sociales, Caracas, 2019.

francés escribió diversos artículos jurídicos refutando con una buena dosis de polémica, la idea según la cual, el Barón de Montesquieu había ideado la teoría de la separación de poderes. Desmitificando el célebre capítulo VI del libro XI de l'Esprit des Lois, el jurista francés cambió la visión que se tenía en la dogmática iuspublicista en torno al concepto de separación de poderes del Barón[6].

Esta crítica de Eisenmann influyó en Brewer-Carías, quien desde sus tempranas obras jurídicas incorporó diversos estudios de Eisenmann, con el objetivo de evidenciar que resultaba más apropiado emplear el concepto de "división de poder" antes que el de "separación de poderes".

Como se ha expuesto en reiteradas obras de Brewer-Carías, el criterio de especialidad de funciones por parte de los órganos que ejercen el poder público devenía en inadmisible conforme a un análisis de derecho positivo de las constituciones modernas. De hecho, la "separación de poderes" en sentido negativo forjada por el Barón resultaba insuficiente, al no dar cuenta de la existencia de distintas funciones que paulatinamente se le fueron atribuyendo a los órganos que ejercen el poder público, lo que llevó a Brewer a insistir en el ejercicio ínter-orgánico en cuanto a la función administrativa y al carácter ínter-funcional de los actos estatales[7] aspecto que influyó en su noción ecléctica de "acto administrativo"[8].

A diferencia de Eisenmann quien cultivó los álgidos temas de la teoría del derecho, en el caso de Brewer-Carías todo lo relacionado a la filosofía y teoría del derecho ha quedado lamentablemente ausente. La atmósfera intelectual en las Facultades de Derecho en Venezuela en la época de estudiante de Brewer no era favorable a estos tópicos, debido que se consideraba que las reflexiones abstractas eran irrelevantes para el oficio de jurista[9],

---

6 Esta idea en Francia la ha cultivado el profesor Michel Troper.

7 Brewer-Carías, Allan R. *Tratado de Derecho Administrativo. Derecho Público Iberoamericano,* Tomo I, El derecho administrativo y sus principios fundamentales, Fundación de Derecho Público-Editorial Jurídica Venezolana, Caracas 2013, p. 531; Brewer-Carías, Allan R. *Tratado de Derecho Administrativo. Derecho Público Iberoamericano,* Tomo III, Los actos administrativos y los contratos administrativos Fundación de Derecho Público-Editorial Jurídica Venezolana, Caracas, 2013, p. 40 y Brewer-Carías, Allan R., *Tratado de Derecho Administrativo. Derecho Público Iberoamericano,* Tomo IV, El procedimiento administrativo Fundación de Derecho Público, Editorial Jurídica Venezolana, Caracas, 2013, p. 199.

8 Véase Eisenmann, Charles, *Cours de droit administrative,* Tome 1, L.G.D.J, Collection: Anthologie du droit, Paris, 2013 y Tome 2, L.G.D.J, Collection: Anthologie du droit, Paris, 2013. Recuérdese que Brewer cursó estudios de derecho administrativo en la Universidad de París entre 1962-1963 estudiando con Eisenman el tema de los actos administrativos. Sobre la noción de acto administrativo me he referido en un trabajo de mi autoría publicado en Hernández, José Ignacio (Coordinador), *Libro homenaje a Las Instituciones Fundamentales del Derecho Administrativo y la Jurisprudencia Venezolana del profesor Allan R. Brewer-Carías en el cincuenta aniversario de su publicación 1964-2014,* Editorial Jurídica Venezolana, Caracas, 2015.

9 Tosta, María Luisa "Ius-naturalismo, positivismo y formalismo jurídicos en la doctrina venezolana" en *Revista de la Facultad de Derecho de la Universidad Central de*

por lo que desde sus primeros trabajos jurídicos el autor optó por análisis jurídicos exegéticos de la legislación venezolana sin menoscabo del debido uso de rigurosas consideraciones doctrinarias[10].

Una hipótesis a explorar es que la discusión contemporánea en temas de teoría o de filosofía del derecho en Brewer-Carías ha sido deliberadamente esquivada. Si bien inicialmente los temas filosóficos[11] fueron de su interés, en realidad, dicha preocupación intelectual solo se dio en sus años juveniles y se trataba de filosofía a secas, o mejor dicho, historia de la filosofía para aprobar un curso.

Todo el debate en torno a la influencia de la filosofía política ralwsiana, los debates en torno a los principios jurídicos entre H.L.A Hart y Ronald Dworkin o más recientemente, las disputas en torno al tema de la ponderación judicial, no se encuentran en nuestro autor, pese a ser relevantes en el tratamiento de la "justicia constitucional".

La razón de ello podría estar en que a diferencia de estas discusiones de académicos, el jurista caraqueño siempre se ha visto a sí mismo como un jurista de cuarto de batalla, preocupado por casos jurídicos reales que le han obligado a estudiar, al punto que buena parte de su obra responde a momentos decisivos del acontecer político, social y económico de Venezuela y de otras latitudes[12].

De igual modo, las preocupaciones en torno a la teoría y filosofía del derecho no eran importantes en Francia, cuna del Derecho administrativo, lo cual puede explicar también el que en esa experiencia no encontrara incentivos para la incorporación a su trabajo jurídico el arsenal teórico que la filosofía y la teoría del derecho puede ofrecer. Basta mencionar que en la época en la que estudió en Francia, la filosofía del Derecho era casi inexistente[13]. De hecho, lo que hacía Eisenmann era bastante marginal en este tópico.

---

*Venezuela,* N° 56, Universidad Central de Venezuela-Facultad de Derecho, Caracas, 1975, pp. 101-165.

10 Brewer-Carías, Allan R. "Una pincelada histórica sobre el sistema de enseñanza del Derecho Administrativo" en Hernández Mendible, Víctor (Coordinador), en *Desafíos del Derecho Administrativo Contemporáneo (Conmemoración Internacional del Centenario de la Cátedra de Derecho Administrativo en Venezuela,* Tomo I, Ediciones Paredes, Caracas, 2009, pp. 23-78; Brewer-Carías, Allan R., *El sistema y método de la enseñanza del derecho administrativo en Venezuela,* Caracas, 1966.

11 Véase Brewer-Carías, Allan R., *Manuscrito de Apuntes de Historia de la Filosofía* (Primera y Segunda Parte) elaborado para la preparación de un examen, Caracas, 1957 y "Charla sobre Existencialismo y Humanismo en el Curso de Historia de la Filosofía (Quinto año de Bachillerato, Filosofía y Letras)", curso del Profesor Bernardo Cubillán Molina, Colegio Santa Cecilia, Caracas, 1959, Publicado en Brewer-Carías, Allan R., *Derecho administrativo. Escritos de Juventud (1959-1964),* Fundación de Derecho Público, Editorial Jurídica Venezolana, Caracas 2014, pp. 23-27.

12 Realmente, se podría decir que Brewer-Carías no es un jurista venezolano, sino que nació en Venezuela. Es global e inmortal.

13 Varela Suanzes-Carpegna, Joaquín "La dimension historique du constitutionalisme. Entretien avec le prof. Michel Troper" en *Historia constitucional: Revista Electrónica*

Si bien Brewer-Carías no ha incorporado a su obra jurídica en temas constitucionales y administrativos tópicos harto discutidos de la teoría del derecho y la filosofía del derecho contemporánea bien puede decirse que hay un autor relevante en estos tópicos que ha influido poderosamente en Brewer gracias a Eisenmann, cuyo nombre nos remite a Viena: Hans Kelsen.

El caraqueño siempre ha aprovechado el magisterio de Kelsen tanto en el ámbito del Derecho administrativo, internacional y constitucional. No toda la obra de Kelsen, pero sí al menos la Teoría General del Estado ha sido decisiva en buena parte de las obras de Brewer-Carías. De hecho, la noción de Estado, jerarquía normativa, soberanía, problemas constitucionales de la integración, justicia constitucional y contencioso-administrativo están construidas tomando en serio a Kelsen.

Brewer ha eludido siempre entramparse en discusiones abstractas en torno a la relación necesaria o contingente entre derecho y moral, las semejanzas o diferencias entre la concepción no positivista y positivista del derecho. De igual modo, rehúye abordajes específicos en torno a los métodos, teorías e ideologías interpretativas tanto en el ámbito constitucional como administrativo.

Esta desatención obedece principalmente a una vocación por lo práctico, es decir, resolver controversias jurídicas, las cuales requieren de sólida formación teórica, considerando quizás una filosofía del derecho positivo muy tenue. Criticado por ciertos sectores, Brewer-Carías se ha mantenido en su casa de cristal[14] viendo pasar por décadas toda una discusión en temas de filosofía del derecho y de teoría del derecho que llega lamentablemente en este siglo XXI al hastío, presos muchas veces de la arrogancia típica de quienes rehúyen del trabajo de otros, en este caso, del quehacer de los dogmáticos.

Charles Eisenmann no solo fue alumno de Kelsen, sino que tradujo parte de la obra del vienés al francés, dando a conocer a uno de los juristas más increíbles del siglo XXI. En Venezuela, de modo casi marginal, un jurista trató de dar a conocer de manera teórica la obra del vienés, pero esta obra poco estudiada no afloró en la obra de Brewer[15]. La hipótesis de este ensayo es que el kelsenianismo de Brewer-Carías, viene dado por la impresión positiva que le causó Charles Eisenmann, quien además cultivaba con

*de Historia Constitucional,* N° 7, Universidad de Oviedo-Centro de Estudios Políticos y Constitucionales, Madrid, 2006 y Atienza, Manuel 'Entrevista a Michel Troper' en *Doxa. Cuadernos de Filosofía del Derecho,* N° 42, Universidad de Alicante-Marcial Pons, Madrid, 2019, pp. 415-433.

14 Brewer-Carías, Allan R. "De la Casa de Cristal a la Barraca de Hierro: el Juez Constitucional vs. El derecho de acceso a la información administrativa" en *Revista de Derecho Público,* N° 123, Editorial Jurídica Venezolana, Caracas, 2010. pp. 197-206

15 Pizani, Rafael, *La Filosofía del Derecho en Venezuela,* Lit. y Tip. Casa de Especialidades, Caracas, 1935 y del mismo autor, *Introducción al Derecho,* Librería Pensamiento Vivo, Caracas, 1956.

destreza dos ámbitos del derecho público que luego Brewer cultivaría hasta la saciedad, dejando dos colosales Tratados que todo estudioso deberá leer, estudiar y analizar.

Eisenmann fue por mucho tiempo el único kelseniano en Francia. De hecho, como antes se acotó, este jurista francés cultivó con maestría temas de alta teoría y filosofía del derecho, como lo hacía otro destacado jurista, éste sí dedicado a la abstracción y la historia como Michel Villey[16] aun cuando desde la vertiente iusnaturalista.

En el caso de Brewer-Carías, sus estudios con Eisenmann versaron en temas de derecho administrativo, al punto de que el *Cours de droit administrative* influyó decididamente en su obra, aunque bien puede decirse que la obra del caraqueño está también influida por varios juristas de su formación de pregrado, a saber: Florencia Contreras Quintero, Arístides Calvani, Gustavo Planchart Manrique, Emilio Pittier Sucre, Gert Kummerow, Enrique Pérez Olivares, Arminio Borjas (h). y Joaquín Sánchez-Covisa. Dado que Calvani fue su profesor, es casi seguro que con más ahínco el tema Kelsen vino con su visita a París, manteniendo Brewer-Carías a veces de manera tenue en sus últimos años de vida un iusnaturalismo que no riñe con el derecho positivo.

Otro destacado maestro que influyó en Brewer es Marcel Waline[17]. Este insigne jurista francés es constantemente citado en Derecho Administrativo. Escritos de Juventud (1959-1964), por lo que cuando visitó Francia, es de suponer que Brewer conocía aspectos significativos de la obra del jurista francés de la mano de Gonzalo Pérez Luciani. De Waline puede decirse que Brewer-Carías tomó aún más el énfasis la necesidad de que el jurista comente o aclare las disposiciones emanadas del legislador, o en su defecto,

---

16 Los juristas Rogelio Pérez Perdomo y Luis Castro Leiva fueron alumnos de este formidable iusnaturalista. Rogelio Pérez Perdomo fue alumno de Eisenmann. Véase García Soto, Carlos "Entrevista al profesor Rogelio Pérez Perdomo" en *Revista de la Facultad de Ciencias Jurídicas y Políticas de la Universidad Monteávila, Derecho y Sociedad* N° 13, Facultad de Ciencias Jurídicas y Políticas de la Universidad Monteávila, Caracas, 2017, p. 48.

17 En una conversación por correo electrónico (3 de febrero de 2013) con el maestro Brewer, le hice varias preguntas en torno a la orientación política de Marcel Waline y algunas cuestiones peculiares de la academia universitaria francesa, esto como parte de un trabajo amplio sobre la obra de Brewer-Carías que desde hace tiempo preparo. En esa oportunidad, pude destacar tres cuestiones. En primer lugar, para Brewer-Carías, el profesor Marcel Waline era un liberal, en el entendido de opuesto a socialista, pero en muchos casos podría decirse que era un auténtico conservador. En segundo lugar, el magisterio de Brewer en buena medida es un homenaje a los "Mandarines" de la Facultad de Derecho de la *Place du Panthéon,* entendido como los grandes profesores jefes académicos en la Universidad, que resultaban intocables y casi inaccesibles, aspecto que cambió radicalmente con la revolución de mayo de 1968. En tercer lugar, Brewer, destacaba en su respuesta que "para que un alumno de postgrado que recibía clases con el profesor pudiera preguntarle algo o entrevistarse con él, tenía que pedirle por escrito por correo ordinario una entrevista, que luego normalmente la daba igualmente respondiendo por escrito por correo. La distancia entre profesor y alumno era abismal", lo que evidencia cuánto ha cambiado la relación profesoral-alumno.

remarque los rasgos distintivos de las instituciones, su origen y razón de ser, lo cual el caraqueño ha hecho muy bien incursionando en la historia.

Es decir, el método exegético en Brewer bien puede apreciarse en los diversos libros en los cuales hace análisis de una legislación en particular, los célebres comentarios legislativos. A este respecto, la influencia de Waline es patente en las obras dedicadas al tema de la discrecionalidad administrativa[18].

Antes de Brewer-Carías, debe recordarse que la jurisprudencia no tenía el valor normativo que hoy medianamente tiene en Venezuela, esto más allá, del juicio de valor moral o político en contra de la jurisprudencia emanada de los tribunales sometidos a la dictadura socialista, cuestión que el autor ha sabido manejar bien[19].

En este sentido, nadie ha sido más crítico y enfático en Venezuela en cuanto a la importancia que tiene el estudio de la jurisprudencia, lo que no le ha impedido ser bastante crítico, en torno a cómo los jueces tanto constitucionales como contencioso-administrativos pueden liquidar una Constitución y el ideal de Estado de Derecho.

Cuando los cantos de sirena autoritarios a finales de los años noventa levantaron la bandera constituyente y se abogó para que la Corte Suprema de Justicia dilucidara el presunto conflicto entre soberanía popular y supremacía constitucional, Brewer fue el único en alzar una voz crítica contra la pretensión de abrir un proceso constituyente mediante una interpretación constitucional aviesa y fraudulenta con arreglo a las tesis de la magistratura progresiva o posmoderna[20].

Brewer-Carías advirtió desde el inicio de la "revolución" (1999) que Venezuela se desplazaba rápidamente a una dictadura aceitada por unos jueces que abjuraban del deber constitucional de hacer valer el principio de la Constitución como norma suprema y fundamento del ordenamiento jurídico. Más allá de su profecía, Brewer demostró el compromiso que ha tenido con el ideal político del Estado de Derecho, la democracia y los derechos humanos.

---

18 Brewer-Carías, Allan R. "Los límites al poder discrecional de las autoridades administrativas" en *Revista de la Facultad de Derecho,* N° 2, Universidad Católica Andrés Bello, Caracas, 1966, pp. 9-35.

19 Brewer-Carías, Allan R. "Justicia y Administración en la Venezuela de comienzos del siglo XXI: contradicciones entre la jurisprudencia, el Legislador y la práctica de una llamada justicia administrativa socialista" en García de Enterría, Eduardo y Alonso García, Ricardo (Coords.) *Administración y justicia. Un análisis jurisprudencial. Liber Amicorum Tomás-Ramón Fernández,* Editorial Civitas, Madrid, 2012, pp. 3769-3789.

20 Véase Delgado Ocando, José Manuel, "Hacia una comprensión posmodema del derecho" *en Dikaiosyne. Revista del Grupo Investigador Logos: Filosofía, Derecho y Sociedad, N° 1,* Universidad de Los Andes-Facultad de Ciencias Jurídicas y Políticas-Centro de Investigaciones Jurídicas, Mérida 1998, pp. 1-36. Dos juristas más hay que destacar a este respecto profesora Claudia Nikken y profesora Lolymar Hernández Camargo.

El caraqueño ha legado a las generaciones venideras sendas y sólidas obras que sintetizan toda la jurisprudencia constitucional y administrativa dictada por los tribunales competentes. Para Brewer-Carías siguiendo a pie juntillas el papel que cumple la jurisprudencia contencioso-administrativa en Francia, siempre consideró que ésta era un derecho vivo llamado a ser estudiada[21].

No se ha conformado con una mera descripción de lo que han sostenido los jueces, sino que siempre ha procurado describir el contenido neurálgico de esas sentencias con comentarios críticos. A diferencia de otras obras jurídicas, la de Brewer-Carías está fuertemente impregnada de referencias a sentencias judiciales y legislación[22].

No ha sido una obra eminentemente teórica, sino que siempre ha procurado que su obra refleje esa tensión a la cual siempre están expuestas de manera cíclica las reflexiones en torno al estudio del Derecho, a saber, hacer confluir la teoría con la práctica como puede verse en su Tratado de Derecho Administrativo y su Tratado de Derecho Constitucional en el que los temas tratados bien pueden referirse a constituciones y legislación vigentes como también a constitución y legislación no vigente, que recoge, una historia constitucional mejor que la sacrosanta de Gil Fortoul en tanto muestra que una historia constitucional es y ha de ser historia jurídica que explique debidamente cómo las normas constitucionales trascienden el momento de su aprobación, estando condicionadas al vaivén de eventos políticos, económicos, interpretaciones judiciales, administrativas e internacionales.

Este dato muestra que más allá de la vigencia o no de esos documentos normativos referidas en los Tratados, los temas por el autor guardan muchísima actualidad debido a la versatilidad, innovación y talante crítico. Además, y esto lo hace único, la obra de Brewer-Carías anticipa sin proponérselo la evolución o involución del Derecho en otras latitudes, sirviendo de vacuna contra los desvaríos de los abolicionistas del Derecho.

Es menester indicar que la obra jurídica de Brewer-Carías está condicionada a su labor docente. Él ha sido el maestro de cuantos han querido incursionar en temas del derecho público, sin menoscabo de su conocimiento profundo del derecho privado. Lo ha hecho siempre tomando en cuenta al Derecho, pero sin negar la importancia que pueden llegar a tener disciplinas consideradas como auxiliares, tales como historia, sociología, economía etc.

---

21 Véase Brewer-Carías, Allan R. *Jurisprudencia de la corte Suprema 1930-1974 y estudios de derecho administrativo,* Ediciones del Instituto de Derecho Público Universidad Central de Venezuela, Caracas, 1975 en seis volúmenes; Brewer Carías, Allan R., y Ortiz Álvarez, Luis, *Las grandes decisiones de la jurisprudencia contencioso-administrativa (1991-1996),* Colección Jurisprudencia, N° 4, Editorial Jurídica Venezolana, Caracas, 1996 y todas las *Revistas de Derecho Público* editadas por la Editorial Jurídica Venezolana inspiradas en la tradición académica francesa.

22 Véase Waline, Marcel, *Notes d'arrêts de Marcel Waline,* 2 vols, Dalloz, Paris, 2004.

En esto Brewer-Carías sigue una tradición que curiosamente no ha calado suficiente en Venezuela. La mayoría de las veces los juristas han considerado que el incursionar en temas jurídicos tomando en cuenta saberes de otras especialidades es algo ajeno al quehacer de los juristas. La distinción del trabajo de Brewer-Carías con respecto a otros, de igual modo, ha estado en tratar de entender regímenes jurídicos diferentes derivado de que es un comparatista excepcional.

Por tanto, es menester indicar como sostuvo Eisenmann refiriéndose a las diferencias entre sistemas de *common law* y de régimen de derecho civil continental que:

> ...nadie admitirá francamente que la enseñanza con fines exclusivamente prácticos debería sobrepasar la simple perspectiva de la aplicación a situaciones particulares de reglas generales preexistentes y, por tanto, no debería limitar sus ambiciones a la sola formación para el razonamiento silogístico destinado a deducir de las reglas generales la solución de los problemas concretos de derecho[23].

La obra de Brewer-Carías si bien está cargada de excepcionales explicaciones en torno a la organización, funcionamiento y controles del Estado moderno, deja de lado el tema de cómo los jueces deben interpretar, a pesar de ser un defensor de la *judicial review* y del contencioso-administrativo sin parangón.

Esto bien pudiera dar la idea de que la influencia de Kelsen es fuerte en esto. Repárese que en Kelsen hay una teoría de la interpretación, pero en la misma no hay vestigios de una teoría de la argumentación jurídica[24] que permita dar cuenta de temas relacionados a cómo los jueces deberían interpretar, ponderar derechos, aspectos relacionados al principio de proporcionalidad, o aspectos relacionados a principios o derechos implícitos etc.

Pese a que Brewer-Carías es uno de los más importantes juristas en cuanto atañe al estudio de la justicia constitucional, su concepción interpretativa requiere de mayor atención por parte de los especialistas[25].

Destáquese que el interés de Brewer-Carías por los temas constitucionales debió profundizarse en Francia. A lo largo de este ensayo, hemos insinuado que la obra de Brewer solo puede entenderse a cabalidad si se

---

23 Eisenmann, Charles, "El problema de la naturaleza y los fines de la enseñanza del derecho (1953,UNESCO)" en *Anuario de la Facultad de Derecho de la Universidad Autónoma de Madrid,* N° 6, Universidad Autónoma de Madrid Boletín Oficial del Estado, Madrid, 2002, p. 65.

24 García Amado, Juan Antonio "Del método jurídico a las teorías de la argumentación" en *Anuario de filosofía del derecho,* N° 3, Ministerio de Justicia-Boletín Oficial del Estado-Sociedad Española de Filosofía Jurídica y Política, Madrid, 1986, pp. 151-182.

25 Alvarado Andrade, Jesús María "Prólogo" al libro Brewer-Carías, Allan R., *Derecho Procesal Constitucional,* 3° edición, Editorial Jurídica Venezolana, Caracas, 2014, pp. 13-58.

estudia a fondo la doctrina francesa que él estudió a profundidad. De hecho, en las últimas décadas, la influencia de la doctrina española ha sido más fuerte en Venezuela, pero bien puede sostenerse que esto en Brewer-Carías es muy marginal, pese a respetar muchísimo a los grandes exponentes del derecho público español quienes fueron sus amigos.

Ciertamente fue un estudioso de la primera generación de destacados juristas españoles, como puede darse cuenta en su célebre tesis de 1964, pero de allí a sostener que las tesis nucleares de Brewer provienen de la doctrina española es un craso error. Hasta ahora no se ha realizado un concienzudo análisis sobre este hecho particular, debido a que, salvo muy pocos casos, los juristas en Venezuela están influidos profundamente por la doctrina española[26].

En cuanto al Derecho constitucional, más allá de la constante apelación de Brewer-Carías a principios constitucionales del constitucionalismo norteamericano, bien puede sostenerse que el lente intelectual con el que observa el fenómeno de la justicia constitucional es más europeo. Si bien en Venezuela[27] tuvo contacto en sus años formativos con una de las cabezas más importantes del Derecho constitucional en lengua española, a saber, Manuel García Pelayo, es poco lo que hay de este formidable jurista en la obra de Brewer-Carías, salvo la semilla de la pasión por el derecho comparado.

Viena y París tienen más impacto en Brewer-Carías que Washington, Berlín o Cambridge. El cuerpo doctrinario del maestro está construido en buena medida leyendo los clásicos del derecho público francés. Como hombre innovador, nuestro homenajeado está al tanto de las nuevas tendencias como se puede observar en su colosal obra, en las cuales siempre hay un atento diálogo con autores y temas contemporáneos rescatando siempre ciertas advertencias kelsenianas[28].

Sin embargo, los maestros que más le impactaron en Francia cultivaron los temas de derecho público (tanto constitucionales como administrativos)[29] incursionando con maestría en temas jurídicos, tomando en serio ciertos saberes no estrictamente jurídicos. Lo que llamó Brewer-Carías los condicionantes políticos, sociales y económicos del estudio del Derecho

---

26 El caso de la profesora Hildegard Rondón de Sansó es particular debido a la influencia de la doctrina italiana, al igual que el profesor Juan de Stefano. La profesora Claudia Nikken y el profesor Luis Ortíz Alvarez profundamente influidos por la doctrina francesa. El profesor Gonzalo Pérez Luciani es *L'enfant terrible* del derecho público venezolano. La gran mayoría influenciados por la dogmática española.

27 Brewer-Carías, Allan R., "La ilegítima mutación de la Constitución por el juez constitucional y la demolición del Estado de derecho en Venezuela" en *Revista de Derecho Político,* N° 7 5-76, Homenaje a Manuel García Pelayo, Universidad Nacional de Educación a Distancia, Madrid, 2009, pp. 289-325.

28 Brewer-Carías, Allan R., *Constitutional Courts as Positive Legislators,* Cambridge University Press, New York, 2011.

29 Eisenmann, Charles, *La Justice constitutionnelle et la Haute Cour Constitutionnelle d'Autriche,* Librairie Générale de Droit & de Jurisprudence, París, 1928.

administrativo está tomado de la ciencia política y el Derecho constitucional francés, cuyo rótulo de una de sus obras más famosas lo demuestra[30].

El estudio de Eisenmann en torno al Tribunal Constitucional austríaco realizado bajo la dirección de Hans Kelsen influyó en el jurista caraqueño. De hecho, sus distinciones en torno al concepto de "justicia constitucional" y "jurisdiccional constitucional" vienen de Eisenmann. La traducción del jurista francés de la obra de Kelsen al parecer incurrió en el inevitable "traduttore, traditore"[31] que ha condicionado a Brewer.

De hecho, pese a la influencia de Eisenmann y de Kelsen a través del jurista francés, en la obra Brewer-Carías no hay que magnificar su kelsenianismo, pues en muchos sentidos, salvo temas relacionados a ordenamiento jurídico y jerarquía normativa, el maestro caraqueño no emplea de manera consistente en su obra la "teoría pura" como instrumento de análisis del derecho positivo, derivado quizás de un cierto eclecticismo que caracteriza su obra.

Un aspecto final en la que no se ha reparado es la importancia que tiene en Brewer-Carías el tema de las técnicas o principios de organización administrativa[32] las cuales independientemente de la forma en que se manifiesten remite a temas relacionados con la distribución de funciones, distribución territorial y atribuciones de los órganos del Estado.

De igual modo, los esfuerzos intelectuales destinados a explicar y criticar las reglas que confieren poderes, o en otra forma, las competencias o atribuciones que regulan el funcionamiento de los órganos del Estado lo ha llevado a dedicar horas al estudio de los principios como el de competencia[33], jerarquía, descentralización, coordinación, etc.

Puede decirse a este respecto que Brewer-Carías tomó bien en serio el hecho de que países como Francia, entre otros, históricamente propensos a la centralización, han dado paso a una profunda descentralización fortaleciendo la vida local o el municipalismo, tema en el cual el maestro ha sido no solo un teórico, sino un hombre de acción, llamado a revertir la centralización, incursionando con éxito en la vida política como senador, ministro y constituyente.

Vale destacar en este ámbito que Brewer-Carías ha sido un defensor del aporte de España a América. De hecho ha insistido que además de la religión católica o del idioma español, España legó a América una "forma

30 Véase Brewer-Carías, Allan R., *Instituciones Políticas y Constitucionales,* 8 vols., Universidad Católica del Táchira-Editorial Jurídica Venezolana, Caracas San Cristóbal, 1996-1998.

31 García Belaunde, Domingo y Cervantes Liñán, Luis (Compiladores), *Hans Kelsen. Sobre la Jurisdicción Constitucional,* Universidad Inca Garcilaso de la Vega, Lima, 2017.

32 Véase Brewer-Carías, Allan R., *Principios del régimen jurídico de la organización administrativa venezolana,* Editorial Jurídica Venezolana, Caracas, 1991.

33 Brewer-Carías, Allan R., *Constitución, democracia y control del poder,* Editorial Jurídica Venezolana, Caracas, 2004, p. 101 y ss.

urbana reticular" con antecedentes en el legado clásico que conformó lo que denominó con acierto la "ciudad ordenada"[34]. Brewer-Carías en su obra ha descrito el proceso de planificación de la ciudad en América por parte de los españoles, aspecto que todavía se aprecia en algunas ciudades como La Antigua Guatemala.

Sin embargo, debe destacarse un hecho significativo, toda vez que un análisis en conjunto de las obras del maestro se desprende el que, si bien hay elogios de la "ciudad ordenada" y minimización desde el punto de vista planificador de las ciudades en Estados Unidos, existe una preferencia por un equilibrio entre ciudades y campo, cuestión que sí ha sucedido en Estados Unidos y no en América española.

De hecho, valdría la pena acotar que la obra de Brewer pudiera dar pie a sostener que una explicación del fracaso del federalismo en América española puede deberse al desbalance entre la ciudad y el campo[35], aspecto decisivamente estudiado por los padres fundadores de los Estados Unidos de América, sobre el cual el derecho público en Venezuela no ha reparado debidamente.

Brewer-Carías sin duda deja a las nuevas generaciones una obra formidable llamada a ser estudiada en profundidad. El mejor homenaje que le puedo hacer a mi maestro es el de tratar de indagar aún más en su obra. Su liberalismo[36], opacado por el eclipse e influencia que llegó a tener la doctrina iuspublicista francesa luego de la postguerra, caracterizada por las nacionalizaciones, intervencionismo estatal, paternalismo estatal y minimización de la libertad económica afortunadamente lo ha rescatado abiertamente en sus obras más recientes.

Un discípulo revoltoso abiertamente liberal pude apreciar que leyendo a Brewer, se puede entender, paso necesario para luego transformar lo que hay que cambiar. Aquellos que lo vemos como un modelo de jurista[37], de ejemplo de vida y de venezolano honrado y trabajador, seguiremos estudiándole, por lo cual nada más propicio que darle las gracias por su magis-

---

34 Brewer-Carías, Allan R. *Ciudad Ordenada. Estudio sobre 'el orden que se ha de tener en descubrir y poblar' o sobre el trazado regular de la ciudad hispanoamericana) (Una historia del poblamiento de la América colonial a través de la fundación ordenada de ciudades),* 2° Edición, Editorial Jurídica Venezolana, Caracas-New York, 2017.

35 Hamilton, Alexander; Jay, John y Madison, James, *The Federalist,* Liberty Fund, USA, 2001, especialmente, los números 62-66, pp.

36 Waline, Marcel, *L'individualisme et le droit,* Dalloz, Collection: Bibliothèque Dalloz, Paris, 2007.

37 Brewer-Carías, Allan R. "La formación del abogado y los problemas del ejercicio de la abogacía" en *Boletín de la Academia de Ciencias Políticas y Sociales,* N° 91, Academia de Ciencias Políticas y Sociales, Caracas, 1983, pp. 23-39 y del mismo autor "Sobre la formación del abogado, la investigación jurídica y los retos frente al Estado Totalitario" en *Primer Congreso de Derecho: Expectativas Laborales y Actores Jurídicos para Venezuela,* Estudiantes de derecho de la Universidad Católica Andrés Bello, Aula Magna, Caracas, 2015.

terio y por la tradición que él ha sabido preservar, ampliar y mejorar de sus maestros.

De Andrés Bello a Allan R. Brewer-Carías hay una tradición que las generaciones nuevas deben preservar en Venezuela. Por lo demás: ¡Qué viva Venezuela libre!

# LA OBRA DE ALLAN R. BREWER-CARÍAS EN EL DERECHO COMPARADO

José Ignacio Hernández G.[1]

En la vasta obra intelectual de Allan R. Brewer-Carías sobresale su interés en el Derecho Comparado. Ese contacto comenzó en 1966, cuando a través de Roberto Goldshmidt, Brewer-Carías asumió la Ponencia General sobre el régimen de las actividades industriales y comerciales de los Poderes Públicos para la Academia Internacional de Derecho Comparado. El resultado, como todas las obras emprendidas por Brewer-Carías, fue extraordinario. Tal y como lo resumió el profesor mexicano León Cortiñas Peláez:

> A los 26 años, sólido y sereno en su francés sorbonnard, Brewer-Carías deslumbró el areópago de Upsala mediante una de esas demostraciones que prueban que el subdesarrollo no es problema de hombres y en definitiva será derrotado por el crecimiento de la noosfera en países que se honran con científicos de esta categoría.

No es usual que un estudioso del Derecho Administrativo se dedique al Derecho Comparado. Así, como pude recordar hace no mucho con ocasión al análisis del aporte de Brewer-Carías en el Derecho Administrativo Comparado, el Derecho Administrativo -y el Derecho Público en general- tienden a ser considerados el "pariente pobre" del Derecho Comparado. Una posible explicación de ello es que el Derecho Público se centra en el Estado, y por ello, tiende a ser una disciplina centrada en las condiciones políticas, económicas, sociales y culturales únicas de cada Estado.

Pero como Allan R. Brewer-Carías ha demostrado, el método del Derecho Comparado no solo es posible en el Derecho Público, sino que además, aporta una novedosa visión, pues el contraste de sistemas y modelos jurídicos permite apreciar, mucho mejor, las debilidades y fortalezas del Derecho Público doméstico.

Esto lo ha comprendido muy bien Brewer-Carías, al punto de dedicar buena parte de su actividad académica a estudios especiales de Derecho Público Comparado, correspondiéndole además desempeñarse como Vicepresidente de la Academia Internacional de Derecho Comparado. Pero, además, Brewer-Carías adoptó el método comparado en su análisis general

---

[1] Profesor de Derecho Administrativo, Universidad Central de Venezuela y Universidad Católica Andrés Bello. Visiting Fellow, Center for International Development at Harvard.

del Derecho Público venezolano, tal y como puede comprobarse al revisar el índice del Tomo XI del *Tratado de Derecho Constitucional* que hoy presenta la Academia de Ciencias Políticas y Sociales, dedicado al estudio del derecho y la acción de amparo en el Derecho Constitucional Comparado.

La apertura intelectual de Brewer-Carías al Derecho Comparado ha contribuido a la difusión de su obra más allá de las fronteras de Venezuela. No creo equivocarme al señalar que, hoy día, Allan R. Brewer-Carías es el jurista venezolano de mayor proyección mundial. No existe Conferencia o Congreso Internacional en el cual Brewer-Carías no sea invitado y en el cual su obra no sea citada. La universalidad de su pensamiento es, en buena medida, resultado de su temprano interés por el Derecho Comparado.

En tal sentido, y como en muchos de sus aportes intelectuales, Brewer-Carías se anticipó a lo que, hoy día, puede considerarse como una tendencia creciente en el Derecho Público. En efecto, para la década de los sesenta, el estudio comparado del Derecho Público, y en especial, del Derecho Administrativo, no era una metodología común, por las razones que he señalado.

Sin embargo, la globalización ha contribuido a modificar sensiblemente esa realidad. Así, como es sabido, la globalización económica ha estado acompañada de lo que la doctrina francesa denomina la mundialización del Derecho. La norma jurídica ya no es solo una norma estatal, sino que es también una norma que opera en lo que Sabino Cassese llama el espacio global. Como es natural, fue el Derecho Mercantil, o si se quiere, el Derecho Económico Privado, el que primero acusó este impacto, ante la necesidad de establecer normas económicas para una economía global, tal y como ha señalado el académico James-Otis Rodner.

Poco después la tendencia se extendió al Derecho Público. Creo que ello ha sido resultado de dos corrientes. La primera, es el proceso de mundialización de los derechos humanos, como lo ha denominado el académico Carlos Ayala Corao. Este proceso ha llevado a lo que se ha considerado como el Derecho Constitucional Global, que no es más que el conjunto de normas y organizaciones internacionales que garantizan y salvaguardan a los derechos humanos en el espacio global.

La segunda corriente tiene que ver con el surgimiento de organismos internacionales que llevan a cabo una especie de actividad administrativa. No se trata, en absoluto, de un tema novedoso: a él se refirió, en su momento, J.M. Hernández-Ron al estudiar el Derecho Administrativo Internacional. La globalización lo que hizo fue acelerar la creación de organizaciones internacionales más complejas, en lo que se ha denominado el Derecho Administrativo Global, tema ampliamente estudiado por el académico José Antonio Muci.

La expresión Derecho Administrativo Global, y tanto más, Derecho Constitucional Global, han sido cuestionadas por imprecisas. En mi opinión, se trata simplemente de expresiones con las cuales quiere describirse un cambio transcendental derivado de la globalización y su impacto en el Derecho Público. De esa manera, y en un sentido más restringido, el Derecho Público Global podría ser considerado como el conjunto de principios generales de Derecho Público sistematizados desde el método de Derecho Comparado, y que constituyen fuente de Derecho Internacional en los términos del artículo 38 del Estatuto de la Corte Internacional de Justicia.

De manera tal que la globalización promueve el método comparado en el Derecho Público. Así, el profesor Stephan Schill, de la Universidad de Ámsterdam, ha venido proponiendo la construcción de la *Lex Mercatoria Publica,* para compendiar, desde el método comparado, los principios generales de Derecho Público que inciden en la globalización económica.

Existen, claro está, barreras culturales. El Derecho Global, al promover la movilidad de capitales y recursos humanos, difumina las fronteras del Estado, lo que encuentra resistencia frente a la tradicional concepción estatista del Derecho basada en el concepto de soberanía, que es la esencia del Estado-Nación. El profesor Ricardo Hausmann, de la Universidad de Harvard, ha venido aludiendo en tal sentido a la importancia de estudiar el "sentido de nosotros" (*the sense of us*), precisamente para comprender mejor la resistencia hacia la movilidad de capitales y recursos humanos. Vencer esa resistencia es necesario para promover la complejidad económica y con ello, el crecimiento económico. De esa manera, el Derecho Global -y el método comparado en el cual éste se basa- puede contribuir a fomentar la complejidad económica y con ello, el crecimiento económico.

Además, la globalización del Derecho Público tiene hoy día un especial interés, vistos los riesgos globales a la democracia liberal. Como recientemente ha señalado Yascha Mounk, hay dos tipos de riesgos que deben considerarse. Por un lado, el surgimiento de regímenes autoritarios (amparados en una apariencia de constitucionalidad) ha derivado en una "democracia iliberal"; por el otro lado, hay evidencias de un liberalismo no-democrático, por formas de gobierno que, basadas en la tecnocracia, no tienen sin embargo origen democrático. El Derecho Público Global, centrado en la universalidad de los derechos humanos, puede ser una útil herramienta para reconstruir a la democracia liberal. Por último, los aportes de Allan R. Brewer-Carías al Derecho Comparado tienen hoy día, para Venezuela, un valor adicional. La completa destrucción de la democracia liberal en Venezuela, como resultado de un proceso consolidado por la ilegítima y fraudulenta asamblea nacional constituyente, ha dado a nuestra crisis un interés especial dentro del espacio global. La obra de Brewer-Carías, dedicada también a la denuncia sistemática de este proceso destructivo, ha contribuido al mejor entendimiento de nuestra realidad por parte de la comunidad internacional.

La presentación de la obra *Tratado de Derecho Constitucional,* que compendia la obra completa de Allan R. Brewer-Carías en Derecho Constitucional, es ocasión propicia para resaltar el aporte de la doctrina de Brewer-Carías en el Derecho Comparado y en la defensa universal de los derechos humanos y la democracia liberal.

# LA OBRA ENCICLOPÉDICA DE BREWER-CARÍAS PARA EL DERECHO PÚBLICO Y SU VALOR UNIVERSAL

Leonardo Palacios Márquez[1]

Como punto inicial, quiero agradecer profundamente a la Asociación Venezolana de Derecho Tributario (AVDT), a su presidente Dr. Juan Korody y demás miembros del Consejo Directivo, su deferencia en permitirme participar como su representante en este acto de reconocimiento a su muy apreciado y Miembro Honorario Dr. Allan Brewer-Carías.

A 108 años de la fundación de la Académica de Ciencias Políticas y Sociales, creada por Ley promulgada el 16 de junio de 1915, 106 años del discurso de su instalación a cargo del Dr. José Gil Fortoul, y 54 años de la creación de la AVDT, esa Docta Corporación, en conjunción con nuestra institución, procede a destacar los aportes del profesor Brewer-Carías al estudio y consolidación del Derecho Tributario, entre otras decenas efectuados acentuadamente en el Derecho Público.

Una obra, producto del tesón y la férrea disciplina que caracteriza al compilador y autor del estudio preliminar, Dr. Humberto Romero-Muci, intitulada *Allan R. Brewer-Carías tributarista: Sus aportaciones al Derecho Tributario Venezolano*.

Lo expresado no es óbice para aseverar que se trata de una obra propia del homenajeado, objeto, y quizás una extraordinaria razón para el reconocimiento a su trayectoria académica, y como uno de los constructores del Derecho Público en Venezuela, realizaciones con distinguido en el mundo académico internacional.

En la instalación de la Academia de Ciencias Políticas y Sociales el 20 de abril de 1917, el primer ocupante del Sillón 23, reveló la pretensión de quienes contribuyeron al nacimiento de la Corporación de ser "hombres de ciencia" y "colaborar en el progreso de las ciencias políticas y sociales", y su afán de evitar disfrazarse "a imagen y semejanza de otros países más antiguos, para imitar superficialmente la forma de sus institutos"[2] de manera categórica aseveró:

---

1 Ex presidente de la Asociación Venezolana de Derecho Tributario (AVDT).

2 Discurso de instalación de la Academia de Ciencias Políticas y Sociales, en José Gil Fortoul, *Obras Completas*, Vol. VIII, Ministerio de Educación, Caracas, 1957, p. 312.

> Quisimos que naciera y aspiramos a que se desarrolle como organismo joven, vivaz, emprendedor, adecuado a nuestro medio, con el temperamento impulsivo, la sangre ardorosa y el espíritu reformador de nuestra adolescente democracia[3].

Transcurrido el tiempo los anhelos fundacionales expresados por Gil Fortoul, se tornan en incontrastable realidad. El mejor ejemplo, es la trayectoria y contribuciones del Dr. Brewer al "progreso de las ciencias jurídicas y sociales", su impronta en la vida y proyección de la Corporación donde ocupa el sillón 10 desde 1978.

Este acto es la voluntad plural de dos grandes instituciones, como son la ACIENPOL y la AVDT, pues él es consecuente colaborador y acreditado protector de esa institucionalidad.

No es una construcción retórica hiperbólica de circunstancia protocolar, describir la obra jurídica del Dr. Brewer-Carías como colosal, extraordinaria, formidable, integral y universal, o cualquier adjetivo calificativo, que conduzca a poner de relieve la magnitud o dimensión de su óptima valoración de alcance y contenido.

Sin duda, es un hecho de existencia concreta, no deformada por razón alguna. No es un cumplido. Es una sustantividad reconocida por sus afectos y adversarios, pues un hombre con su dilatada trayectoria en múltiples campos no puede ser neutral.

Permítaseme, en correspondencia con lo afirmado, realizar una consideración adicional, que agrega mayor valor y proyección a la obra del Dr. Brewer-Carías, como es su conocimiento y estudios acerca de actos, hechos, instituciones y personajes históricos, que dan un visión real y efectiva al origen, por ejemplo, de nuestras ciudades e instituciones.

Una caracterización, que seguramente habría impedido, o inhibiría a Laureano Vallenilla Lanz en 1919, de haber conocido la dimensión de la aportación intelectual del Dr. Brewer-Carías, expresar en su conocida obra *Cesarismo democrático*, la abrasiva afirmación de que:

> Nuestros constitucionalistas no han sido en todas las épocas sino copistas con más o menos talento, que careciendo de sentido práctico y sentido histórico, no han hecho en Venezuela como en toda la América, desde México hasta la Argentina, sino el papel del Loquero, de que habla el Libertador, en aquel admirable apólogo: Yo considero al Nuevo Mundo –decía en 1828– como un medio globo que se ha vuelto loco y cuyos habitantes se hallan atacados de frenesí, y para contener este flotamiento de delirios y de atentados, se coloca en el medio de un Loquero con un libro en la mano para que los haga entender su deber[4].

Nuestra aserción no puede catalogarse de presentismo. Se trata más bien de enfatizar, la evolución de nuestros estudios jurídicos, la sólida for-

---

3 *Ibid.*

4 Laureano Vallenilla Lanz, *Cesarismo Democrático,* Tipografía Garrido, Caracas, 1952.

mación de nuestros juristas y el conocimiento de nuestra realidad, gracias al influjo del profesor Brewer-Carías, que, con continuidad, asombrosa densidad, y sentido asertivo de la oportunidad, se ha convertido en un defensor del Estado de Derecho, su institucionalidad y funcionalidad, en y desde esta Corporación, conjuntamente con sus integrantes.

La descripción, citada parcialmente, del citado de Vallenilla Lanz, pionero de esta Academia y detentador del sillón 35, se desvanecería ante una obra de más de seis décadas del profesor Brewer-Carías, que desbrozó el camino permitiendo la profundización del Derecho Público en todo su aristado e inspirando a varias generaciones, junto a otros maestros nacidos allende nuestras fronteras, pero con profundo arraigado y excelsos legados en el país (Antonio Moles Caubet y Manuel García Pelayo, por ejemplo).

Su trabajo prolijo ha alcanzado e impregnado nuestra disciplina en casi todas las áreas que enmarcan su contenido, por conducto de estudios, y su actuación como:

a. Profesor de universidades nacionales, públicas y privadas, e internacionales.

b. Presidente de la Comisión de Administración Pública, a partir de su creación en 1972, en cuya gestión se dieron pasos importantes para la modernización de las funciones de desarrollo económico conformadas por los sectores siguientes: finanzas, desarrollo industrial, comercio, turismo, hidrocarburos y minería y desarrollo agropecuario.

c. Académico desde 1978, ocupando el Sillón 10, y presidente de esta Corporación (1998-1999), realizando una intensa y combativa labor, contribuyendo a la formación de la expresión de su colectivo en temas de interés y veeduría del Estado Constitucional.

d. Senador por el Distrito Federal (1980-1983), que estuvo involucrado en discusiones en temas importantes con la Hacienda Pública y, entre estos, la tributación.

e. Constituyente en 1999, combativo en procura de la preservación del Estado de Derecho, lo cual lo llevó a convertirse en epicentro de ataques por sus posiciones proclives a la definición de las bases de un pacto fiscal máximo derivante y ordenador del sistema tributario.

   Una voz aislada, pero con estruendosa resonancia, que lo convierte en curador y conciencia histórica del constitucionalismo moderno y autorizado vocero de la AVDT, al llevar al conocimiento del país la propuesta de un conjunto de normas para integrar la Constitución Financiera, específicamente, para el *Título del Sistema Tributario* elaborada por nuestra institución, y guiados por el doctor Gabriel Ruan y el concurso de Juan Cristóbal Carmona, ambos expresidentes de nuestra institución.

f. Ministro de Estado para la Descentralización (1993-1994), que, a pesar de un corto periodo, realizó importantes aportes, bajo la premisa conforme a la cual "la descentralización es el instrumento para lograr la participación política; y la participación es actualmente la única vía para que nuestra democracia se perfeccione"[5]. Daba así sustento el profesor Brewer-Carías a la calificación de la descentralización como política nacional, y a su sentencia de enorme vigencia, conforme a la cual ese proceso, entre otros cambios políticos, resultaba esencial pues "nos estamos jugando la democracia"[6].

Sus propuestas eran anclajes para fortalecer ese proceso, que luego por razones que no vienen al caso ventilar en este momento, se fueron desmotando y permitiendo un pavoroso centralismo que hoy nos envuelve, triturando las bases del Estado Constitucional y, por consiguiente, de la funcionalidad democrática.

Hizo propuestas importantes en el proceso de trasferencias de competencias exclusivas y concurrentes, mecanismos intergubernamentales, mecanismos institucionales, que en la etapa de la difícil provisionalidad del Gobierno del presidente Ramón J. Velázquez, como él mismo lo afirmó, "además de darle la debida coherencia al proceso, le aseguran continuidad hacia el futuro"[7], anhelo y previsión, lo cual lamentablemente se frustró.

Quiero mencionar especialmente, por haber sido testigo de excepción, sus aportes en el proceso de ejecución de una de las leyes habilitantes más ajustadas a su esencia, como la que fue otorgada al presidente Ramón J. Velázquez en 1993, en la que se resaltaron y observaron los condicionamientos constitucionales y se adoptó a una encomiable técnica legislativa. La ejecución de la referida ley, estuvo caracterizada por los controles, el proceso consultivo a la cual fue sometida, y a las limitaciones materiales y formales de su vigencia.

El apoyo que nos dispensó a la "Comisión Presidencial nombrada para la elaboración de los decretos leyes en materia financiera y tributaria autorizados en la Ley Habilitante", de la cual fui Secretario Ejecutivo, hizo viable y funcional el mecanismo de financiamiento a la descentralización, producto de las bases consensuales entre el Ejecutivo Nacional, los gobernadores y alcaldes, lo cual quedó reflejado con la creación del Fondo Institucional para el Financiamiento de la Descentralización (FIDES).

---

5 Memoria del Ministerio de Estado para la Descentralización presentada al Congreso de la República en sesión conjunta en enero de 1994 en *Informe sobre la descentralización en Venezuela. 1993*, Editorial Arte, Caracas, 1994, p. 21.

6 *Ibid.*

7 *Ibid.*, p. 22.

g. En su ejercicio profesional de asesoría y litigio ha legado importantes aportes al Derecho tributario, que coadyuvan a la configuración de una hermenéutica en tanto expresión del conocimiento de la normativa, su génesis, su teleología y las instituciones que comprende, abarcando la interpretación de cómo explicar su alcance y aplicación, ofreciendo puntos de vista para su perfeccionamiento.

Aquí me permito, con la venia de ustedes, traer a colación otra experiencia, que me brindó la extraordinaria oportunidad de presenciar el desempeño del Dr. Brewer como tributarista, quien conjuntamente con el recientemente desaparecido, el querido y recordado emeritense, profesor y gran luchador democrático Dr. Román Duque Corredor, asumió la representación de la defensa de las bases de la denominada "Apertura Petrolera", el paso más importante que se dio después de la nacionalización, que brindó como política pública bien estructurada, las herramientas para acentuar el fortalecimiento económico y sentar las bases del desarrollo del país en tiempos cambiantes y de una internacionalización de la economía realmente exigente.

Nos tocó ejercer la asistencia y representación de los diputados y senadores del extinto Congreso de la República. La visión del profesor Brewer fue extraordinaria para definir las bases de las Relaciones Fiscales Intergubernamentales a partir del tratamiento de la figura subjetiva organizativa, que es la autonomía municipal, y su correspondencia con la distribución competencial del Poder Público en la vertiente del ingreso tributario.

El concepto de *autoritas*, empleado por García Pelayo, quizás en un contexto diferente, se allana perfectamente al propósito de este acto, y por eso acudimos a él, para destacar el crédito que ofrece el Profesor Emérito de la Universidad Central de Venezuela, no solo por sus logros pasados, sino por su incesante trabajo creador e intelectual, que tiene como supuesto la confianza, que se hace presente por el respeto a la libertad de las instituciones y personas destinaria de sus reflexiones, o recipiendarias de sus frutos en seguir o disentir de su pensamiento, pues, sin duda, la calidad de sus disquisiciones y los cánones óptimos de su trabajo intelectual inspiran a seguir y estar pendiente de su admirable constancia y prolijidad.

El trabajo que desempeña el Dr. Romero-Muci, como especializado registrador y con indiscutible acuciosidad ofrece una relación detallada, ordenada y valorada de los elementos, que definen un óptimo inventario de la obra del Dr. Brewer-Carías con relevancia y marcada significación en nuestra disciplina.

Al Derecho Tributario, se le ha clasificado en distintas ramas como concreción de "una clasificación específica del sistema jurídico" a los fines de su mejor enseñanza y facilitar el entendimiento de la jerarquización de sus fuentes, en tanto a la vinculación existencial y progenie constitucional y legal, la aplicación y eficacia del llamado "Derecho intertemporal" regulación de la sucesión de las leyes tributarias en el tiempo, y su incidencia en las exigencia de obligaciones y respeto de las situaciones jurídicas subjetivas legales y contractuales, así como de las esferas de validez que comportan las normas que integran el ordenamiento tributario.

De esta manera, al Derecho tributario se le clasifica desde el punto de vista de su relacionamiento con otras especialidades en Derecho constitucional tributario, el Derecho material o sustantivo tributario, Derecho formal tributario, Derecho procesal tributario, Derecho internacional tributario y Derecho penal tributario.

Todas estas ramas diferenciadas, como formas de estudio y que propician evidenciar la interrelación del ordenamiento a través de remisiones directas y explicitas, internas y de complementariedad en cuanto eficacia de regulación de actos, hechos y negocios jurídicos, su adecuada interpretación y aplicación en orden a su integridad, son efectos refractarios de los corolarios principales del Estado de Derecho.

Esos principios que informan el Estado de Derecho, que le sirven de fundamento, y que se han desarrollado, como lo asienta el propio doctor Brewer-Carías, después de las revoluciones americana, francesa y latinoamericana, son la idea misma de una Constitución, como norma suprema; la limitación del poder del Estado, mediante su distribución, separación o división, como garantía de las libertades públicas; la subordinación del Estado al principio de legalidad; el establecimiento de derechos y libertades fundamentales de los ciudadanos en la Constitución; y la consolidación de un sistema de control judicial o jurisdiccional de la constitucionalidad de los actos estatales.

El Dr. Brewer ha tenido incursiones reflexivas de importancia en cada una de las ramas del Derecho tributario, destacando aquellas que concretan sus aportes al Derecho constitucional tributario, pues ella ha permeado en un ejercicio absolutamente ajustada a la hermenéutica e interpretación de las Constituciones venezolanas, más recientemente las de 1961 y 1999, sin poder preterirse su análisis historiográfico efectuado, propio de la historia del Derecho acorde con los textos constitucionales anteriores.

El Derecho constitucional tributario no es nueva rama, distinta del vaso comunicante del tradicional Derecho constitucional, complejo normativo entre lo jurídico y lo político, sino como una forma de acceder a su método de análisis y criterios de hermenéutica para analizar el fenómeno económico subyacente de la configuración técnico jurídico del tributo, comprendiendo, entre otros temas, su existencia e importancia en un Estado de derecho, la configuración de un sistema tributario democrático a través de la cláusula democrática, que lo califica, la funcionalidad ontológica de los principios máximos ordenadores de la estructura tributaria, en tanto límites explícitos y directos de la manifestación concreta del elemento existencial del Estado Constitucional, el poder de no imposición como funcionalidad del carácter social, que le es atribuido por el constituyente, la distribución del Poder Público normativo en materia tributaria entre las distintas manifestaciones político territoriales del Estado, y el marco conceptual de las Relaciones Intergubernamentales (RIG), especialmente, las de índole fiscal, incluida, la descentralización.

No puede abandonarse en la actualidad la coexistencia relacional entre el presupuesto, los ingresos para su financiamiento, especialmente, los de fuente tributaria y el comercio internacional, que conduce a la noción del siglo pasado de las llamadas "economías tributarias", el manejo del endeudamiento como fuente complementaria de cobertura presupuestal, la administración de los bienes, la política monetaria y la coordinación macroeconómica, en virtud de que es un entreverado sin el que se pueda analizar debidamente la juridicidad del tributo, o la de ley tributaria que lo establezca en ejecución de la política tributaria.

Lo indicado impone el reto de un redimensionamiento en el entendimiento y aplicación de los principios y valores de progenie constitucional que informan, dan consistencia e integralidad al sistema tributario. Impone el reto de replantear la enseñanza del Derecho tributario como un compartimiento estanco con prescindencia de algunos de los ejes temático de la Hacienda Pública.

El profesor Brewer-Carías con sus estudios profundizados del Estado de Derecho, ha suministrado el basamento real y efectivo para la delimitación de los principios máximos ordenadores del sistema tributario consagrados en las Constituciones de 1961 y 1999, con mayor elaboración técnica y visión integrada de los eslabones de la actividad financiera y de los aspectos centrales de la hacienda pública, superando el tradicional criterio de aislamiento de interpretación de la norma tributaria. El autor lleva de la mano al interprete a la noción de Constitución Financiera, sin la cual no puede efectuarse un análisis de la política tributaria y del ordenamiento que la refleja.

Es necesario dar mayor consistencia a la hermenéutica y a la interpretación de la legislación tributaria, de las propuestas de políticas tributaria y de administración tributaria, así como su correspondencia con las otras políticas públicas, que inciden sobre la actividad financiera.

En este orden de ideas, debe destacarse los siguientes aspectos, que encuentra desarrollo en la obra de Brewer-Carías:

a. La esencia e implicaciones de la cláusula democrática, fuente de la funcionalidad de la institucionalidad del Estado de Derecho, y de las premisas necesarias para la legitimidad de la limitación que comporta la tributación a los derechos de propiedad y libertad económica.

   Esta es una premisa fundamental para la configuración de un sistema tributario a partir de una política tributaria adoptada, haciendo viable la observancia de los principios de representación y auto imposición,

b. Las implicaciones de la consagratoria de un Estado Social y de Derecho a los fines de la articulación de la política tributaria con las otras políticas públicas, en correspondencia con los fines de cobertura o recaudatorios y de ordenamiento o extrafiscales. Categorías que son posibles por el ejercicio del Poder Púbico normativo de creación y exigencia del pago de tributos y el Poder Público normativo de no imposición, que permite el otorgamiento de beneficios e incentivos fiscales en el contexto del contenido de fomento de la actividad administrativa.

c. La eficacia de la distribución territorial o vertical de las cuales surgen tres niveles políticos territoriales dotados de personería jurídica, que se ejerce en la eficacia limitada y racional de la autonomía, figura subjetiva organizativa, que tiene un contenido en lo administrativo, financiero, normativo y político bajo la égida de los principios de armonización, coordinación e incoordinación, que enmarcan las Relaciones Fiscales Intergubernamentales.

   En este tema, es necesario su vinculación con los "intereses propios y peculiares de la entidad" en correspondencia con el "Bloque de intereses públicos".

d. El ejercicio del poder normativo tributario y el poder no tributario, que conduce al llamado "gasto tributario" para lograr la asignación y redistribución, que desarrolla el contenido social del Estado de derecho.

e. El régimen particular de cada tributo, especialmente, los impuestos. Este elemento de valoración de la juridicidad de una propuesta de política tributaria, o de una ley –nacional o estadal– u ordenanza, se ha transformando en un postulado de un derecho de los contribuyentes "a que el legislador se ajuste al definir los tributos, a su real naturaleza, conforme a las notas constitutivas de cada especie", como lo expresa la Carta de los Derechos del Contribuyente para los países miembros del Instituto Latinoamericano de Derecho Tributario (ILADT)[8].

   Así, el profesor Brewer-Carías hace un análisis de la esencia de las formas de tributación típicas representadas en el análisis crítico, que a partir de la jurisprudencia realiza, por ejemplo, en relación a los impuesto sobre patente de industria y comercio –ahora denominado Impuesto a las Actividades Económicas– y del impuesto territorial predial, este último originariamente previsto en la reforma tributaria presentada durante el primer Gobierno de Carlos

---

[8] Carta de derechos del contribuyente para los países miembros del Instituto Latinoamericano de Derecho Tributario (ILADT). Disponible en: https://iladt.org/carta-derechos-al-contribuyente/

Andrés Pérez, destacando su esencia de ordenación, o fines extra-fiscales.

f. Finalmente, los principios de imposición no legislados que permiten la conectividad entre la tributación y las denominadas reglas fiscales principios y valores, que buscan la racionalidad de la actividad financiera. Es el complemento de esta metodología de interpretación, que consideramos la más conveniente.

Los aportes del profesor Brewer-Carías contribuyen significativamente a esa forma de hermenéutica e interpretación propuesta. Sus estudios abarcan los pasos mencionados y su simetría con los principios del Estado de derecho, en los términos constitucionalmente consagrados.

Sus estudios permiten el estudio doctrinal del Derecho tributario, pues cubre todas las facetas en:

a. Lo constitucional y los principios ordenadores del sistema tributario.

b. En lo material y sustantivo en lo atinente a la tipificación del tributo, anticipando con propiedad el autor, al abordar la clasificación de lo que hoy conoce como los tributos atípicos, destacando la naturaleza excepcional contributiva en especie de las "cesiones obligatorias de propiedad privada a los entes públicos por razón de urbanismo, con especial referencia a las áreas verdes, áreas educacionales y calles".

c. En el procesal tributario en lo vinculado a sus estudios de la tutela administrativa y judicial efectiva con todos sus requisitos existenciales, abordados con profundidad en obras individuales y colectivas.

d. Sus estudios en materia de procedimientos administrativos, teoría de la actividad y organización administrativa, que engloba lo que hoy se conoce como derecho al buen gobierno y a la buena administración, son indispensables para la articulación de la política de administración tributaria. Los factores de la ecuación para un adecuado y oportuno programa de reforma tributaria.

e. En materia de internacional, por ejemplo, el tratamiento dado a la inmunidad de jurisdicción de los Estados, resulta indispensable para adentrase en el estudio del Derecho internacional tributario.

Es ineludible destacar, que todos esos aportes orientaron la formulación de la política tributaria expresadas en las propuestas de la Reforma Tributaria, que tuvimos la oportunidad de coordinar (1991-1993), y participar, como parte del equipo encargado de la ejecución del denominado "Plan Sosa" del 8 de marzo de 1994. Sus enseñanzas eran una voz de conciencia para ajustar la normativa al "Bloque de Legalidad".

Con la venia de los señores académicos, deseo aprovechar esta oportunidad para expresarle al Dr. Brewer-Carías nuestra gratitud, por su desprendimiento y consecuencia institucional, y en lo personal, su deferente trato y la atención dispensada cuando nos correspondió el honor de dirigir los destinos de la AVDT (2015-2020), especialmente, su apoyo para elaborar una obra con valor universal, donde participaron decenas de profesores europeos y latinoamericanos con ocasión de la celebración de los cincuenta años de la fundación de nuestra institución, cuyo título el propio profesor Brewer-Carías nos sugirió: Derecho Tributario contemporáneo.

No cabe duda, que el profesor Brewer-Carías ha contribuido con el estudio y divulgación del Derecho tributario. Hoy la AVDT, ratifica su sentimiento de orgullo de contar con él entre sus miembros activos.

# SOBRE EL DERECHO PÚBLICO IBEROAMERICANO: A PROPÓSITO DEL TRATADO DE DERECHO ADMINISTRATIVO DE ALLAN R. BREWER-CARÍAS

Jesús María Alvarado Andrade[1]

## Introducción

La prestigiosa casa Editorial Civitas-Thomson Reuters, en coedición con la Fundación de Derecho Público y la no menos prestigiosa Editorial Jurídica Venezolana (EDJV), publicaron en 2013 un colosal *Tratado de Derecho Administrativo. Derecho Público Iberoamericano,* cuyo autor es el profesor doctor Allan R. Brewer-Carías. La referida obra consta de seis tomos debidamente sistematizados, los cuales ofrecen en aproximadamente 6.462 páginas una síntesis de la obra escrita en Derecho Administrativo en más de cincuenta años de intensa actividad académica y profesional, con un doble fin, a saber: primero, adelantarse a la iniciativa de búsqueda, recopilación y sistematización que en el futuro pudiera hacer un "buen y generoso amigo o antiguo alumno", y segundo, de servir a los estudiosos, los cuales podrán por vez primera obtener una visión de conjunto de la *Teoría General del Derecho Administrativo* dispersa en la fecunda obra intelectual del jurista caraqueño[2].

El referido *Tratado*, en tanto compilación de los distintos libros y artículos científicos publicados sobre el Derecho Administrativo a lo largo de estas cinco décadas, se enfoca fundamentalmente en la llamada *Teoría General del Derecho Administrativo*[3]; en especial, en el estudio exhaustivo de las bases constitucionales del Derecho Administrativo, sus principios fundamentales, el concepto de la disciplina, su formación en Venezuela[4] y

1 Catedrático de Derecho Constitucional, Universidad Francisco Marroquín (Guatemala) y Universidad Central de Venezuela.

2 Allan R. Brewer-Carías, "Palabras elaboradas con motivo del acto de Presentación del *Tratado de Derecho Administrativo. Derecho Público Iberoamericano*, Editorial Thomson Aranzadi Civitas (Madrid 2013)" (videoconferencia), en el Centro de Estudios de Derecho Público, Facultad de Ciencias Jurídicas y Sociales de la Universidad Monteávila, Caracas, 2013.

3 Habrá que esperar la publicación de los tomos concernientes al denominado Derecho Administrativo Especial y el Tratado de Derecho Constitucional.

4 José Ignacio Hernández G., "Allan R. Brewer-Carías y el concepto de Derecho Administrativo en Venezuela", en *Revista de Administración Pública*, N° 184, Centro de Estudios Políticos y Constitucionales, Madrid, 2011, pp. 349-355.

en el Derecho Comparado (tomo I); los fundamentos y las organizaciones de las Administraciones Públicas en Venezuela e Iberoamérica (tomo II); la definición, requisitos, clasificación y efectos jurídicos del "Acto Administrativo" y de los "Contratos Administrativos" (tomo III); el régimen constitucional y legal sobre el procedimiento administrativo venezolano y en Iberoamérica (tomo IV); las tareas de las Administraciones Públicas en la sociedad democrática, así como los límites a la discrecionalidad administrativa y a las potestades normativas y reguladoras en la economía por parte de las Administraciones Públicas (tomo V), y, por último, todo lo referido al control jurisdiccional de los actos estatales de las Administraciones Públicas, a saber, la llamada jurisdicción contencioso-administrativa (tomo VI), la cual en la obra reviste una importancia cardinal, ya que en el caso de Venezuela, por expresa disposición constitucional, los jueces con competencia en lo contencioso-administrativo ejercen de igual modo la justicia constitucional materialmente respecto de la actividad administrativa[5].

## 1. La gestación del Tratado de Derecho Administrativo. Derecho Público Iberoamericano de Allan R. Brewer-Carías (1975-2013)

La publicación de la referida obra reviste una importancia fundamental tanto para Venezuela como para Iberoamérica, ya que se trata de la cristalización de un viejo proyecto que el jurista había ofrecido en 1975[6], el cual no se materializó en su oportunidad debido a la intensa actividad profesional, política[7] y académica, en la que resalta la incursión fructífera en los predios del Derecho Constitucional, cuya muestra se patentiza en obras de indiscutible calidad académica, a saber: *Judicial Review in Comparative Law*[8]; *Instituciones Políticas y Constitucionales*[9]; *Constitutional Protection of Human Rights in Latin America. A Comparative Study of the Amparo Proceedings*[10]; *Constitutional Courts as Positive Legislators*[11]; *La Patología de*

---

5 Allan R. Brewer-Carías, "La actividad administrativa y su régimen jurídico", en *II Jornadas sobre Derecho Administrativo. Las formas de la actividad administrativa*, FUNEDA, Colegio de Abogados del Estado Carabobo, Caracas, 2005, pp. 11-41.

6 Allan R. Brewer-Carías, *Derecho Administrativo*, tomo I, Universidad Central de Venezuela, Caracas, 1975.

7 Es menester destacar que el jurista se ha desempeñado como Presidente de la Comisión de Administración Pública de la Presidencia de la República (1969-1972); Ministro de Estado para la Descentralización (1993-1994); Senador Suplente por el Distrito Federal; Miembro Suplente del Consejo Supremo Electoral (1979-1984); Juez y Magistrado de distintos órganos jurisdiccionales, entre ellos la Sala Político-Administrativa de la Corte Suprema de Justicia (1979-1984), y miembro de la Asamblea Nacional Constituyente (1999).

8 Cambridge Studies in International and Comparative Law, New Series, Cambridge University Press, Cambridge, 1989.

9 Universidad Católica del Táchira-Editorial Jurídica Venezolana, Caracas-San Cristóbal (1996-1998).

10 Cambridge University Press, New York, 2009.

11 Cambridge University Press, New York, 2011.

*la Justicia Constitutional*[12]; *Documentos Constitucionales de la Independencia-Constitucional Documents of the Independence 1811*[13]; *Derecho Procesal Constitutional. Instrumentos para la Justicia Constitucional*[14]; *Constitucional Law Venezuela; Práctica y distorsión de la Justicia Constitucional en Venezuela (2008-2012)*[15]; *Sobre el Constitucionalismo Hispanoamericano PreGaditano 1811-1812*[16]; y, por último, *El Control de Convencionalidad y Responsabilidad del Estado*[17], entre muchas obras recientes que se pueden destacar de ese corpulento *curriculum vitae.*

La no realización del proyecto inicial de 1975, si bien tuvo bastante relación con la intensa actividad profesional, política y académica antes referida, debe agregársele un factor decisivo, a saber, la estudiada y denunciada crisis terminal del sistema político venezolano[18], la cual afloraba en Venezuela a finales de la década de los setenta (1970's) del siglo pasado (XX), lo cual obligó al autor a realizar el tan criticado "intrusismo en campos ajenos"[19], en tanto demandaba la circunstancia histórica del país una profunda "constitucionalización"[20] del Derecho Administrativo, sumado a la hon-

12 Editorial Investigaciones Jurídicas-Editorial Jurídica Venezolana, San José, 2012, 596 pp., y Segunda Edición ampliada, European Research Center of Comparative Law, Bissendorf-Niedersachsen Germany, 2013.

13 Editorial Jurídica Venezolana, Caracas, 2012, 644.

14 Editorial Investigaciones Jurídicas, S.A., San José, Costa Rica, 2012, 628.

15 Acceso a la Justicia, Academia de Ciencias Políticas y Sociales, Universidad Metropolitana, Editorial Jurídica Venezolana, Caracas, 2012.

16 Universidad Católica Andrés Bello, Editorial Jurídica Venezolana, Caracas, 2013.

17 Universidad Externado de Colombia, Bogotá, 2013, 384, en colaboración con el profesor Jaime Orlando Santofimio.

18 Allan R. Brewer-Carías, "La Crisis de las Instituciones: Responsables y Salidas", en *Revista de la Facultad de Ciencias Jurídicas y Políticas*, N° 64, Universidad Central de Venezuela, Caracas, 1985, pp. 129-155.

19 Eduardo García De Enterría, *La Constitución como Norma y el Tribunal Constitucional*, Editorial Civitas, Madrid, 2001, p. 20.

20 El fenómeno de la "constitucionalización" requeriría una completa profundización, pero al respecto en el ámbito constitucionalista e iusfilosófico se han propuesto las siguientes notas características: *i)* Constitución rígida; *ii)* control jurisdiccional de la Constitución; *iii)* fuerza normativa-vinculante de la Constitución; *iv)* "sobre interpretación" de la Constitución; *v)* interpretación conforme de las Leyes; *vi)* aplicación directa de las normas constitucionales; y *vii)* influencia de la Constitución sobre las relaciones políticas. Josep Aguiló Regla, Manuel Atienza y Juan Ruiz Manero, *Fragmentos para una Teoría de la Constitución*, Biblioteca Jurídica Básica, Iustel, Madrid, 2007. En el caso de Venezuela, "constitucionalización" se ha entendido, lamentablemente, muchas veces como la incorporación de conceptos, instituciones y procedimientos antiliberales en las "Constituciones", a los fines de acrecentar el poder del Estado. Con la venia de estilo, Jesús María Alvarado Andrade, "Aproximación a la tensión Constitución y libertad en Venezuela", en *Revista de Derecho Público,* N° 123, Editorial Jurídica Venezolana, Caracas, 2010, pp. 17-43, y Jesús María Alvarado Andrade, "Sobre Constitución y Administración Pública. ¿Es realmente el Derecho Administrativo en Venezuela un Derecho Constitucional Concretizado?", en *100 Años de Enseñanza del Derecho Administrativo en Venezuela 1909-2009* (Coord. José Ignacio Hernández G.), Centro de Estudios de Derecho Público de la Universidad Monteávila-FUNEDA, Caracas, 2011, pp. 165-263.

da convicción en el autor de que las disciplinas del Derecho Público –Derecho Constitucional y Derecho Administrativo– presentan vínculos estrechos, lo cual obligaba a un estudio en conjunto. De allí que en lo que se refiere a la disciplina objeto de estudio –el Derecho Administrativo– como se refiere en el *Tratado*, advirtiera que, como derecho estatal, le era necesario interiorizar el "conjunto de bases constitucionales, que son las mismas bases del Estado contemporáneo y que, en general, en el mundo occidental corresponden a lo que se ha venido denominando el 'Estado Social y Democrático de Derecho', terminología acuñada desde hace décadas en las Constituciones europeas"[21], lo cual inexorablemente conllevó una ampliación de horizontes intelectuales, que resultaba imposible concretizar en un breve período.

Con arreglo al fenómeno occidental de la "constitucionalización" del Derecho Administrativo, y a la denunciada crisis terminal del sistema político venezolano[22] –cada vez más acentuado por la incomprensión del liderazgo político de la obra realizada, a saber, la imposición de condiciones que hicieran favorable la vida democrática–, se sumaba en el autor una preocupación intelectual que nunca lo abandonará, como ha sido la toma de conciencia histórica de que Venezuela a finales de la década de los cincuenta era el país que "menor tradición democrática tenía entre todos los países de América Latina"[23], lo cual dio un giro luego de finalizada la penúltima dictadura del siglo XX, que encabezó el General Marcos Pérez Jiménez, debido, entre otros factores, a las alianzas políticas e internacionales en procura de la democracia, inspiradas en los contenidos del *Annual Message (Four Freedoms) to Congress* (1941) del Presidente de Estados Unidos de América, Franklin D. Roosevelt, y de los postulados del derecho a la autodeterminación de los pueblos, formalizada en la denominada Carta del Atlántico, suscrita el 14 de agosto de 1941[24].

---

21 Allan R. Brewer-Carías, "El proceso de constitucionalización del Derecho Administrativo en Colombia", en *Revista de Derecho Público*, N° 55-56, Editorial Jurídica Venezolana, Caracas, 1993, p. 47. Vale indicar que la primera vez que se usó en Venezuela la expresión "Estado Democrático y Social de Derecho" fue en el subtítulo del libro de Brewer-Carias, *Cambio Político y Reforma del Estado en Venezuela*, Editorial Tecnos, Madrid, 1975, el cual era "Contribución al estudio del Estado Democrático y Social de Derecho".

22 Juan Carlos Rey, "La democracia venezolana y la crisis del sistema populista de conciliación", en *Revista de Estudios Políticos*, N° 74, Centro de Estudios Políticos y Constitucionales, Madrid, 1991, pp. 533-578, y Allan R. Brewer-Carías, "Venezuela: historia y crisis política", en *Derecho y Sociedad. Revista de Estudiantes de Derecho de la Universidad Monteávila*, N° 3, Universidad Monteávila, Caracas, 2002, pp. 217-244.

23 Allan R. Brewer-Carías, *Historia Constitucional de Venezuela*, Editorial Alfa, tomo I; tomo II, Caracas, 2008.

24 El 20 de septiembre de 2001 murió Marcos Pérez Jiménez en su casa de La Moraleja (Alcobendas, Madrid), a los 87 años. Desde el año de 1948 a 1958 tendrá un papel estelar en la vida política venezolana. Sobre las alianzas y políticas en procura de la democracia venezolana, Germán Carrera Damas, *Mis historias: contribuciones a his-*

En efecto, con arreglo a dicho contexto político, jurídico, económico y social, resultó imperioso para el prolífico jurista emprender investigaciones académicas a los fines de ir más allá de la exégesis legislativa imperante en Venezuela, para encauzar los estudios jurídicos bajo la senda del Estado de Derecho y de la Democracia, como ocurría en otras latitudes de Occidente, en especial en Estados Unidos de América, desde su génesis como República liberal, y en Europa continental, con énfasis, luego de las llamadas guerras mundiales o europeas, máxime si se toma en cuenta la formación y propagación ideológica que pronto comenzó a desarrollarse en Venezuela, basada en la falsa identificación de una inexistente crisis de la democracia como régimen político[25] con una crisis del sistema político que sí existía, con el fin de desprestigiar a la democracia-liberal como régimen político, a los fines de hacer más fácil su aniquilamiento o desmantelamiento[26], como ha ocurrido en la actualidad, en la cual se aprecia el reemplazo total de la satanizada democracia formal por una presunta y confusa democracia social o socialista, la cual propugna abiertamente la abolición definitiva de los pocos resquicios de igualdad en el "juego democrático", la proscripción de la precaria sociedad civil por la absorción total de ésta por el Estado y, por último, la tiranía de la mayoría por medio de elecciones basadas en la coacción estatal, universales, directas y no secretas, violando con ello la propia "Carta-Constitución" de 1999.

La preocupación y pasión por el Derecho Público en el contexto antes expuesto impulsaron a Brewer-Carías prematuramente a abandonar el viejo proyecto inicial de un *Tratado de Derecho Administrativo* para con ello encauzar sus esfuerzos intelectuales al Derecho Constitucional, dada su convicción de que era ineludible previamente en el contexto venezolano llevar a cabo un estudio omnicomprensivo que superara en lo inmediato los "esquemas formales de la dogmática del Derecho Administrativo"[27], en tanto la mayoría de los estudios doctrinales –para la fecha escasos– estaban enfocados en la mera exégesis de la legalidad ordinaria, descuidando abiertamente el necesario tratamiento de las instituciones y acarreando con ello una indefensión ideológica profunda en la Academia y en los operadores jurídicos, que conllevará a la no asimilación académica, política y social de que la Administración Pública y la Política se encuentran esencialmente

*torias colectivas,* Fondo Editorial de Humanidades y Educación-Universidad Central de Venezuela, Caracas, 2006.

25 Allan R. Brewer-Carías, "Reflexiones sobre la crisis del sistema político, sus salidas democráticas y la convocatoria a una Constituyente", en Allan R. Brewer-Carías (Coord.), *Los Candidatos Presidenciales ante la Academia*, Biblioteca de la Academia de Ciencias Políticas y Sociales, Caracas, 1998, pp. 9-66.

26 Allan R. Brewer-Carías, *Dismantling Democracy in Venezuela. The Chávez Authoritarian Experiment*, Cambridge University Press, New York, 2010.

27 Allan R. Brewer-Carías, *Cambio Político y Reforma del Estado en Venezuela*, Editorial Tecnos, Madrid, 1975, p. 13.

unidas[28], por lo que criticará con mucho énfasis el autor "los criterios desideologizadores y tecnocráticos que pretenden ver a la Administración Pública como una entidad neutra políticamente", en tanto en el contexto actual, aseguraba, "hoy por hoy no tienen aplicación"[29].

Tal crítica en contra de las posturas desideologizadoras y tecnocráticas, que aún hoy lucen extrañas y escandalosas para cualquier jurista con mentalidad estrecha acerca del Derecho –por lo menos en Venezuela–, procuraba superar en lo inmediato los esquemas formalistas imperantes de la dogmática del Derecho Administrativo que se venían propagando[30], en procura de obtener la comprensión de los supuestos políticos, sociales y económicos que siempre por darse por supuestos en los estudios de Derecho Público se esquivan, rompiendo con ello el autor definitivamente con toda visión del Derecho "formal y tecnicista"[31], el cual, en su criterio, impedía el ansiado y pregonado "desarrollo"[32].

---

28 Del otro lado del Atlántico, el siempre recordado, genial e influyente jurista Eduardo García De Enterría advertirá en su tan influyente y magistral estudio algo que en Venezuela no se comprende aún, y que de un modo u otro resultaba similar al planteamiento de Brewer-Carías. Refería el jurista: "No es exacto que una buena Administración pueda sustituir una ausencia de Política o que todo el problema del Estado de Derecho pueda ser reconducido a un problema de justicia administrativa, como alguna vez se ha pretendido, pero sí lo es, sin embargo, que sin una total y plenaria resolución de este gran tema de la justicia administrativa el Estado de Derecho es literalmente nada. El ciudadano se enfrenta con el Poder primariamente en cuanto poder administrativo. Él le acompaña, como decían nuestros clásicos del siglo XIX, desde la cuna a la sepultura. Pero no se trata, naturalmente, de enfocar este problema de la justicia administrativa como un sistema de regulaciones procesales formales, sino de hacer pasar por ellas todo un conjunto de reglas sustanciales". Eduardo García De Enterría, "La lucha contra las inmunidades del Poder en el Derecho Administrativo", en *Revista de Administración Pública*, N° 38, Centro de Estudios Constitucionales, Madrid, 1962, p. 11.

29 Ibid., p. 347.

30 Algo sobre lo cual muchos abogados en Venezuela, e incluso autoproclamados discípulos de Brewer-Carías, no terminan de comprender.

31 Allan R. Brewer-Carías, *Derecho y Desarrollo*, Universidad Central de Venezuela, Caracas, 1971, p. 53.

32 Al respecto afirmaba el autor, y vale la pena destacar, que: "En América Latina, como consecuencia, y en Venezuela en particular, el desarrollo está vinculado a esos tres elementos: la planificación como proceso de ordenación del cambio; la transformación de las estructuras, como consecuencia del desarrollo; y una acción decidida y permanente del Estado, como único ente con poder –el poder público– capaz de provocar y acelerar esos cambios que el desarrollo implica". Ibid., pp. 13 y 14. Sobre el concepto de "Planificación" puede leerse Allan R. Brewer-Carías, "La planificación del desarrollo económico y social en Venezuela", en *Estudios de Derecho Económico*, vol. IV, Universidad Nacional Autónoma de México, México, 1983, pp. 7-46, y en el ámbito económico, *El Control de las Actividades Económicas del Estado en el Derecho Venezolano*, Ediciones del Instituto Latinoamericano de Ciencias Fiscalizadoras-Contraloría General de la República, Caracas, 1969, 176 pp. Dada la expansión inusitada del Estado y la derivación socialista-marxista actual, que de un modo u otro no es más que la fase superior del colectivismo anterior, el jurista recientemente se ha pronunciado en contra de la planificación de carácter centralizado y obligatorio que de

## 2. Las preocupaciones intelectuales de Brewer-Carías por la disciplina del Derecho Constitucional: ¿Olvido del Derecho Administrativo?

La incursión de Brewer-Carías al Derecho Constitucional, con el consecuente abandono de la redacción del *Tratado*, se debió básicamente a una preocupación constante por "constitucionalizar" el Derecho Administrativo y a la vez por comprender detenidamente el fundamento de las instituciones de los sistemas políticos y constitucionales occidentales, gracias a sus permanentes preocupaciones y estudios amplios en lo que se refiere al Derecho Comparado. Sin embargo, como consecuencia no querida, el jurista desarrolló en sus estudios de dogmática jurídica un Derecho Constitucional *sui generis* en sus inicios, en tanto esta disciplina en Venezuela, lamentablemente, ha estado condicionada históricamente por la dogmática del Derecho Administrativo, la cual en Venezuela no ha estado históricamente -tiene sus altos y bajos- concebida como una disciplina favorable a la protección de la libertad individual frente al poder político, sino que, al contrario, ha estado orientada a legitimar las acciones de una Administración omnipotente resultado de un crecimiento desproporcionado de las "actividades prestacionales, productivas y comerciales del sector público, y por la otra, en la penetración de la intervención reguladora y contralora del Estado, respecto de materialmente todas las actividades privadas"[33].

En efecto, el Derecho Administrativo en Venezuela, al cual tantas horas de estudio le dedicará Brewer-Carías, se basará inicialmente en tesis antiliberales o iliberales, sobre los cuales la dogmática administrativa hará un hercúleo esfuerzo, bastante infructuoso por lo demás, por no explicitarlas, ocultando con ello la mayor de las veces las bases ideológicas en "donde se apoyan de manera consciente o inconsciente"[34], contra el cual Bre-

---

modo inconstitucional existe en la actualidad. Allan R. Brewer-Carías, "Comentarios sobre la inconstitucional creación de la Comisión Central de Planificación, centralizada y obligatoria", en *Revista de Derecho Público*, N° 110, Editorial Jurídica Venezolana, Caracas, 2007, pp. 79-89.

33 Allan R. Brewer-Carías, "Los problemas de la Administración Pública y la capacidad de acción del Estado en América Latina", en Manfred Molds y Josef Thesing (Eds.), *El Estado en América Latina*, Fundación Konrad Adenauer Stiftung y Centro Interdisciplinario de Estudios sobre el Desarrollo Latinoamericano Ciedla, Buenos Aires, 1995, pp. 175-248.

34 Alejandro Nieto García, "La vocación del derecho administrativo de nuestro tiempo", en *Revista de Administración Pública*, N° 76, Centro de Estudios Constitucionales, Madrid, 1975, p. 11. En Venezuela es importante destacar que la gestación del Derecho Administrativo no fue el resultado de las mismas preocupaciones y reflexiones que permitieron su nacimiento y consolidación en Europa. De hecho, nació y se desarrolló al calor de una justificación gradual del poder omnímodo del Estado. En efecto, tal y como se advirtió siguiendo a García De Enterría, lucía simple reducir la consecución del "Estado de Derecho" a la atención y reforzamiento de una justicia administrativa, que será impotente ante un antiliberalismo militante, el cual irá diluyendo todas las reglas sustanciales, a los fines de garantizar una Administración Pública om-

wer-Carías se pronunciará críticamente, no en el sentido inicialmente de propugnar una visión liberal del Derecho y del Estado, pero sí para sostener que "el Estado y el derecho administrativo son productos de la historia, y como tal han de analizarse"[35].

Con arreglo a lo anterior, el autor, a diferencia de la dogmática *iuspublicista* venezolana, explicitará en sus estudios los supuestos con los cuales operará, y sostendrá en sus años juveniles, como prolífico investigador y académico, que el Derecho Administrativo en Venezuela, en tanto fenómeno social, tendrá que tomar postura entre: *i)* el conjunto de prerrogativas (*eminentia jura*) que irán situando a la Administración Pública en un plano de superioridad frente a los ciudadanos[36], y *ii)* la necesidad de los controles políticos y jurisdiccionales en procura de garantizar el Estado de Derecho.

En efecto, tal tensión explica la circunstancia histórica de cómo el Derecho Administrativo en Venezuela inicialmente estará circunscrito al estudio y defensa de las tradicionales actividades administrativas, a saber: de policía, fomento y servicio público, pero debido a la expansión inusitada del Estado en la vida política y social ampliará su objeto de estudio, consi-

---

nímoda. De allí que muchas veces la dogmática jurídico-administrativa en Venezuela haya evitado a toda costa la explicitación y defensa de principios generales de organización social. De hecho, tal aversión ha tenido que ver en grado mayúsculo con la manipulación constante por cerrar el debate sobre los principios, para con ello fomentar una visión pragmática –en el peor de lo sentidos–, con la intencionalidad política de garantizarle a la Administración Pública el resolver "caso a caso", lo cual tendrá como consecuencia el que con la "inevitabilidad de la gradualidad" se abran las puertas al desplazamiento de un orden social que descansa en el reconocimiento general de ciertos principios en favor de la libertad individual y propiedad privada, a un sistema cuyo ordenamiento es creado por medio de órdenes directas bajo la consabida consigna de "ni individualismo ni socialismo", la cual de hecho ha sido la puerta segura para desplazar la sociedad libre a la sociedad colectivista. Friedrich Von Hayek, *Individualismo: El Verdadero y el Falso,* Unión Editorial, Madrid, 2009.

35 Allan R. Brewer-Carías, *Derecho Administrativo*, tomo I, *op. cit.*, p. 18.

36 Por eso, con mucha razón se ha percatado recientemente el maestro de la situación pasada y los retos actuales, al sostener que: "El derecho administrativo, por tanto, no es ni puede ser lo mismo en un Estado autoritario, que en un Estado democrático. En el primero, lejos de un equilibrio entre los poderes de la Administración y los derechos de los particulares, lo que existe es más bien un marcado desequilibrio a favor del régimen de la Administración, con pocas posibilidades de garantía de los derechos de los particulares frente a su actividad. En cambio, el equilibrio antes mencionado sólo tiene posibilidad de pleno desarrollo en Estados con regímenes democráticos, donde la supremacía constitucional esté asegurada, la separación y distribución del Poder sea el principio medular de la organización del Estado, donde el ejercicio del Poder Público pueda ser efectivamente controlado, y donde los derechos de los ciudadanos puedan ser garantizados por un Poder Judicial independiente y autónomo. Nada de ello se encuentra en los Estados con regímenes autoritarios, así sus gobernantes hayan tenido origen electivo". Allan R. Brewer-Carías, "Derecho Administrativo y Democracia. A los 100 años de la Cátedra (1909-2009)", texto de la Salutación leída por el profesor Víctor Hernández Mendible en las *Jornadas Conmemorativas del Centenario de la Cátedra de Derecho Administrativo en Venezuela*, Facultad de Derecho, Universidad Católica Andrés Bello, Caracas, 2009, p. 2.

derando la irrupción de otras formas de actividades administrativas, como las de gestión económica, en las cuales el Estado asumirá en sus inicios su plena realización[37] conforme a la cláusula del "Estado Social", aspecto que obligará a Brewer-Carías a fijar posiciones sobre esta tensión, lo cual permite comprender a su vez lo expedito que fue el vínculo entre el naciente Derecho Administrativo venezolano con las tesis antiliberales de moda en Latinoamérica, y lo impotente que resultaban tales controles políticos y jurisdiccionales al Estado en procura de garantizar el Estado de Derecho, lo cual se corrobora con el hondo descuido que en los estudios sobre el Derecho Administrativo se tenía por la protección de los derechos individuales, debido principalmente al empeño por lograr garantizar los medios jurídicos idóneos a un Estado omnipotente –devenido en *Catoblepás*[38]–, el cual se amparará en un proceso de "desarrollo" que, visto globalmente, pondrá en entredicho hasta la actualidad el ideal político del Estado de Derecho (*Rule of Law*) como aspecto esencial de todo orden social liberal.

La preocupación intelectual de Brewer-Carías por la disciplina del Derecho Constitucional estará en completa tensión con la cada vez más desarrollada disciplina del Derecho Administrativo, hasta el punto que esta última moldeará aquélla. En efecto, tal tensión puede evidenciarse en las obras de los años setenta del autor, en las que se afirmará, por ejemplo, que:

> ...dentro del mismo campo de la estructura social, debe ampliarse la acción del Estado para la protección y cuidado de diversos sectores de la población que lo necesitan y particularmente de los menores que carecen, permanente y temporalmente, del cuidado de padres y guardianes. El Estado debe entonces asumir la educación, inclusive familiar de los cada vez más numerosos niños y menores que viven –si es que puede llamarse vida– en nuestros barrios. Frente al panorama de los menores de los miserables suburbios de las grandes ciudades, es una falacia imperdonable hablar del derecho y deber a la educación y de la libertad de escoger la educación de los hijos. Allí ni hay derecho ni hay libertad, lo que hay es miseria e indigencia[39].

Aspecto que revelaba la imposibilidad de fomentar un genuino Derecho Constitucional, y en especial su objeto de estudio, a saber, una genuina Constitución, dado la defensa de un rol del Estado invasor y abusivo del ámbito propio de la sociedad civil y de la familia, lo cual estará en oposición total con los principios del constitucionalismo liberal[40], que luego

---

37 Allan R. Brewer-Carías, *Cambio Político y Reforma del Estado en Venezuela*, *op. cit.*, p. 385

38 Sostenía el jurista que la ineficiencia e inefectividad de los "monstruosos aparatos burocráticos que están actuando" en Venezuela se parecían al "Catoblepás", aquel animal tan estúpido que se comía a sí mismo. Allan R. Brewer-Carías, *El Estado Incomprendido*, Vadell Hermanos Editores, Caracas, 1985.

39 Allan R. Brewer-Carías, *Cambio Político y Reforma del Estado en Venezuela*, *op. cit.*, p. 57.

40 Sobre esta importante conquista de la civilización occidental se ha dicho que "el fenómeno del constitucionalismo no es otra cosa que la lucha por la limitación del

estudiará tan profusamente en las obras indicadas de Derecho Constitucional.

Tal expansión inusitada del Estado explica de un modo u otro la precaria importancia que inicialmente ocupará el Derecho Constitucional en Venezuela –pese a todas las "Constituciones" que ha tenido a lo largo de su historia–, la cual, como se ha sostenido, ha contado históricamente con una dependencia innegable a la dogmática del Derecho Administrativo estatista que se adoptó inicialmente en Venezuela, de forma contraria al deber ser, lo cual generará un "constitucionalismo" falso, en tanto históricamente ha estado condicionada la disciplina de la libertad individual, por los requerimientos de un Derecho Administrativo en Venezuela que se opuso desde sus inicios, expresa y tácitamente, al ideal político del Estado de Derecho (*Rule of Law),* al cual hasta el día de hoy lo sigue considerando peyorativamente como "formal".

Tal circunstancia se comprende mejor si se tiene conciencia de que de este lado del Atlántico la disciplina del Derecho Administrativo surgió de manera radicalmente diferente a lo que sucedió en otras partes de Occidente (Francia, España y Alemania, por ejemplo), en tanto ha tenido por objetivo básico el de servir de soporte teórico para otorgar la juridicidad necesaria a la acción expansiva de una Administración prestacional, que tendrá su fuerza en la condición despótica del Estado Petrolero[41], el cual se irá perfilando y afianzando a partir de los años treinta del siglo pasado (XX), en detrimento de los principios del orden social liberal catalogado de vetusto, y no, como sucedió en otras partes de Occidente, como disciplina que ha perseguido –como condición necesaria pero no suficiente– la defensa de la libertad individual en las relaciones del poder político con los ciudadanos.

De lo anterior luce fácil juzgar cómo *prima facie* el Derecho Administrativo en sus inicios en Venezuela –con proyecciones actuales que no cabe negar– propició una acción inusitada del Estado que a veces redundó en detrimento de los derechos individuales, conllevando la no menos proble-

---

poder y la conquista de la libertad frente a la arbitrariedad y el despotismo, así como la profundización en la igualdad y los presupuestos democráticos de cada sistema; esto es, el elemento imprescindible de la idea de constitucionalismo reside en que el ejercicio del poder exige consentimiento de los gobernados". Rafael Jiménez Asensio, *El Constitucionalismo. Proceso de Formación y Fundamentos del Derecho Constitucional*, 3° Edición, Marcial Pons, Madrid, 2005, p. 24.

41 Es menester destacar la opinión del *Premio Príncipe de Asturias de las Letras* (1990) Arturo Uslar Pietri: "La intervención ha sido necesaria para garantizarle a Venezuela un mínimum de economía normal, y mientras la industria petrolera subsista en proporción tan desmesurada con respecto al resto de nuestras actividades, la intervención del Estado continuará siendo necesaria para asegurar un equilibrio económico artificial, que pueda transformarse paulatinamente en el equilibrio económico sano y espontáneo de una nación normalmente desarrollada, cuando la hipertrofia del petróleo se reduzca por sí misma o en razón del incremento y progreso de otras ramas de nuestra actividad económica". *Sumario de Economía Venezolana para alivio de estudiantes*, Banco Central de Venezuela, Caracas, 2006, p. 140.

mática *administrativización del Derecho Constitucional*[42] y, a la vez, la imposibilidad de la concretización histórica de un orden social liberal que asegure la libertad individual frente a un poder político corruptor, debido a las inusitadas y cada vez más amplias funciones que irá asumiendo el Estado, con el consiguiente resultado de una sociedad civil engullida por el Estado, y por tanto inexistente e inerme frente al poder descontrolado de la intervención estatal.

En efecto, la cenicienta disciplina del Derecho Constitucional en Venezuela adquirirá posteriormente gran interés en Brewer-Carías, debido básicamente a la necesidad por estudiar los supuestos[43] y fundamentos últimos de los sistemas políticos y constitucionales occidentales, del cual es un gran conocedor. Sin embargo, inicialmente estará ceñido su estudio por los requerimientos de un Derecho Administrativo estatista-socialista que comenzará a fortalecerse en Venezuela, bien por la doctrina, legislación o jurisprudencia que influirá en sus primeros estudios dogmáticos, y en todos los que posteriormente se hicieron con arreglo a sus tesis. De allí que en dicho contexto advirtiera el autor a la comunidad jurídica nacional que para el ansiado "desarrollo" era imperioso tomar conciencia de algunos *supuestos* que no son abordados en la dogmática del Derecho Administrativo y, a la vez, sostener de manera rotunda que los principios del liberalismo clásico cuya discutible influencia había mediado en las "Constituciones" de Venezuela del siglo XIX y XX devenían en insuficientes, dado que, en su criterio, seguían esbozándose "argumentos que todavía se dan en defensa de un liberalismo tradicional, que no existe, como sistema, en ninguna parte del mundo", agregando críticamente que:

> ...sin embargo, ante esa realidad del Estado intervencionista, en los hechos, ésta pretende seguir gestionando o conformando la realidad económica o la realidad social con los esquemas del Estado liberal-burgués, es decir, sustancialmente, con los esquemas del Estado abstencionista, aun cuando en algunos casos, con ciertas correcciones[44].

En efecto, el autor abogará tempranamente por un Estado intervencionista, relegando con ello cualquier intento doctrinario o político que pretendiera seguir explicando o postulando los clásicos principios del liberalismo clásico, en tanto el Estado moderno presuntamente no podía seguir gestionando o conformando la realidad económica o la realidad social con los esquemas del "Estado liberal-burgués", es decir, sustancialmente con los esquemas del Estado abstencionista, por lo que propondrá un for-

---

42 Pablo Lucas Verdú, "Derecho Constitucional como Derecho administrativo", en *Revista de Derecho Político*, N° 13, Universidad Nacional de Educación a Distancia (UNED), Madrid, 1982, pp. 7-52.

43 Allan R. Brewer-Carías, "Los condicionamientos políticos de la Administración Pública en los países latinoamericanos", en *Revista de la Escuela Empresarial Andina*, Convenio Andrés Bello, N° 8, Lima, 1980, pp. 239-258.

44 Allan R. Brewer-Carías, *Cambio Político y Reforma del Estado en Venezuela*, *op. cit.*, p. 36.

talecimiento del Estado, y en particular del Poder Ejecutivo, como "condición indispensable para llevar adelante una política de desarrollo, que requiere decisiones firmes, ágiles, definidas, y muchas veces audaces"[45], que luego el autor criticará[46], al sostener que ello fomentará el abandono de un presidencialismo atenuado o con sujeción parlamentaria por un presidencialismo inusitado, que visto en perspectiva no luce radicalmente diferente al que se pedía con intensidad en la dogmática del Derecho Administrativo estatista, por no tener el contrapeso del control propio de un régimen democrático[47].

El estudio del Derecho Administrativo en Brewer-Carías, en tanto precede en interés intelectual y profesional al Derecho Constitucional, le permitirá profundizar y perfeccionar en sus estudios de Derecho Administrativo, el estudio realista y pragmático que siempre quiso elaborar, a los fines de evitar un estudio desde una "perspectiva puramente formal, como si existiese un derecho administrativo universal, aplicado y aplicable por igual en todos los países y en todos los tiempos"[48] con el objetivo de lograr un Derecho Administrativo instrumental, que sirviera a los fines del Estado y a sus métodos políticos, pero que muy probablemente el autor en su época equiparó ideológicamente como consustanciales y equivalentes a los intereses de la sociedad civil, lo cual posteriormente ha ocasionado graves problemas que el jurista ha venido a rectificar en sus excelentes obras jurídicas recientes, al percatarse que el problema de fondo en Venezuela pasaba irremediablemente por la inexistencia de un Estado de Derecho *(Rule of Law)* derivado de la claudicación de la sociedad civil en aras del Estado todopoderoso, cuya muestra apenas se evidencia en la inexistente separación de poderes, lo cual ha sido el resultado de la desatinada y peligrosa idea según la cual el orden social liberal es contrario a los intereses de las mayorías, para lo cual hay que levantar y abandonar los frenos y controles al poder. En efecto, en una crítica contundente reciente del autor sostendrá que:

> A la base de toda esta situación, en todo caso está el hecho lamentable de que a pesar de las tres décadas de vigencia de la Constitución, la justicia y el derecho no han llegado a ser un valor fundamental de la vida social. La mayoría de la población –así lo dicen las encuestas– no cree en la justicia, y el derecho como conjunto de reglas que rigen las relaciones sociales, no se respeta en forma absoluta. La viveza criolla, es el signo de la ajuricidad y los valores que difunden los medios de comunicación, son los más ale-

---

45 Allan R. Brewer-Carías, "Las Transformaciones de la Administración Pública para el desarrollo: el caso de Venezuela", en *Revista de Administración Pública*, N° 58, Centro de Estudios Constitucionales, Madrid, 1969, p. 405.

46 Allan R. Brewer-Carías, "El proceso constituyente y la fallida reforma del Estado en Venezuela", en *Estrategias y propuestas para la reforma del Estado,* Universidad Nacional Autónoma de México, México, 2001, pp. 25-48.

47 Allan R. Brewer-Carías, "Reflexiones críticas sobre la Constitución de Venezuela de 1999", en *La Constitución de 1999*, Biblioteca de la Academia de Ciencias Políticas y Sociales, Caracas, 2000, pp. 63-88.

48 Allan R. Brewer-Carías, *Derecho Administrativo*, tomo I, *op. cit.*, p. 11.

jados al respeto de la Ley. En todo caso, una democracia que no se basa en el imperio de la Ley, que no imponga el gobierno por la Ley, y no por los hombres, es una democracia a medias, como la que tenemos. Aquí, de nuevo, debemos señalar que si ese es el Estado de Derecho que queremos, parcial y a medias, nada tenemos que hacer, pues todo está hecho. De lo contrario, si queremos estructurar un verdadero Estado de Derecho, hay que cambiarlo todo, y una política fundamental de los gobiernos tendría que ser erigir el imperio de la Ley, en el valor más importante de la vida social. Hoy no lo es[49].

La peligrosa equiparación de los intereses de la sociedad civil con los del Estado interventor, que en buena parte se puede cotejar en algunas de las obras compiladas en el *Tratado*, devendrá de la influencia de los postulados de la social-democracia venezolana, las cuales favorecerán un aumento opresor del Estado, en menoscabo de los derechos individuales y de la posibilidad de una ciudadanía fortalecida, debido a la titularidad omnicomprensiva por parte del Estado, de todos los recursos naturales del país, en especial de los más importantes, a saber: los hidrocarburos, generando con ello un país pobre con un Estado rico[50], que en tiempos recientes el autor criticará vehementemente, sosteniendo con prístina claridad que:

> ...en medio de una de las crisis económicas más agudas del Estado petrolero, en la cual, sin conciencia alguna de lo que significa, los grupos que lo han controlado han educado a la población para que pida más como si la riqueza petrolera fuera inagotable, y como si no se hubiera comprobado que el modelo de repartir dadivosamente esa riqueza ha sido, no sólo una fuente de corrupción, sino una de las causas de la crisis por la que estamos ahora atravesando[51].

Lo cual tiene su origen en la inexistencia de la propiedad privada en Venezuela y de la presencia de un orden telocrático dirigido y fomentado por el Estado, que ha socavado la libertad individual, la propiedad privada y, por ende, la igualdad ante la Ley.

El enfoque realista y pragmático del Derecho Administrativo del jurista, centrado en los problemas socio-históricos presentes en cada país, tendrá tempranamente su impacto en el Derecho Constitucional, el cual tendrá cada vez más un interés acentuado, debido a la comprensión de la *administrativización del Derecho Constitucional* y de la pérdida paulatina de las convicciones subyacentes en favor del Estado de Derecho *(Rule of Law)*, resultados ambos fenómenos de la expansión inusitada del Estado inter-

---

49 Allan R. Brewer-Carías, *Instituciones Políticas y Constitucionales. Tomo I: El Régimen Histórico Constitucional del Estado*, Universidad Católica del Táchira-Editorial Jurídica Venezolana, Caracas-San Cristóbal, 1996, pp. 520 y 521.

50 Allan R. Brewer-Carías, "Discurso de Instalación: Reflexiones sobre el Estado Rico y el País Pobre", en *VII Jornadas Internacionales de Derecho Administrativo Allan R. Brewer-Carías*, FUNEDA, Caracas, 2004.

51 Allan R. Brewer-Carías, *Golpe de Estado y Proceso Constituyente en Venezuela*, Universidad Nacional Autónoma de México, México, 2002, p. 19.

ventor como resultado del "consenso socialdemócrata imperante"[52], el cual posteriormente criticará con vehemencia a finales de la década de los ochenta, cuando se avecinaba la crisis del sistema político –no de la democracia como régimen político–, aduciendo que:

> ...la simbiosis en extremo de la partidocracia y el Estado, con el desdibujamiento de la separación de poderes –no hay frenos ni contrapesos reales– y la atenuación o casi eliminación de la autonomía de la Administración Pública y de los Tribunales, minimizada además la independencia que estos últimos deberían tener, ha puesto en crisis las bases mismas del Estado de Derecho, que deberían estar montadas sobre la legalidad y el respeto al derecho[53].

Tal "consenso socialdemócrata imperante" y uno de sus productos, a saber, el Estado interventor basado en la cláusula del "Estado democrático social de Derecho", fue criticado en sus fundamentos –sin percatarse– en las importantes obras de análisis y denuncia de Brewer-Carías, cuando afirmaba que "los partidos políticos venezolanos no han escapado al imperio de la famosa regla de la naturaleza oligárquica de su dirigencia, formulada por R. Michels a comienzos de siglo (1914)", por lo que advertía que en todo el proceso político democrático son las cúpulas partidistas, sus élites tradicionales, las que controlan la estructura y funcionamiento de los partidos y las fracciones parlamentarias y, a través de ellos, el propio Estado[54].

Tal crítica del autor, catalogada de simplista[55], derivado de un paralogismo comúnmente conocido como de falsa oposición, el cual consiste en tomar lo complementario por contradictorio[56], ha imposibilitado la comprensión de que la tesis de la partidocracia planteada por Brewer-Carías, ya que la misma resulta plenamente compatible con la tesis del denominado sistema populista de conciliación de élites, el cual descansa en la tesis importante de que, conjuntamente con los procedimientos de participación democráticos, existían y existen en el sistema político venezolano procedimientos no democráticos que posibilitaban y posibilitan roles protagónicos y participaciones privilegiadas por parte de empresarios, gremios y profesionales de diversa índole, al margen de los partidos políticos, e incluso –y lo que es más grave– al margen de las disposiciones constitucionales[57], lo cual no es más que colusión flagrante, en un país en donde el ideal

---

[52] Dalmacio Negro Pavón, "La tiranía del consenso", en *Altar Mayor*, N° 136, Hermandad de la Santa Cruz y Santa María del Valle de los Caídos, Madrid, 2010, pp. 1005-1025, y Thomas Darnstädt, *La Trampa del Consenso*, trad. Francisco Sosa Wagner, Editorial Trotta, Madrid, 2005.

[53] Allan R. Brewer-Carías, *Problemas del Estado de Partidos*, Editorial Jurídica Venezolana, Caracas, 1988, p. 21.

[54] *Ibid.*, pp. 13 y 14.

[55] Juan Carlos Rey, "El sistema de partidos falló", en *Revista SIC,* N° 722, Centro Gumilla-Universidad Católica Andrés Bello, 2010, p. 68.

[56] Carlos Vaz Ferreira, *Lógica Viva. Moral para Intelectuales*, Biblioteca Ayacucho, Caracas, 1979, pp. 7 y ss.

[57] Juan Carlos Rey, "La democracia venezolana y la crisis del sistema populista de conciliación", *op. cit.,* pp. 533-578.

político del Estado de Derecho (*Rule of Law*), siempre y lamentablemente, ha sido una quimera. En efecto, una vez realizado el estudio por comprender la naturaleza del drama político-social-económico y jurídico de Venezuela, Brewer-Carías dedicará todos sus esfuerzos intelectuales a estudiar y criticar el sistema político en decadencia, y a la vez dedicar más horas de trabajo arduo al Derecho Constitucional, sin abandonar, como es evidente de la lectura del *Tratado*, el estudio por el Derecho Administrativo, aun cuando no sin antes sentir cierta frustración por ver reducida esta última disciplina en los estudios *iuspublicistas* en Venezuela a un formalismo carcomido, empeñado –hasta la actualidad– en la comodidad que ofrece el ensimismamiento en unas supuestas e inexistentes categorías "universales", aspecto que criticará siempre, lo que tendrá un precio en el autor bastante dramático *a posteriori*, como ha sido el exilio de su país, con el consabido silencio de los políticos que se sentían aludidos en sus obras críticas, y también con el silencio y rechazo de un sector de la Academia que insistirá en reducir el Derecho Administrativo, y el Derecho Público en general, a la exégesis legislativa, evitando cualquier discusión teórica e institucional, a los fines de lograr la comodidad y los privilegios que da la colusión con el poder político.

## 3. El Derecho Administrativo como producto de la historia: Los horizontes intelectuales de Brewer-Carías

La visión realista y pragmática del Derecho Administrativo antes analizada, y que inicialmente propugnará el eminente jurista, inevitablemente sufrirá drásticos cambios a lo largo de su amplia obra, dado que todos los fines del Estado y métodos políticos que en sus obras de Derecho Administrativo eran analizados y defendidos terminarían revelándosele *a posteriori* como contrarios al ideal político del Estado de Derecho *(Rule of Law)* y a la democracia liberal[58], en sus cada vez más audaces y densas obras de Derecho Público. En efecto, la afirmación según la cual:

---

[58] Es menester destacar que Brewer-Carías defenderá militantemente la democracia liberal representativa, en contra de las propuestas de sustitución de aquélla por una idílica democracia directa, sosteniendo a tal efecto que: "En cuanto al principio democrático, es indudable que en el constitucionalismo moderno se optó por el modelo de democracia representativa frente al modelo de democracia directa, la cual, por la práctica política y por imposibilidad histórica de implementación en sociedades complejas nunca pudo establecerse, salvo en lo que leemos de la política en las ciudades griegas". Allan R. Brewer-Carías, *Golpe de Estado y Proceso Constituyente en Venezuela*, Universidad Nacional Autónoma de México, México, 2002, p. 61. De igual modo, el jurista Santiago Muñoz Machado ha sostenido de manera precisa, a los efectos de satisfacer algunas pretensiones sociales y políticas por una democracia directa, que: "De momento, parece más realista defender, como ha hecho recientemente Bobbio, recogiendo una idea bastante generalizada entre la mejor doctrina, la validez de determinadas instituciones de democracia directa como complemento del sistema representativo". Santiago Muñoz Machado, "Las concepciones del Derecho administrativo y la idea de participación en la Administración", en *Revista de Administración Pública*, N° 84, Centro de Estudios Políticos y Constitucionales, Madrid, 1977, p.

> ...la doctrina o principio de la separación de poderes no tiene aplicación alguna en Venezuela, en su concepción rígida, como separación de tres "poderes" atribuida en forma exclusiva a tres órganos distintos e independientes, sino que más bien ha sido formulada como una "división del Poder" en el sentido de que se establece una multiplicidad de órganos y a cada uno se asigna una función propia, lo que en modo alguno significa exclusividad en el ejercicio de esa función[59].

Si bien la mantendrá de un modo coherente, tendrá sus momentos de crisis, cuando se muestre la necesidad por recobrar la doctrina clásica de la separación de poderes[60].

---

532. Tales posiciones tienen la virtud de aclarar los conceptos y hacer las respectivas aclaraciones, ya que, como también sostiene el jurista estudiado: "No tienen sentido, por tanto, los planteamientos que con motivo de los vicios de la representatividad en las democracias de partidos, pretenden sustituir la democracia representativa por una supuesta democracia directa. La democracia, en las complejas sociedades contemporáneas, tiene que ser representativa y, en realidad, lo que hay que perfeccionar es esa representatividad, precisándose a quién, efectivamente, es que tiene que representarse". Allan R. Brewer-Carías, *Reflexiones sobre el Constitucionalismo en América*, Universidad Católica Andrés Bello, Editorial Jurídica Venezolana, Caracas, 2001, p. 17. Ambas posturas son absolutamente incomprendidas en Venezuela, dado el empeño en destruir la democracia representativa por una democracia directa y socialista.

59 *Ibid.*, p. 219.

60 Allan R. Brewer-Carías, "Retos constitucionales para el siglo XXI", en *Revista Politeia*, N° 26, Instituto de Estudios Políticos-Universidad Central de Venezuela, Caracas, 2001, pp. 47-68. Al respecto ha advertido el jurista Antonio Embid Irujo en su magnífico estudio que "en ningún lugar existe la división de poderes al modo como la pensaron sus ideólogos, empezando por Montesquieu. Nuestro Tribunal Constitucional, incluso, con el buen sentido que rezuma en la práctica totalidad de sus sentencias, ha dicho que "es lícito dudar que fuera incluso viable". No, nunca existió esa división absoluta de poderes. La Administración no tardó mucho en establecer derecho por medio de reglamentos, el Legislativo administró –y administra– directamente por medio de Leyes singulares, Leyes-medida; el Judicial sustituyó –y en ocasiones sustituye– a las decisiones administrativas. Por eso es mucho más lícito y apropiado hablar, como hace Stern, de una "separación de funciones" como resultado práctico de la teórica división de poderes". Antonio Embid Irujo, "La relación entre los Poderes del Estado en la reciente dogmática alemana", en *Revista de Administración Pública*, N° 115, Centro de Estudios Políticos y Constitucionales, Madrid, 1988, pp. 405 y 406. Sin embargo, la breve objeción que se pretende esbozar aquí es que en la obra de Brewer-Carías, por el sincretismo de la teoría formal sustancial y de los aportes de la escuela vienesa, se dificulta enormemente precisar cuáles actos crean, modifican o extinguen situaciones jurídicas, cuáles gozan de imperatividad o de ejecutoriedad y cuáles gozarían de eso que aún se sigue defendiendo "presunción de legitimidad" y "legalidad", dado que no todos esos "actos" son el resultado de un procedimiento administrativo, y no todos ellos están sujetos a los mismos recursos administrativos. Lo dicho se refiere –como se podrá observar en el *Tratado*– en tanto la tesis central del autor es que, en cuanto a la aplicación del principio de la "separación de poderes" en el régimen constitucional venezolano, la "división del Poder" no coincide exactamente con la "separación de funciones", con lo cual los órganos del Estado, además de sus "funciones propias", ejercen funciones que por su naturaleza deberían corresponder a otros órganos, permitiendo así la "Constitución", según este criterio, la intervención o interferencia de unos órganos en las funciones propias de otros, que en criterio de quien suscribe es criticable a la luz de la idea genuina de la separación de poderes, pe-

En efecto, en Brewer-Carías, si bien no hay un rechazo total de la doctrina clásica de la separación de poderes desde el punto de vista orgánico, sí luce pertinente advertir que sí se imposibilitará en buena medida su comprensión y, a la vez, se dificultará ostensiblemente la posibilidad de control político y jurisdiccional a las Administraciones Públicas por la asunción de la discutible teoría formal sustancial, la cual nació en la doctrina germánica con una clara intencionalidad política, a los fines de cuestionar el denostado liberalismo clásico, lo cual conllevó a una expansión inusitada de la función administrativa, que a final de cuentas está reñida con la separación de poderes, dado que con arreglo a dicha teoría se sostendrá una definición de acto administrativo[61] tan amplia que se identificará con todos los actos del Estado excluidos la ley formal y las sentencias, derivado de ese sincretismo jurídico[62] entre teoría formal sustancial y escuela de formación del derecho por grados (Hans Kelsen[63] y Adolf Merkl[64]), que sería importante, el jurista *a posteriori* pueda explicar o atenuar en sus todavía largos años de magisterio en Iberoamérica.

Es menester destacar que el influyente jurista venezolano, desde sus inicios en la actividad académica ligada al Derecho Público, mostrará especial atracción y pasión por el Derecho Administrativo, y en especial por la organización y conformación de las Administraciones Públicas contemporáneas en el mundo occidental, pero siempre bajo el lente de una visión multidisciplinaria y comparada. Tales estudios conjugarán la Política, la Economía y el Derecho, sin menoscabo de los "análisis anatómicos y estructurales del sector público"[65] y de los necesarios controles políticos y jurisdiccionales, aunado a las exigencias disciplinarias para hacer efectivas a las Administraciones Públicas, en el cumplimiento de los cometidos que les han sido confiados bajo el paraguas del "Estado Social"[66], pese a que

---

ro que es imposible por ahora explicar, ya que desviaría la atención del objeto principal del trabajo. Allan R. Brewer-Carías, "Marco constitucional del derecho administrativo", en *Revista Iberoamericana de Derecho Público y Administrativo*, Asociación e Instituto Iberoamericano de Derecho Administrativo Profesor Jesús González Pérez, Colegio de Abogados de Costa Rica, N° 9, San José, 2009, pp. 127-153.

61 Con provecho, para digerir toda la discusión doctrinal sobre el "acto administrativo" es imprescindible, como obras recientes, Raúl Bocanegra Sierra, *La Teoría del Acto Administrativo*, Iustel, 2005; José Luis MEILÁN GIL, *La Estructura de los Contratos Públicos*, Editorial Iustel, Madrid, 2008, y del mismo autor, *Categorías Jurídicas en el Derecho Administrativo,* Editorial Iustel, Madrid, 2008, pp. 105 y ss.

62 Gonzalo Pérez Luciani, *La Noción del Acto Administrativo*, Academia de Ciencias Políticas y Sociales, Editorial Italgráfica, Caracas, 1998, p. 119.

63 *Teoría General del Estado*, Editorial Comares, Granada, 2002.

64 *Teoría General del Derecho Administrativo*, Editorial Comares, Granada, 2004.

65 Ramón Parada Vázquez, *Revista de Administración Pública*, N° 94, Centro de Estudios Constitucionales, Madrid, 1981, p. 370.

66 No es la intención discutir la pertinencia de la cláusula del "Estado Social" *urbi et orbi* –pese a ser susceptible de críticas en tanto resulta incompatible con el "Estado de Derecho"–, mas sí es pertinente destacar para el público español, que en Venezuela el "Estado Social" no es similar ni se concretiza de igual forma al español, básicamente por el factor y/o condición del Estado Petrolero venezolano, el cual lo hace inevita-

dicho orden social telocrático devenga contrario al Estado de Derecho *(Rule of Law)*, en tanto se basa en la consecución de los propósitos que tenga a bien fijar el Estado[67], bajo el amparo de la supuesta protección de los no afortunados, lo cual luego obligará al autor a repensar sus tesis más básicas en sus obras de Derecho Constitucional, cuya muestra se ve patente en su obra *Reflexiones sobre el constitucionalismo en América*[68], en la que si bien no abandona muchas de sus premisas teóricas básicas puede considerarse una obra crítica e imprescindible, para observar un giro liberal importante en su obra[69].

---

blemente un artefacto con propensión totalitaria e incontrolable, y que suprime la sociedad civil, aunado a que la doctrina *iuspublicista* española no ha estado tan imbuida de tesis antiliberales, gracias a la pléyade de juristas que hicieron posible esta genial Revista. Huelga advertir, como manifestaré con precisión Carlos Rangel, que en Latinoamérica ser "revolucionario" es más o menos "tan heterodoxo y tan arriesgado como ser fervientemente católico en un seminario irlandés", advertencia dirigida contra aquellos ingenuos que consideran incluso que el credo colectivista latinoamericano es parecido al europeo. En Latinoamérica, el colectivismo-socialista es básicamente una idea y actitud conservadora. Carlos Rangel, *Del Buen Salvaje al Buen Revolucionario*, Editorial Criteria, Caracas, 2005, p. 237. Por otra parte, es menester destacar que el "Estado Social" en Venezuela se ha "juridificado" como resultado de las luchas e imposiciones del credo colectivista siempre mayoritario, el cual, como bien ha explicado Hayek, se ha basado en la abolición del Estado de Derecho *(Rule of Law)* –catalogado de formal y "burgués"– y en toda condena al mercado, a los fines de garantizar privilegios a sectores sociales, mediante la posibilidad de dirigir al Estado "peticiones de protección contra un descenso no merecido desde una posición ya alcanzada" a los fines de "proteger a ciertos grupos de una declinación desde su posición anterior, con arreglo a la presunta 'justicia social'". Friedrich August Hayek, *Principios de un Orden Social Liberal*, Unión Editorial, S.A., Madrid, 2001, pp. 45 y ss.

67 Con provecho, Dalmacio Negro Pavón, *La Tradición Liberal y el Estado*, Unión Editorial, S.A., 1995.

68 Editorial Jurídica Venezolana, Caracas, 2001.

69 El jurista ya ha comenzado a hacer ese giro en obras importantes como "El derecho a la democracia entre las nuevas tendencias del Derecho Administrativo como punto de equilibrio entre los Poderes de la Administración y los derechos del administrado", en *Revista Mexicana "Statum Rei Romanae" de Derecho Administrativo. Homenaje al profesor Jorge Fernández Ruiz*, Asociación Mexicana de Derecho Administrativo, Facultad de Derecho y Criminología de la Universidad Autónoma de Nuevo León, México, 2008, pp. 85-122; y en Víctor Hernández Mendible (Coord.), *Desafíos del Derecho Administrativo Contemporáneo (Conmemoración Internacional del Centenario de la Cátedra de Derecho Administrativo en Venezuela)*, tomo II, Ediciones Paredes, Caracas, 2009, pp. 1417-1439; y "Sobre las nuevas tendencias del derecho constitucional: del reconocimiento del derecho a la Constitución y del derecho a la democracia", en *Vniversitas. Revista de Ciencias Jurídicas (Homenaje a Luis Carlos Galán Sarmiento)*, Pontificia Universidad Javeriana, Facultad de Ciencias Jurídicas, N° 119, Bogotá, 2009, pp. 93-111; en Sergio J. Cuarezma Terán y Rafael Luciano Pichardo (Dirs.), *Nuevas tendencias del derecho constitucional y el derecho procesal constitucional*, Instituto de Estudios e Investigación Jurídica (INEJ), Managua, 2011, pp. 73-94. Igualmente vale destacar los trabajos "El principio de la separación de poderes como elemento esencial de la democracia y de la libertad, y su demolición en Venezuela mediante la sujeción política del Tribunal Supremo de Justicia", en *Revista Iberoamericana de Derecho Administrativo, Homenaje a Luciano Parejo Alfonso*, N°

Como se advirtió, el jurista caraqueño se ha empeñado con éxito, en primer lugar, en establecer en sus estudios de Derecho Administrativo las bases conceptuales, principios y técnicas para una Administración Pública eficiente[70] y, en segundo lugar, en defender militantemente los necesarios mecanismos jurisdiccionales de control de la constitucionalidad y legalidad para la pervivencia del Estado de Derecho *(Rule of Law)*[71], el cual convive por disposición constitucional –casi en antagonismo conceptual y de difícil compatibilidad– con la cláusula del "Estado Social", en el que la Administración Pública se reserva para sí un poder conformador del orden económico y social, que en el caso de un país como Venezuela, en el que el Estado es el gran dueño de todos los recursos naturales del país, terminará a la postre con imposibilitar la necesaria separación de poderes en su origen, no en el Estado ni en el Gobierno, a los fines de evitar un orden colectivista con propensión totalitaria como el que ha existido de este lado del Atlántico.

La independencia del Estado de la sociedad civil inexistente, o de modo más preciso, la subordinación de la sociedad al Estado, inquietará profundamente al autor del colosal *Tratado*. En efecto, la conciencia de que ineludiblemente había que ir más allá del Derecho Administrativo se pone de manifiesto en Brewer-Carías con la publicación de la obra titulada *El Control de la Constitucionalidad de los Actos Estatales*[72] y en su obra, de 1975, titulada *Derecho Administrativo*, tomo I, en el que se evidenciaba ya un interés genuino y admirable por exponer y comprender los orígenes históricos, políticos y filosóficos de la idea de Constitución, que nace con el fenómeno del constitucionalismo[73], a los fines de vislumbrar cabalmente

12, Asociación e Instituto Iberoamericano de Derecho Administrativo Profesor Jesús González Pérez, San José, Costa Rica, 2012, pp. 31-43; y "Sobre la mutación del principio de la separación de poderes en la jurisprudencia constitucional", en *Revista de Derecho Público*, N° 132, Editorial Jurídica Venezolana, Caracas, 2012, pp. 201-213.

70 Al respecto luce vital leer los informes que preparó Allan R. Brewer-Carías al concluir el ejercicio de funciones públicas, a saber: *Informe sobre la Descentralización en Venezuela 1993. Memoria del Dr. Allan R. Brewer Carías*, Ministro de Estado para la Descentralización, Caracas, 1994; e *Informe sobre la Reforma de la Administración Pública Nacional. Presentado por Allan R. Brewer-Carías, Presidente de la Comisión de Administración Pública*, Caracas, 1972, vol. 1 y vol. 2.

71 Allan R. Brewer-Carías, *El Control de la Constitucionalidad de los Actos Estatales*, Editorial Jurídica Venezolana, Caracas, 1977, y *Estado de Derecho y Control Judicial*, Instituto Nacional de Administración Pública, Alcalá de Henares, Madrid, 1987. Vale advertir que, si bien ello ha sido una constante en la obra del autor, las preocupaciones centrales por la consecución del Estado de Derecho en Venezuela provinieron de sus estudios de Derecho Administrativo Comparado, *exempli gratia*, "Los límites al poder discrecional de las autoridades administrativas", en *Revista de la Facultad de Derecho*, N° 2, Universidad Católica Andrés Bello, Caracas, 1966, pp. 9-35.

72 Editorial Jurídica Venezolana. Caracas, 1977.

73 Allan R. Brewer-Carías, *Reflexiones sobre la Revolución Americana (1776) y la Revolución Francesa (1789) y sus aportes al Constitucionalismo Moderno*, Universidad Católica Andrés Bello, Editorial Jurídica Venezolana, Caracas, 1992.

las tensiones permanentes en las disciplinas del Derecho Público, a saber, el Derecho Constitucional, como disciplina que estudia la Constitución como fuente de Derecho para la garantía de la libertad individual mediante el control jurisdiccional y político de todos los actos y actuaciones del Estado, y el Derecho Administrativo en Venezuela, basado en la prerrogativa inicialmente, como derecho del Estado, forjador de privilegios que sitúan a la Administración en un plano de superioridad sobre los ciudadanos, que luego irá constitucionalizándose y democratizándose de alguna manera gracias a los aportes del autor, como maestro[74] principal de los estudios iuspublicistas en Venezuela. Tal tensión entre un Derecho Constitucional genuino, a la luz de los principios liberales clásicos, y un Derecho Administrativo en Venezuela que inicialmente se emparentó con clásicos postulados autoritarios del Derecho Administrativo francés, basado en la prerrogativa, despertará en el jurista inquietudes más acentuadas por el Derecho Constitucional y por la historia constitucional, lo que permitirá a la postre la investigación y fundamentación del carácter normativo de la Constitución –el cual será a nivel doctrinario muy poco asimilado en la Venezuela actual, si se coloca como referencia lo que sucede a nivel jurídico y político actualmente–, el cual coincidió feliz e históricamente con la aparición de valiosas e influyentes obras jurídicas al otro lado del Atlántico, como las de los prestigiosos juristas Eduardo García De Enterría, Ignacio De Otto, Francisco Rubio Llorente, Manuel Aragón Reyes, Pedro Cruz Villalón y Santiago Muñoz Machado, entre muchos otros ilustres juristas españoles, quienes durante y luego del franquismo lograron con sus extraordinarias obras encauzar a España en la senda del Estado de Derecho, en tanto viejo y valioso ideal político, que tristemente hoy se encuentra en preocupante declive –con mayor gravedad en América Latina– gracias a la fuerte influencia de la perniciosa mentalidad antiliberal y anticapitalista[75].

---

74 Es menester destacar que Brewer-Carías ha construido en Venezuela una real "Escuela". Todos los profesores de Derecho Administrativo y Derecho Público en general en el país se han formado al calor de sus aportes, estudios y tutorías. Sin duda alguna, el grueso de los más importantes académicos venezolanos le reconocen su condición de maestro y se consideran miembros orgullosos de la "Escuela Brewer" o de la "Escuela de Caracas". Su obra es imprescindible y su influencia es decisiva en toda la conformación del Derecho Público venezolano, hasta el punto de que con la publicación de este *Tratado* quepa la siguiente pregunta: ¿hasta dónde la proyección de esta obra habrá de prolongarse en los futuros destinos de Venezuela? La influencia del jurista, es menester destacar, va más allá de la relación profesor-alumno, dado que son muchos los que no siendo alumnos directos de Brewer-Carías han pasado a convertirse en discípulos y seguidores de su obra, como es el caso de quien escribe, pese no ser alumno directo.

75 Ya sostenía José Ortega y Gasset que si se deseaba superar el liberalismo del siglo XIX "esto es justamente lo que no puede hacer quien [...] se declara anti-liberal. Porque eso –ser antiliberal o no liberal– es lo que hacía el hombre anterior al liberalismo. Y como ya una vez éste triunfo de aquél, repetirá su victoria innumerables veces o se acabará todo [...] El liberalismo es posterior al antiliberalismo". *La Rebelión de las Masas*, Círculo de Lectores, 1967, p. 119.

Es por todo lo anterior que resulta explicable que desde temprana fecha el jurista asumiera la tarea de estudiar los supuestos históricos, socioeconómicos, políticos y administrativos[76], bajo la inspiración de la tradición francesa de las *Institutions Politiques et Droit Constitutionnel* y española del denominado Derecho Político, preocupadas ambas tradiciones en el estudio de los factores políticos, sociales y económicos que influyen en la normatividad constitucional, los cuales se pueden observar en el conocido *Derecho Administrativo,* tomo I[77] –en su momento reseñado en esta prestigiosa Revista[78]–, lo cual le permitió una visión omnicomprensiva de las instituciones jurídicas y políticas que evitara la ignorancia sobre temas que "inadvertidamente se dan por supuestos"[79], pues, siguiendo a Prosper Weil: "El Estado y el derecho administrativo son productos de la historia, y como tal han de analizarse"[80].

La perspectiva adoptada no significó una abjuración de lo jurídico, sino una ampliación de horizontes intelectuales que le permitió al jurista no sólo ser el primero en Venezuela en proponerse un programa de investigación en el Derecho Administrativo basado en una conceptualización y sistematización que era una necesidad en la Venezuela de mitad del siglo XX, sino también el de ser el pionero en el estudio riguroso en ámbitos como el Derecho Constitucional; los problemas inherentes a la Administración Pública; los estudios politológicos; los aportes históricos, urbanísticos, y, por último, el Derecho Comparado.

---

76 Es menester recordar lo que explicaba el excepcional jurista Alejandro Nieto: "La evolución permanente del Derecho administrativo es una consecuencia necesaria de su naturaleza de fenómeno social. Cada sociedad se expresa en un determinado Derecho y las transformaciones sociales arrastran inevitablemente una alteración de la superestructura jurídica, aunque como puede suponerse, el proceso de arrastre o influencia no es mecánico, sino muy sutil". Alejandro Nieto García, "La vocación del Derecho administrativo en nuestro tiempo", en *Revista de Administración Pública*, N° 76, Centro de Estudios Políticos y Constitucionales, Madrid, 1975, pp. 9-10.

77 Universidad Central de Venezuela, Caracas, 1975, inserto en el tomo I del *Tratado.*

78 En dicha recensión se señalaba lo siguiente: "De hecho nos encontramos con una auténtica "Teoría General del Derecho Administrativo Venezolano", aun si el autor modestamente renuncia en la primera página del libro a proclamarlo. Puede parecer excesiva esta apreciación si se considera que formalmente la obra no es más que una tesis doctoral; pero no es menos cierto que no faltan ejemplos, desgraciadamente poco numerosos, en los que han sido este tipo de trabajos los que han sentado las piedras angulares de una nueva disciplina o, por lo menos, de un nuevo tratamiento de la misma en un país concreto", agregando que "la aparición de nombres y de obras como aquellos a los que se refiere esta reseña, abren un amplio margen a la confianza de que en breve plazo la instauración de Administraciones firmemente asentadas sobre los conceptos jurídicos fundamentales será una realidad feliz en muchas de las naciones hispanoamericanas". Nelson Rodríguez García, *Revista de Administración Pública*, N° 79, Centro de Estudios Políticos y Constitucionales, Madrid, 1976, pp. 498 y ss.

79 Allan R. Brewer-Carías, *Derecho Administrativo*, tomo I, *op. cit.*, p. 12.

80 *Ibid.*, p. 18.

Dado que innegablemente el autor ha realizado una obra en la que predominan las referencias al Derecho venezolano, y ha dado a la imprenta un sinnúmero de valiosos libros referidos a ese ordenamiento jurídico en particular, es menester referir –como se podrá observar en el *Tratado*– que a dicha preocupación por Venezuela como objeto de conocimiento y pasión ha existido históricamente una preocupación intelectual y unos méritos inobjetables en el manejo del Derecho Público Comparado[81] que nutren y embellecen su obra, y le imprimen un interés amplio, dado que no está reducida a los venezolanos, sino a todo estudioso y amante del Derecho Público occidental, pese a que insista el autor en un Derecho Administrativo adaptado al contexto sociohistórico de cada país.

Tal visión multidisciplinaria y comparada –advertirá el jurista– sólo será posible si no se abandona el enfoque sobre el derecho positivo, ya que observaba inicialmente que existía una pretensión en algunos casos a resolver las cuestiones jurídicas solamente desde perspectivas puramente sociológicas, económicas o políticas, agregando a su vez en sus primigenias obras referidas al Derecho Comparado que el estudio jurídico debía eludir cualquier "perspectiva parcial", opuesta al "neutralismo técnico" que debía asumir inevitablemente cualquier investigador[82], cuyo aspecto variará en alguna medida con el decidido empeño a partir de 1975 por superar las "perspectivas tradicionales y dogmáticas sobre la institución estatal" por "anticuadas y engañosas"[83], aunado a la asunción militante de una defensa del Estado de Derecho *(Rule of Law)* y de la democracia liberal representativa, que veía derrumbarse antes que los fracasados *coup d'état* de 1992, y los cantos de sirena autoritarios que culminaron en el fatídico proceso constituyente en 1999[84], el cual se materializó a través de un *coup d'état*

---

81 Allan R. Brewer-Carías, "Derecho Administrativo Comparado", en Lucio Pegoraro (Coord.), *Glosario de Derecho Público Comparado*, Biblioteca Porrúa de Derecho Procesal Constitucional, Universidad Nacional Autónoma de México-Editorial Porrúa, México, 2012, pp. 84-90. Vale destacar la precisa opinión del jurista Roland Drago, Secretario General Perpetuo de la Academia Internacional de Derecho Comparado y uno de los grandes profesores de Derecho Administrativo francés, al iniciar su Prólogo al libro de Allan R. Brewer-Carías titulado *Études de Droit Public Comparé*: "El profesor Allan R. Brewer-Carías es considerado desde hace mucho tiempo como uno de los más distinguidos comparatistas de su tiempo", elogiando merecidamente la obra, sosteniendo que "la calidad de su información, su dedicación al trabajo y el valor de su actividad científica" es meritoria y admirable. Académie International de Droit Comparé-Bruylant, Bruxelles, 2001, p. 7. En la referida obra se encuentran los importantes trabajos jurídico-comparados del maestro Brewer-Carías, algunos incluidos en el *Tratado*.

82 Allan R. Brewer-Carías, *Las Empresas Públicas en el Derecho Comparado (Estudio sobre el régimen de las actividades industriales y comerciales del estado)*, Universidad Central de Venezuela, Caracas, 1967, pp. 24 y 25.

83 Allan R. Brewer-Carías, *Derecho Administrativo*, tomo I, *op. cit.*, p. 154.

84 Alessandro Pace, "Muerte de una Constitución (Comentario a la Sentencia de la Corte Suprema de Venezuela, N° 17, del 19 de enero de 1999)", en *Revista Española de Derecho Constitucional*, N° 57, Centro de Estudios Políticos y Constitucionales, Madrid, 1999, pp. 271-283.

prolongado que permitió la promulgación de una "Constitución" que fundará en el país una nueva y nociva concentración del Poder en la República, bajo un régimen militarista y un paternalismo inusitado[85] que terminará incluso persiguiéndole como el más importante jurista venezolano.

## 4. Las influencias intelectuales no jurídicas en los estudios de Derecho Administrativo de Allan R. Brewer-Carías

Para entender a cabalidad el porqué de esta perspectiva amplia en los estudios del autor es menester referir un hecho intelectual que tiene la mayor significación, a saber: las influencias intelectuales no jurídicas. Tales influencias en Brewer-Carías pueden verse en varios ámbitos: en primer lugar, en la decisiva impronta en su obra de los sesenta y setenta de los postulados de la llamada Teoría de la Dependencia, representado en autores como Raúl Prebisch, Hans Singer, Theotonio Dos Santos, Celso Furtado, Enzo Faletto y Fernando Henrique Cardoso, entre otros, así como de las tesis de Walt Whitman Rostow; en segundo lugar, una influencia decisiva de los postulados de la socialdemocracia, lo que lo llevó a propugnar siempre una discutible y confusa democracia social y económica, al amparo de las defensas más clásicas del llamado "Estado Social", basada principalmente no ya en las reglas del "juego democrático", sino en una determinada acción de gobierno que procuraría la felicidad e igualdad material de los ciudadanos por oposición a la igualdad ante la ley, y, en tercer lugar, una influencia de las teorías del desarrollismo económico (estructuralismo) en democracia, las cuales no se podrán desarrollar, ya que desbordaría con creces la intención de este trabajo, pero que han sido refutadas por las más sólidas teorías económicas modernas, a la vez que desmentidas por los hechos, aun cuando sigan siendo tales teorías bastante influyentes en América Latina.

Las influencias anteriormente descritas fomentarán en Brewer-Carías una pasión por el estudio y transformación de las instituciones y estructuras, lo cual lo llevará a concebir, con arreglo a las influencias antes comentadas, que:

> Una cosa es cierta y definitiva en este campo: el desarrollo no puede definirse *in abstracto*, no puede definirse genéricamente, sino sólo por comparación. Se trata por tanto de una meta, con variantes, que surge por módulos de comparación con las sociedades industriales o desarrolladas de la actualidad. Desarrollo en este sentido es sinónimo de progreso, pero de progreso comparado con metas ya logradas por otros países. El desarrollo entonces, no es un fin en sí mismo, sino un medio de satis-

---

85 Eduardo García De Enterría, "Palabras de Presentación al Libro la Ciudad Ordenada de Allan R. Brewer-Carías en la Real Academia de Legislación y Jurisprudencia de Madrid, 11 de Junio de 2009", en *Revista de Derecho Público*, N° 114, Editorial Jurídica Venezolana, Caracas, 2008, p. 274.

facer aspiraciones humanas, por lo que en nuestros países, es un medio para la reforma social[86].

En efecto, la pasión por la transformación de las instituciones, convicción heredada a partir del marxismo de que los estudios sociales sirven para emancipar y cambiar instituciones y estructuras, se comprende en tanto y en cuanto no se está en presencia de un abogado que en sus ratos libres escribe y ofrece ideas a la imprenta, sino de un académico que ha sabido armonizar el tiempo[87] dedicado al Derecho con la Política, en la que ha sobresalido como senador, ministro, asesor, redactor y corredactor de importantes legislaciones en el ámbito del Derecho Público venezolano y foráneo[88], e influyendo por sus sólidos conocimientos jurídicos en la dogmática *iuspublicista* venezolana y foránea, a la vez que ha logrado convertir su obra jurídica en una medida nada despreciable en derecho positivo, pese a los intentos actuales por abolir lo que queda de la legislación democrática, o bien por edificar "un Derecho de la Administración, del Poder, de la prerrogativa"[89]. Tales influencias intelectuales no jurídicas llevarán al autor a cumplir en el ámbito jurídico la undécima tesis sobre Feuerbach de Karl Marx, que tanto ha influido en el panorama intelectual, la cual reza que: "Los filósofos no han hecho más que interpretar de diversos modos el mundo, pero de lo que se trata es de transformarlo". Así pues, con arreglo a ello, propuso siempre el jurista la necesidad de salir de la "Universidad, sin abandonarla para conocer de cerca los problemas de la Administración"[90], para así lograr la necesaria transformación de las instituciones políticas, administrativas y jurídicas, sin reparar el autor a veces en los alcances y límites de la razón humana, lo cual quizás se explica en tanto en su condición de *iuspublicista* integral ha renegado el encierro "defensivo y cómodo"

---

86 Allan R. Brewer-Carías, *Una Revolución para el Desarrollo*, Comisión de Administración Pública, Caracas, 1970, p. 13.

87 Allan R. Brewer-Carías, "Palabras en el acto de graduación de la Promoción de Abogados Allan R. Brewer-Carías 2013, de la Universidad Central de Venezuela", leídas por Jesús María Alvarado Andrade el 27 de noviembre de 2013, Aula Magna, Universidad Central de Venezuela, Caracas, 2013.

88 El jurista Brewer-Carías, gracias a su prestigio, fue electo "Constituyente" en 1999, con una votación asombrosa de más de un millón de personas. Fue uno de los escasos cuatro miembros que se oponían a las arbitrariedades del poder. En dicha Asamblea Constituyente se opuso rotundamente a casi todo el texto que se discutía y aprobaba, como se puede leer en su obra *Debate Constituyente. Aportes a la Asamblea Nacional Constituyente*, tomo I (8 agosto-8 septiembre 1999); *Debate Constituyente. Aportes a la Asamblea Nacional Constituyente*, tomo II (9 septiembre-17 octubre 1999), y *Debate Constituyente. Aportes a la Asamblea Nacional Constituyente*, tomo III (18 octubre-30 noviembre 1999), publicados por la Fundación de Derecho Público-Editorial Jurídica Venezolana, Caracas, 1999. Su elección evidencia que muchas personas, abogados o no, conocían la obra de este destacado profesor y le confiaron una importante tarea, que cumplió a cabalidad.

89 José Ignacio Hernández G., "Allan R. Brewer-Carías y el concepto de Derecho Administrativo en Venezuela", *op. cit.*, p. 354.

90 Allan R. Brewer-Carías, *Cambio Político y Reforma del Estado en Venezuela*, *op. cit.*, p. 13.

en la almena del "debe ser" para eludir el necesario compromiso con la realidad social de su tiempo[91].

La irrupción de la llamada "cuestión social"[92] en tanto fenómeno histórico también va a influir de modo determinante en el jurista, en tanto en gran medida dimitirá de los clásicos postulados del liberalismo clásico para adentrarse en las filas del socialismo democrático, al sostener que "el argumento liberal" se encontraría presuntamente en el mundo occidental totalmente fuera de lugar, debido a la irrupción de los llamados y discutidos derechos sociales y a la pérdida de la otrora separación Estado-Sociedad, lo cual ha venido a fortalecer el predominio del Estado en la vida colectiva e individual, derivada de "la transformación social provocada por la urbanización o la desruralización en gran escala, con la consecuente concentración de la población en las ciudades", lo cual provocó a su vez que en todo el mundo, y especialmente en Europa, apareciera "una masa enorme de nuevos actores políticos, identificados con el proletariado urbano e industrial, en gran parte marginal, que comenzó a reclamar la protección del Estado y además, el acceso al Poder"[93], lo cual, aunado a una fuerte presión social, favoreció el predominio del Estado en la vida individual y colectiva, asumiendo para sí un rol protector, benefactor y conformador de la sociedad, resultado de la "quiebra generalizada de las economías después de la Segunda Guerra Mundial"[94], que, sin duda alguna, va a estar en tensión con la defensa de la libertad individual en sus obras de Derecho Constitucional.

En efecto, en las obras jurídico-administrativas del autor se evidencia la adopción de un enfoque socialista, el cual propugnará la inadecuación de todo enfoque jurídico que insista en asumir una perspectiva liberal, en razón de la circunstancia histórica de la expansión del Estado, mediante la apropiación de los medios que por principio debían corresponder a la sociedad civil, lo cual comenzó a germinar y concretizarse precisamente a partir de la segunda postguerra. Ahora bien, tal ruptura con el pensamiento liberal terminó a la postre dándole la razón al denostado liberalismo clásico, pues, como advirtió años más tarde el jurista, el dadivoso "Estado Social" terminó con acabar:

---

91 Destaca con bastante razón el jurista Parejo Alfonso sobre Brewer-Carías que "por eso mismo el frente de lucha no está sólo en las aulas y los libros, se extiende también, además de al foro, al ejercicio del poder público. En todos esos campos se ha batido el Prof. Brewer por la libertad real, de todos y no de unos pocos", en Luciano Parejo Alfonso, "Discurso del profesor Luciano Parejo Alfonso, Vicerrector de la Universidad Carlos III, en el acto de conferimiento del grado de Doctor Honoris Causa a Allan R. Brewer-Carías", publicado en Allan R. Brewer-Carías, *Reflexiones sobre la Organización Territorial del Estado en Venezuela y en la América Colonial*, Editorial Jurídica Venezolana, Caracas, 1997, p. 210.

92 Allan R. Brewer-Carías, *Derecho Administrativo*, tomo I, *op. cit.*, pp. 49 y ss.

93 Allan R. Brewer-Carías, *Reflexiones sobre el Constitucionalismo en América*, Universidad Católica Andrés Bello, Editorial Jurídica Venezolana, Caracas, 2001, p. 31

94 *Ibid.*

> ...con las iniciativas privadas y minimizó a la sociedad civil, la cual fue sustituida por la burocracia pública. Al controlar, dirigir, someter y regular todo, el Estado no ha dejado libre a la iniciativa privada, a la cual, por lo demás, no logra siquiera suplirla a medias pues no sólo no tiene recursos suficientes para ello, sino que se ha endeudado excediendo su capacidad de pago[95].

Esta conclusión, que desde una perspectiva liberal era bastante predecible, vino ligada al constante estudio del autor y a la sensibilidad por aceptar tesis e ideas que en su momento consideró inadecuadas. En efecto, no hay soberbia intelectual en Brewer-Carías, pese a todo su prestigio y al celo que da toda obra ya ejecutada, y más si es famosa, valorada, influyente y admirada[96], ya que si antes concebía enfáticamente que el Estado era parte de la Sociedad, e incluso era su organización, y como tal el instrumento político para la consecución de sus fines, y particularmente del bien común, posteriormente admitirá por la contundencia de los hechos que el "Estado Social", por lo menos el que se fue confeccionando en Venezuela, debía sufrir una radical transformación, aun cuando ello no significará una dimisión plena de las tesis colectivistas para enfilarse en las filas del liberalismo clásico, ya que seguirá defendiendo la justicia social y los cometidos sociales del Estado ya mitificado.

Sin embargo, es pertinente reseñar que en los años ochenta el profesor Brewer-Carías sostuvo que el Estado tenía la responsabilidad fundamental de conducir la sociedad, e incluso afirmaba que los "derechos individuales no se conciben como derechos frente al Estado, sino a través del Estado"[97], lo cual posteriormente corregirá, gracias a la dedicación y estudio por los principios del constitucionalismo liberal, aspecto que puede corroborarse en su argumento más reciente de que:

> La Constitución de América Latina para el Siglo XXI, sin duda, tiene que redefinir el papel del Estado Social, para asegurar los principios de justicia social del régimen económico, tanto público como privado; pero para ello tiene que deslastrarse de la imposición a los particulares de tantas limitaciones y controles –tiene que desregularse–; y tiene que salir de tantas empresas y actividades que tiene que privatizar, de manera que se liberen las iniciativas privadas, se asegure la participación de la sociedad

---

95 *Ibid.*, p. 32.

96 Por su prístina claridad, es menester referir las exactas palabras del profesor doctor Luciano Parejo Alfonso: "modelo, primero, de universitario prendido de la curiosidad, entregado al estudio y la reflexión críticas, abierto siempre a la renovación y la propia superación, tan firme en la defensa de las propias posiciones como atento a y respetuoso con las posiciones de los demás, generoso en la dación de sí mismo y generador de inquietudes y vocaciones". Luciano Parejo Alfonso, "Discurso del profesor Luciano Parejo Alfonso, Vicerrector de la Universidad Carlos III, en el acto de conferimiento del grado de Doctor Honoris Causa a Allan R. Brewer-Carías", publicado en Allan R. Brewer-Carías, *Reflexiones sobre la Organización Territorial del Estado en Venezuela y en la América Colonial*, Editorial Jurídica Venezolana, Caracas, 1997, pp. 208 y 209.

97 Allan R. Brewer-Carías, *Fundamentos de la Administración Pública*, tomo I, Editorial Jurídica Venezolana, Caracas, 1980, pp. 103 y ss.

civil y el sector privado en tantas tareas tradicionalmente públicas, y el Estado se concentre en la conducción y asunción de las políticas públicas que aseguren seguridad, salud, educación, infraestructura y servicios a todos y con la participación de todos[98].

Dado que el autor del recién *Tratado* desde temprana fecha se empeñó por superar los esquemas formales de la dogmática del Derecho Administrativo, la promesa de un *Tratado de Derecho Administrativo* lucía imposible, como a su vez la promesa efectuada en 1996 lucía irrealizable, dado que allí sostenía que tenía proyectado volver rápidamente a su "campo específico" a los fines de escribir unas "Instituciones de Derecho Administrativo que espero saldrá pronto a la luz pública"[99], lo cual no ocurrió. La no realización no deriva de la negligencia del jurista –imposible para alguien que ha escrito ciento cincuenta y tres libros, doscientos libros en coautoría y más de ochocientos trabajos publicados en Revistas y Obras Colectivas–, sino al deseo de emprender un *corpus doctrinario* omnicomprensivo y sistemático de Derecho Público, que a partir de este *Tratado* podrá comprenderse en conjunto con los tomos prometidos del *Derecho Administrativo Especial* y el *Tratado de Derecho Constitucional.*

## 5. El Tratado de Derecho Administrativo. Derecho Público Iberoamericano como resultado del "milagro Brewer": Las relaciones culturales y jurídicas España-Venezuela como sustrato de ese milagro

El recién publicado *Tratado* reviste una importancia inusitada para el Derecho Público venezolano e Iberoamericano, como se refirió al inicio, en tanto ha sido proyectado y elaborado no para dar cuenta del derecho positivo vigente en Venezuela y otras latitudes –hay trabajos sobre ello, pero no de modo exclusivo–, sino que ha venido a representar una exhaustiva compilación de toda la obra académica en el Derecho Administrativo General –en Brewer-Carías, es más que ello– para toda la comunidad jurídica nacional y foránea, para dar cuenta por vez primera de un *corpus* doctrinario unitario, el cual ha sido forjado con tesón a lo largo de varias décadas, como indiscutible fundador de los estudios del Derecho Público venezolano, tal y como conocemos hoy en día.

Dicho *Tratado* cristalizado a su manera permite apreciar en conjunto los fundamentales, importantes e innegables aportes del jurista en esta importante disciplina, en el que se evidencia además la construcción histórica del Derecho Administrativo en Venezuela e Iberoamérica, en la cual el autor es figura principalísima, como así lo evidencia la más autorizada doc-

---

98 Allan R. Brewer-Carías, *Reflexiones sobre el Constitucionalismo en América*, *op. cit.*, p. 32.

99 Allan R. Brewer-Carías, "Prólogo" a las *Instituciones Políticas y Constitucionales. Tomo I: El Régimen Histórico Constitucional del Estado*, Universidad Católica del Táchira-Editorial Jurídica Venezolana, Caracas-San Cristóbal, 1996, p. 22.

trina nacional y foránea, pues debe recordarse una y otra vez que fue el primero en trazarse un programa de investigación conceptual y sistemático sobre el Derecho Administrativo en Venezuela, gracias a su famosa tesis *Instituciones Fundamentales del Derecho Administrativo y la Jurisprudencia Venezolana*[100], la cual representa una investigación histórica y conceptual de lo mejor de la doctrina francesa y española, y de toda la jurisprudencia constitucional y administrativa de la Corte Suprema 1930-1974, que compiló luego en los años setenta[101], la cual comenzó a estudiar en sus años como Auxiliar de Asuntos Legales para el Estudio de la Jurisprudencia de la Antigua Corte Federal en el Instituto de Codificación y Jurisprudencia (1961-1962).

En efecto, aunque le precedían históricamente en la cátedra universitaria los profesores Federico Urbano, Federico Álvarez Feo, José Manuel Hernández Ron, Eloy Lares Martínez, Gonzalo Pérez Luciani, Luis Henrique Farías Mata y Antonio Moles Caubet[102], entre otros profesores, ninguno antes había emprendido un plan de investigación completo del Derecho Administrativo, por lo que, como advertirá el profesor Brewer-Carías en su laureada tesis, titulada *Instituciones Fundamentales del Derecho Administrativo y la Jurisprudencia Venezolana,* comenzará "a llenar el vacío hasta ahora existente"[103], pero siempre concibiendo:

> ...el Derecho no como un fin en sí mismo, en cuyo campo pueden alzarse sin riesgo –el riesgo será ya de otros– las construcciones más sutiles y acabadas, sino, más modestamente, como instrumento de la razón humana para el más justo gobierno de los hombres, el arreglo concreto po-

---

100 Universidad Central de Venezuela, Caracas, 1964, p. 13. Al respecto es pertinente destacar la opinión del jurista Eduardo Roca Roca: "Allan R. Brewer-Carías irrumpe en el Derecho Administrativo de su país, en 1964, cuando aparece publicado su libro Las Instituciones Fundamentales del Derecho Administrativo y la Jurisprudencia Venezolana. Esta obra se puede considerar como la primera que, en Venezuela, y en Hispanoamérica, expuso el Derecho Administrativo contemporáneo, con una metodología moderna. Se trata de un intento de mostrar la situación de la teoría general del derecho administrativo, construida sobre la base de las decisiones jurisprudenciales de la Suprema Corte del país, la cual hasta ese momento era casi totalmente desconocida. La obra, sin duda, contribuyó a darle un vuelco total al derecho administrativo en Venezuela, antes de esa fecha muy poco cultivado". Eduardo Roca Roca, "Discurso del profesor Eduardo Roca en el acto de conferimiento del grado de Doctor Honoris Causa a Allan R. Brewer-Carías en la Universidad de Granada, España, 1986", publicado en Allan R. Brewer-Carías, *Reflexiones en España*, Caracas, 1987, p. 86.

101 Ediciones del Instituto de Derecho Público de la Facultad de Derecho de la Universidad Central de Venezuela, Caracas, 1975-1979, en ocho grandes volúmenes.

102 *Textos Fundamentales del Derecho Administrativo. Cien años de la creación de la cátedra de Derecho Administrativo de la Universidad Central* (Ed. José Ignacio Hernández G.), Academia de Ciencias Políticas y Sociales, Caracas, 2010.

103 Allan R. Brewer-Carías, *Las Instituciones Fundamentales del Derecho Administrativo y la Jurisprudencia Venezolana*, Colección Tesis de Doctorado, vol. IV, Facultad de Derecho, Universidad Central de Venezuela, Caracas, 1964, p. 14.

sible de los problemas de la convivencia, y, por tanto, instrumento cultural e histórico para el progreso de ésta en la razón[104].

Cincuenta años después, el *Tratado de Derecho Administrativo* debe valorarse como único en su género, no sólo por su calidad -la cual está fuera de toda duda y será debidamente apreciada por el amable lector–, sino porque evidencia lo determinante e influyente que ha sido la obra y el autor en lo que respecta al Derecho Público venezolano y foráneo, destacándose de esta influencia en Venezuela la legislación y jurisprudencia -que aún resististe los embates del autoritarismo socialista-marxista que se concretiza cada vez más en Venezuela–, aunado a la influencia en la doctrina patria como no lo ha hecho ningún autor hasta la fecha, aun cuando, paradójicamente, la obra del tratadista siga siendo en buena parte desconocida en el ámbito venezolano, debido a que no sólo es difícil seguirle el ritmo de trabajo, sino también a la dificultad de conseguir las decenas de obras publicadas en el extranjero, las cuales al no ser leídas y analizadas en las Universidades han truncado buena parte de la evaluación total de esta extraordinaria y colosal obra académica.

El público al cual va dirigido el *Tratado, prima facie,* no es el estudiantil, siempre propenso a memorizar, aprender y enfocarse en la mera legalidad. Su objetivo es mucho más ambicioso, a saber, el de ofrecer en esta completa compilación toda la obra escrita a lo largo de varias décadas de intenso trabajo e investigación en lo que se refiere a la construcción del Derecho Administrativo venezolano como parte de la tradición occidental, lo cual es de sumo interés para cualquier estudioso de la disciplina -y algún estudiante versado–, quienes podrán por vez primera leer en conjunto este monumental *corpus doctrinario*, para efectuar una evaluación completa de los aportes de este prolífico jurista, lo cual propiciará el diálogo académico necesario, bien para compartir o bien para refutar los contenidos de la obra de toda una vida y los fundamentos más básicos de esta apasionante disciplina como es el Derecho Administrativo.

Los contenidos o aspectos de fondo del *Tratado,* si bien no pueden referirse íntegramente, merecen al menos varias consideraciones. En primer lugar, los contenidos del Derecho Administrativo tratados sólo han sido posibles por la intensa labor universitaria y de investigación llevada a cabo en el Instituto de Derecho Público de la Universidad Central de Venezuela. En segundo lugar, la obra tiene la impronta de un académico que ha tenido el privilegio -gracias a su prestigio académico– de incursionar de manera plena en los problemas inherentes a la Administración Pública y en los problemas políticos de su país y continentales, no para figurar, sino para

104 Luciano Parejo Alfonso, "Discurso del profesor Luciano Parejo Alfonso, Vicerrector de la Universidad Carlos III, en el acto de conferimiento del grado de Doctor Honoris Causa a Allan R. Brewer-Carías", publicado en Allan R. Brewer-Carías, *Reflexiones sobre la Organización Territorial del Estado en Venezuela y en la América Colonial*, Editorial Jurídica Venezolana, Caracas, 1997, pp. 208 y 209.

aportar y cambiar las realidades adversas, previamente pensadas y estudiadas en múltiples ideas originales dadas a la imprenta.

En tercer lugar, la convicción profunda de que el:

> ...derecho administrativo es ante todo un derecho estatal, es decir, un derecho del Estado en el sentido de que además de emanar de éste, está destinado a regular una parte esencial de su organización y actividad; particularmente la Administración Pública como complejo orgánico, su organización y funcionamiento; el ejercicio de la función administrativa, y las relaciones jurídicas entre las personas jurídicas estatales y los administrados; siendo su objeto, por tanto, normar instituciones de carácter público que persiguen fines públicos y colectivos, situados por encima de los intereses particulares[105].

Pero inspirado siempre bajo el ideal político del Estado de Derecho *(Rule of Law)*, al punto de que "sin éste no habría derecho administrativo"[106]. Y, en cuarto lugar, la seriedad en el trabajo de investigación.

Sobre lo primero es menester destacar que si bien la obra de Brewer-Carías no estuvo atada a su permanencia en la Universidad y a los Institutos de Investigación, no puede olvidarse que su formación se debió a la presencia de fuertes Institutos de Investigación, así como a los imperantes parámetros de máxima calidad docente en la Universidad Central de Venezuela. En efecto, la afirmación del eminente jurista Eduardo García De Enterría –el cual siempre será recordado y al cual nunca alcanzarán los agradecimientos y reconocimientos por su legado intelectual– de que "Brewer es un milagro de la naturaleza exuberante del trópico venezolano"[107] debe entenderse también no sólo como un elogio merecido al autor del *Tratado*, sino también a todo un ambiente intelectual y cultural que hizo posible el "milagro Brewer", dada la alta capacidad de estudio y de investigación y destrezas que desde temprana fecha adquirió con tan notables juristas, muchos de ellos exiliados españoles que llegaron a Venezuela a cambiar radicalmente los estudios jurídicos bastante premodernos del país, por lo que Venezuela siempre estará en una deuda impagable.

Es menester recordar que Brewer-Carías comenzó su actividad académica de investigación en el año de 1960, cuando aún cursaba tercer año de la carrera de Derecho en la Facultad de Derecho de la Universidad Central de Venezuela, bajo la dirección del profesor doctor Manuel García Pelayo,

---

105 Allan R. Brewer-Carías, *Tratado de Derecho Administrativo, Derecho Público Iberoamericano*, tomo I, Editorial Civitas-Thomson Reuters, en coedición con la Fundación de Derecho Público y la Editorial Jurídica Venezolana, Madrid, 2013, pp. 1065 y ss.

106 Allan R. Brewer-Carías, *Derecho Administrativo. Principios del Derecho Público, Administración Pública y Derecho Administrativo. Personalidad jurídica en el Derecho Administrativo. Régimen de la Administración Pública*, Universidad Externado de Colombia-Universidad Central de Venezuela, Bogotá, 2005, p. 186.

107 Eduardo García De Enterría, "Discursos en el acto de Presentación del libro: El derecho público a comienzos del siglo XXI. Homenaje al Profesor Allan R. Brewer-Carías", en *Revista Peruana de Derecho Público*, año 4, N° 7, Lima, 2003, p. 120,

quien ya para 1958 había sido recién nombrado Director del Instituto de Estudios Políticos. En dicho Instituto, Brewer-Carías comenzó en calidad de auxiliar de investigación, bajo la dirección del recordado profesor, "la búsqueda, síntesis y ordenación de la información relativa a los acontecimientos más relevantes en política internacional, con destino a la sección informativa de la naciente Revista Politeia que editó el Instituto"[108], lo cual, sin duda alguna, marcará su formación como investigador y docente, pues con dicha experiencia y ejemplo se acrecentará la pasión por la lectura y la investigación que luego continuará con el profesor Antonio Moles Caubet y luego en solitario, hasta llegar a ser el más importante profesor y Director del Instituto de Derecho Público de la Universidad Central de Venezuela, al cual estuvo vinculado durante veintisiete años, hasta su jubilación (1960-1987).

Este clima intelectual que favoreció el "milagro Brewer" sólo es posible, reproducible o imitable si la Universidad es fortalecida, y puede volver a robustecerse, ante tantos embates contra el conocimiento y la verdad en Venezuela, gracias al régimen autoritario-socialista actual. Dado que la Universidad no es sólo docencia, es menester no olvidar que el "milagro Brewer" también se debió, como antes se indicó, a los importantes Institutos de Investigación que fueron desarrollándose con la presencia de destacados académicos, la gran mayoría españoles, que entregaron y aportaron tanto a Venezuela, los cuales es meritorio referir a título enunciativo: doctores Manuel García Pelayo, Juan David García Bacca, Antonio Moles Caubet, Joaquín Sánchez Covisa, Juan Antonio Nuño Montes, Federico Riu Farré, Sebastián Martín-Retortillo Baquer, Francisco Rubio Llorente, Pedro Bravo Gala, Ángel Cristóbal Montes y Juan Carlos Rey, entre muchos otros.

Ese clima intelectual en la Venezuela de ese entonces se debía al hecho innegable, puesto de bulto por el eminente jurista Francisco Rubio Llorente[109], de que la vida en Venezuela en los años cincuenta para un profesor universitario era muy fácil, en tanto el sueldo era bueno, y mucho mejor que en España para la época. En efecto, sostenía el jurista que el país era próspero y la vida en Caracas era una vida grata, y la Universidad Central de Venezuela de entonces era una especie "de ghetto privilegiado", porque el profesorado estaba compuesto por una comunidad de académicos de alto nivel que, gracias al ambiente plural que allí se vivía, permitió el reconocimiento internacional de la Universidad, cuyo capital humano lo formaban exiliados o emigrantes de Europa, resultando el ambiente académico un "mundo culto, cosmopolita, y encantador".

---

[108] Allan R. Brewer-Carías, "La ilegítima mutación de la Constitución por el juez constitucional y la demolición del Estado de derecho en Venezuela", en *Revista de Derecho Político*, N° 75-76, Homenaje a Manuel García Pelayo, Universidad Nacional de Educación a Distancia, Madrid, 2009, pp. 289 y ss.

[109] Entrevista realizada en el recinto de la Universidad de Valladolid. http://www.youtube.com/watch?v=NTI2ikSwkF0

En relación al segundo aspecto, es pertinente destacar que es imposible encasillar la obra del profesor Brewer-Carías dentro de los clásicos parámetros de los estudios de Derecho Administrativo, no sólo venezolanos, sino también foráneos. La razón de ello es que siempre el autor ha tratado de desbordar el campo riguroso de su especialización original, a saber, el Derecho Administrativo, para con ello ir en auxilio de otras disciplinas, a veces catalogadas por la mentalidad estrecha como "cuestiones metajurídicas", etc. En efecto, en el *Tratado de Derecho Administrativo* se podrá estimar una aproximación multidisciplinaria con sucesivas aproximaciones históricas, políticas, administrativas y jurídicas, siempre bajo el prisma de lo que algunos filósofos llaman "pensamiento situado", o, dicho de otro modo, teniendo presente la realidad política, jurídica, económica y social de su preocupación fundamental: Venezuela.

A partir de la preocupación central del autor por el Derecho Administrativo, y por ende del objeto primordial, cual es la regulación, organización y actividad de la Administración Pública como complejo orgánico, el autor rechazará cualquier aproximación *iuspublicista* que relegue el problema político, en tanto el resultado de dicho alejamiento de lo político en los estudios de Derecho Público –en especial los de Derecho Administrativo– lo catalogará de sacrificio que se hace al necesario estudio de los fines y de la actividad de la Administración Pública, en aras de ofrecer sólo un aspecto formal, desligándola del contexto donde se produce[110].

La visión de Brewer-Carías es que la Administración Pública no es más que un instrumento para la realización de los fines del Estado, lo cual implica su subordinación a la política juridificada, dado que toda Administración Pública no es más que el:

> ...producto del sistema político respectivo, por lo que la misma no tiene ni puede tener autonomía ideológica respecto de éste, sino que tampoco puede tener fines propios. Los fines de la Administración Pública son los fines de la sociedad y del Estado, y su filosofía es la filosofía del sistema político que la condiciona[111].

Tal visión, con las críticas antes advertidas y correcciones posteriores del autor, irá desarrollándose bajo una inequívoca posición de defensa de la libertad, y bajo la claridad de que la ciencia o el Derecho en sí no es neutral ideológicamente, como se sigue insistiendo en Venezuela, dado que en el estudio de unas disciplinas tan importantes como el Derecho Administrativo y el Derecho Constitucional siempre existirá:

> ...un *background* ideológico, propio y personal del investigador científico, que se proyecta sobre el resultado de la investigación y cuyo contenido es detectable, incluso en contra de la voluntad de quien quiere oscurecer su

---

110 Allan R. Brewer-Carías, *Fundamentos de la Administración Pública*, tomo I, *op. cit.*, pp. 84 y ss.

111 Allan R. Brewer-Carías, *Derecho Administrativo*, tomo I, *op. cit.*, pp. 349 y 350.

propio pensamiento, amparándose en una supuesta e inexistente objetividad de la Ciencia[112].

En relación al tercer punto, es pertinente destacar que este colosal *Tratado de Derecho Administrativo* está llamado a seguir influyendo de modo determinante en los estudios de Derecho Público en Venezuela e Iberoamérica, aun cuando en el mismo se encuentran indiscutidas discrepancias con sus escritos de Derecho Constitucional, cada vez más elaborados y mucho más liberales[113], como se ha tenido ocasión de comentar brevemente en las páginas que preceden y en otro lugar[114]. De la lectura del *Tratado* se comprobará que existen, en lo que respecta al Derecho Administrativo, algunas tensiones entre los postulados liberales defendidos en sus obras de Derecho Constitucional y algunos resabios estatistas y colectivistas, los cuales deberán en todo caso evaluarse en el contexto histórico en que fueron escritas[115], dado que, si bien lo ideal hubiese sido una nueva obra, habrá que convenir con el maestro que a las alturas de su intensa vida no es fácil -ni siquiera para los jóvenes- emprender la redacción de 6.462 páginas debidamente revisadas y actualizadas.

Tal circunstancia de ningún modo significa la claudicación de la continua obra académica de Brewer-Carías, como puede apreciarse con la publicación de las obras recientes antes mencionadas. Sin embargo, dado que el *Tratado* no cumple con lo ideal, quizás al estudioso de este *Tratado* se le presentará una pregunta de difícil resolución, a saber: ¿todo lo que en el *Tratado* se afirma sigue siendo opinión al día de hoy suscrita por el autor?

La respuesta a tal pregunta no luce fácil ni será respondida en estas páginas, ya que la única tarea cierta por ahora es la de leer íntegramente el *Tratado* y valorar una obra colosal y dialogar con el jurista en las Revistas especializadas -como en esta prestigiosa e influyente Revista de Administración Pública- con arreglo a estos primeros seis tomos, que el gran público e incluso el especializado desconoce en buena medida, ya que seguramente muchos jóvenes académicos no tuvieron el privilegio de escucharle en la Universidad, de comprar sus libros en los años en que fueron editados, conversar con él y acudir a su magisterio, en tanto varios -como es el

---

112 Raúl Bocanegra Sierra, "García de Enterría y la libertad. Una visión diferente de una de las grandes figuras del Derecho en España", en *La Nueva España*, edición del 22 de septiembre de 2013.

113 En efecto, como ha sostenido Marcel Waline, el Derecho Administrativo tiende, por una parte, "a evitar inmovilismo y la impotencia, y por la otra, la tiranía". *Droit Administratif,* 9° ed., Paris, Sirey, 1963, p. 4.

114 Jesús María Alvarado Andrade, "División del Poder y Principio de Subsidiariedad. El Ideal Político del Estado de Derecho como base para la Libertad y prosperidad material", en *Enfoques Actuales sobre Derecho y Libertad en Venezuela*, Academia de Ciencias Políticas y Sociales, Caracas, 2013, pp. 131-185.

115 Luis A. Herrera Orellana, "Bases filosóficas del estudio y la enseñanza del Derecho Administrativo en Venezuela (1909-2009)", en *100 Años de Enseñanza del Derecho Administrativo en Venezuela 1909-2009*, Centro de Estudios de Derecho Público de la Universidad Monteávila-Funeda, Caracas, 2011, pp. 55 y ss.

caso de quien escribe– ni siquiera habían nacido y, en otros casos, se ha imposibilitado el privilegio de su magisterio, por el lamentable e injusto exilio al que está sometido, debido a la persecución inconstitucional, ilegal y violatoria de los más elementales principios del Estado de Derecho, del Derecho Internacional y del Derecho Humanitario a la que ha sido expuesto desde 2005, por ser un claro y vertical defensor de la democracia[116] y del Estado de Derecho, ejemplo que deben seguir los amantes de la libertad individual, además de seguirlo en las definiciones y clasificaciones jurídicas, que es a lo que a veces se reduce su influencia en estos momentos en Venezuela, a veces sin citarlo en los tribunales y en la dogmática *iuspublicista* venezolana.

En cuarto lugar, referido a la seriedad en el trabajo de investigación, vale destacar que Brewer-Carías ha sido y es un incansable investigador, estudioso y divulgador del Derecho[117]. Su preocupación por estar al día de los grandes temas de su país y fuera de él lo convierte en un voraz lector de cuanto se edita, no sólo en el plano jurídico *strictu sensu*, sino político e histórico. De allí que hasta resulte gratificante leer las innumerables referencias bibliográficas que contiene este colosal *Tratado*, lo que demuestra el continuo diálogo argumentativo que ha mantenido a lo largo de estos más de cincuenta años de entrega apasionada al conocimiento, con lo mejor de la doctrina nacional y foránea, lo cual se evidencia en el dominio no sólo de la literatura española, sino también de la anglosajona y latinoamericana, como en su oportunidad manifestare el prestigioso jurista Alejan-

---

[116] Vale destacar la pertinente apreciación del jurista Muñoz Machado, la cual es compatible con la posición de Brewer-Carías: "No obstante, el Derecho administrativo, aunque forjado en torno al contencioso-administrativo, no es sólo contencioso, como es evidente, y a lo que la idea de participación está atacando justamente es a las mismas bases ideológicas sobre las que esta disciplina, hasta ahora se ha asentado, siendo difícil por ello, que desde fundamentos ideológicos que están empezando a periclitar pueda asumirse o reducirse el impacto de las mutaciones que la realidad social exige en base a una ideología de la Administración difícilmente compatible con la recibida". Santiago Muñoz Machado, "Las concepciones del Derecho administrativo y la idea de participación en la Administración", en *Revista de Administración Pública*, N° 84, Centro de Estudios Políticos y Constitucionales, Madrid, 1977, p. 533.

[117] Al respecto vale destacar la opinión del jurista Eduardo Roca Roca: "Fundó hace casi diez años, la Editorial Jurídica Venezolana, sin duda hoy, la primera y más sólida casa editorial en materia jurídica de Venezuela y de Hispanoamérica, dedicada a la publicación de obras de autores conocidos y a la promoción de otros menos conocidos. Finalmente, debe destacarse que en 1980 fundó la Revista de Derecho Público, de la cual es su Director, que ya lleva 27 números publicados trimestralmente, y que se ha convertido no sólo en la publicación periódica más importante y regular de Venezuela, sino en el centro del desarrollo del derecho administrativo en el país". Eduardo Roca Roca, "Discurso del profesor Eduardo Roca en el acto de conferimiento del grado de Doctor Honoris Causa a Allan R. Brewer-Carías en la Universidad de Granada, España, 1986", publicado en Allan R. Brewer-Carías, *Reflexiones en España*, Caracas, 1987, p. 93. La *Revista de Derecho Público*, bajo la dirección del maestro Brewer-Carías, ha seguido editándose y ya cuenta con 135 números, para bien de la comunidad jurídica nacional.

dro Nieto García, en una recensión bibliográfica a un viejo libro de Brewer-Carías en esta prestigiosa Revista[118].

Este solo aspecto demuestra a las claras que el *Tratado* es la obra de toda una vida dedicada al estudio incansable de la doctrina nacional y foránea, de innumerables legislaciones nacionales y foráneas, sentencias, actos administrativos, reglamentos, etc. De allí que luzcan tan apropiadas las diáfanas palabras del profesor Eduardo García De Enterría cuando afirmare que:

> No ha habido, eso es seguro, jurista que le sea comparable en la bicentenaria historia de la República. Más aún: pocos dudamos de que Brewer sea probablemente el primer iuspublicista de toda la América Latina. ¿Quién como él ha escrito y publicado no sólo artículos, sino libros originales enteros (no sólo traducciones, pues), en las principales lenguas extranjeras –inglés, francés, italiano– con frecuencia presentados en rendidos Prólogos, por las primeras figuras de los respectivos países?[119].

## 6. Reflexión final: Allan R. Brewer-Carías y la creación de una escuela de Derecho Público y sus relaciones con España

Esta vocación por el estudio y el trabajo, que se patentiza en una mística inigualable, ha colocado a Brewer-Carías meritoriamente en un puesto de primer orden entre los *iuspublicistas* hispanoamericanos, dado que contribuyó conjuntamente con otros prestigiosos juristas de ambos lados del Atlántico a superar la antigua desconexión y "desinterés españoles respecto del mundo jurídico-público hispanoamericano", y viceversa[120]. En efecto, Brewer-Carías será el primero en establecer sólidos contactos profesionales y académicos con los más importantes juristas españoles, gracias a sus estudios del Derecho Público europeo, y en especial el francés y el español, lo cual se corrobora del examen minucioso que hiciera en su laureada tesis de los principales estudios publicados en la presente e importante Revista de Administración Pública.

De hecho, gracias a esos estudios, el jurista logró establecer relaciones imperecederas con importantes juristas, a saber: Eduardo García De Enterría, Sebastián Martín-Retortillo, Lorenzo Martín-Retortillo, Alejandro Nieto García, Ramón Martín Mateo[121], Ramón Parada Vázquez, Tomás Ra-

---

118 *Revista de Administración Pública*, N° 58, Centro de Estudios Políticos y Constitucionales, Madrid, 1969, pp. 482 y ss.

119 Eduardo García De Enterría, "Discursos en el acto de Presentación del libro: El derecho público a comienzos del siglo XXI. Homenaje al Profesor Allan R. Brewer-Carías", en *Revista Peruana de Derecho Público*, N° 7, Lima, 2003, p. 120.

120 "Prólogo" del profesor Luciano Parejo Alfonso al libro de Allan R. Brewer-Carías, *Estado de Derecho y Control Judicial (Justicia Constitucional, Contencioso-Administrativo y Amparo en Venezuela)*, Instituto Nacional de Administración Pública, Madrid, 1987, p. I.

121 Allan R. Brewer-Carías, *Urbanismo y Propiedad Privada*, "Prólogo" de Ramón Martín Mateo, Editorial Jurídica Venezolana, Caracas, 1980.

món Fernández y Luis Cosculluela Montaner, entre otros, e incluso se convirtió en uno de los primeros latinoamericanos en publicar un trabajo académico en esta importante Revista, con un trabajo titulado "Consideraciones sobre la ilegalidad de los actos administrativos en el derecho venezolano"[122], el cual fue solicitado por el profesor García De Enterría. De tal intercambio intelectual, y por medio de invitaciones de Brewer-Carías, además de los juristas antes nombrados, el jurista logró la visita a Venezuela de importantes y destacados juristas, a saber: Luciano Parejo Alfonso, Juan Santamaría Pastor, Rafael Gómez Ferrer, Raúl Bocanegra Sierra, Tomás De La Cuadra Salcedo y Santiago González Varas, y otros juristas que, sin ser miembros de la "Escuela de Enterría", contribuyeron con sus visitas al Derecho Público venezolano e Iberoamericano, a saber: Fernando Garrido Falla, Jesús González Pérez, Jaime Rodríguez Arana, Enric Argullol I Mugades y Marta Franch Saguer, entre otros. De esta fructífera relación, que trascendió a los malos momentos derivados de la persecución política a la que ha sido sometido el jurista[123], no sólo se produjo un intercambio académico importante entre España e Iberoamérica, sino que también hubo una relación de admiración mutua que se puede entrever en las importantes palabras sobre el jurista venezolano que expusiera el brillante, siempre admirado, jurista Eduardo García De Enterría: "es el más brillante de los iuspublicistas formados en la Universidad Nacional de Caracas", siendo el *Tratado,* por tanto, un regalo que graciosamente concede un hombre

---

[122] Allan R. Brewer-Carías, "Consideraciones sobre la ilegalidad de los actos administrativos en el derecho venezolano", en *Revista de Administración Pública*, N° 43, Instituto de Estudios Políticos, Madrid, 1964, pp. 427-456. Tal y como sostiene el jurista Eduardo Roca Roca: "Pero aun cuando más lejana, también estaba dentro de los planes de Brewer-Carías la búsqueda de una presencia de los autores hispanoamericanos en España, siempre dispuesta a mirar más allá de los Pirineos por luces jurídicas, pero en general, renuente a mirar al otro lado del Atlántico. Brewer-Carías entró en contacto con todos los académicos españoles, y fue de los primeros hispanoamericanos a quien se le publicó un trabajo en la Revista de Administración Pública, que tanta influencia ha tenido no sólo en España, sino en todos los países de Hispanoamérica. Veintidós años después de la publicación de un artículo suyo en el N° 42 de la revista, los autores latinoamericanos pueden considerar que se sienten en España como en su casa". Eduardo Roca Roca, "Discurso del profesor Eduardo Roca en el acto de confe-rimiento del grado de Doctor Honoris Causa a Allan R. Brewer-Carías en la Universidad de Granada, España, 1986", publicado en Allan R. Brewer-Carías, *Reflexiones en España*, Caracas, 1987, p. 91.

[123] Basta referir la comunicación personal que dirigió D. Eduardo García De Enterría a Allan Brewer-Carías, fechada el 13 de diciembre de 2006, en la que le expresaba lo siguiente: "Muy de verdad me parece obligado en estos momentos manifestarte el gran aprecio y admiración que te tengo, también como amigo, como profesor y como político, y correlativamente el rechazo rotundo a la increíble y arbitraria persecución de que estás siendo objeto en estos momentos por parte de las autoridades políticas de tu país, reiterándote mi estima y afecto, con la vieja amistad renovada". De tal comunicación se evidencia cuánto vivía el doctor García De Enterría su obra, comprometida con la defensa de la libertad individual (liberalismo) y con la democracia liberal que tanto influirá para bien en el mundo iberoamericano, aunado a la admiración sincera que se sentían ambos juristas.

que desde muy joven ha dado su vida a ofrecer al mundo una "obra sistemática de reordenación de todo el Derecho Público venezolano que asombra por su regularidad, por su ambición y por la seguridad de su criterio técnico, servido por una ágil mente jurídica y una formación de una amplitud excepcional"[124].

En efecto, la sola creación de una comunidad científica jurídica en el país es un mérito indiscutible del autor, que debe ser apreciada en los mismos términos que es valorada por lo más granado de la comunidad jurídica *iuspublicista* española[125] al otro lado del Atlántico, como se puede apreciar del excelente prólogo del profesor Luciano Parejo Alfonso –tan querido y admirado en Venezuela, como todos los juristas españoles–, pues ya es suficiente duro para el autor tener que soportar el exilio y evidenciar muchas veces la frase bíblica de que "nadie es profeta en su tierra" (Marcos 6, 1-6), sino también tener que comprobar que por más que se escriba, se enseñe y se investigue en procura de la libertad individual y política persistan realidades que no cambian nunca, como aquella referida en los años ochenta, con una extrema vigencia para el caso venezolano:

> ...el Estado contemporáneo está concebido en la Constitución, básicamente, como un Estado sometido al derecho en todas sus actuaciones, y

---

124 Eduardo García De Enterría, "Prólogo" al libro *Principios del Procedimiento Administrativo* de Allan R. Brewer-Carías, Editorial Civitas, Madrid, 1990, en *El Derecho Público a comienzos del siglo XXI (Estudios en Homenaje al Profesor Allan R. Brewer Carías),* Coords. Alfredo Arismendi y Jesús Caballero Ortiz, Instituto de Derecho Público, Universidad Central de Venezuela-Civitas Ediciones, S.L., Madrid, tomo I, 2003, p. 41. Vale destacar que también este importante homenaje se publicó y se presentó en España, ya que la persecución política al autor lo imposibilitó.

125 La obra jurídica de Allan R. Brewer-Carías, por si quedara duda, ha sido elogiada y reconocida hasta el punto de que es Miembro Honorario de la Real Academia de Jurisprudencia y Legislación de Granada (1986); de la Real Academia Valenciana de Jurisprudencia y Legislación (2000); de la Real Academia de Legislación y Jurisprudencia de Madrid (2008); de la Academia Nacional de Derecho y Ciencias Sociales de Córdoba, Argentina (Miembro Correspondiente Extranjero 1992); de la Academia Colombiana de Jurisprudencia (Miembro Correspondiente Extranjero 1996); de la Academia Chilena de Ciencias Políticas, Sociales y Morales (Miembro Correspondiente 2011); y, por último, de la Academia Peruana de Derecho (Académico Honorario 2011). De igual modo, es Profesor Emérito de la Universidad Central de Venezuela; Profesor en Cambridge, París II y Aix-en-Provence; Profesor Honorario de la Universidad del Rosario (Argentina); Externado de Colombia y de la Javeriana, ambas de Bogotá (Colombia); Profesor distinguido de la Universidad Nacional Autónoma de México (UNAM); Miembro Honorario del Centro de Estudios Interdisciplinarios de la Universidad Católica del Táchira (Venezuela); Miembro de número de las Academias de Ciencias Políticas y Sociales en Venezuela y de la Internacional de Derecho Comparado, de la cual fue su Vicepresidente (1982-2010), e incluso miembro de Institutos Internacionales como el de Ciencias Administrativas (del que fue Vicepresidente en los años 1971 a 1977), el de Derecho Administrativo Latino, el Interamericano de Derechos Humanos y también de no menos importantes Asociaciones como la Venezolana de Derecho Administrativo y Ciencias de la Administración, y la Asociación Latinoamericana de Administración Pública (de la que es fundador y ha sido Secretario).

> por tanto, sometido al control de la legalidad por parte de los órganos judiciales. Sin embargo, cuando el mismo centro de poder partidista puede controlar, a la vez, las decisiones del Congreso, del Ejecutivo y de los Tribunales, no hay forma efectiva de someter a control judicial real al Estado, y la dictadura del partido es total, porque lo inconstitucional o ilegal no encuentra remedio y a veces, como por arte de magia -la magia del partido- lo contrario a derecho se convierte en excelsa legalidad[126].

En efecto, tales aportes reconocidos en el mundo iberoamericano, resultado de varias décadas de entrega apasionada al Derecho, permitirán gracias a esta impresionante empresa editorial que en el caso venezolano se evalúe exhaustivamente dónde y cómo se extravió el país que se deseaba someter a Derecho, en medio de tanta confusión y tanto tormento espiritual, para que así el referido *Tratado* cumpla con un doble propósito especial, a saber: en primer lugar, contagiar a las futuras generaciones de esa inteligencia, capacidad de trabajo y energía que evita perder toda esperanza en el Derecho Público, como una de las tantas herramientas para el bienestar material de los ciudadanos, y, en segundo lugar, facilitar la toma de conciencia de los riesgos y los peligros que lleva todo trabajo intelectual comprometido con los más altos valores de la civilización occidental, ya que es imperioso no perder nunca de vista que el pensamiento no siempre "es amado por los hombres", ya que "si bien no es infrecuente que un filósofo acabe procesado, es más raro que comience por una excomunión y un intento de asesinato"[127], e incluso cabría agregar de exilio y persecución incansable por el poder arbitrario.

Dado que en Venezuela, lastimosamente, muchas veces por el resentimiento, la mezquindad y envidia, es recurrente el destierro de sus hijos buenos y ejemplares, los cuales han tenido que sufrir calamidades y maltratos derivados de la intolerancia que genera el éxito, vale agradecer en nombre de la comunidad jurídica nacional que valora la encomiable obra del profesor Brewer-Carías que sea en la querida España en donde se vuelva a dar otro ejemplo de grandeza, en momentos en los cuales una obra como el recién editado *Tratado* haya tenido que gestarse y presentarse en el exilio, lo que prueba una vez más que la Libertad no siempre se defiende en las circunstancias más favorables, algo de lo cual puede dar gran testimonio esta importante e influyente Revista de Administración Pública, en la que se gestaron las ideas a favor de la libertad individual y se fomentaron las bases para la construcción de un Estado de Derecho en tiempos difíciles, y que aún hoy en día mantiene esa llama encendida[128].

---

126 Allan R. Brewer-Carías, *Problemas del Estado de Partidos*, Editorial Jurídica Venezolana, Caracas, 1988, p. 21.

127 Gilles Deleuze, *Spinoza: Filosofía Práctica*, Tusquets Editores, Madrid, p. 14.

128 Así lo ha recordado el maestro Jesús González Pérez, al sostener que el maestro García De Enterría "jamás supuso una limitación o un condicionamiento al contenido de la Revista, que funcionó siempre con absoluta independencia y con el objetivo criterio científico que luce indiscutiblemente en sus páginas, sin la menor contaminación". Jesús González Pérez, "Recuerdos de Eduardo García de Enterría, fundador y director

A modo de colofón, cuando algún día prevalezca la igualdad de todos ante la ley, la separación de poderes en su origen, no en el Estado (separación Estado-Sociedad), cuando prevalezcan las leyes generales y abstractas y no los mandatos, indudablemente un gran homenaje y agradecimiento al jurista, no sólo residirá en su regreso a su país, sino también la puesta en práctica de lo que los eventuales lectores aprendieron y discutieron en los venideros años con estas sustantivas páginas, en el que se evidencia "la erudición y el rigor científico con el poder de síntesis y la clarividencia político-administrativa"[129], sumado a la expectativa de todos sus discípulos[130] y amigos de que nunca deje de ser noticiable la aparición de un libro del profesor Brewer-Carías[131], puesto que su pasión por el Derecho Público se inscribe en la misma línea de un gran jurista e intelectual venezolano, que el maestro Brewer-Carías admira y a quien basta recordar en este instante, a saber, don Andrés Bello:

> Si la ley y la sujeción a ésta son tan necesarias, puede decirse que ellas son la verdadera patria del hombre y todos cuantos bienes puede esperar para ser feliz. No es ciertamente patria por sí solo el suelo en que nacimos, o el que hemos elegido para pasar nuestra vida ni somos nosotros mismos porque nos bastamos a todas nuestras necesidades, ni los hombres que viven con nosotros considerados sin ley, porque ellos serían nuestros mayores enemigos: es, pues, nuestra patria esa regla de conducta que señala los derechos, las obligaciones, los oficios que tenemos y no debemos mutuamente: en esa regla que establece el orden público y privado; que estrecha, afianza y da todo su vigor a las relaciones que nos unen, y forma ese cuerpo de asociación de seres nacionales en que encontramos los únicos bienes, las únicas dulzuras de la patria: es, pues, esa regla la patria verdadera y esta regla es la ley sin la cual todo desaparece. Después de esto, ¿puede fingirse siquiera el amor a la patria sin amor a las leyes? Discúrrase como se quiera; fórmense grandes proyectos de establecimientos útiles, haya valor para pelear contra los enemigos del Estado, y resolución para acometer arriesgadas empresas; si falta el amor a las leyes, todo es nada: se minan los cimientos del edificio que se quiere

---

de la Revista", en *Revista de Administración Pública*, N° 192, Centro de Estudios Políticos y Constitucionales, Madrid, 2013, p. 17.

129 Alejandro Nieto García, *Revista de Administración Pública*, N° 58, Centro de Estudios Políticos y Constitucionales, Madrid, 1969, pp. 482 y ss.

130 Como un discípulo que admira la obra del maestro desde su época de estudiante, y el cual ha tenido el privilegio de poder aprender de él y evaluar y leer casi toda su obra, le reitero y dejo constancia de mi agradecimiento profundo y de mi admiración sincera, al igual que a la pléyade de admirados juristas españoles que han permitido que publique en estas admiradas páginas que he podido disfrutar a lo largo de estos años y que me han enseñado tanto. Hago votos porque las relaciones España y Venezuela sigan siendo tan profundas, pese a no estar físicamente D. Eduardo García De Enterría, el cual, sin lugar a dudas, ha sido uno de los más grandes juristas del siglo XX y al cual quedan cortas las palabras de elogio. Por último, es pertinente destacar que la Revista, como uno de sus más queridos logros, quedará en manos de los incontables y extraordinarios discípulos, quienes nos seguirán del otro lado del Atlántico enseñando tanto.

131 Ramón Parada Vázquez, *Revista de Administración Pública,* N° 94, Centro de Estudios Políticos y Constitucionales, Madrid, 1981, pp. 369 y ss.

> elevar; porque sin la observancia de las leyes, todas las ventajas son puras quimeras[132].

132 Allan R. Brewer-Carías, *La Concepción del Estado en la Obra de Andrés Bello,* Instituto de Estudios de Administración Local, Madrid, 1983, p. 41.

# LA FIGURA DEL ESTADO CONSTITUCIONAL, DEMOCRÁTICO Y CONVENCIONAL. DOS IDEAS BÁSICAS EN LA OBRA DE ALLAN R. BREWER-CARÍAS

Jaime Orlando Santofimio Gamboa[1]

## 1. Allan R. Brewer-Carías: Ideólogo del Estado constitucional, maestro y constructor de democracia, cultor del orden convencional

Desentrañar el concepto del Estado constitucional en sus finas intimidades y traducirlas al lenguaje del Derecho público vivencial constituye indudablemente uno de los aportes más importantes y significativos de la doctrina del profesor Allan R. Brewer-Carías, su inmensa obra se apuntala inamovible en uno de los mayores paradigmas jurídicos de la humanidad: la del Estado constitucional[2]. Acercarse a cada una de las sólidas ideas y profundos conceptos de su inmensa obra jurídica significa para el estudioso descubrir, con el mejor estilo, claridad y fortaleza, las bases de nuestro ordenamiento jurídico, la razonabilidad de un orden de normas, principios y valores que nos dignifican e introducen en una militancia permanente y activa en torno a las ideas democráticas y republicanas como las únicas válidas para garantizar la paz y el bienestar de nuestras sociedades.

Indudablemente, Brewer-Carías nos educa en un activismo irreprochable en torno al constitucionalismo y la convencionalidad. Precisamente, sin perder nunca el horizonte de sus principios fundantes y razones históricas que dieron lugar a la configuración del Estado constitucional, destaca como razón superlativa en la construcción del concepto su inmenso vínculo con el orden jurídico dentro del cual imbrica de manera natural y obvia bajo consideraciones monistas la convencionalidad, haciendo, por lo tanto, del derecho la base de la convivencia, el orden y el progreso reivindicando para el efecto una institucionalidad democrática al servicio de la humanidad.

---

1 Profesor Emérito de Derecho Administrativo Universidad Externado de Colombia.

2 Para las presentes reflexiones, ha sido consultada la inmensa y trascendental obra del profesor Allan R. Brewer-Carías Colección *"Tratado de Derecho Constitucional'*, en XVI volúmenes, el último de los cuales aparece referenciado en el año 2017, publicados por la Fundación de Derecho Público Editorial Jurídica Venezolana, Caracas Venezuela.

Brewer-Carías se torna bajo estas consideraciones en un ideólogo, maestro y constructor permanente del Estado constitucional, democrático y convencional como instrumento de lucha idónea y civilizada frente a las desfiguraciones autoritarias y despóticas que humillan y someten a las personas rompiendo injustamente la libertad. Se declara contradictor natural de cualquier forma de absolutismo, autocracia o concentraciones antidemocráticas del poder.

## 2. Dos ideas rectoras en torno al Estado constitucional en la obra de Allan R. Brewer-Carías

### 2.1. Ideas fundantes del concepto de Estado constitucional y convencional

En este sentido y para estos efectos, propone a lo largo de su obra y en línea persistente un concepto de Estado constitucional, solo entendible materialmente en cuanto estructura jurídica teleológica, sumida en parámetros democráticos, sociales y absolutamente regida por la idea básica de la separación de poderes; garante, entre otros bienes y valores, como los de la paz, el orden jurídico, la justicia y derechos, como los subjetivos en todas sus dimensiones, al igual que de la libertad; comprometido con el progreso del hombre y la sociedad; respetuoso de sus compromisos con la comunidad internacional, los derechos humanos, el mercado, la iniciativa privada, la competencia económica; bajo el contexto disciplinar de controles reales contenedores de la arbitrariedad y el despotismo[3].

Bajo estas líneas imperativas de su pensamiento, se ampara uno de los mayores aportes a la teoría del Estado constitucional, por lo menos desde la perspectiva del pensamiento clásico del derecho público latinoamericano, la de entender esta magna construcción conforme a presupuestos convencionales. Reivindicando la esencia del pensamiento político y jurídico de Kant[4] y de Kelsen[5], Brewer-Carías entiende como de la naturaleza misma del Estado constitucional su irremediable articulación, bajo consideraciones monistas, con el régimen sustancial derivado del derecho convencional, lo que se hace ostensible en los países miembros del Sistema Interamericano de Derechos Humanos, a partir de los precedentes de la Corte Interamericana de Derechos Humanos y del desarrollo que este órgano judicial le ha imprimido al control de convencionalidad como ins-

3 Brewer-Carías, *Allan R. Instituciones Políticas y Constitucionales,* T. I, Evolución Histórica del Estado, Universidad Católica del Táchira, Editorial Jurídica Venezolana, Caracas San Cristóbal, 1996, pp. 43-163.

4 Kant, Immanuel. *La Paz Perpetua.* Hemos utilizado para el análisis efectuado en esta presentación la edición de "La Paz Perpetua" de Kant subida en traducción libre y pública en la siguiente página de la Red: https://www.biblioteca.org.ar/ libros/89929.pdf

5 Kelsen, Hans. *Teoria Geral do Direito e do Estado,* Martins Fontes, São Paulo, 2000, pp. 462-567.

trumento vital para la justificación material del Estado de derecho y la democracia[6].

El derecho no se agota en el derecho nacional y la soberanía absoluta es una ficción irrealizable perturbadora de la integración natural de los pueblos y naciones, que aísla y permite engendros autoritarios y negaciones de los derechos fundamentales del hombre y de la humanidad, de aquí los peligros advertidos por Allan Brewer-Carías en relación con la desconstitucionalización del derecho internacional de los derechos humanos[7].

El verdadero Estado constitucional es aquel que rompe estas barreras y perjuicios y conduce a las naciones, en palabras de Kant, en torno a un verdadero "derecho público de la humanidad"[8], permitiendo reclamar cualquier violación a un derecho en cualquier rincón del planeta. Para Allan Brewer-Carías, estas máximas no le son extrañas, todo lo contrario, constituyen elementos vitales de su ideario político y jurídico[9], precisamente destaca que, "Algo (...) que ha adquirido tanta notoriedad en los últimos años, (...) si bien no es tan viejo como el mundo, sí podemos considerar que es tan viejo como la vigencia misma de la Convención Americana sobre Derechos Humanos", mostrándonos en consecuencia el sendero convencional como el correcto para el entendimiento integral del Estado constitucional[10].

Brewer-Carías se torna entonces en un soñador del derecho internacional y de sus bondades para la humanidad en claves de repudio a toda manifestación de violación de sus mínimos de convivencia y de respeto al hombre y sus derechos. Su propuesta en este aspecto no admite tacha moral o política. Propone leer y aplicar las bases constructivas del Estado constitucional y sus desarrollos normativos legales, administrativos y judiciales a la luz y conforme al orden jurídico convencional, algo que dentro

---

6 Brewer-Carías, Allan R. *El Control de Convencionalidad, con particular referencia a la garantía del derecho a la protección judicial mediante un recurso sencillo, rápido y efectivo de amparo de los derechos humanos*, Texto preparado para la exposición en el evento organizado por la Sala Constitucional de la Corte Suprema de Justicia de Costa Rica, sobre el control de convencionalidad y su aplicación, San José, Costa Rica, 27-28 de septiembre de 2012. https://allanbrewerCarías.com/wp-content/uploads/2012/09/1107-1-1055-EL-CONTROL-DE-CONVENCIONALIDAD-por-la-Corte-IDH-Y-AMPARO-18-sept.-2012.doc.pdf

7 Brewer-Carías, Allan R. *Estado Totalitario y Desprecio de la Ley. La Desconstitucionalización, Desjuridificación, Desjudicialización y Desdemocratización de Venezuela*, Fundación de Derecho Público, Editorial Jurídica Venezolana, 2015, pp. 148 y 149; 495 a 529.

8 Kant, Immanuel. *La Paz Perpetua, Op. Cit.*

9 Brewer-Carías, Allan R. "Derecho Administrativo y el control de convencionalidad", *Revista de la Facultad de Derecho de México,* V. 67, N° 268, 2017.

10 Brewer-Carías, Allan R. *El Control de Convencionalidad, con particular referencia a la garantía del derecho a la protección judicial mediante un recurso sencillo, rápido y efectivo de amparo de los derechos humanos, Op. Cit.*

de la estructura dogmática de su vasta obra no puede ser calificado más que obvio[11].

Precisamente al ahondar en las razones de esta línea de pensamiento y referirlas a su Venezuela del alma, encuentra que ya los jueces de la Venezuela democrática diseñada en la Constitución Política 1961 (mucho antes de entrar a regir en nuestros países la Convención Americana de Derechos Humanos y con ostensible anterioridad a que se hablara con tanta propiedad como se hace hoy del control de convencionalidad) venían aplicando un particular e innominado control con fundamento en el artículo 49 de esta Carta Política en defensa del goce y ejercicio de las garantías constitucionales. Desde la década de los sesenta, "algunos jueces de instancia comenzarán a admitir acciones de amparo para proteger otras libertades o garantías distintas de la libertad individual", lo cual denota lo obvio del respeto y prevalencia en el derecho interno a los derechos humanos en contexto de convencionalidad. Control desafortunadamente frustrado y negado en la hora actual de Venezuela por los jueces y autoridades de la dictadura[12].

### 2.2. Ideas fundantes del concepto de democracia dificultades, desfiguraciones y peligros

El aporte de toda esta construcción jurídica y política de Allan Brewer-Carías afortunadamente para los juristas de América y del mundo entero no cesa, imprimiéndole a la discusión y problemática siempre creciente en torno al Estado constitucional su vínculo inescindible con la convencionalidad y el concepto de democracia, dinámicas progresistas, sustancialmente dialécticas, profundamente críticas de los fenómenos y sucesos que moldearon esta monumental creación de nuestra cultura jurídica, sin embargo, dentro de este contexto resulta significativo el énfasis y despliegue permanente que el profesor hace de la idea democrática, concepto que irradia integralmente todas sus líneas de pensamiento y las respuestas a todos sus cuestionamientos[13].

Allan Brewer-Carías en este sentido se constituye en un indiscutible ideólogo del Estado democrático de derecho en América Latina, el más profundo de sus analistas y crítico permanente de sus desvíos y frustraciones. Su persistencia en el concepto de democracia como elemento articulador fundamental de toda referencia al Estado constitucional y convencional es ante todo doctrinaria. Podríamos afirmar sin lugar a equívocos, que Allan R. Brewer-Carías es un purista en todo el sentido de la palabra, en

---

11 Brewer-Carías, Allan R. *Estado Totalitario y Desprecio de la Ley, La Desconstitucionalización, Desjuridificación, desjudicialización y desdemocratización de Venezuela, Op. Cit,* pp. 148 y 149; 495 a 529.

12 Brewer-Carías, Allan R. *El Control de Convencionalidad, con particular referencia a la garantía del derecho a la protección judicial mediante un recurso sencillo, rápido y efectivo de amparo de los derechos humanos, Op. Cit.*

13 Brewer-Carías, Allan R. *"Tratado de Derecho Constitucional",* Editorial Jurídica Venezolana, Volumen VII, Caracas Venezuela, 2014, p. 117 a 315.

relación con la razonabilidad del concepto de democracia y su incidencia en la construcción de las instituciones dentro del Estado de derecho. En diversos escritos, de épocas diferentes, sin perder el rumbo de los principios en la materia, nos advierte con autoridad que la democracia es una forma de convivir en institucionalidad bajo la cultura de los límites al ejercicio del poder y el consecuente respeto a los derechos. Es un aporte cultural, hecho por las delicadas manos del pensamiento humano para disfrutar de los bienes de la vida en libertad, con la plenitud de los derechos subjetivos y sin el yugo amargo de la estupidez de los autócratas[14].

El núcleo central de su pensamiento es sencillo y absolutamente entendible como debe ser el lenguaje de todo demócrata: "la democracia como régimen político sólo puede funcionar en un sistema constitucional de Estado de derecho en el cual se tome efectivamente en cuenta con todas sus consecuencias políticas", estas son, entre otras, *i)* la de aceptar sin limitación alguna la idea del no abuso del poder; *ii)* reivindicar de manera permanente y en cualquier instancia el concepto de límites sustanciales y verdaderos al actuar de cualquier autoridad en escenarios reales de división de poderes; *iii)* la negación absoluta del despotismo y la autocracia o cualquier deformación que se le parezca, en consecuencia; *iv)* el disfrute del hombre de su libertad sin más límites que las del interés general y nunca la de los intereses mezquinos e ilegítimos del tirano[15].

La pureza de estas enseñanzas, como bien lo destaca, devienen de fuentes doctrinales claras y del más profundo valor histórico y político, de la ya:

> ...clásica y clara advertencia que décadas antes de la Revolución Francesa había legado al mundo, Charles Louis de Secondat, Barón de Montesquieu: Es una experiencia eterna -decía- que todo hombre que tiene poder tiende a abusar de él; y lo hace hasta que encuentra límites (...) Para que no se pueda abusar del poder es necesario que, por la disposición de las cosas, el poder limite al poder.

Y de la experiencia revolucionaria y constitucional norteamericana donde precisamente postularon la idea democrática y republicana de gobierno representativo a partir de 1776, como fórmula adecuada y precisa para enfrentar y controvertir constitucionalmente el concepto de monarquía absoluta hereditaria, en lo que sostiene Brewer-Carías, jugó "un papel

---

14 Brewer-Carías, Allan R. *Tratado de Derecho Constitucional,* Editorial Jurídica Venezolana, Volumen VII, Caracas Venezuela, 2014, p. 276 y ss.

15 Brewer-Carías, Allan R. *El Estado Democrático de Derecho y los Nuevos Autoritarismos Constitucionales en América Latina: El Caso de Venezuela.* Escrito elaborado partiendo del texto de la ponencia presentada al IX Congresso Ibero-Americano de Direito Constitucional e VII Simpósio Nacional de Direito Constitucional, Associação Brasileira dos Constitucionalistas Demócratas, Seção Brasileira do Instituto Ibero-Americano de Direito Constitucional, Academia Brasileira de Direito Constitucional, 11-15 de noviembre 2006, Curitiba, Paraná, Brasil. https://allanbrewerCarías.com/wp-contentfuploads/2007/09/l006.-I-1-947.Estado-democrático-de-derecho-y-autoritarismo-en-Venezuela-Curit%C3%AD ba-2006.pdf

fundamental los escritos de Thomas Paine, sin duda, el ideólogo más importante de la independencia norteamericana", quien postuló precisamente el reproche y negación de todo lo que institucionalmente representaba el régimen inglés y la necesidad de no seguir su ejemplo en la construcción del nuevo Estado norteamericano:

> ...el nuevo régimen político a establecer no podía ser el de la "locura del Gobierno hereditario de los reyes" o de "la absurdidad de la sucesión hereditaria", la cual consideró en su obra Common Sense, como "un insulto y una imposición sobre la posteridad, porque siendo todos los hombres iguales en su origen, ninguno por su nacimiento pudo tener un derecho para establecer para siempre su misma familia con una perpetua preferencia sobre todas las demás[16].

Conforme a estas ideas doctrinales, entiende Allan R. Brewer-Carías que construir y mantener un orden democrático dentro del Estado constitucional es una tarea difícil y de profunda persistencia en sus valores y principios para lo cual no se puede perder nunca de vista la concurrencia de los siguientes elementos: *i)* asegurar el gobierno del pueblo, titular de la soberanía, sea en forma indirecta a través de representantes, o bien mediante instrumentos para su ejercicio directo; *ii)* reivindicar un real y efectivo Estado de derecho, donde se garantice la prevalencia de sistema político constitucional que impida el abuso de quienes ejercen el poder estatal, división efectiva del poder, existencia de controles reales que impidan el auge de la arbitrariedad; *iii)* respeto real y material a la voluntad popular; *iv)* vigencia plena y eficaz de los derechos humanos; *v)* garantía efectiva del pluralismo político; *vi)* alternabilidad real y republicana en el ejercicio del poder político; y en fin, *vii)* sometimiento material del Estado y todas sus autoridades, funcionarios y órganos al derecho, entendiendo incorporado dentro de éste el orden jurídico convencional en los términos y condiciones de los tratados internacionales y del derecho internacional consuetudinario[17].

En esta línea de pensamiento, el ordenamiento jurídico convencional juega un papel importante en la consolidación de la base y concepto democrático en la obra de Allan Brewer-Carías. La democracia en los términos expuestos guarda relación material con los valores del derecho internacional de los derechos humanos. El propósito y finalidad prevalente del ordenamiento convencional es el mantenimiento y garantía permanente del sistema democrático y republicano de gobierno. En sus reflexiones al respecto, considera como una verdad incontrovertible la del papel estelar que juegan en su consolidación los tratados internacionales, la jurisprudencia

---

16 Brewer-Carías, Allan R. *Reflexiones sobre la Revolución Norteamericana (1776), la Revolución Francesa (1789) y la Revolución Hispanoamericana (1810-1830), y sus aportes al constitucionalismo moderno,* Universidad Externado de Colombia, Editorial Jurídica Venezolana, Bogotá 2007, p. 83 a 195.

17 Brewer-Carías, Allan R. *Tratado de Derecho Constitucional,* Editorial Jurídica Venezolana, Volumen VII, Caracas Venezuela, 2014.

de la Corte Interamericana de Derechos Humanos, pero también la labor constructiva de instrumentos como la Carta Democrática Interamericana de 2001, que determinó a nivel del consenso regional los elementos fundamentales del concepto de democracia representativa, constituyéndose en un referente esencial para la lectura y vigencia de las ideas democráticas en nuestros países[18].

De sus artículos 3 y 4, deduce Brewer-Carías las siguientes once ideas rectoras interamericanas sobre democracia, en su consideración de observancia irremediable por los países para ser calificados en la región con estructuras constitucionales verdaderamente democráticas:

> (i) respeto a los derechos humanos y las libertades fundamentales; (ii) el acceso al poder y su ejercicio con sujeción al Estado de derecho; (iii) la celebración de elecciones periódicas, libres, justas y basadas en el sufragio universal y secreto, como expresión de la soberanía del pueblo; (iv) régimen plural de partidos y organizaciones políticas; (v) la necesaria existencia de "la separación e independencia de los poderes públicos"; (vi) la transparencia de las actividades gubernamentales; (vii) la probidad; (viii) la responsabilidad de los gobiernos en la gestión pública; (ix) el respeto por los derechos sociales y la libertad de expresión y de prensa; (x) la subordinación constitucional de todas las instituciones del Estado a la autoridad civil legalmente constituida; (xi) el respeto al Estado de derecho de todas las entidades y sectores de la sociedad.

No obstante esta maravillosa creación doctrinal, Allan R. Brewer-Carías reconoce múltiples dificultades y desviaciones profundas en la búsqueda y consolidación de una sustantividad democrática regional, generando a lo largo de su obra un catálogo de irregularidades y perversiones a la democracia y de contera al concepto de Estado constitucional que ponen en peligro no solo su vigencia, sino también los valores vitales del hombre en sociedad[19].

De los múltiples trabajos al respecto, podemos reconstruir las ideas básicas y centrales de este catálogo negro de prácticas y mecanismos lesivos al orden constitucional y convencional en los siguientes términos: *i)* proliferación de discursos autoritarios y populistas en quienes ejercen el poder; *ii)* la mentira como política de Estado y negación de la transparencia; *iii)* desquiciamiento de la Administración Pública; *iv)* proliferación de mecanismos y métodos dirigidos a generar inseguridad en el respeto y acatamiento de los derechos humanos, desconocimiento pleno de la convencionalidad y del derecho internacional consuetudinario; *v)* ausencia material y real de la separación de poderes; *vi)* surgimiento de un nuevo modelo de Estado autoritario que no tiene su origen inmediato en un golpe de Estado militar, como ocurrió en el transcurso de las décadas del siglo pasado,

---

18 Brewer-Carías, Allan R. *El Estado Democrático de Derecho y los Nuevos Autoritarismos Constitucionales en América Latina: El Caso de Venezuela. Op. Cit.*

19 Brewer-Carías, Allan R. *Estado Totalitario y Desprecio de la Ley. La Desconstitucionalización, Desjuridificación, Desjudicialización y Desdemocratización de Venezuela,* Fundación de Derecho público, Editorial Jurídica Venezolana, 2015.

sino en elecciones populares; *vii)* demasiada concentración y centralización del poder, sin controles efectivos, así se tenga origen popular. "Si no hay controles efectivos sobre los gobernantes, y peor aún, si estos tienen o creen tener apoyo popular, inevitablemente conduce a la corta o a la larga a la tiranía"; *viii)* centralización del poder y ausencia efectiva de participación política; *ix)* concentración del poder y autoritarismo constitucional; *x)* la reelección presidencial indefinida. La idea democrática restringe por su misma naturaleza el ejercicio del poder sin temporalidad. Le es ínsito a este sistema "limitar los mandatos presidenciales en el tiempo y en su repetición, de manera de evitar que amparados en la reelección presidencial surgieran 'nuevas monarquías'", inclusive "semi hereditarias, con 'príncipes' y 'cortesanos' incluidos, no de sangre, sino basadas en supuestas elecciones no siempre libres, ni directas, ni transparentes, y en todo un andamiaje de adulación servil al jefe"; *xi)* desconocimiento recurrente de la voluntad popular; *xii)* el asalto al poder y la consolidación del Estado criminal; *xiii)* la perversión del Estado de derecho por el juez constitucional. Ruptura y abandono del sendero de la justicia; *xiv)* manipulación y pérdida de rumbo de la democracia participativa[20].

Especial capítulo de su obra ha dedicado Brewer-Carías a Venezuela, mostrándonos a lo largo de la misma el calvario de una Nación digna en un Estado a la deriva y sin rumbo institucional, capturada por usurpadores y autócratas sin vergüenza alguna, que han asaltado el poder y consolidado un verdadero "Estado criminal", desconociendo el orden constitucional e implantando un modelo de facto dictatorial, agresivo, vulnerador de derecho y garantías, mafioso, determinadores y gestores del colapso absoluto del orden convencional y la paz[21].

En sus estudios sobre el abandono total del Estado constitucional en Venezuela, nos presenta el cuadro indeseable y oscuro de una situación de facto prolongada y absurda en la cual concurren en absoluto la totalidad de circunstancias de ruptura al ordenamiento jurídico y la democracia identificadas en el catálogo de los numerales anteriores y todas aquellas otras que la imaginación política y jurídica nos permitan identificar y que seguro saldrán a la luz cuando la democracia vuelva a surgir. En palabras de Brewer-Carías:

> Y allí radican, precisamente, los problemas del declarado Estado de derecho y de la supuesta democracia en Venezuela, la cual tiene su deformación en el propio texto constitucional de 1999, en el cual, lamentablemente, se estableció el esquema institucional que ha permitido la concentración del poder, alentando el autoritarismo y eliminando toda forma de control del poder; y que ha igualmente permitido la centralización del poder, iniciando el proceso de desmantelamiento del federalismo y del municipalismo, reforzando el mismo autoritarismo, distorsionando la

20 Brewer-Carías, Allan R. *Tratado de Derecho Constitucional,* Fundación de Derecho Público Editorial Jurídica Venezolana, Volumen XVl, Caracas Venezuela, 2017.

21 Brewer-Carías, Allan R. *Transición a la Democracia en Venezuela. Bases Constitucionales,* Editorial Jurídica Venezolana, Miami/Caracas, 2019.

posibilidad de participación política efectiva a pesar de los mecanismos de democracia directa que se recogieron. Es un ejemplo constitucional de autoritarismo constitucional con origen electoral, el cual, sin embargo, constituye la negación de lo que debe ser un Estado democrático de derecho[22].

## Conclusiones

Brewer-Carías en su extensa obra no solo es descriptivo, algo que lo caracteriza es su capacidad analítica, crítica, propositiva y conclusiva, en especial con los temas abordados en este escrito que constituyen la columna vertebral de sus trabajos sobre el derecho público en general y estructuran el más valioso de sus aportes a la cultura jurídica de nuestros países. Del estudio en contexto de sus aportes bibliográficos, podemos exponer las siguientes conclusiones:

Un Estado lo es verdaderamente constitucional, democrático y convencional en la medida que posea una constitución política real, verdadera, sustancial que garantice todos y cada uno de los elementos que la historia de la humanidad ha construido en relación con el constitucionalismo material y que la doctrina, expuesta en la obra de Allan R. Brewer-Carías, retoma de manera ejemplar como el deber ser de la institucionalidad real para nuestras sociedades que hace viable todas las aspiraciones de la misma, lo cual solo es posible si el sistema constitucional y los controles diseñados en ella evitan la configuración de algunas de las hipótesis lesivas al ordenamiento jurídico y señaladas en el presente estudio, casuística negativa desde cualquier perspectiva, que en palabras del profesor son lesivas a la existencia de un verdadero Estado de derecho.

El Estado constitucional, democrático y convencional debe garantizarse materialmente, esto es, bajo parámetros reales y de efectividad:

> Para que exista un Estado democrático de derecho no bastan las declaraciones contenidas en los textos constitucionales que hablen de "democracia participativa y protagónica" o de descentralización del Estado; así como tampoco basta con establecer un sistema eleccionario que permita elegir mediante sufragio a los representantes populares. Aparte de que el mismo, por supuesto, debe asegurar efectivamente la representatividad, el pluralismo político y el acceso al poder conforme a los postulados del Estado de derecho[23].

El Estado constitucional, democrático y convencional debe ser fundamentalmente un Estado de controles efectivos, reales, que garanticen la división de poderes y eviten la concentración del mismo y la generación de autocracias reprochables:

> Pero, además, para que exista un verdadero Estado democrático de derecho es necesario e indispensable que el marco constitucional en el cual se

---

22 Brewer-Carías, Allan R. *El Estado Democrático de Derecho y los Nuevos Autoritarismos Constitucionales en América Latina: El Caso de Venezuela. Op. Cit.*

23 *Ibid.*

> pretenda que funcione el régimen democrático, permita efectivamente el control efectivo del poder por el poder mismo, incluso por el poder soberano del pueblo. Es la única forma de garantizar la vigencia del Estado de derecho, la democracia y el ejercicio real de los derechos humanos[24].

El Estado constitucional, democrático y convencional para que lo sea realmente debe ser un Estado de distribución efectiva de poderes, responsabilidades, funciones. El peor de los venenos para el constitucionalismo, la democracia y el orden convencional lo es el de la concentración desmedida del poder:

> Y el control del Poder del Estado en un Estado democrático de derecho sólo se puede lograr dividiendo, separando y distribuyendo el Poder Público, sea horizontalmente mediante la garantía de la autonomía e independencia de los diversos poderes del Estado, para evitar la concentración del poder; sea verticalmente, mediante su distribución o desparramamiento en el territorio del Estado, creando entidades políticas autónomas con representantes electos mediante sufragio, para evitar su centralización. La concentración del poder al igual que su centralización, por tanto, son estructuras estatales esencialmente antidemocrática[25].

---

24 *Ibid.*
25 *Ibid.*

# LA TEORÍA DE ALLAN R. BREWER-CARÍAS SOBRE EL DERECHO DE AMPARO LATINOAMERICANO Y EL JUICIO DE AMPARO MEXICANO

Héctor Fix-Zamudio[1]

## Introducción

En el muy merecido homenaje a uno de los más destacados juristas latinoamericanos, nos centraremos en alguna de sus muchas aportaciones, que es la relativa al penetrante análisis comparativo del derecho de amparo latinoamericano, en el cual establece un conjunto de lineamientos que son de gran utilidad para estudiar con profundidad esta institución tutelar de los derechos humanos en nuestra región, pero que ha tenido repercusiones en otros ordenamientos, especialmente de Europa Continental, y además con trascendencia a varios instrumentos internacionales.

Debemos destacar que los estudios del jurista venezolano son impresionantes y abarcan prácticamente todo el enorme campo del derecho público contemporáneo, ya que ha incursionado en los campos de los derechos administrativo, constitucional, procesal, internacional, y sería temerario siquiera intentar una simple descripción de una obra extremadamente prolífica. Por ello únicamente podemos señalar algunos de sus estudios más extensos, como son los contenidos en su obra *Instituciones Políticas y Constitucionales,* en VII volúmenes (Caracas-San Cristóbal, 1996-1997)[2], la minuciosa y muy documentada obra *Judicial Review in Comparative Law* (Cambridge, Inglaterra, Cambridge University Press, 1989), como resultado de los cursos que dictó en esa Universidad como titular de la Cátedra Simón Bolívar durante los años 1985-1986; y más recientemente ha aparecido una recopilación muy extensa de sus estudios publicados en los idiomas inglés y francés (ya que también ha sido profesor de las Universidades francesas París II y de Aix-en-Provence, y en la Universidad Internacional de Derecho Comparado de Estrasburgo). Esta última obra, *Études de Droit Pubic Comparé,* ha sido patrocinada por la Academia Internacional de De-

1 Investigador Emérito del Instituto de Investigaciones Jurídicas de la Universidad Nacional Autónoma de México.

2 Los títulos específicos de esta monumental obra son: Tomo I, El régimen constitucional del Estado; Tomo II, El régimen del poder público y su distribución vertical: el poder nacional, el régimen federal y municipal; Tomo III, La distribución horizontal del poder público: el sistema de gobierno; Tomo IV, Los derechos y garantías constitucionales; Tomo V, El derecho y acción de amparo; Tomo VI, La justicia constitucional; y Tomo VII, La justicia administrativa.

recho Comparado, de la que es Vicepresidente, y publicada por la prestigiada editorial Bruylant (Bruselas, 2001, 1182 pp.)[3].

De la simple descripción anterior, que es únicamente ejemplificativa, podemos observar la gran extensión y profundidad de la obra del profesor Brewer-Carías. Pero por nuestra parte, como hemos dicho, nos limitaremos a comentar sus ideas en relación con el derecho de amparo que tienen su génesis en un breve pero muy penetrante estudio, con motivo de su participación en el XI Curso Interdisciplinario de Derechos Humanos, organizado por el Instituto Interamericano de Derechos Humanos en la ciudad de San José, Costa Rica, en el año de 1993, intervención que se publicó con el nombre *El amparo a los derechos humanos y a las libertades constitucionales (Una aproximación comparativa)* (Caracas, Editorial Jurídica Venezolana, 1993).

## 1. La doctrina de Brewer-Carías sobre el derecho de amparo latinoamericano

En primer lugar, el distinguido jurista venezolano establece un concepto genérico del amparo como derecho constitucional de los ciudadanos derivado del derecho de supremacía de la Constitución a obtener la protección judicial a sus derechos y libertades por todos los tribunales. Este concepto sirve de punto de partida al autor para establecer varias categorías del amparo:

En primer término analiza la protección por conducto de medios judiciales ordinarios, y como ejemplos cita los llamados *writs* angloamericanos, *entre* ellos el *habeas corpus*, el *mandamus*, la *injunction* y la *prohibition*; el référé francés, y el procedimiento especial de urgencia italiano[4].

En segundo lugar se sitúa al amparo como pretensión constitucional a través de múltiples instrumentos jurisdiccionales ordinarios, pero específico para la protección de los derechos y libertades fundamentales. En este sector se citan como ejemplos el juicio de amparo mexicano, que agrupa cinco instrumentos procesales, como son la tutela de la libertad personal equivalente al *habeas corpus*; el procedimiento equivalente al proceso administrativo; la reclamación contra las normas generales; la impugnación de las resoluciones judiciales por medio de un recurso de casación federal; y la protección de los campesinos sujetos a la reforma agraria; el derecho de amparo de Venezuela, según la anterior Carta Fundamental de 1961, que comprende no sólo la acción de amparo propiamente dicha sino que incluye también la libertad e integridad personales (*habeas corpus*), así como

[3] Como el sumario de esta voluminosa obra es muy extenso, únicamente nos limitamos a destacar que comprende cuatro secciones: I. Derecho administrativo comparado; II. Derecho constitucional comparado; III. Derecho constitucional de la integración, y IV. Justicia constitucional comparada.

[4] *El amparo a los derechos humanos y a las libertades constitucionales (Una aproximación comparativa)*, Editorial Jurídica Venezolana, Caracas 1993, pp. 15-51.

otras acciones y recursos establecidos en el ordenamiento jurídico, de acuerdo con lo dispuesto por la Ley Orgánica de Amparo sobre Derechos y Garantías Constitucionales en vigor a partir del 22 de enero de 1988 (situación actual). Dentro de esta categoría se comprende también la acción de tutela establecida por la Carta colombiana de 1991, ya que además de este instrumento específico, la protección de los derechos fundamentales se ejerce ante los tribunales mediante otras acciones o recursos que puede establecer el legislador.

Un tercer sector comprende una garantía jurisdiccional específica (acción o recurso) para la protección de los derechos y libertades fundamentales, que puede considerarse como el amparo en sentido estricto. Dentro de esta categoría, el profesor Brewer-Carías señala varias hipótesis:

a. La primera se refiere al amparo como una acción o recurso que se ejerce ante un organismo jurisdiccional especializado (Tribunal o Corte Constitucional): Como ejemplos el autor cita al recurso de amparo español, la *Verfassugnsbeschwerde* alemana y la *Beschwerde* austríaca, que literalmente pueden traducirse como queja constitucional, pero la doctrina española los califica como recurso de amparo[5].

b. Una segunda hipótesis comprendería el amparo específico que se hace valer ante el organismo judicial supremo de la jurisdicción ordinaria (Corte o Tribunal Supremo). Aquí el autor cita como ejemplos al recurso de derecho público de Suiza (*Staatrechtliche Beschwerde*) y el recurso de amparo de Costa Rica (el cual se ejerce a partir de 1989 ante la Sala Constitucional de la Corte Suprema).

c. El amparo como una acción o recurso ejercido ante una globalidad de tribunales. En esta categoría, el profesor Brewer comprende el recurso de amparo en Argentina, que surgió primero en la jurisprudencia de la Corte Suprema y en las Constituciones de las Provincias, pero que fue constitucionalizado en las reformas de agosto de 1994; el recurso de amparo en Perú (previsto en las Constituciones de 1979 y 1993); el recurso de protección de Chile (consagrado en la Constitución de 1980, reformada por el plebiscito de 1989); así como las acciones de tutela colombiana y la de amparo venezolana, ambas en sentido propio; el derecho de amparo en Guatemala y en Uruguay (en este último país no fue consagrado expresamente en la Constitución de 1966, sino únicamente en la ley de 1988).

d. Un lugar especial está reservado a la Constitución Federal brasileña de 1988, en la cual se establecieron varios instrumentos especí-

---

5 *Cf.*, HÄBERLE, Peter, "El recurso de amparo en el sistema germano-federal de jurisdicción constitucional", trad, de RUIZ MIGUEL, Carlos en la obra coordinada por GARCÍA BELAÚNDE, Domingo y FERNÁNDEZ SEGADO, Francisco, *La jurisdicción constitucional en Iberoamérica,* Dykinson, Madrid 1997, pp. 225-282.

ficos para la tutela de un sector de los derechos fundamentales, tales como el mandado de *segurança* colectivo, el *habeas data*, y el *mandado de injunçâo*. Como se verá más adelante, el instrumento protector calificado de *habeas data* ha trascendido a varios ordenamientos latinoamericanos recientes.

En la segunda parte de su estudio comparativo, Brewer-Carías clasifica el derecho de amparo de acuerdo con los derechos y libertades protegidos, y con este enfoque distingue varios sectores: *i)* En primer lugar el relativo a la protección de todos los derechos fundamentales (que incluye a las llamadas garantías, de acuerdo con la denominación tradicional que comprende a ciertos derechos instrumentales, pero de carácter sustantivo, y en esta categoría comprende al ordenamiento venezolano de 1961 y la ley de 1988); *ii)* En segundo término sitúa a los ordenamientos constitucionales que distinguen el amparo en sentido estricto de la acción o recurso de *habeas corpus* (este último para proteger la libertad e integridad personales, como ocurre en los ordenamientos de Costa Rica; Argentina con anterioridad a la reforma de 1994; Uruguay y Guatemala); *iii)* En tercer lugar señala el derecho de amparo que únicamente tutela ciertos derechos esenciales, los que de acuerdo con el criterio de la Ley Fundamental de Alemania son considerados fundamentales (*Grundrechte*) y se enumeran específicamente. Este mismo criterio es seguido por las Constituciones española de 1978, chilena de 1980, y de cierta manera, la colombiana de 1991, ya que incluye también el *habeas corpus*.

La tercera parte del estudio del destacado jurista venezolano se refiere a las personas protegidas, que divide el derecho de amparo que procede respecto tanto de las personas físicas como las colectivas (éstas últimas con la denominación tradicional de personas morales); del amparo solicitado por algunas personas de derecho público, que en general está limitado a ciertos entes, ya que para este sector debe utilizarse la diversa acción de inconstitucionalidad o los conflictos de atribución.

Finalmente, se aborda la cuestión de los motivos de la protección, que también abarca varias categorías, como: *i)* el llamado amparo contra particulares, en realidad contra los grupos de presión, que ahora se conocen también como poderes privados, que surgió en la jurisprudencia de la Corte Suprema de Argentina a partir del conocido caso Samuel Kot (1957), pero que se ha extendido en varios ordenamientos latinoamericanos, y reconocido expresamente en la reforma constitucional de la Carta Argentina en agosto de 1994, pero también, como regla general, en las Leyes Fundamentales de Venezuela, Uruguay, Chile, Perú, con restricciones en Costa Rica, Guatemala y Colombia; *ii)* el amparo que sólo procede contra actos de autoridades públicas en España, Alemania, Austria y México; *iii)* Una tercera categoría está constituida por los ordenamientos que admiten el derecho de amparo contra actos de leyes y disposiciones generales, y desde este punto de vista señala la acción o recurso de amparo contra leyes en Venezuela, México, Perú, Guatemala, y de cierta manera en Costa Rica, ya que en este último ordenamiento el promovente del amparo debe solicitar su conversión en una acción de inconstitucionalidad de las disposiciones generales en las cuales se apoyen los actos impugnados. En otras legislaciones no se admite por conducto del amparo la impugnación de las disposiciones legislativas, o bien se limita sólo a las calificadas como autoaplicativas, y entre los ordenamientos que establecen dicha limitación, el autor señala a Argentina (si bien esta situación se modificó posteriormente en las reformas de 1994), Brasil, Uruguay, Colombia y España. Una mención especial se refiere al amparo contra actos y hechos administrativos y contra conductas omisivas de la administración, cuando los mismos afectan derechos e intereses legítimos en el ámbito de la legalidad; *iv)* El aspecto final que examina el profesor Brewer-Carías es el relativo al amparo contra sentencias y otras resoluciones judiciales, que se admite con modalidades en el derecho de amparo en Venezuela, Perú, Colombia (aun cuando se limitó por la Corte de Constitucionalidad en un fallo de primero de octubre de 1992), así como en España, ordenamiento en el cual procede en gran parte contra resoluciones judiciales, y en la legislación mexicana, en la cual posee una gran amplitud, inclusive por violaciones a la legalidad, por lo que se ha transformado en un recurso de casación federal, como se señalará más adelante.

## 2. Una ojeada sobre el derecho de amparo en Latinoamérica y España

En este apartado pretendemos elaborar una visión del derecho de amparo en Latinoamérica y su adopción por el ordenamiento constitucional español de 1931 y 1978, con el objeto de poder situar al amparo mexicano en este esquema general, y posteriormente abordarlo de acuerdo con los criterios elaborados por el ilustre profesor Brewer-Carías.

En primer término cabe destacar que el amparo mexicano en sus lineamientos originales fue el paradigma de numerosos ordenamientos latinoamericanos, en los cuales, aun cuando con matices y modalidades, tiene el significado original de instrumento procesal sencillo y rápido para proteger los derechos humanos consagrados constitucionalmente, el cual incluyó también en sus orígenes la tutela de la libertad e integridad personales, que en varios ordenamientos de la Región corresponden al *habeas corpus*.

De acuerdo con este modelo histórico, desde fines del siglo XIX se introdujo en el derecho de amparo en algunos ordenamientos latinoamericanos. Así, se puede constatar que el primer país que introdujo el amparo con posterioridad a su consagración en la Constitución Federal mexicana de 1857, fue El Salvador en su Carta Fundamental de 13 de agosto de 1836, y lo siguieron Honduras y Nicaragua en sus Constituciones y Leyes de Amparo, expedidas en los dos países en el año de 1894; Guatemala en la reforma constitucional de 11 de marzo y Argentina en la Carta de la Provincia de Santa Fe de 13 de agosto, ambas de 1921; posteriormente se extendió a otros ordenamientos constitucionales, hasta llegar a la situación actual que se describe en el párrafo siguiente[6].

Considerado el derecho de amparo en sentido estricto de acuerdo con el pensamiento del profesor Brewer-Carías, y además con la misma denominación de acción, recurso, proceso o juicio de amparo, la institución ha sido establecida en las siguientes constituciones latinoamericanas, citadas por orden alfabético: Argentina (1853-1860, texto reformado en agosto de 1994), artículo 43, primero y segundo párrafos, y consagrado también en varias constituciones provinciales; Bolivia (1967), artículo 19; Costa Rica (1949, reformada en 1989), artículo 48; Ecuador (1978, texto revisado en 1998), artículo 95; El Salvador (1983), artículo 247; Guatemala (1985), artículo 265; Honduras (1982), artículo 183; México (1917), artículos 103 y 107; Nicaragua (1987), artículo 188; Panamá (1972-1983), artículo 50; Paraguay (1992), artículo 128; Perú (1993), artículo 200.2; Uruguay (1966), implícitamente artículos 7° y 72; y Venezuela (1999), artículo 27[7].

Además debe tomarse en consideración que el derecho de amparo fue consagrado, por influencia del modelo mexicano, en la Constitución Republicana española de 9 de diciembre de 1931 (artículos 105 y 121, inciso b)[8], y restablecido en la Constitución de 1978, sometida a referéndum el 29 de diciembre de ese año (artículos 53.2, 161.1 y 162)[9]. Por influencia del derecho español, el amparo fue establecido con el nombre de recurso de amparo, en el Territorio de Macau, antigua colonia portuguesa que recientemente fue

---

6 *Cf.*, FIX-ZAMUDIO, Héctor, "Diversos significados jurídicos del amparo en el derecho Iberoamericano", en *Boletín Mexicano de Derecho Comparado de México*, n° 52, enero-abril de 1965, pp. 119-132, reproducido en la *Rivista di diritto agrario*, Milano, julio-septiembre de 1967, pp. 502-518, e incorporado posteriormente al libro del mismo autor, *Latinoamérica: Constitución, proceso y derechos humanos*, UDUAL-Miguel Ángel Porrúa, México 1988, pp. 131-154.

7 *Cf.*, FIX-ZAMUDIO, Héctor, "El derecho de amparo mexicano y su proyección en los ordenamientos latinoamericanos. Instituciones similares y equivalentes", en *Estudios de derecho y ciencias sociales, Revista de la Facultad de Derecho y Ciencias Sociales de la Universidad Michoacana de San Nicolás Hidalgo*. Morelia, México 2002, pp. 7-38.

8 *Cf.*, FIX-ZAMUDIO, Héctor, "El derecho de amparo en México y en España, su influencia recíproca", publicado primeramente en *Revista de Estudios Políticos*, Madrid, 1979, pp. 283-309, y reproducido en el libro del mismo autor, *Ensayos sobre el derecho de amparo*, 2° ed., Porrúa-UNAM, México 1999, pp. 285-328; ALCALÁ-ZAMORA y CASTILLO, Niceto, "Significado y funciones del Tribunal de Garantías Constitucionales" en la obra del mismo autor *Ensayos de derecho procesal civil, penal y constitucional*, *Revista de Jurisprudencia Argentina*, Buenos Aires 1944, pp. 524-526; GARCÍA RUIZ, José Luis, *El recurso de amparo en el derecho español*, Editora Nacional, Madrid 1980, pp. 51-56; FERRER MAC-GREGOR, Eduardo, *La acción constitucional de amparo en México y en España. Estudio de derecho comparado*, Porrúa, México 2000, pp. 19-42.

9 La bibliografía es muy amplia, por lo que citaremos sólo algunas obras específicas: CASCAJO CASTRO, José Luis y GIMENO SENDRA, Vicente, *El recurso de amparo*, primera reimpresión de la primera edición, Tecnos, Madrid 1985; GIMENO SENDRA Vicente y GARBERI LLOBREGAT, José, *Los procesos de amparo (Ordinario, constitucional e internacional)*, Editorial Colex, Madrid 1994.

incorporado a la República Popular de China, pero con un estatuto de autonomía, en el artículo 17 de la Ley número 112, de 29 de agosto de 1991, que establece las bases de la organización judicial, y también en el artículo 19 de la Constitución de 1992 del Archipiélago de Cabo Verde, también colonia portuguesa, pero actualmente país independiente[10].

Además del derecho de amparo en sentido estricto y con este nombre, se han establecido instrumentos similares, es decir que también tienen como objeto la protección de los derechos humanos establecidos en las Cartas Fundamentales latinoamericanas, con excepción de la libertad e integridad personales que están tuteladas por el *habeas corpus*. Dichos mecanismos procesales no utilizan la misma denominación, pero sí nombres que pueden considerarse como sinónimos[11].

El primero en aparecer de dichos instrumentos equivalentes al amparo es el llamado *mandado de segurança* (que algunos autores traducen al castellano, por sus semejanzas con el primero, como mandamiento de amparo), creado en la Constitución federal brasileña de 1934, que hoy día se encuentra regulado por el actual artículo 5, parágrafo LXIX, de la vigente Carta federal de 5 de octubre de 1988. Este mecanismo procede esencialmente contra los actos inconstitucionales o ilegales de autoridades administrativas, y en general contra actos administrativos de cualquier autoridad que afecten los derechos de los gobernados. Sólo de manera excepcional puede promoverse contra resoluciones judiciales. En principio tampoco puede interponerse directamente en contra de las disposiciones legislativas que se consideren inconstitucionales, ya que únicamente pueden impugnarse los actos o resoluciones administrativas que se apoyen en dichos ordenamientos[12].

El llamado recurso de protección fue consagrado por el Acta Institucional número 3, expedida por el gobierno militar chileno y publicada el 13 de septiembre de 1976. Fue reglamentado por el Auto Acordado de la Corte Suprema de 2 de abril de 1977. Este mismo instrumento fue incorporado al artículo 20 de la Constitución aprobada por plebiscito de septiembre de 1980. De acuerdo con dichos ordenamientos, el citado recurso tiene por

---

10 *Cf.*, CARDINALE, Paulo, "O amparo de direitos fundamentais o direito comparado e no ordenamiento jurídico de Macau", en *Revista Jurídica de Macau* (bilingüe portugués-chino), pp. 51-92.

11 *Cf.*, FIX-ZAMUDIO, Héctor, "Amparo y tutela", en *Memoria de El Colegio Nacional, 1996*, México 1997, pp. 61-92, reproducido en su libro *Ensayos sobre el derecho de amparo*, y *cit. supra*, pp. 695-726.

12 La doctrina sobre este instrumento brasileño es muy amplia, por lo que citamos sólo algunos estudios recientes: SIDOU, José Oton, *Habeas corpus, mandado se segurança, mandado de injunçâo, habeas data, acción popular. As garantías ativas dos direitos coletivos*, 5° ed., Forense, Río de Janeiro 1998; FLAKS, Milton, *Do mandado de segurança. Pressupostos de impetraçâo*, Forense, Río de Janeiro 1980; BARBI, Celso Agrícola, *Do mandado de segurança*, 3° ed., Forense, Río de Janeiro 1980; DA SILVA, José Afonso, *Curso de direito constitucional positivo*, 9° ed., 3° reimpresión, Sao Paulo, Mlaheiros 1993, pp. 390-391.

objeto proteger los derechos estimados como fundamentales, consagrados constitucionalmente contra los actos violatorios que provengan de autoridades públicas, con excepción de la libertad personal tutelada por el *habeas corpus* (que también se conoce como recurso de amparo), este último consagrado en el artículo 21 de la mencionada Carta Fundamental.

Como puede observarse, se trata en realidad de un proceso de amparo con una denominación similar y que únicamente se le llamó recurso de protección, debido a que se había utilizado con anterioridad el nombre de amparo como equivalente al *habeas corpus*[13]. En la actualidad prevalece esta última denominación con respecto del procedimiento consagrado en los artículos 16 de la Carta anterior de 1925 y 21 de la vigente de 1980, como sinónimo de *habeas corpus*. Con la restauración del orden constitucional democrático, en virtud del plebiscito de 30 de julio de 1989, el recurso de protección inició un desarrollo sobre bases más firmes[14].

La llamada acción de tutela establecida por la Constitución colombiana de 7 de julio de 1991, posee funciones similares a las del amparo en el ámbito latinoamericano, por lo que se propuso la denominación de derecho de amparo en el proyecto presentado por el gobierno ante la Asamblea Constituyente[15]. De acuerdo con el artículo 86 de la citada Carta Fundamental, este instrumento puede hacerse valer:

> ...por cualquier persona en todo momento y lugar ante los órganos jurisdiccionales, mediante un procedimiento preferente y sumario, con el objeto de obtener la protección inmediata de sus derechos constitucionales fundamentales, cuando los mismos sean vulnerados o amenazados por la acción o por la omisión de cualquier autoridad. Dicha acción sólo procede cuando el afectado no disponga de otro medio de defensa judicial, salvo cuando aquélla se utilice como un mecanismo transitorio para evitar un perjuicio irreparable. La protección debe consistir en una orden para aquel respecto de quien se solicite, actúe o se abstenga de hacerlo. El fallo será de inmediato cumplimiento y puede impugnarse ante juez com-

---

13 El constitucionalista chileno ESTÉVEZ GASMURI, Carlos, *Elementos de derecho constitucional*. Editorial Jurídica de Chile, Santiago 1949, pp. 143-144, se refiere a la institución anterior calificándola de *amparo* o de *habeas corpus*. Utiliza las mismas denominaciones CAFFARENA DE GILES, Elena, *El recurso de amparo frente a los regímenes de emergencia*, Santiago 1957, pp. 152 y 187; VERDUGO MARINKOVIC, Mario; PFEFFER URQUIAGA, Emilio, y NOGUEIRA ALCALÁ, Humberto, *Derecho constitucional*, Editorial Jurídica de Chile, Santiago 1994, Tomo I, pp. 330-337.

14 *Cf.*, SOTO KLOSS, Eduardo, *El recurso de protección. Orígenes, doctrina y jurisprudencia*, Editorial Jurídica de Chile, Santiago 1989; LIRA HERRERA, Sergio, *El recurso de protección. Naturaleza jurídica, doctrina y jurisprudencia*, Santiago de Chile 1990; VERDUGO MARINKOVIC, Mario; PFEFFER URQUIAGA, Emilio, y NOGUEIRA ALCALÁ, Humberto, *Derecho Constitucional*, *cit.*, Tomo I, pp. 337-346.

15 *Cf.*, *Proyecto de Acto Reformatorio de la Constitución Política de Colombia*, Presidencia de la República, Bogotá, febrero de 1991, p. 203, que se refiere al "Derecho de amparo".

petente, pero en todo caso dicho juzgador debe remitirlo a la Corte Constitucional para su eventual revisión[16].

En el derecho latinoamericano, a partir de la entrada en vigor de la Constitución brasileña de octubre de 1988, se introdujeron varios instrumentos protectores de ciertos derechos humanos de carácter específico, mecanismos que pueden considerarse comprendidos dentro de un concepto amplio del derecho de amparo, de acuerdo con las ideas del profesor Brewer-Carías.

El primero de ellos fue el *mandado de segurança colectivo* consagrado actualmente por el artículo 5°, parágrafo LXX, de la citada Carta Federal brasileña y que constituye la ampliación de la misma institución en su ámbito individual que, como hemos señalado anteriormente, sólo puede interponerse por los particulares afectados por la violación de sus derechos fundamentales. El nuevo instrumento protege derechos de carácter colectivo por medio del procedimiento breve y sencillo que caracteriza al mandamiento de amparo individual, ya que ahora puede ser interpuesto por partidos políticos con representación en el Congreso Nacional, por organizaciones sindicales, por entidades gremiales o por asociaciones legalmente constituidas y en funcionamiento, que tengan cuando menos un año, en defensa de los intereses de sus miembros o asociados[17].

Con toda razón la doctrina ha estimado que tanto en el caso de esta institución como de otras establecidas por vez primera en la Carta brasileña, aun cuando no se expida de inmediato ley reglamentaria, deben aplicarse directamente las normas fundamentales. Concretamente en el caso brasileño para facilitar esta aplicación, poco tiempo después de publicada la Ley Suprema, el Tribunal Federal de Recursos (en la actualidad Tribunal Superior de Justicia), expidió el Auto (acordado), número 1245 de 13 de diciembre de 1988, que establece las directrices del procedimiento tanto del *habeas data* como del *mandado de injunçâo*, y les otorgan preferencia sobre los actos judiciales, con exclusión del mandamiento de amparo y del *habeas corpus*[18].

Debido a los problemas que puede generar la informática en los derechos de los gobernados, el *habeas data* ha tenido, con esa denominación,

---

16 *Cf.*, entre otros, ARENAS SALAZAR, Jorge, *La tutela. Una acción humanitaria*, 2° ed., Ediciones Doctrina y Ley, Santa Fe de Bogotá 1992.

17 *Cf.*, FIX-ZAMUDIO, Héctor, "Avances y perspectivas de la protección procesal de los derechos humanos en Latinoamérica", en *Memorias del VI Congreso Iberoamericano de Derecho Constitucional*, Universidad Externado de Colombia, Tomo II, Santa Fe de Bogotá 1998, pp. 805-858, reimpreso en el libro del mismo autor, *Protección jurídica de los derechos humanos. Estudios comparativos*, 2° ed., Comisión Nacional de Derechos Humanos, México 1999, pp. 413-434.

18 *Cf.*, SIDOU, Othon, J.M., "Las nuevas figuras del derecho procesal constitucional brasileño: mandado de injunçâo y *habeas data*", trad. de Héctor FIX-ZAMUDIO, en *Boletín Mexicano de Derecho Comparado*, n° 70, 1991, pp. 179-186; DA SILVA, José Afonso, "Mandado de injunçâo e *habeas data*", *Revista dos Tribunais*, Sâo Paulo 1989, pp. 53-69.

una amplia repercusión en los ordenamientos constitucionales posteriores a la Carta brasileña de 1988 que creó esta institución. En este sentido fue consagrada en las Constituciones de Paraguay de 1992, de Perú de 1993, en la reforma constitucional argentina de 1994, así como en los textos de la Ley Fundamental de Ecuador revisado en 1998 y de la Constitución de Venezuela de 1999.

El artículo 135 de la Carta Fundamental de Paraguay de junio de 1992, establece al respecto:

> Del *habeas data*. Toda persona puede acceder a la información y los datos que sobre sí misma o sobre sus bienes obren en registros oficiales o privados de carácter público, así como conocer el uso que se haga de los mismos y de su finalidad. Podrá solicitar ante el magistrado competente la actualización de la rectificación o la destrucción de aquéllos, si fueren erróneos o afectaran ilegalmente sus derechos.

El artículo 200, inciso 3, de la Constitución Peruana de 1993, inspirándose en la institución brasileña, establece como garantía constitucional la acción de *habeas data* que procede contra el hecho u omisión, por parte de cualquier autoridad, funcionario o persona que vulnere o amenace los derechos a que se refiere el artículo 2, incisos 5, 6 y 7 de la Constitución. Sin embargo, mediante la ley 26.470 del 12 de junio de 1995, se suprimió de la protección del *habeas data*, lo dispuesto por el citado inciso 7 del artículo 2, de la Carta, por lo que los preceptos fundamentales que quedan comprendidos en la tutela de esta institución jurídica, disponen en la parte conducente que:

> Artículo 2°. Toda persona tiene derecho (...) 5) A solicitar sin expresión de causa la información que requiera y recibirla de cualquier entidad pública, en el plazo legal, con el costo que suponga el pedido. Se exceptúan las informaciones que afectan la intimidad personal y las que expresamente se excluyan por ley o por razones de seguridad nacional (...) 6) A que los servicios informáticos computarizados o no, públicos o privados, no suministren informaciones que afecten la intimidad personal y familiar.

Como lo señala correctamente el constitucionalista peruano, Víctor Julio Ortecho Villena, el objeto de este procedimiento es la exigencia de que los registros, archivos y centros de información contengan datos verdaderos, actualizados y dignos de credibilidad y además, la protección del honor, de la buena reputación, así como la intimidad personal y familiar[19]. Se consideró tan importante este nuevo mecanismo tutelar, que el mismo Congreso Constituyente expidió el 2 de mayo de 1994, una ley provisional para establecer el procedimiento que debía seguirse al tramitarlo. Así, en su artículo 3, dispuso la aplicación supletoria de la Ley de Amparo y Hábeas Corpus[20].

---

[19] *Cf.*, *Jurisdicción constitucional. Procesos constitucionales*, Fondo Editorial de la Universidad Atenor Orrego de Trujillo, Trujillo, Perú 1998, p. 193.

[20] *Cf.*, ORTECHO VILLENA, Víctor Julio, *op. ult. cit.*, pp. 191-206; RODRÍGUEZ DOMÍNGUEZ, Elvito, *Derecho procesal constitucional*, Grijley, Lima 1997, pp. 151-

El tercer ordenamiento que acogió esta institución de origen brasileño fue la Carta Federal argentina en su texto reformado en agosto de 1994. Al efecto establece el penúltimo párrafo del artículo 43 constitucional:

> *Habeas data*. Toda persona podrá interponer esta acción para tomar conocimiento de los datos a ella referidos y de su finalidad, que consten en registros o bancos de datos públicos o los privados destinados a proveer informes y en caso de falsedad o discriminación, para exigir la supresión, rectificación, confidencialidad o actualización de aquéllos. No podrá afectarse el secreto de las fuentes de información periodística.

La doctrina considera que dicho instrumento tutela esencialmente el derecho a la intimidad frente al desarrollo vertiginoso de la informática. Aun cuando se estima que debe expedirse una ley reglamentaria de la disposición constitucional transcrita (se han presentado varias iniciativas al Congreso Nacional), en tanto esto no ocurra se sostiene que después de hacerse las gestiones previas para solicitar la información o las rectificaciones pertinentes, si no se obtiene una reparación satisfactoria, puede acudirse a la acción de amparo[21].

En la Constitución ecuatoriana, de acuerdo con su texto codificado en 1998, Título III, Capítulo VI, De las garantías de los derechos, Sección II, Del *Habeas Data*, artículo 94, se establece:

> Toda persona tiene derecho a acceder a los documentos, bancos de datos e informes que sobre sí misma o sobre sus bienes consten en entidades públicas o privadas, así como a conocer el uso que se haga de ellos y su propósito. Podrá solicitar ante el funcionario respectivo la actualización de los datos o su rectificación, eliminación o anulación, si fueren erróneos o afectaren ilegítimamente sus derechos. Si la falta de atención causare perjuicio, el afectado podrá demandar indemnización. La ley establecerá un procedimiento especial para acceder a los datos personales que consten en los archivos relacionados con la defensa nacional[22].

El tercer instrumento novedoso introducido por la Constitución brasileña de octubre de 1988, recibe el nombre equívoco de *mandado de injunçâo*. Tal denominación tiene similitud aparente con el *writ of injunction*

---

165; ABAD YUPANQUI, Samuel B., "Hábeas data y conflicto entre órganos constitucionales. Dos nuevos procesos constitucionales", en *La Constitución de 1993. Análisis y comentarios, I,* Comisión Andina de Juristas, Lima 1994, pp. 265-272.

21 *Cf.,* EKMEKDJIAN, Miguel Ángel y PIZZOLO, Cologero, hijo, *Habeas Data. El derecho a la intimidad frente a la revolución informática*; Depalma, Buenos Aires 1996, pp. 95-115; SAGÜÉS, Nestor Pedro, *Derecho procesal constitucional, 3, Acción de amparo,* 4° ed., Editorial Astrea, 1995, Capítulo XXVII, "Amparo y *habeas data* en la reforma constitucional de 1994", pp. 663-687; SEISDEDOS, Felipe, "Amparo, Hábeas Data y Hábeas Corpus en la reforma de 1994, en la obra *Derecho constitucional de la reforma de 1994*, Instituto Argentino de Estudios Constitucionales y Políticos, Ediciones Depalma, Tomo I, Mendoza 1995, pp. 445-448.

22 *Cf.,* SALGADO PESANTES, Hernán, "La jurisdicción constitucional en el Ecuador", en la obra editada por GARCÍA BELAÚNDE, Domingo y FERNÁNDEZ SEGADO, Francisco, *La jurisdicción constitucional en Iberoamérica,* Dykinson, Madrid 1997, pp. 586-587.

angloamericano, el cual posee un significado diverso e inclusive contrario, pues en tanto que este último constituye un mandato judicial prohibitivo, ya sea provisional o definitivo, la institución brasileña regulada por el artículo 5°, fracción LXXI constitucional, procede cuando la ausencia de una norma reglamentaria impida el ejercicio de los derechos y libertades constitucionales o de las prerrogativas que se refieren a la nacionalidad, la soberanía y la ciudadanía, lo que implica que se trata de un mecanismo para lograr que se supere la omisión en que incurre una autoridad con facultades legislativas para dictar disposiciones reglamentarias[23].

Finalmente, hacemos una breve mención de la llamada acción de cumplimiento, que como garantía constitucional fue establecida por el artículo 200.6 de la Constitución peruana de 1993, de la siguiente manera: "La acción de cumplimiento procede contra cualquier autoridad o funcionario renuente a acatar una norma legal o un acto administrativo, sin perjuicio de las responsabilidades de ley". Este instrumento procesal fue reglamentado, conjuntamente con la acción de *habeas data*, por la ley 26.301, promulgada el 2 de mayo de 1994 y expedida por el mismo Congreso Constituyente con la denominación de Ley de Hábeas Data y de Acción de Cumplimiento, y como se ha mencionado tiene aplicación supletoria de la Ley de Amparo y Hábeas Corpus. Esta institución tiene cierta similitud con el llamado *writ of mandamus* del derecho angloamericano, que significa la petición de una orden judicial para obligar a una autoridad remisa a que cumpla con una obligación legal[24].

Las acciones populares como instrumentos de garantía constitucional han asumido diversos significados en el derecho Latinoamericano. En una visión panorámica y de resumen podemos señalar varias categorías: *i)* como medio para ejercer una acción abstracta de inconstitucionalidad; *ii)* como una acción para reclamar la inconstitucionalidad o la ilegalidad contra reglamentos, normas y disposiciones generales de carácter administrativo; y *iii)* como instancia para tutelar derechos o intereses difusos o trascendentales, y en general, de carácter colectivo. Es en esta última dirección que las acciones populares tienen similitud con el derecho de amparo en sentido amplio, por lo que sólo nos referiremos a este sector y no a los otros que hemos señalado.

El citado tercer sector de las acciones populares de carácter constitucional se integra con las consagradas en los ordenamientos constitucionales de Brasil y Colombia, las que están dirigidas a la protección de los llamados intereses difusos o trascendentales, que asumen cada vez mayor

---

23 *Cf.*, SIDOU, Othon, J.M., *Las nuevas figuras del derecho procesal constitucional brasileño: Mandado de Injunçâo y Hábeas Data*, y DA SILVA, José Afonso, *Mandado de injunçâo y habeas data*, ambos estudios citados *supra*, pp. 169-179, y 9-52, respectivamente.

24 *Cf.*, ALLEN, Richard B., "Mandamus, quo warranto, prohibition and ne exeat", en *The University of Illinois Law Forum*, primavera de 1960, pp. 102 y ss.; LAWSON, F.H., *Remedies of English Law*, Middlesex, Inglaterra 1972, pp. 205-210.

importancia en esta época de intenso desarrollo tecnológico y económico, en el que con frecuencia se afecta la esfera jurídica de un número indeterminado de personas, cuyos derechos no pueden ser tutelados de manera eficaz por medio de los instrumentos procesales tradicionales[25].

Los primeros ordenamientos que establecieron la acción popular con ese significado, lo fueron las Constituciones Federales brasileñas de 1946 y 1967, misma que fue regulada por la Ley 4717 de 29 de junio de 1965, que amplió la esfera de las normas constitucionales para comprender la tutela de los intereses difusos de sectores sociales indeterminados y no organizados. Dicha acción popular está regulada actualmente por el artículo 5°, fracción LXXIII, de la Carta federal vigente de 1988, de la siguiente manera:

> Cualquier ciudadano es parte legítima para proponer la acción popular que pretenda anular un acto lesivo para el patrimonio público o de una entidad en el que el Estado participe, para la moralidad administrativa, para el medio ambiente o para el patrimonio histórico y cultural, quedando las costas a cargo del actor, salvo las de carácter procesal, al vencido[26].

La Constitución colombiana de 1991 regula la acción popular constitucional de manera más amplia en su artículo 88, según el cual:

> La ley regulará las acciones populares para la protección de los derechos e intereses colectivos, relacionados con el patrimonio, el espacio, la seguridad y la salubridad públicos, la moral administrativa, el ambiente, la libre competencia económica y otros de similar naturaleza que se definen en ella. También regulará las acciones originadas en los daños ocasionados a un número plural de personas, sin perjuicio de las correspondientes acciones particulares[27].

Aun cuando no corresponda a este sector de las acciones colectivas, el artículo 43 de la Constitución argentina reformada en agosto de 1994, recogió esa evolución sobre la tutela de los intereses difusos, pero en lugar de encomendarla a una acción específica, comprendió dicha acción expresamente en la acción de amparo, ya que el segundo párrafo de dicho precepto, dispuso:

> ...Podrán interponer esta acción (de amparo) contra cualquier forma de discriminación y en lo relativo a los derechos que protegen al ambiente, a

---

25 La bibliografía sobre los intereses difusos es muy amplia, por lo que nos limitamos a citar dos obras recientes; LOZANO-HIGUERO y PINTO, Manuel, *La protección procesal de los intereses difusos*, Madrid 1983; HERNÁNDEZ MARTÍNEZ, María del Pilar, *Mecanismos de tutela de los intereses difusos y colectivos*, UNAM, México 1997.

26 *Cf.*, BARBOSA MOREIRA, José Carlos, "Legitimación para la defensa de los intereses difusos", en la obra *Congreso Nacional de Derecho Procesal*, Tomo II, La Plata, Argentina 1981, pp. 1240-1288; NEVES, Celso, "Legitimaçâo processual e a nova Constituçâo", en *Revista de Processo*, n° 56, 1989, pp. 1-40; DA SILVA, José Afonso, *Curso di direito constitucional positivo, cit.*, *supra* nota 11, pp. 400-408.

27 *Cf.*, SÁCHICA, Luis Carlos, *Nuevo derecho constitucional colombiano*, 10°, ed., Temis, Santa Fe de Bogotá 1992, pp. 213-222.

> la competencia, al usuario y al consumidor, así como a los derechos de incidencia colectiva en general, el afectado, el defensor del pueblo y las asociaciones que propendan a esos fines, registradas conforme a la ley, la que determinará los requisitos y formas de su organización.

Si bien no se legitima a cualquier persona por medio de una acción popular, se extiende de manera considerable dicho precepto para facultar al *Ombudsman* así como a las asociaciones que tienen por objeto la defensa de dichos derechos colectivos, para interponer la acción de amparo. Debido a lo anterior, la doctrina considera que estas reformas constitucionales, al lado del derecho de amparo clásico, han creado un amparo colectivo[28].

Toda esta variedad de instrumentos protectores de los derechos humanos que pueden comprenderse dentro del concepto elaborado por el destacado jurista venezolano Brewer-Carías como derecho de amparo en sentido amplio, se ha desarrollado de manera impresionante en el ámbito de los ordenamientos constitucionales latinoamericanos debido a la trágica experiencia de las dictaduras y gobiernos autoritarios de carácter militar que ha padecido nuestra región durante varias décadas y si bien esta etapa trágica se ha superado de manera paulatina con el establecimiento de gobiernos tendencialmente democráticos, no se han podido desterrar por completo las infracciones a los derechos humanos de un sector importante de sus habitantes. Sin embargo, podemos destacar que ha sido significativa la labor protectora tanto de los organismos jurisdiccionales ordinarios, como de manera especial, de los Tribunales, Cortes y Salas Constitucionales que se han establecido en varios ordenamientos latinoamericanos, ya que una de sus atribuciones más importantes ha sido la de última instancia tutelar de los derechos fundamentales[29].

## 3. El derecho de amparo en los instrumentos internacionales

El paradigma original del derecho de amparo mexicano, como instrumento sencillo y breve para tutelar los derechos fundamentales de la persona humana, fue promovido por los diplomáticos de nuestro país en las reuniones internacionales en las cuales se aprobaron varias declaraciones y tratados de derechos humanos, pero con exclusión de la protección de la libertad e integridad personales, que se confirió al *habeas corpus*, consagrado en dichos documentos de carácter internacional.

---

[28] *Cf.*, GOZAÍNI Osvaldo Alfredo, *El derecho de amparo. Los nuevos derechos y garantías del art. 43 de la Constitución Nacional*, 2° ed., Depalma, Buenos Aires 1998, pp. 86-100: *Id. Derecho procesal constitucional. Amparo. Doctrina y jurisprudencia,* Rubinzal-Culzoni Editores, Buenos Aires 2002, pp. 254-256; NATALE, Alberto, *Comentarios sobre la Constitución. La reforma de 1994,* Depalma, Buenos Aires 1995, pp. 66-69.

[29] *Cf.*, al respecto FERRER MAC-GREGOR, *Los tribunales constitucionales en Iberoamérica,* FUNDAP, México 2002.

La doctrina ha puesto de relieve la influencia del amparo mexicano en dichos instrumentos internacionales en los cuales se ha consagrado el establecimiento de un recurso efectivo, sencillo y breve, ante los tribunales y organismos internos, como requisito previo para acudir a las instancias supranacionales, para el cual se conservó el nombre de amparo en las versiones oficiales en castellano de los propios instrumentos[30].

En esta dirección pueden enorgullecerse los juristas mexicanos, al haber aportado sus esfuerzos para la consagración de los artículos XVIII[31] y 8[32] respectivamente, de las Declaraciones Americana y Universal de los Derechos del Hombre, suscritas en las ciudades de Bogotá y en París, en mayo y diciembre de 1948, en las cuales se establece el reconocimiento de un juicio sencillo y breve que ampare (como lo consignan los textos oficiales en castellano), el cual pueden interponer los particulares afectados por las violaciones de sus derechos fundamentales reconocidos en los ordenamientos nacionales.

El artículo 2, inciso segundo, del Pacto Internacional de los Derechos Civiles y Políticos, aprobado por las Naciones Unidas el 16 de diciembre de 1966, en vigor el 23 de enero de 1978, establece en lo conducente:

> Cada uno de los Estados Partes en el presente Pacto se compromete a garantizar que: a) Toda persona cuyos derechos y libertades reconocidos en el presente Pacto hayan sido violados podrá interponer un recurso efectivo, aun cuando la violación hubiera sido cometida por personas que actuaban en ejercicio de sus funciones oficiales; b) La autoridad competente, judicial, administrativa o legislativa, o cualquier otra autoridad competente prevista por el sistema legal del Estado, decidirá sobre los derechos de toda persona que interponga tal recurso, y a desarrollar las posibilidades de recurso judicial; c) Las autoridades competentes cumplirán toda decisión en que se haya estimado procedente el recurso.

El artículo 25 de la Convención Americana sobre Derechos Humanos, suscrita en San José de Costa Rica el 22 de noviembre de 1969 y vigente a

---

30 *Cf.*, entre otros, MARTENS, Pierre, *Le droit de recours effectif devant las instancies nationales en cas de violation d'un droit de l'homme,* Université de Bruxelles, Bruxelles 1973, pp. 2-23, 3-46.

31 El citado precepto dispone: "Toda persona puede ocurrir a los tribunales para hacer valer sus derechos. Asimismo debe disponer de un procedimiento sencillo y breve por el cual la justicia la ampare contra actos de la autoridad que viole en su perjuicio, alguno de los derechos fundamentales consagrados constitucionalmente". *Cf.*, FERNÁNDEZ DEL CASTILLO, Germán, "La Declaración Americana de Derechos y Deberes del Hombre", en el volumen *México en la IX Conferencia Internacional Americana*, Secretaría de Relaciones Exteriores, México 1948, pp. 149-166.

32 Dicha norma establece: "Toda persona tiene derecho a un recurso efectivo ante los tribunales competentes que la ampare contra actos que violen sus derechos fundamentales reconocidos por la Constitución o por la ley". *Cf.*, TENA RAMÍREZ, Felipe, "El aspecto mundial del amparo. Su experiencia internacional", en la obra *México ante el pensamiento jurídico-social de Occidente*, Jus, México 1955, pp. 120-152; *Id.* "El amparo mexicano medio de protección de los derechos humanos", en el volumen *El amparo mexicano y los derechos humanos (Dos ensayos)*, Suprema Corte de Justicia, México 1975, pp. 61-75.

partir del 18 de julio de 1978, con el epígrafe de Protección Judicial tiene una redacción similar a la del Pacto de las Naciones Unidas mencionado en el párrafo anterior, pero utiliza expresamente el vocablo amparo en su versión oficial en castellano:

> Toda persona tiene derecho a un recurso sencillo, rápido o a cualquier recurso efectivo ante los jueces o tribunales competentes que la ampare contra actos que violen sus derechos fundamentales reconocidos por la Constitución, la ley o la presente Convención (es decir que la tutela se extiende también a los derechos consagrados en dicho instrumento internacional), aun cuando su violación sea cometida por personas que actúen en ejercicio de sus funciones oficiales. 2. Los Estados Partes se comprometen: a) a garantizar que la autoridad competente prevista por el sistema legal del Estado decidirá sobre los derechos de toda persona que interponga tal recurso; b) a desarrollar las posibilidades de recurso judicial, y c) a garantizar el cumplimiento por las autoridades competentes de toda decisión en que se haya estimado procedente el recurso.

Aun cuando no existe una influencia directa del amparo mexicano y latinoamericano, el artículo 13 de la Convención Europea para la Protección de los Derechos Humanos y las Libertades Fundamentales, suscrita en Roma el 4 de noviembre de 1950, en vigor el 3 de septiembre de 1953, dispone que:

> Toda persona cuyos derechos y libertades reconocidos en la presente Convención hubiesen sido violados, tienen derecho a que se conceda un recurso efectivo ante una autoridad nacional, incluso cuando la violación hubiese sido cometida por personas que actúen en ejercicio de sus facultades oficiales[33].

Si bien no puede afirmarse que los recursos constitucionales que se han establecido con el nombre genérico de *Beschwerde* (literalmente, queja), en los ordenamientos de la República Federal de Alemania, de Austria y de Suiza, se hubiesen apoyado en el cumplimiento del citado artículo 13 de la Convención de Roma, debe destacarse que estos instrumentos realizan una función tutelar de los derechos fundamentales similar a la del amparo latinoamericano e iberoamericano[34].

No pretendemos hacer un análisis de dichos instrumentos tutelares de los derechos humanos, que se interponen en última instancia ante el Tribunal Federal Constitucional alemán, la Corte Constitucional austríaca o el Tribunal Federal de Suiza, pero sí podemos destacar que el que tiene mayor aproximación con el recurso de amparo latinoamericano y el español,

---

[33] Se ha destacado la responsabilidad de los gobiernos que han suscrito la mencionada Convención europea cuando los ordenamientos respectivos no regulen adecuadamente esa instancia procesal interna. *Cf.*, MARTENS, Pierre, *Le droit de recours effectif devant les instances nationales en cas de violation d'un droit de l'homme*, *cit.*, pp. 47-98.

[34] *Cf.*, SCHULER, Andrea Hans, *Der Verfassungsbeschwerde in der Schweiz, der Bundesrepublik Deutischland und Österreich* (El recurso constitucional en Suiza, la República Federal de Alemania y de Austria), Zürich 1968.

es la *Verfassungsbeschwerde* alemana (literalmente, queja o recurso constitucional)[35], y por ese motivo los juristas españoles traducen al castellano dicho vocablo como recurso de amparo[36].

## 4. El amparo mexicano como paradigma original y su evolución

Para comprender la institución mexicana es necesario explicar muy brevemente las influencias externas que motivaron su creación, esta última en varias etapas, hasta su consagración en la Carta Federal de 5 de febrero de 1857, en la cual se configuró el modelo original de instrumento procesal sencillo y breve para la tutela de los derechos fundamentales (entonces exclusivamente de carácter individual), que a partir de entonces experimentó un desarrollo gradual pero sustancial, hasta llegar a su regulación actual, en la cual sus fines de protección se han extendido por conducto del llamado control de legalidad, a la tutela, en última instancia, de todo el ordenamiento jurídico nacional[37].

El juicio de amparo mexicano fue el resultado de una lenta y dolorosa evolución en que se combinaron elementos externos y factores nacionales[38]. La influencia externa puede dividirse en tres grandes corrientes: norteamericana, española y francesa.

La más ostensible es la que proviene del derecho público de los Estados Unidos, como ocurrió también en la mayoría de los países latinoamericanos en los primeros años de su independencia de España y de Portugal[39], ya que los creadores del amparo mexicano pretendieron introducir los principios esenciales de la revisión judicial de las leyes de los Estados Unidos, pero entendiéndola en la forma en que la había divulgado la obra clá-

---

35 *Cf.*, FIX-ZAMUDIO, Héctor, "El juicio de amparo mexicano y recurso constitucional federal alemán (Breves reflexiones comparativas)", en *Boletín Mexicano de Derecho Comparado*, n° 71, 1993, pp. 461-468, reproducido en el libro del mismo autor, *Ensayos sobre el derecho de amparo*, *cit.*, pp. 667-694.

36 Como ejemplo podemos citar a HELMUT, Simón, "La jurisdicción constitucional. Recursos de amparo de los ciudadanos", en la obra colectiva de BENDA, Ernesto y otros, *Manual de derecho constitucional*, trad. castellana, Marcial Pons, Madrid 1996, pp. 834-835; HÄBERLE, Peter, "El recurso de amparo en el sistema germanofederal de jurisdicción constitucional", trad. de RUIZ MIGUEL, Carlos, en la obra *Jurisdicción constitucional en Iberoamérica*, *cit.*, pp. 227-282.

37 *Cf.*, FIX-ZAMUDIO, Héctor, "Breve introducción al juicio de amparo mexicano", en la obra del mismo autor, *Ensayos sobre el derecho de amparo*, *cit.*, pp. 11-18; SOBERANES, José Luis y MARTÍNEZ MARTÍNEZ Faustino José, *Apuntes para la Historia del juicio de amparo*, Porrúa, México 2002, pp. 273-299.

38 *Cf.*, FIX-ZAMUDIO, Héctor, "El juicio de amparo mexicano y el derecho constitucional comparado", en el libro *Ensayos sobre el derecho de amparo*, *cit.*, pp. 425-466.

39 *Cf.*, FIX-ZAMUDIO, Héctor, "Influencia del derecho angloamericano en la protección de los derechos humanos en América Latina", en *Festschrift für Karl Loewenstein (Libro de homenaje a Karl Loewenstein)*, J.C. B Mohr (Paul Siebeck), Tübingen 1971, pp. 485-508, reproducido en el libro del mismo autor, *Latinoamérica: Constitución, proceso y derechos humanos*, México, *cit.*, pp. 131-154.

sica de Alexis de Tocqueville, La democracia en América del Norte[40]. La traducción castellana de dicha obra por D.A. Sánchez de Bustamante aparecida en París en 1836, se conoció en México al año siguiente y además se hizo una reimpresión de la misma en nuestro país en 1855, año de convocatoria para la elección de los miembros del Congreso Constituyente del cual emanó la Carta federal de 1857, que consagró definitivamente el amparo[41]. También debe señalarse la influencia de la clásica institución angloamericana del *habeas corpus*, que se incorporó al juicio de amparo mexicano pero sin el nombre tradicional con el cual se le conoce en los demás países latinoamericanos y actualmente en España[42]. Además, el modelo angloamericano tuvo gran ascendiente en la adopción del régimen federal en México y en la organización de los tribunales federales, a los cuales se encomendó el conocimiento del juicio de amparo[43].

Aun cuando la influencia española fue menos evidente, tras tres siglos de dominación cultural y política en la Nueva España, el nombre del amparo tiene antecedentes castellanos y aragoneses[44]. También tuvo trascendencia el régimen centralista que predominó en la época colonial, que trajo como efecto la concentración de todos los asuntos judiciales del país en nuestra Suprema Corte de Justicia, por medio del juicio de amparo contra resoluciones judiciales, lo que debe considerarse como opuesto al régimen de doble jurisdicción del sistema federal norteamericano que nos sirvió de modelo[45].

---

40 La primera edición en francés de esta obra fue publicada en París en 1835, mismo año en que apareció una traducción al inglés por REEVE, Henry, *Democracy in America*, Saunders and Oley, Londres. De esta última se han hecho múltiples reimpresiones en diferentes épocas, tanto en Inglaterra como en los Estados Unidos.

41 *De la Democracia en América del Norte*, trad. de SÁNCHEZ DE BUSTAMANTE, D.A., 2 vols., Imprenta de Ignacio Cumplido, México, 1855.

42 *Cf.*, el clásico estudio de EDER, Phanor J., "Habeas corpus disemboided. Latin American Experience", en la obra *XXth Century Comparative and Conflicts Laws. Legal Essays in Honor of Hessel E. Yntema, Leyden,* 1961, pp. 473 y ss.

43 En efecto, la primera Carta Fundamental de la época independiente expedida el 4 de octubre de 1824 recibió el nombre de Constitución Federal de los Estados Unidos Mexicanos, que conserva nuestra Ley Suprema vigente, y el artículo 123 de la primera estableció: "El poder judicial de la Federación residirá en una Corte Suprema de Justicia, en los tribunales de circuito y en los de distrito", lo que recibió la influencia directa de la organización judicial federal de los Estados Unidos, y que en esencia todavía subsiste en México.

44 Mucho se ha escrito sobre los antecedentes hispánicos sobre el juicio de amparo mexicano, pero nos limitamos a señalar como el más importante, el del derecho de Castilla, que se aplicaron directamente a las colonias españolas en América, como lo expuso LIRA GONZÁLEZ, Andrés, *El amparo colonial y el juicio de amparo mexicano*, Fondo de Cultura Económico, México 1972. De manera indirecta también se invocaron los procesos forales aragoneses, como lo señaló el jurista e historiador español FAIRÉN GUILLÉN, Víctor, *Antecedentes aragoneses de los juicios de amparo*, UNAM, México 1971; SOBERANES, José Luis y MARTÍNEZ MARTÍNEZ, Faustino José, *Apuntes para la Historia del Juicio de Amparo, cit*, pp. 75-122.

45 *Cf.*, NORIEGA CANTÚ, Alfonso, "El origen nacional y los antecedentes hispánicos del juicio de amparo", en Jus, México, 1942, pp. 151-172*; Id. Lecciones de Amparo,*

Advertimos un influjo del derecho francés, en una triple dirección: en primer término, por conducto de las declaraciones de los derechos del hombre, calificados en nuestras constituciones como garantías individuales[46], que en principio se estimaron como el contenido esencial de la protección por medio del juicio de amparo[47]; en segundo lugar, en cuanto se pretendió implantar una copia del Senado Conservador de la Constitución francesa del año VIII (1799)[48]; y en una tercera dirección, que estimamos como la más trascendente, es la influencia de varios elementos de la casación francesa en el juicio de amparo contra resoluciones judiciales, que por ello se le ha calificado como amparo-casación[49].

Por lo que se refiere a los factores de carácter nacional, los juristas y los políticos mexicanos propusieron de manera paulatina una serie de instrumentos derivados de los modelos externos, que en un principio se apoyaron en organismos políticos como el Congreso Federal y el Senado Conservador, pero que se orientaron hacia procedimientos de carácter judicial, de acuerdo con el modelo generalizado en Latinoamérica de la revisión judicial norteamericana[50], y según con esta tendencia, el amparo mexicano se creó de manera paulatina en tres etapas sucesivas, por conducto de las cuales se perfiló y evolucionó la institución.

En primer término, el amparo surgió, inclusive con ese nombre, en la Constitución del Estado de Yucatán de 11 de marzo de 1841, según el proyecto elaborado en el mes de diciembre de 1840 por Manuel Crescencio García Rejón estimado, con toda razón, como uno de los creadores de la máxima institución procesal mexicana. El motivo por el cual el amparo

---

5° ed., revisada por SOBERANES, José Luis, Tomo I, Porrúa, México 1997, pp. 59-86.

46 *Cf.*, BURGOA ORIHUELA, Ignacio, *Las garantías individuales*, 18° ed., Porrúa, México 1984, pp. 154-200.

47 La Constitución Federal de 1857, estableció en la fracción I, de su artículo 101, que el juicio procederá únicamente contra la violación de las garantías individuales por leyes o actos de cualquier autoridad, y una redacción similar se contiene en la fracción I, del artículo 103, de la Carta Federal vigente de 1917, no obstante que en ella se elevaron a rango fundamental los derechos económicos, sociales y culturales, que desde entonces también se tutelan por el derecho de amparo.

48 La bibliografía es amplia, por lo que citamos algunos autores, NORIEGA CANTÚ, Alfonso, *El pensamiento conservador y el conservadurismo mexicano*, Tomo I, México 1972, pp. 207-248; MORENO, Daniel, "El Supremo Poder Conservador", en *Revista de la Facultad de Derecho de México*, n° 69-70, 1968, pp. 255296, FIX-ZAMUDIO, Héctor, "Tres instituciones francesas revolucionarias y el derecho constitucional mexicano", en la obra *Bicentenario de la Revolución francesa,* UNAM, México 1991, pp. 60-64.

49 Esta última influencia ha sido reconocida ampliamente por la doctrina mexicana, especialmente por el jurista VEGA, Fernando, en su artículo "El juicio de amparo y el recurso de casación francés", que apareció originalmente en la *Revista de Legislación y Jurisprudencia*, México 1989, pp. 69-86, reimpreso en la *Revista de la Escuela Nacional de Jurisprudencia,* México, 1946, pp. 221-238.

50 *Cf.*, EDER, Phanor E., "Judicial Review in Latin America", en *Ohio State Law Journal,* 1960, pp. 571 y ss.

mexicano fue introducido en el ordenamiento de una entidad federativa, se debe a que en esa época se libraba una lucha encarnizada entre los partidarios del restablecimiento del sistema federal, que eran los miembros de la corriente liberal, y los conservadores que sostenían el régimen unitario consagrado en las Siete Leyes Constitucionales de 1836, entonces en vigor, ya que en esos momentos dominaba en el estado de Yucatán un gobierno local partidario de la unión federal[51].

En el ámbito nacional, el amparo fue establecido en el documento denominado Acta Constitutiva y de Reformas expedido el 18 de mayo de 1847, que introdujo modificaciones a la Constitución Federal de 1824, cuya vigencia fue restablecida. Este documento se inspiró de manera indiscutible en el proyecto redactado por el distinguido jurista y político mexicano Mariano Otero, considerado como el segundo padre del amparo, si se toma en cuenta que el artículo 25 de dicho ordenamiento introdujo la redacción calificada como fórmula Otero, que todavía subiste[52], de acuerdo con la cual la sentencia que otorgue el amparo no debe contener declaraciones generales, de manera que cuando se combate la constitucionalidad de una ley, dicha tutela se traduce en la desaplicación de las disposiciones impugnadas, exclusivamente en beneficio de la parte reclamante[53].

El texto del citado artículo 25 del Acta de Reformas de 1847, establecía lo siguiente:

---

51 *Cf.*, el volumen publicado por la Suprema Corte de Justicia, *Homenaje a don Manuel Crescencio Rejón*, México 1960. FIX-ZAMUDIO, Héctor, "Algunos aspectos de la obra jurídica de Manuel Crescencio García Rejón", en *Edición Conmemorativa. Medio Siglo de la Revista de la Facultad de Derecho de México*, UNAM, México 1991, pp. 488-501.

52 En efecto, la parte relativa de la fracción II, del artículo 107 constitucional en vigor, dispone: "La sentencia será siempre tal, que sólo se ocupe de individuos particulares, limitándose a ampararlos y protegerlos en el caso especial sobre el que verse la queja, sin hacer una declaración general respecto de la ley o del acto que la motivare".

53 La bibliografía de la obra de OTERO es muy amplia, por lo que nos limitamos a las obras más conocidas. Entre los estudios principales se encuentra el "Estudio Preliminar", redactado por REYES HEROLES, Jesús, a la obra por él recopilada, *Otero. Obras*, Porrúa, México, pp. 74-82 y 349-383, respectivamente; FIX-ZAMUDIO, Héctor, *Acta Constitutiva y de Reformas de 1847*, Instituto de Estudios Constitucionales Carlos Restrepo Piedrahita, Universidad Externado de Colombia, *Temas de Derecho Público* n° 43, Santa Fe de Bogotá 1997, pp. 46-60, estudio reproducido en el libro compilado por GALEANA, Patricia, *México y sus Constituciones*, Archivo General de la Nación-Fondo de Cultura Económica, México 1999, pp. 229-240; SÁNCHEZ VÁZQUEZ, Rafael, "La impronta de don Mariano Otero en el Acta de Reformas de 1847", en el volumen *La actualidad de la defensa de la Constitución. Memoria del Coloquio Internacional en la celebración del Sesquicentenario del Acta de Reformas Constitucionales de 1847 origen federal del juicio de amparo mexicano,* Suprema Corte de Justicia de la Nación-UNAM, México 1997, pp. 309-341; OÑATE, Santiago, "El Acta de Reformas de 1847", en la obra *Derechos del Pueblo Mexicano. México a través de sus Constituciones*, 3° ed., Cámara de Diputados-Miguel Ángel Porrúa, Tomo III, México 1985, pp. 142-150; GONZÁLEZ OROPEZA, Manuel, (Estudio introductorio y compilación). *La reforma del Estado Federal. Acta de Reformas de 1847*, UNAM, México 1998.

> Los tribunales de la federación ampararán a cualquier habitante de la República en el ejercicio y conservación de los derechos que le concede esta Constitución y las leyes constitucionales, contra todo ataque de los Poderes Legislativo y Ejecutivo, ya de la Federación, ya de los Estados, limitándose dichos tribunales a impartir su protección en el caso particular sobre que verse el proceso sin hacer ninguna declaración general respecto de la ley o acto que la motivare.

Apoyándose en los antecedentes mencionados, los miembros del Congreso Constituyente de 1856-1857, entre los cuales sobresalieron en esta materia Ponciano Arriaga, Melchor Ocampo y León Guzmán, establecieron en los artículos 101 y 102 de la Constitución Federal de 5 de febrero de 1857 los lineamientos fundamentales del juicio de amparo en su concepción original, algunos de los cuales han llegado hasta nuestros días. Ésta debe considerarse como la etapa final en el nacimiento de la institución y el punto de partida de su desarrollo posterior hasta alcanzar el alto grado de complejidad con el cual se le conoce actualmente[54].

Es preciso destacar que en esta tres etapas de formación del juicio de amparo mexicano, tanto Manuel Crescencio García Rejón como Mariano Otero y los Constituyentes de 1856-1857, señalaron expresamente, ya sea por escrito o en los debates respectivos, que la institución que pretendían establecer estaba inspirada en la revisión judicial de la constitucionalidad de las leyes de los Estados Unidos, tal como la había divulgado Alexis de Tocqueville en su clásica obra La Democracia en América del Norte[55].

A partir de la Constitución de 1857 advertimos un notable desarrollo del juicio de amparo, que no obstante haber nacido exclusivamente como un instrumento procesal para la tutela de las llamadas garantías individuales o derechos individuales clásicos, amplió su ámbito protector de manera paulatina. Para explicar brevemente esta evolución es preciso señalar las siguientes etapas:

El amparo se perfeccionó en los diversos ordenamientos reglamentarios que se expidieron con apoyo en los citados artículos 101 y 102 constitucionales, como lo fueron las Leyes de Amparo de 1861, 1869 y 1882, y en los preceptos reglamentarios que se incorporaron posteriormente a los Códi-

---

54 *Cf.*, ZARCO, Francisco, *Historia del Congreso Extraordinario Constituyente (1856-1857)*, El Colegio de México, México 1956, pp. 988-989.

55 Conviene transcribir el texto de los citados artículos 101 y 102 de la Carta Federal de 1857, para comprender mejor el punto de partida de la evolución el derecho de amparo mexicano: "Artículo 101. Los tribunales de la Federación resolverán toda controversia que se suscite: I. Por leyes o actos de cualquier autoridad que violen las garantías individuales; II. Por leyes o actos de autoridad federal que vulneren o restrinjan la soberanía de los Estados, III. Por leyes o actos de las autoridades de éstos, que invadan la esfera de la autoridad federal". "Artículo 102. Todos los juicios de que habla el artículo anterior se seguirán a petición de parte agraviada, por medio de procedimientos y formas del orden jurídico, que determinará una ley. La sentencia será siempre tal que sólo se ocupe de individuos particulares, limitándose a protegerlos y ampararlos en el caso especial sobre que verse el proceso, sin hacer ninguna declaración general respecto de la ley o acto que la motivare".

gos de Procedimientos Civiles Federales de 1897 y 1908[56], ordenamientos que recogieron las enseñanzas de la jurisprudencia de la Suprema Corte de Justicia, la que transformó este medio de impugnación de un instrumento sin contornos precisos, en un verdadero proceso contra las autoridades infractoras; ello, para proteger entonces de manera predominante, la vida y la libertad de los gobernados, ya que con frecuencia se utilizó para arrancar de los pelotones de fusilamiento a los condenados a muerte por delitos políticos, o bien evitó, así sea con limitaciones, el servicio forzado de las armas o las detenciones indebidas, lo que otorgó a la institución el prestigio popular que conserva actualmente[57].

De acuerdo con las citadas leyes reglamentarias y las disposiciones relativas de los códigos mencionados, a partir de 1869 el juicio de amparo se tramitaba por medio de un procedimiento de doble instancia, la primera, ante los jueces de distrito, la segunda, de oficio ante la Suprema Corte de Justicia, con independencia de los actos que se reclamaran y de las partes que intervinieran.

Pero la transformación más importante fue la introducción del juicio de amparo contra sentencias judiciales por incorrecta aplicación de la ley secundaria. Esto ocurrió debido a una serie de causas de carácter social y político, que presionaron a la Suprema Corte para aceptar una interpretación sumamente discutible del artículo 14 de la citada Constitución Federal de 1857[58].

En efecto, debido a tres siglos de centralismo judicial en la época colonial española, que a su vez provocó la concentración de los abogados en las ciudades de México y de Guadalajara, en las cuales residían las únicas Audiencias (tribunales de apelación), con posterioridad a la independencia fue preciso integrar los tribunales superiores de las entidades federativas, creados por la Constitución Federal de 1824, con magistrados improvisados, con la consiguiente falta de confianza de los justiciables en dichos

---

56 *Cf.*, el documentado estudio de SOBERANES FERNÁNDEZ, José Luis, *Evolución de la Ley de Amparo,* Instituto de Investigaciones Jurídicas-Comisión Nacional de Derechos Humanos, UNAM, México 1994, en el cual se hace el cotejo, artículo por artículo de la actual Ley de Amparo, con los ordenamientos anteriores de la materia.

57 Los orígenes, los debates y el desarrollo de las primeras leyes de amparo han sido analizadas por el jurista mexicano BARRAGÁN BARRAGÁN, José, *Primera Ley de Amparo de 1861* y *Proceso de discusión de la Ley de Amparo de 1869*, UNAM, ambas publicadas en México, 1980 y reimpresas en 1987, así como *Proceso de discusión de la Ley de Amparo de 1882,* UNAM, México 1993.

58 El citado artículo 14, disponía: "No se podrá expedir ley retroactiva. Nadie puede ser juzgado ni sentenciado sino por leyes dadas con anterioridad al hecho y exactamente aplicadas a él, por el tribunal que previamente haya establecido la ley". Dicho precepto, como se ha demostrado por la doctrina, sólo consagraba el derecho al debido proceso legal, pero se le interpretó indebidamente como si estableciera un derecho constitucional a la legalidad en los procesos judiciales. *Cf.*, RABASA, Emilio, *El juicio constitucional. El artículo 14*, Porrúa, México 1955, obra aparecida originalmente en 1906.

tribunales locales, los que también quedaron sujetos a la influencia política de las propias entidades federativas.

Debido a los factores anteriores, los abogados mexicanos acudieron a todos los medios, inclusive a la mencionada interpretación del artículo 14 constitucional, para sustraer los asuntos judiciales de manos de los tribunales locales, aun tratándose de la aplicación de las leyes de los estados, para llevarlos a los tribunales federales por conducto del juicio de amparo, sin mediar una cuestión de inconstitucionalidad, sino exclusivamente la discusión sobre la legalidad de la aplicación de la ley respectiva por el juez de la causa, y debido a la revisión de oficio, todos los casos llegaban en última instancia ante la Suprema Corte de Justicia, la que concentró así todos los asuntos judiciales del país, con lo que se transformó en un tribunal federal de casación.

La Constitución vigente, promulgada el 5 de febrero de 1917, recogió la regulación anterior en sus artículos 103 (muy similar al 101 de la Carta Federal anterior de 1867), y 107, que estableció de manera minuciosa los lineamientos esenciales de la tramitación del juicio de amparo. Debe llamarse la atención sobre el hecho de que el Constituyente de Querétaro de 1916-1917, después de acalorados debates, consagró expresamente en el artículo 14 de la Carta Federal vigente la procedencia del amparo contra sentencias judiciales por la violación de las leyes secundarias. Si se toma en cuenta, además, el principio de legalidad del artículo 16 constitucional[59], la esfera del amparo se ha extendido a tal grado, que a partir de entonces y salvo los casos limitados que la Constitución Federal y la ley reglamentaria señalan, en los cuales no procede la impugnación, el amparo protege todo el orden jurídico nacional, lo que explica la complejidad que asumido la institución en nuestros días[60].

---

59 El citado artículo 14 constitucional dispone en su parte conducente: "En los juicios del orden criminal queda prohibido imponer, por simple analogía y aun por mayoría de razón, pena alguna que no esté decretada por una ley exactamente aplicable al delito de que se trata. En los juicios del orden civil, la sentencia definitiva deberá ser conforme a la letra o a la interpretación jurídica de la ley, y a falta de esta se fundará en los principios generales del derecho". La llamada garantía de legalidad se consagra en la parte relativa del artículo 16 de la Carta Federal, que ordena: "(...) Nadie puede ser molestado en su persona, familia, domicilio, papeles o posesiones, sino en virtud de mandamiento escrito de autoridad competente, que funde y motive la causa legal del procedimiento". *Cf.*, OVALLE FAVELA, José, *Garantías constitucionales del proceso,* 2° ed., Oxford University Press, México 2002, pp. 271-300.

60 En efecto, el juicio de amparo mexicano tutela todo el orden jurídico nacional, con excepción de algunas hipótesis, ya que la Carta Federal y la Ley de Amparo establecen escasas limitaciones a la procedencia del propio juicio de amparo. Entre las restricciones podemos mencionar la expulsión de extranjeros indeseables sin previo juicio por parte del Ejecutivo Federal (artículo 33 constitucional), que ha sido objeto de críticas doctrinales; las resoluciones en materia electoral (artículo 73, fracciones VII y VIII, de la Ley de Amparo), que actualmente se pueden combatir ante el Tribunal Electoral del Poder Judicial de la Federación (artículo 100 constitucional reformado en 1996) y sobre la procedibilidad del enjuiciamiento de los altos funcionarios y loca-

## 5. Complejidad actual del amparo mexicano

De una manera muy esquemática podemos afirmar que en la actualidad el derecho de amparo mexicano comprende cinco sectores: el *habeas corpus*; la impugnación de la inconstitucionalidad de las leyes; el amparo contra resoluciones judiciales; el amparo contra actos y resoluciones de la Administración Pública federal y local; y el amparo en materia social agraria.

El sector del amparo que puede asimilarse al *habeas corpus* y que por ello puede calificarse como amparo de la libertad e integridad personales, que está regulado de manera autónoma en la mayoría de las legislaciones contemporáneas, o al menos, por medio de un procedimiento específico, en nuestro país se considera como una modalidad del amparo, pero con las características clásicas de la institución, ya que procede contra actos u omisiones que afectan la libertad y la dignidad personal fuera de procedimiento judicial (o sea, respecto de detenciones realizadas por autoridades formalmente administrativas, policíacas o del ministerio público); puede interponerse por cualquier persona, inclusive un menor de edad, por escrito o de manera oral (y en casos urgentes ante los jueces locales, que deben iniciar el procedimiento en tanto se envía el expediente ante el juez federal competente, que conoce de la primera instancia), así como por telegrama y, en la actualidad, por otros medios electrónicos de comunicación; el juez debe hacer las gestiones necesarias para lograr la presencia del afectado y dictar las medidas precautorias eficaces para evitar daños graves o irreparables; el procedimiento es teóricamente muy breve y sin formalismos; no existe plazo preclusivo para presentar la demanda, etcétera (artículos 17; 22, fracción I; 23, segundo párrafo; 38, 39, 40, 117 y 119 de la Ley de Amparo).

Un segundo sector ha sido calificado amparo contra leyes, y se traduce en el procedimiento para combatir las disposiciones legislativas por medio del amparo. Existen dos modalidades:

La que podemos calificar de acción de inconstitucionalidad (de carácter concreto) que es la interpuesta por los particulares afectados con los actos de expedición y promulgación de las mencionadas normas generales (entendidas en sentido material, es decir, leyes, reglamentos y tratados internacionales, aprobados estos últimos por el Senado Federal). En esta modalidad del derecho de amparo deben señalarse como autoridades demandadas a las que hubiesen intervenido en el procedimiento legislativo, o sea el Congreso de la Unión, las legislaturas locales, la Asamblea Legislativa del Distrito Federal, así como el Presidente de la República, los Gobernadores de los Estados o el Jefe de Gobierno del propio Distrito Federal, y sólo a

les, por delitos comunes (artículo 11 constitucional), o sobre la responsabilidad política de los mismos funcionarios (artículo 111 de la misma Carta Federal). Sobre esta materia puede consultarse a BURGOA ORIHUELA, Ignacio, *El juicio de amparo*, 21° ed., Porrúa, México 1984, pp. 451-499.

los últimos cuando se trata de la expedición de los reglamentos respectivos. La primera instancia se sigue ante los jueces federales de distrito y, el segundo grado, por medio del llamado recurso de revisión (en realidad, apelación), ante la Suprema Corte de Justicia (artículos 107, fracciones VII y VIII, de la Constitución Federal; 83, fracción IV, 84, fracción I, incisos a) y c), de la Ley de Amparo, así como 10, fracciones II, inciso c) y III; 51, fracción I; 52, fracción III; 54, fracción II, y 55, fracción II, según la materia, de la Ley Orgánica del Poder Judicial de la Federación de mayo de 1995).

El segundo aspecto del amparo contra leyes se puede denominar recurso de inconstitucionalidad, que se caracteriza por la vía incidental o prejudicial, es decir, por el planteamiento de la inconstitucionalidad de la ley aplicada en una resolución judicial impugnada en el juicio de amparo de una instancia (equivalente a un recurso de casación) ante los tribunales colegiados de circuito, los que deben decidir en el fallo la citada cuestión de inconstitucionalidad de manera incidental, y la sentencia respectiva puede combatirse, únicamente en este aspecto, por medio del recurso de revisión (apelación) ante la Suprema Corte de Justicia, la que únicamente debe resolver sobre la cuestión de inconstitucionalidad, ya que si ésta se considera improcedente o infundada, el fondo sobre la ilegalidad de la aplicación, si también se invoca, corresponde al tribunal colegiado respectivo (artículos 107, fracciones V, VI y IX, de la Carta Federal; 83, fracción V; 84, fracción II; 93, 159-169 y 166, fracción IV, segundo párrafo de la Ley de Amparo, así como 10, fracción III, y 37, fracción I, de la Ley Orgánica del Poder Judicial de la Federación)[61].

Respecto de la acción concreta de inconstitucionalidad que hemos señalado anteriormente, es preciso mencionar que la sentencia estimativa dictada en esta materia por la Suprema Corte de Justicia se traduce exclusivamente en la desaplicación de las disposiciones normativas impugnadas en beneficio del promovente, sin hacer una declaración general, con apoyo en la tradición establecida desde 1847, por medio de la llamada fórmula Otero, que subsiste en nuestra Constitución vigente y en la Ley de Amparo.

Este precepto ha sido objeto de un agudo debate doctrinal, en virtud de que en la mayoría de los ordenamientos latinoamericanos predominan los efectos *erga omnes* de las sentencias de inconstitucionalidad pronunciadas por los tribunales constitucionales o supremos, aun cuando subsiste la desaplicación en cada caso concreto en las impugnaciones en vía incidental. Por ello, se ha propuesto que se introduzca la declaración general en los juicios de amparo en los cuales se reclame la inconstitucionalidad de normas generales en la vía directa de acción[62]. Esta solución se ha propues-

---

[61] La bibliografía sobre el amparo contra leyes, además de las obras generales sobre el juicio de amparo, comprende un número amplio de estudios específicos. Sobre estos últimos citados la reciente obra de AGUILAR ÁLVAREZ y DE ALBA, Ernesto, *El amparo contra leyes*, México, Trillas 1989.

[62] *Cf.*, FIX-ZAMUDIO, Héctor, "La declaración general de inconstitucionalidad y el juicio de amparo", en *Boletín Mexicano de Derecho Comparado*, n° 10-11, 1971, pp.

to en los proyectos elaborados por la Suprema Corte de Justicia de reforma constitucional y de nueva Ley de Amparo.

En efecto, en el proyecto de reforma constitucional aprobado por la Suprema Corte de Justicia en el mes de mayo del año 2001, se propone agregar un segundo párrafo a la fracción II, del artículo 107 de la Carta Federal, ya que el primer párrafo conserva la disposición relativa a los efectos particulares de las sentencias de amparo cuando se impugna la inconstitucionalidad de normas generales, de acuerdo con lo que hemos calificado como fórmula Otero. Dicho segundo párrafo establece la siguiente disposición normativa:

> Sin embargo, cuando la Suprema Corte de Justicia de la Nación, en los juicios de amparo indirecto (acción de inconstitucionalidad), establezca jurisprudencia por reiteración en la cual se determine la inconstitucionalidad o se determina la interpretación conforme de una norma general respecto de esta Constitución, procederá a emitir la declaratoria general correspondiente, en la cual se fijarán sus alcances y condiciones en los términos de la ley reglamentaria.

Este precepto recoge la corriente doctrinal predominante sobre la necesidad de la declaración general de inconstitucionalidad en el juicio de amparo contra normas generales, al menos por lo que respecta a la acción de impugnación de dichas normas, doctrina que se apoyó en dos argumentos esenciales: De acuerdo con el primero, la aplicación exclusiva de los efectos particulares cuando se impugnan normas legislativas infringe uno de los principios básicos del régimen del Estado Democrático de Derecho, que descansa en la igualdad de los gobernados ante la ley, el que se afecta con la subsistencia de disposiciones normativas que han sido declaradas inconstitucionales por la Suprema Corte de Justicia, ya que si bien algunas personas o entidades que cuentan con recursos económicos pueden acudir al asesoramiento profesional de distinguidos abogados para que interpongan oportunamente la demanda de amparo respectiva, el resto de la población que no cuenta con ese asesoramiento, está obligado a cumplir con el ordenamiento contrario a la Carta Federal. La declaración general que se traduce en la invalidez de las normas inconstitucionales impide que se sigan aplicando en perjuicio de un grupo mayoritario de gobernados, y por ello se ha impuesto el régimen de la declaración general, que no es absoluto, en una gran parte de los ordenamientos contemporáneos[63].

En segundo lugar, el dictado de sentencias caso por caso apoyadas en los mismos razonamientos y con mayor razón cuando existe jurisprudencia obligatoria, tratándose de la impugnación de normas legislativas en el juicio de amparo, retrasa considerablemente la labor de la Suprema Corte de

---

51-98, reproducido en el libro del mismo autor, *Ensayos sobre el derecho de amparo*, *cit.*, pp. 183-256.

[63] *Cf.*, FIX-ZAMUDIO, Héctor, "La declaración general de inconstitucionalidad, la interpretación conforme y el juicio de amparo mexicano", en *Revista del Instituto de la Judicatura Federal,* n° 8, México 2001, pp. 145-155.

Justicia, y por ello fue necesario que dicho alto tribunal expidiera recientemente acuerdos generales, a fin de encomendar a los tribunales colegiados de circuito, el conocimiento de los juicios de amparo en revisión contra normas generales, respecto de las cuales ya se hubiere establecido jurisprudencia por la propia Suprema Corte, lo cual constituye únicamente un paliativo al enorme problema del rezago[64].

Los razonamientos anteriores fueron acogidos en el citado proyecto de reforma constitucional, en cuya parte pertinente se afirma:

> El tema de los alcances de las sentencias de amparo es trascendental en este proyecto. La sociedad se ha pronunciado en el sentido de que el juicio de amparo sea más accesible para todos, que no nada más sirva a gente con los suficientes recursos como para contratar un abogado especializado que pueda impugnar actos o normas contrarias a la Constitución. Ésta, como Ley Suprema, debe ser aplicada a todos por igual. Su supremacía no puede depender de la capacidad económica de los individuos para acudir al juicio de amparo.

Además de la introducción de la declaración general en el juicio de amparo, tanto el proyecto de modificaciones a la Carta Federal como el de una Nueva Ley de Amparo proponen, al lado de dicha declaración general, la institución que se conoce como interpretación conforme, de acuerdo con la denominación que se estableció en la doctrina y en la jurisprudencia alemanas con el nombre original de *verfassungskonforme Auslegung von Gezetzen*[65]. Esta ha tenido una importante divulgación en la justicia constitucional contemporánea, en ocasiones con denominaciones diferentes (entre ellas las de sentencias interpretativas), debido a que resuelve un problema que se plantea con la declaración general de inconstitucionalidad, en cuanto a que la misma se traduce en la anulación de las disposiciones legislativas, que en todo caso produce una conmoción jurídica, ya que es necesario llenar el vacío que se deja en el ordenamiento que se considera inválido, el que no siempre es sustituido por la legislación anterior y re-

---

64 Entre los autores que han apoyado la necesidad de introducir la declaración general de inconstitucionalidad en el juicio de amparo contra normas legislativas, podemos citar a CASTRO y CASTRO, Juventino V., *Hacia el amparo evolucionado,* 2° ed., Porrúa, México 1977, pp. 34-44; VALLARTA PLATA, José Guillermo, "El poder judicial y el sistema de declaración general de inconstitucionalidad en Latinoamérica" en *Función del poder judicial en los sistemas constitucionales latinoamericanos,* UNAM, México 1977, pp. 169-186; AGUILAR ÁLVAREZ y DE ALBA, Horacio, *El amparo contra leyes, cit.*, 109-128.

65 *Cf.*, VOLKER, Haak, *Normenkontrolle und verfassungskonforme Gezetsauslegund des Richters* (Control normativo e interpretación judicial de la conformidad constitucional), Ludwig Röhrscheid Verlag, Bonn 1963, pp. 184-213; HESSE, Konrad, *Grundzüges des Verfassungsrecht der Bundesrepublik Deutschland* (Elementos de derecho constitucional de la República Federal de Alemania), 16° ed., HEILDELBERG, C.F., Müller Juristische Verlag, 1988, pp. 29-32, pp. 29-32, *Id., Escritos de derecho constitucional (Selección),* trad. de CRUZ VILLALÓN, Pedro, Centro de Estudios Constitucionales, Madrid 1983, pp. 53-57.

quiere de la intervención del legislador para subsanar las infracciones a la Ley Fundamental.

Como lo ha señalado certeramente el destacado jurista español, Eduardo García de Enterría, la interpretación conforme tiene su origen en dos principios establecidos por la jurisprudencia de los Estados Unidos, es decir que todas las normas deben interpretarse *in Harmony with the Constitution*, a la que debe agregarse la regla que ha seguido la Corte Federal de ese país sobre la presunción de la constitucionalidad de las leyes, de acuerdo con la cual una norma general no debe declararse inválida, aun cuando lo sea con efectos particulares, como ocurre con el sistema americano, cuando pueda ser interpretada en consonancia con la Constitución, con mayor razón cuando la declaración de inconstitucionalidad produce efectos generales[66].

De lo anterior se concluye que la declaración general de inconstitucionalidad está estrechamente vinculada con la interpretación conforme, ya que ambas instituciones permiten el equilibrio y la moderación en las funciones de los organismos jurisdiccionales especializados en la solución de conflictos constitucionales, cuando dichos organismos conocen y deciden respecto de la impugnación de las normas legislativas.

En los proyectos de la Suprema Corte de Justicia de México, tanto de reformas constitucionales como de una Nueva Ley de Amparo, no se proponen modificaciones audaces o a menos al nivel de numerosos ordenamientos contemporáneos, en los que es suficiente un solo fallo de inconstitucionalidad con efectos generales, para que se produzca la invalidez de las normas legislativas que se estiman contrarias a la Carta Suprema. Debido a que ha sido tradicional en nuestro país la aplicación absoluta de la fórmula Otero, no se propone su supresión, sino exclusivamente su revisión, pero de manera prudente y moderada, de manera que pudiera calificarse de conservadora, para no cambiar radicalmente ese régimen casi sacramental.

En primer, lugar la declaración general de inconstitucionalidad únicamente procedería tratándose de la segunda instancia del amparo promovido por conducto de la que hemos calificado de acción de inconstitucionalidad, y por tanto no se aplicaría a las decisiones pronunciadas respecto de la cuestión de inconstitucionalidad planteadas en la impugnación de las resoluciones judiciales en el juicio de amparo de una sola instancia (recurso de inconstitucionalidad). Lo que significa que se conserva la fórmula Otero de desaplicación de la normas inconstitucionales en los casos concretos, es decir, en los juicios de amparo contra resoluciones judiciales. En la parte relativa de la exposición de motivos del proyecto de reformas constitucionales antes mencionadas se señala:

> ...Cabe destacar que en el esquema que se propone únicamente tratándose de amparo indirecto (de dos instancias), en revisión en los que fueron

66 *La Constitución como norma y El Tribunal Constitucional*, Civitas, Madrid 1981, pp. 95-103.

oídas las autoridades que expidieron y promulgaron las normas generales, sólo nuestro Tribunal funcionando en Pleno, puede hacer la declaratoria con efectos generales. Ni las Salas ni los tribunales colegiados de circuito, ni los juzgados de distrito contarían con tan importante facultad.

En segundo lugar, para que pueda tener efectos la declaración general de inconstitucionalidad, se requiere que se conforme jurisprudencia obligatoria por parte de la Suprema Corte de Justicia. De acuerdo con la legislación actual (artículo 194 de la Ley de Amparo modificado por la disposición décima quinta transitoria de la Ley Orgánica del Poder Judicial de la Federación de mayo de 1995), la jurisprudencia del Tribunal en Pleno se forma con cinco resoluciones en el mismo sentido aprobadas al menos por ocho ministros. La innovación que se propone respecto de la citada jurisprudencia obligatoria consiste en reducir de cinco a tres el número de resoluciones de la Suprema Corte, de manera que para que la declaración de inconstitucionalidad produzca efectos generales debe pronunciarse en tres resoluciones aprobadas por el Tribunal en Pleno en tres sesiones distintas. En la parte relativa de la exposición de motivos del Proyecto de la Nueva Ley de Amparo, se explica con toda claridad el cambio:

> Otra modificación significativa consiste en la reducción de cinco a tres del número de tesis necesarias para constituir jurisprudencia. El cambio no es caprichoso ni se reduce a una mera cuestión numérica. En realidad, de lo que se trata es de encontrar un adecuado equilibrio entre los sistemas de precedentes que se siguen en otros ordenamientos o en los procesos de controversias constitucionales y acciones de constitucionalidad y la reiteración de criterios que se prevé para la Ley de Amparo. Lo importante es encontrar una solución intermedia entre ambos extremos. Esto puede obtenerse disminuyendo el número de casos a tres a efecto de que los órganos competentes, puedan, con mayor facilidad, lograr que sus criterios sean obligatorios para dar certeza a nuestro orden jurídico. Sin embargo, para que la reiteración cumpla con su finalidad, se propone que los criterios deben fijarse al resolver los asuntos en tres sesiones distintas. Es importante destacar que cuando se trate de interpretación respecto de la constitucionalidad de normas generales, además deberá contarse con el voto aprobatorio de ocho Ministros.

Además de lo anterior, se exige que la tesis jurisprudencial respectiva sea aprobada por el Tribunal en Pleno, y posteriormente –o sea, dentro del plazo de treinta días hábiles contados a partir de dicha aprobación– la Suprema Corte de Justicia formulará la declaración de inconstitucionalidad o de interpretación conforme, declaratoria que debe ser separada de las sentencias judiciales y en ningún caso podrá modificar el sentido de la jurisprudencia que le da origen. Dicha declaratoria será obligatoria, tendrá efectos generales, y deberá contener la fecha a partir de la cual surtirá sus efectos, los alcances y las condiciones de la declaratoria de inconstitucionalidad o de la declaración conforme. Además, los efectos de esas declaratorias no serán retroactivos, salvo en materia penal en los términos del artículo 14 constitucional, o sea, cuando tenga carácter favorable, como ya se ha establecido respecto de las sentencias con efectos generales en las controversias y en las acciones de inconstitucionalidad (artículos 231 y 232 del Proyecto de Nueva Ley de Amparo).

Debido a la importancia de las declaratorias de inconstitucionalidad o de interpretación conforme, las mismas deben publicarse tanto en el Diario Oficial de la Federación como en el órgano oficial de la entidad, que en su caso hubiera emitido la norma respecto de la cual se hace la declaración (artículo 233 del mencionado Proyecto).

En cuanto a la declaración de la interpretación conforme ya hemos explicado anteriormente la extensa aplicación que tiene en los ordenamientos contemporáneos y los beneficios que produce, además que ya se ha utilizado por la Suprema Corte de Justicia de México en sus fallos, aun sin un reconocimiento formal de esta institución, pero de cualquier manera conviene transcribir la parte relativa de la exposición de motivos del proyecto de Nueva Ley de Amparo, sobre esta materia:

> La declaratoria de interpretación conforme, por su parte, tiene la ventaja de permitir a la Corte establecer aquella interpretación mediante la cual sea factible salvar la constitucionalidad de la norma impugnada, para, de esa forma, garantizar la supremacía constitucional y, simultáneamente, permitir una adecuada y constante aplicación de nuestro orden jurídico.

Para otorgar eficacia a la obligatoriedad de la declaratoria general de inconstitucionalidad o de interpretación conforme, en el Proyecto se establece un mecanismo procesal ágil para evitar que se infrinja la declaración respectiva. En efecto, se propone que el afectado con la aplicación de la norma inconstitucional o en un sentido diverso del establecido por la interpretación conforme, puede denunciar el hecho ante el juez de distrito respectivo. Dicho juzgador debe dar vista a las partes en un plazo de tres días para que expongan lo que a su derecho convenga, y dentro de otro plazo de tres días deberá dictar resolución. Si la misma es en el sentido de que la autoridad involucrada realizó el acto infractor, el juez federal ordenará a dicha autoridad aplicadora que deje sin efecto el acto denunciado, y si no lo hace en un plazo de tres días se elevará el expediente a la Suprema Corte de Justicia para que determine la responsabilidad que corresponda. Si la misma autoridad incurre en repetición de la infracción denunciada, el afectado puede acudir ante el juez de distrito para denunciar la repetición del acto reclamado (artículo 208 del citado Proyecto)[67].

El sector cuantitativamente más importante lo ocupa el amparo contra resoluciones judiciales, que se ha calificado como amparo judicial o amparo-casación que, sin recibir esa denominación, debe considerarse como un recurso de casación federal, por medio del cual pueden combatirse todas las resoluciones judiciales del país, tanto federales como locales y de las distintas materias, en una sola instancia actualmente ante los tribunales

---

[67] *Cf.*, ZALDÍVAR LELO DE LARREA, Arturo, *Hacia una nueva Ley de Amparo*, UNAM, México 2002, pp. 107-123.

colegiados de circuito, que son ahora de casación, pero con la posibilidad de que las Salas de la Suprema Corte puedan determinar el criterio obligatorio que debe imponerse cuando existen contradicciones de tesis entre los citados tribunales colegiados.

Este es un sector que ha crecido de manera constante, ya que en 1936 se le incorporaron las sentencias de los tribunales del trabajo (denominados juntas de conciliación y arbitraje); en 1968 las de los tribunales administrativos, y finalmente en 1992, los fallos de los tribunales federales agrarios creados en esa época. Además, la Suprema Corte de Justicia tiene facultad de atracción sobre los amparos judiciales del conocimiento de los tribunales colegiados, cuando considere que por su trascendencia así lo ameriten, ya sea de oficio, a petición fundada del correspondiente tribunal colegiado o del Procurador General de la República (artículos 107, fracciones V y VI, 158-165 y 185 de la Ley de Amparo y 37, fracción I, de la Ley Orgánica del Poder Judicial de la Federación).

El aspecto del juicio de amparo que ha decrecido es el de la impugnación de los actos y resoluciones de las autoridades administrativas federales por conducto directo del juicio de amparo, que puede calificarse como un proceso de lo contencioso administrativo. Este sector se tramita en un procedimiento de dos instancias, la primera ante los jueces federales de distrito y la segunda (salvo que en la sentencia dictada por dichos jueces se haga una interpretación directa de la Constitución Federal, ya que en este últimos supuesto la segunda instancia se tramita ante la segunda Sala de la Suprema Corte de Justicia), por medio del recurso de revisión interpuesto ante los tribunales colegiados de circuito. Dicho proceso se ha reducido de manera paulatina debido a la creación creciente de tribunales administrativos tanto de la Federación, como del Distrito Federal y de los Estados.

En la esfera nacional se estableció en el año de 1937 el Tribunal Fiscal de la Federación, que aumentó paulatinamente su competencia a cuestiones, en principio, relacionadas con el derecho tributario, pero posteriormente a otras materias administrativas, hasta que por reforma de diciembre del año 2000, a través de la modificación de la Ley Orgánica de dicho Tribunal de 1995, se transformó dicho organismo jurisdiccional en Tribunal de Justicia Fiscal y Administrativa, de competencia genérica, por lo que quedaron muy pocos casos de impugnación en doble instancia por conducto del juicio de amparo. Como en el año de 1968, por reforma constitucional y legal se estableció el amparo de una sola instancia contra las sentencias de los tribunales administrativos, cada vez más numerosos, se ha aumentado de manera constante la casación en materia administrativa y, por el contrario, se ha restringido la función contenciosa administrativa de los tribunales de amparo en la misma proporción, por lo que puede afirmarse que es un campo que tiende a desaparecer[68] (artículos 107, fracciones VII y

---

[68] *Cf.*, FIX-ZAMUDIO, Héctor, *Introducción a la justicia administrativa en el ordenamiento mexicano*, El Colegio Nacional, México 1983, pp. 111-121; *Id.* "La justicia

VIII último párrafo, de la Constitución Federal; 85, fracción II, y 114 fracción II, de la Ley Amparo, así como 52, fracción II, de la Ley Orgánica del Poder Judicial Federal).

Finalmente, en el año de 1963 y con apoyo en la reforma constitucional de 1962, se introdujeron en la Ley de Amparo un conjunto de modificaciones para establecer ventajas procesales en beneficio de los campesinos sujetos al régimen de la reforma agraria (ejidatarios y comuneros y sus respectivas poblaciones) que permitieran equilibrar su situación frente a los propietarios agrícolas y ganaderos y las autoridades administrativas federales encargadas de desarrollar dicha reforma agraria, en virtud de que se consideró que dichos campesinos carecían en numerosos casos de asesoramiento jurídico para intervenir en las controversias agrarias. Con esta reforma se estableció un quinto proceso que se puede denominar amparo social agrario. Debido a la importancia que se otorgó a dichas reglas procesales, en el año de 1976 se dividió la Ley de Amparo en dos libros que antes no existían, uno sobre el amparo en general y otro sobre el amparo en materia agraria, pero sin abarcar todas las controversias en esta materia (artículo 107, fracción II, párrafos tercero y cuarto de la Carta Federal y 242 a 234 de la Ley de Amparo)[69].

Sin embargo, en nuestros días este sector del juicio de amparo también tiende a desaparecer, debido a que en el año de 1992 se modificó el artículo 27 constitucional para establecer los tribunales federales agrarios, integrados por un Tribunal Superior de cinco magistrados y varios tribunales unitarios establecidos en diversas regiones del país, que se encargan en la actualidad de conocer de los conflictos que con anterioridad competían a las autoridades administrativas federales (Leyes Agraria y Orgánica de los Tribunales Agrarios, ambas publicadas el 26 de febrero de 1992).

Contra las sentencias de dichos organismos jurisdiccionales procede el amparo de una sola instancia ante los tribunales colegiados de circuito, con lo cual se incorpora esta materia al amparo contra resoluciones judiciales o amparo-casación, de manera que el procedimiento específico, que era de doble instancia, sólo se promueve de manera excepcional.

Por tanto, debemos concluir, que de acuerdo con la tendencia que se observa en el amparo mexicano, si bien todavía comprende de manera formal cinco procesos diversos, en realidad la tendencia se dirige a conser-

---

administrativa en México", en la obra *Conferencias Magistrales,* Poder Judicial de la Federación, Instituto de la Defensoría Pública, México 2002, pp. 98-105; GONZÁLEZ PÉREZ, Jesús, *Derecho procesal administrativo,* 2° ed., con la colaboración de VÁZQUEZ ALFARO, José Luis, UNAM-Porrúa, México 1997, pp. 709-799.

69 La bibliografía es amplia pero citamos sólo algunos estudios relativamente recientes; FIX-ZAMUDIO, Héctor, "El juicio de amparo en materia agraria", en *Revista de la Facultad de Derecho de México*, n° 116, 1980, pp. 439-463, reproducido en el libro *Ensayos sobre el derecho de amparo*, *cit.*, pp. 329-358; LANZ CÁRDENAS, Fernando, *El juicio de amparo en materia agraria*, Jus, México 1977; PONCE DE LEÓN, Armenta, Luis M., *Derecho procesal agrario*, México, Trillas 1988; GARCÍA RAMÍREZ, Sergio, *Elemento de derecho procesal agrario*, 2° ed., Porrúa, México 1997.

var sólo tres sectores en un futuro próximo, es decir, *habeas corpus*, amparo contra leyes y amparo judicial o de casación. Por otra parte, el amparo en sentido estricto, es decir aquel que de manera predominante está dirigido en los ordenamientos latinoamericanos a la protección de los derechos fundamentales de la persona humana, con exclusión de la libertad e integridad personal, que mayoritariamente están tutelados por el *habeas corpus*, no está regulado en la legislación mexicana por medio de un procedimiento específico en la actual ley reglamentaria, ya que queda comprendido dentro de la impugnación de la conducta de cualquier autoridad, cuando la misma afecte directamente un derecho consagrado en la Carta Federal, por lo que estimamos conveniente establecer una tramitación especial que podría integrar un futuro cuarto proceso.

En nuestro concepto, también debe quedar comprendida en este cuarto sector la violación de los derechos establecidos en los instrumentos internacionales y los tratados ratificados por el Ejecutivo Federal y aprobados por el Senado de la República de acuerdo con el artículo 133 constitucional, como lo proponen los proyectos de reforma constitucional y de una Nueva Ley de Amparo aprobados por la Suprema Corte de Justicia en mayo del año 2001.

## 6. Naturaleza

El derecho de amparo en Latinoamérica y España posee una naturaleza procesal variable, y por ello se le califica como acción o como recurso, ya sea que proceda como un proceso autónomo contra la conducta violatoria de los derechos humanos de las autoridades públicas, y en algunos ordenamientos también contra particulares (en realidad grupos de presión) y excepcionalmente contra sentencias judiciales, pero en otras legislaciones cuando se pueden impugnar resoluciones administrativas en forma de juicio o bien de decisiones judiciales, se tramita como un verdadero recurso, como ocurre claramente en el ordenamiento español con el amparo constitucional, que debe considerarse como la segunda instancia del amparo ordinario, que se interpone ante los tribunales ordinarios[70].

Debido a su complejidad procesal, en la doctrina mexicana se ha discutido, en ocasiones con apasionamiento sobre la naturaleza jurídica del juicio de amparo, y con este motivo se elaboraron varios conceptos para explicar la institución. No es esta la oportunidad para examinar dichos planteamientos, ya que se elaboraron algunas ideas que concibieron al propio derecho de amparo como interdicto constitucional, como institución política, como proceso en todos sus aspectos, como cuasiproceso,

70 *Cf.*, Brewer-Carías, Allan R., *El amparo a los derechos humanos y a las libertades fundamentales*, *cit.*, pp. 15-52.

como control, y de carácter mixto, de proceso impugnativo y como recurso[71].

Esta diversidad de criterios se deben, desde nuestro punto de vista, a que el derecho de amparo mexicano se ha examinado más desde el punto de vista de su contenido y de sus objetivos, que de su verdadera naturaleza procesal. En efecto, durante mucho tiempo se tomó en cuenta su contenido original de institución tutelar de los derechos fundamentales, pero no su evolución posterior que como hemos dicho incorporó otros instrumentos procesales relativos al control de legalidad, o bien se reflexionó sobre la finalidad, también original, de tutelar exclusivamente normas constitucionales relativas a los derechos humanos y en cierta manera, el equilibrio de las competencias entre las esferas de la Federación y las de las Entidades Federativas.

Pero las corrientes doctrinales más recientes han tomado en cuenta esencialmente la estructura procesal del propio derecho de amparo, que es el enfoque predominante en la actualidad. Pero aún desde el ángulo procesal, al considerarse la institución como un juicio, de acuerdo con la terminología que adoptaron las leyes reglamentarias, es decir, como equivalente al proceso, imperó durante muchos años una corriente doctrinal que partió de la función original del juicio de amparo como instrumento de protección de los derechos fundamentales y por su conducto también el equilibrio de las competencias federales y locales, de acuerdo con la cual la institución debía considerarse como un proceso autónomo de constitucionalidad.

Desde este punto de vista, que fue dominante durante la vigencia de la Constitución de 1857, se afirmó que aún en el sector de la impugnación de las resoluciones judiciales que se le incorporó con posterioridad a la función originaria, según se ha dicho, el amparo se constituía como una controversia independiente de la que se planteaba ante la jurisdicción ordinaria, si se tomaba en consideración que en el amparo se discute, en todo caso, un problema de constitucionalidad, pues cuando se examina la legalidad de un fallo judicial, debe estudiarse si se ha respetado el derecho subjetivo público consagrado por el artículo 14 de la Carta Federal de 1857, que se calificaba como garantía de justicia.

Por ese motivo, las Leyes de Amparo de 1869 y 1882, y los Códigos de Procedimientos Civiles de 1897 y 1908, regularon la tramitación del juicio de amparo por conducto de un procedimiento de doble instancia, la primera ante los jueces federales de distrito y la segunda, de oficio, ante la Suprema Corte de Justicia, con independencia de la materia que se debatía en los diversos procesos de amparo.

---

[71] *Cf.*, FIX-ZAMUDIO, Héctor, "Reflexiones sobre la naturaleza procesal del amparo", publicado originalmente en *Revista de la Facultad de Derecho de México*, n° 56, 1964, pp. 959-112, y reproducido en el libro del mismo autor, *Ensayos sobre el derecho de amparo*, *cit.*, pp. 97-154.

Sin embargo, fue el ilustre jurista mexicano Emilio Rabasa, quien sin haber cultivado el procesalismo científico (surgido en Alemania en la segunda mitad del siglo XIX, y posteriormente divulgado en Italia y España en las primeras décadas del siglo XX), señaló por primera vez con precisión la verdadera naturaleza procesal del derecho de amparo mexicano. Debe tomarse en consideración que la obra clásica de Emilio Rabasa denominada "El artículo 14. Estudio Constitucional", se publicó originalmente en el año de 1906, es decir, escasamente tres años después de la conocida Lección Inaugural del insigne Giusseppe Chiovenda en la Universidad de Bolonia, que se considera como el inicio del procesalismo científico italiano, pero que se conoció en nuestro país mucho tiempo después[72].

En la obra mencionada, el destacado constitucionalista mexicano señaló que, si bien los mencionados ordenamientos reglamentarios habían establecido en todos los supuestos de tramitación del juicio de amparo, un procedimiento de doble instancia, en su concepto no debería dársele el mismo tratamiento a la protección de los derechos fundamentales, que fue el objetivo original del derecho de amparo, que a la revisión de los fallos judiciales, especialmente los interpuestos en materia civil[73]. En su concepto se justificaba el procedimiento de doble instancia en los sectores del amparo en el cual se discutían violaciones directas de los preceptos constitucionales, pero debía seguirse una tramitación diversa en relación con la impugnación de las resoluciones judiciales, en las que se planteaba la infracción de normas secundarias, y por lo tanto constituía un control de legalidad, ya que en este último supuesto, el amparo debía considerarse como un simple recurso similar a la casación[74].

Estas ideas de Rabasa, aun cuando no participó en los debates del Constituyente de Querétaro de 1916-1917, se tomaron en consideración por los autores del proyecto presentado por don Venustiano Carranza al citado Congreso el primero de diciembre de 1916, pues sin reconocer expresamente dicha influencia en el artículo que fue aprobado con el número 107 (fracciones VIII y IX), se establecieron dos diversos procedimientos, uno de doble instancia, denominado indirecto, la primera ante los jueces federales de distrito, y la segunda, a petición de parte por conducto del llamado recurso de revisión (en estricto sentido, apelación), entonces ante la Suprema Corte de Justicia, para los procesos diversos del amparo judicial, y un procedimiento de una sola instancia, calificado de directo, también entonces ante la Suprema Corte de Justicia, cuando se tratara de la impugnación de resoluciones judiciales. Esta doble tramitación se conserva actualmente (fracciones VII y VII actuales del artículo 107 constitucional, así como artículos 114-157 y 83-94 de la Ley de Amparo vigente), si bien la competencia

---

72 Lección Inaugural intitulada "La acción en el sistema de los derechos", incorporada a la obra del mismo autor, *Ensayos de derecho procesal*, trad. de SENTÍS MELENDO, Santiago, Buenos Aires 1949, vol. I, pp. 3 y ss.

73 *El artículo 14*, *cit.* pp. 95-102.

74 *Op. ult. cit.*, p. 102.

de los tribunales federales se ha modificado, como se explicará más adelante.

En la actualidad ya no se discute que el juicio de amparo mexicano posee una doble naturaleza procesal, como proceso impugnativo y como recurso de nulidad, que puede asimilarse a un recurso de casación federal. Sin embargo, tanto la legislación como la jurisprudencia incurren constantemente en confusiones derivadas del peso de la tradición de la función original del amparo, que se ha transformado de manera paulatina, hasta incorporar también el control de legalidad, como se ha sostenido en varias ocasiones, pues con frecuencia se califica al amparo como juicio constitucional o juicio de garantías, y se señalan como violaciones a las normas constitucionales, que en realidad son infracciones a la legalidad secundaria, por considerarse de manera artificial que se afectan los artículos 14 y 16 de la Carta Federal, que constituyen únicamente la vía formal para interponer el amparo, con valor puramente instrumental.

El amparo como proceso impugnativo autónomo se tramita, como se ha dicho, en un procedimiento de doble instancia o indirecto. El primer grado se hace valer ante los jueces federales de distrito, por conducto de una verdadera demanda que debe presentar el afectado (con la excepción del amparo-*habeas corpus*, en que se puede interponer por cualquier persona e inclusive oralmente) (artículos 114-121). Una vez admitida dicha demanda, se corre traslado a la autoridad o autoridades demandas (que se califican como responsables) (artículos 145-148), las que deben contestarla en un término corto (cinco días) por conducto de un documento que se ha denominado informe justificado (cuya presentación extemporánea o incompleta, produce los mismos efectos de la rebeldía del demandado en el proceso civil, es decir, se tienen presuntivamente reconocidos los hechos señalados en la citada demanda) (artículo 149). Las pruebas se discuten en audiencia pública en que deben comparecer las partes, se formulan alegatos en ella, y en un plazo corto debe dictarse la sentencia de fondo (artículos 150-155). Dicho fallo de fondo se eleva ante la Suprema Corte cuando se discuten cuestiones directas de inconstitucionalidad (artículo 84, fracción I, a), y cuando se plantean violaciones a la legalidad, ante el tribunal colegiado respectivo (artículo 85, fracción II). Cuando la parte afectada interpone el llamado recurso de revisión, se inicia la segunda instancia, en la cual se pronuncia la sentencia firme correspondiente (artículos 88-94). En principio este doble procedimiento debe utilizarse respecto de los sectores del amparo en el cual se plantean cuestiones de constitucionalidad[75].

El amparo de una sola instancia como recurso de casación, como hemos dicho con anterioridad, este sector que se refiere a la impugnación de las resoluciones judiciales es el que abarca el mayor número de juicios de

---

[75] FIX-ZAMUDIO, Héctor, "El amparo mexicano como instrumento protector de los derechos humanos", en la obra colectiva *Garantías jurisdiccionales para la defensa de los derechos humanos en Iberoamérica*, UNAM, México 1992, pp. 253-301, reproducido en su libro *Ensayos sobre el derecho de amparo*, *cit.*, pp. 619-666.

amparo que se promueven en la práctica, y salvo los casos muy restringidos en los cuales se interponen cuestiones de inconstitucionalidad por la vía incidental, de manera predominante se discuten exclusivamente aspectos de la aplicación de disposiciones legales, ordinarias, ya sea de carácter procesal o de fondo, que actualmente se someten al conocimiento de los tribunales colegiados de circuito, a partir de las reformas constitucionales y legales que entraron en vigor en enero de 1988, salvo la facultad de atracción que corresponde a la Suprema Corte de Justicia (artículo 107, fracción V, del artículo 107 de la Carta Federal).

La Ley de Amparo todavía conserva algunos resabios de las funciones originales del amparo como instrumento para tutelar los derechos fundamentales, en cuanto el artículo 166 de dicho ordenamiento califica la instancia de demanda, a pesar de que en estricto sentido carece de este carácter, pues significa la interposición de un recurso, y de manera artificial se pretende conferir al juez o tribunal que dictó la resolución impugnada el carácter de autoridad demandada (responsable en la terminología de dicha Ley reglamentaria) (artículo 167), y en un principio se le exigía la presentación de un informe justificado (similar a la contestación de la demanda en el amparo de doble instancia), pero en la práctica se limitaba al envío de los autos respectivos, que es la situación actualmente regulada por los artículos 168 y 169 de la Ley reglamentaria.

La tramitación que se sigue es la que corresponde a un recurso y no a un proceso autónomo, ya que constituye la continuación del proceso ordinario ante el juez o tribunal de la causa (aun cuando formalmente se invoca la violación de los artículos 14 y 16 constitucionales), ya que el único acto de parte se reduce a la formulación de alegatos por escrito al tribunal colegiado respectivo, y corresponde al llamado tercero perjudicado (en estricto sentido, interesado), que es la contraparte del promovente del amparo en el citado proceso ordinario, así como al ministerio público que hubiese intervenido en el proceso penal (artículo 180 de la Ley).

Subsisten todavía algunas hipótesis en las cuales algunas resoluciones judiciales se impugnan por medio del amparo de doble instancia (artículos 107, fracción VII y 114, fracciones III, IV y V de la Ley de Amparo)[76], pero en la mayoría de los supuestos la primera instancia carece verdaderamente de objeto, ya que excepcionalmente se requiere la presentación de medios de

76 Se ha disminuido paulatinamente este sector, que ahora se reduce, según el citado artículo 114 de la Ley de Amparo, a las resoluciones dictadas fuera de juicio (jurisdicción voluntaria) o después de concluido (ejecución de sentencia, fracción III); contra las resoluciones dentro de juicio que tengan sobre las personas o las cosas una ejecución que sea de imposible reparación (fracción IV), y respecto de decisiones judiciales pronunciadas fuera o dentro del proceso, que afecten a personas extrañas a él, cuando la ley procesal no les otorgue un recurso o medida de defensa legal (fracción V).

prueba distintos a los ofrecidos ante la jurisdicción ordinaria, por lo que con el tiempo se reducirá todavía más esta tramitación[77].

Como ya lo hemos sostenido, el amparo contra resoluciones judiciales constituye un verdadero recurso de casación federal, tal y como lo había señalado Emilio Rabasa desde principios del siglo XX, y en virtud de que la sentencia de fondo (ya que la que se otorga por violaciones procesales siempre implica el reenvío) cuando es estimatoria, se envía al juez o tribunal de la causa para que dicte un nuevo fallo sujetándose a los lineamientos de la decisión del tribunal de amparo puede afirmarse, como lo señaló el constitucionalista mexicano Fernando Vega también a principios del siglo (XX), que se ha seguido, con ciertas modalidades, el sistema francés de la casación[78].

## 7. Derechos protegidos

Debido a la redacción inalterable de los artículos 101 y 102 de la Carta Federal de 1857 y el 103 de la Constitución vigente de 1917, tal pareciera que los únicos derechos fundamentales protegidos son los individuales clásicos que se califican como garantías individuales. La doctrina y la jurisprudencia de la Suprema Corte de Justicia durante la vigencia de la citada Constitución de 1857, estimó que debían considerarse como derechos tutelados por el derecho de amparo, los establecidos en el primer título de dicha Carta considerados como derechos del hombre. El artículo primero de dicha Ley Fundamental se iniciaba con la declaración de que "El pueblo de México reconoce que los derechos del hombre son la base y el objeto de las instituciones sociales"[79].

A pesar de su orientación iusnaturalista, la Carta Federal de 1857, no consagró una disposición similar al artículo IX de la Constitución Federal

---

[77] *Cf.*, FIX-ZAMUDIO, Héctor, "Reflexiones sobre la naturaleza procesal del amparo", *cit.*, pp. 130-141.

[78] Son numerosos los autores mexicanos que han señalado las similitudes del amparo contra sentencias judiciales con el recurso de casación, y entre ellos podemos señalar, FIX-ZAMUDIO, Héctor, "Presente y futuro de la casación civil a través del juicio de amparo", publicado originalmente en la *Memoria de El Colegio Nacional, 1978*, México 1979, pp. 91-138, e incorporado posteriormente al libro *Ensayos sobre el derecho de amparo*, *cit.*, pp. 237-284; ALATRISTE DE LA FUENTE, Miguel, *El juicio de amparo y el recurso de casación civil,* México 1948; OLEA y LEYVA, Teófilo, "Genealogía jurídica de la casación y el amparo en materia penal", en *Problemas Jurídicos y Sociales de México*, México 1955, pp. 41-90; RÍOS ESPINOSA, Alejandro, *Amparo y casación*, México 1960, y PALACIOS, Ramón, en varios artículos entre los que destaca "El mito del amparo", en *Revista de la Facultad de Derecho de México*, n° 24, 1956, pp. 275-301 y en su libro, *Instituciones de amparo*, Puebla 1963.

[79] Al respecto, la Suprema Corte de Justicia estableció el principio de que el juicio de amparo únicamente procedía contra los derechos establecidos como "garantías individuales" consagrados expresamente por la Constitución, pero no respecto de otros principios de equidad que otras leyes consagraban y que algunos autores enumeraban entre dichas garantías. *Cf.*, VALLARTA, Ignacio L., *Votos*, Tomo III, edición de Antonio J. Lozano, Imprenta y Litografía de Ireneo Paz, México 1896, pp. 1-35.

de los Estados Unidos,[80] que estableció los llamados derechos implícitos, las cuales fueron introducidos por influencia de este precepto en varias Constituciones latinoamericanas expedidas en el siglo XIX, pero que todavía se conservan en las Cartas Fundamentales vigentes[81]. Sin embargo, la doctrina mexicana de esa época consideró que la tutela del derecho de amparo se extendía también a otros derechos individuales establecidos en otros preceptos de dicha Constitución Federal, cuando estaban relacionados o vinculados con los consagrados expresamente en los primeros veintiocho artículos constitucionales (el veintinueve se refería a la suspensión y limitación de dichos derechos en caso de emergencia)[82].

Es notorio, la Constitución federal vigente cuyo texto original fue promulgado el 5 de febrero de 1917, inició la tendencia que se fortaleció en la primera posguerra sobre el llamado constitucionalismo social, es decir, que elevó a rango fundamental los derechos de carácter social, especialmente de los sectores marginados, como los campesinos (artículo 27) y de los trabajadores (artículo 123)[83], que paulatinamente se han incrementado con la incorporación de otros derechos económicos y culturales, pero la redacción del artículo 103 de dicha Carta Fundamental quedó prácticamente idéntica a la del artículo 101 de la Constitución de 1857, es decir, se refirió exclusivamente a las garantías individuales, concepto que todavía predomina entre los tratadistas mexicanos[84].

No obstante esta tradición, se ha iniciado un cambio en la doctrina mexicana, que aborda recientemente el concepto de derechos humanos,

---

80 Dicho precepto dispuso: Art. IX Constitución de Estados Unidos.

81 FIX-ZAMUDIO, Héctor, "Algunos aspectos de la influencia de la Constitución de los Estados Unidos en la protección de los derechos humanos en América Latina", en el volumen *Constitución y democracia en el Nuevo Mundo. Una visión panorámica de las instituciones políticas en el Continente Americano*, Universidad Externado de Colombia, Bogotá 1988, pp. 131-167, *Id.* "Algunos aspectos de la influencia del constitucionalismo de los Estados Unidos en la protección de los derechos humanos en el derecho mexicano", en la obra editada por James Frank Smith, *Derecho constitucional Comparado México-Estados Unidos*, Tomo I, UNAM, México 1991, pp. 133-190.

82 *Cf.*, LOZANO, José María, *Estudio del Derecho Constitucional Patrio en lo relativo a los derechos del hombre*, publicado originalmente en (Lozano), México 1876, Imprenta del Comercio de Dublán y Lozano, y posteriormente, 3° ed., Porrúa, México 1987. MONTIEL y DUARTE, Isidro, *Estudios sobre garantías individuales*, publicado originalmente en Imprenta del Gobierno, en Palacio, a cargo de José María SANDOVAL, México 1873, actualmente, 2° ed., facsimilar, Porrúa, México 1972.

83 La bibliografía es muy amplia, pero citamos la obra reciente de RABASA, Emilio O., *El pensamiento político y social del Constituyente de 1916-1917*, UNAM, México 1996.

84 Las obras más conocidas sobre la materia conservan esta terminología anacrónica, como la de BURGOA ORIHUELA, Ignacio, *Las garantías individuales*, 30° ed., Porrúa, México 1998, y la de CASTRO, Juventino V., *Garantías y amparo*, 12° ed., Porrúa, México, 2002; ROJAS CABALLERO, Ariel Alberto, *Las garantías individuales en México.* Sin embargo, estos autores examinan no sólo los derechos individuales clásicos, sino también los económicos, sociales y culturales que se han incrementado de manera paulatina en nuestro texto constitucional.

para sustituir el anticuado de garantías individuales, que por inercia todavía conserva el texto constitucional; cambio que no sólo implica una modificación en la terminología, sino también de perspectiva para abarcar de manera integral a los derechos de la persona humana en el ordenamiento mexicano, que posee una dimensión cada vez más amplia, y que pretende extenderse también a los nuevos derechos de solidaridad o de la tercera generación[85].

Pero lo más trascendente, después de muchos años de aislamiento, es la propensión de la incorporación cada vez más intensa en el ámbito interno, de los derechos consagrados por los tratados internacionales, para complementar y perfeccionar los establecidos en el ordenamiento constitucional. Esta proyección ha sido vigorosa en los ordenamientos latinoamericanos, que han reconocido de manera paulatina la jerarquía superior de los tratados internacionales, particularmente los de derechos humanos, en el ámbito interno, y algunos ordenamientos, entre los cuales podemos citar las Constituciones peruana de 1979, argentina reformada en 1994, y venezolana de 1999, que expresamente otorgan a dichos tratados de derechos humanos jerarquía constitucional[86].

Un sector importante de la doctrina mexicana ha sostenido de manera creciente, que el amparo debe proceder, como en otros ordenamientos latinoamericanos, contra la violación de los derechos fundamentales establecidos por los tratados internacionales ratificados por el Ejecutivo Federal y aprobados por el Senado Federal de acuerdo con lo dispuesto por el

---

85 Como ejemplo podemos citar el libro de LARA PONTE, Rodolfo, *Los derechos humanos en el constitucionalismo mexicano*, 3° ed., Porrúa, México 2002.

86 Son numerosos los estudios sobre la creciente jerarquía de los tratados internacionales de los derechos humanos en el ámbito interno de los países latinoamericanos, por lo que citaremos sólo los más recientes: FIXZAMUDIO, Héctor, "El derecho internacional de los derechos humanos en las constituciones latinoamericanas y en la Corte Interamericana de Derechos Humanos" en el libro *The Modern World of Human Rights. El mundo moderno de los derechos humanos. Essays in Honor, Ensayos en honor de Thomas Buergenthal*, Instituto Interamericano de Derechos Humanos, San José de Costa Rica 1996, pp. 159-207; DULITZKY, Ariel E., "Los tratados de derechos humanos en el constitucionalismo iberoamericano" en la obra *Estudios especializados de derechos humanos, I,* Instituto Interamericano de Derechos Humanos, San José de Costa Rica 1996, pp. 129-166; AYALA CORAO, Carlos, "La jerarquía constitucional de los tratados relativos a derechos humanos y sus consecuencias"; CARMONA TINOCO, Jorge Ulises, "La aplicación judicial de los tratados internacionales de los derechos humanos"; MANILI, Pablo Luis, "La recepción del derecho internacional de los derechos humanos por el derecho constitucional iberoamericano", y ORTÍZ AHLF, Loretta, "Integración de las normas internacionales en los ordenamientos estatales de los países de Iberoamérica", estos cuatro últimos estudios en la obra *Derecho Internacional de los Derechos Humanos. Memoria del VII Congreso Iberoamericano de Derecho Constitucional,* coordinado por MÉNDEZ SILVA, Ricardo, UNAM, México 2002, pp. 37-90; 181-209; 371-410, y 447-467, respectivamente.

artículo 133 constitucional[87], que al incorporarse al ámbito interno según este precepto fundamental, deben considerarse como derechos fundamentales nacionales pero de fuente internacional. Sin embargo, los jueces federales han ignorado en un porcentaje importante estos derechos de fuente internacional cuando conocen de los juicios de amparo, y se han limitado a conocer de las violaciones de los derechos fundamentales establecidos expresamente en el texto constitucional.

Esta restricción se ha apoyado en el criterio anacrónico de la jurisprudencia de la Suprema Corte de Justicia, la que por mucho tiempo sostuvo que los tratados internacionales en general, sin hacer referencia expresa a los de derechos humanos, tenían el carácter de leyes federales de acuerdo con el citado artículo 133 constitucional. Sin embargo, el más alto tribunal de la República no ha podido sustraerse a la evolución que se observa actualmente sobre el creciente reconocimiento de la jerarquía superior de los tratados internacionales, y especialmente los que consagran derechos humanos, y estableció una nueva tesis en el sentido de que los tratados internacionales se ubican jerárquicamente por encima de las leyes federales y en un segundo plano respecto de la Constitución Federal[88].

Todo este desarrollo nos indica que los derechos establecidos en los tratados internacionales ratificados por el Presidente de la República y ratificados por el Senado, al incorporarse en el ordenamiento mexicano, de acuerdo con la tendencia contemporánea del carácter progresivo del derecho internacional de los derechos humanos[89], no contradicen o restringen los consagrados en nuestro ordenamiento fundamental, sino por el contrario, toda vez que los complementan y perfeccionan, al establecer condiciones más favorables a los establecidas en nuestra Carta Federal mexicana, deben considerarse al mismo nivel jerárquico de los preceptos de nuestra Ley Suprema que consagran los derechos fundamentales, aun cuando no exista un reconocimiento expreso[90].

---

87 Este precepto que se inspira claramente en lo dispuesto por el artículo VI de la Constitución de los Estados Unidos, y que se incorporó con un texto similar en el artículo 126 de la Constitución Federal de 1857, dispone en lo conducente: "Esta Constitución, la leyes del Congreso de la Unión que emanen de ella y todos los Tratados que estén de acuerdo con la misma, celebrados y que se celebren por el Presidente de la República, con aprobación del Senado, serán la Ley Suprema de toda la Unión (...)". Cf., CARPIZO, Jorge, "La interpretación del artículo 133 constitucional" en su libro *Estudios constitucionales*, 6° ed., Porrúa-UNAM, México 1999, pp. 22-24

88 Este criterio se estableció por unanimidad de diez votos, al resolver el Tribunal en Pleno el 11 de mayo de 1999, el amparo en revisión 1475/98, promovido por el Sindicato Nacional de Controladores de Tránsito Aéreo, Tesis LXXVII/99, publicada en el *Informe de Labores de la Suprema Corte de Justicia, 1999, Anexo de Jurisprudencia,* pp. 841-843.

89 *Cf.,* NIKKEN, Pedro, *La protección internacional de los derechos humanos. Su desarrollo progresivo.* Civitas-Instituto Interamericano de Derechos Humanos, Madrid 1987.

90 *Cf.,* Algunos juristas mexicanos han señalado la creciente influencia del derecho internacional de los derechos humanos en el derecho constitucional mexicano, y entre

Aun cuando no resultaba necesario señalar de manera expresa que los jueces federales mexicanos están obligados a aplicar los derechos humanos de fuente internacional, en los proyectos de reforma constitucional y de nueva Ley de Amparo aprobados por la Suprema Corte de Justicia, a los cuales nos hemos referido con anterioridad, se consideró conveniente establecer que dichos derechos debían comprenderse entre los tutelados por el derecho de amparo mexicano.

Resultó difícil la redacción de un nuevo texto tanto para el artículo 103 de la Carta Federal como del artículo primero de la Ley de Amparo, debido a que esencialmente el precepto fundamental y en menor medida el de la Ley Reglamentaria sólo mencionaban como ámbito de protección, según se ha dicho, el relativo a las garantías individuales, no obstante la amplitud mayor que adquirió el objeto de la institución. Además, la dificultad se incrementó debido a que, como hemos señalado reiteradamente, el juicio de amparo mexicano comprende también la tutela de los derechos establecidos en las disposiciones legislativas ordinarias, es decir, abarca también el llamado control de la legalidad. Debido a lo anterior, el citado proyecto propuesto como texto constitucional, es el siguiente:

> Los tribunales de la Federación resolverán toda controversia que se suscite por normas generales o actos de autoridad que violen las garantías (en estricto sentido, derechos) que consagra esta Constitución o los derechos humanos que protegen los instrumentos internacionales generales en la materia que estén de acuerdo con la propia Constitución, celebrados y que se celebren por el Presidente de la República con aprobación del Senado[91].

En el anteproyecto redactado por la comisión designada por la misma Suprema Corte de Justicia para elaborarlo, se precisó que estos instrumentos generales de carácter internacional eran las Declaraciones Americana y Universal de los Derechos Humanos; los Pactos de las Naciones Unidas sobre Derechos Civiles y Políticos y sobre Derechos Económicos, Sociales y Culturales, y la Convención Americana sobre Derechos Humanos, pero en la redacción final el Tribunal en Pleno del más alto tribunal estimó que debía redactarse un texto menos específico pero con el mismo contenido[92].

---

ellos podemos citar a SÁNCHEZ BRINGAS, Enrique, *Los derechos humanos en la Constitución y en los tratados internacionales*, Porrúa, México 2001, y CORCUERA CABEZUT, Santiago, *Derecho constitucional y derecho internacional de los derechos humanos*, Oxford University Press, México 2002.

91 El artículo primero del Proyecto de Nueva Ley de Amparo tiene una redacción ligeramente diversa, pero con el mismo significado: "El juicio de amparo tiene por objeto resolver toda controversia que se suscite por normas generales o actos de autoridad que violen las garantías que consagra la Constitución Política de los Estados Unidos Mexicanos o los derechos humanos que protegen los instrumentos internacionales generales en la materia que estén de acuerdo con aquélla, celebrados y que se celebren por el Presidente de la República, con aprobación del Senado".

92 *Cf.*, ZALDÍVAR LELO DE LARREA, Arturo, *Hacia una nueva Ley de Amparo*, *cit.*, pp. 28-40.

También debe señalarse que el Proyecto de nueva Ley de Amparo que hemos citado con frecuencia, extiende la tutela no sólo respecto de los derechos subjetivos públicos, que habían sido acotados por la jurisprudencia como aquellos que implicaban la existencia de un interés jurídico actual y directo. En efecto, al referirse al promovente del amparo se incluyen además de dichos derechos también los intereses legítimos, ampliamente desarrollados por la doctrina europea, especialmente la española y la italiana, que comprende también el interés indirecto, que se apoya en una situación de carácter jurídico, lo que significa que sin llegar al establecimiento de acciones populares, como los establecidos en otros ordenamientos latinoamericanos, amplían la protección respecto de los derechos colectivos, entre ellos los que se apoyan en los llamados intereses difusos o transpersonales[93].

Así sea con cierta inseguridad y tímidamente, se ha iniciado una corriente jurisprudencial, en especial entre algunos tribunales colegiados de circuito, que reconocieron la posibilidad de proteger los derechos colectivos derivados del interés legítimo y no exclusivamente por conducto del ejercicio de derechos subjetivos públicos, entre ellos los apoyados en los calificados como intereses difusos, lo cual implica la posibilidad de establecer un derecho de amparo de carácter colectivo protector del derecho al ambiente y otros similares[94].

El Proyecto de nueva Ley Reglamentaria, al modificar el concepto tradicional de la autoridad para efectos del amparo, permite la posibilidad de introducir, aun en forma acotada, el derecho de amparo contra personas privadas, que ha sido reconocido por varios ordenamientos latinoamericanos. En efecto, la jurisprudencia tradicional de la Suprema Corte de Justicia había establecido un concepto clásico de autoridad como aquella que podía disponer de la fuerza pública para imponer sus decisiones, con lo cual restringió el amparo exclusivamente contra las dependencias centralizadas de la Administración Pública federal o de las entidades federativas, y de manera muy limitada respecto de organismos descentralizados, exclusivamente cuando se les confería la facultad de determinar contribuciones tributarias.

Recientemente la jurisprudencia de la misma Suprema Corte modificó ese criterio tradicional y consideró que debía superarse ese concepto clásico de autoridad, para adoptar uno más moderno que tomase en cuenta la facultad de crear, modificar o extinguir situaciones jurídicas de manera

---

93 *Cf., op. ult. cit.*, pp. 41-64.

94 *Cf.*, CABRERA ACEVEDO, Lucio, *El amparo colectivo protector del derecho al ambiente y de otros derechos*, Porrúa, México 2000; *Id.*, "Pasado y futuro del amparo colectivo", y FERRER MAC-GREGOR, Eduardo, "El acceso a la justicia de los intereses de grupo. (Hacia un juicio de amparo colectivo en México", estos dos últimos trabajos en el libro *Derecho procesal constitucional*, 3° ed., Porrúa-Colegio de Secretarios de la Suprema Corte de Justicia de la Nación, Tomo I, México 2002, pp. 301-309 y 345-385, respectivamente.

unilateral y obligatoria, con lo que extendió el ámbito protector respecto de organismos descentralizados.

En el citado Proyecto se modifica aún más dicho concepto de autoridad, para efectos del amparo, ya que el artículo 40, fracción II, dispone que debe considerarse como autoridad responsable (demandada), aquélla que con independencia de su carácter formal, "dicta, ordena, ejecuta o trata de ejecutar el acto que crea, modifica o extingue situaciones jurídicas en forma unilateral u obligatoria; u omita el acto que de realizarse crearía, modificaría o extinguiría dichas situaciones jurídicas"[95]. Lo anterior, además de comprender como demandados a organismos descentralizados del Estado, podría abarcar también la conducta de algunos particulares, cuyo número ha aumentado recientemente con las privatizaciones de servicios públicos que se encomienda a empresas privadas, o bien respecto de grupos de presión de carácter económico o social que pueden afectar la esfera jurídica de los gobernados, lo que implica la protección de los derechos humanos en las relaciones entre particulares (*Drittwirkung*), es decir, lo relativo a aquellos sectores que recientemente se han calificado como poderes privados[96].

## 8. Personas tuteladas

El carácter de las personas tuteladas está relacionada con la amplitud protectora del derecho de amparo mexicano, el cual, como lo hemos sostenido anteriormente, en sus orígenes contempló exclusivamente a individuos particulares, ya que se pretendía tutelar exclusivamente derechos individuales de carácter clásico. Posteriormente, como se ha dicho, al introducirse el amparo contra resoluciones judiciales, la protección se extendió prácticamente a todos los habitantes del país, en relación con los derechos de carácter ordinario, pero siempre de carácter individual.

El liberalismo individualista que se impuso en nuestro país a partir del triunfo del sector liberal radical, predominante en la redacción de la Constitución de 1857, pero que ascendieron al gobierno al terminar la llamada Guerra de Reforma (1857-1861), y posteriormente con la restauración de la República respecto del Imperio de Maximiliano (1867), se discutió por varios años, prácticamente hasta la primera década del siglo XX, sobre la posibilidad de que las llamadas personas morales, es decir, las personas jurídicas colectivas, pudiesen interponer el juicio de amparo.

---

[95] *Cf.*, ZALDÍVAR LELO DE LARREA, Arturo, *Hacia una nueva Ley de Amparo*, *cit.*, pp. 65-79.

[96] *Cf.*, Entre otros, los estudios recientes de ESTRADA, Alexei Julio, "La eficacia entre particulares de los derechos fundamentales, (Una presentación del caso colombiano)", y VEGA GARCÍA, Pedro de, "La eficacia frente a particulares de los derechos fundamentales de los derechos fundamentales (La problemática de la *Drittwirkung der grundreche)*", ambos trabajos aparecidos en la obra coordinada por CARBONELL, Miguel, Derechos fundamentales y Estado, *Memoria del VII Congreso Iberoamericano de Derecho Constitucional,* UNAM, México 2002, pp. 267687-707, respectivamente.

Otro obstáculo para el reconocimiento de la legitimación de las personas jurídicas colectivas se apoyó en la llamada Ley de Desamortización de 1856, que con mucho retraso respecto de la conocida Ley *Chapelier* francesa, desconoció la personalidad de las corporaciones civiles y religiosas, de manera que, por ejemplo, se negó la personalidad jurídica de las comunidades indígenas para interponer el amparo contra los actos de privación de sus propiedades o posesiones que habían sido reconocidas desde las Leyes de Indias, ya que la jurisprudencia de la Suprema Corte sólo admitió la posibilidad de que los afectados pudiesen promover el juicio de amparo como personas individuales, lo que fue una de las causas de la concentración de la tierra, por la indefensión de las citadas comunidades[97]. Sin embargo, para efectos prácticos, y debido a que uno de los postulados del liberalismo individualista era el respeto irrestricto a la propiedad privada, se aceptó la legitimidad de las sociedades mercantiles y civiles para solicitar el juicio de amparo, de acuerdo con la tesis doctrinal de la ficción, en el sentido de que la afectación a dichas personas colectivas se traducían en la de sus integrantes particulares.

No obstante, que como es evidente, la Constitución vigente de 5 de febrero de 1917 fue la primera al elevar a nivel de preceptos fundamentales a los derechos de carácter social, que se ha enriquecido posteriormente con la consagración de numerosos derechos económicos y culturales, quedó prácticamente invariable el texto del artículo 107, fracción II, de dicha Carta Federal, respecto de la redacción del artículo 102, de la Ley Fundamental anterior de 1857, y se refiere exclusivamente a individuos particulares, no obstante que se ha ampliado considerablemente la tutela no sólo a las que todavía se califican como personas morales de carácter mercantil y civil, sino también a los diversos grupos sociales, e inclusive a algunas autoridades públicas.

En este sentido varios preceptos de la Ley de Amparo vigente regulan expresamente esta ampliación de las personas legitimadas para interponer el juicio de amparo. Así el artículo 8 se refiere a las personas morales privadas, el 9 a las personas morales de carácter público cuando reclamen sus intereses patrimoniales, y el 76, al consagrar los efectos particulares de las sentencias de amparo a que nos hemos referido anteriormente, establece en su parte relativa que: "Las sentencias que se pronuncien en los juicios de amparo sólo se ocuparán de los individuos particulares, o de las personas morales privadas u oficiales que lo hubiesen solicitado (...)".

Debido a la incorporación del control de constitucionalidad, la jurisprudencia admitió la posibilidad de que autoridades públicas pudiesen interponer el juicio de amparo ya sea en defensa de sus intereses patrimoniales o bien cuando actuasen al mismo nivel de los particulares, de acuer-

---

97 En relación de la jurisprudencia de la Suprema Corte que no reconoció la personalidad de las comunidades indígenas, *Cf.*, VALLARTA, Ignacio L., *cit.*, PAZ, Irineo, 1896, Tomo IV, pp. 1-51 y 323-340.

do con la doctrina, actualmente superada de la doble personalidad del Estado. Todo ello se recogió por la jurisprudencia no siempre de manera precisa, debido a la ausencia de procedimientos adecuados para la tutela de las atribuciones de las diversas autoridades públicas que resultaran afectadas por la conducta de otras. Afortunadamente se amplió la esfera de las llamadas controversias constitucionales, reguladas actualmente, de acuerdo con las reformas constitucionales y legales de 1995, por el artículo 105 de la Constitución Federal y de su Ley Reglamentaria, que inclusive introdujeron en las reformas constitucionales y legales de 1995 los llamados conflictos de atribución, entre los diversos órganos del Estado, lo que ha permitido plantear las controversias que sólo artificialmente se pretendía dirimir por conducto del juicio de amparo[98].

En el Proyecto de la nueva Ley de Amparo se pretende precisar este aspecto tan difícil de la procedencia del juicio de amparo promovido por autoridades públicas, en cuanto su artículo 6 dispone que:

> La Federación, los Estados, el Distrito Federal, los municipios o cualquier persona moral pública podrán solicitar amparo por conducto de los servidores públicos o representantes que señalen las disposiciones aplicables cuando una norma general o acto los afecten encontrándose en un plano de igualdad con los particulares.

El amparo solicitado por las autoridades públicas se explica por el control de la legalidad, ya que cuando se debaten cuestiones constitucionales los conflictos deben plantearse por conducto de las controversias constitucionales reguladas por la fracción I, del artículo 105 de la Carta Federal.

## 9. Organismos jurisdiccionales de protección

Desde la consolidación el juicio de amparo mexicano en los artículos 101 y 102 de la Constitución Federal de 1987, el primero de dichos preceptos otorgó la competencia para conocer de este instrumento protector a los tribunales federales. Si bien el artículo 126 de dicha Carta Suprema, inspirada, como se ha dicho, en el artículo VI de la Constitución de los Estados Unidos, dispuso en su segundo párrafo: "(...) Los jueces de cada Estado se arreglarán a dicha Constitución, leyes y tratados, a pesar de las disposiciones en contrario que pueda haber en las constituciones o leyes de los Estados", la jurisprudencia de la Suprema Corte de Justicia, desde sus primeros años, consideró que los jueces locales no podían intervenir en la tramitación del juicio de amparo, ya que los tribunales federales tenían el monopolio del conocimiento de este instrumento protector.

---

98 La bibliografía sobre las controversias constitucionales y su relación con el juicio de amparo es muy amplia, debido a que la Suprema Corte ha resuelto a partir de 1995 varios conflictos importantes, por lo que nos limitamos a citar, por su amplitud, la obra de CASTRO, Juventino, *V.*, *El artículo 105 Constitucional*, 3° ed., Porrúa, México, 2000, pp. 55-122.

No obstante, el tiempo transcurrido e innumerables debates de carácter doctrinal[99], nuestro más alto tribunal ha reiterado recientemente su criterio en el sentido de que no existe posibilidad de un control difuso de la inconstitucionalidad de las leyes, el que sólo puede plantearse por medio del amparo contra leyes, y exclusivamente ante los tribunales federales[100].

La integración de los tribunales de la Federación establecida por el artículo 123 de la Constitución Federal de 1824, por jueces de distrito, tribunales de circuito y Suprema Corte de Justicia, de acuerdo con el modelo norteamericano, no ha variado sustancialmente en su estructura, pero se ha modificado esencialmente en su composición. Hemos señalado anteriormente, que al introducirse el derecho de amparo para revisar la legalidad de las resoluciones judiciales de los tribunales del país, tanto locales como federales, se centralizó en estos últimos, y en última instancia en la Suprema Corte de Justicia, la decisión final de todos los asuntos judiciales, lo cual fue calificado certeramente por el ilustre jurista mexicano Emilio Rabasa en los primeros años del siglo XX, como tarea imposible[101].

El Constituyente de Querétaro que expidió la Carta Federal vigente de 1917, consideró necesario reiterar el mismo sistema que se había practicado durante la vigencia de la Constitución anterior, aun cuando con algunas limitaciones, como la de reducir a una sola instancia (en lugar de las dos anteriores) la tramitación del juicio de amparo contra resoluciones judiciales. Por ello, la Suprema Corte de Justicia conservó su competencia de decidir en último grado la legalidad del procedimiento y del fondo de todos los asuntos judiciales del país. La evolución posterior hasta las modificaciones constitucionales y legales de 1988 y 1995, se destacó por el esfuerzo permanente, sin éxito apreciable, para reducir el rezago esencialmente en materia de amparo, que afectó a la Suprema Corte de Justicia de México.

En un principio se confió al Tribunal en Pleno del más alto tribunal el conocimiento del juicio de amparo, pero en pocos años, en las reformas constitucionales y legales de 1928 y 1934, se dividió la Suprema Corte primero en tres y posteriormente en cuatro Salas según la materia (penal, administrativa, civil y laboral), y se incrementó el número de sus magistrados, de los once originales a veintiuno, pero ello resultó insuficiente con el tiempo, y las modificaciones posteriores se orientaron esencialmente a la reducción del rezago, que como lo había previsto Emilio Rabasa, hacía imposible la tarea del más alto tribunal de la República.

---

99 *Cf.*, el clásico estudio del ilustre constitucionalista mexicano MARTÍNEZ BAÉZ, Antonio, "El indebido monopolio del Poder Judicial de la Federación para conocer de la constitucionalidad de las leyes", en *Revista de la Escuela Nacional de Jurisprudencia*, n° 15, México, 1942, pp. 243-253.

100 *Cf.*, tesis jurisprudencial de la Suprema Corte de Justicia, con el título "Control difuso de la inconstitucionalidad de las normas generales. No lo autoriza el artículo 133 constitucional", publicada en la Novena época del *Seminario Judicial de la Federación y su Gaceta*, Tomo X, agosto de 1999, tesis 74/99, p. 5.

101 *El artículo 14*, *cit. supra* nota 57, Capítulo XIII, "la imposible tarea de la Corte", pp. 103-110.

Las modificaciones más importantes se efectuaron en 1951, al crearse los tribunales colegiados de circuito para auxiliar a la propia Suprema en el conocimiento del juicio de amparo, especialmente el relativo a la impugnación de las resoluciones judiciales, y se crearon varios circuitos en diversas regiones. Además, se estableció una Sala auxiliar de cinco magistrados, con lo cual el número de integrantes aumentó a veintiséis, pero únicamente los miembros de las cuatro Salas numerarias podían integrar el Tribunal en Pleno[102]. En pocos años esa modificación fue insuficiente, fue necesario cambiar los preceptos constitucionales y legales, en 1968, para realizar una nueva distribución de competencias, con el objeto de mantener en la Suprema Corte los asuntos judiciales de mayor importancia jurídica, económica y social, trasladando los demás a los tribunales colegiados de circuito, cuyo número aumentó para ser distribuidos en las regiones más importantes del país[103].

Esta evolución culminó con dos importantes reformas constitucionales y legales sobre la estructura del poder judicial federal, particularmente en cuanto su conocimiento de los juicios de amparo. En efecto, el 15 de enero de 1988 se modificó sustancialmente el conocimiento del derecho de amparo, de tal suerte que se atribuyó a la Suprema Corte de Justicia las competencias para conocer del segundo grado de los juicios de amparo en los cuales se planteara una cuestión estrictamente constitucional. Todos los demás asuntos en los cuales se discutiera un problema de legalidad, es decir aplicación de disposiciones legales ordinarias, se trasladaron a los tribunales colegiados de circuito y cuyo número se incrementó de manera considerable, lo mismo el número de circuitos, y se inició la especialización por materias de algunos de ellos. Lo anterior modificó la tradición implantada desde el siglo anterior en el sentido de que la Suprema Corte de Justicia funcionaba esencialmente como un tribunal federal de casación y sólo en algunos conocía cuestiones directas de constitucionalidad. Debido a este cambio sustancial, aun cuando conservó su nombre tradicional, la Suprema Corte se transformó en un verdadero tribunal constitucional desde el punto de vista material[104].

---

[102] Los citados tribunales colegiados integrados por tres magistrados se inspiraron en los tribunales de circuito de apelación establecidos en los Estados Unidos en el año de 1891, también con el propósito de auxiliar a la Corte Suprema Federal en el conocimiento de los asuntos de competencia federal. *Cf.*, BRENT SWISHER, Carl, *El desarrollo constitucional de los Estados Unidos*, trad. de CHARNY, Hugo, Tomo I, Editorial Bibliográfica Argentina, Buenos Aires 1958, pp. 437-438.

[103] *Cf.*, FIX-ZAMUDIO, Héctor, "Ochenta años de evolución del juicio de amparo mexicano", en la obra *Ochenta años de vida Constitucional en México,* UNAM, Cámara de Diputados del Congreso de la Unión, México 1998, pp. 371-430, reproducido en el libro del autor, *Ensayos sobre el derecho de amparo, cit.*, pp. 727-793.

[104] Entre otros, FIX-ZAMUDIO, Héctor, "La Suprema Corte como Tribunal Constitucional", en los libros *Las nuevas bases constitucionales y legales del sistema mexicano. La reforma judicial de 1967,* y *Reformas constitucionales de renovación nacional*, ambos publicados en México, Porrúa, México 1987, pp. 345-390 y 495-541, respectivamente.

Las reformas constitucionales y legales de 1995 consolidaron la naturaleza de la Suprema Corte de Justicia como tribunal constitucional, ya que por medio de ellas se redujo el número de magistrados de dicho alto tribunal, de veintiséis (veintiún numerarios y cinco supernumerarios) a once, número más próximo al de los integrantes de la mayoría de los organismos jurisdiccionales especializados en la resolución de conflictos constitucionales. Por otra parte la Corte conservó como función principal la de conocer en segundo grado de los juicios (la primera corresponde a los jueces de distrito y en casos excepcionales a los tribunales colegiados de circuito), en los cuales se plantearan cuestiones estrictamente constitucionales, y además se amplió la esfera de las llamadas controversias constitucionales, para comprender no sólo los conflictos de competencia entre las entidades federales, locales y municipales, sino también los llamados conflictos de atribución entre los órganos del Estado en sus diversos niveles, y además se introdujo una acción abstracta de inconstitucionalidad que pueden interponer el 33% de los integrantes de las legislaturas federales, locales y del Distrito Federal en sus respectivas esferas, y el Procurador General de la República en todos los casos (artículo 105 Constitucional, fracciones I y II, y su Ley Reglamentaria de 11 de mayo de 1995)[105].

En forma muy resumida podemos afirmar que actualmente el conocimiento del juicio de amparo se divide en dos grandes sectores. El primero que podemos considerar como estrictamente constitucional corresponde en exclusiva a la Suprema Corte de Justicia en segunda instancia y el segundo relativo al control de la legalidad secundaria, que en su mayor parte implica la impugnación de las resoluciones judiciales de todos los tribunales del país, que se atribuye a los tribunales colegiados de circuito, distribuido en las ciudades más importantes del país, cuyo número se ha incrementado de manera considerable, y además un buen número de ellos se ha especializado por materias[106].

---

105 La bibliografía es muy amplia, por lo que citamos únicamente la obra reciente de CASTRO, Juventino V., *El artículo 105 constitucional*, *cit.*, pp. 123-144.

106 El número actual de juzgados de distrito, tribunales colegiados y circuitos, 242 Juzgados de Distrito y 165 Tribunales Colegiados.

# LA INFLUENCIA DEL PROFESOR ALLAN R. BREWER-CARÍAS EN COLOMBIA

Sandra Morelli Rico[1]

Podríamos citar centenares de conferencias, cursos y obras de Allan R. Brewer-Carías que han producido un impacto evidente en la doctrina *ius-publicista* colombiana. Aquí me limito a rememorar los congresos de derecho constitucional convocados por Carlos Restrepo Piedrahita en el Externado de Colombia en las décadas de los 80 y 90. Esa tarea estuvo luego a cargo mío y obviamente Allan fue siempre figura central. Los congresos de derecho administrativo convocados por el Rosario con la asistencia de sus amigos de siempre: Jaime Vidal Perdomo, Libardo Rodríguez, Consuelo Sarria, así como las jornadas colombo-venezolanas de derecho público y las jornadas anuales en su homenaje, organizadas por FUNEDA y a cargo de Belén Ramírez, fueron, junto con las cátedras doctorales y de maestría que regentaba en Colombia para el departamento de derecho público del Externado, las primeras plataformas de difusión de su ideario jurídico: Supremacía constitucional y control difuso como aporte latinoamericano a la ciencia del Estado, régimen autonómico de los entes territoriales, democracia y supremacía de derechos fundamentales, legalidad de la actuación de la administración y transparencia en la gestión de la cosa pública, están presentes en toda su obra. Esta, por lo demás, gozó de excelente distribución en las librerías colombianas, a la par que la doctrina nacional.

Especial interés reviste su compromiso con las fórmulas democráticas de distribución del poder entre los distintos niveles territoriales. Me detendré en este breve espacio en ello pues para Allan R. Brewer-Carías la idea federal es dispositivo contra la concentración de poder y es método para el ejercicio auténtico de la democracia representativa. Su muerte lleva al autoritarismo y a la anulación del poder municipal en favor, a veces como en Venezuela, de una pseudodemocracia directa.

En los años inmediatamente siguientes a la promulgación de la constitución colombiana de 1991, en la que uno de sus principios rectores fue la

1 Abogada de la Universidad Externado de Colombia con postgrado en la Universidad de Bologna y ulteriores estudios en París y Montpellier. Catedrática de derecho constitucional y directora del departamento de derecho público del Externado de Colombia. Miembro de la Academia Colombiana de jurisprudencia. Profesora invitada en diversas Universidades a nivel mundial. Ha escrito obras académicas en derecho constitucional y administrativo, monografías y artículos de prensa.

autonomía de las entidades territoriales, muy inspirador para la cátedra y el desarrollo legislativo resultaron las memorias del ministerio de la descentralización elaboradas por el propio ministro en seis tomos[2], donde se pone en evidencia como Venezuela nace como un Estado federal pero, sumido en guerras intestinas por la tendencia a centralizar a los estados. En el siglo XX prevalecen las concepciones centralistas, por lo que ante el advenimiento de la constitución del 61 y la democratización del poder se hacía necesario emprender un proceso de descentralización que se acelera y rindiera frutos precisamente con la creación del ministerio para la descentralización que ocupa Allan R. Brewer-Carías del 91 al 93.

Nótese cómo explica su labor:

> Ahora bien, en mi criterio, la política de descentralización, definida como política nacional por el Gobierno del Presidente de la República, Dr. Ramón J. Velásquez, ha estado y está establecida y diseñada con ese objetivo. La descentralización es el instrumento para lograr la participación política; y la participación es actualmente la única vía para que nuestra democracia se perfeccione.
>
> Por eso, la descentralización ha estado en estos últimos tiempos y estará en el futuro próximo, en el centro de la política de cambio. Por ello, hemos dicho que hasta cierto punto, con la descentralización nos estamos jugando la democracia.
>
> Ahora bien, hasta el momento de la elección del Dr. Ramón J. Velásquez como Presidente de la República, la descentralización, con motivo de los cambios políticos iniciados a partir de 1989, había venido desarrollándose más por iniciativa de los Estados y de sus Gobernadores, que por iniciativa del propio Poder Central. A nivel nacional se había dictado, en 1989, la Ley Orgánica de Descentralización, Delimitación y Transferencia de Competencias del Poder Público, que muchos Ministros ni siquiera conocían y que sólo percibían como algo lejano en el movimiento de los Gobernadores de Estado, pero que no era asunto propio del Gobierno Nacional.
>
> La decisión del Presidente Velásquez, a los dos días de su elección, de nombrar un Ministro de Estado para la Descentralización, en cambio, no tuvo otro objetivo que convertir en estos meses y para el futuro, a la descentralización, en una política nacional.

Todo luego de anticipar la inminente muerte de la democracia de partidos centralizados.

En octubre del 2001 escribió: "En todo caso, un sistema institucional para controlar el ejercicio del poder político implica, ineludiblemente, su distribución o separación"[3].

Haber escuchado su clamor por mayor descentralización, autonomía de los estados federados con órganos legislativos y judiciales propios y autónomos, hubiera sido sin lugar a duda un dispositivo institucional muy

2 Caracas 1994.

3 Texto de la Conferencia Inaugural dictada en el XXVI Congreso Iberoamericano de Municipios, Organización interamericana de cooperación intermunicipal OICI, Ayuntamiento de Valladolid, Valladolid, 2004.

potente contra el régimen dictatorial que se apoderó de Venezuela. Que bueno entonces que no sólo los académicos en Colombia, sino el ejecutivo y el congreso fuesen conscientes del valor de la autonomía territorial y frenasen la creciente centralización que se apoderó de nuestra planeación desde hace 30 años, a pesar del crecimiento institucional de municipios y gobernaciones, obviamente aún muy lejos de lo ideal[4].

En el estudio llamado *La destrucción de la institución municipal en Venezuela, en nombre de una supuesta participación protagónica del pueblo*[5] se lee:

> El Estado de Derecho está inexorablemente conectado con el Estado democrático puesto que existe una representatividad que permite la participación de los ciudadanos en los asuntos políticos por medio de elecciones universales, manifestándose así la soberanía del pueblo; de igual manera la presencia de diversos partidos políticos y organizaciones políticas es característica de los estados democráticos; otro factor destacado es el hecho de la separación de los poderes públicos, lo que implica la existencia de las decisiones correctas en cada una de las instancias de gobierno; la distribución vertical del poder en los tres niveles de gobierno (municipal, estadal y nacional) representa un principio fundamental en la organización política, finalmente, el respeto por los derechos humanos aseguran la existencia del Estado democrático.

El caso de la Venezuela actual, según Allan R. Brewer-Carías, de forma muy autorizada, por cierto, combina un régimen autoritario de tipo dictatorial, con federalismo formal, cercenamiento de poder municipal –el centro de poder más próximo al ciudadano– y la desvalorización de la democracia representativa. Todo ello cubierto por un falaz populismo de permanente convocatoria a la plaza pública a gentes que su trabajo o su subsidio pende exclusivamente del apoyo irrestricto al gobernante. Sin lugar a duda una fórmula muy primitiva de ejercicio de poder, capaz de hacer de la necesidad virtud espuria.

A nadie escapa que la democracia representativa que iniciaba y terminaba en las elecciones, se ha agotado. La democracia representativa supone un senado que representa las regiones, o los estados, o las provincias, o las comunidades autónomas, la separación de poderes, la elección popular de autoridades locales, la existencia de un poder electoral autónomo y seguro, la libertad de formar partidos y otro tipo de organizaciones, etc.

Obviamente ello no existe en Venezuela donde la lógica de los comicios es el engaño, el fraude, la apariencia y la coacción a cambio de dádivas

---

4 Sobre el mismo tema ya una constancia desesperada de Brewer-Carías: Grimaldo Lorente, Jaime, "La Asamblea Constituyente de 1999 y sus implicaciones para el proceso de descentralización y el Régimen Federal en Venezuela. Balance en el marco de la Constitución de 1999", Provincia, N° 8, 2002, pp. 121157, Universidad de los Andes, Mérida, Venezuela.

5 Formato Iso 69092, artículo de revista electrónica, Provincia, N° 33, Universidad de los Andes, Mérida, Venezuela, 2014, pp. 49 y 86.

o no sé qué tipo de castigos distintos a la exclusión de provisión de víveres[6].

Pero más allá de eso, está claro que en el pensamiento constitucional de Allan R. Brewer-Carías democracia y descentralización se implican recíprocamente y tiene una relación inescindible. Pero se trata de una democracia auténtica y no la versión más populista y peligrosa que en la práctica se instauró en la hermana República y respecto de la cual Brewer-Carías se distancia críticamente.

Ahora bien: Soy del parecer que es inconveniente el abuso de los mecanismos de participación ciudadana, que su uso no debe ser recurrente sino excepcional es, a la vista de tanta gente políticamente correcta qué hay en la humanidad, los dueños de la verdad, ser un dictador o un fascista, término impropiamente utilizado porque el fascismo se origina a partir precisamente de esos ejercicios pseudo democráticos. Los riesgos de esa democracia directa son varios.

La empresa electoral, riesgo para la democracia representativa y participativa: Que un referéndum pueda volverse un plebiscito en favor del gobernante de turno es fácil, debido a la debilidad de los partidos políticos –especialmente– en el caso de Colombia, en donde la empresa con ánimo de lucro cuyo objeto es la captación eficiente de votantes en favor de candidato, consulta, iniciativa o referéndum, absorbió la democracia, dada la alta rentabilidad del negocio y su inmediata tasa de retomo.

El resultado de todo ello: una aparente legitimidad democrática que cubre toda esa red que se articula a partir del negocio embrionario, matriz o principal, para reponer los recursos al financiador inversionista original. A mayor capacidad de convocatoria del electorado o del nominador, o, de los dos, mayor capacidad de alinear los lazos cómplices que una vez en ejercicio del cargo, actúan de manera funcional a la retribución de quien allí los colocó. Ese es el origen único y real de la corrupción.

La concepción de la democracia participativa como la presencia permanente del ágora en la plaza pública escuchando al líder, produciendo decisiones, oponiéndose a otra, hace difícilmente discernible su diferenciación con la protesta popular que parece hoy en día generalizarse en el viejo y el nuevo continente. Y qué decir del mundo oriental.

Para acentuar la voz de alarma que el profesor venía prendiendo desde hace varios lustros, so pena de parecer retrógrado y antidemocrático, conviene recordar aquí cómo el riesgo de la efectiva democracia se incrementa

6 Sobre el tema, Allan R. Brewer-Carías, *Democracias participativa, descentralización política y régimen municipal, op. cit. Ibidem, La democracia representativa y la falacia de la llamada democracia participativa,* Congreso Iberoamericano de derecho electoral, Monterrey, 2010. *Ibidem, Retos del democracia y participación ciudadana,* Universisas del Rosario, Bogotá, 2011. *Ibidem, La democracia, sus elementos y componentes esenciales, y el control al poder,* Grandes temas para un observatorio electoral ciudadano, México 2007, entre otros muchos.

ante la democracia participativa de cara al papel que juegan las tecnologías.

En sus varios libros, ensayos y entrevistas el recientemente fallecido Stefano Rodotá, iusprivatista que a partir de la segunda mitad de su vida intensificó su interés por los temas en la política, fue pionero en alertar sobre los peligros que engendra confundir política con marketing y peor aún si a ello le agregamos el potencial tecnológico[7]: poder invadir directamente la cocina donde el ama de casa prepara sus alimentos y promover la adopción de la pena de muerte luego de alguna atroz masacre a manos de asesinos despiadados, es manipular sus sentimientos, sin permitirle reflexionar ni siquiera, instintivamente, sobre las implicaciones de una decisión así en términos de derechos humanos, errores judiciales, etc.

De todas maneras, los ciudadanos pueden también tener la iniciativa, elevar sus requerimientos a quien está del otro lado de la red, sea candidato o gobierno. Pues ello cruzado con las listas de las preferencias de consumo de los ciudadanos, permite obtener perfiles de la población, caracterizarla y sectorizarla. Así las cosas, las consultas, los referéndum, las elecciones mismas, lejos de planear estrategias y cometidos donde prima el interés general consultando la disponibilidad de recursos y sacrificando lo que no se considere prioritario y esencial de acuerdo a la concepción política preferida por la mayoría de votantes electores que vencieron las curules, le envían un mensaje oportunista de promesa de satisfacción individual y coyuntural a cada votante para conquistar su adhesión, lo cual, habida cuenta las necesidades colectivas y los recursos disponibles para su satisfacción, puede resultar sencilla mente engañoso, peor aún, abrir el paso a la satisfacción de intereses de ciertos colectivos, que son sectoriales o parciales, sacrificando otros sin justificación ética alguna, lo que siembra inequidad y discriminación a largo plazo.

Se repite entonces, la democracia participativa lejos de corregir ese cáncer, le da manto de aparente legalidad y multiplica las oportunidades de negocios: Tantas cuantas convocatorias a votar tengan lugar.

Se fragmenta la soberanía, la nación se vuelve un acumulado de intereses donde necesariamente algunos se sacrifican, los de los sectores menos numerosos, menos significativos, o de los que no tienen acceso a la tecnología, y con ello, sus derechos fundamentales que siempre y en cualquier circunstancia, deben prevalecer.

En el caso venezolano, con o sin intervención de la tecnología, las ágoras inician siempre con un incremento del estipendio, que en términos económicos nada significa ante la hiperinflación desbordada y un empobrecimiento progresivo de la población que no entiende la lógica de un populismo insostenible.

---

7 *Tecnopolitica e le nuove tecnologie delle comunicazioni*, La Terza, 2004.

Allan por su parte evidencia, como con esa estrategia de la plaza siempre llena aplaudiendo antes a Chávez, y ahora a Maduro, el gobierno local, desapareció, el mapa territorial se borró, el municipio se desdibujo. En la circunscripción territorial ya no se adoptan las decisiones que a ellos conciernen, todos sucede en el ágora en un diálogo informal e irracional entre gobernante y asistentes obligados.

Hasta aquí dos preocupaciones vertebrales que deben alertar a nuestros estados, planteadas con brillantez por el hoy más joven de los octogenarios que conozco. Todo ello podría aplicar a Colombia. Importante seguir leyendo al maestro.

Pero ahora hablemos del ser humano:

> Que una Cátedra de una Universidad se bautice con el nombre de una persona, sin duda, es un reconocimiento eterno porque eterna es la Universidad que se le otorga a alguien por lo que ha hecho o por lo que hizo en su vida...
>
> En mi caso, gracias a Dios, ni estoy muerto ni soy viejo, y en cuanto a la vida, les confieso, auténticamente, que hoy y todos los días, pienso y siento que está toda por delante, que he hecho muy poco y que todo está por hacerse. En fin, que ahora es cuando!...
>
> Entonces, estando aún vivo, y con la sensación vital de tener la vida por delante...
>
> Este acto, por tanto, de más está decirlo, tiene una especial significación para mí, pues se constituye en un compromiso más con lo que ha sido la ambición de mi vida, que no es otra que el hacerme a mí mismo. Quienes me han precedido en el uso de la palabra, el Profesor Cottin y Señor Rector, han hablado de mí y de mi obra con elogiosas palabras que quiero agradecer muy sentidamente. Parecería entonces suficiente, pero no; este acto me obliga a mí también, a hablar de mí mismo, aun cuando bajo ángulos distintos a los tratados. Permítanmelo, aun cuando tenga que pedirles disculpas por ello, pero es que en definitiva yo mismo soy el hombre que más tengo a la mano.
>
> Desde que salí de las viejas aulas de la esquina de Jesuitas –pues estudié el quinto año de bachillerato en esta Universidad Católica afines de la década de los cincuenta– por fuerza de circunstancias concretas vinculadas a mis estudios o a mis malos estudios, me definí un esquema existencial de la vida que la ha condicionado hasta el presente y que se puede resumir en estas frases que he recogido ahora de un viejo manuscrito de la época, de un esquema que elaboré sobre la filosofía de la existencia, para dar lo que fue mi primera charla, como conferencista, a un grupo de alumnos en un liceo de Caracas, en 1959:
>
> "Al hombre no lo hacen, él se escoge y se hace a sí mismo; es el único responsable de sí, en definitiva, es lo que él se hace, y en ese proceso de escogencia, además de escogerse a sí mismo, escoge a todos los hombres".
>
> ¡Tremendo compromiso! Y por qué no, tremenda ambición, no en conseguir poder, riqueza, dignidades o fama, que en definitiva sólo son simples añadiduras, sino en esa tarea existencial del hombre de hacerse a sí mismo. Eso es lo que he procurado hacer en mi vida; lo que a lo largo de los años ha implicado mucho, pero mucho estudio y trabajo, disciplina, constancia, perseverancia y todas las horas imaginables de estudio que quienes me han rodeado han sabido soportar y aceptar.

En estas tareas del intelecto, definitivamente, los logros no son de un día para otro ni se pueden obtener en escasos años...
Por supuesto, siguiendo la carrera larga y de largo aliento, también aparecen las horas y días de cansancio, de dudas y de desazón; pero de cada parada en el camino siempre salen nuevas fuerzas para seguir adelante. Es claro que no llega muy lejos quien nunca sienta cansancio, y menos aún quien piense que ya llegó y pretende estar de regreso. Camo Antonio Machado nos lo recuerda en sus proverbios y consejos del profesor apócrifo Juan de Mairena:
"Los hombres que están siempre de vuelta en todas las cosas, son los que no han ido nunca a ninguna parte. Porque ya es mucho ir; volver, ¡nadie ha vuelto!"
En el camino transcurrido, en mi camino de la vida, por otra parte, debo decirles que nunca ha habido un plan preconcebido. Los pasos han sido el camino, y nada más, y nunca he tenido la vida ceñida a cordeles que trazan sendero alguno y menos colocados por otras personas. Por tanto, es la vida la que ha trazado el plan, viviendo.
Nunca he sido esclavo de lo que otros han señalado, y me he escapado de las casillas de muchos, por supuesto, provocando irritación...
La verdad es que la libertad ha sido el signo de mi conducta, atada sólo a mí mismo, a mis principios y a mis amigos. He aprendido a tener amigos –que para mí son para siempre– y a no tenerlos, y no soy de los que piensan que ya tengo el cupo cerrado para los nuevos amigos...
He procurado siempre no estar atado al pasado. Atrás está el sendero que nunca volveremos a pisar, y que no debe tiranizar el porvenir. Lo que fue, definitivamente, no puede ser más que como fue, e incluso, lo presente no puede ser más que como es. Es el futuro, lo que puede ser, y dónde está nuestra propia esperanza y donde tenemos que centrar las ilusiones.
Debo confesarles que siempre he sentido cierto aislamiento generacional, que quizás muchos de mis amigos también lo han sentido. No es nada nuevo, pero en un acto como éste me parece pertinente evocarlo. Como lo observaba Miguel de Unanumo hace noventa años, me ocurre muchas veces que ni la gente vieja me cuenta entre los suyos, ni entre los suyos me cuenta la gente joven. Para aquellos, todavía soy un joven autor de muchas obras; para éstos, piensan que soy un viejo y distante profesor. Por otra parte, por haber tenido que hacer muchas cosas a muy temprana edad, inevitablemente siempre fui un joven maduro; y ahora, en la edad madura, a pesar de lo hecho, o precisamente por ello, sin embargo, me siento con la vida por delante. Don Miguel decía, que Satanás solía tentarlo en sus horas de desfallecimiento del espíritu, que todos tenemos, diciéndole:
"No hagas caso, Miguel, eso es que no tienes edad; ni eres de los jóvenes ni de los viejos, ni eres de ayer ni de mañana; eres de hoy, eres de siempre".
Yo, ...me siento simplemente como de hoy, y eso es más que suficiente, precisamente para emprender el viaje hacia el futuro que cada día todos iniciamos[8].

Eso fue en febrero de 1991 cuando la Universidad Central creó una cátedra en su nombre. Hoy, noviembre del 2019, 28 años después celebramos sus ochenta años de su nacimiento. Cuántas cosas sucedieron luego. Tan-

8 Creación de la Cátedra Allan R. Brewer-Carías en la Universidad Central de Venezuela, 12 de febrero de 1991.

tos se fueron, algunos para siempre como Pedro Nikken, esta semana de diciembre mientras reviso este texto para su publicación, qué dice Allan ante la partida de su amigo entrañable: Al menos nos pudimos despedir.

Es que increíblemente, cuando el mundo se adentraba en un nuevo siglo con esperanza de bienaventuranza, la historia parece querer volver atrás a enseñarnos lo grave que es el irrespeto a las instituciones, el abuso del poder, la desigualdad y la exclusión, que no quisimos o no pudimos superar en el cono sur del continente americano.

Así, en nuestros países fenómenos de ruptura constitucional bendecidos por la jurisdicción responsable de preservar la supremacía de la constitución; tendencia de los ejecutivos a permanecer en el poder más allá del periodo preestablecido constitucionalmente; reformas constitucionales tramitadas por fuera del orden superior previsto o, como leyes ordinarias haciendo de nuestros textos fundamentales normas flexibles; asambleas o congresos inconscientes de sus responsabilidades constitucionales e indignos de seguir llamándose autónomos al actuar por dádivas y beneficios; fiscales ejerciendo de policía política al servicio del ejecutivo o de sus propios intereses; órganos superiores de control fiscal incapaces de luchar contra la corrupción; centralización del poder anulando el poder local; prensas y medios de comunicación en general, amigos del ejecutivo y financiados con pauta pública; la patrimonialización del Estado en cuanto botín contractual de la empresa que gana las elecciones. De ahí en adelante, la corrupción es la soberana que pasea por todos los caminos del cono sur americano como ama y señora de la política y del erario.

Estas patologías, adquieren distintas manifestaciones en Colombia y Venezuela. En la primera, se practica el estilo autoritario del Estado bajo el manto del acuerdo de paz que se transforma en causa explicativa y justificativa de todo. En la segunda, la Revolución Bolivariana tiene un alcance mucho más amplio, puesto que el régimen chavista se sentó en el poder desde el año 1999, primero con Hugo Chávez y a partir de su deceso, con Nicolás Maduro, y allí permanece.

En Colombia, a pesar de los coletazos de quienes no siendo más gobernantes quieren seguir mandando, sembrando cizaña que solo busca deslegitimación, el país ha vuelto a moverse dentro de los cauces del Estado constitucional. Que un presidente se resista a sobornar al congreso con cargos y contratos, no es de poca importancia en un país que sale de un cuatrienio donde el *dot ut des* era el único lenguaje posible entre miembros de los poderes públicos, así ello implicaría recepcionar dineros corruptos del Estado o de particulares, para voltear la voluntad de los órganos públicos en aras de satisfacer el propósito pacificador, incuestionable teleológicamente, pero cuánta basura institucional dejó en su andar, cuánta contaminación en la praxis constitucional.

A ese último respecto se impone precisar que ese paréntesis constitucional, con *justicia ad hoc,* y tratamiento liviano para los crímenes de lesa humanidad con lógicas muy parecidas a las que sirvieron de fundamento a la justicia y paz prevista para los paramilitares que se sometieron al orden público establecido, en la práctica parecen circunscribirse a ese ámbito sin que en materia de políticas pública en general hayan imprimido un viraje considerable, a pesar de las pretensiones omnicomprensivas de los Acuerdos de la Habana.

Y ello está bien, porque tanto la Constitución como las leyes que contienen las políticas públicas, surgen en el seno de instancias democráticas y con vocación de representación de todo el pueblo soberano y no de una fracción que, si bien debe reinsertarse y entrar a hacer parte de la sociedad colombiana con igualdad de derechos, no puede imponer su *desideratum* político a toda una nación que por lo demás se manifestó en contra del contenido de dichos acuerdos[9].

En Venezuela las cosas han sido distintas y así, ha cambiado el destino de esa Nación y de quien hoy está aquí para escuchar a quienes nos preciamos de su amistad y, como yo, nos hemos nutrido de su sabiduría académica, intelectual en general, de su sabiduría para vivir la vida. Entereza, coherencia y ética pública caracterizan a Allan R. Brewer-Carías.

De hecho Allan fue perseguido judicialmente por una justicia al servicio de la dictadura, objeto de las más absurdas acusaciones que solo se sostienen en el papel manchado de espurio fenómeno de la justicia politizada, fenómeno que contaminó la Corte Interamericana de Derechos Humanos donde sus colegas y alumnos, ni honraron su amistad personal para declararse impedidos, ni actuaron con imparcialidad por miedo a perturbar al gobernante venezolano pieza esencial en el proceso de paz, situación que hubiese afectado a Juan Manuel Santos, contratante de unos y postulantes de otros[10].

Pero Allan R. Brewer-Carías, sabedor del derecho a rebelarse de una justicia injusta pues recordemos que en la Declaración Universal de los Derechos humanos, y más exactamente en el inciso segundo del preámbulo se dispuso que: Considerando esencial que los derechos humanos sean protegidos por un régimen de Derecho, a fin de que el hombre no se vea compelido al supremo recurso de la rebelión contra la tiranía y la opresión, hizo uso legítimo de éste y asumió los acontecimientos como nos lo había anunciado:

> He procurado siempre no estar atado al pasado. Atrás está el sendero que nunca volveremos a pisar, y que no debe tiranizar el porvenir. Lo que fue, definitivamente, no puede ser más que como fue, e incluso, lo presente no puede ser más que como es. Es el futuro, lo que puede ser, y dónde está nuestra propia esperanza y donde tenemos que centrar las ilusiones.

---

9 http://www.altocomisionadoparalapaz.gov.co/procesos-y-conversaciones/Paginas/Texto-completo-del-Acuerdo-Final-para-la-Terminacion-del-conflicto.aspx

10 https://es.m.wikipedia.org/wiki/Caso_Brewer_Cat%C3%ADas_vs._Venezuela

Vive geográficamente lejos de su patria –por eso se consuela habiendo podido despedir a Pedro en persona antes de su muerte–, que desde muy temprana edad fue su objeto preferido de estudio y veneración. La formación del Estado, de la nacionalidad, la independencia, la redefinición de las fronteras, la forma de Estado, la forma de gobierno, la repartición del poder en el ámbito territorial, la supremacía de la Constitución, el procedimiento administrativo, el acto administrativo, la responsabilidad del Estado, etc., en fin, todo lo que de manera impropia y desconociendo ramas del derecho y *summa di* útil, podríamos llamar la ciencia jurídica del Estado.

De sus primeros aportes concretos al perfeccionamiento de las instituciones venezolanas da cuenta un libro publicado en 1979: *Política, Estado y Administración Pública*[11]. Rafael Caldera lo prologó sin esconder su asombro por quien apenas con 32 años ya había influido en las principales reformas a la Administración Pública. De Allan dijo:

> Es un apasionado de la estructuración del nuevo estado que tiene que realizarse en Venezuela. Se reconoce miembro de la generación del 58, surgido a la vida nacional precisamente en momentos en que se inicia el nuevo experimento democrático. Acusa una angustiosa percepción de las fallas y defectos del sistema vivido en el país a lo largo de estos veinte años y a veces –quizás– con acentos cercanos a la exageración expone aquí y allá, ante auditorios calificados sus ideas acerca de las metas y procedimientos que deben guiar la renovación de las estructuras, la ordenación de los distintos órganos del poder público y la participación del pueblo en lo que llama insistentemente la democratización de la democracia.

En el mismo prólogo resalta su labor legislativa como asesor en la producción de varias normas fundamentales para Venezuela. Destaca su convicción frente al Estado de Derecho, la descentralización y el federalismo real, el pluralismo y la democracia de partidos a condición que sean realmente representativos. Finalmente culmina con la invitación de ese joven prodigio a inventar un Estado en función de la realidad venezolana[12]. Nada usual y tanto menos fácil.

---

11 Editorial Ateneo de Caracas y Editorial Jurídica Venezolana, Publicaciones conjuntas, Caracas.

12 Ese libro se le dedicó a Rafael Carías, abuelo de Allan R. Brewer-Carías de quien heredó su vocación por el servicio público.

# DERECHO CONSTITUCIONAL

# AUGE, CAÍDA Y RECONSTRUCCIÓN DEL DERECHO PÚBLICO VENEZOLANO EN LOS OCHENTA AÑOS DEL PROFESOR ALLAN R. BREWER-CARÍAS

José Ignacio Hernández G.[1]

## 1. 1939: Un año singular en la historia del Derecho Público venezolano

En la historia del Derecho Público venezolano el año 1939 es singular desde varios puntos de vista. Apenas cuatro años después de la muerte de Juan Vicente Gómez, el tirano que gobernó a Venezuela desde 1908, el país se enrumbaba en una incierta transición democrática. El sucesor de Gómez –Eleazar López Contreras– impulsó esa transición a través de distintas reformas centradas en las instituciones del Estado que la dictadura de Gómez había logrado edificar. Fue así como en 1939 se adoptan una serie de medidas que, al cambiar la relación entre Estado, sociedad y economía, evidenciaron un grado importante de consolidación de las instituciones administrativas.

También 1939 es importante pues el 13 de noviembre de ese año nace en Caracas Allan R. Brewer-Carías, el más destacado intelectual del Derecho Público venezolano y uno de los grandes autores del Derecho Público comparado. Esto permitió que Brewer-Carías formase parte –no solo como testigo, sino de manera destacada, como actor– en los cambios institucionales del Derecho Público venezolano que comenzaron a gestarse tras la muerte de Gómez, y que tuvieron un decisivo impulso en 1958, con el retorno de la democracia a Venezuela. El propio Allan R. Brewer-Carías se ha considerado como integrante de la "generación del 58", esto es, del grupo de venezolanos a cargo del inédito reto de construir la República liberal democrática, sobre las bases de la República liberal autocrática que comenzó a formarse desde nuestra Independencia.

Los ochenta años del profesor Allan R. Brewer-Carías, por ello, son una oportunidad propicia para repasar el proceso de auge, caída y reconstrucción del Derecho Público venezolano, desde 1939 cuando Venezuela iniciaba sus pasos como Estado moderno en transición a la democracia, hasta

---

[1] Profesor de la Universidad Central de Venezuela y la Universidad Católica Andrés Bello Fellow, Growth Law-Harvard Kennedy School. Profesor Invitado de la Universidad Castilla-La Mancha.

2019, cuando sobre las ruinas del fallido Estado venezolano se intenta la reconstrucción del Derecho Público.

## 2. La formación de la República Liberal Autocrática y el gap político en la creación del Estado venezolano

La historia del Derecho Constitucional venezolano es paradójica. En 1811 Venezuela aprobó su primera Constitución, una de las primeras Constituciones escritas del mundo, tomando el modelo constitucional de Estados Unidos de América, inspirado a su vez en el constitucionalismo británico[2]. Pero faltaban entonces las bases sociales sin las cuales las raíces de la Constitución no pueden crecer sólidamente. Alexis de Tocqueville[3] ya lo había advertido al explicar cómo el constitucionalismo en Estados Unidos era un reflejo de su composición social antes que de su Constitución escrita. Pues en realidad, ésta no fue más que el "gran invento" de una sociedad que defendió sus valores y principios culturales frente a los actos arbitrarios del Rey[4].

La situación de Venezuela era distinta. Sin todos los beneficios de la organización centralizada impuesta por los Borbones, la entonces Capitanía General de Venezuela surgió tardíamente y de manera fragmentada. La nueva mentalidad, según explica Elías Pino Iturrieta, fue recibida por una sociedad que, antes que todo, era colonial[5]. Por ello, y siguiendo a Germán Carrera Damas, la independencia en Venezuela puede ser entendida a través de signos de continuidad del régimen monárquico y ruptura selectiva con tal régimen, ante el intento de edificar los fundamentos constitucionales de la República liberal. Empero, debido a las bases coloniales de nuestra sociedad, este intento se desvió a la llamada República liberal autocrática, esto es, el régimen político autoritario enmarcado en los moldes formales de la Constitución liberal[6].

---

2 Sobre los fundamentos constitucionales de la independencia venezolana, *vid.* Yanez., Francisco Javier, *Manual Político del Venezolano,* Academia Nacional de la Historia, Caracas, 1939. Véase en general la obra colectiva *La independencia y el Estado Constitucional en Venezuela: como obra de civiles (19 de abril de 1811, 5 de julio de 1811, 2 de diciembre de 1811),* Ediciones EJV Intemational, Miami 2018.

3 Toqueville, Alexis de, *La democracia en América,* Fondo de Cultura Económica, 2000, pp. 106 y ss.

4 La Constitución escrita en Estados Unidos fue el documento que resumió el nuevo pensamiento que dio forma al gobierno representativo y federal. Se trata, a no dudarlo, del gran aporte de la revolución americana al constitucionalismo. *Cfr.:* Berkin, Carol, *A brilliant solution. Inventing the American Constitution,* Mariner Books, Boston, 2003, pp. 11 y ss.

5 Pino Iturrieta, Elías, *La mentalidad venezolana de la emancipación,* bid. & co. Editor, Caracas, 2007, especialmente, pp. 246 y ss.

6 Carrera Damas, Germán, *De la abolición de la monarquía hacia la instauración de la República,* Fundación Rómulo Betancourt, Caracas, 2009, pp. 9 y ss. Véase lo que hemos expuesto en Hernández G., José Ignacio, "La Constitución de 1811 y la República liberal autocrática. Apuntes sobre las bases constitucionales del liberalismo criollo", en Casal, Jesús María y Cuevas, María Gabriela, (ed.) *Desafíos de la República*

No solo durante el siglo XIX el modelo constitucional formal era distinto al modelo político imperante. Es que, en realidad, el Estado no tuvo existencia efectiva, no al menos bajo el concepto tradicional de Max Weber[7]. En realidad, el Estado no ejercía el monopolio legítimo sobre la violencia: el uso de la fuerza estaba desperdigado en las montoneras de los distintos caudillos, en lo que Elías Pino Iturrieta llamó el país archipiélago[8].

Venezuela finalizó el siglo XIX como un Estado natural, de acuerdo con la terminología de Douglas North, o sea, una entidad política que no está basada en instituciones centrales y objetivas, sino en los pactos de los caudillos de turno, todo lo cual se traducía en una permanente inestabilidad política[9]. En 1899 esta realidad comenzaría a cambiar con lo que Inés Quintero llamó el ocaso de una estirpe: la sustitución de los mecanismos de dominación fragmentados de los caudillos por la dominación centralizada del Estado[10]. Este proceso lo inicia Cipriano Castro pero lo continúa tenazmente Juan Vicente Gómez. Para cuando Gómez muere, en 1935, las bases institucionales del Estado ya estaban fundadas, a través de la Hacienda Pública, la Administración Pública y, sobre todo, el Ejército Nacional[11].

El proceso de centralización del Estado llevó a dictar numerosas leyes administrativas que fueron organizando al Estado y regulando áreas en las que, hasta entonces, el Estado no tenía presencia alguna. No es casualidad, por ello, que la clase de Derecho Administrativo haya sido creada en 1919, como resultado de este proceso de centralización[12].

---

*en la Venezuela de hoy,* T. II, Caracas, Fundación Konrad Adenauer-Universidad Católica Andrés Bello, 2013.

7. Weber, Max, *Economía y sociedad. Esbozo de sociología comprensiva,* T. I, Fondo de Cultura Económica, México, 1974, pp. 170 y ss.

8. Pino Iturrieta, Elías, *País archipiélago, Venezuela, 1830-1858,* Fundación Bigott, Caracas, 2004, pp. 210-211.

9. North, Douglass, Wallis, John J., Weingast, Barry R., *Violence and social order. A conceptual framework for interpreting recorded human history,* Cambridge University Press, Nueva York, 2012, pp. 1 y ss.

10. Quintero, Inés, *El ocaso de una estirpe,* Editorial Alfa, Caracas, 2006, pp. 11 y ss.

11. Véase, entre otros, a Caballero, Manuel, *Gómez, el tirano liberal,* Alfadil ediciones, Caracas, 2007, pp. 73 y ss. y Pino Itunieta, Elías, *Venezuela metida en cintura. 1900-1945,* Universidad Católica Andrés Bello, Caracas, 2006, pp. 89 y ss. Desde una perspectiva jurídica, *vid.* Brewer-Carías, Allan R. *El desarrollo institucional del Estado centralizado en Venezuela {1899-1935) y sus proyecciones contemporáneas,* Universidad Católica del Táchira, San Cristóbal, 1988, pp. 17 y ss.

12. *Cfr.*: *Textos Fundamentales del Derecho Administrativo (Cien años de la creación de la Cátedra de Derecho Administrativo de la Universidad Central de Venezuela),* Academia de Ciencias Políticas y Sociales, Caracas, 2010, en el cual nos correspondió escribir el estudio introductorio. Un completo análisis comparativo de los programas de Urbano y Álvarez puede ser visto en Brewer Carías, Allan R. "Una pincelada histórica sobre el sistema de enseñanza del Derecho administrativo", en *Desafíos del Derecho administrativo contemporáneo,* T. I, Paredes, Caracas, 2009, pp. 23 y ss.

El rasgo distintivo de las reformas promovidas por Gómez, retomando los estudios de Heller, fue el monopolio del uso legítimo de la violencia, que pasó de las montoneras fragmentadas al naciente Ejército Nacional[13]. Cabe así recordar, con Tilly, que la formación del Estado es consecuencia de la evolución social que lleva a organizaciones criminales basadas en reglas objetivas de dominación a evolucionar hacia reglas objetivas y estables, en las cuales por beneficio común se acuerda el monopolio legítimo del uso de la fuerza en el Estado[14]. Se trata de un proceso de modernización política –Huntington– que favorece la legitimidad del sistema político, o si se quiere, la gobernanza pública, entendido como el proceso de deliberación y adopción de políticas públicas[15].

## 3. El petróleo y la transición a la democracia bajo la consolidación del Estado venezolano

Pero siguiendo a Huntington, es preciso apreciar que el proceso de formación del Estado central bajo el régimen de Juan Vicente Gómez estuvo afectado por un *gap* político, causado por la rapidez del cambio social en comparación con el fortalecimiento más lento de las instituciones recién creadas. Este *gap*, sin duda, fue incentivado por el cambio producido por la industria petrolera, que surge en 1914 y que en pocos años transformó la estructura fiscal del Estado[16]. Así, los tributos dejaron de ser el ingreso fiscal predominante, posición que fue ocupada por el ingreso petróleo que el Estado captó en su condición de propietario de los yacimientos. Incluso el propio régimen de Gómez acusó estos cambios cuando, hacia el final, decidió crear las primeras empresas del Estado[17].

A la muerte de Gómez iniciaría la transición hacia la República Liberal democrática. En primer término, este proceso fue conducido por Eleazar López Contreras quien, basado en las reformas institucionales del régimen de Gómez, avanzó en el proceso de institucionalización del Estado. En 1939 se alcanza un hito importante, con la creación del Banco Central de Vene-

---

13 *Cfr.:* Ziems, Ángel, *El gomecismo y la formación del Ejército Nacional,* Ateneo de Caracas, 1979, pp. 201 y ss. En cuanto al marco teórico, *vid.* Heller, Herman, *Teoría del Estado,* Fondo de Cultura Económica, México D.F., 2002, pp. 169 y ss.

14 Tilly, Charles, "War Making and State Making as Organized Crime", en Evans, Peter, et al (ed.), *Bringing the State Back In,* Cambridge University Press, Cambridge, 1985, pp. 167 y ss.

15 Huntington, Samuel, *Political arder in changing democracies,* Yale University Press, New Haven, 1968, pp. 8 y ss.

16 En general, *vid.* Hernández G., José Ignacio, *El pensamiento jurídico del Derecho de los hidrocarburos en Venezuela,* Academia de Ciencias Políticas y Sociales, Caracas, 2016.

17 Un completo estudio de la política petrolera de Gómez en McBeth, B.S., *Juan Vicente Gómez and the oil companies in Venezuela, 1908-1935,* Cambridge University Press, 1983, pp. 5 y ss. Sobre los orígenes del Estado empresario en Venezuela, *vid.* Caballero Ortiz, Jesús, *Las empresas públicas en el Derecho venezolano,* Editorial Jurídica Venezolana, Caracas, 1982, pp. 31 y ss.

zuela[18], y posteriormente, con la adopción de medidas de excepción para la regulación de la economía a través de la Presidencia de la República[19].

Allan R. Brewer-Carías nace, por ello, en una época de transición, de una sociedad que había logrado organizarse al margen del Estado a una sociedad que comenzó a organizarse al amparo del Estado, administrador del ingreso petróleo. Esta relación avanzó todavía más durante la presidencia de Isaías Medina Angarita, quien al igual que López Contreras, contribuyó al asentamiento del Estado central y, en especial, al cambio de relación entre el Estado y el petróleo, como quedó reflejado en la Ley de Hidrocarburos de 1943[20].

Para este momento, la impronta del petróleo en el Estado era ya notable. La máxima de sembrar el petróleo, planteada desde perspectivas distintas por Rómulo Betancourt y Arturo Uslar Pietri, se tradujo en la necesidad de ampliar los cometidos públicos a la promoción del desarrollo económico y social. Para ello, el Estado avanzó aceleradamente en la formación de la Administración Pública Nacional, a través de la cual no solo se distribuyó el ingreso petrolero –en el cual el Estado cada vez participaba más– sino que además, se asumió la función de regulación de actividades económicas privadas[21].

El 18 de octubre de 1945 Medina es depuesto por un golpe cívico militar, lo cual cierra un ciclo que, con cierta simpleza, ha sido calificado de hegemonía andina, simplemente por la coincidencia geográfica del lugar de nacimiento de quienes gobernaron a Venezuela entre 1899 y 1945. En realidad, el ciclo que se cierra es el de formación inicial del Estado central en Venezuela bajo las formas de la República Liberal autocrática. Con lo cual, a partir de 1945 comenzarán a introducirse las reformas orientadas a implementar la República Liberal democrática a la sombra del Petro-Estado[22].

---

18 Sobre la génesis y evolución del BCV, con referencias a la legislación, doctrina y jurisprudencia venezolana, véanse nuestros anteriores trabajos, en colaboración con Carlos Hemández Delfino: "El Banco Central de Venezuela", en *El Derecho Administrativo venezolano en los umbrales del siglo XX Libro homenaje al Manual de Derecho Administrativo de Eloy Lares Martínez,* Editorial Jurídica Venezolana-Universidad Monteávila, Caracas, 2006, pp. 287 y ss., y "Reflexiones sobre el régimen de la autonomía del Banco Central de Venezuela", en *Temas actuales de Derecho Bancario. Libro homenaje a la memoria del Dr. Oswaldo Padrón Amaré,* FUNEDA, Caracas, 2009, pp. 333 y ss.

19 Brewer-Carías, Allan R. *Evolución del régimen legal de la economía 1939-1979,* Ediciones de la Cámara de Comercio de Valencia, Valencia, 1980, pp. 15 y ss.

20 Machado de Acedo, Clemy, *La reforma de la Ley de Hidrocarburos de 1943: un impulso hacia la modernización,* Caracas, 1990, pp. 8 y ss.

21 Hernández G., José Ignacio, *El pensamiento jurídico del Derecho de los hidrocarburos en Venezuela*, cit.

22 Brewer-Carías, Allan R. *Historia constitucional de Venezuela. Colección Tratado de Derecho Constitucional.* T. 1, Editorial Jurídica Venezolana, Caracas, 2013, pp. 415 y ss.

## 4. La evolución del Estado y el Derecho Administrativo en los orígenes de la democracia

Para 1945 Venezuela había completado la evolución de un Estado natural hacia el Estado moderno. Las reglas subjetivas de dominación impuestas por los caudillos evolucionaron hacia reglas objetivas de conducta, o sea, las instituciones. Tal fue, a no dudarlo, el principal aporte de la dictadura de Gómez, completado bajo las presidencias de López Contreras y Medina Angarita. Ahora el reto era convertir esa República liberal autocrática en una República liberal democrática[23].

El Estatuto electoral, aprobado en 1946 ha sido considerado por Carrera Damas como el documento más importante tras la declaración de independencia. No es una afirmación exagerada: tal Estatuto abolió el talante censitario que el gobierno representativo tenía y, por vez primera, permitió a todo venezolano votar al margen de su nivel de educación o estrato social[24].

Un año después, en 1947, es aprobada una nueva Constitución, en la cual se formaliza la nueva relación entre Estado, sociedad y economía bajo el principio de justicia social. El Estado venezolano asume como cometido la promoción de condiciones de igualdad, lo que en realidad no fue más que la transformación jurídica de la función estatal de distribución del ingreso petrolero. Este cambio demostró que el proceso de centralización había avanzado a un punto en el cual la Administración Pública podía asumir cometidos propios del Estado social[25].

Sin embargo, y arrastrando una deficiencia que, según explicamos, estuvo presente durante la primera mitad del siglo XX, esta evolución social avanzó a un ritmo más rápido que el grado de desarrollo de las propias instituciones, muy sobrecargadas por el crecimiento de cometidos estatales a la sombra del ingreso petrolero. Esto puede explicar lo breve del experimento democrático, pues a los pocos meses de la elección de Rómulo Gallegos, en 1948, se produjo un nuevo golpe militar que extendió la dictadura hasta 1958.

El decenio 1948-1958 impidió avanzar en las instituciones democráticas, pero no detuvo el avance institucional del Estado venezolano, cuya dependencia del petróleo pasó a ser más predominante. Esto llevó a que las relaciones entre el ciudadano y el Estado formado entre 1908 y 1945 comenzasen a ser, cada vez con mayor frecuencia, relaciones jurídico-

---

[23] Para estas categorías, *vid.* North, Douglass, Wallis, John J., Weingast, Barry R., *Violence and social order. A conceptual framework for interpreting recorded human history, cit.*

[24] Carrera Damas, Germán, "El año 1° de la democracia venezolana", en *Rómulo Betancourt. Antología Política,* Volumen Cuarto, Fundación Rómulo Betancourt, Caracas, 2006, pp. 7 y ss.

[25] Brewer-Carías, Allan R. *Cambio político y reforma del Estado en Venezuela,* Editorial Tecnos Madrid, 1975, pp. 123 y ss.

administrativas, esto es, relaciones con la Administración Pública. No se trató de un caso aislado. Antes, por el contrario, para la segunda mitad del siglo XX el Estado evolucionó hasta el llamado Estado administrativo, esto es, aquel en el cual predomina el rol de la Administración Pública en la consecución de los cometidos públicos. De esa manera, en Venezuela, la formación del Estado administrativo es resultado del proceso de centralización alcanzado con la dictadura gomecista y el incremento de las demandas de la sociedad derivadas de la impronta de la industria petrolera[26].

Cuando en 1958 es derrocada la dictadura, Venezuela estaba ya organizada como un Estado administrativo centralizado en torno al ingreso petrolero. Sin embargo, las instituciones del Estado no solo eran jóvenes, sino que además, se habían formado bajo la distorsión del ingreso petrolero, que convirtió al Estado –como propietario de los yacimientos– en el principal actor de la economía. Luego, la incipiente democracia se edificó bajo un Estado administrativo centralizado y petrolero, que muy pronto degeneraría en Petro Estado en desmedro de las bases democráticas del Estado, pues la sociedad civil, lejos de organizarse libre y dependiente, se organizó cada vez con mayor dependencia al Estado[27].

Ahora bien, la formación del Estado administrativo derivó en el incremento de las disputas entre el ciudadano y la Administración Pública, las cuales fueron resueltas por el Poder Judicial a través de la incipiente jurisdicción contencioso-administrativa. Ello permitió a Allan R. Brewer-Carías descubrir, a inicios de la década de los sesenta, la existencia de un sistema de Derecho Administrativo oculto en la jurisprudencia y orientado a prevenir el abuso de poder de la Administración Pública. Se trató de un Derecho Administrativo formado a las sombras de regímenes autoritarios, sin los cuales difícilmente hubiese podido continuarse y consolidarse el proceso de centralización. Derecho Administrativo, en fin, resultado del incremento de disputas jurídico administrativas como consecuencia de la paulatina formación del Estado administrativo[28].

Además, este Derecho Administrativo fue analizado por Brewer-Carías y el resto de la doctrina que asumió su estudio luego de 1958, bajo el molde del régimen administrativo francés, esto es, un Derecho Administrativo basado en reglas exorbitantes del Derecho Común en las cuales la Admi-

---

26 El Estado administrativo es aquel cuyo centro de poder, preponderantemente, descansa en la Administración Pública, esto es, en la organización jerárquica a través de la cual el Poder Ejecutivo gestiona en concreto los cometidos públicos. El Estado administrativo, resultado de la expansión de los cometidos públicos, es una figura propia de mediados del siglo XX. Cfr.: Dwight, Waldo, *The administrative state. A study of the political theory of American public Administration,* Transaction Publishers, New Brunswick, 2007, pp. 65 y ss.

27 Bautista Urbaneja, Diego. *La renta y el reclamo,* Editorial Alfa, Caracas, 2013, pp. 38 y ss.

28 Para el contexto de esta obra, *vid.:* Hernández G., José Ignacio (coordinador), *Libro homenaje a las instituciones fundamentales del Derecho Administrativo y la jurisprudencia venezolana,* Editorial Jurídica Venezolana, Caracas, 2014.

nistración Pública cuenta con privilegios para la definición unilateral del interés general. Así lo había asumido la jurisprudencia desde la sentencia de la Corte Federal y de Casación de 5 de diciembre de 1944, caso Astilleros La Guaira, la cual creó la tesis del contrato administrativo, y con ello, la idea central del Derecho Administrativo en Venezuela, según la cual la Administración Pública puede quedar sustraída del Derecho Común –o sea, el Derecho Civil– para quedar sometida a un régimen jurídico especial y exorbitante. A partir de ese momento el Derecho Civil dejó de aplicar de manera general a la Administración Pública, y las leyes administrativas pasaron de ser leyes especiales a leyes que crearon un régimen exorbitante del Derecho Civil[29].

No se trató, sin embargo, de un Derecho arbitrario. Recordando a Rivero[30], el Derecho Administrativo en Venezuela también tenía prerrogativas en menos, ante las limitaciones impuestas a la Administración Pública en el marco del principio de legalidad y la universalidad de control de la jurisdicción contencioso-administrativa, incluso en relación con la potestad discrecional[31]. Esta construcción se vio reforzada en la década de los setenta e inicios de la década de los ochenta, en especial, con la Ley Orgánica de la Corte Suprema de Justicia que estableció las bases de la jurisdicción contencioso-administrativa[32] y la Ley Orgánica de Procedimientos Administrativos, que culminó el proceso de conquista de la Administración Pública por la Ley, incluso en el plano formal de la actividad administrativa[33].

## 5. El Petro-Estado, el sesgo estatista del Derecho Público y la crisis terminal del sistema político a la sombra del Derecho Constitucional autoritario populista

Tal y como hemos expuesto, la evolución del Derecho Administrativo estuvo marcada por la configuración de Venezuela como Petro-Estado. Siguiendo los trabajos de Terry Lyn Karl y Ross, entre otros, puede observarse cómo el paulatino incremento del control del Estado sobre la indus-

---

29 Hernández G., José Ignacio, "Hacia los orígenes históricos del Derecho administrativo venezolano: la construcción del contrato administrativo, entre el Derecho público y el Derecho privado", en *Boletín de la Academia de Ciencias Políticas y Sociales* N° 147, Caracas, 2009, pp. 39 y ss.

30 Rivero, Jean, "¿Existe un criterio de Derecho administrativo?", en *Páginas de Derecho administrativo,* Universidad del Rosario, Bogotá, 2002, pp. 33 y ss.

31 Brewer-Carías, Allan R. "Algunas bases fundamentales del derecho público en la jurisprudencia venezolana (Compilación)", en *Revista de la Facultad de Derecho,* N° 27, Universidad Central de Venezuela Caracas, 1963, pp. 143 y ss.

32 Véase la obra colectiva *El control jurisdiccional de los poderes públicos en Venezuela,* Instituto de Derecho Público, Caracas, 1979, pp. 15 y ss.

33 Ruan Santos, Gabriel, "La Administración y la Ley Orgánica de Procedimientos Administrativos", en *Revista de Derecho Público* N° 18, Caracas, 1984, pp. 57 y ss. En general, *vid.* Brewer-Carías, Allan R. *El Derecho administrativo y la Ley Orgánica de Procedimientos Administrativos,* Editorial Jurídica Venezolana, Caracas, 2003.

tria petrolera –fuente casi exclusiva de divisas por medio del ingreso petrolero– llevó a consolidar a Venezuela como un Petro-Estado, lo que agudizó los efectos del centralismo y del presidencialismo[34]. Especialmente luego de la nacionalización petrolera de 1975, la Presidencia de la República pasó a ser el operador, administrador y distribuidor del ingreso petrolero, todo lo cual trastocó el principio de separación de poderes. La primacía del Poder Ejecutivo quedó en evidencia por el régimen de excepción que, desde 1939, permitió a la Presidencia de la República regular e intervenir en la economía, incluso, por medio de Leyes habilitantes otorgadas por el Poder Legislativo[35].

Con lo cual, el Derecho Administrativo venezolano del siglo XX se vio impactado por dos fuerzas: *i)* su configuración sobre las bases del régimen administrativo que reconoce privilegios al Poder Ejecutivo y *ii)* el fortalecimiento del Poder Ejecutivo bajo el Petro-Estado sobre las bases del Estado centralizado formado bajo regímenes autocráticos. Inevitablemente ello llevó al Estado a convertirse en el principal actor de la economía, tanto en su rol de Estado empresario como en su rol de Estado regulador.

Para la década de los ochenta, este modelo estatista llevó al colapso de la economía, manifestado en 1983 cuando el Gobierno se vio forzado a devaluar la moneda en un intento de responder a la crisis en la balanza de pagos. Desde entonces, el desarrollo estuvo signado en Venezuela por un deficiente crecimiento económico, inflación e inequidad social[36]. Justo un año después de la crisis económica de 1983 se creó la Comisión para la Reforma del Estado (COPRE), lo que implicó el reconocimiento de que el Estado venezolano debía ser profundamente reformado[37]. Las propuestas, empero, no fueron implementadas: tan solo durante la segunda presidencia de Carlos Andrés Pérez (1989-1993) se avanzó en el proceso de descentralización, no solo dotando a Estados y Municipios autonomía sino además, permitiendo la elección democrática de sus autoridades[38].

Ahora bien, durante la década de los noventa el Derecho Público venezolano logró avances importantes de la mano del proceso de constitu-

---

34 Karl, Terry Lynn, *TheParadox of Plenty: Oil Booms and Petro-States,* University of California Press, 1997, pp. 44 y ss., y Ross, Michael *The oil curse: How petroleum wealth shapes the development of nations,* Princenton University Press, Princenton, 2012, pp. 47-58.

35 Brewer-Carías, Allan R. "El derecho de propiedad y la libertad económica. Evolución y situación actual en Venezuela", en *Estudios sobre la Constitución. Libro Homenaje a Rafael Caldera,* T. II, Universidad Central de Venezuela, Caracas, 1979, *cit.* pp. 1.154 y ss.

36 Hausmann, Ricardo y Rodríguez., Francisco, *Venezuela before Chávez,* The Pennsylvania State University Press-University Park, Pennsylvania, 2014.

37 Comisión para la Reforma del Estado (COPRE), *Antecedentes de la reforma del Estado,* Caracas, 1990, pp. 11 y ss.

38 Véase la obra editada por Brewer-Carías, Allan R. *Leyes y Reglamentos para la descentralización política de la federación,* Editorial Jurídica Venezolana, Caracas, 1990.

cionalización del Derecho Administrativo[39]. Lamentablemente los logros alcanzados por este cambio jurídico se vieron opacados por el avance de la crisis política.

El *gap* político, al cual antes nos referimos, lejos de cerrarse, se agravó, no solo como consecuencia de lo que Fukuyama llama el declive político[40] sino además, por la crisis económica que agravó las secuelas de la desigualdad.

Por ello, al final de esa década, el consenso apuntaba a que el modelo político pactado en 1958 y formalizado en la Constitución de 1961 había entrado en crisis terminal, como le denominó Brewer-Carías[41]. Esto lo supo aprovechar muy bien Hugo Chávez, quien luego de ser sobreseído en 1995, comenzó a elaborar un programa político autoritario-populista. Este discurso encontró eco en ciertos sectores de la sociedad venezolana pero en especial, en cierta dirigencia política y económica que quiso aprovecharse del discurso antisistema de Chávez para intentar un reacomodo de las fuerzas políticas.

La propaganda autoritaria-populista de Chávez se condensó en la idea de la asamblea nacional constituyente originaria. Solo el pueblo podía asumir directamente la soberanía para demoler las ruinas del Estado y edificar un nuevo pacto social. Luego de su elección en diciembre de 1998, Chávez logró avanzar en este proyecto, en parte, pues la Corte Suprema de Justicia, en enero de 1999, rehusó cumplir su rol de guardián de la Constitución y de manera ambigua, avaló la convocatoria de una asamblea nacional constituyente al margen de lo previsto en la Constitución de 1961[42].

Se trató, como advirtió Allan R. Brewer-Carías, de un golpe de Estado. Luego de la elección de la asamblea nacional constituyente –con una sobrerrepresentación de Chávez debido a la manipulación de las condiciones electorales– ésta asumió poderes originarios, o sea, absolutos, a los fines de intervenir los Poderes Públicos previstos en la Constitución de 1961 e incluso, interferir en la conformación de los nuevos Poderes Públicos previstos

---

39 Brewer-Carías, Allan R. "Bases constitucionales del Derecho administrativo en Venezuela" en *Revista de Derecho Público,* N° 16, Caracas, 1983, pp. 5 y ss., así como "Consideraciones sobre el contencioso administrativo como un derecho constitucional a la tutela judicial frente a la Administración", en *Revista de Derecho Público,* N° 49, Caracas, 1992, pp. 5 y ss.

40 Fukuyama, Francis, *Political order and political decay,* Farrar, Strauss and Giroux, New York, 2014, pp. 26 y ss.

41 Se trató (escribió Brewer-Carías) de "la crisis terminal del sistema político que fue instaurado a partir de los años cuarenta, y que montado sobre un esquema de Estado Centralizado de Partidos, tuvo como proyecto político la implantación de la democracia". *Cfr.*: *Cinco Siglos de Historia y un País en Crisis,* Academia de Ciencias Políticas y Sociales y Comisión Presidencial del V Centenario de Venezuela, Caracas, 1998, pp. 95 y ss.

42 Véase en general, para todo lo expuesto, a Rachadell, Manuel, *Evolución del Estado venezolano 1958-2015. De la conciliación al populismo autoritario,* Editorial Jurídica Venezolana-FUNEDA, Caracas, 2015.

en la Constitución sancionada en diciembre de 1999, que fue violada por el propio régimen de Chávez desde ese momento[43].

Esto permitió a Chávez concentrar poderes en torno a la Presidencia de la República, proceso que alcanzó un hito importante cuando en 2004 se dictó la *Ley Orgánica del Tribunal Supremo de Justicia,* con el deliberado propósito de controlar políticamente a la Sala Constitucional, órgano al cual le corresponde ejercer, con amplitud indebida, la jurisdicción constitucional[44].

Desde entonces, se fue adoptado lo que hemos denominado el Derecho Constitucional autoritario-populista[45]. Así, la doctrina ha analizado cómo los llamados regímenes híbridos o autoritarismos competitivos[46] usan y manipulan las instituciones constitucionales para avanzar en medidas autoritarias[47]. En el caso venezolano, ese autoritarismo fue agravado por el populismo de Chávez[48], basado en la permanente contraposición entre el "pueblo" y las "élites corruptas", que progresivamente comenzaron a estar formadas por toda la disidencia en contra de Chávez[49].

El signo distintivo de este Derecho Constitucional autoritario-populista fue la propuesta de reforma constitucional de 2007, por la cual Chávez intentó transformar a Venezuela en un Estado comunal, o sea, un Estado basado en organizaciones populares que supuestamente ejercen de manera directa la soberanía popular pero que, en realidad, dependen políticamente de Chávez y de su partido político, el Partido Unido Socialista de Venezuela (PSUV). Esta reforma fue rechazada en diciembre de ese año. Pero Chávez, valiéndose del control político de la Asamblea Nacional y, especialmente, de la Sala Constitucional, introdujo esa reforma por medio

---

43 *Golpe de Estado y proceso constituyente en Venezuela,* Universidad Autónoma de México, México, 2001, pp. 32 y ss.

44 La imprecisión de las atribuciones de la Sala Constitucional junto a su pérdida de autonomía, permitieron a esa Sala convertirse en el brazo judicial de implementación de las políticas autoritarias del socialismo del Siglo XXI. *Cfr.:* Brewer-Carías, Allan R. *Crónica sobre la "in" justicia constitucional. La Sala Constitucional y el autoritarismo en Venezuela,* Colección Instituto de Derecho Público-Universidad Central de Venezuela, Caracas, 2007.

45 Hernández G., José Ignacio. "Towards a Concept of Constitutional Authoritarianism: The Venezuelan Experience", en http://www.iconnectblog.com/2018/12/ towards-a-concept-of-constitutional-authoritarianism-the-venezuelan-experience/.

46 Levitsky, Steven y Way, Lucan. "The Rise of Competitive Authoritarianism", en *Journal of Democracy,* 13(2), 2002, pp. 51-65.

47 Ginsburg, Tom y Simpser, Alberto. "Introduction: Constitutions in Authoritarian Regimes", así como Tushnet, Mark, "Authoritarian Constitutionalism: Some Conceptual Issues", en *Constitutions in Authoritarian Regimes.* Cambridge University Press, Cambridge, 2018, pp. 1 y ss., y 36 y ss.

48 Para el marco conceptual del autoritarismo populista, *vid.* Norris, Pippa e Inglehart, Ronald. *Cultural Backlash: Trump, Brexit, and the rise aj authoritarian populism.* Oxford University Press, 2019, pp. 12 y ss.

49 Hernández G., José Ignacio. *Reflexiones sobre la Constitución económica y el modelo socioeconómico en Venezuela,* FUNEDA, Caracas, 2008, pp. 323 y ss.

de Leyes y sentencias, en un claro fraude constitucional que desmontó las instituciones del Estado de Derecho[50].

Este proceso de desmantelamiento gradual del Estado de Derecho se aceleró a partir de 2015, cuando tras el triunfo de la oposición democrática en la elección de la Asamblea Nacional, el régimen de Maduro adoptó una serie de decisiones autoritarias orientadas a impedir el ejercicio de las competencias de la Asamblea Nacional[51], proceso consolidado luego de la elección de la fraudulenta e ilegítima asamblea nacional constituyente en 2017[52]. Al año siguiente el régimen de Maduro organizó una fraudulenta elección presidencial[53] que fue desconocida no solo por la Asamblea Nacional sino por la comunidad internacional. Esto permitió que, a partir del 10 de enero de 2019, la Presidencia de la República fuese ejercida por el Presidente de la Asamblea Nacional en su condición de Presidente encargado, de conformidad con el artículo 233 de la Constitución[54].

## 6. La (re)construcción del Derecho Público venezolano

El lento proceso de desmantelamiento del Estado de Derecho comprueba la tesis de Acemoglu y Robinson[55], en el sentido que las instituciones extractivas (las reglas que violentan la propiedad privada fomentan el abuso de poder y la corrupción, y diezman a la sociedad civil) socavaron la capacidad estatal de Venezuela, lo que agravó la emergencia humanitaria compleja. En cierto modo, Venezuela ha vuelto al siglo XIX, en una especie de país archipiélago en el que se ha perdido el monopolio del ejercicio de la violencia legítima.

Por ello, la transición que inició el 10 de enero de 2019 tiene, en realidad, tres procesos de transición: *i)* de un Estado fallido y criminal a un Estado funcional y efectivo; *ii)* de un régimen autocrático a un régimen basado en la democracia constitucional y *iii)* de una economía centralizada y devastada a una economía social de mercado.

Restituir la capacidad del Estado venezolano para cumplir sus cometidos estatales requerirá construir un nuevo Derecho Público basado en la

---

50 Véase la obra colectiva *Leyes orgánicas sobre el poder popular y el estado comunal,* Editorial Jurídica Venezolana, Caracas, 2011.

51 Por todos, *vid.* Brewer-Carías, Allan R. *Dictadura judicial y perversión del Estado de Derecho,* Editorial Jurídica Venezolana, Caracas, 2016.

52 Brewer-Carías, Allan R. y García Soto, Carlos. *Estudios sobre la asamblea nacional constituyente y su inconstitucional convocatoria en 2017,* Editorial Temis, Editorial Jurídica Venezolana, Bogotá 2017.

53 Urosa, Daniela y Hernández G., José Ignacio. *Informe preliminar sobre la violación de las condiciones de integridad electoral en las "elecciones presidenciales" de Venezuela del 20 de mayo de 2018,* Caracas, 2018.

54 Véase el trabajo editado por Brewer-Carías, Allan R. *Transición hacia la democracia en Venezuela,* Editorial Jurídica Venezolana, Caracas, 2019.

55 Acemoglu, Daron y Robinson, James. *Why Nations Fail,* Crown Business, New York, 2012, pp. 70 y ss.

libertad general del ciudadano. Dos rasgos distintivos deberá tener ese Derecho Público:

En primer lugar, el nuevo Derecho Público en Venezuela debe replantear la relación entre Estado, petróleo y sociedad. Mientras Venezuela siga siendo un Petro-Estado los riesgos de la centralización y del presidencialismo estarán presentes. Desmontar los arreglos institucionales del Petro-Estado, por ello, es la primera condición necesaria para construir un nuevo Derecho Público en Venezuela centro en la libertad general del ciudadano y sú autonomía para satisfacer sus propias necesidades.

En segundo lugar, el nuevo Derecho Público no puede limitarse a organizar y limitar el ejercicio del Poder Público por medio de la separación horizontal y vertical de poderes y el establecimiento de un efectivo sistema de pesos y contrapesos. Además, el nuevo Derecho Público en Venezuela debe diseñarse para crear soluciones efectivas a la desigualdad económica, pero sin repetir los errores del estatismo y paternalismo propios del Petro-Estado, y por supuesto, obviando las arbitrariedades del populismo autoritario del Chávez y Maduro. Cerrar el *gap* político en Venezuela implica, por ello, construir un nuevo Derecho Público que, partiendo de la centralidad del ciudadano y la primacía de su libertad general, diseñe el marco institucional necesario para atender las causas efectivas de la desigualdad, y permita atender las causas que llevaron a Venezuela a una emergencia humanitaria compleja sin precedentes.

# LOS APORTES DE BREWER-CARÍAS EN LA CONSTITUCIÓN DE 1999

Cecilia Sosa Gómez[1]

Primeramente deseo expresar que mis inicios como abogado están marcados como investigador en el Instituto de Derecho Público, de la Facultad de Ciencias Jurídicas y Políticas de la Universidad Central de Venezuela, cuando su Director era Antonio Moles Caubet y Allan Randolph Brewer-Carías el Subdirector; de manera que me une al profesor Brewer-Carías muchos años de aprendizaje y afectos y, en particular, reconocer que escribe mucho y esas ideas que nunca las guarda han sido un ejemplo de trabajo para muchos abogados. Considero que, en muchas ocasiones, la crítica que se le hace a Randy -como se le llama cariñosamente- porque usa demasiado la pluma, es una crítica incorrecta; creo que, por el contrario, deberíamos aprender cuando tenemos una idea, cuando tenemos algo que decir hay que escribir y no guardar.

La ponencia escogida para este homenaje está referida a un tema que no recibe -a mi juicio- el reconocimiento que el profesor Brewer-Carías se merece. Me refiero fundamentalmente a los aportes que realizara a la Constitución de 1999 en el desarrollo del trabajo de la Asamblea Nacional Constituyente del mismo año. Si bien a él se le recuerda fundamentalmente por sus votos salvados, es decir sus alegatos cuando se sometía un artículo a la consideración de la plenaria con el que no estaba de acuerdo, disentía, lo consignaba por escrito además de expresarlo en la Asamblea; en consecuencia, parecería como si él hubiera escrito otra Constitución paralela en la conceptualización de la de 1999; y es por ello, que he escogido este tema con el objeto de desmitificar ese planteamiento.

Los aportes que Brewer hizo en la Constitución del 1999 son inmensos y, si bien es cierto que en muchas oportunidades las formas o las palabras que él utilizó para presentar algún texto o artículo no necesariamente fueron reflejadas en el texto sometido a votación, siempre quedó recogido el mensaje de su planteamiento; por eso quisiera resaltar y acabar con el mito de que Brewer-Carías sólo se dedicó en la Asamblea Nacional Constituyente a salvar votos en las discusiones del proyecto de Constitución de 1999.

---

1 Profesor visitante Cátedra Andrés Bello, Oxford, Inglaterra. Profesora de la Universidad Central de Venezuela y de la Universidad Católica Andrés Bello. Juez de la República (1985-1999), y Magistrado Presidente de la Corte Suprema de Justicia. Miembro de Número de la Academia de Ciencias Políticas y Sociales.

Con ese objetivo, me he propuesto resaltar un número de temas que por el contrario, han venido a ser el pilar fundamental de la Constitución de 1999, se trata de proposiciones presentadas por él, que inclusive fueron aprobadas en el desarrollo tanto en la primera como en la segunda discusión del texto constitucional.

Debe observarse que el solo hecho de que Brewer-Carías se mantuviera como constituyente en conocimiento de la oportunidad en que se produce el primer fraude electoral aplicado por el Consejo Nacional Electoral (el llamado Kino para elegir a los constituyentes); proceso electoral en el cual Brewer-Carías resultó electo, no tiene otra explicación el que se mantuviera en representación del pueblo en la Asamblea Nacional Constituyente –entiendo yo–, sino por su firme convicción de garantizar que la Constitución que resultara propuesta para su consulta popular fuera una Constitución Republicana.

He seleccionado los siguientes temas constitucionales para demostrar el trabajo intenso que realizó el constituye Allan R. Brewer-Carías, en aspectos esenciales de la Constitución de 1999, como son los siguientes: en primer lugar el aporte a los principios superiores de la Constitución consagrado en el artículo 2; en segundo lugar el Estado Federal Descentralizado consagrado en el artículo 4; en tercer lugar el tema de los Derechos Humanos consagrado en el artículo 19; en cuarto lugar el Derecho a la Participación Ciudadana consagrado en el artículo 62; en quinto lugar los Derechos Sociales con un énfasis particular en el tema de familia, niños y menores en el artículo 76 y en sexto lugar el tema de la Responsabilidad Patrimonial del Estado, artículo 140 constitucional.

He escogido igualmente tres votos salvados que, a mi juicio, serán puntales de una eventual reforma de la Constitución de 1999, como lo son el tema de la discusión de la doble vuelta (en aquella oportunidad para la elección de los Gobernadores); la estructura bicameral de la Asamblea Nacional; y, en tercer lugar, las propuestas al régimen socioeconómico.

El primer punto, –enfocándome nuevamente en las participaciones de Brewer-Carías– en las discusiones en la Asamblea Nacional Constituyente referidos a los valores superiores de su ordenamiento jurídico, la vida, la libertad, la justicia, la igualdad, la solidaridad y, en general, la preeminencia de los Derechos Humanos, la ética pública y el pluralismo político, de acuerdo al diario de debates octubre-noviembre del 1999, la autoría corresponde al constituyente Brewer-Carías como ponente de este artículo de la Constitución, el cual fue producido en el seno de la Comisión que redactó este Título, denominada Comisión Constitucional. Es el caso, que cuando él participa en la discusión de este artículo señala lo fundamental del concepto de Estado Democrático y Social de Derecho de y Justicia, y luego –también a texto expreso– la indicación de los valores superiores del ordenamiento jurídico y de la actuación del Estado, propuesta que es apoyada con los ajustes sugeridos por el constituyente Isaías Rodríguez. Es cierto que luego se agregó la palabra democrática a esos valores superiores, a lo que Brewer manifestó su acuerdo y, en segunda discusión del artículo, se suprimió la palabra pública para calificar a la ética; de esa manera quedaba incluida la ética ciudadana, funcionarial, y las personas jurídicas públicas y privadas.

El segundo punto: se refiere al Estado federal descentralizado como una propuesta que ya conocíamos del autor desde antes del proceso constituyente, asunto abordado y desarrollado en muchos escritos del profesor Brewer, refiriéndose al tipo de Estado que debía regir para Venezuela. Es atractivo e interesante cómo originalmente fue propuesta (en el texto en discusión) en el seno de la Asamblea Nacional Constituyente que Venezuela sería un Estado Federal, el cual se regiría por los principios de integridad territorial y de cooperación, solidaridad, y concurrencia con responsabilidad.

Resulta interesante que el texto originario para discutir fuera ese, es decir un Estado Federal, y no federal en los términos que quedó consagrada en la Constitución; que fuéramos federal sin ningún otro calificativo, es decir que la línea marcada era verdaderamente llevarlo a ampliar las competencias de los estados, inclusive tributaria, otorgándoles autonomía, esto es, se pretendía un verdadero federalismo.

En este punto, el constituyente Pablo Medina planteó que, agregarle descentralizado, era más de lo mismo. En la oportunidad que interviene el constituyente Brewer-Carías, propone que la República de Venezuela sea un Estado federal descentralizado formado por las entidades políticas que derivan de la distribución del Poder Público en los términos consagrados en la Constitución y que se regirían por los principios comentados anteriormente agregándose las características señaladas; de allí que el artículo 4 constitucional de 1999 expresa que la República Bolivariana de Venezuela es un Estado federal descentralizado en los términos consagrados en la Constitución y rigen los principios de integridad territorial, cooperación, solidaridad, concurrencia y corresponsabilidad.

El tercer punto: se refiere al tema de los Derechos Humanos. El Título sobre Derechos Humanos y en particular el texto del artículo 19 de la Constitución de 1999, fue ajustado y rescatado de los términos elaborados por la Comisión Constitucional que hizo hincapié y se llevó a la plenaria con el siguiente texto: "El Estado garantizará a toda persona, conforme al principio de progresividad y sin discriminación alguna, el goce y ejercicio irrenunciable, indivisible e interdependiente de los derechos humanos"; y luego agregan que los tratados suscritos y ratificados por la República Constitucional tienen rango constitucional.

Para defender el texto de este artículo el constituyente Brewer-Carías llega a expresar una frase realmente dramática con el fin de preservar que lo propuesto no fuera modificado. Dijo: podríamos dejar esta sola norma y quitar el resto en la Constitución, al darle jerarquía constitucional a los tratados y rigidez constitucional.

Utilizando sus palabras de entonces, debemos destacar que el texto original que se sometió a discusión agregaba una frase que establecía que estos tratados no podrán ser denunciados por el ejecutivo nacional, solo "cuando resulte procedente", sin embargo, el texto original establecía una limitación al exigirse "solo con la aprobación de las dos terceras partes de los miembros de cada una de las cámaras". Este párrafo obviamente no aparece en la Constitución del 99, pero debemos reconocerle a Brewer-Carías otro pilar fundamental referido a la naturaleza jurídica que tienen los Derechos Humanos en la Constitución del 99 y el rango constitucional de los tratados de derechos humanos ratificados por la República.

El punto cuatro: está referido a un tema esencial, se trata del derecho a la participación. El artículo 62 de la Constitución del 99 es idéntico al texto propuesto en la primera discusión de la Asamblea Nacional Constituyente y a la propuesta del constituyente Brewer-Carías, su redacción quedó, tal y como fue presentado por él. No estoy segura si el profesor a quien se le rinde homenaje está consciente de cómo su participación preservó la República, la democracia y la esencia de los derechos humanos, materias que constituyen lo que se llama al núcleo duro de la Constitución. Durante la primera y segunda discusión del proyecto, de acuerdo a los documentos que recogen sus discusiones se observa que la Asamblea Nacional Constituyente parecía tener más interés en fortalecer o dar mayor importancia y presencia a los aspectos institucionales; pero lo cierto es que en aquella oportunidad Brewer-Carías (el artículo 62 actual) desarrolla unos aspectos argumentales que sostienen su apoyo al derecho a la participación como un nuevo enfoque constitucional y en particular con fuerza institucional en todos las instancias de poder público.

Brewer observó que la representación no puede ser sólo la representación de los partidos y alegaba dos criterios que surgen como esenciales para darle esa fortaleza, en primer lugar: él expresa el rechazo al sistema de partidos, dice que éstos se apropiaron, de acuerdo a su criterio de la participación ciudadana; y, en segundo lugar: él califica el otro elemento como el apoderamiento de la representatividad.

Estos dos aspectos que el constituyentista Brewer señala en el año 1999 siguen estando presentes en la política venezolana al día de hoy. Por último, expresa que en Venezuela nunca el pueblo puso a nadie, que los partidos impusieron su tesis, y él luchó por transformar un sistema centralista de partidos por un sistema descentralizado y participativo.

El punto quinto es el tema de los derechos sociales y, en particular, el debate que sostuvo en relación a la familia. Brewer-Carías invocó que toda Constitución tiene tres pilares: la Constitución Política, la Constitución de la persona, ciudadano y, en tercer lugar, la Constitución Económica y Social; y mantuvo el criterio de que la reserva legal que existe en materias diversas en la Constitución ha debido mantenerse o dejarse a la ley.

No sé si hoy, tanto años transcurridos haya sido más conveniente el establecimiento expreso en la Constitución de los límites constitucionales al Poder Legislativo en el sentido que debe cumplir con las garantías a los derechos humanos expresamente consagradas en el texto constitucional y constituyen limitaciones a su quehacer legislativo; porque realmente la transformación del sistema político que ha ocurrido es un sistema al margen, de hecho, completamente distinto a las normas constitucionales. Tal vez si se hubiera dejado todo a la ley (reserva legal) la situación estaría aún peor por cuanto no serían directamente inconstitucionales; aun cuando siempre se ha modificado el texto Constitucional a través de las otorgadas y mal llamadas leyes habilitantes, que ni siquiera cumplen las exigencias constitucionales propias de éstas, en cuanto a ser una ley de bases regulando la delegación de su contenido, ni el control de su ejecución por parte de la Asamblea Nacional.

En materia del grupo de familia, Brewer insiste en lo que le cuesta ver a la familia como una asociación (artículo 75), por cuanto el interés debe centrarse en el niño, dice que es necesario que el niño se proteja sin discriminación, con una protección integral desde su concepción hasta su completo desarrollo. Ese era su planteamiento, -insiste- en los derechos del niño desde su concepción. Si observamos el artículo 76 constitucional, así quedó establecido: la protección desde la concepción, además, se le agregó durante el embarazo, el parto y el puerperio. El artículo 78, por tanto, -como decía antes- aunque no hubiera una aceptación total de la propuesta de Brewer, sus razonamientos y argumentos -inclusive en la segunda discusión del Proyecto de Constitución- se incorporan al texto definitivo.

El punto seis: referido a la responsabilidad del Estado, en cuanto a la responsabilidad patrimonial del Estado no es mucho lo que se pueda agregar, por cuanto el artículo, que hoy es el artículo 140 de la Constitución, Brewer lo defendió (el que fue llevado a la plenaria) considerándolo un problema estrictamente jurídico, más cuando tenemos una tradición de irresponsabilidad del Estado -así lo dice el constituyente Brewer- y por ello esta norma, insiste, consolida el Estado de derecho en Venezuela.

Debo comentar que el énfasis del constituyentista Brewer a lo largo de toda sus intervenciones planteaba como una realidad el hecho de que habían muchas normas incumplidas en la Constitución del 61, es decir, observó que su participación en la Asamblea Nacional Constituyente era una participación verdadera del pueblo para con su cumplimiento y un compromiso de ciudadanía con el contenido y conocimiento del texto constitucional, y que no podía quedarse en una Constitución para que se quedara en la súper estructura institucional y en la aplicación de los políticos sin control ciudadano. Para controlar hay que conocer los derechos y las materias que se controlan. La Constitución no es sólo para el manejo de los políticos.

A mi juicio resulta muy elocuente los aspectos que no fueron acogidos por la Asamblea Nacional Constituyente, esto es, los votos salvados del constituyente Brewer-Carías, por cuanto ellos tendrán en su momento una trascendencia; me refiero a la discusión constitucional que se producirá cuando ocurra el restablecimiento de la vigencia de la Constitución de 1999. Es una realidad que el momento que se vive en Venezuela, aun cuando nadie quiera aceptarlo públicamente y con determinación, menos aún los políticos que la Constitución dejó de estar vigente. Por esta razón, cuando concluya esta situación política de no tener un texto constitucional en vigencia, y el Estatuto para la Transición a la Democracia, logre su objeto, como es restablecerla, estos temas será fundamental discutirlos abierta y públicamente.

Quisiera retomar dos temas ya tratados en esta exposición y que necesariamente serán abordados cuando se discutan los temas constitucionales: uno, que resulta llamativo que dentro de la concepción de que Venezuela al fin iba a ser un Estado Federal, por cuanto el Estado federal descentralizado quedó como el disfraz de un Estado Unitario, y este punto está unido al voto salvado del constituyente Brewer cuando apoya la propuesta de la doble vuelta de la elección del gobernador, es decir la federación. El proyecto de norma establecía que el gobernador era elegido por un periodo de cuatro años por mayoría absoluta de votantes y, si ningún candidato obtenía la mayoría, se celebraba una nueva votación entre 30 y 45 días siguientes y participarían los dos que hubieran tenido la mayor alta votación y podía ser reelegido solo por el periodo inmediatamente siguiente. Esto acompañaba la autonomía de los estados como federación.

El constituyente Brewer lo consideró un cambio institucional de una democracia de mayoría. y apoyo la doble vuelta para elegir gobernador. Es el caso que este precedente sería importante aplicarlo igualmente para elegir al presidente de la República. Esta proposición no quedó en la Constitución del 99, pero –insisto– será un tema obligado en una reforma constitucional cuando se restablezca la vigencia de la Constitución del 1999 junto a la supresión de la reelección indefinida.

En la discusión sobre la doble vuelta la Asamblea Nacional Constituyente cuestionó la reelección indefinida y no se aceptó la propuesta, por considerarse en la Plenaria que los partidos pequeños, al haberse consagrado que el Estado no financiaba partidos, no iban a tener ninguna oportunidad ni posibilidad de ir a una segunda vuelta.

En cuanto al tema de la bicameralidad de la Asamblea Nacional, argumenta Brewer-Carías, que es esencial en un sistema federal, una forma de participación de las entidades territoriales en el gobierno nacional, la política nacional o en las relaciones son intergubernamentales y por eso es la participación de las entidades federales en el proceso político nacional la necesidad de las dos Cámaras.

La propuesta del texto constitucional tenía el siguiente texto –el cual parece muy sensato–: el Poder Legislativo se ejerce por la Asamblea Nacional que estará integrada por dos cámaras, es esa la propuesta originaria de la primera discusión a la consideración de la Asamblea, dos cámaras, la cámara de diputados representaría al pueblo y la cámara federal representaría a los estados. Luego de la discusión, 70 constituyentes votaron por la unicameralidad y 49 constituyentes votaron por la bicameralidad, desde luego, el constituyente Brewer-Carías salva su voto y la esencia del argumento es que, si en el pasado el Senado no cumplió la función de representar a los estados fue por no haber tenido un efectivo estado federal y, además, por la mediatización de los partidos políticos, eso no le pareció una razón para eliminar su representación en la Asamblea Nacional.

Por ello Brewer critica el hecho de que el Senado en el pasado no haya cumplido la labor en la Constitución del 61 de ser representación de los estados, ello no obsta para que se genere en la segunda discusión del texto de la Constitución el cambio a una sola cámara, eliminando a los estados su representación en la Asamblea Nacional. Brewer-Carías sostiene que se perdió toda claridad en el procedimiento para la elaboración de las leyes.

El último punto se refiere también a un voto salvado muy bien razonado que tiene que ver con la regulación en materia económica, el Título en la Constitución es Sistema Socioeconómico, en el cual se consagran los principios que lo rigen, quedó establecido en el artículo 299 constitucional. La definición de los atributos del sistema socioeconómico, establecían la unión entre el poder público y la iniciativa privada para el desarrollo del país; lo que se cuestiona y resulta una antinomia es haber establecido la planificación centralizada en el Gobierno, lo que daba al traste con la voluntad constitucional de responsabilidad conjunta del sector público y sector privado; y lo sostuvo Brewer, como uno de sus elementos para generar el voto salvado.

Cuando se revisa el texto del artículo 299, se constata que es la primera vez que se establece constitucionalmente un régimen económico que no solo se refiere a los derechos de propiedad y libre iniciativa económica, sino que se crea un Título en la Constitución para ese fin. Seguramente es el tema que más irritó a quien para ese momento, era el Presidente de la República, Hugo Chávez, por cuanto de alguna forma esa norma reconoce al sector privado, su rol, y hace corresponsable del desarrollo del régimen socioeconómico, ya no solo al Estado sino a la iniciativa privada y los principios que rigen el régimen socioeconómico es de libre competencia, principios que no fueron incoados ni ejecutados por el sector económico privado.

Deseo concluir señalando que tenemos un Brewer-Carías constituyente, tenemos un Brewer-Carías que no solo salvó votos en la discusión de los artículos del texto constitucional en la Asamblea Nacional Constituyente; fue un pilar muy importante en el mantenimiento de los valores superiores de la República y en muchos otros temas como los de Derechos Humanos, piedra angular de toda la estructura de la Constitución y cambia fundamentalmente la relación entre la Constitución del 99 y la Constitución del 61.

Su aporte permanente fue el principio de alteridad al que invitó permanentemente cuando se discutían los derechos humanos que quedaron consagrados en la Constitución, obligando de alguna manera a los constituyentes a pasar de tan solo enunciar el derecho que se reconoce en el texto constitucional sino además a establecer y garantizar la forma en que el Estado tiene que garantizarlo, lo cual también se constituyó, obviamente, en un límite a la reserva legal (como ya lo señalamos) entendida más en la Constitución del 61 como una reserva legal amplísima dentro de la concepción de los derechos y creo que, ese principio de alteridad en el cual Brewer insistió mucho, permitió redactar las garantías que se consagran en cada uno de los derechos humanos, y sembró en la Asamblea Nacional Constituyente un parámetro sumamente importante de que, no solo se trata de garantizar un derecho, sino que también dentro de esa perspectiva tener a la otra persona –en este caso al Estado– a comprender esas reglas sociales y salvar las diferencias para poder ejecutarlas, cómo, en qué forma y quién asume en última instancia la responsabilidad de la garantía de los derechos, en cuya ausencia absoluta precisamente nos encontramos los ciudadanos venezolanos, estén dentro o fuera del país.

# LA CONTRIBUCIÓN DE BREWER-CARÍAS EN LA DEFENSA DE LA ASAMBLEA NACIONAL

Juan Manuel Raffalli Arismendi[1]

Esta exposición está enmarcada en este evento que es un especial homenaje por el cumpleaños del profesor Brewer-Carías, a quien le mando una sentida felicitación.

Y quizás, como parte del homenaje, me siento obligado con él a comenzar diciendo algo sobre el porqué el profesor Brewer está fuera del país, por un injusto proceso en su contra que comenzó en 2002, enmarcado en una serie de hechos jurídicos y políticos que él conoce mejor que nadie, y para su conocimiento general, yo recomiendo la lectura de una carta que el profesor Brewer-Carías le envió al Fiscal General de la República el 26 de septiembre del 2005, donde habla el hombre y habla el jurista, y desmonta todas las falacias urdidas en su contra, incluso falacias de opinión pública.

Porque la verdad verdadera es que el profesor Brewer, lejos de atentar jamás contra la Constitución de 1999, de la cual fue uno de los aportantes más valiosos en ese proceso constituyente donde la oposición prácticamente no estaba representada, se ha convertido precisamente en una especie de paladín en la lucha por el orden constitucional que ha sido erosionado desde el poder en Venezuela.

A esto ha dedicado el profesor Brewer, sobre todo en los últimos tres años, una gran cantidad de tiempo y de trabajos muy interesantes publicados incluso, buena parte, de ellos en su página web en internet Allanbrewercarias.com, la cual además recomiendo enormemente que la visiten por el profuso material que hay allí, producto de su obra jurídica.

Además, también en la Revista de Derecho Público, entre otros medios de publicación, el profesor Brewer ha escrito como dije, especialmente desde 2016 a esta parte, defendiendo a tambor batiente a la Constitución del 99.

Sería difícil reseñar todos los tópicos tratados por él, defendiendo el texto constitucional, por lo que me quiero enfocar en lo que para mí es muy importante, que es la defensa del Parlamento, la defensa de la Asamblea Nacional que es el órgano más representativo de la voluntad del pueblo, y que ha sido deliberadamente desconocida por una componenda en-

[1] Profesor de la Universidad Católica Andrés Bello, de la Universidad Monteávila y del Instituto de Estudios Superiores de Administración, Caracas.

tre el Poder Ejecutivo y Poder Judicial, que el profesor Brewer ha denunciado enfáticamente dentro y fuera del país desde sus primeras actuaciones en enero del 2016.

Me voy a referir entonces a este material del profesor Brewer de 2016 hasta 2019 a relación a la Asamblea Nacional, y para ello voy a dividir mi exposición básicamente en cuatro grandes áreas: la primera, es el desconocimiento de la Asamblea Nacional en cuanto a sus competencias y a la usurpación de funciones de la cual ha sido víctima nuestro parlamento y digo nuestro porque es el parlamento que votamos todos los venezolanos en 2015; la segunda, es la imposición inconstitucional de normas de funcionamiento a la propia Asamblea Nacional; la tercera, sobre los ataques a la composición orgánica de la Asamblea Nacional, y muy especialmente a los diputados; y la cuarta, finalmente, se refiere a esa especie de ente –porque yo no sé cómo catalogarlo–, que para mí no es un poder ni mucho menos, que es la ilegítima Asamblea Nacional Constituyente cuyo único propósito ha sido suplantar las funciones de la Asamblea Nacional.

Si empezamos con el tema de las competencias, el profesor Brewer se refiere a ello, desde el mismo momento en que se produce la nefasta sentencia del 9 de enero de 2016, que se produce en relación al inicio del proceso de elección de los magistrados del Tribunal Supremo, por parte a la Asamblea Nacional legítimamente electa, tratando evidentemente de remover de sus cargos a los llamados magistrados exprés que habían sido designados de una manera absolutamente inconstitucional, por una asamblea que estaba feneciendo pues estaba en los últimos días de sus funciones.

En esa sentencia del 9 de marzo, en palabras del profesor Brewer, se elimina la potestad de revisión y autocontrol de la Asamblea Nacional en cuantos sus propios actos, y le impide elegir a los magistrados del Tribunal Supremo de Justicia, en una fase además que ya estaba avanzada en la tarea del comité de postulaciones judiciales.

Pero además, en esta sentencia es cuando comienza a brillar en todo su esplendor el nefasto recurso autónomo de interpretación constitucional en este caso se interpretaron los artículos 136, 222, 223 y 265 de la Constitución. El profesor Brewer ha asumido, junto con otros destacados juristas venezolanos, una denuncia permanente sobre la existencia de este recurso de interpretación en forma autónoma, por vulnerar, entre otras cosas, todo el sistema de control constitucional tanto concentrado como difuso, y generar como resultado una Constitución a la medida fraguada no desde el texto constitucional sino desde los magistrados de la Sala Constitucional.

Esa sentencia N° 9 indica el inicio del desastre, por decirlo así, y además, como bien lo indica el profesor Brewer, se refiere a unos conceptos incluso políticos que en el fondo lo que hacen es desconocer la voluntad del pueblo y las competencias tanto el punto de vista legislativo como desde el punto de vista de control e investigación sobre el Poder Ejecutivo. Es, sin lugar a dudas, un hito en esta erosión y degradación del orden constitucional en Venezuela que hemos presenciado en los últimos años.

El profesor Brewer luego se refirió al decreto 2309 de 1 de marzo de 2016, el cual en virtud de esa sentencia N° 9, fue dictado por el Presidente para simple y llanamente restringir y hasta suspender la posibilidad de que la Asamblea Nacional emitiera voto de censura y que, incluso, pudiera hacer comparecer ante la Asamblea a los funcionarios de la Administración Pública en uso de sus competencias constitucionales de control.

Luego, se destaca otra sentencia muy importante, que es la sentencia del 16 de mayo de 2016 mediante la cual, como dice el profesor Brewer, se aniquiló definitivamente la potestad de legislar de la Asamblea Nacional, dado que el Tribunal Supremo le impidió a la Asamblea Nacional poder reformar la Ley Orgánica del Tribunal Supremo de Justicia.

Luego el profesor Brewer se refiere profusamente al tema del decreto de estado de excepción que está en el decreto 2323 del 13 de mayo del 2016, y que se ha prorrogado de manera insólita hasta ahora, lo cual indica que ya no es una excepcionalidad. Durante casi ya más de tres años se ha prorrogado trimestralmente, y se ha utilizado el fraude a la Constitución. Se ha querido darle constitucionalidad a través de la Sala Constitucional, cuando se trata de un decreto que, como bien denuncia el profesor Brewer, no tiene ninguna limitación ni referencia material, sino que prácticamente es un decreto general que implica casi una especie de delegación de la función legislativa que el presidente de la República se hace a sí mismo, y no solo en materia económica, porque es un decreto basado en emergencia económica, sino en otra serie de materias. Ello ha llevado a que durante todos estos años Nicolás Maduro haya usurpado funciones que naturalmente corresponden a la Asamblea Nacional.

Una curiosa crónica del profesor Brewer, del 21 de junio de 2016, es a la referida a las opiniones políticas de la Asamblea Nacional. Allí el profesor se refiere a los Acuerdos parlamentarios del 10 y 31 de mayo del 2016 que fueron anulados por la Sala Constitucional y cuyo objeto era pedir a la comunidad internacional que se pronunciaran sobre lo que estaba ocurriendo en Venezuela, sobre todo en relación con el parlamento, y además, se le daba apoyo al secretario general de la OEA para que pidiera una reunión del Consejo Permanente de la Organización.

Pues bien, ese fallo al que se refiere el profesor Brewer, anulatorio de los Acuerdos del 10 y el 31 de mayo de 2016 de la Asamblea Nacional, implicó coartarle a la Asamblea Nacional la posibilidad misma de emitir opiniones políticas mediante Acuerdos parlamentarios sin forma de ley, lo cual constituye no solo un atentado contra el ejercicio de su función natural por parte de la Asamblea, sino que además cercena su libertad de expresión como cuerpo.

Obviamente también en el tema de las competencias, el profesor Brewer se refirió, nada más y nada menos, a la sentencia 808 del 2 de septiembre de 2016, que es la nefasta sentencia que se produjo por vía de una ilegal e inconstitucional declaratoria y amplificación de otra sentencia para eliminar cualquier acto del parlamento, incluso hacia el futuro, basado en el tema del desacato en que supuestamente habría incurrido la Asamblea Nacional respecto de un amparo cautelar dictado por la Sala Electoral. Esa sentencia constituye, quizás, de las aberraciones más grandes de la Sala, pero, además, de las píldoras venenosas con más poder de que se ha valido la Sala Constitucional para maniatar a la Asamblea Nacional.

Y así lo ha denunciado el profesor Brewer en este comentario del 21 de octubre del 2016. En esta crónica, el profesor se refiere también a la sentencia N° 810 del 21 de septiembre del 2016, la cual además tiene la particularidad de que permite que nada más ni nada menos que el proyecto de Ley de presupuesto anual, no sea aprobado ni presentado a la Asamblea Nacional, sino que fuera pasado a la ilegítima Asamblea Nacional Constituyente.

Luego, hay un segundo bloque, como decía antes, que se refiere al funcionamiento interno de la Asamblea Nacional. Y aquí nuevamente el profesor Brewer, refiriéndose a la sentencia N° 9 del 1 de marzo del 2016, y a la inefable figura del recurso de interpretación abstracta de la Constitución, destaca cómo dicha sentencia, ni más ni menos, declara inconstitucional una serie de normas del Reglamento Interior y de Debate de la Asamblea Nacional. Ese instrumento normativo únicamente puede ser dictado por la propia Asamblea.

Sin embargo, la Sala Constitucional en ese mismo fallo, como bien lo denuncia el profesor Brewer, pretendió dictar normas sobre el funcionamiento y el ejercicio de las funciones de control de la Asamblea Nacional sobre el gobierno y Administración Pública, que están prevista en la Constitución. Es decir, la sentencia desconoce la autonomía contralora y de investigación de la Asamblea, como función que le corresponde privativa y constitucionalmente, habiéndose así, producido uno de los más insólitos atentados contra el principio de separación de los poderes. La sentencia constituye, a no dudarlo, una intromisión inaceptable del Poder Judicial en el Poder Legislativo nacional.

Finalmente, el profesor Brewer se refiere también, en cuanto a la Asamblea, a lo que han sido atentados del punto de vista orgánico, es decir, a los individuos que conforman el Poder Legislativo Nacional, a los diputados electos popularmente. Y ello lo hizo la Sala Constitucional partiendo precisamente de esa inefable sentencia N° 260 de la Sala Electoral del 30 de septiembre del 2015, mediante la cual, con base en una prueba irregular ilegalmente obtenida y muy acomodaticiamente la Sala Constitucional partiendo de un supuesto hecho público notorio y comunicacional, suspendió en el ejercicio de sus funciones a los diputados proclamados por el estado Amazonas.

Allí, el profesor Brewer no solo se refiere a la ilegalidad de esta prueba obtenida de una manera absolutamente irregular, a través de una supuesta conversación telefónica grabada por alguien sin autorización judicial, sino que además el profesor Brewer señala que al no haber pruebas, al no haber ningún elemento de peso contundente para suspender en ejercicio sus funciones a diputados debidamente proclamados por el Consejo Nacional Electoral, se estaba atentando contra la voluntad del pueblo que se expresó en diciembre de 2015.

Así, en un proceso contencioso electoral absurdo que, por cierto, ya tiene casi 4 años de actividad, es decir, vamos a terminar el periodo constitucional de la Asamblea Nacional y todavía no ha habido una decisión de fondo, porque esta sentencia 260 de la Sala Electoral es la base para haber eliminado, con ayuda de sentencias sucesivas, las competencias de la Asamblea Nacional.

En esta misma línea el profesor Brewer continuó con el tema de los diputados y advirtió, ya desde el 2016, cómo se estaba pretendiendo aplicar a los diputados la doctrina sentada en 2014 en las sentencias en los casos de los alcaldes Ceballos y Scarano, mediante las cuales esos alcaldes, por vía de desacato, fueron despojado de sus cargos; se le revocó el mandato y, además, fueron enjuiciados e inclusos encarcelados mediante una usurpación evidente incluso de la jurisdicción penal.

Siguiendo con esta línea de los atentados en contra los diputados, el profesor Brewer también en septiembre del 2016 se refirió a la sentencia de la Sala Constitucional que anuló la ley sobre actividades del oro aprobada por la Asamblea Nacional, con el agravante de que la consideró nula por el hecho de tratarse de un acto ulterior dictado con la presencia de los diputados del estado Amazonas, la insólita nulidad de actos futuros. Además, debido a que se trataba de legislación relativa a las actividades relacionadas con el oro, la cual habría podido implicar daños al patrimonio público, la sentencia acordó que se enviara el expediente a la Contraloría General de la República, órgano que ha sido un verdugo del derecho a la participación política mediante decisiones que han implicado inhabilitaciones administrativas para postularse a cargo de la elección popular. La sentencia también se envió a la Procuraduría General de la República para que se evaluara junto con el Ministerio Público los posibles ilícitos penales. O sea, ya venía ocurriendo desde 2016, este intento ya no solo de vaciar de sus competencias funcionales a la Asamblea Nacional sino atacar a sus diputados.

Luego también, el profesor Brewer, con base a la misma nefasta sentencia N° 808 de la Sala Constitucional que declara la nulidad incluso de actos futuros, se refirió a la sentencia 2 del 11 de enero del 2017 donde se anuló el nombramiento de la Junta Directiva de la Asamblea Nacional para su segundo periodo anual; es decir, insólitamente, ya no solo la sala Constitucional impuso normas sobre el funcionamiento de la Asamblea Nacional, sino que impidió que la misma pudiera dictar, o mejor dicho, decidir –cómo lo ordena la Constitución al otorgarle la facultad de manera exclusiva–, quienes serían los diputados encargados de ejercer la dirección del funcionamiento de la Asamblea desde su junta directiva.

Luego también se refirió el profesor Brewer a la acción de nulidad, declarada inadmisible, que generó incluso después de haber sido declarada la inadmisibilidad, un *obiter dictum* una interpretación del artículo 233 de la Constitución, contra la decisión de la Asamblea Nacional que había determinado la responsabilidad política y el abandono de cargo por parte del Presidente de la República. Aquí se destaca algo muy importante y es que el profesor Brewer hace un análisis sobre lo que realmente debe interpretarse como abandono del cargo más allá de la simple interpretación de la Sala Constitucional pretendiendo relativa a la renuncia o separación incluso material del cargo. Aquí Brewer ve el tema de la dejación de sus competencias por parte del Presidente de la República y sus efectos.

Lo que realmente es insólito, de esta decisión de la Sala Constitucional, es que no solo declara esa nulidad, sino que además considera que esa decisión de la Asamblea de acordar o decretar el abandono del cargo por parte del Presidente intenta contra la forma republicana de gobierno, y es calificada como un delito de conspiración, por lo que se envían las actas procesales al ministerio público para que enjuiciara a los diputados del bloque de la unidad democrática.

Un último punto al cual el profesor Brewer también dedica a tambor batiente una denuncia, es en relación con las famosas sentencias 155 y 156 de marzo de 2017, dictadas por la Sala Constitucional. La primera de ellas, la sentencia 155, estableciendo casi que un estado de excepción por vía judicial, con posibilidades incluso de aplicar la justicia militar a los diputados; y la segunda, sentencia 156, estableciendo en líneas generales la posibilidad que el Presidente de la República, sin autorización de la Asamblea Nacional y solo con una simple notificación al Tribunal Supremo de Justicia, pueda celebrar contratos para la constitución de empresas mixta en el área de hidrocarburos, obviando lo que establece la Constitución en materia de contratos de interés nacional y, por supuesto, el texto de la propia Ley Orgánica de Hidrocarburos que establece la autorización parlamentaria como requisito previo para este tipo de convenios.

Hay algo muy importante en relación con estas dos sentencias y es que las mismas generaron toda una serie de protestas y una situación de conmoción interna, por decirlo de alguna manera, que la gente se volcó a las calles. En ese momento, el Presidente de la República convocó a una reunión del Consejo de Seguridad de la Nación con presencia del Tribunal Supremo de Justicia, y de una manera como el profesor Brewer lo denuncia muy bien y califica de bizarra se produjo la modificación de esas sentencias, violándose el artículo 252 del Código de Procedimiento Civil y las disposiciones de la Ley Orgánica del Tribunal Supremo de Justicia que exigen que la Sala Constitucional en este tipo de casos, debe actuar a instancia de parte. La Sala terminó modificando las decisiones cautelares contenidas en las sentencias, "revocando" parcialmente las más difíciles y complicadas partes relacionadas con la usurpación de funciones de la Asamblea Nacional por parte del propio Presidente de la República y del propio Tribunal Supremo de Justicia.

Posteriormente, el profesor Brewer ha seguido con sus reiteradas crónicas, la última de ellas referida a las medidas cautelares y al enjuiciamiento potencial del diputado Juan Guaido, Presidente de la Asamblea Nacional, contra quien se dictaron medidas cautelares a través de una sentencia cuyo texto es casi que un misterio bien guardado, pues con la misma no se han cumplido los requisitos de publicidad, ni del texto de la sentencia ni de un voto disidente.

Todos estos ataques judiciales a los parlamentarios, a los que el profesor Brewer se ha referido con mucho énfasis y con argumentos jurídicos irrefutables, denunciándolos, lamentablemente se han concretado y hoy en día, como sabemos, tenemos más de treinta diputados exiliados, asilados o *sub iudice*.

Finalmente, el profesor Brewer dedica una amplia parte de sus trabajos y de sus crónicas de 2016 a esta fecha, a analizar la ilegítima Asamblea Nacional Constituyente convocada en 2017 a través de un mecanismo absolutamente inconstitucional, como fue un decreto dictado por Nicolás Maduro.

Brewer se refirió de manera profusa a las bases comiciales que violaban incluso lo relacionado a la representación proporcional de las minorías en la conformación de un cuerpo colegiado que supuestamente debería obedecer una representación popular, destacando siempre que ese ha sido el ente que se ha encargado, a título de supuesto parlamento paralelo, de asumir competencias de la Asamblea Nacional.

El profesor Brewer de manera enfática, reiterada y contundente señala lo que todos saben, pero que es bueno siempre enunciar, y es que esa Asamblea Constituyente no tiene la supra constitucionalidad que se le atribuye. La Constitución del 1999 sigue vigente; y en ella no está dentro de las funciones de una Asamblea Constituyente, como la ha venido denunciando el profesor Brewer, limitar o cercenar las competencias de los otros Poderes Públicos, en tanto no interfieran con su única misión que es redactar una nueva constitución.

Sería muy extenso continuar analizando todos los puntos y hechos que el profesor Brewer ha denunciado destacando de forma sistemática sobre la degradación ocurrida del orden constitucional en Venezuela, desde el poder. Nuestra intención, con esta intervención ha sido, precisamente rendirle tributo al profesor Brewer y destacar esa actitud crítica de él, y, de nuevo, con motivo a su cumpleaños, hacerle un justo y merecido homenaje.

Por eso, rememorando de nuevo el planteamiento inicial sobre el año 2002, Allan Brewer Carías nunca ha atentado contra la Constitución, como se ha pretendido hacer ver, sino que se ha constituido en uno de los grandes paladines en su defensa, por lo cual todos lo tenemos que agradecer, y en especial, quienes hemos tenido la fortuna de estar influenciado por su doctrina, por su conocimiento e inclusos por sus formas de abordar los problemas jurídicos y de explicarlos.

Así que profesor Brewer, muchas gracias y le deseo que cumpla muchísimos años más.

# LA DEMOCRACIA, EL DERECHO DE PARTICIPACIÓN CIUDADANA Y LA ADMINISTRACIÓN PÚBLICA, EN EL PENSAMIENTO DE ALLAN R. BREWER-CARÍAS

Cecilia Sosa Gómez[1]

## Introducción

Estas notas referidas a temas de derecho administrativo evidencian la evolución y perfeccionamiento de criterios que, a través de los años, caracterizan el trabajo académico permanente del profesor Allan R. Brewer-Carías.

He tomado de su inmensa producción escrita un trabajo que él elaboró para el Congreso Iberoamericano sobre Sociedad, Democracia y Administración, celebrado en 1983 titulado "Democracia, Sociedad y Administración Pública. Algunas reflexiones sobre el caso venezolano" y he procedido a contrastarlo con uno reciente también de su autoría, titulado "La Configuración del Contencioso Administrativo como un Sistema de Justicia en el Derecho Comparado Latinoamericano", publicado en la Revista de Derecho Público N° 159/60 de 2019 con la finalidad de mostrar cuál es a mi juicio, el núcleo central de su obra en el campo del Derecho Administrativo: el acceso a la justicia administrativa como derecho de toda persona, sea que ella accionen ante la Administración o ante la Jurisdicción Contenciosa Administrativa.

## 1. Los condicionamientos económicos y sociales de la Administración Pública

Dice Brewer-Carías en 1983 que la Administración Pública es el instrumento por excelencia de la acción política del Estado, pues los organis-

---

[1] Abogado graduado en la UCV. Doctor en Derecho Universidad Paris 1, La Sorbona. Investigador adscrito al Instituto de Derecho Público, UCV. Director del Centro de Investigaciones Jurídicas, UCAB. Profesor visitante Cátedra Andrés Bello, Oxford, Inglaterra. Profesor de la Escuela de Derecho de la Facultad de Ciencias Jurídicas y Políticas de pre y postgrado de la UCV, UCAB y UAM. Juez de la República desde 1985 hasta 1999. Magistrado Presidente de la Corte Suprema de Justicia. Presidente de la Organización de Cortes Supremas de las Américas. Miembro de la Comisión Andina de Juristas. Director Ejecutivo de la Organización Venezuela Progresa en Libertad (veporlibertad) desde 1999. Directora Académica del Bloque Constitucional de Venezuela. Miembro de Número de la Academia de Ciencias Políticas y Sociales.

mos que la integran tienen a su cargo la ejecución de los fines de la sociedad en un sistema democrático.

Desde esa época Brewer ya marcaba la pauta en identificar globalmente como fin del Estado el desarrollo social, económico y político; insistía en que además del desarrollo económico éste debe abarcar una equitativa redistribución del ingreso y de la riqueza para lograr el bienestar a través de la elevación del nivel de vida de la población, la protección del ambiente, la utilización plena de los recursos humanos, con la mejor utilización de los recursos naturales en beneficio colectivo, y en especial con la sustentación de un orden democrático como medio de asegurar los derechos y la dignidad de los ciudadanos.

En 1976 el sector público representaba el 42,1 % del producto territorial bruto de nuestro país, ello luego de la nacionalización de la industria petrolera; razón por la cual el Consejo de Economía Nacional desde 1972 revelaba que el Estado venezolano tenía una elevadísima capacidad financiera, incluso respecto a países industrializados; y con una dimensión que representaba un condicionante importantísimo en la Administración Pública.

Sin embargo, advierte Brewer que frente a la crisis económica que afectaba a todos los países latinoamericanos, incluyendo a Venezuela, las causas de la situación precaria en lo económico y social las identificaba así: la deuda externa tanto pública como privada llegó a niveles sin precedentes y de los más altos de América Latina; la tasa de desempleo aumentó considerablemente; el país comienza a sentir los efectos de la inflación y los precios del petróleo no permitirían sin el esfuerzo al que estábamos acostumbrados, resolver aspectos de la crisis. Se hacía indispensable cambiar el patrón del gasto público, no solo reducir el gasto cortando los créditos presupuestarios a los entes públicos, sino modificar a una Administración formada durante décadas para el gasto y hasta el despilfarro, sin gerencia del Estado con criterios de escasez.

Resulta apasionante a la luz de la situación actual revisar los criterios políticos vertidos por el profesor Brewer en esta ponencia, referidos al liberalismo y al marxismo, lo que lo lleva a afirmar que el Estado venezolano no estaba controlado por una clase económica dominante, que lo utilice como dócil instrumento de explotación; resulta que hoy treinta y siete años más tarde tendríamos que aceptar que ello ha ocurrido, y el control está asociado a la corrupción, al lavado de dinero y al narcotráfico.

Expresamente nos refiere, de aquella época, que en el caso venezolano:

> La Administración Pública del Estado tiende así a convertirse en el instrumento de todas las clases, y si bien es cierto que algunos grupos económicos han tenido un relativo dominio respecto de las acciones y políticas de Estado, no es menos cierto que éste representa una autonomía específica que tiende a acentuarse, para ponerlo al servicio de los intereses generales y la justicia social.

Afirma Brewer en ese trabajo que el Estado venezolano "se nos ha venido configurando, como un Estado democrático y social de derecho", cuya Administración Pública debe conformar la realidad económica, social y política, con un papel activo y comprometido en esa conformación:

> Si la idea democrática debe ser consustancial al estado social de derecho y por ello hablamos de Estado democrático y social de Derecho, ello es en el sentido de que sólo debe perfeccionarse la democracia política, para que deje de ser un mero ejercicio quinquenal de elección de los gobernantes y se convierta en el medio de participación y organización de la sociedad, sino de que debe también lograrse la plena realización de la democracia económica y de la democracia social.

Por tanto, el profesor Brewer bajo la idea de democracia, considera que se debe conformar un sistema político, para hacerlo participativo, organizando al pueblo de manera que el hombre en sociedad supere la categoría de masa, es decir, debe democratizar la democracia política y deberá igualmente hacer efectiva una democracia económica, e instaurar una democracia social.

Este es el nuevo papel del Estado para Venezuela propuesto por Brewer en 1983: un Estado democrático y social de Derecho y por supuesto de su Administración Pública; en esta búsqueda y perfeccionamiento de la democracia política, económica y social, proponía ejecutar una serie de tareas que dieran origen a muchas facetas de su actuar.

## 2. El sometimiento de la Administración Pública a la legalidad

El papel de la Administración Pública como instrumento de acción política del Estado y eje del proceso de desarrollo, es la propuesta de Brewer-Carías en el año 1989; sin embargo, advierte: "nuestra Administración Pública se ha convertido en el mayor obstáculo al desarrollo". Y agrega: "lo lamentable es que ello se ha agravado y este convencimiento aún no lo tienen quienes se han movido en el terreno político". Decía aquél entonces: "necesitamos una Administración Pública efectiva, eficiente y eficaz", principios que fueron luego incorporados en la Constitución de 1999 y siguen incumplidos ahora por el régimen opresor que aún de hecho pervive en el país.

A mi juicio, en esencia las tareas de la Administración Pública planteadas por Brewer-Carías tienen un piso común, como es la Administración Organizadora la cual se expresa en la incorporación en su desempeño, de la responsabilidad del Estado en promover y establecer los canales de participación del pueblo en los procesos políticos y administrativos, tanto locales, como regionales y nacionales. El pueblo como vecino, como usuario, como consumidor, como trabajador, como artesano, como empresario, como profesional, no sólo debe ser oído y escuchado para conjugar los diversos intereses, sino que debe participar en el proceso de formación y toma de decisiones.

Entiende Brewer que además de calificarla como Administración Organizadora, desde el punto de vista político/social, también es una Administración de Libertades, no como un límite a la acción estatal y una protección frente a las intervenciones del Estado; se refiere al contenido material las libertades económicas y sociales, de más de las políticas e individuales, con formándose así la vía para la realización de las libertades y no el órgano o ente que se opone a las libertades. Por tanto, la misión de la Administración es hacer posible y efectivas las libertades públicas.

Insiste el autor en que la misión de la Administración, por sobre todo es, "que la consagración de derechos y libertades no convierta al pueblo en un mero sujeto de asistencia estatal"; agregando que, para garantizar esta efectiva administración de libertades y la propia participación, la acción de la Administración tiene que ser cada vez más transparente; sólo así la sociedad podrá controlar el rumbo de su acción.

## 3. La justicia administrativa

La evolución del Derecho Administrativo en América Latina tiene su génesis en el principio de legalidad de la Administración, es decir el sometimiento de sus acciones y decisiones a la ley; sin embargo, éste proceso se consolida al establecerse un sistema de control jurisdiccional de legalidad y constitucionalidad de los actos administrativos y demás actuaciones de la Administración.

El vínculo del trabajo comentado "Democracia, Sociedad y Administración Pública. Algunas reflexiones sobre el caso venezolano" y su reciente ensayo (2019) titulado "La Configuración del Contencioso Administrativo como un Sistema de Justicia en el Derecho Comparado Latinoamericano" está referido a la progresiva ampliación del concepto de Administración Pública y de la actuación pública, a los efectos de lograr la garantía judicial efectiva de los derechos constitucionales, no sólo desde el punto de vista procesal.

Ciertamente, Brewer insiste en este trabajo sobre justicia administrativa, en el progresivo sometimiento de la Administración Pública a la jurisdicción contenciosa administrativa, y ello a su juicio se debe, en parte, a los altibajos políticos inimaginables ocurridos en países de la región, dadas las recurrentes rupturas de la estabilidad constitucional, lo que ha impulsado, a su juicio, el establecimiento de mecanismos judiciales de control de la actividad misma.

En el caso de Venezuela, se estableció ese control mediante la Ley Orgánica de la Jurisdicción Contencioso Administrativa (2010), la cual pretende garantizar la conformidad con el derecho de los actos estatales, a través de la tutela judicial efectiva frente a la Administración y la progresiva ampliación del concepto de Administración Pública y de la actuación administrativa como objeto de control, con la flexibilización de la legitimidad activa para intentar los recursos y el agotamiento de la vía administrativa.

El vínculo entonces del cumplimiento de los procedimientos administrativos ante la Administración en ejecución de las leyes administrativas y los procedimientos judiciales para su control configuran un todo de la justicia administrativa.

Señala el profesor Brewer en ese estudio, que en el caso venezolano:

> La Ley Orgánica de la Jurisdicción Contencioso Administrativa (...) ha establecido un elenco de recursos y acciones que se han puesto a disposición de los particulares y de toda persona interesada, que les permite acceder a la justicia administrativa, lo que implica además del recurso de nulidad contra los actos administrativos de efectos generales o de efectos particulares, o contra los actos administrativos generales o individuales, con o sin pretensión patrimonial o de amparo constitucional, está el recurso por abstención o negativa de los funcionarios públicos a actuar conforme a las obligaciones legales que tienen; el recurso de interpretación; el conjunto de demandas contra los entes públicos de orden patrimonial o no patrimonial, incluyendo las que tengan por motivo vías de hecho; las acciones para resolver los conflictos entre autoridades administrativas del Estado; y las acciones destinadas a reclamos respecto de la omisión, demora o prestación deficiente de los servicios público.

Con estas previsiones legales queda definitivamente fuera de toda duda que están sujetos a control contencioso administrativo las actuaciones y los actos administrativos emanados de órganos y entes que no forman parte de la Administración Pública central y descentralizada y que integran otros poderes públicos dictados en función administrativa.

## Conclusión

Las referencias realizadas a los dos trabajos que se han contrastado en estas notas, con tantos años de diferencia del tiempo de su escritura, nos permiten concluir, cuando Brewer-Carías analiza a la Administración Pública como instrumento de la acción política del Estado y afirma que tiene a su cargo la ejecución concreta de los fines de la sociedad en un sistema democrático e identifica los condicionamientos económico-sociales a la acción administrativa globalmente, y como lograr el desarrollo económico, social y político ubicando los objetivos de desarrollo no sólo en lo económico sino también en lo social está implícitamente declarando el compromiso de todos los poderes públicos y entes político-territoriales con el cumplimiento de tales fines, cada uno en el área de su competencia y que todos se integran en el Poder Público, nacional, estadal y municipal.

De allí que la ampliación del concepto de Administración Pública y de quien puede dictar actos administrativos se desplaza del poder Ejecutivo hacia el resto de las funciones administrativas ejecutadas por órganos que pertenecen a la estructura del Estado, para ampliar el control de la función administrativa. Ya Brewer-Carías lo había planteado expresamente cuando en aquél trabajo de 1989 conectó a la Administración Pública con los fines del Estado.

El análisis precedente nos muestra claramente cómo se ha producido la evolución de la finalidad de la actuación del Estado Democrático de Derecho, la cual ha pasado de identificarse con el desarrollo económico y social de la Nación, a comprender y constatar que son las garantías del ejercicio de todos los derechos de la población, lo que hace posible el desarrollo y que de no cambiar esa visión se haría inalcanzable. Allí está el mensaje del profesor Allan R. Brewer-Carías.

Ahora bien, es necesario dejar establecido que la Administración Pública en Venezuela no dispone ni de los medios, ni los recursos humanos y materiales, ni de la mística democrática para asumir el cumplimiento de los fines del Estado, el régimen político usurpador no lo permite; y ante un sistema judicial destruido, la manera de avanzar en la confianza de los ciudadanos en la justicia administrativa es recomponerlo y ofrecer los medios alternativos que ayuden a resolver conflictos, mientras avanza la implantación del sistema de justicia con sus diferentes componentes, en cumplimiento de la Constitución y de la Ley.

# SOBRE LA DESTRUCCIÓN DEL "ESTADO DE DERECHO" (RULE OF LAW) Y LA DEMOCRACIA EN VENEZUELA (REFLEXIONES SOBRE UNA OBRA DE ALLAN R. BREWER-CARÍAS)

Jesús María Alvarado Andrade[1]

> "Es la libertad, ese bien tan grande y dulce, que cuando se pierde, todos los males sobrevienen y que, sin ella, todos los otros bienes, corrompidos por la servidumbre, pierden enteramente su gusto y sabor. Sólo a la libertad los hombres la desdeñan, únicamente, a lo que me parece, porque si la deseasen la tendrían: como si se rehusasen a hacer esa preciosa conquista porque es demasiado fácil", Étienne de la Boétie[2].

En las últimas casi dos décadas (1999-2016), destacados juristas en Venezuela han publicado densos estudios con relación al deplorable funcionamiento del Tribunal Supremo de Justicia, con un arsenal de críticas dogmáticas, teóricas y argumentativas[3], revelando el escaso compromiso de los jueces con el "Estado de Derecho" (*rule of law*) y la democracia.

Dentro de este esfuerzo, el profesor Allan R. Brewer-Carías ha descollado, pues se ha propuesto un programa de investigación dirigido a evidenciar como la Sala Constitucional del Tribunal Supremo de Justicia de Venezuela -en lo sucesivo SC/TSJ- desde sus inicios, ha contribuido a la mutación ilegítima del texto de 1999[4], en procura de hacerlo compatible

1 Profesor de la Universidad Francisco Marroquín, Universidad Central de Venezuela y Universidad Católica Andrés Bello.

2 *Discurso sobre la servidumbre voluntaria*, (trad. Max Flint), Cyngular, Caracas, 2016.

3 Con buen provecho teórico, Serviliano Abache Carvajal, *Sobre falacias, justicia constitucional y Derecho Tributario: del gobierno de las leyes al gobierno de los hombres: más allá de "la pesadilla y el noble sueño"*, Librería Álvaro Nora, Caracas, 2015.

4 Véase, Constitución de la República Bolivariana de Venezuela, *Gaceta Oficial* N° 36.860 de fecha 30 de diciembre de 1999, reimpresa –con una exposición de motivos inconstitucional– en *Gaceta Oficial* N° 5.453 de fecha 24 de marzo de 2000, enmendada en los artículos 160, 162, 174, 192 y 230, *Gaceta Oficial* N° 5.908 Extraordina-

con el desiderátum inconstitucional de un "Estado socialista" promovido desde el poder político.

La afirmación anterior puede resultar escandalosa para cualquier estudioso del Derecho comparado y de la *judicial review* occidental, dado el gran acuerdo con relación a la importancia que tiene y debería tener el control judicial de la constitucionalidad para la pervivencia del "Estado de Derecho" (*rule of law*) y la democracia, luego de las fatídicas experiencias de las guerras europeas y las experiencias dictatoriales de diversos contornos ideológicos en la región latinoamericana.

Sin embargo, ha sido ese acuerdo general occidental el que se ha roto en Venezuela, al punto que puede aseverarse que la ruptura con el Derecho constitucional liberal y democrático ha sido el rasgo característico del proceso político-venezolano (1999-2016).

Durante este proceso socio-político cuyas repercusiones –no causas– han sido parcialmente conocidas en el mundo, la SC/TSJ instituida en el documento de 1999 (arts. 7, 335 y 336) ha venido asumiendo competencias que no tiene constitucionalmente previstas. De igual modo, ha jugado un papel preponderante en la demolición institucional, al punto de arrogarse hercúleos poderes con el fin de favorecer los objetivos políticos del proyecto socialista con vocación totalitaria en curso.

Con la maestría que le caracteriza, Brewer-Carías, experto conocedor e investigador del Derecho constitucional y administrativo, ha dedicado parte de sus esfuerzos intelectuales a analizar el rol de la SC/TSJ en el proceso de demolición institucional. En su más reciente obra[5] titulada: *Dictadura Judicial y Perversión del Estado de Derecho. La Sala Constitucional y la destrucción de la democracia en Venezuela*, analiza las diversas sentencias proferidas en los primeros seis meses del 2016, período que abarca del 6 de diciembre de 2015 a junio de 2016, en los que la Asamblea Nacional (parlamento) ha sido anulado en sus competencias legislativas, deliberativas y de control político.

Centrado en el período antes mencionado, el autor escruta la estrategia fijada por el poder político, luego de que se dieran a conocer los resultados electorales de diciembre de 2015, en el que se materializó una de las

---

rio de fecha 19 de febrero de 2009. Véase Allan R. Brewer-Carías, "Comentarios sobre la ilegítima "Exposición de Motivos" de la Constitución de 1999 relativa al sistema de justicia constitucional" en *Revista de Derecho Constitucional,* N° 2, Editorial Sherwood, Caracas, 2000, pp. 47-59; y, "El juez constitucional al servicio del autoritarismo y la ilegítima mutación de la Constitución: el caso de la Sala Constitucional del Tribunal Supremo de Justicia de Venezuela (1999-2009)", en *Revista de Administración Pública*, N° 180, Centro de Estudios Políticos y Constitucionales, Madrid, 2009, pp. 383-318.

5 Decir obras "recientes" es una simplificación pues sabemos que el autor es un jurista muy prolífico, y cuando este trabajo salga publicado, seguramente la comunidad jurídica-nacional contará con nuevas obras del autor, e incluso, reediciones de obras pasadas sistematizadas para las generaciones jóvenes que desconocen las obras clásicas pioneras del Derecho público venezolano.

votaciones más significativas en favor de la democracia y del "Estado de Derecho" (*rule of law*). En efecto, con un casi 75% de participación ciudadana resultado de las ansias por vivir en libertad del pueblo de Venezuela, las fuerzas políticas opositoras al régimen actual lograron obtener los 2/3 de la conformación del parlamento, lo que ha sido revertido políticamente gracias a actuaciones concretas de la SC/TSJ quien se ha comportado como la cortesana de la "dictadura socialista".

La ausencia del deber de independencia e imparcialidad[6] en el ámbito de la justicia venezolana y de la SC/TSJ en particular, ha favorecido la edificación inconstitucional de un "Estado socialista". Al modo de cirujano, el autor disecciona las sentencias revelando todas las aviesas estrategias del Gobierno y del poder judicial como su secuaz, para maniatar a la Asamblea Nacional integrada por sectores democráticos, con el objetivo simple de mantener la hegemonía de las fuerzas políticas "revolucionarias".

El libro con sus distintas ediciones[7], no es una "crónica" periodística o un recordatorio de lo que aconteció en los primeros seis meses del 2016. Se trata, al contrario, de un estudio jurídico al modo de crítica jurisprudencial extensa que toma debida cuenta del "frío laboratorio de los acontecimientos pretéritos"[8] como destacaría el insigne Tocqueville, un pensador que ha ejercido gran influencia en su obra teórica.

La obra forma parte de una saga de obras precedentes[9] que explican exhaustivamente el rol que ha jugado el poder judicial en el afianzamiento

---

6 VV.AA., *Independencia Judicial*, Colección Estado de Derecho, Tomo I, Academia de Ciencias Políticas y Sociales, Acceso a la Justicia, Funeda, Unimet, Caracas 2012.

7 El libro cuenta con una edición en Caracas, una edición norteamericana, pero también contará con una edición en Madrid y México D.F.

8 David Carrión Morillo, *Tocqueville: la libertad política en el Estado social*, Delta Ediciones, Madrid, 2010, p. 25.

9 A título enunciativo: Allan R. Brewer-Carías, *Crónica sobre la "in" Justicia Constitucional. La Sala Constitucional y el autoritarismo en Venezuela*, Editorial Jurídica Venezolana, Caracas 2007; *Dismantling Democracy. The Chávez Authoritarian Experiment*, Cambridge University Press, New York, 2010; *Práctica y distorsión de la justicia constitucional en Venezuela (2008-2012)*, Acceso a la Justicia, Academia de Ciencias Políticas y Sociales, Universidad Metropolitana, Editorial Jurídica Venezolana, Caracas, 2012; *Authoritarian Government v. The Rule of Law. Lectures and Essays (1999-2014) on the Venezuelan Authoritarian Regime Established in Contempt of the Constitution*, Editorial Jurídica Venezolana, Caracas, 2014; *El Golpe a la democracia dado por la Sala Constitucional (De cómo la Sala Constitucional del Tribunal Supremo de Justicia de Venezuela impuso un gobierno sin legitimidad democrática, revocó mandatos populares de diputada y alcaldes, impidió el derecho a ser electo, restringió el derecho a manifestar, y eliminó el derecho a la participación política, todo en contra de la Constitución)*, Editorial Jurídica Venezolana, Caracas, 2014; *Estado totalitario y desprecio a la ley. La desconstitucionalización, desjuridificación, desjudicialización y desdemocratización de Venezuela*, Editorial Jurídica Venezolana, Caracas, 2014; *La patología de la Justicia Constitucional*, 3° edición, Editorial Jurídica Venezolana, Caracas, 2015; *La ruina de la democracia. Algunas consecuencias. Venezuela 2015*, Editorial Jurídica Venezolana, Caracas, 2015; *La mentira como política de Estado. Crónica de una crisis política permanente. Venezuela*

de la "tiranía tropical", luego del "golpe de Estado" que se produjo con el fraude llamado "proceso constituyente" de 1999[10] en el que se derogó por medios inconstitucionales la Constitución válida y vigente para esa fecha (1961) con la cual murió toda "Constitución"[11].

El experimento de la "Constituyente", cuyas consecuencias todavía padece Venezuela, no tenía como finalidad el fortalecimiento del "Estado de Derecho" (*rule of law*) y la democracia. De hecho, en sus inicios, el primer ideal político fue denunciado como una simple fórmula "taumatúrgica" en la célebre Carta de Hugo Chávez a la Corte Suprema de Justicia (1999), y el segundo ideal político fue catalogado de falso, en tanto se adujo que el "socialismo" era la "democracia verdadera", algo que la sociedad venezolana no reparó debidamente en su momento, pues:

> ...como suele ocurrir con los deslumbramientos, no pasó lo que se quería que ocurriera, la Asamblea Nacional Constituyente que comenzó removiendo las viejas estructuras, al final como lo denuncié al concluir sus sesiones en 2000, terminó legando junto con la intervención antidemocrática de los poderes constituidos, nada más que un florido texto de una Constitución que no se iba a aplicar, que era de mentira, como en efecto ocurrió, pero que prometía estructurar un Estado democrático y social de derecho y de justicia que era lo que los venezolanos esperaban; dejando además sembradas, aquí y allá, en ciertos artículos, semillas autoritarias[12].

La confusión entre texto (documento) y Constitución[13], ha tenido efectos concretos en el desconcierto político, jurídico y social en Venezuela. De hecho, el texto de 1999 catalogado erróneamente de Constitución ha favorecido la obsesión por apelar a un documento mentira como sostiene el

---

*1999-2015, Editorial* Jurídica Venezolana, Caracas, 2015; *Concentración y Centralización del Poder y Régimen Autoritario*, Colección Tratado de Derecho Constitucional, Tomo IX, Editorial Jurídica Venezolana, Caracas, 2015 y *Golpe de Estado Constituyente, Estado Constitucional y Democracia*, Colección Tratado de Derecho Constitucional, Tomo VIII, Editorial Jurídica Venezolana, Caracas, 2015.

10 Claudia Nikken, "Sobre la invalidez de una constitución" *El derecho público a comienzos del siglo XXI: estudios en homenaje al profesor Allan R. Brewer Carías*, (Coord. Arismendi A., Alfredo & Caballero Ortiz, Jesús) Vol. 1, Editorial Civitas, Madrid, 2003, pp. 205-218; Lolymar Hernández Camargo, "El poder constituyente como principio legitimador de la constitución" en *El derecho público a comienzos del siglo XXI: estudios en homenaje al profesor Allan R. Brewer Carías*, *op. cit.*, 2003, pp. 113-132; y, Lolymar Hernández Camargo, *El Proceso Constituyente Venezolano de 1999*, Academia de Ciencias Políticas y Sociales, Caracas, 2008.

11 Alessandro Pace, "Muerte de una Constitución (Comentario a la Sentencia de la Corte Suprema de Venezuela, N° 17, del 19 de enero de 1999)" en *Revista Española de Derecho Constitucional*, N° 57, Centro de Estudios Políticos y Constitucionales, Madrid, 1999, pp. 271-283.

12 Allan R. Brewer-Carías, *Dictadura Judicial y Perversión del Estado de Derecho. La Sala Constitucional y la destrucción de la democracia en Venezuela*, *op. cit.*, p. 417.

13 Jesús María Alvarado Andrade, "Sobre Constitución y Administración Pública ¿Es realmente el Derecho Administrativo en Venezuela un Derecho Constitucional Concretizado?" en José Ignacio Hernández G. (Coord.), *100 Años de Enseñanza del Derecho Administrativo en Venezuela 19092009*, Centro de Estudios de Derecho Público de la Universidad Monteávila, FUNEDA, Caracas, 2011, pp. 165-263.

autor. Las repercusiones de estas acciones y confusiones se observan en los constantes recursos interpuestos ante los tribunales con la esperanza de que los mismos ejerzan su función con independencia e imparcialidad.

En el caso de *Dictadura Judicial y Perversión del Estado de Derecho,* se critican enfáticamente las discutibles interpretaciones de la SC/TSJ, haciendo notar las falencias, falacias, manipulaciones, mentiras e intereses en juego, así como los efectos que las mismas tienen en el proceso de demolición institucional.

No es un estudio sobre las causas que explican la tragedia institucional, económica, cultural, social y política que padece Venezuela, sino una aproximación exhaustiva a los efectos de un pésimo diseño institucional y a los actos inconstitucionales recurrentes que padece la sociedad entera sin control judicial. Los sucesivos "golpes de Estado" producidos por el régimen para reescribir el Derecho que históricamente se había dado la sociedad venezolana, son el aspecto neurálgico de este libro que complementan la saga de obras mencionadas anteriormente, que todo estudioso del Derecho debería leer.

Si bien en Venezuela se aprobó la primera Constitución (1811) en lengua castellana, hoy en día atraviesa una crisis político-constitucional singular, caracterizada por su ruptura con las bases republicanas liberal-democráticas que se forjaron con sus contradicciones en el siglo XIX. Esta crisis en varios ámbitos parece no despertar el más mínimo interés por parte de los estudiosos y amantes de la libertad, pero también, de las organizaciones internacionales de derechos humanos[14], tanto nacionales como internacionales, quizás por la banalización a la cual ha sido objeto la situación, reducida lamentablemente al sensacionalismo mediático de una situación dramática como la carestía de bienes materiales[15], sin atender a la

---

14 La salvedad reciente está en el histórico documento de Luis Almagro, "Comunicación del Secretario General de la OEA de 30 de mayo de 2016 con el Informe sobre la situación en Venezuela en relación con el cumplimiento de la Carta Democrática Interamericana", Organización de Estados Americanos (OEA), Washington, D.C. 2016.

15 Durante todo el proceso de demolición institucional, la comunidad jurídica internacional no reparó en el asunto, pues la repartición del botín petrolero acalló todo control internacional. Luego de que se produjera el "golpe de Enero" y falleciera el líder de la "revolución", Venezuela ha sufrido un colapso en lo económico, lo social, cultural, etc., que se venía gestando desde 1999, y que detonó por la caída de los precios del petróleo. Las quejas constantes por productos de la cesta básica (cosa importante claro está), oculta el proceso de control estatal total de la vida social, al punto que, en la actualidad, se habla de una crisis humanitaria, pero cuya escasez ha sido una herramienta de control del Estado. Dada la confusión permanente sobre qué se entiende por "Estado de Derecho" (*rule of law*) y por democracia, la opinión pública nacional e internacional sigue catalogando al régimen de democrático, pese a que haya surgido de un claro "golpe de Estado", no se ciña a ninguna regla, atente contra el pluralismo político, la igualdad política, y desconozca la libertad política, como se puede ver en la reticencia para con el "referéndum revocatorio" entre otros factores. La posición del Secretario de la Organización de Estados Americanos (OEA) es una voz aislada y no escuchada lamentablemente en la región.

liquidación de las libertades. Tal incomprensión se subsana con los esfuerzos y sacrificios de Brewer-Carías con obras densas sobre lo que está ocurriendo en el ámbito institucional en Venezuela.

La obra no es coyuntural como puede sugerir una lectura apresurada. Es un tomo contentivo de un período singular de la historia, de manera eufemística denominada a veces en Venezuela como "historia constitucional". La obra, es un vaticinio-predicción que deberían tomar en serio aquellas sociedades en América española que creen estar exoneradas o alejadas del experimento socio-político "revolucionario" que ocurre en Venezuela, desmontando con ello el mito de la "excepcionalidad"[16].

De hecho, en donde exista fragilidad institucional endémica, e ingenua fe en una tabla de salvación como la *judicial review* sin reparar en el estado global del sistema político-constitucional en conjunto, existe la posibilidad de que la *judicial review* se convierta en el instrumento más artero y eficaz para instaurar un nuevo régimen[17] violando la Constitución o en la simple perpetuación de cualquier proyecto autoritario[18].

---

16 Es llamativo que en Venezuela años atrás se hablara de la "excepcionalidad" de su proceso sociopolítico "democrático". En 1999, voces críticas a las políticas e ideas planteadas por el Teniente Coronel Hugo Chávez F., planteaban las similitudes que tenían estas con el experimento castrista. La sociedad en su conjunto respondía generalizadamente que Venezuela no era "Cuba". Actualmente, Venezuela vive un proceso de "socialismo" a la castrista, que incluso guarda similitudes atroces con el llamado "período especial". Los venezolanos se creían superiores a los cubanos en un desconocimiento del experimento socialista-castrista al cual han sido sometidos los cubanos. De igual forma, algunos países centroamericanos y suramericanos observan el proceso sociopolítico venezolano con indiferencia, alegando que simplemente no son "Venezuela". Con sistemas políticos-constitucionales débiles o más débiles que los de la Venezuela de 1998, algunos postulan un "excepcionalismo" que en los hechos puede desvanecerse rápidamente, si no hay conciencia de las causas y consecuencias que el experimento chavista está teniendo en Venezuela y se eluda el examen crítico de los frágiles sistemas político-constitucionales propensos a padecer experimentos similares. El resultado de tal lucha por inventar un "excepcionalismo" ha sido, que el país que para 1998 era un ejemplo de "democracia" estable, hoy en día es el foco "revolucionario" de la región, algo que dejará muy marcada huella. Si un país con recursos naturales tan impresionantes como los de Venezuela, ha sido sometida a más de diecisiete años de sistemática demolición institucional y de su aparato productivo, es fácil pensar, que muchos de los países de la región no resistirían mucho. La indiferencia internacional se debe entre otros factores a una ideologización constante de los organismos internacionales, quienes frente a movimientos de "izquierda" cierran los ojos, quizás debido a que estas corrientes políticas fueron deliberadamente excluidas en los experimentos de "aperturas democráticas" que nunca han sido reales democracias, y quede una especie de complejo de "culpa" que es aprovechado por los experimentos políticos autoritarios. De esta ausencia de democracia, ha quedado la constante tutela militar, la apelación permanente al "consenso" y al conciliábulo, debido al terror que genera en América latina la libertad individual y política.

17 Allan R. Brewer-Carías, *Historia Constitucional de Venezuela*, Colección Tratado de Derecho Constitucional, Tomo I, Editorial Jurídica Venezolana Internacional, Caracas, 2014.

18 Solo basta observar lo que está aconteciendo en Nicaragua. Jesús María Alvarado Andrade, "Democracia y Estado de Derecho en Nicaragua" en *Fundación Libertad y*

La inexistencia de una institucionalidad sólida, de fuertes convicciones morales en la sociedad en favor de la libertad, del "Estado de Derecho" (*rule of law*) y la democracia, ha facilitado el proceso de desmantelamiento de las instituciones político-constitucionales liberales. De hecho, los cantos de sirenas autoritarios han tenido eco en la "sociedad civil", al punto de ser refrendados en muchas votaciones –no "elecciones"–, no lo que muestra a todas luces un problema cultural e ideológico de gran calado, que puede ser comprendido a la luz de la confusión conceptual existente en el país.

Como en buena parte de América latina, en Venezuela, existe la confusión conceptual entre "Estado de Derecho" (*rule of law*) y democracia, e incluso, entre democracia y acciones de gobiernos concretas. Entendemos a nivel teórico el ideal político del "Estado de Derecho" (*rule of law*) como aquella doctrina de la limitación del poder político tendiente a favorecer las libertades individuales independiente de la forma de gobierno.

De hecho, no existe conceptualmente equivalencia entre "Estado de Derecho" (*rule of law*) y formas de gobierno en particular, ya que hay repúblicas, monarquías parlamentarias y democracias cimentadas en el "Estado de Derecho" (*rule of law*)[19].

Con relación a la democracia, es aquella forma de gobierno fundamentada en la libertad política, no en las libertades individuales, mediante la cual los individuos disputan por el poder político a través de reglas de juegos formales, es decir, reglas y procedimientos para la toma del poder político y la resolución de controversias políticas.

Tal forma de gobierno no postula normas sustantivas sobre cuales han de ser las acciones de gobierno concretas. De allí que toda "democracia material" sea un invento ideológico que mezcla la forma de gobierno "democrática" (siempre formal) con el llamado "Estado social" cimentado en la procura de la "justicia social".

Esta confusión conceptual ha llevado a la equívoca idea según la cual, si el gobierno de turno ofrece "programas sociales" es "democrático", y si es "democrático" entonces es un gobierno respetuoso del "Estado de Derecho" (*rule of law*). Esta confusión ha sido aprovechada ideológicamente, al punto de que toda decisión política votada, aun cuando esté en violación flagrante con la Constitución es "democrática", eludiéndose con ello que tal perspectiva encierra ideológicamente la legitimación de una "revolución" permanente o de una "democracia totalitaria". Ello ha impedido que las personas en América latina acentúen su escrutinio social en el subsistema político-constitucional.

---

*Desarrollo*, Guatemala, 16 de agosto de 2016, en http://www.fundacionlibertad.com/articulo/democracia-y-estado-de-derechoen-nicaragua

19 Cuando colocamos "Estado de Derecho" (*rule of law*) es por la sencilla razón de que éste (aceptado por quien escribe) se diferencia del "Estado de legalidad" cimentado en la legalidad estatal, tan característico en la América latina. Este es sin duda un ideal político que se espera algún día pueda cristalizar en la realidad venezolana.

La escogencia de representantes mediante participación electoral en condiciones de igualdad política y sin coerción arbitraria, son rasgos característicos de la forma de gobierno democrática. Cimentada en la libertad política, la democracia (formal) tiene como regla que las decisiones una vez sean discutidas en los foros idóneos previstos constitucionalmente (parlamentos), se tomen mediante la regla mayoritaria y no mediante el "consenso" de actores no representativos. Por ello resulta importante diferenciar los roles de las instituciones democráticas de aquellas que no lo son como los tribunales.

En *Dictadura Judicial y Perversión del Estado de Derecho,* si bien no se aborda esta confusión conceptual, sí se pone el acento en la praxis judicial, mostrando a través del intenso examen jurisprudencial que la SC/TSJ ha asumido un rol activo en la destrucción de todos los valores occidentales, tanto del "Estado de Derecho" (*rule of law*) como de la democracia formal, al punto que ya no solo se desconocen las libertades individuales, sino también la libertad política del conjunto social.

De hecho, en la propuesta inconstitucional de "reforma constitucional" de 2007 no controlada judicialmente por la SC/TSJ, rechazada popularmente en votación sin efectos jurídicos reales, pero concretada por vías inconstitucionales desde 2007 a 2016, se indicaba justificando la eliminación de la libertad política que:

> El pueblo es el depositario de la soberanía y la ejerce directamente a través del Poder Popular. Éste no nace del sufragio ni de elección alguna, sino de la condición de los grupos humanos organizados como base de la población (art. 136)[20].

La confusión conceptual antes referida ha posibilitado la inacción política y el desconcierto social. De hecho, la SC/TSJ abusando de sus competencias jurisdiccionales, se ha convertido en un foro político, coadyuvando, en colusión con los demás órganos que ejercen el poder público nacional, al desmontaje institucional, cuando no en la legitimación de "golpes de Estado".

La actuación de la SC/TSJ puede escindirse en dos fases, a saber, la primera, aquella que comprende desde enero del 2000 a diciembre de 2015, caracterizada por un control jurisdiccional nulo a los actos o actuaciones del poder político y de ejercicio de la "jurisdicción normativa" para acelerar la reescritura del "derecho burgués".

De igual modo, una segunda fase estudiada por Brewer-Carías en *Dictadura Judicial y Perversión del Estado de Derecho,* caracterizada por una actividad desconocedora del principio de "constitucionalidad de las leyes", debido a que toda legislación o actuación de la Asamblea Nacional integrada por fuerzas opositoras("contrarevolucionarias" en criterio de jueces y

---

20 Allan R. Brewer-Carías *La Reforma Constitucional de 2007 (Comentarios al Proyecto Inconstitucionalmente sancionado por la Asamblea Nacional el 2 de noviembre de 2007),* Editorial Jurídica Venezolana, Caracas, 2007, pp. 55, 76, 77, 85 ss. y 190.

titulares de los órganos que ejercen el poder político) a la "revolución" ha sido entendida por la SC/TSJ como inconstitucional, aun cuando éstas puedan ser interpretables conforme a la Constitución, pues como ha destacado Aguiar:

> Seguidamente, durante las dos semanas que la separan de la instalación de la nueva Asamblea electa por mayoría opositora, ilegítimamente y contando con el respaldo que sin reservas le otorga la Sala Constitucional del Tribunal Supremo, ya desapoderada convoca a sesiones extraordinarias y adopta decisiones orientadas a montar un andamiaje ad hoc, con abierto fraude a la Constitución, para impedir el cabal funcionamiento del parlamento sucedáneo. Así, "fidelizando" políticamente a los jueces constitucionales y para hacerlos sirvientes de tal desiderátum, el 23 de diciembre designa, obviando los pasos reglamentarios y requisitos constitucionales, 13 magistrados y 21 suplentes en ese Supremo Tribunal, reintegrándolo hasta con ex diputados oficialistas quienes votan por su propia elección como administradores de Justicia[21].

La ideologización de la justicia en Venezuela ha sido llevada al paroxismo en esta convulsa etapa de la historia contemporánea del país suramericano. En efecto, el principio de "constitucionalidad de las leyes" opera a rajatabla cuando se trata de actuaciones de un parlamento favorable al Gobierno, mientras que el principio de "constitucionalidad de las leyes" no opera cuando se trata de un parlamento opuesto a la labor del Gobierno. En tal sentido, la falta de independencia e imparcialidad de los jueces ha ocasionado tal distorsión institucional.

Brewer-Carías ofrece evidencia empírica de tal atípico proceder jurisdiccional. De hecho, centrado en el derecho en acción (jurisprudencia) analiza las discutibles interpretaciones jurídicas de la SC/TSJ plasmadas en "sentencias", que parecen más bien programas políticos dictados por un foro político que en un auténtico tribunal. Tal hecho no debería generar extrañeza, pues es claro que el recinto de la Esquina de "Dos Pilitas" en Caracas se ha distanciado de su función jurisdiccional, pues han olvidado que su: "función se asemeja a la de cualquier otro tribunal en general, y constituye principalmente aplicación del Derecho y, solamente en una débil medida, creación del Derecho; su función es, por tanto, verdaderamente jurisdiccional"[22].

En tal sentido, las "sentencias" dictadas por la SC/TSJ más allá de la crítica han tenido efectos jurídicos concretos en el proceso socio-político y en el sistema político-constitucional venezolano en su conjunto. Prescindiendo de la diatriba sobre la vulneración que las mismas representan al

---

21 Asdrúbal Aguiar, "La Ruptura de la Democracia" en Allan R. Brewer-Carías, *Dictadura Judicial y Perversión del Estado de Derecho. La Sala Constitucional y la destrucción de la democracia en Venezuela*, *op. cit.*, p. 10.

22 Hans Kelsen, "La garantía jurisdiccional de la Constitución (la Justicia Constitucional)" (trad. Domingo García Balaúnde) en *Revista Iberoamericana de Derecho Procesal Constitucional*, N° 10, Editorial Porrúa, Instituto Iberoamericano de Derecho Procesal Constitucional, México D.F, 2008, p. 25.

Derecho existente, surgen dos preguntas inquietantes, a saber, ¿por qué las mismas se han acatado tan servilmente?, o ¿por qué han servido para fortalecer la servidumbre voluntaria y la obediencia a ciega al Derecho producido revolucionariamente contrariando el orden jurídico positivo (formal y material)?

Quizás como planteaba Étienne de La Boétie.

> ...la respuesta se halla en que cualquier tiranía favores y beneficios que prodigan los tiranos se dirigen únicamente a aumentar el número de quienes consideran provechosa la tiranía, en términos que pueda rivalizar con el de los amantes de la Libertad.

De hecho, en un sistema político-constitucional postizo, luce obvio que el control del poder haya sido desplazado por el excesivo énfasis en las acciones de gobierno en procura del mito de la "justicia social", eludiendo el correlato histórico de que la libertad es la que genera prosperidad y no la redistribución que desincentiva la iniciativa privada. Y la generación de riqueza. En efecto, dado que la acción de gobierno en procura de la "justicia social" legitima tiranías, pues los hombres a cambio de prebendas prescinden de la libertad, no resulta difícil comprender que los amantes de la libertad sean pocos como le preocupaba a de La Boétie[23].

La ingenua creencia en una *judicial review* como una tabla de salvación, no ha sido asumida por Brewer-Carías. Si bien es un insigne defensor de la *judicial review*[24] es su mayor crítico en Venezuela. No ha sido un crítico de la fundamentación de la misma, de sus contradicciones con el régimen democrático y de sus peligros para con el "Estado de Derecho" (*rule of law*) como sostienen los objetores al sistema contramayoritario, pero lo ha sido de las tergiversaciones burdas de la institución.

Sin embargo, es menester acotar, además, que no ha sido nunca un jurista ingenuo encerrado en una burbuja específica del Derecho público o en algún tipo de "fetichismo normativista". De hecho, gracias al "dominio sin parangón del Derecho constitucional latinoamericano"[25] que posee, sin menoscabo del dominio de disciplinas no jurídicas que se observa en su

---

[23] Llama la atención que un abogado harto conocido del foro venezolano hablaba en 2009 de la "servidumbre voluntaria de los poderes públicos" al régimen "revolucionario". Es interesante acotar que si bien hay personas que nacen siervos, hay otros que son educados como tales, pero también hay otros que les conviene serlos, pues la conveniencia o el disfrute de cierta prosperidad económica está en prioridad lógica en este tipo de servidumbre. Véase, "Golpe a la Constitución", en *Tal Cual digital,* Caracas, 21 de agosto 2016, en http://www.talcualdigital.com/Nota/16305/gol pe-a-la-constitucion.

[24] Jesús María Alvarado Andrade, "Prólogo" al libro *Derecho Procesal Constitucional. Instrumentos para la Justicia Constitucional*, 3° Ed. ampliada, Universidad Monteávila, N° 2, Caracas, 2014, pp. 13-58.

[25] Francisco Fernández Segado, "Allan R. Brewer-Carías: Derecho Procesal Constitucional. Instrumentos para la justicia constitucional" en *Anuario Iberoamericano de Justicia Constitucional*, N° 19, Centro de Estudios Políticos y Constitucionales, Madrid, 2015, p. 638.

obra teórica, le vacunaron desde temprana edad con cualquier ingenuidad en el tratamiento del Derecho público[26].

Precisamente por ello, en el estudio teórico y práctico del Derecho, vio desde 1999 en la que incluso fue "constituyente", las consecuencias desastrosas que tendría el funesto circo "constituyente" y el rol que tendría esa *judicial review* que se inauguraba prometedora en lo formal con la carta de 1999, que en criterio de quien escribe no puede catalogarse de Constitución[27].

Con meridiana claridad avizoró que la *judicial review* en Venezuela rápidamente estaba distanciándose del cometido de control al poder que ésta tiene en cualquier sociedad civilizada. De hecho, el cometido de hacer valer la Constitución entendida como norma jurídica obligatoria para gobernantes como gobernados, fue desplazada por la SC/TSJ por la finalidad de lograr por la vía judicial la legitimación de los actos del poder político dirigidos a reescribir el ordenamiento jurídico que permanecía luego del proceso "constituyente".

La cooptación del poder judicial por las fuerzas "revolucionarias" fue algo que se realizó en paralelo a la falsedad del "proceso constituyente", cuyo resultado no fue otra que el otorgamiento de una carta "otorgada" que legitimaba el ejercicio del poder político de los nuevos detentadores del poder político con vocación hegemónica.

La cuestión no es baladí, y solo ha sido ignorado gracias a que el Derecho público en Venezuela ha navegado lamentablemente por los senderos de un estéril formalismo y un desdén pavoroso por los asuntos políticos. Pese haber contado la comunidad jurídica venezolana con la presencia por muchas décadas del insigne constitucionalista Manuel García Pelayo, quien tanto abogó por un Derecho público alejado del reduccionismo, la exégesis de la legislación y el apoliticismo del Derecho, la situación no ha cambiado significativamente.

Una excepción entre otros ha sido Brewer-Carías, quien en su densa y prolífica obra ha otorgado importancia al combate contra esa "cultura jurídica" indiferente en términos generales a lo que ha acontecido en estas casi dos décadas.

El resultado de este "papanatismo formalista"[28] imperante, ha ocasionado que el gremio jurídico nacional observe el fenómeno "constitucional"

---

26 Jesús María Alvarado Andrade, "Sobre el Derecho Público iberoamericano a propósito del "Tratado de Derecho Administrativo" de Allan R. Brewer-Carías", en *Revista de Administración Pública*, N° 193, Centro de Estudios Políticos y Constitucionales, Madrid, 2014, pp. 423-464.

27 Jesús María Alvarado Andrade, "Aproximación a la tensión Constitución y libertad en Venezuela" en *Revista de Derecho Público*, N° 123, Editorial Jurídica Venezolana, Caracas, 2010, pp. 17-43.

28 Francisco Rubio Llorente, "La defensa de la igualdad política en la reciente jurisprudencia de la Corte Suprema Norteamericana" en *Revista de la Facultad de Derecho*, N° 36, Universidad Central de Venezuela, Caracas, 1967, p. 87.

en curso, con simple asombro, estupor y poca comprensión. En medio de la confusión conceptual, desorientación ideológica y poca deferencia para con los asuntos teóricos, la "revolución" ha logrado por vía jurisprudencial que el concepto de Derecho devenga en una simple extensión de la "moral" socialista, al punto que todo aquello que esté cónsono con esta atípica "moral" es "moral" verdadera y es "Derecho" verdadero.

La obediencia y sumisión a los actos inconstitucionales del poder, puede deberse a la manipulación ideológica antes advertida. De hecho, es innegable que una "revolución" no solo procura legitimación *ex post facto*, sino también, tener una función pedagógica en la sociedad que favorezca la asimilación de todas las ideas y prácticas revolucionarias.

Ahora bien, cuando existe una clara indefensión ideológica en una "sociedad civil" tan inexistente como la venezolana, es fácil observar, cómo la legalización de toda la actuación política no sea escrutada socialmente, es decir, se imposibilita el examen de aquello que es válido jurídicamente en conformidad con la norma válida, y que es aquello que termina siendo aceptado como legítimo, aun cuando no tenga soporte jurídico formal.

En tal sentido, las obras jurídicas de denuncia de Brewer-Carías resultan una vacuna teórica frente a la agravada indefensión ideológica. Centrado en el estudio crítico de las sentencias emanadas de la SC/TSJ, se evidencia cómo se ha reescrito casi por entero el ordenamiento jurídico positivo en éstas décadas de edificación del "Estado socialista" (1999-2016). De igual manera, se puede observar cómo la acción política ha girado alrededor de la impugnación de actos o actuaciones ante la SC/TSJ sabiendo de antemano los recurrentes la posición jurisprudencial de la misma, su conformación y sus líneas ideológicas.

Tal hecho resulta de gran interés tanto desde el punto de vista teórico como práctico. De hecho, al amparo del argumento de que puede formarse un "expediente" contentivo de todas las violaciones jurídicas, manipulaciones jurídicas o falacias empleadas en las sentencias de la SC/TSJ, se ha favorecido una actitud de sumisión de la "sociedad civil" a tales actos, la cual solo contaría con el poder de revertir tal proceder inconstitucional mediante un "referéndum" o en su defecto, en las votaciones presidenciales, evidenciándose con esto la franca debilidad de la "sociedad civil" estatizada y del sistema político-constitucional en su conjunto.

La cuestión mencionada es de vieja data, si se tiene presente los rasgos singulares del denominado "sistema populista de conciliación de élites"[29] basado en la preponderancia del "consenso" de actores políticos, empresariales, etc., y no en el acatamiento de normas jurídicas. Ahora bien, también es importante prestar atención a las ideas jurídicas que han venido proliferando en el foro nacional las cuales, ignoradas, persuadieron en la

---

[29] Juan Carlos Rey, "La democracia venezolana y la crisis del sistema populista de conciliación" en *Revista de Estudios Políticos*, N° 74, Centro de Estudios Políticos y Constitucionales, Madrid, 1991, pp. 533-578

sombra a actores políticos relegados del sistema, de que una teoría de la "producción jurídica originaria" que retara "la construcción dogmática del derecho público y la filosofía política tradicional"[30], podía ser la llave para defender una "revolución" sin que nadie se percatara.

La "revolución" una vez triunfante requería del apoyo de la estrenada SC/TSJ, con el objetivo de que todos los actos de los órganos que ejercen el poder público nacional, "interpretaran" el Derecho en consonancia con los requerimientos del proyecto político socialista en curso, ajeno a lo previsto en la carta de 1999. El objetivo no era otro, que garantizar que el derecho existente -pasado y presente- fuera filtrado por el tamiz ideológico de los requerimientos de una "revolución legal" que rompiera con la estructura "burguesa".

De ahí el énfasis en la llamada "revolución pacífica" que no es otra cosa, que hacer la "revolución" por métodos "estatalmente legales"[31], evitando a toda costa, una transmisión legal del poder por medios constitucionales a fuerzas políticas contrarias a la "revolución", pues como ha indicado Aguiar:

> Así las cosas, lo real es que quedan como producto del entuerto, de un lado, quienes justificándolo todo a nombre de una manida revolución y a costa de prosternar el constitucionalismo democrático y de aniquilar el principio de la alternabilidad, osan calificar de golpistas a los que defienden la ortodoxia democrática y protestan el amoral comportamiento de la Sala Constitucional. ¡Y es que hacen de sus fines utopías utópicas, si cabe morigerar el análisis, cuyo logro no depende más de los medios ni de su legitimidad![32]

Lamentablemente, el actuar de la SC/TSJ ha estado lejos de las exigencias éticas y morales del foro jurídico venezolano, de que se concretaran los principios, garantías e institutos procesales dirigidos a favorecer la supremacía constitucional, como deuda histórica que se tenía, máxime si se tienen presentes los antecedentes históricos de esa preocupación[33] con poca concreción real en la actualidad.

---

30 José Manuel Delgado Ocando, *Discurso de Orden Apertura de las Actividades Judiciales del Año 2001*, Tribunal Supremo de Justicia, Caracas, 2001. De igual forma, y con mucho provecho para entender su proceder en la Sala Constitucional, es imperioso leer su trabajo "Revolución y Derecho" en *Estudios sobre la Constitución. Libro Homenaje a Rafael Caldera*, Tomo IV, Facultad de Ciencias Jurídicas y Políticas, Universidad Central de Venezuela, Caracas, 1979, 2595-2600.

31 Carl Schmitt, "La revolución legal mundial" en *Revista de Estudios Políticos*, N° 10, Centro de Estudios Políticos y Constitucionales, Madrid, 1979, pp. 5-24.

32 Asdrúbal Aguiar, "La Ruptura de la Democracia" en Allan R. Brewer-Carías, *Dictadura Judicial y Perversión del Estado de Derecho. La Sala Constitucional y la destrucción de la democracia en Venezuela, op. cit.*, p. 15.

33 Francisco Fernández Segado, "El Control de Constitucionalidad en Latinoamérica: del control político a la aparición de los primeros Tribunales Constitucionales" en *Derecho PUCP: Revista de la Facultad de Derecho*, N° 52, Pontificia Universidad Católica del Perú, Lima, 1999, pp. 409-465.

Si bien Venezuela contaba históricamente con la previsión de la consecuencia inmediata de la vulneración de la Constitución, a saber, la nulidad de toda ley que contradijera la *lex superior* en la Constitución de 1811 (art. 227), la "acción popular" (1858) y el control difuso de la constitucionalidad (1893), se pensaba que el sistema de justicia constitucional previsto en 1999 configuraría un avance en Derecho comparado, lo cual demuestra una y otra vez que las "normas jurídicas" de papel requieren de operadores jurídicas que las hagan efectivas.

Los mecanismos jurisdiccionales de control de la constitucionalidad ampliados en lo formal en 1999, en la realidad han devenidos en inútiles, debido a que el sistema ha estado regentado por personas formadas y otras no formadas, en un ambiente institucional en el que es evidente la ausencia de independencia e imparcialidad en el ámbito judicial, lo cual ha incentivado que sean instrumentos de la usurpación de la soberanía popular[34], en procura de hacer posible los designios políticos de quien detente la silla presidencial en el palacio de Miraflores.

La existencia de jueces de dudosa moralidad provenientes del partido de gobierno ha tenido como misión el afianzar el control de la justicia, lo cual ha permitido que la labor jurisdiccional devenga siempre en provecho del régimen, al amparo de la inexistencia de responsabilidad de los jueces. La invención de una pretendida labor legislativa en el ámbito judicial usurpando la voluntad popular cuando el Derecho existente no sea favorable a los intereses políticos en juego, ha sido uno de los poderes más grandes que se ha arrogado el poder judicial, y en especial, la SC/TSJ.

Como plantea Brewer-Carías, con tal proceder se hace nugatorio pensar en la posibilidad remota de independencia e imparcialidad judicial, y mucho que menos de *judicial review* como un mecanismo de garantía a la supremacía constitucional[35]. De hecho, en *Dictadura Judicial y Perversión del Estado de Derecho* se desmantela un mito que aún pervive en Venezuela, como es el hecho de que existan tribunales independientes inmunes a influencias extrañas al Derecho provenientes desde fuera del proceso jurisdiccional, en este caso frente al Estado y al partido de gobierno.

De la misma manera, se refuta por entero la perniciosa y falsa idea según la cual existen tribunales imparciales, puesto que, a todas luces, los jueces favorecen estadísticamente siempre a una de las partes en los conflictos sometidos a su conocimiento, todo lo contrario, a lo que puede esperarse de un auténtico tribunal[36].

---

[34] Pedro De Vega, *La Reforma Constitucional y la Problemática del Poder Constituyente*, Tecnos, Madrid, 1988, p. 114.

[35] Antonio Canova, et al, *El TSJ al servicio de la revolución*, Editorial Galipán, Caracas, 2014.

[36] Para corroborar tal aserto, por todos: Tomás A. Arias Castillo, "Los actos de apertura de año judicial en Venezuela (1999-2012): De la relativa solemnidad a la política descarnada" en *Crisis de la función judicial*, Colección Estado de Derecho. Serie Primera, Tomo IX, Academia de Ciencias Políticas y Sociales; Acceso a la Justicia; Funda-

Las mutaciones ilegítimas y fraudulentas de la carta de 1999, el incumplimiento de las sentencias de la Corte Interamericana de Derechos Humanos[37], el desconocimiento de los derechos humanos[38] y de los principios más elementales del Derecho constitucional occidental perpetuados por la SC/TSJ, han sido posible entre otras cosas, gracias a la "patología de la justicia constitucional".

Esta extraña enfermedad jurídica tiene su causa, entre otros factores, en la ausencia de independencia e imparcialidad judicial y en la equívoca idea según la cual no importa que haya convicciones morales subyacentes en la sociedad en favor del "Estado de Derecho" (*rule of law*), sino que con *judicial review* la Constitución estará salvada.

Esta idea elude la importancia que tiene un sistema político sano en el mantenimiento de la *lex superior*, la asimilación y adherencia social a los valores, principios y derechos contenidos en la misma, e incluso, en la necesaria buena ingeniería que debe tener una Constitución que se presenta históricamente en Venezuela como "racional normativa"[39].

La existencia de constituciones "semánticas" o "nominales"[40] no es reversible con la simple instauración de controles judiciales de la constitucionalidad. De hecho, la propuesta incrédula de una *judicial review* como mecanismo de modelaje social y jurídico, pasa por una creencia a ciegas en el papel de hombres siempre bondadosos en el ejercicio de tan importante función, lo cual es casi un intento peregrino por construir la casa por el tejado.

De ahí la conocida ingenua tesis, de que todo cambia si se tienen buenos hombres en el ejercicio de la función judicial, obviándose teóricamen-

---

ción Estudios de Derecho Administrativo; Universidad Metropolitana, Caracas, 2012, p. 99-167.

37 Carlos Ayala Corao, *La "inejecución" de las sentencias internacionales en la jurisprudencia constitucional de Venezuela (1999-2009)*, Fundación Manuel García-Pelayo, Caracas, 2009.

38 Véase Sala Constitucional/Tribunal Supremo de Justicia N° 1309, Caso: *Hermann Escarrá*, N° Expediente: 01-1362, Magistrado Ponente: José Manuel Delgado Ocando, en el que se sostenía que "los estándares para dirimir el conflicto entre los principios y las normas deben ser compatibles con el proyecto político de la Constitución (Estado Democrático y Social de Derecho y de Justicia) y no deben afectar la vigencia de dicho proyecto con elecciones interpretativas ideológicas que privilegien los derechos individuales a ultranza o que acojan la primacía del orden jurídico internacional sobre el derecho nacional en detrimento de la soberanía del Estado [...] no puede ponerse un sistema de principios supuestamente absoluto y suprahistórico por encima de la Constitución [...] son inaceptables las teorías que pretenden limitar so pretexto de valideces universales, la soberanía y la autodeterminación nacional"

39 Manuel García-Pelayo, "Constitución y Derecho constitucional: (Evolución y crisis de ambos conceptos)" en *Revista de Estudios Políticos*, N° 37-38, Centro de Estudios Políticos y Constitucionales, Madrid, 1948, pp. 53-124.

40 Karl Loewenstein, "Constituciones y Derecho constitucional en Oriente y Occidente" en *Revista de Estudios Políticos*, N° 164, Centro de Estudios Políticas y Constitucionales, Madrid, 1969, pp. 5-56.

te, que el diseño jurídico, es decir, la ingeniería constitucional, así como el respaldo político del subsistema político-constitucional son aún más importantes.

La institución de un Tribunal, Corte o Sala Constitucional, como suprema instancia normativista en un sistema constitucional basado en una jerarquía de normas y "valores" con cartas de derechos amplísimos, deviene la mayor de las veces en una instancia que se erige en "supremo legislador"[41], lo que ha sido bautizado en un uso del léxico político histórico en Venezuela como "jurisdicción normativa"[42]. Con un poder tal en el ámbito judicial[43], no solo es posible violar la Constitución impunemente, sino que también es posible encontrar sentencias calificadas sin exageración como "barbaridades jurídicas"[44], "aberraciones jurídicas"[45], "manipulaciones jurídicas"[46], cuando no de cinismo abierto[47].

Solo bajo una concepción bastante provinciana y no cosmopolita del mundo, cualquier interesado en los asuntos jurídicos puede desentenderse por completo de los temas tratados por Brewer-Carías en su obra *Dictadura Judicial y Perversión del Estado de Derecho*. En el ámbito de la América española, el fenómeno debería ser de gran interés, toda vez que cualquier país puede estar sometido a algo similar.

De hecho, todo indica que, desde una perspectiva histórica, pareciera que Venezuela experimenta un peculiar proceso socio-político de decadencia de su sistema político-constitucional derivado de que las élites siempre

---

41 Carl Schmitt, "La revolución legal mundial" en *Revista de Estudios Políticos*, N° 10, Centro de Estudios Políticos y Constitucionales, Madrid, 1979, pp. 5-24.

42 Véase SC/TSJ, sentencia N° 85, N° Expediente: 01-1274, Caso: *ASODEVIPRILARA*, de fecha 24 de enero de 2002, Magistrado Ponente: Jesús E. Cabrera Romero.

43 La SC/TSJ cuenta constitucionalmente con unas competencias bastante discutibles. Sin embargo, no es este el caso para exponer el punto. Lo que sí es evidente, es que, al margen de esta discusión, la SC/TSJ ha abusado hasta la saciedad de tales competencias, instrumentadas las mismas para propósitos claramente políticos de aquellos que colocan a los jueces en tales puestos. Lamentablemente el sistema político-constitucional en Venezuela siempre ha sido así. Nunca ha dado mayor importancia al poder judicial, y siempre han querido los actores políticos a jueces amigos, cercanos, complacientes con el poder político y con intereses económicos. La aplicación de la Constitución es una cuestión que atañe a un tema interpretativo. Al amparo del mito del único significado posible en la interpretación de la Constitución, se encubre todo tipo de manipulación jurídico-ideológica. La cuestión está, en que en Venezuela, lamentablemente el poder judicial es la cenicienta, cuando no la cortesana del poder político, toda vez que la elección de los magistrados del Tribunal Supremo de Justicia es de facto una decisión política basada en las normas interpersonales características de una sociedad pre-moderna. Un estudio empírico podría mostrar tal aserto de una manera dramática, algo que debería cambiar en algún momento de nuestra convulsionada historia.

44 Allan R. Brewer-Carías, *Dictadura Judicial y Perversión del Estado de Derecho. La Sala Constitucional y la destrucción de la democracia en Venezuela*, *op. cit.*, p. 55

45 *Ibid.*

46 *Ibid.*

47 *Ibid.*

van a menos, en especial, cuando se burocratizan, proceso *sui generis*, que se adelanta significativamente a situaciones que pueden darse en otras latitudes.

La decadencia del sistema político-constitucional y su sustitución por medio de una carta resultado de la aberración jurídica como fue el "proceso constituyente" al margen de la Constitución de 1961, fue posible gracias al rol de la extinta Corte Suprema de Justicia. El nacimiento de la "revolución" tiene como padre al poder judicial, elemento que no es pertinente obviar. El reemplazo del sistema político constitucional hegemónicamente socialdemócrata, se dio mediante una nueva "carta" en una clara "revolución", que requería de un nuevo subsistema político, pues no existe una Constitución válida y vigente sin un sistema político que la soporte.

En efecto, las políticas decimonónicas rivales a la hegemonía socialdemócrata, como el socialismo marxista, el socialismo marxista-leninista, el leninismo no marxista, comunismo, social-cristianismo, liberalismo, etc., fueron domesticados por el "consenso", que impide la libertad de pensamiento, expresión, pluralismo político, etc.

En lo que concierne al espectro ideológico de "izquierda", lo llamativo del proceso socio-político venezolano, es que, pese a que muchos estuvieron declarados ilegales o al margen del sistema político-constitucional cimentado en un pacto político, sin respaldo popular incluso, revivieron artificialmente gracias a una "revolución" ocurrida en el propio sistema, la cual borró del mapa el conciliábulo del sistema político (1961-1998), inaugurando un conciliábulo "socialista".

Las élites que forjaron el experimento de "apertura democrática" (1961-1998), no comprendieron la obra realizada como ha destacado Brewer-Carías, al punto que congelaron al sistema político-constitucional sin atender a las exigencias modernas, de allí que el cambio devino en una súbita "revolución" que arrasó por completo con los actores, aun cuando no con las estructuras predemocráticas, al punto que éstas son usadas por los actores "revolucionarios".

La discusión política-jurídica se ha retrotraído a los esquemas de inicios del siglo pasado, y ello explica que la Venezuela del siglo XXI tenga un debate acerca de la posibilidad o conveniencia de un "Estado socialista" que reemplace al "Estado social democrático de derecho y de justicia".

La explicación puede deberse a que en un país pobre –no de recursos naturales claro está–, subdesarrollado debido a su esquema "precapitalista" soportado en la extracción de recursos naturales para mantener la redistribución aniquiladora de la libertad individual, y sometido a una constante prédica "revolucionaria", es inevitable que busque remedios tribales para enfrentar los retos difíciles de la sociedad abierta.

Pedagógicamente el "Estado social democrático de derecho", manipuló y condicionó tanto con su paternalismo inusitado a la "sociedad civil", que ésta paulatinamente fue domesticada en la ética de la redistribución de recursos del poder político y no en valores como la libertad, la democracia o el Estado de Derecho" (*rule of law*).

Socialmente es menester acotar, la actividad judicial no es escrutada en Venezuela, dada la visión paternalista imperante, la cual ha forjado la funesta idea según la cual, lo importante es el reparto del botín petrolero/minero, lo cual también encubre y adorna la "clase política" venezolana.

Este aspecto, no debe ser subestimado en el análisis jurídico-constitucional, dado que es llamativo que la acción política general por parte de los opositores al régimen "revolucionario", no sea la de condenar, desconocer o enfrentar las actuaciones o actos francamente inconstitucionales, sino la de pedir espacios de "diálogo" en condiciones claramente adversas[48] en una apelación constante al "consenso".

La situación de Venezuela si bien es harta extraña para los venezolanos, lo es más para la comunidad jurídica internacional. Lamentablemente la poca sensibilidad para con las nuevas tiranías, ha encubierto los problemas enormes de Venezuela[49]. Ahora bien, desde una perspectiva histórica es menester recordar que en el siglo XIX una élite de venezolanos[50] procuró la independencia en América española, y en el siglo XX, un selecto grupo de personas[51] tuvieron la convicción de abrir los causes para instaurar un sistema democrático que sigue como tarea pendiente.

Venezuela era el país que tenía el récord histórico de menor tradición democrática, pero durante el período que va de 1985-1998 promovió una estrategia antidictatorial en la región.

Si bien hoy en día atraviesa por una crisis de magnitudes considerables, es evidente que la misma no es "excepcional", sino el resultado de consecuencias no queridas de acciones intencionales en un sistema político-constitucional que guarda similitudes con muchos de los países de la región latinoamericana.

---

48 Las fuerzas opositoras al régimen con sus diferencias de estrategias, han privilegiado cualquier acción política de "acomodo" a las reglas siempre cambiantes en cualquier "revolución", mientras que el régimen ha privilegiado la constante "ruptura" cuando las circunstancias se lo han permitido. En estas dos estrategias claramente diferentes se han disuelto cada vez los principios del orden social moderno. Para los actores "revolucionarios", la estrategia ha sido la del "despiste", centrado en encubrir una "lucha de clases" que pueda perpetrar todo el daño posible a las fuerzas opuestas, con el objeto de permitirles una vez abandonen el poder político, tener una fortaleza en un nuevo "pacto", que, como el pasado, no dará mayor importancia al subsistema político-constitucional. Esto quizás sea un ejercicio de "prospectiva constitucional".

49 Asdrúbal Aguiar, *El Problema de Venezuela (1998-2016)*, Fundación Editorial Jurídica Venezolana, Caracas, 2016.

50 Carlos Pi Sunyer, *Patriotas americanos en Londres: Miranda, Bello y otras figuras*, Monte Ávila Editores, Caracas, 1978.

51 Allan R. Brewer-Carías, *Sobre Miranda. Entre la perfidia de uno y la infamia de otros y otros escritos*, Universidad Católica Andrés Bello, Caracas-New York, 2016.

Padeciendo por adelantado procesos traumáticos que pueden avecinarse en una región[52] signada por su antiliberalismo y antidemocratismo, actualmente la sociedad venezolana, débil, estatizada y golpeada por un régimen con clara vocación totalitaria pide a gritos la solidaridad internacional, la cual en su momento la tuvo Venezuela con otros países de la región[53].

El estudio de Brewer-Carías se da en el exilio, lo que muestra aún más como los tentáculos del poder político pueden amenazar la labor investi-

---

52 La situación de Venezuela causa asombro en el contexto internacional, por el hecho de que no se explica como un país con tantos recursos naturales pueda estar en los umbrales de la miseria y la carestía en medicinas, alimentos, vestido, prestación de servicios públicos y franca decadencia moral, intelectual, cultural, etc. La cuestión es que todo esto son efectos y no causas. Si bien Venezuela cuenta con recursos naturales inmensos en comparación con otros países de la región, es evidente que Venezuela guarda unas similitudes pavorosas –como no podía ser de otro modo históricamente– con otros países de la región en cuanto a estructuras sociales, institucionales, económicas etc. Dentro de estas similitudes encontramos que en Venezuela como en otros países de la región, la izquierda "revolucionaria" impopular en sus años mozos jamás gobernó, e incluso fue excluida del "consenso". La llamada "democracia" ha sido sencillamente un "Estado de Partidos" en el que los actores del sistema político (políticos, partidos, grupos de presión y de poder) decidieron qué valor tendrá la Constitución dependiendo de las circunstancias o "momentos políticos". Adicionalmente, el falso sistema democrático ha estado tutelado militarmente y afianzado por élites sociales, económicas, políticas no representativas que mediante la obtención de privilegios y favores brindan apoyo al sistema. El poco crecimiento económico, debido a los constantes privilegios, miedos para con la sociedad abierta y el comercio, así como el rol expansivo de la acción del Estado en el ámbito económico y social, han destruido cualquier contacto con la institución del mercado como proceso de distribución de bienes y servicios. De allí que se ponga tanto el acento en la redistribución de la miseria existente. La destrucción de espacios de discusión, participación, y de acuerdos naturales mediante la imposición del "consenso" que procura la unanimidad en lugar de acuerdos que reconozcan la diferencia y el pluralismo han generado mucha violencia en la región. Cuando la situación política se sale de control, es indudable que puede desatarse una "revolución", la cual la mayoría ignora hasta tanto se ven y padecen las consecuencias, dada la gran banalización, destrucción cultural y frivolidad de la "sociedad civil" sometida a la estatización y destrucción de los cuerpos intermedios.

53 Venezuela fue un actor decisivo en la "Exclusión del actual Gobierno de Cuba de su participación en el Sistema Interamericano". En efecto, en la Octava Reunión de Consulta de Ministros de Relaciones Exteriores de la OEA realizada en Punta del Este-Uruguay, del 22 al 31 de enero de 1962, se consideró el tema de Cuba, adoptándose la Resolución VI que estableció sanciones contra Cuba adoptadas en 1962 y 1964. Tales sanciones recibieron las 2/3 partes de los votos requeridos por el Tratado Interamericano de Asistencia Recíproca. Actualmente el régimen castrista (marxistaleninista), ha sido reincorporado al sistema mediante resolución AG/RES. 2438 (XXXIX-O/09), la cual resuelve que la Resolución VI de 1962, queda sin efecto en la Organización de los Estados Americanos (OEA), lo que evidencia la confusión moral, política, intelectual en la región. Venezuela apoyó también al proceso de democratización de Centroamérica, así como al proceso de pacificación. Formó parte del llamado Grupo Contadora, instancia multilateral propuesta en enero de 1983 por México a Colombia, a la que se invitó a Panamá y Venezuela. De igual forma, los gobiernos en el período 1958-1998, se opusieron a las dictaduras imperantes en América latina, brindando todo su apoyo humano y económico a los perseguidos.

gadora y de ejercicio profesional de la profesión de abogado. Su trabajo no es el resultado de una burbuja académica, sino de la exigencia que todo investigador del Derecho debe satisfacer cuando las circunstancias exigen levantar la voz de manera crítica.

La decadencia que padece Venezuela no debería ser ajena ni a los venezolanos ni a los amantes de la libertad. Investigaciones académicas como las de Brewer-Carías acotadas al ámbito de lo político-constitucional coadyuvan significativamente a la comprensión de la situación político-jurídica que padece la pequeña Venecia. En momentos en los que se habla demagógicamente de la era digital, los libros suplen la desinformación colosal, cuando no de simple banalización que encontramos en la "civilización del espectáculo"[54], despreocupada por lo que pasa allende nuestras fronteras territoriales, nacionales o estatales.

La decadencia del "Estado de Derecho" (*rule of law*) y la democracia, y la sustitución por el "socialismo revolucionario" no es una exageración, sino el regreso de un "espectro" que nunca gobernó y que congelado en el tiempo adopta para sí una táctica novedosa, a saber, la de usar el sistema político-democrático, manipular las categorías constitucionales, y los jueces para destruir desde dentro cualquier arreglo civilizatorio. La actuación de los jueces resulta fundamental en estos nuevos esquemas, como se prueba del examen pormenorizado de la actuación de la SC/TSJ.

Es cierto que luce importante exigir las responsabilidades correspondientes a quienes acabaron con el "Estado de Derecho" (*rule of law*) y la democracia en el país, pero también luce importante comprender las causas que han posibilitado la decadencia en todos los terrenos en Venezuela. Comoquiera que las revoluciones contemporáneas no se hacen en abierta violación al Derecho, sino que se maquillan y se fortalecen con leyes *ex post facto*, o sentencias que legitimen los actos revolucionarios, el libro de Brewer-Carías resulta capital para comprender un hecho concreto de ese proceder.

Como bien refería Schmitt, el célebre y polémico jurista, "Quien trabaja legalmente, no es ni trastornador, ni agresor, ni saboteador"[55]. En efecto, la idea de una "espectro" socialista que se manifiesta en un mundo post-caída Muro de Berlín, que quiere perpetrarse por medio de una "revolución legal", debe ser una de las cuestiones centrales a tener en cuenta a la hora de evaluar la justicia constitucional en Venezuela.

Por ello, es que desde el mismo instante en que fuerzas democráticas en Venezuela conquistaron la mayoría de dos tercios en la Asamblea Nacional, a través de una contundente victoria el 15 de diciembre de 2015, la SC/TSJ en su segunda fase antes apuntada, se encargó rápidamente de mi-

---

[54] Mario Vargas Llosa, *La Civilización del Espectáculo*, Alfaguara, Madrid, 2012.

[55] Carl Schmitt, "La revolución legal mundial" en *Revista de Estudios Políticos*, N° 10, Centro de Estudios Políticos y Constitucionales, Madrid, 1979, p. 13.

nar las competencias de la Asamblea Nacional, tanto en el ámbito legislativo como de control político.

Este proceso bastante peculiar, se da paradójicamente en un tiempo en el que la región batalla por tratar de encauzar sus sistemas político-constitucionales al amparo del ideal político del "Estado de Derecho" (*rule of law*) y la democracia. Ahora bien, tal lucha ha estado fracturada desde hace mucho tiempo, pues basta recordar que durante el octavo período extraordinario de sesiones en fecha 11 de septiembre de 2001 en Lima-Perú se aprobó la llamada Carta Democrática Interamericana, precisamente el día en que una serie de atentados terroristas en los Estados Unidos causaron la muerte de miles de seres humanos, inaugurando una etapa de guerra no convencional en la civilización occidental nunca conocida, que ha afectado de paso el disfrute de la libertad individual y los derechos humanos.

Estos funestos ataques desviaron la atención de lo que también estaba ocurriendo en América latina. Basta recordar, que luego de décadas de luchas contra dictaduras –de derecha y de izquierda–, los Jefes de Estado y de Gobierno de las Américas habían adoptado en la Tercera Cumbre de las Américas, en fecha 20 al 22 de abril de 2001 en la ciudad de Quebec, una cláusula democrática que luego cristalizó en la Carta Democrática Interamericana. En dicha declaración se afirmaba: "Hemos adoptado un Plan de Acción para fortalecer la democracia representativa, promover una eficiente gestión de gobierno y proteger los derechos humanos y las libertades fundamentales".

Esta Declaración de Quebec fue rápidamente criticada por el Gobierno "revolucionario" de Venezuela, al punto de que la delegación reservó su posición en lo que respecta a los párrafos 1 y 6, debido a que la democracia debía ser entendida según el régimen de Venezuela, en su sentido más amplio y no únicamente en su carácter representativo.

La idea era reducir el método democrático a la participación de los ciudadanos en la toma de decisiones minando la democracia y la representación política. En efecto, las reservas mostraban tempranamente las convicciones y hostilidad del régimen de Venezuela, para con el sistema liberal democrático, cuyas consecuencias padece el país en la actualidad.

Luego de casi dos décadas de "revolución", luce menester adentrarse en obras como la de Brewer-Carías, en el que se analiza el comportamiento de los jueces en la destrucción del "Estado de Derecho" (*rule of law*) y la democracia. Si bien guarda diferencias con el proceso nazi, el proceso de socialismo posmoderno guarda similitudes con aquel, en lo atinente al rol que los jueces tienen[56], lo que evidencia además el estado de la cultura jurídica imperante y los valores a los cuales se adhiere a la judicatura en esta parte del mundo.

---

56 Ingo Muller, *Juristas del Horror. La "justicia" de Hitler: el pasado que Alemania no puede dejar atrás,* Álvaro Nora Librería Jurídica, Caracas, 2009.

Como se ha sostenido, la SC/TSJ ha devenido en un instrumento servil del poder, por claras fallas estructurales. De hecho, como bien ha afirmado Hernández G.: "Admitir el control judicial de todas las actuaciones y omisiones del Poder Legislativo implica un claro riesgo, pues podría el juez constitucional sustituirse en valoraciones políticas privativas del Poder Legislativo"[57]. Es cierto que éste no es el tema de Brewer-Carías en el libro, pero debe serlo de la dogmática jurídica *iuspublicista* venezolana, pues gracias a varios dogmas imperantes en contextos institucionales tan frágiles es que se ha posibilitado la "tiranía tropical"[58].

La obra de Brewer-Carías, *Dictadura Judicial y Perversión del Estado de Derecho* requiere ser conocida nacional e internacionalmente como una investigación jurídica seria que puede ampliar la comprensión y elevar la conciencia de cómo puede materializarse una "dictadura judicial". En la obra, se da cuenta de cómo la SC/TSJ manipulando su competencia en el ejercicio del "control concentrado" de la constitucionalidad sin control ella misma en su actuación, impone su voluntad libérrima no atendiendo a la propia Constitución.

Si bien quien tiene la obligación de hacer valer la Constitución no lo hace, es indudable que la "dictadura judicial" ha devenido en una herramienta de quien realmente tiene el poder político, es decir, de quien mantiene a los jueces en su cargo, en un país signado por la ausencia de "Estado de Derecho" (*rule of law*) y de democracia.

Si la pregunta "¿*Quis custodiet ipsos custodes*?" es una pregunta sin respuesta desde los moldes de la *judicial review* moderna, entonces frente a la "dictadura judicial", no cabe otro remedio que la desobediencia civil como único recurso posible cuando las vías constitucionales se encuentran cercenadas, pues como se ha dicho:

> ...si en su función interpretativa de la Constitución el pueblo, como titular del poder constituyente, entendiese que el Tribunal había llegado a una conclusión inaceptable (o porque se tratase de una consecuencia implícita en la Constitución de que el constituyente no hubiese tenido

---

57 José Ignacio Hernández G., "El asedio a la Asamblea Nacional" en Allan R. Brewer-Carías, *Dictadura Judicial y Perversión del Estado de Derecho. La Sala Constitucional y la destrucción de la democracia en Venezuela*, Editorial Jurídica Venezolana International, New York-Caracas, 2016, p. 24.

58 Como bien ha destacado Lilla, "Tarde o temprano, el lenguaje del antitotalitarismo tendrá que abandonarse y estudiarse de nuevo el problema clásico de la tiranía. Esto no quiere decir que los conceptos antiguos de tiranía puedan extrapolarse en general en el pensamiento de hoy, aunque asombra cuántos malos regímenes de hoy exhiben patologías que los pensadores políticos de la Antigüedad y de los inicios de la Europa moderna conocían muy bien: el asesinato político, la tortura, la demagogia, los estados de excepción maquinados, el cohecho, el nepotismo y todo lo demás", Mark Lilla, "La nueva era de la tiranía" en *Letras libres*, Año N° 4, N° 47, Letras Libres Internacional, Madrid, 2002, p. 103. La afirmación del autor se comprende más cuando afirma que "paradoja del discurso político de Occidente desde la Segunda Guerra Mundial: mientras más nos sensibilizamos ante los horrores de las tiranías totalitarias, menos sensibles somos con respecto a la tiranía en sus formas más moderadas" (p. 102).

consciencia clara y que al serle explicitada no admite, o bien -hipótesis no rechazable como real- porque entendiese que la decisión del Tribunal excede del marco constitucional), podrá poner en movimiento el poder de revisión constitucional y definir la nueva norma en el sentido que el constitucionalismo decida, según su libertad incondicionada[59].

La afirmación de García de Enterría luce fundamental en el contexto venezolano, dado que frente a las prácticas autoritarias legitimadas por la SC/TSJ, así como sus aviesas interpretaciones, debería ponerse en movimiento el poder de "reforma constitucional", como medio de rechazo social a las interpretaciones inaceptables del "guardián de la Constitución".

Cuando se afirma que la SC/TSJ se excede de sus competencias jurisdiccionales (arts. 7 y 336), e incluso, se arroga competencias que no tiene alegándose que es "máximo y última intérprete de la Constitución", ello no significa que constitucionalmente se entregue un poder sin límites, pues ello sería lo contrario a toda Constitución.

Frente a tal manipulación, cabe mencionar que la misma puede proferir sentencias definitivas en ejercicio de sus competencias jurisdiccionales, pero sus sentencias pueden ser escrutadas por el último intérprete de la Constitución que es el pueblo.

Es el poder de poder de "reforma constitucional" que debería ejercer el pueblo, cuando está frente a actuaciones excesivas por parte de la SC/TSJ. De hecho, luce menester recordar que Brewer-Carías concibe a la *judicial review* como un substituto de la revolución, lo cual es solo posible cuando se está en un sistema constitucional auténticamente hablando y no se está en "revolución".

La abolición de la desobediencia civil prevista constitucionalmente por parte de la SC/TSJ, ha ocasionado que la misma solo se canalice a través del castigo electoral, que no es estrictamente hablando desobediencia. Que el pueblo rechace mediante el sufragio a determinados actores políticos no es desobediencia, ni es tampoco, el mecanismo idóneo para exigir que la Constitución sea norma jurídica.

Si bien el poder de "reforma constitucional" es complicado constitucionalmente, pedagógicamente eleva mucho más la clara consciencia sobre lo que es jurídicamente constitucional de lo que no es, así sea dicho por el "máximo y último intérprete de la Constitución"[60], pues la apatía estaría en oposición a la sabia advertencia de Desmond Tutu: "si eres neutral en situaciones de injusticia, has elegido el lado del opresor"[61].

---

59 Eduardo García de Enterría, *La Constitución como Norma y el Tribunal Constitucional*, Editorial Civitas, Madrid, 2001, p. 201.

60 Allan R. Brewer-Carías, *Dictadura Judicial y Perversión del Estado de Derecho. La Sala Constitucional y la destrucción de la democracia en Venezuela*, *op. cit.*, p. 418.

61 Luis Almagro, "Apéndice 2. Presentación del Secretario General de la Organización de Estados Americanos, Luis Almagro, ante el Consejo Permanente. Aplicación de la Carta Democrática Interamericana", en Allan R. Brewer-Carías, *Dictadura Judicial y Perversión del Estado de Derecho. La Sala Constitucional y la destrucción de la de-*

*mocracia en Venezuela*, Editorial Jurídica Venezolana International, New York-Caracas, 2016, p. 431.

# DERECHO ADMINISTRATIVO GENERAL

# LA FORMACIÓN DEL IUS ADMINISTRATIVUM Y EL PENSAMIENTO JURÍDICO HUMANISTA DE ALLAN R. BREWER-CARÍAS

José Ignacio Hernández G.[1]

## Introducción

El Derecho Administrativo, estudiado a través de las instituciones que facilitan la acción colectiva dentro del Estado, comenzó a cobrar realce a fines del siglo XIX, debido a la consolidación del Estado y su poder administrativo. Fue en todo caso en el siglo XX cuando el moderno Estado Administrativo llevó a la doctrina, legislación y jurisprudencia ha abstraer, de la acción estatal, aquella orientada a la gestión concreta de los cometidos públicos. Inicialmente, y desde el método comparado, este esfuerzo estuvo muy influenciado por la distinción -más teórica que práctica- entre el *common* y el *civil* law, impulsada por la hegemonía del Derecho Administrativo de Francia, entendido como el régimen exorbitante basado en privilegios y prerrogativas. En el siglo XXI, en todo caso, esta distinción ha comenzado a ceder ante la difusión trasnacional de instituciones administrativas que tratan de hacer más eficiente la acción colectiva, tanto más, en una era de riesgos globales, como la pandemia, el cambio climático y la inteligencia artificial.

También en el siglo XXI ha quedado en evidencia el riesgo y la necesidad del Estado administrativo. El riesgo viene determinado por regímenes autocráticos que se escudan en formas legales, y en concreto, tras los privilegios y prerrogativas, resultando en una deriva autoritaria-populista. La necesidad queda marcada por la fragilidad estatal y en especial, la fragilidad del Estado administrativo, lo que hace ineficiente la acción colectiva, como por lo demás quedó comprobado en la pandemia de la COVID-19. De allí que, en el siglo XXI, está quedando en evidencia la necesidad del Estado administrativo organizado en torno a instituciones orientadas al bien común y centradas en la dignidad humana, que reduzcan de manera eficiente los costos de la acción colectiva necesaria para cumplir el creciente y

---

[1] Profesor de Derecho Administrativo y Constitucional en la Universidad Católica Andrés Bello y la Universidad Central de Venezuela. Profesor invitado, Pontificia Universidad Católica Madre y Maestra y Universidad Castilla-La Mancha y Universidad La Coruña. Asociado, Centro de Estudios Estratégicos e Internacionales, Washington D.C.

contradictorio catálogo de cometidos derivados del Derecho Internacional, Constitucional y, en suma, Global.

En esta historia del Derecho Administrativo que comienza a formarse en el siglo XX, destaca el pensamiento jurídico de Allan R. Brewer-Carías, inspirado en las particularidades del fenómeno administrativo que hacen, del Derecho Administrativo, un Derecho estatal, en tanto sus instituciones son necesarias para la efectiva materialización de los cometidos públicos siempre partiendo de la centralidad de la persona, su dignidad y derechos humanos. Esto hace que el pensamiento de Brewer-Carías sea humanista, orientado en los últimos sesenta años a tres grandes objetivos, como son la consolidación del Derecho Administrativo bajo el principio de legalidad y los principios fundamentales del Derecho Público; la centralidad de los derechos humanos y, finalmente, la reacción frente al falso Derecho Administrativo que comienza a emerger en el siglo XXI.

## 1. El Derecho Administrativo, la acción colectiva y las raíces humanistas del ius administrativum

La historia del Derecho Administrativo es tan antigua como la historia de la comunidad política y, por ende, de la propia humanidad. No nos referimos, por supuesto, al elaborado modelo de Derecho Administrativo que resultó de la Revolución Francesa, ni al Derecho del Estado administrativo que surge en el siglo XX. Aludimos, más bien, a la idea de Derecho Administrativo basada en el concepto de instituciones, como éste es empleado en las ciencias económicas y políticas. Toda comunidad política, más allá de su grado de madurez, requiere de instituciones que faciliten la gestión concreta o material de sus tareas o cometidos comunes y que, como tal, demandan una acción colectiva, esto es, la organización de recursos, medios y personal. De ello resulta que toda comunidad política cuenta con una administración política.

El tránsito de la administración política a la Administración Pública -como administración estatal- responde a un proceso mucho más reciente, que comienza a darse especialmente en Europa hacia el absolutismo, y que cobraría pleno realce –allende las fronteras europeas– hacia fines del siglo XIX y comienzos del siglo XX. En América Latina el proceso es mucho más tardío, al punto que es en el siglo XX cuando comienza a consolidarse el todavía imperfecto proceso de formación del Estado. En todo caso, con el advenimiento del Estado surgió el Estado administrativo, o sea, las instituciones orientadas a la gestión concreta y material de los cometidos estatales. A mediados del siglo XX, y con ocasión a la transformación del Estado Liberal en Estado Social, emergió el moderno Estado administrativo, en el cual las instituciones jurídico-administrativas se caracterizan por una mayor interacción económica y social.

La necesidad de estudiar de manera jurídica y comprensiva la actividad del Estado orientada a la gestión concreta de sus cometidos, fue la primera razón que llevó a pensar al Derecho Administrativo. A principios del siglo XIX, en la que suele ser considerada como la primera obra en la materia, Romagnosi observó que, dentro del Estado, es posible abstraer la actividad orientada a administrar o gobernar, a través de la cual la autoridad incide en la cosa pública, o sea, en los asuntos comunes del cuerpo político. El interés público es, así, el interés común de la sociedad política. Este interés público o interés general es, al mismo tiempo, el fin y el medio a través del cual la autoridad sirve a la comunidad política. La administración de estos asuntos políticos es, por ende, Administración Pública, y las reglas que rigen a esa administración conforman al Derecho Administrativo, diferenciado como tal del Derecho Constitucional o del llamado Derecho Político[2].

El interés o cosa pública es el concepto nuclear del Derecho Administrativo. En la tradición legal clásica propia del *ius commune*[3], el interés público entronca con el concepto de comunidad política, de acuerdo con el pensamiento de Aristóteles[4], y que Santo Tomás de Aquino resumiría en la idea del bien común[5]. Así, toda comunidad política requiere de una administración orientada al servicio del bien común, que no se opone –ni puede oponerse– al bien individual, en tanto éste requiere de una comunidad ordenada[6]. La persona es tal sí y solo sí realiza su dignidad dentro de una

---

2 Romagnosi, D., *Principi Foudanentali di Diritto Amministrativo*, Giovanni Silvestri, Milán, 1837, pp. 1-2.

3 El *ius commune* es una construcción medioeval (entre los siglos XII y XV), basada en la relación entre el Derecho positivo *–ius civile–* el Derecho Natural y el Derecho Canónico, que especialmente se extendió en Europa no solo como resultado de la expansión del Derecho Romano, sino también, del Derecho eclesiástico. Este *ius commune* se sistematizó después que el *common law* anglosajón, lo que ha sido considerado como una de las razones que explican la diferencia entre el Derecho anglosajón y el continental. *Vid.*: Combalía, Zoila, "La influencia del ius commune en la formación del Derecho anglosajón", en González-Varas Ibáñez, Alejandro (coordinador), *El ius commune y la formación de las instituciones del Derecho Público*, Tirant Lo Blanch, Valencia, 2021, pp. 68 y ss.

4 La ciudad -escribió Aristóteles- no puede estar "sin los magistrados necesarios, y sin los que tienen cargo del buen orden y policía de ella no se puede vivir bien y honestamente". *La política*, traducción de Pedro Simón Abril, Ediciones Nuestra Raza, Madrid, 1910, p. 223.

5 Para Santo Tomás, la sociedad de los libres es gobernada hacia el bien común, lo que resulta en una forma recta y justa de gobierno. Así, en *Suma Teológica* se lee: "también el rey, que procura el bien común de todo el reino, con su mandato mueve a cada uno de los magistrados a quienes les tiene encomendado el gobierno de las distintas ciudades" (I, q. 82, a.4).

6 Es por ende inherente a la naturaleza de la persona desenvolverse en la sociedad y dentro de la comunidad política, la cual solo puede existir desde y para el bien común, lo que presupone la existencia de la autoridad. La persona "tiene por consiguiente necesidad de un agente que lo dirija a su fin y por eso, y para eso, le ha sido infundada la luz de la razón natural". Santo Tomás de Aquino, *El Gobierno Monárquico o sea el libro De Regimine Principum*, Imprenta y Librería de D.A. Izquierdo, Sevilla, 1861, p. 3.

sociedad ordenada por el bien común[7]. No negamos que esta visión se basa en una suerte de teoría moral del Derecho Público, que condiciona su validez no a elementos formales sino a su compatibilidad con la dignidad humana, base del bien común. Pero este es el pensamiento en el que descansa, en especial, la historia de las instituciones políticas y administrativas en Hispano-América.

En efecto, siguiendo a Luigi Labruna[8], podemos observar que la tradición romanista se difundió en la región con las instituciones jurídicas precolombinas. El carácter humanista del *ius commune* –basado en la dignidad inherente a la persona humana– fue el principal alegato empleado en 1511 por Antonio de Montesinos, ampliados luego por Bartolomé de las Casas, para la defensa de la dignidad de los indígenas[9]. Estos alegatos estaban inspirados en las *Leyes de las Siete Partidas* de Alfonso El Sabio y, en suma, en el *ius commune* medioeval que, a partir de la tradición romanista, realzó la centralidad de la dignidad humana[10]. La tradición humanista –escribe Helmut Coinges– uno de los grandes aportes del *ius commune*[11].

El primer constitucionalismo latinoamericano reflejó esta tradición humanista al partirse del reconocimiento de derechos inherentes a la persona humana, según quedó reflejado en las declaraciones de derechos y primeras Constituciones[12]. En especial, la Constitución de Venezuela de 1811 reflejó la tradición del *ius commune* mediante la recepción de la libertad republicana, que como explicó el jurista venezolano Juan Germán Roscio, no era equivalente al libertinaje. La libertad republicana se basa en virtudes que apuntalan principios orientados al bien común, que como la

7 Maritain, Jacques, *The person and the common good,* University of Notre Dame Press, Indiana, 2012, pp. 47 y ss., así como *Christianity and Democracy-The rights of man and the natural law*, Ignatius Press, San Francisco, 2011, pp. 100 y ss.

8 Labruna, Luigi, "Tra Europa e América Latina; principio giuridici, tradizione romanística e "humanitas" del Diritto", en *Revista Da Faculdade De Direito* n° 99, 2004, pp. 61 y ss.

9 Sardiñas, Loida, *Dignidad humana*, Ediciones USTA, Bogotá, 2019, pp. 106 y ss.

10 Torrent, Armando *Fundamentos del Derecho Europeo. Ciencia del Derecho: Derecho Romano-Ius Commune-Derecho Europeo,* Edisofer, Madrid, 2017, pp. 240 y ss. Véase en especial a Filippi, Alberto, "Introducción histórica", en García Netto, Irma (ed.), *Principios generales del Derecho Latinoamericano,* Editorial Universitaria de Buenos Aires, Buenos Aires, 2009, así como Murillo Rubiera, Fernando, *América y la dignidad del hombre,* Colecciones Mapfre, Madrid 1992, pp. 58 y ss.

11 Coing, Helmut, "La contribución de las naciones europeas al Derecho Común", en Pérez Martín, Antonio (ed.) *España y Europa, un pasado jurídico común,* Instituto de Derecho Común, Murcia, 1985, p. 45.

12 Lobrano, Giovanni, "Derecho Romano y Constitutionalismo Latino", en Cardilli, Ricardo et al., (ed.), *Diritto Romano, Constitionalismo Latino e Nuova Constutuzione Cubana,* Wolters Kluwer Italia S.r.L., Milán, 2019, p. 31. Véase también a Catalano, Pierangelo, *Constitución romana y pueblos de América Latina,* Universidad Externado, Bogotá, 2020, pp. 63 y ss. En general, vid. Fernández Sebastián, Javier, "Introducción. En busca de los primeros liberalismos iberoamericanos", en Fernández Sebastián, Javier (ed.), *La aurora de la libertad. Los primeros liberalismos en el mundo iberoamericano,* Marcial Pons Historia, Madrid, 2021, p. 9.

Constitución de Venezuela de 1811 indicó, es la justificación primera del Gobierno[13].

Situar al interés general o público desde el bien común, ayuda a comprender que el fundamento de la comunidad política y de todo el Derecho Público es la dignidad humana, y por ende, el Derecho Natural[14]. De allí que toda autoridad -y toda Ley- que atente contra la dignidad humana es intolerable. La primacía del fondo sobre las formas legales, como Rommen observó tras el advenimiento del Tercer Reich, es la última barrera de protección de la persona frente al Estado y, en especial, el Estado administrativo. Tal es la piedra en que se sostiene el Derecho Administrativo en el Derecho Interamericano, o sea, el Derecho Administrativo Interamericano, de acuerdo con la Declaración Americana de los Derechos y Deberes del Hombre[15].

Tal es, en apretada síntesis, el fundamento del *ius administrativum*, o sea, las instituciones administrativas influenciadas por la tradición legal clásica. Pero lo cierto es que la necesidad de estudiar a las instituciones administrativas, separadas de las instituciones políticas y constitucionales, solo surge en el siglo XIX, con ocasión a la consolidación del Estado administrativo. Aquí debemos detenernos para explicar que el Estado administrativo no es otra cosa que la organización política en la cual la Administración Pública es la herramienta para lograr la materialización concreta de los cometidos públicos.

Precisamente, la consolidación del Estado[16], siguiendo a Heller[17] y Jellinek[18], requiere elementos de cohesión social basados en la Administración

---

[13] Véase nuestro análisis en Hernández G., José Ignacio, "El pensamiento constitucional de Juan Germán Roscio y Francisco Javier Yanes", en Brewer-Carías, Allan (ed.) *La independencia y el estado constitucional en Venezuela: como obra de civiles: (19 de abril de 1810, 5 de julio de 1811, 21 de diciembre de 1811)*, Academia de Ciencias Políticas y Sociales, Caracas, 2018, pp. 238 y ss.

[14] Finnis, John, *Natural Law & Natural Rights,* Oxford University Press, 2011, pp. 134 y ss.

[15] La Declaración resalta, en su considerando, que "los pueblos americanos han dignificado la persona humana", y que "las instituciones jurídicas y políticas, rectoras de la vida en sociedad, tienen como fin principal la protección de los derechos esenciales del hombre y la creación de circunstancias que le permitan progresar espiritual y materialmente y alcanzar la felicidad".

[16] La referencia primera al concepto moderno de Estado es usualmente Maquiavelo, Nicolás, *El príncipe. La mandrágora,* Cátedra Letras Libres, Madrid, 2003, p. 73. *Vid.*: Njaim, Humberto y Leu, Hans-Joachim, *Selección de textos en torno al Estado,* Universidad Central de Venezuela, Facultad de Derecho, Caracas, 1968, pp. 1 y ss.

[17] Heller, Herman, *Teoría del Estado,* Fondo de Cultura Económica, México D.F., 2002, pp. 169 y ss. La cohesión social encuentra, en la Administración Pública, un punto central de apoyo, en especial, en términos de ejército, burocracia y finanzas. El ejército permanente –de acuerdo con esta tesis– "y la burocracia de carácter continuo suponen la planificación de la administración financiera del Estado" (p. 174). De allí que sea necesario "la constitución de un patrimonio del Estado y el aseguramiento de una tributación regular" (p, 174). Advertimos que Heller cuestiona la denominación Esta-

Pública y su burocracia[19]. Esta cohesión, a su vez, precisa de un poder central que ejerza el poder político único y unitario. Sin poder político consolidado, no puede haber en realidad proceso de democratización. Por ello, la primera tarea del Derecho Constitucional –de acuerdo con James Madison– es crear a un Gobierno que gobierne, para luego controlar su poder[20]. Esta idea del poder político consolidado daría lugar al que es, quizás, el concepto más difundido de Estado, propuesto por Max Weber: el poder político que ejerce el monopolio legítimo de la fuerza[21]. Tal y como García-Pelayo observó, el Estado se sostiene en el "monopolio legítimo del poder público" ejercido por un "solo centro soberano y originario"[22].

Las ciencias políticas han prestado especial atención al proceso de formación del Estado a partir de la cohesión y consolidación del poder político[23]. En especial, el interés se ha centrado en comprender cuáles son las condiciones que favorecen a esa cohesión, como es el caso, por ejemplo, de las guerras[24]. En concreto, la ineficiencia social de la violencia –cuando ésta es fragmentada, como sucedía por ejemplo con los señores feudales– genera incentivos de cooperación, todo lo cual permite transitar desde relaciones de poder personales o patrimoniales, a relaciones de poder ordenadas de manera general y abstracta[25]. Empleando la conocida expresión de Weber, este poder general y abstracto descansa en mecanismos de dominación burocráticos[26]. Tal es, precisamente, el rol de la Administración Pública, cuya existencia es una condición necesaria para la conformación y existencia del Estado. En realidad, la cohesión que hace posible al Estado

---

do medieval, dado que hay ciertos requisitos mínimos para afirmar la existencia del "verdadero poder estatal".

18 Jellinek, Georg, *Teoría general del Estado,* Editorial Albatros, Buenos Aires, 1981, pp. 130 y ss. De acuerdo con este principio "la unificación de las relaciones de voluntad es la que se nos presenta como Estado". Para el autor, el Estado "es la unidad de asociación dotada originariamente de poder de dominación y formada por hombres asentados en un territorio" (p. 133).

19 Weber, Max, *Max Weber's Complete Writings On Academic and Political Vocations*, Algora Publishing, 2013, p. 367.

20 *Federalist N° 51*: "*In framing a government which is to be administered by men over men, the great difficulty lies in this: you must first enable the government to control the governed; and in the next place oblige it to control itself*".

21 Weber, Max, *Weber's Complete Writings On Academic and Political Vocations*, Algora Publishing, Nueva York, 2013, p. 367.

22 García-Pelayo, Manuel, "Estado", en *Obras Completas, Tomo III*, Centro de Estudios Políticos y Constitucionales, Madrid, 1991, pp. 2951 y ss.

23 Huntington, Samuel, *Political order in changing democracies,* Yale University Press, New Haven, 1968, p. 8.

24 Tilly, Charles, "War making and State Making as Organized Crime", en Evans, Peter, *et al.* (ed.), *Bringing the State Back In*, Cambridge University Press, Cambridge, 1985, pp. 167 y ss.

25 North, Douglass, et al., *Violence and social order. A conceptual framework for interpreting recorded human history*, Cambridge University Press, Nueva York, 2012, pp. 11 y ss.

26 Weber, Max, *Economía y sociedad. Esbozo de sociología comprensiva, Tomo I,* Fondo de Cultura Económica, México, 1974, pp. 170 y ss.

es, ante todo, cohesión de las instituciones administrativas, pues solo esa organización de la acción colectiva hace posible el advenimiento del Estado.

Por ello, la Administración Pública es causa y consecuencia del proceso de formación del Estado. Desde las ciencias económicas, se ha observado cómo el Estado precisa de mecanismos que hagan más eficiente la acción colectiva[27]. También, se ha señalado que el Gobierno existe en función a las externalidades, pues la acción colectiva es desincentivada por la preferencia individual de no apoyar tal acción, en espera de recibir, de igual manera, sus beneficios. El resultado es, en todo caso, paradójico: para paliar esa externalidad, la sociedad crea al Gobierno que, a su vez, genera externalidades[28]. En cualquier caso, la administración –como actividad– es inherente a toda comunidad política, pues a través de ella se facilita la acción colectiva.

Fue en todo caso durante el siglo XX cuando la acumulación y expansión de los cometidos del Estado realzó la importancia de la Administración Pública, surgiendo de esa manera el moderno Estado administrativo, esto es, la Administración Pública del Estado Social y Democrático de Derecho. La expansión de los cometidos estales llevó a ampliar los cauces de la actividad administrativa, pero siempre en función al rol que ésta cumple en la promoción de la acción colectiva[29].

Si volvemos a Romagnosi, entonces, podremos comprender cómo el Derecho Administrativo no es más que la abstracción del Derecho creado por la sociedad para organizar a la acción colectiva. En economía, y gracias a North, se estudia cómo las reglas que inciden de manera coactiva en la conducta humana, esto es, las instituciones, inciden en el desempeño económico y, agregamos, en la eficacia de la acción colectiva[30]. Las instituciones políticas son, así, las reglas que inciden sobre la construcción del poder del Estado[31], de forma tal que instituciones políticas ineficientes, impactan adversamente en la efectividad del Estado[32]. Dentro de esas instituciones políticas, las instituciones administrativas resultan especialmente influyen-

---

27 Olson, Mancur, *The logic of collective action,* Harvard University Press, Cambridge, 1971, pp. 5 y ss.

28 Tullok, George, *Public Goods, Redistribution and Rent Seeking*, The Locke Institute, Edward Elgar Publishing, Cheltenham, 2008, pp. 28 y ss.

29 La transformación del Estado Liberal en Estado Social, y la consecuente expansión de la actividad administrativa, ha sido un tema ampliamente estudiado en el Derecho Comparado. Véase el trabajo clásico de Parejo Alfonso, Luciano, *Estado social y administración pública. Los postulados de la reforma administrativa*, Civitas, Madrid, 1983, pp. 82 y ss.

30 North, Douglass, *Institutions, institutional change and economic performance,* Cambridge University Press, 1999, pp. 36 y ss.

31 Fukuyama, Francis, *State Building,* Cornell University Press, 2014, pp. 1 y ss.

32 Fukuyama, Francis, *Political order and political decay,* Farrar, Strauss and Giroux, New York, 2014, pp. 26 y ss.

tes en el desempeño del Estado, al punto que, para algunos, es la calidad institucional la clave del desarrollo[33].

Esto permite explicar por qué, en el creciente interés en torno a la capacidad estatal como condición al desarrollo, la capacidad burocrática o administrativa ocupa un lugar central[34]. El concepto de Estado frágil describe, de esa manera, cómo limitaciones de capacidad pueden impedir el efectivo cumplimiento de los cometidos estatales[35], lo que puede dar lugar a áreas de limitada estatalidad, o sea, áreas en las cuales las instituciones formales del Derecho Público no se aplican efectivamente, y en su lugar surgen instituciones informales e ineficientes[36]. Precisamente, en América Latina, la fragilidad estatal deriva en la fragilidad de las instituciones[37], todo lo cual deriva en un círculo vicioso que afecta la calidad de la democracia[38]. De estas fallas de capacidad estatal surge el Derecho Administrativo Fallido, o sea, las instituciones administrativas de Estados frágiles, que no logran promover una acción colectiva eficaz y eficiente.

Administración Pública y Estado aparecen entonces relacionados de manera indivisible. Por ello, la condición esencial para que exista Administración es que exista Estado, lo que permite explicar cómo algunas técnicas de la intervención administrativa son anteriores al Estado de Derecho, que emerge a partir del siglo XVII[39]. La dependencia del Derecho Administrativo al Estado, como observó Sabino Cassese[40], es el signo característico del Derecho Administrativo. De allí surge también –Linde Paniaguala– con-

---

33 Acemoglu, Daron y Robinson, James, *Why Nations Fail,* Crown Business, New York, 2012, pp. 70 y ss.

34 Dincecco, Mark, *State Capacity and Economic Development,* Cambridge University Press, Cambridge, 2017, p. 3.

35 Rotberg, Robert, "Odious and Failed States, Humanitarian Responses", en Trauschweizer, Ingo and Miner, Steven (ed.), *Failed states and Fragile Societies. A New World Disorder?,* Ohio University Press, Ohio, 2014, pp. 119 y ss.

36 Börzel Tanja A., et al, "Governance in Areas of Limited Statehood: Conceptual Clarifications and Major Contributions of the Handbook" en Börzel Tanja A. et al (ed.), *The Oxford Handbook of Governance and Limited Statehood,* Oxford University Press Oxford, Oxford, 2018, pp. 3-6.

37 Brinks, Daniel et al., *Understanding Institutional Weakness. Power and design in Latin American institutions,* Cambridge Elements. Political and Society in Latin América, Cambridge University Press, Cambridge, 2019, pp. 18 y ss.

38 Mazzuca, Sebastián y Munck, Gerardo, *A Middle-Quality Institutional Trap. Democracy and State Capacity in Latin América,* Oxford University Press, Oxford, 2020, pp. 62 y ss.

39 Villar Palasí, José Luis, *El fin del antiguo régimen y los orígenes del Estado constitucional en España. La aparición del Derecho administrativo,* INAP, Madrid, 2001. Explica el autor: "en el Derecho administrativo se da una paradoja muy singular, y es que las técnicas básicas, las categorías jurídicas esenciales, las técnicas fundamentales del Derecho administrativo tienen un origen muy anterior al mismo Derecho administrativo" (p. 4). Véase el análisis de esta postura en Alli Aranguren, Juan-Cruz, *La construcción del concepto de Derecho administrativo español,* Civitas, Madrid, 2006, p. 94.

40 Cassese, Sabino, *Las bases del Derecho administrativo,* Instituto Nacional de Administración Pública, Madrid, 1994, p. 40.

cepción del Derecho Administrativo como una categoría histórica, o sea, un producto de la evolución de la sociedad y del Estado[41].

Si es cierta la premisa de acuerdo con la cual allí donde hay Derecho hay sociedad (*ubi societas, ibi ius*)[42], entonces, habría que concluir que allí donde hay comunidad política organizada hay, también, Administración Pública. De allí, por ejemplo, el creciente interés en estudiar el Derecho Administrativo dentro del Derecho Romano[43]. Esto además explica por qué, en tanto categoría histórica, la Administración Pública resulta del amalgamamiento de diversas fases históricas marcadas por signos de ruptura y continuidad. Así, la evolución del Estado forzará a desechar ciertos medios de la acción administrativa, pero otros medios se mantendrán. La continuidad histórica de la Administración Pública es, en suma, una condición derivada de la propia existencia de la comunidad política: más allá de sus cambios, su propia existencia depende del hilo conductor de la acción administrativa[44].

Esta visión institucional permite comprender por qué las grandes transformaciones del Estado no aparejan la destrucción de la antigua Administración y el advenimiento de una Administración nueva. Otto Mayer reflejó esta idea al señalar que la Constitución pasa, pero el Derecho Administrativo queda, esto es, que más allá de los profundos cambios del Estado, siempre hay elementos de continuidad en la Administración Pública[45]. Este fue el principio que comprobó Tocqueville al observar cómo la

---

41 Linde Paniagua, Enrique, *Fundamentos de Derecho administrativo. Del derecho del poder al Derecho de los ciudadanos,* UNED-Colex, Madrid, 2009, p. 92.

42 Escribe Ricardo Rivero Ortega que, desde esta perspectiva, el Derecho Administrativo ha existido siempre. *Derecho Administrativo,* Tirant Lo Blanch, Valencia, 2023, p. 15.

43 Entre muchos aspectos de interés, resaltamos aquí la impronta humanista que deriva del Derecho Romano. Se ha observado, con agudeza, que "la opinión de que el derecho administrativo moderno nació solo en el siglo XIX, debido a la influencia ejercida por las ideas revolucionarias francesas, ha sido recientemente puesta en duda gracias también a las investigaciones de la romanística española, comprometida asiduamente en la reconstrucción histórico-dogmática de los institutos del derecho administrativo romano, a pesar de la conciencia de que los Romanos nunca concibieron un 'ius administrativum'". *Cfr.:* Trisciuoglio, Andrea, *Temas de Derecho Administrativo Romano Comparado*, Dykson, Madrid, 2021, p. 49.

44 Muñoz Machado, Santiago, "Las concepciones del Derecho administrativo y la idea de participación en la Administración", en *Revista de Administración Pública* N° 84, Madrid, 1977, pp. 519 y ss. Más recientemente, vid. Muñoz Machado. Santiago, *Tratado de Derecho Administrativo y Derecho Público General. Tomo I. Historia de las instituciones jurídico-administrativas 1,* Agencia Estatal Boletín Oficial del Estado, Madrid, 2015, pp. 73 y ss.

45 La frase está contenida en el prólogo de la tercera edición de su *Derecho administrativo Alemán* de 1923. Véase la explicación a las condicionantes históricas dentro de las cuales Mayer dio esta frase en Gallego Anabitarte, Alfredo y Marcos Fernández, Ana de, *Derecho administrativo I. Materiales,* séptima reimpresión corregida, Madrid, 1995, pp. 13 y ss. Refiere Gallego que Mayer quiso describir la continuidad de las instituciones administrativas luego de la promulgación de la Constitución de Weimar, que basó la Jefatura Presidencial sobre las raíces de la monarquía. Es en este

Administración Pública derivada de la Revolución Francesa preservó ciertas técnicas del Antiguo Régimen. Ni siquiera esa Revolución logró demoler a la Administración Pública[46].

De igual manera que la energía no se extingue sino que se transforma, la Administración Pública del Estado tampoco rompe completamente sus estructuras a pesar de los cambios políticos. Como observó Eduardo García de Enterría, la Administración Pública se caracteriza por su cercanía al poder político[47]. En realidad, la persona solo se relaciona directamente con el Estado a través de la Administración Pública, lo que hace que las relaciones jurídico-administrativa resuman todas las tensiones del poder político del Estado. Es en la arena del Derecho Administrativo donde el Derecho Público –antes, Derecho Político– cobra vida: el Derecho Administrativo es, por ello, el Derecho Constitucional implementado, como entiende la doctrina alemana[48].

La esencia política de la Administración Pública como abstracción del Estado, es por ello independiente de cómo se organiza jurídicamente a la Administración Pública, lo que en suma dependerá del Derecho que cada sociedad crea en cada momento determinado. Esta observación fue empañada por la férrea división entre las familias del Derecho Civil y del Derecho Consuetudinario propuesta por René David[49], y por la peculiar y única formación del modelo de Derecho Administrativo derivado de la Revolución Francesa[50], modelo que en cierto modo se equiparó, sin más, al Derecho Administrativo de los modelos del Código Civil, esto es, los modelos basados en la centralidad de la Ley –el legiscentrismo– y el reconocimiento de privilegios y prerrogativas[51].

---

sentido que hemos entendido la frase de Mayer, y no como una referencia a la supuesta –e improbable– separación entre el Derecho administrativo y la Constitución.

46 Alexis de Tocqueville (*El antiguo régimen y la Revolución,* Fondo de Cultura Económica, México, 1996, pp. 119 y ss.) puso en evidencia cómo la Revolución francesa preservó la estructura administrativa del Antiguo Régimen y, en especial, el centralismo, pudiendo incluso encontrarse, durante ese Régimen, claros indicios del establecimiento de un orden jurisdiccional especial para el control de esa Administración. La conclusión de Tocqueville es, en este sentido, bastante clara: "el dominador cayó, pero quedó en pie lo más sustancial de su obra; una vez muerto su gobierno, su administración siguió viviendo" (p. 287).

47 García de Enterría, Eduardo, *La lucha contra las inmunidades del poder,* Cuadernos Civitas, Madrid, 2004, p. 14.

48 Schmidt-Assmann, Eberhard, "Cuestiones fundamentales sobre la reforma de la Teoría General del Derecho Administrativo Necesidad de innovación y presupuestos metodológicos", en Barnés, Javier (ed.), *Innovación y reforma en el Derecho Administrativo,* Derecho Global, Sevilla, 2006, pp. 52 y ss.

49 David, Rene y Jauffret-Spinosi, Camille, *Les grands systemes de droit contemporains,* Précis Dalloz, Paris, 1992, pp. 1 y ss.

50 García de Enterría, Eduardo, *Revolución francesa y administración contemporánea,* Civitas, Madrid, 1994, pp. 41 y ss.

51 Bignami, Francesca, "Comparative administrative law", en *The Cambridge Companion to Comparative Law,* Cambridge, 2012, pp. 145 y ss.

El Derecho Administrativo que emana de la Revolución Francesa ha sido caracterizado por dos expresiones, usualmente tratadas como sinónimos: privilegios y prerrogativas. La primera comprende a los poderes jurídicos de obrar que son privativos de la Administración Pública; la segunda define el régimen jurídico que protege a estos poderes. Por ejemplo, la autotutela administrativa es un privilegio, pues solo la Administración puede ejecutar forzosamente sus propias decisiones; la presunción de validez del acto es una prerrogativa, en tanto protege a la autotutela, incluso, mediando reparos al acto, en especial, ante la jurisdicción contencioso-administrativa. Este régimen exorbitante fue resultado de lo que García de Enterría denominó, con notable acierto, la disidencia revolucionaria[52].

La autotutela es, de esa manera, la marca del Derecho Administrativo Francés, cuyo origen –Prosper Weiles– milagroso, en el sentido que el Estado decidió controlar a su poder político más intrusivo, destacándose la labor creadora del Consejo de Estado[53]. Luego de la decisión Blanco, este modelo quedaría organizado en torno a la dualidad de jurisdicción de la Administración, lo que en palabras de Pierre Delvolvè, constituye una cuestión desesperante, ante la dualidad de jurisdicciones a la que se somete la Administración[54].

Este concepto exorbitante dio lugar al llamado régimen administrativo, cuya narrativa fue tan sugerente que llevó a su aplicación más allá de Francia y de la dualidad de jurisdicciones[55]. Tan es así que esta difusión del régimen administrativo generó el malentendido de considerar que solo ciertos países tienen Derecho Administrativo. Para Maurice Hauriou[56], todo Estado moderno tiene Administración Pública, pero no todo Estado tiene Derecho Administrativo, entendido como régimen administrativo. Dicey, en sintonía con esa observación, comentó que en el Reino Unido no existía tal cosa como Derecho Administrativo[57]. Este malentendido fue aclarado por Jezè, al observar que incluso en el Reino Unido hay Derecho Administrativo, aun cuando éste responde –como no podía ser de otra manera– a los moldes del Derecho Anglosajón, como derecho consuetudinario[58].

---

52 García de Enterría, Eduardo, *Revolución francesa y administración contemporánea, cit.*

53 Weil, Prosper y Pauyaud, Dominique, *Le Droit administratif,* Puf, Paris, 2013, pp. 123 y ss.

54 Delvolvè, Pierre, *Le droit administratif,* Dalloz, Paris, 2006, p. 82.

55 Rose-Ackerman, Susan y Lindseth, Peter, "Comparative Administrative Law: an introduction", en *Comparative Administrative Law,* Edward Elgar, *Comparative Administrative Law* Edward Elgar Publishing, 2017, pp. 1 y ss.

56 Hauriou, Maurice, *Précis de droit administratif et de droit public,* Dalloz, Paris, 2002 (reimpresión de la edición de 1933), pp. 1 y ss.

57 Dicey, Albert Venn, *Introduction to the study of the law and the Constitution,* novena edición, MacMillan and Col, Limited, Londres, 1952, pp. 328 y ss.

58 Jezè, Gaston, *Principios generales del Derecho administrativo, Tomo I,* Editorial Depalma, Buenos Aires, 1948, p. 1.

En efecto, más allá de la tradición cultural asociada a la formación histórica del Derecho centrado en la Ley –el modelo civilista de los Códigos– o del Derecho centrado en precedentes que derivan de los casos resueltos por las cortes –el modelo consuetudinario, o de derecho común– en todo Estado hay una Administración Pública que, vista las particularidades de la acción colectiva, debe sujetarse a reglas jurídicas especiales. La necesidad de la Administración Pública (y sus rasgos compartidos, más allá del modelo de Derecho de cada sistema jurídico) quedó especialmente en evidencia hacia fines del siglo XIX e inicios del siglo XX, con las transformaciones del Estado impulsadas por la revolución industrial. John Maynard Keynes –del Reino Unido, paradójicamente– explicó cómo el dogma abstencionista del Estado había cedido hacia una mayor intervención estatal[59]. Esta mayor intervención estatal era, en esencia, intervención administrativa.

En Estados Unidos –cuyo sistema ha sido ajeno al modelo civilista o legiscentrista– Goodnow observó, en una fecha tan temprana como 1893, que "los grandes problemas del Derecho Público moderno son casi exclusivamente de carácter administrativo. Mientras que la era que ha pasado era de constitucionalidad, la era actual es de reforma administrativa"[60]. En ausencia de textos en inglés, Goodnow se avocó al estudio del Derecho Administrativo Comparado, para comprender mejor las transformaciones administrativas en Estados Unidos[61].

La división entre las familias civilistas y anglosajonas del Derecho opacó los signos comunes de esta trasformación administrativa, y que se consolidó en el moderno Estado administrativo[62]. En Estados Unidos, Adrian Vermeule ha explicado que estas transformaciones, ya en movimiento hacia fines del siglo XIX, marcaron la reducción del ámbito del dominio del Poder Legislativo a favor de un mayor margen de actuación de la acción administrativa[63]. Fue precisamente la ampliación de la acción administrativa la que impulsó a Elihu Root a postular, en Estados Unidos, la necesidad de crear un marco jurídico especial para las agencias, o sea, las organizaciones administrativas que, dentro del Poder Ejecutivo, acumulaban cada vez mayores tareas[64].

---

59 Keynes, John, *The End of Laissez-faire*, C. Brown Reprint Library, Dubuque, 1970, p. 46.

60 Goodnow, Frank J. *Comparative Administrative Law; an Analysis of the Administrative Systems, National and Local, of the United States, England, France and Germany. Volume I. Organization*, G. P. Putnam's sons, New York, 1893, pp. iii y ss.

61 Goodnow reconoce que la expresión Derecho Administrativo era desconocida en Estados Unidos, lo que no podía negar la existencia de la Administración Pública (pp. 3 y ss.).

62 Dwight, Waldo, *The administrative state. A study of the political theory of American public Administration*, Transaction Publishers, New Brunswick, 2007, pp. 65 y ss.

63 Vermeule, Adrian, *Law's Abnegation: From Law's Empire to the Administrative State,* Harvard University Press, Cambridge, 2018, pp. 24 y ss.

64 Hay un cambio inevitable –escribió Root– derivado del advenimiento de un cuerpo de Derecho Administrativo, el cual ha modificado el modelo tradicional de cumplimiento

Hay, incluso, un episodio poco conocido en el ámbito de Hispanoamérica. La creciente organización administrativa llevó a postular la necesidad de llevar, a Estados Unidos, el modelo del Derecho Administrativo de Alemania, basado en cortes administrativas especiales, al entenderse que esta especialidad favorecería la conformación de un cuerpo jurídico especial. Como Daniel Ernst ha estudiado[65], Ernst Freund asumió esta idea, con el propósito de acotar la discrecionalidad de la Administración, en especial, por medio de principios generales aplicados en el marco del control judicial a través de cortes administrativas. Las "cortes administrativas" serían, así, cortes ubicadas dentro del Poder Judicial, pero con competencia solo para resolver disputas jurídico-administrativas. La creación de estas cortes especializadas, para Freund, permitiría la consolidación de una línea jurisprudencial igualmente especializada en torno a principios diseñados para las particularidades de las relaciones jurídico-administrativas, un objetivo que no podía lograrse en la medida en que esas relaciones quedasen sometidas al control de las cortes ordinarias en aplicación del Derecho Común[66].

---

de la Ley a través de los tribunales. El creciente cúmulo de tareas del Estado solo pueden ser atendidas mediante la delegación de funciones en empleados administrativos, todo lo cual requiere desarrollar un sistema de Derecho Administrativo, todavía incipiente. *Vid.*: Lodge, Henry Cabot, y Elihu Root, *Public Service by the Bar. Address Delivered before the Annual Meeting of the American Bar Association Held in Chicago, Ill., on May 30, 1916, by Hon. Elihu Root. Presented by Mr. Lodge. May 29, 1917. -Referred to the Committee on Printing*. Vol. N° 43, 1917, Washington, DC., pp. 11 y ss. Véase el análisis de la posición de Root en Pierce, Richard, *Administrative Law Treatise,* Fifth Edition, Volumen I, Wolters Kluwer, 2010, pp. 13 y ss.

65 Ernst, Daniel, *Tocqueville's Nightmare: The Administrative State Emerges in América, 1900-1940,* Oxford University Press, Oxford, 2014, pp. 19 y ss.

66 Ya en 1911 Ernst observaba que la rama del Derecho Público dedicada al estudio de los departamentos administrativos del Gobierno había recibido poca atención en Inglaterra y Estados Unidos. En relación con Estados Unidos, se indicó que el Derecho Constitucional cubría ese estudio, aun cuando lo cierto es que cada vez más las Leyes administrativas tenían mayor importancia (Freund, Ernst, "The Law of the Administration in América", en *Political Science Quarterly* N° IX3, Universidad de Chicago, 1894). Algunos años después el autor comenzó a abordar sistemáticamente el estudio del Derecho Administrativo, con el propósito de fijar reglas y principios para resolver conflictos entre los poderes administrativos y los derechos individuales. Estas reglas y principios debían diferenciarse de aquellos que aplican a relaciones entre iguales, un objetivo que en Europa se había facilitado por el surgimiento de cortes administrativas especializadas, en contraposición al modelo del *Common Law* (Freund, Ernst, *Cases on Administrative Law*, West Publishing Company, St. Paul, 1911, pp. 1-3). Para sistematizar el estudio de esas Leyes administrativas, Freund propuso seguir la sistemática del Derecho Administrativo en Alemania, a los fines de implementar un conjunto de principios tendentes a controlar el poder administrativo, más concretos que aquellos que derivan del Derecho Constitucional, en especial, en cuanto a los poderes discrecionales, o sea, aquellos que no se limitan a la subsunción de hechos en la Ley (*Administrative Powers over persons and property. A comparative Survey,* The University of Chicago Press, Chicago, 1928, pp. 71 y ss.). A pesar de la existencia de Leyes especiales que confieren tal discrecionalidad, no existían en Estados Unidos remedios judiciales especiales, a diferencia del Derecho Europeo continental y, en especial, el Derecho de Alemania, estudiado a través de la obra de Mayer (pp. 229 y ss.).

La propuesta no avanzó, lo que llevó a que el incipiente Estado administrativo quedase sometido al control judicial de las cortes ordinarias, a través de las pretensiones ordinarias o procesales. Esto no impidió, en todo caso, reconocer la especialidad del fenómeno administrativo subyacente tras la apariencia de derecho común. De esa manera, Felix Frankfurter se propuso estudiar sistemáticamente el Derecho Administrativo, pero sin proponer un cambio en el sistema del derecho común, y en concreto, sin proponer remedios judiciales especiales. En su opinión, el sistema político de Estados Unidos permitiría crear controles sobre las agencias más allá de la revisión judicial[67]. No es de extrañar que, en el Reino Unido, Dicey decidiera finalmente dedicarse a estudiar el Derecho Administrativo[68].

## 2. La convergencia de las instituciones administrativas en el siglo XXI y la vuelta a la tradición legal clásica del ius administrativum

El Estado administrativo que se consolida en el siglo XX trascendió las fronteras -más convencionales que reales- entre el derecho civilista y anglosajón. Sabino Cassese, por ejemplo, ha promovido el estudio comparado del Estado administrativo en Europa[69]. Quizás la tradición germano-románica de la Europa Continental facilitó el encuadramiento conceptual del Estado administrativo en un sistema más robusto de Derecho Público. Fue León Duguit el que logró capturar, con mayor claridad, el impacto de este cambio, al observar que el fundamento del Estado ya no era la soberanía sino la solidaridad, esto es, la satisfacción de necesidades de interés general[70]. Como resultado de ello, el modelo del orden público negativo del

---

67 *Cfr.*: Frankfurter, Felix, "The Task of Administrative Law", en *University of Pennsylvania Law Review and American Law Register, Vol. 75, N° 7*, 1927, pp. 614 y ss. Esta aproximación también está presente en Frankfurter, Felix, y J. Forrester Davison, *Cases and Other Materials on Administrative Law*, Commerce Clearing House, Inc., Looseleaf Service Division of the Corporation Trust Company, 1928, pp. 3 y ss. La necesidad de estudiar el Derecho Administrativo ante el surgimiento de las agencias se hizo desde el modelo del *Common Law*, sin necesidad de apelar al modelo europeo continental, como Freund observó al escribir una reseña de esa obra (*Harvard Law Review N° 46*, 1932, pp. 167 y ss.).

68 "Development of Administrative Law in England" en *Law Quarterly Review* N° 31, 1915, pp. 148 y ss.

69 Cassese, Sabino, "The Administrative State in Europe", en Cassese, Sabino *et al.*, (ed.), *The Max Planck Handbooks in European Public Law: Volume I: The Administrative State*, Oxford University Press, Oxford, 2017, pp. 57 y ss.

70 Duguit, León, *Manuel de Droit Constitutionel,* Fontemoing & Cie, Editeurs, Paris, 1911, pp. 1 y ss.). Este es el tema específicamente abordado en las recopilaciones de lecciones de Duguit recogidas en *Soberanía y Libertad* (Francisco Beltrán, Librería española y extranjera, Madrid, 1924). Para el autor "la libertad no es un derecho, es un deber". Como el hombre vive en sociedad, su conducta individual debe orientarse a sostener las condiciones de la estructura social, y de allí la libertad solidarista de la que habla Duguit. Esto daría lugar a un nuevo sistema jurídico, no basado en el derecho subjetivo (de raigambre individualista) sino en la función social.

Código Civil Napoleónico debía ceder hacia una mayor penetración del Derecho Público, anclado en la idea del servicio público[71].

En Alemania, esta transformación daría lugar a la propuesta de Forsthoff sobre la procura existencial, esto es, los cometidos estatales orientados a garantizar la satisfacción de necesidades que la persona, con su acción individual, no puede atender adecuadamente[72]. El Estado administrativo no es solo aquél que limita la acción individual a través de la actividad de policía basada en el orden público, sino además -y tanto más- el Estado prestacional, esto es, aquél que asegura -incluso materialmente- la satisfacción de necesidades esenciales. Como Luciano Parejo Alfonso ha explicado, el concepto de Derecho Administrativo se amplió como consecuencia de todas estas transformaciones, al ser necesario organizar, jurídicamente, los nuevos cometidos que la Administración fue acumulando[73]. El resultado fue la concepción servicial de la Administración Pública, estudiada especialmente en Alemania[74] a resultas de la impronta de la cláusula del Estado Social[75].

Esta transformación en Francia y más allá, en el Derecho Administrativo Iberoamericano, favoreció a la concepción del Derecho Administrativo como un Derecho exorbitante del Derecho Común, que descansa en la idea -ya comentada- de los privilegios y prerrogativas[76]. En todo caso, y debido a la creación milagrosa del Derecho Administrativo, como explicó Jean Rivero, estos privilegios y prerrogativas actúan a favor de la Administración -en más- pero también en contra de la Administración -en menos- en

---

71 De allí que su propuesta será conocida como la escuela realista, en el sentido que lo que predomina no son los derechos subjetivos sino la dimensión objetiva –o real– conformada por la idea de servicio público. De especial interés es la obra de Duguit es *Les transformations générales du droit privé depuis le code Napoléon,* publicado en 1912 luego de las conferencias pronunciadas en Argentina el año anterior. En 1913 Duguit publicó *Les transformations du droit public,* que sigue la línea de pensamiento de su obra anterior. Este pensamiento ha tenido profundo impacto en el Derecho Administrativo de Iberoamérica, en especial, con sus traducciones: *Las transformaciones generales del Derecho privado desde el Código de Napoleón,* segunda edición corregida y aumentada, Francisco Beltrán, Madrid, 1920, pp. 17 y ss., y *Las transformaciones del Derecho público,* Francisco Beltrán, Madrid, 1926, pp. 94 y ss.

72 Forsthoff, Ernst, *Sociedad industrial y Administración Pública,* Estudios Administrativos, Madrid, 1967, pp. 89 y ss.

73 *El concepto del Derecho administrativo,* Editorial Jurídica Venezolana, Caracas, 1982, pp. 181 y ss.

74 Wolff, Hans; Bachof, Otto y Stober, Rolf, *Direito Administrativo, Vol. 1,* Fundaçao Calouste Gulbenkian, Porto, 2006, pp. 38 y ss.

75 Parejo Alfonso, Luciano, "El Estado social y la Administración Prestacional", *Revista Vasca de Administración Pública,* N° 57, Guipúzcoa, 2000, pp. 17 y ss.

76 El Derecho Administrativo se define no solo como una rama del Derecho Público, sino además, como un cuerpo jurídico que sale de la órbita del Derecho Civil, en tanto éste regula relaciones entre iguales, mientras que el Derecho Administrativo descansa en los privilegios y prerrogativas de la Administración, siempre, con sometimiento pleno al principio de legalidad. *Cfr.*: Araujo-Juárez, José, *Tratado de Derecho Administrativo General y Comparado. Volumen I. Fundamentos, Fuentes del Derecho,* CIDEP, Caracas, 2024, pp. 93 y ss.

virtud del principio de legalidad: mientras que en el ámbito civil todo lo que no está prohibido es lícito, en el ámbito administrativo, solo las acciones habilitadas por la Ley son lícitas[77].

La autonomía del Derecho Administrativo, como Derecho exorbitante, es en todo caso una idea bastante confusa. En realidad, como la doctrina francesa observó, la pretendida autonomía del Derecho Administrativo fue un dogma falso[78]. Siguiendo a Sebastián Martín-Retortillo Baquer, podemos señalar que importantes instituciones civilistas se encuentran en los orígenes del Derecho Administrativo[79]. De otro lado, la narrativa de los privilegios y prerrogativas calzaba muy bien en la Administración policial del acto administrativo formada durante el siglo XIX, pero no así en la Administración prestacional que emerge en el siglo XX. Aquí, sin embargo, el concepto de servicio público se proyectó de manera especial sobre el Derecho Administrativo, definido incluso como el Derecho de los servicios públicos, al entenderse que éstos quedan sometidos a un régimen exorbitante[80].

En especial, en América Latina, la idea del servicio público cobró especial realce, en la formación doctrinal del Derecho Administrativo durante el siglo XX[81]. El Derecho Civil se reservó a los casos de la Administración Pública actuando como un particular[82], lo que encontró su mejor expresión en la tesis del contrato administrativo y sus cláusulas exorbitantes[83], como poderes unilaterales y extracontractuales[84]. Esa visión fue resumida por Escola al explicar cómo el interés público es el fundamento del Derecho Administrativo. El interés público o interés general justifica el régimen exorbitante y la primacía de la potestad a la persona, aquí degradada al rol

---

77 Rivero, Jean, ¿Existe un criterio de Derecho administrativo?, en *Páginas de Derecho administrativo,* Universidad del Rosario, Bogotá, 2002, pp. 33 y ss.

78 Eisenmann, Charles, "Un dogme faux: l'autonomie du droit administratif", en *Perspectivas del Derecho público en la Segunda Mitad del siglo XX. Homenaje al profesor Enrique Sayagués-Laso, Tomo IV,* Instituto de Estudios de Administración Local, Madrid, 1969, pp. 419 y ss.

79 Martín-Retortillo Baquer, Sebastián, *El Derecho civil en la génisis del Derecho administrativo,* Civitas, Madrid, 1996, pp. 47 y ss.

80 Jezè, Gastón, *Principios generales del Derecho administrativo, Tomo II-1, cit.*, pp. 4 y ss.

81 Bielsa, Rafael, *Derecho administrativo. Tomo I,* Depalma, Buenos Aires, 1955, pp. 199 y ss.

82 Marienfoff, Miguel, *Tratado de Derecho administrativo, Tomo I,* Abeledo-Perrot, Buenos Aires, 1998, p. 41.

83 Farías Mata, Luis Henrique, "La teoría del contrato administrativo en la doctrina, legislación y jurisprudencia venezolanas", en *Libro Homenaje al Profesor Antonio Moles Caubet, Tomo II,* Universidad Central de Venezuela, Facultad de Ciencias Jurídicas y Políticas, Caracas, 1981, pp. 935 y ss.

84 Benavides, José Luis, *El contrato estatal entre el Derecho Público y el Derecho Privado,* segunda edición, Universidad Externado de Colombia, Bogotá, 2004, pp. 322 y ss.

de administrado[85]. Esta visión, como luego ampliamos, es cuestionada en un movimiento que interpretamos como la vuelta a los fundamentos humanistas del Derecho Administrativo.

En todo caso, la fuerza del Derecho exorbitante ha sido tal que se ha llegado a afirmar que el origen histórico del Derecho Administrativo es la Revolución Francesa[86]. Lo que surgió en la Revolución Francesa fue un especial modelo de Derecho Administrativo, caracterizado por la dualidad de jurisdicciones a la cuales se somete la Administración Pública, ante la decisión -política, primero, legal, después- de excluir a la Administración de los tribunales. Esto ha dado lugar a la cuestión desesperante antes mencionada, en tanto hay en esta visión dos parcelas divididas de la actividad administrativa: una sometida a Derecho Privado, otra a Derecho Público.

Lo peculiar de la trasposición de este modelo francés de la dualidad de jurisdicciones al ámbito de América Latina, es que aquí no existe, como regla, dualidad de jurisdicción, todo lo cual hace que el esfuerzo de diferenciar uno y otro tipo de actividad -el contrato administrativo y el contrato de la administración- resulta inútil: siempre la actividad e inactividad administrativa se somete a la jurisdicción contencioso-administrativa. Pero a pesar de este dato, lo cierto es que la fuerza del régimen administrativo se proyectó al punto que trazó una frontera que, además de confusa, es imaginaria. Esto es, la frontera de la Administración Pública que según los fines perseguidos, se somete o no a Derecho Administrativo y a la jurisdicción contencioso-administrativa.

Incluso en el Reino Unido, como el propio Dicey advirtió, la idea de la Administración Pública que no actúa como *potentior personae* quedó muy atrás[87]. De hecho, se debe a la doctrina inglesa -Wade- uno de los más difundidos conceptos de Derecho Administrativo, como el cuerpo jurídico que, desde el Derecho Constitucional, se orienta a prevenir el abuso del poder administrativo, como un poder esencialmente político[88]. Debemos destacar lo obvio: si existe la necesidad del Derecho Administrativo, es por cuanto hay un poder administrativo que controlar. En Estados Unidos, por ello, Richard Stewart observó que las trasformaciones impulsadas por el *New Deal* derivaron en la proliferación de leyes administrativas especiales - estatutos- que empoderaron a la Administración Pública, a través de las agencias, a actuar de manera unilateral por medio de actos de imperio,

---

85 Escola, Héctor Jorge, *Tratado integral de los contratos administrativos, Volumen I. Parte General,* primera edición, Ediciones DePalma, Buenos Aires, 1977, p. 405. Véase del autor, en especial, *El interés público como fundamento del Derecho administrativo*, Ediciones Depalma, Buenos Aires, 1989, pp. 33 y ss.

86 Peña Solís, José, *Manual de Derecho administrativo. Volumen Primero,* Tribunal Supremo de Justicia, Caracas, 2004, pp. 121 y ss. Véase la nueva edición actualizada por Nélida Peña, CIDEP, Caracas, 2021, pp. 65 y ss.

87 "Development of Administrative Law in England", *cit.*

88 Wade, William, *Administrative Law,* Oxford University Press, Oxford, 2004, p. 4.

desde reglamentos (*rulemaking*) hasta decisiones en casos individuales (*adjudication*)[89].

Por ello, también en Estados Unidos –Schwartz– se concluye que el Derecho Administrativo previene la arbitrariedad del poder administrativo[90].

Mientras que en Estados Unidos el estudio del Derecho Administrativo se plasmó en los casos, precedentes y estatutos, en Iberoamérica, la mayor penetración del pensamiento jurídico clásico facilitó el estudio sistemático del Derecho Administrativo, en especial, como parte del Derecho Público y, más allá, del Derecho Constitucional[91]. Del sesgo autocrático del Derecho Administrativo del Estado Liberal, se pasó a la visión constitucional del Derecho Administrativo, o como señala Luis Arroyo Jiménez, la administrativización del Derecho Administrativo evolucionó hacia su constitucionalización[92].

La constitucionalización del Derecho Administrativo no es, por supuesto, el estudio de las bases de la Administración Pública en la Constitución, sino el pensamiento jurídico que concibe al Derecho Administrativo desde la centralidad de la persona y su dignidad humana[93]. De allí que, en el Derecho Administrativo de América Latina, esta constitucionalización es, en realidad, parte de la centralidad de los derechos humanos reconocidos en el Sistema Interamericano de Derechos Humanos. De allí la importancia de la Convención Americana y la convencionalidad como fuente primera de los principios y valores del Derecho Administrativo, como ha estudiado Jaime Orlando Santofimio Gamboa[94].

---

89 Stewart, Richard, "Administrative law in the Twenty-First Century", en *New York University Law Review,* Volúmen 79, Número 2, 2003, pp. 437 y ss.

90 Schwartz, Bernard, *Administrative Law,* Little Brown, Boston, 1991, p. 1.

91 Aquí se ha apreciado la especial influencia del pensamiento de Schmidt-Assmann, Eberhard, en *La teoría general del Derecho Administrativo como sistema*, Marcial Pons-Instituto Nacional de Administración Pública, Madrid, 2003, pp. 15 y ss. Más recientemente, vid. *La dogmática del Derecho Administrativo,* Global Law Press, Sevilla, 2021, pp. 5 y ss. La dogmática es considerada como una tarea comunitaria y compartida entre la práctica del Derecho Administrativo y las Ciencias Jurídicas, todo lo cual facilita no solo el estudio sistemático del Derecho Administrativo –en su parte general y especial– junto con el Derecho Constitucional, sino además, la revisión de las categorías jurídicas de acuerdo con su aplicación cotidiana, a los fines de su adaptación a los cambios sociales y económicos.

92 Arroyo Jiménez, Luis, "Las bases constitucionales del Derecho Administrativo", Rodríguez de Santiago, José María et al., *Tratado de Derecho Administrativo, Volumen I,* Marcial Pons, Madrid, 2021, pp. 561 y ss.

93 No exageramos al señalar que la constitucionalización del Derecho Administrativo es, por sobre todo, la primacía de la dignidad humana. *Vid.*: Carvajal, Bernardo, *La dignidad humana como norma de derecho fundamental,* Universidad Externado de Colombia, Bogotá, 2020, pp. 150 y ss.

94 Santofimio Gamboa, Jaime Orlando, *Compendio de Derecho Administrativo,* Universidad Externado de Colombia-Tirant Lo Blanch, Bogotá, 2023, pp. 262.

Más recientemente, la centralidad de la persona y su dignidad humana ha fundamentado la difusión de un principio emergente del Derecho Público Iberoamericano, como es la buena administración, impulsado con fuerza desde el Derecho Europeo[95], y recibido ampliamente en América Latina[96]. Lo distintivo de la buena administración no son los principios que de ella se derivan -en ocasiones, enumerados en una larga y ambiciosa lista- sino el paradigma del cual parte[97]. Tal y como Jaime Rodríguez-Arana Muñoz ha resumido, ese paradigma no es otro que pasar de un Derecho Administrativo centrado en el poder, a uno centrado en la persona[98]. En la práctica, esto supone, por un lado, realzar y proteger el carácter vicarial de la Administración Pública como una organización puesta al servicio de las personas. Por el otro, este cambio de paradigma pasa por introducir un elemento cualitativo en la valoración de la actividad administrativa: ante el cúmulo de tareas que la Administración Pública tiene a su cargo, es insuficiente postular solo el control de legalidad, pues lo cierto es que incluso dentro de la Ley, la actividad administrativa puede ser ineficiente. Esta valoración cualitativa, incluso, ha sido ampliamente estudiada desde el Derecho de Estados Unidos a través del análisis costo-beneficio[99].

La buena administración entronca con los fundamentos humanistas del Derecho Público en América Latina y tanto más, de Hispano-América. Aludir al bien común en lugar del interés público genera importantes consecuencias, pues ello implica pasar del administrado sujeto al poder administrativo, a la persona como sujeto que cuenta con una dignidad que antecede y se antepone al Estado. Hay, en la literatura de mediados de siglo, un lenguaje que colocó el énfasis en el poder administrativo y la subordinación del administrado, todo lo cual llevó a un Derecho Administrativo autoritativo, o sea, las instituciones que se justifican por y para el poder. La constitucionalización del Derecho Administrativo y en concreto, la primacía de la Convención, suponen una vuelta al *ius administrativum* humanista.

En el siglo XXI, el cúmulo de tareas del Estado administrativo y los riesgos globales como la pandemia, el cambio climático y la inteligencia

---

95 Meilán Gil, José Luis, "El paradigma de la buena administración", en *Anuario de la Facultad de Derecho de la Universidad de La Coruña,* N° 17, 2013, pp. 239 y ss.

96 Brewer-Carías, Allan R. y Hernández G., José Ignacio, "Introducción general sobre la buena administración en Iberoamérica", en Rodríguez Arana-Muñoz, Jaime y Hernández G., José Ignacio (ed.), *Estudios sobre la Buena Administración en Iberoamérica,* Editorial Jurídica Venezolana, Caracas, 2017, pp. 25 y ss.

97 Durán Martínez, Augusto, "La buena administración", *Estudios de Derecho Administrativo* N° 1, La Ley, 2010, pp. 109 y ss.

98 Rodríguez-Arana Muñoz, Jaime, "El derecho fundamental al buen gobierno y a la buena administración de instituciones públicas", en *Revista de Derecho Público* N° 113, Caracas, 2008, pp. 31 y ss.

99 Jackson, Vicki y Dawood, Yasmin, "Constitutionalism and Effective Government. Rights, Institutions and Values", en Jackson, Vicki y Dawood, Yasmin (ed.), *Constitutionalism and a Right to Effective Government?* Cambridge, Cambridge University Press, 2022, pp. 3 y ss.

artificial han exacerbado las tensiones entre el poder administrativo y la libertad. Estas tensiones están especialmente presentes en el Derecho Administrativo de Estados Unidos, pues sus precarias bases constitucionales escritas, plantean un problema de interpretación constitucional que la Corte Suprema, en especial desde el 2023, parece zanjar a favor de la interpretación original de la separación de poderes que hace recaer el proceso de toma de decisiones en el Poder Legislativo[100].

Esta crisis constitucional del Derecho Administrativo en Estados Unidos coloca de relieve que, en la práctica, existe un poder administrativo que lleva a cabo actividades que reflejan la idea de los privilegios y prerrogativas. No obstante, debido a la ausencia de un sistema racional de Derecho Administrativo y la precariedad de las bases constitucionales de esta disciplina, se ha desatado una feroz crítica al Estado administrativo, que va desde cuestionar su racionalidad[101] hasta negar su constitucionalidad[102]. Ello, a pesar de que la Ley de Procedimiento Administrativo, de 1946, sistematizó el régimen jurídico de las agencias, no solo en cuanto al procedimiento administrativo sino también, en cuanto a su control judicial.

Aquí, sin embargo, el problema sin resolver del margen de deferencia que las agencias pueden tener frente al control judicial ha realzado las críticas al moderno Estado administrativo, o sea, aquél que emerge tras el *New Deal*[103].

Sunstein y Vermeule, frente a esta realidad, han propuesto un término medio entre la supresión del moderno Estado administrativo y la imprecisa situación actual, a través de la sistematización de lo que ellos llaman los principios de la moralidad del Derecho Administrativo[104], en referencia a la obra de Fuller sobre la moralidad interna del Derecho[105]. Esta moralidad interna alude a principios generales que se orientan a asegurar la racionalidad del ordenamiento jurídico y, por ende, su eficacia como, por ejemplo, la prohibición de decisiones retroactivas. En realidad, estos principios de la moralidad no son otra cosa que los principios generales del Derecho, en su

100 Tamir, Oren, "Getting Right What's Wrong with the Major Questions Doctrine", *Columbia Journal of Transnational Law, Vol. 62, Forthcoming*, tomado de: https://ssrn.com/abstract=4422714.

101 Epstein, Richard, *The dubious morality of modern administrative law*, Rowman & Littlefield, Nueva York, 2020, pp. 9-32.

102 Hamburger, Philip, *Is Administrative Law Unlawful?* University of Chicago Press, Chicago, 2014, pp. 377 y ss.

103 Lawson, Gary S., "The Rise and Rise of the Administrative State", en *Harvard Law Review N° 107*, 1994, pp. 1231 y ss.

104 *Law & Leviathan. Redeeming the administrative state,* The Belknap Press of Harvard University Press, Cambridge, 2020, pp. 8 y ss.

105 Fuller, Leon. *The morality of Law. Revised edition,* Yale University Press, New Haven, 1964, pp. 33 y ss. Para la traducción al español, vid. *La moral del Derecho,* Editorial Olejnk, Chile, 2019. Véase lo que explicamos en Hernández G., José Ignacio "La moralidad del derecho administrativo en Estados Unidos: una visión comparada desde los principios generales del derecho administrativo en América Latina", en *Revista de Administración Pública N° 215*, Madrid, 2021, pp. 289 y ss.

momento sistematizados por el Consejo de Estado en Francia[106] y que, hoy día, representan una fuente principal del Derecho Administrativo en Iberoamérica[107], especialmente, impulsados por el pensamiento de Eduardo García de Enterría[108].

En la filosofía del Derecho, la distinción entre las reglas y los principios está influenciada por el pensamiento de Dworkin, quien reconoce que las relaciones sociales no siempre pueden encerrarse en el binomio validez-invalidez de las reglas, sino más bien admite que las relaciones sociales pueden desenvolverse en diversos sentidos, pero siempre en una dirección[109]. Los principios son esenciales al Derecho –ellos son un componente fundamental del Código Civil– pero son tanto más necesarios para ordenar racionalmente a la acción colectiva. Por ello los principios generales son una de las fuentes más importantes del Derecho Administrativo, en tanto ellos fijan la dirección hacia la cual debe orientarse la acción colectiva, comenzando por el principio general de la interdicción de la arbitrariedad[110]. Estos principios se determinan (*determinatio*) del ordenamiento jurídico, por el método inductivo, de forma tal que, a pesar de los cambios del Derecho Positivo, los principios generales ayudan a preservar la estabilidad del propio ordenamiento jurídico-administrativo[111].

Estos principios generales, retomando a Aristóteles, son inherentes a la gestión concreta de los asuntos propios de la comunidad política[112]. Si la persona es inherente a la comunidad –la persona solo puede realizar su dignidad a través de la comunidad– entonces, cabría afirmar que estos

---

106 Rivero, Jean, "Los principios generales del Derecho en el Derecho Administrativo contemporáneo francés", en *Revista de Administración Pública N° 6,* Madrid, 1951, pp. 289 y ss.

107 Delpiazzo, Carlos, *Derecho Administrativo. Volumen I,* Montevideo, 2020, p. 130. Del autor, en similar sentido, vid. "Fuentes del Derecho Administrativo", en Rodríguez-Arana, Jaime, y Rodríguez, Libardo (directores), *Curso de Derecho Administrativo Iberoamericano*, Comares-INAP, Granada, 2015, pp. 125 y ss.

108 "Reflexiones sobre la Ley y los principios generales del Derecho en el Derecho administrativo", en *Revista de Administración Pública N° 40*, Madrid, 1963, p. 198. El trabajo, ampliado, ha sido luego publicado como libro (Cuadernos Civitas, Madrid, 2016). Sobre la influencia de este pensamiento, vid. Rodríguez, Libardo, "Los principios generales del Derecho en el Derecho Administrativo", en Brewer-Carías, Allan, *et al., La protección de los derechos frente al poder de la Administración,* Temis, Bogotá, 2014, pp. 37 y ss.

109 Dworkin, Ronald, *Taking Rights seriously,* Harvard University Press, Cambridge, 1978, pp. 26 y ss.

110 Véase, como referencia general, a Santamaría Pastor, Juan Alfonso (ed.), *Los principios jurídicos del Derecho Administrativo,* La Ley, Madrid, 2010. En especial, en esa obra, véase a M. Sánchez Morón, "Legalidad y sometimiento la Ley y al Derecho" (pp. 55 y ss.). Asimismo, *vid.* Cassagne, Juan Carlos, *Los grandes principios del Derecho Público (Constitucional y Administrativo),* Madrid, Reus, 2016, pp. 33 y ss.

111 Esta es la *determinatio* a la cual se refirió Santo Tomás en I-II q. 95, a.2.

112 Seguimos lo expuesto en Hernández G., José Ignacio, "El Derecho Administrativo Interamericano, la dignidad humana y el bien común", en Ruocco, Gabriela y Vásquez, Cristina (ed.)., *Estudios jurídicos en Homenaje al profesor Dr. Augusto Durán Martínez,* Fundación de Cultura Universitaria, Montevideo, 2023, pp. 165 y ss.

principios generales son también inherentes a toda comunidad. Especialmente en la América Española, esta observación ha llevado a realzar la fundamentación *ius naturalista* de los principios generales, así como a enfatizar que el bien común es la justificación de la autoridad administrativa propia de toda comunidad[113]. Por ello, y a pesar de sus diferencias, el Derecho Administrativo en Estados Unidos y en Iberoamérica se enfrentan, en pleno siglo XXI, a problemas de similar entidad, relacionados con la actividad administrativa necesaria para elevar la eficiencia de la acción colectiva. De allí los principios generales comunes, como la interdicción de la arbitrariedad.

El primero de esos principios compartidos es la interdicción de la arbitrariedad. Aquí, la expansión del Estado administrativo ha llevado a tensiones no resueltas, pues lo cierto es que, a mayor poder administrativo, mayor riesgo a la libertad general. Este riesgo es más elevado en el régimen administrativo, en tanto la idea de privilegios y prerrogativas deriva en instituciones que tienden a fortalecer el poder administrativo, como la autotutela y la presunción de legitimidad del acto. Este Derecho Administrativo autoritativo, como observó Hayek, puede derivar en coacciones arbitrarias[114], en especial, desde técnicas como la planificación, que pueden degenerar en mecanismos colectivos de dominación[115]. Esta crítica no niega la necesidad de la acción colectiva[116], pero sí recuerda los riesgos de instituciones pensadas desde el poder administrativo. Pues como recuerda Santamaria Pastor[117]: "El poder, aunque se disfrace de benéfico prestador de servicios públicos o de protección a los ciudadanos, es autoridad pura y dura, y el derecho administrativo participa de esta naturaleza".

Pero sin poder administrativo, la libertad general estaría también riesgo. Por ello, una vez superada la visión cuantitativa del Estado derivada del

---

113 Entre otros, vid. Cassagne, Juan Carlos, "Reflexiones sobre el bien común y el interés público como fines y principios de la actividad estatal", en *El Derecho N° 15.191*, Buenos Aires, 2021, pp. 1 y ss.; Coviello, Pedro J. J., "Una introducción iusnaturalista al Derecho Administrativo", en *Estudios de Derecho Administrativo en homenaje al Profesor Julio Rodolfo Comadira,* Biblioteca de la Academia Nacional de Derecho y Ciencias Sociales de Buenos Aires, Buenos Aires, 2009, pp. 22 y ss.; Delpiazzo, Carlos, "Bien común, sociedad y Estado", en *Revista de Derecho de la Universidad de Montevideo N° 11,* Uruguay, 2012, pp. 83 y ss., y Durán Martínez, Augusto, "El Derecho Administrativo al servicio de la casa común", en Durán Martínez, Augusto (coordinador), *El Derecho Administrativo al servicio de la casa común,* Ediciones Información Jurídica, Montevideo, 2017, pp. 42 y ss.

114 Hayek, Friedrich, *Law, Legislation and Liberty, Volume I. Rules and Order,* Routledge, Londres, 1998, pp. 137 y ss.

115 Von Mises, Ludwig, *Sobre liberalismo y capitalismo,* Unión Editorial, Madrid, 1995, pp. 37-38.

116 Incluso desde el pensamiento liberal sea reconocido que hay necesidades que solo pueden satisfacerse a través de la acción colectiva. Hayek, Friedrich, *Los fundamentos de la libertad,* Unión Editorial, 1998, pp. 347 y 350.

117 Santamaría Pastor, Juan Alfonso, *El poder, la libertad, la Administración y su derecho,* Discurso de recepción a la Real Academia de Ciencias Morales y Políticas, Madrid, 2022, p. 132.

Consenso de Washington, hay una preocupación cada vez más creciente por realzar la calidad de la acción administrativa para elevar la eficiencia de la acción colectiva[118]. La arbitrariedad de la actividad administrativa no solo se determina, entonces, por su abuso sino también por su ausencia, en especial, aquella derivada de fallas en la capacidad institucional que afectan adversamente su alcance.

La fragilidad es especialmente evidente frente a la atención de riesgos globales, o sea, aquellos que van allende las fronteras del Estado. Aquí entra en juego la globalización del Derecho Administrativo, un tema en que se ha apreciado, con especial intensidad, el diálogo entre diversas "familias" de Derecho Administrativo[119]. El impacto de la globalización o mundialización del Derecho[120], sin duda, ha estado influenciado por la globalización económica, especialmente, apreciada a fines del siglo pasado en el contexto de las políticas de liberalización[121]. La otra gran fuerza motora ha sido la universalización de los derechos humanos[122], lo que ha llevado al estudio del Derecho Constitucional Global[123].

---

118 Singer, Joseph, *No freedom without regulation: the hidden lesson of the subprime crisis*, Yale University Press, New Haven, 2015, pp. 59 y ss.

119 Fue la doctrina de Estados Unidos la primera en llamar la atención sobre el impacto de la globalización en el Derecho Administrativo. *Cfr.*: Aman, Alfred, *Administrative Law in a Global Era,* Cornell University Press, 1992, pp. 131 y ss. La Universidad de Nueva York mantuvo una intensa línea de investigación. *Cfr.*: Kingsbury, Benedict, Krisch, Nico y Stewart, y Richard B., "The emergence of Global Administrative Law", *Law & Contempary. Problems N° 68, 2005, Duke University, pp. 15 y ss.* A partir de allí, el estudio del Derecho Administrativo Global se ha difundido en la Europa Continental. *Cfr.:* Rodríguez-Arana Muñoz, Jaime, "El derecho administrativo global: un derecho principal", en *Revista de Derecho Público N° 120,* Caracas, 2009, *pp.* 7 y ss. En especial, *vid.* Cassese, Sabino, *Advanced Introduction to Global Administrative Law*, Edward Elgar Publishing Limited, Cheltenham, 2021. En América Latina, puede verse, entre otros, a MuciBorjas, José Antonio, *El derecho administrativo global y los Tratados Bilaterales de Inversión (BITs),* Editorial Jurídica Venezolana, Caracas, 2007, pp. 51 y ss.

120 La mundialización del Derecho refleja, quizás mejor que la expresión globalización, la expansión del ámbito territorial del Derecho, más allá del Estado. *Vid.*: Auby, Jean-Bernard, "Globalización y descentralización", en *Revista de Administración Pública N° 156,* Madrid, 2001, pp. 7 y ss.

121 Rodrik, Dany, *The globalization paradox: Democracy and the future of the world economy*, W. W. Norton &., Nueva York, 2011, pp. 207 y ss. La globalización económica se orienta a la gradual integración de los mercados, todo lo cual supone la integración de las instituciones jurídicas. Por ello, en sus inicios, el impacto de la globalización fue mayor en el Derecho Mercantil Internacional. Pero en la era del Estado administrativo, era inevitable la mundialización de las instituciones jurídico-administrativas.

122 Nikken, Pedro, *La protección internacional de los derechos humanos. Su desarrollo progresivo*, Civitas, Madrid, 1987, pp. 29 y ss.

123 Uno de los componentes de la globalización del Derecho Constitucional es, precisamente, la vigencia universal de los derechos humanos. *Cfr.*: Goldoni, Marco, "Introduction to the Material Study of Global Constitutional Law", en *Global Constitutionalism 8, no. 1*, 2019, pp. 71 y ss.

Para poder comprender mejor el impacto práctico del llamado Derecho Administrativo Global[124], es preciso ampliar su estudio, desde los organismos internacionales considerados como administraciones públicas globales, hacia el impacto que tiene, en la actividad administrativa, los principios generales sistematizados por instancias internacionales[125]. Estos principios, a veces tratados como estándares, suelen equiparase con el llamado derecho flexible o *soft law*[126]. Esta es una expresión bastante confusa. Por un lado, lo cierto es que estos estándares, aun no siendo coactivos, influyen directamente en la actividad administrativa, en especial, cuando las Administraciones Públicas actúan en redes globales que aprueban lineamientos o guías que, posteriormente, permean al ordenamiento jurídico doméstico[127]. Pero hay también decisiones adoptadas desde el espacio global que, al menos en teoría, son vinculantes, como es el caso de las decisiones que resuelven disputas entre el Estado y el inversor en el marco del Derecho Internacional de Inversiones[128]. De todo ello resulta que, en el siglo XXI, la Administración Pública se somete no solo al ordenamiento jurídico doméstico, sino también al ordenamiento jurídico -derivado de tratados y, más allá, al ordenamiento jurídico más heterogéneo y frágil- que deriva de principios generales usualmente considerados como estándares internacionales[129]. En el fondo, esta transformación no es otra cosa que la inciden-

---

[124] Suárez Mejía, Jorge Luis, *Globalización jurídica, Derecho Administrativo Global y Administración Pública. El caso Colombia,* CIDEP, Caracas, 2022, pp. 23 y ss. Véase también a Vivas, Jessica y Sira, Gabriel (ed.), *El Derecho Administrativo Comparado y el Derecho Administrativo Global. Jornada Anual de la Asociación Venezolana de Derecho Administrativo*, AVEDA, Caracas, 2022.

[125] Como se ha observado, "*en la actualidad, el Derecho tiende a emanciparse de manera creciente de las estructuras estatales como consecuencia de su apertura a la globalización y a las transformaciones que ésta produce". Cfr.*: Arroyo Jiménez, Luis, *et al.*, "Presentación", en *Derecho Público Global. Fundamentos, actores y procesos*, Iustel, Madrid, 2020, p. 13.

[126] Por ejemplo, vid. Savino, Mario, "Global Administrative Law meets "soft" powers: The uncomfortable case of INTERPOL Red notices", en *International Law And Politics N° 43,* 2011, pp. 243 y ss.

[127] Tal y como observó Slaughter, Anne-Marie, "Governing the Global Economy through Government Networks", en *The Role of Law in International Politics,* Oxford, 2001, pp. 177 y ss.

[128] Nuestra posición, en Hernández G., José Ignacio, *Derecho Administrativo y arbitraje internacional de inversiones*, Editorial Jurídica Venezolana-CIDEP, Caracas, 2016. También, véase lo que exponemos en "El control de la Administración Pública a través del arbitraje internacional de inversiones", *Entre Tribunales. Libro homenaje a Pablo García Manzano,* Marcial Pons, Madrid, 2018, pp. 239 y ss.

[129] En nuestra opinión, es preciso diferenciar entre el Derecho Doméstico, Internacional y Global. Los dos primeros son Derechos producidos por el Estado, en ejercicio de su soberanía doméstica o mediante tratados, que son acuerdos entre Estados. Pero el Derecho Global abarca a fuentes que no son estatales, o sea, no derivan directamente de la voluntad del Estado sino de organismos de muy variada naturaleza y que cuentan con ámbitos de autarquía y autonomía. Aquí se incluyen desde redes de organismos públicos hasta tribunales internacionales que resuelven disputas jurídico-administrativas. *Cfr.*: Ortega Carcelén, Martín, *Derecho global. Derecho internacional público en la era global,* Tecnos, Madrid, 2014, pp. 21 y ss.

cia, en el ámbito administrativo, del cambio que está quedando en evidencia en el siglo XXI: el Estado, como poder político único y unitario, no es ya el único centro autárquico de poder[130]. No es de extrañar que esta pérdida de autarquía esté teniendo un efecto tan importante en el Derecho Administrativo[131].

El resultado de lo anterior ha sido la difusión de instituciones jurídico-administrativas en el Derecho Administrativo Comparado[132]. Quizás la institución que mejor refleja esa difusión es la regulación. De un concepto cardinal en el Derecho Administrativo de Estados Unidos[133], pasó a difundirse en el Derecho Europeo[134] y en especial, en América Latina[135]. Esta difusión ha traspasado al ámbito del ordenamiento jurídico positivo, como lo reflejan las Leyes de mejora regulatoria impulsadas especialmente en América Latina[136] y que, en suma, parten de preceptos muy arraigados en el Derecho Administrativo de Estados Unidos, como el análisis costo-beneficio[137]. En este contexto, seguir aludiendo a las familias de Derecho Administrativo del *civil law* y del *common law* responde, cada vez más, a un ejercicio académico de escaso arraigo en la realidad.

Otro ejemplo lo encontramos en la actividad contractual de la Administración. La rígida separación entre el contrato administrativo y el contrato de la administración –desconocida en el *common law*– ha dado lugar a una visión holística en torno al contrato público y, en especial, la procura, licitación o procedimiento de selección de contratistas[138]. Los estándares promovidos por instituciones como la Organización para la Coopera-

---

130 Kissinger, Henry, *World Order,* Penguin, Nueva York, 2014, p. 26.

131 Meilán Gil, José Luis, *Una aproximación al Derecho administrativo global,* Global Law Press – Editorial Derecho Global, Madrid, 2011, pp. 15 y ss.

132 D'Alberti, Marco, *Diritto admministrativo comparato,* il Mulino, Bologna, 2019, pp. 22 y ss., y Napolitano, Giulio, *Introduzione al diritto Amministrativo comparado,* Il Mulino, Bologna, 2020, pp. 17 y ss.

133 Breyer, Stephen, *Regulation and its reform,* Harvard University Press, Cambridge, 1982, pp. 341, y Schwartz, Bernard, *The economic regulation of business and industry, Volume I,* Nueva York, Chelsea House Publishers, 1973, pp. 17 y ss.

134 Cruz Ferrer, Juan de la, *Principios de regulación económica en la Unión Europea,* Instituto de Estudios Económicos, Madrid, 2002, pp. 217 y ss., y Esteve Pardo, José, *Principios de Derecho regulatorio*, Marcial Pons, Madrid, 2021, pp. 71 y ss.

135 Moreno Castillo, Luis Ferney, *Teoría de la regulación. Hacia un Derecho Administrativo de la regulación,* Universidad Externado de Colombia, Bogotá, 2019, pp. 56 y ss.

136 Carvajal, Bernardo, "¿Cómo asegurar calidad regulatoria?, en *Revista Digital de Derecho Administrativo n° 9*, Bogotá, 2013, pp. 41 y ss. Véase, por ejemplo, la *Ley de Mejora Regulatoria y Simplificación de Trámites* de República Dominicana.

137 Sunstein, Cass, *The cost-benefit revolution,* The MIT Press, Cambridge, 2018, pp. 67 y ss.

138 Como hemos explicado en Hernández G., José Ignacio, "El contrato administrativo en el Derecho Administrativo global. Una perspectiva Iberoamericana", en Acaraz, Hubertm y Vergara, Alejandro, *Itinerario Latinoamericano del Derecho Público Francés. Homenaje al profesor Franck Moderne*, Tirant Lo Blanch, Valencia, 2019, pp. 367 y ss.

ción y el Desarrollo Económicos (OCDE), para fomentar el valor público y la calidad de las políticas de contrataciones, han favorecido a la globalización del régimen jurídico de la contratación pública[139]. Aquí también puede apreciarse la impronta de la buena administración, en el sentido que el objetivo final es reforzar la calidad de las políticas de contrataciones públicas.

¿Qué puede explicar esta difusión de instituciones? En nuestra opinión, la clave está en ubicar principios fundamentales de la organización política que, arraigados en el problema de la acción colectiva hacia el bien común, reflejan una suerte de *ius administrativum* común. No pretendemos afirmar, por supuesto, la existencia de un Derecho Administrativo universal y etéreo. Por el contrario, cada sociedad crea, en su propio momento, su específico Derecho Administrativo, que es, así, un "producto de la tierra"[140]. Como observó Forsthoff, "cada época de la historia de los Estados produce un tipo propio de Administración, caracterizado por sus fines peculiares y por los medios de que sirve"[141]. Pero si partimos de la premisa según la cual la comunidad política y la persona son recíprocamente inherentes, entonces, tendremos que concluir que hay elementos comunes, si se quiere, del *ius naturale*, en toda comunidad política, y esos elementos comunes son tanto más intensos en relación con el poder administrativo, pues solo éste lleva a cabo las actividades materiales para la gestión concreta de los asuntos propios de la comunidad.

El siglo XXI, con una velocidad mucho mayor a la capacidad de adaptación institucional de los Estados, está colocando en evidencia la existencia de este *ius administrativum* común. Así, la principal lección de la pandemia de la COVID-19 es que los Estados no tienen capacidad suficiente para responder a riesgos globales que requieren coordinar acciones colectivas en el espacio global[142]. Esta fragilidad fue especialmente visible en América Latina[143]. Y cuando la humanidad todavía no ha reflexionado sobre estas lecciones, debe afrontarse a los retos de la gobernanza global frente al cambio climático[144]. A todo lo anterior debemos agregar los retos derivados de la cuarta revolución industrial y, en concreto, de la inteligen-

---

139 Moreno Molina, José Antonio, *Derecho Global de la Contratación Pública*, primera edición, Ubis, México, 2011, pp. 1 y ss.

140 *Vid.* Ballbé, Manuel, "Derecho administrativo", en *Nueva Enciclopedia Jurídica, Tomo I,* F. Seix, Editor, Barcelona, 1985, p. 66. Para el autor, "la función administrativa y, por ende, el Derecho administrativo supone la existencia de un Estado constituido".

141 Forsthoff, Ernst, *Tratado de Derecho administrativo*, Instituto de Estudios Políticos, Madrid, 1958, pp. 35 y ss.

142 Zakaria, Fareed, *Ten lessons for a post-pandemic world,* W.W. Norton & Company, Inc., Nueva York, 2020, pp. 56 y ss.

143 Hernández G. José Ignacio, *La pandemia de la COVID-19 y el Derecho Administrativo en América Latina. Un estudio sobre la fragilidad de las Administraciones Públicas*, Tirant Lo Blanch-Universidad del Rosario, Bogotá, 2022, pp. 294 y ss.

144 Nordhaus, William, "Climate Change: The Ultimate Challenge for Economics", en *109(6) American Economic Review*, 1991.

cia artificial, que colocará más en evidencia la fragilidad del Estado para promover la acción colectiva más allá de sus fronteras[145].

Si apreciamos la evolución del *ius administrativum*, veremos cómo la historia del Derecho Administrativo, desde la perspectiva aristotélica de la acción colectiva orientada al bien común, es en parte la historia de la humanidad reunida en torno a la comunidad, especialmente, luego de la revolución agrícola[146]. Desde que existe comunidad, la persona ha orientado sus esfuerzos a hacer más efectiva la acción colectiva, o sea, a promover mecanismos eficientes de gobernanza que pasan siempre por la gestión material de los asuntos comunes, esto es, por la acción de administrar, que en la comunidad política adquirió la forma de Administración Pública. Antes del advenimiento del Estado en el contexto del absolutismo, las instituciones administrativas eran muy precarias, pero ello no impide apreciar su existencia, como sucede por ejemplo con las instituciones del Derecho Romano.

La consolidación del Estado llevó a la consolidación de esas instituciones, siempre de acuerdo con los valores culturales propios de cada sociedad, pues el Estado es una comunidad imaginaria[147]. Durante el siglo XX, la fuerza del modelo francés fue tal que llevó a pensar que solo las sociedades con un régimen administrativo tenían, en efecto, Derecho Administrativo, y que éste respondía a instituciones bastante similares, derivadas del régimen exorbitante[148]. No obstante, el régimen jurídico bajo el cual esa acción colectiva se logra era un elemento de segundo orden. Así, por ejemplo, la acción colectiva puede organizarse través de las *public utilites* del Derecho de Estados Unidos o del *service publique* del régimen francés, pero esa acción siempre tendrá principios similares o comunes[149]. Sin embargo, ese elemento de segundo orden nubló el análisis comparado, al punto de considerarse que solo los Estados con régimen administrativo tienen Derecho Administrativo, y que éste nace en la Revolución Francesa.

Fue también en el siglo XX, pero hacia su final, cuando el brumoso panorama comenzó a despejarse, por la fuerza inusitada del Consenso de

---

145 Suleyman, Mustafa y Bhaskar, Michael, *The Coming Wave. Technology, power and the twentyfirst century's most significant dilemma,* Crown, Nueva York, 2023, p. 183.

146 Noah Harari, Yuval, *Sapiens. A Brief history of humankind,* Harper Perennial, Nueva York, 2015, pp. 165 y ss.

147 Anderson, Benedict R., *Imagined Communities: Reflections on the Origin and Spread of Nationalism*, Verso, Londres, 1991, pp. 37 y ss.

148 Moles Caubet, Antonio, "La progresión del Derecho administrativo", en *Estudios de Derecho público,* Instituto de Derecho público de la Universidad Central de Venezuela, Caracas, 1997, p. 26.

149 La idea del *service publique* de Duguit, como tal, es desconocida en el Derecho Administrativo de Estados Unidos. Sin embargo, éste también se ha encargado de cómo promover la acción colectiva para asegurar la satisfacción de necesidades de interés general de manera regular. *Vid.*: Freund, *Administrative Powers over persons and property. A comparative Survey,* The University of Chicago Press, Chicago, 1928, pp. 71 y ss.

Washington, que llevó a generalizar, como vimos, la institución de la regulación, promoviendo así la fusión entre las *public utilites* y el *service publique*, en lo que se dio por llamar el nuevo servicio público[150]. Más allá de la denominación, esta difusión demostró que, en el fondo, hay un problema común, de estudio frecuente en la economía: cómo organizar la acción colectiva para atender fallos de mercado, como es el caso del monopolio natural derivado de la red de telecomunicaciones, que dio lugar, primero, a la intervención pública sobre el sector, incluso mediante su gestión directa por el Estado, y luego, a su liberalización[151]. Más allá del modelo concreto de Derecho Administrativo, hay instituciones comunes derivadas de la necesidad de promover la eficiencia en la acción colectiva.

Si la necesidad de organizar y estudiar a la acción colectiva administrativa fue especialmente intensa durante el siglo XX, fue debido a las transformaciones derivadas de la revolución industrial, que no repararon en la vigencia o no del régimen administrativo. El moderno Estado administrativo es, así, un producto del siglo XX, el cual podría ser estudiado como el siglo del Derecho Administrativo, o mejor –para no generar más confusión– el siglo de la Administración Pública y, por ello, el siglo de la tensión entre la libertad de la persona y la autoridad administrativa. La sociedad quiso crear un poder administrativo de intenso alcance, solo para intentar controlarlo de inmediato y así, prevenir su arbitrariedad. La interdicción de la arbitrariedad es, por ello, el gran concepto transversal del Derecho Administrativo Comparado[152]. Por supuesto, para prevenir la arbitrariedad –recordemos a Madison– primero debe existir un poder administrativo. Precisamente, el siglo XX es el siglo de la consolidación del poder administrativo y, por ende, de la consolidación del *ius administrativum*, o sea, las instituciones políticas orientadas a prevenir el abuso o arbitrariedad de ese poder y, con ello, promover de manera más eficiente la acción administrativa hacia el bien común.

---

150 Esta fusión fue especialmente promovida por Gaspar Ariño Ortiz, al analizar la realidad del servicio público desde el prisma de las *public utilities* de Estados Unidos. *Vid.*: Ariño Ortiz, Gaspar, "Sobre el significado actual de la noción de servicio público y su régimen jurídico (hacia un nuevo modelo de regulación)", en Ariño Ortiz, Gaspar, et al., *El nuevo servicio público,* Marcial Pons, Madrid, 1997, pp. 17 y ss. Nuestra posición, más bien crítica, en Hernández G., José Ignacio, "Servicio público y regulación económica: una perspectiva desde la América española", en *Derecho administrativo y regulación económica. Liber amicorum profesor Doctor Gaspar Ariño Ortiz,* La Ley, Madrid, 2011, pp. 877 y ss.

151 Kahn, Alfred, *The economics of regulation. Principle and institutions*, The MIT Press, Cambridge, 1988, 11 y ss.

152 Fernández, Tomás-Ramón, *Arbitrario, arbitraire, arbitrary. Pasado y presente de un adjetivo imprescindible en el discurso jurídico,* Iustel, Madrid, 2016, pp. 45 y ss.

## 3. El estudio del Derecho Administrativo y la creación del Estado nacional –liberal y autocrático– en la primera mitad del siglo XX

La formación del Derecho Administrativo en Venezuela, como sucede en especial en América Latina, está asociada a la formación del Estado, que fue mucho más tardía que la formación de los Estados europeos. Especialmente en Hispano-América o la América Española, la revolución hispanoamericana de inicios del siglo XIX forjó nuevos estados que se organizaron como repúblicas democráticas –siguiendo de cerca el modelo de Estados Unidos– Sin embargo, entre la Constitución de Venezuela de 1811 –primera constitución nacional en español– y la de España de Cádiz de 1812, media en realidad mucho más que un año. En 1811, Venezuela como Estado solo existía en la Constitución, de efímera vigencia; pero ya para entonces el Estado español era una realidad práctica[153].

La paulatina centralización y transición del modelo de caudillos[154] a instituciones de dominación más burocráticas –que solo pudieron formarse al amparo de regímenes autoritarios– llevó a la gradual pero inacabada consolidación del Estado en América Latina hacia el siglo XX[155]. En ese momento, la doctrina que, en realidad, había comenzado a estudiar a las instituciones políticas hacia fines del siglo anterior, interpretó a las incipientes instituciones del Estado administrativo bajo el molde del régimen administrativo[156]. Las conferencias de Duguit en Argentina a inicios del siglo anterior demuestran un prematuro interés por comprender al Estado administrativo desde la idea del régimen exorbitante del Derecho Común. En la América Española, la cercanía con España también facilitó la comprensión del Derecho Administrativo bajo el molde del régimen adminis-

---

153 Artola, Miguel, *Los orígenes de la España contemporánea, Tomo I,* Instituto de Estudios Políticos, Madrid, 1977, pp. 13 y ss.

154 Lynch, John, *Caudillos in Spanish América 1800-1850*, Clarendon Press, Oxford, 1992, pp. 402 y ss.

155 Mazzuca, Sebastián, *Latecomer State Formation: Political Geography and Capacity Failure in Latin América*, Yale University Press, New Haven, 2021, pp. 387 y ss.

156 Sobre la formación histórica del Derecho Administrativo en la región, puede verse el libro coordinado por Montaña, Alberto y Matilla Correa, Andry (ed.), *Ensayos de Derecho Administrativo. Libro Homenaje a Jorge Fernández Ruiz,* Universidad Externado, Bogotá, 2016. Salvado las diferencias propias de cada país, un rasgo distintivo es la formación del Derecho Administrativo a través de leyes administrativas dictadas en el proceso de construcción de capacidades estatales, en especial, a nivel nacional. La doctrina y jurisprudencia, gradualmente, fueron interpretando esas Leyes a la luz de la influencia del Derecho Administrativo Francés, y de allí la común referencia al régimen jurídico exorbitante, o la definición del Derecho Administrativo como rama del Derecho Público. Por ejemplo, en el libro comentado, vid. Moraga Klenner, Claudio, "Orígenes del Derecho Administrativo Chileno", pp. 317 y ss. En especial, vid. Rodríguez, Libardo, "La explicación histórica del Derecho Administrativo", en Cienfuegos Salgado, David y López Olvera, Miguel Alejandro (ed.), *Estudios en homenaje a don Jorge Fernández Ruiz. Derecho administrativo,* Universidad Autónoma Nacional de México, México D.F., 2005, pp. 293 y ss.

trativo, a pesar de que como regla, el modelo de control jurisdiccional de la Administración Pública fue judicialista, como lo fue también el modelo del *judicial review* de Estados Unidos. Esto dio lugar a una paradoja, quizás, no explorada suficientemente: la del Derecho Constitucional de la América Española influenciado por el constitucionalismo de Estados Unidos, pero que dio lugar a un modelo de Derecho Administrativo inspirado en el régimen francés. Lo que Freund intentó sin éxito en Estados Unidos a inicios de siglo, se logró en la América Española: crear cortes especiales para conocer de las disputas con la Administración Pública[157].

La evolución del Estado en Venezuela responde a estos trazos generales. Del país archipiélago del siglo XIX[158], se pasó a la centralización a inicios del siglo XX, muy en especial, bajo el largo régimen autocrático de Juan Vicente Gómez, considerado –con acierto– como una autocracia liberal[159]. En realidad, los orígenes no-democráticos del gobierno facilitaron el ocaso del caudillismo y el lento proceso de centralización en torno a la Ley como idea de orden[160], y por medio de un proceso de cohesión social alcanzado a través de la formación de la Administración Pública, en concreto, a través del ejército nacional, el fisco nacional, las infraestructuras nacionales y, en suma, la incipiente dominación burocrática[161]. Esta centralización se tradujo en el aumento del número de leyes administrativas, lo que, en 1907, fue la principal justificación para crear la primera cátedra de Derecho Administrativo, y con el tiempo, las primeras obras escritas. Como disciplina académica, el Derecho Administrativo surgió a partir de la exégesis de las diferentes leyes administrativas, cuyo propósito final fue incrementar la eficiencia y la eficacia de la incipiente acción colectiva[162].

El petróleo influyó en este proceso, pero no de manera tan decisiva como pudiera considerarse. Así, cuando surge la industria petrolera –1914– ya el proceso de centralización del Estado administrativo estaba en marcha, y se encontraba bastante consolidado en la década siguiente, cuando el ingreso fiscal petrolero aumentó su peso en las finanzas[163]. La principal

---

157 Mairel, Héctor, "The need for a comparative Administrative Law studies in Latin America" en *Comparative Law Review N° 6-1,* 2015, pp. 1 y ss.

158 Pino Iturrieta, Elías, *País archipiélago, Venezuela, 1830-1858,* Fundación Bigott, Caracas, 2004, pp. 210-211.

159 Caballero, Manuel, *Gómez, el tirano liberal,* Alfadil ediciones, Caracas, 2007, pp. 73 y ss.

160 Quintero, Inés, *El ocaso de una estirpe,* Editorial Alfa, Caracas, 2006, pp. 11 y ss.

161 Hernández G., José Ignacio, "La formación de la administración pública venezolana bajo el régimen de Juan Vicente Gómez", en *Revista de Derecho Público N° 159-160,* Caracas, 2019, pp. 79 y ss.

162 Hernández G., José Ignacio, "Perspectiva histórica de los textos fundamentales del Derecho Administrativo en el centenario de la cátedra", en *Textos fundamentales del Derecho Administrativo*, Academia de Ciencias Políticas y Sociales, Caracas, 2010, pp. XI y ss.

163 Straka, Tomás "Introducción", en Straka, Tomás (ed.), *La Nación Petrolera: Venezuela, 19142014*, Academia Nacional de la Historia-Universidad Metropolitana, Caracas, 2014, p. 8.

influencia del petróleo fue que elevó las demandas por instituciones administrativas, al ser necesario procurar la coordinación de la industria petrolera. El petróleo aumentó las demandas sociales a favor del Estado administrativo y se convertiría, a partir de la década de los cuarenta, en la principal justificación de la intervención del Estado en la economía. El aumento de la intervención administrativa, junto al rol central de la Ley como instrumento a favor del orden –no así a favor de la libertad, vista la continuidad de los regímenes autocráticos luego de la muerte de Gómez, en 1937– incrementó los conflictos jurídico-administrativos, que fueron resueltos por el Poder Judicial, en una incipiente jurisdicción contencioso-administrativa.

No es de sorprender que estos conflictos eran, en su gran mayoría, los propios de la industria petrolera y del título habilitante por medio del cual la inversión privada intervenía, a saber, la concesión. Hasta mediados de la década de los cuarenta, la jurisprudencia interpretó a la concesión como un contrato mixto, esto es, regido por el Derecho Civil y por la regulación de las Leyes administrativas. Según esta interpretación, la Administración quedaba sometida y vinculada al contrato, negándose toda posibilidad de accionar unilateral. Esto es, que el concepto de autotutela –piedra del régimen administrativo– era desconocida en el incipiente Derecho Administrativo de Venezuela[164].

El impacto del régimen administrativo francés terminó de permear en la jurisprudencia con la sentencia de la Corte Federal y de Casación de 5 de diciembre de 1944, caso *Astilleros La Guaira*. Esta decisión es conocida por introducir el concepto de contrato administrativo[165], pero en realidad, sus consecuencias fueron mucho mayores, pues ella interpretó al Derecho Administrativo venezolano a través del molde del régimen administrativo. El máximo tribunal incluso reconoció que la recepción de esta figura no respondía a una decisión del Legislador, sino a los grandes autores del Derecho Administrativo Francés. Con lo anterior se marcó el fin del Derecho Administrativo como un régimen jurídico híbrido, para pasar a conformarse como un régimen jurídico exorbitante del Derecho Común. La concesión petrolera, por ello, dejó de estar regulada por el Derecho Civil y pasó a estar regida por instituciones de Derecho Administrativo, lo que décadas

164 Hernández G., José Ignacio, "Hacia los orígenes históricos del Derecho Administrativo venezolano: la construcción del contrato administrativo, entre el Derecho Público y el Derecho Privado", en *Boletín de la Academia de Ciencias Políticas y Sociales N° 147*, Caracas, 2009, pp. 41 y ss.

165 Pérez Luciani, Gonzalo, "Los contratos administrativos en Venezuela", en *Escritos del doctor Gonzalo Pérez Luciani,* Fundación Bancaribe, Caracas, 2013, pp. 611 y ss. Sobre el impacto de esta sentencia en la teoría general del contrato administrativo, vid. Iribarren Monteverde, Henrique, "Presentación", *Congreso Internacional de Derecho Administrativo, Tomo I. En homenaje al Prof. Luis H. Farías Mata,* Universidad de Margarita, 2006, pp. 7 y ss. En general, *vid.* Araujo-Juárez, José, *Acto y contrato administrativo*, Paredes, Caracas, 2011, pp. 255 y ss.

después, facilitaría el proceso de nacionalización petrolera a través de la reversión[166].

La recepción de la figura del contrato administrativo se hizo, en Venezuela –como en general sucedió en la región– sin basamento en el modelo constitucional judicialista. En realidad, la diferencia entre el contrato administrativo y el contrato de la administración era irrelevante para determinar cuál orden jurisdiccional conocería de la pretensión: siempre lo conocería el orden jurisdiccional del poder judicial. Pero la incipiente doctrina, en todo caso, se adaptó gradualmente a este cambio y comenzó a interpretar a las leyes administrativas con instituciones propias del régimen administrativo, en especial, la figura del acto administrativo basado en la autotutela[167].

Este Derecho Administrativo tenía, en todo caso, severas limitaciones. Por un lado, prevalecía el método exegético y positivista, lo que hacía que la disciplina fuese, en realidad, la glosa de las leyes administrativas, pero sin pretensión de construir un sistema racional. De otro lado, Venezuela no había alcanzado todavía la modernidad del siglo XX, como resultado de la todavía incipiente evolución de las instituciones del Estado administrativo de corte prestacional. Finalmente, el régimen autoritario impedía avanzar en la idea del Derecho Administrativo como medio para prevenir la arbitrariedad. En realidad, y como resultado de la centralidad de la ley en el régimen de Gómez, el Derecho Administrativo no era otra cosa que el control de la actividad administrativa para reforzar su adecuación a la legislación autocrática, para favorecer la eficiencia y eficacia de la acción colectiva en un régimen no democrático.

## 4. El Derecho Administrativo a partir del proceso de democratización iniciado en 1958 y el pensamiento de Allan R. Brewer-Carías

El inicio de la democratización en Venezuela en 1958 cambió este presupuesto, pues se elevaron las demandas sociales para avanzar más aceleradamente en la modernidad del Estado administrativo, ahora, bajo la forma del Estado Social y Democrático de Derecho, como fue sancionado en la Constitución de 1961. El frágil y autocrático Estado administrativo que había surgido del país archipiélago, estaba dando paso al moderno Estado administrativo adaptado a la creciente complejidad de los cometidos estatales y de la acción colectiva necesaria para su materialización efectiva.

---

166 Hernández G., José Ignacio, *El pensamiento jurídico venezolano en el Derecho de los Hidrocarburos,* Academia de Ciencias Políticas y Sociales, Caracas, 2016, pp. 5 y ss.

167 Hernández Ron, J.M., *Tratado de Derecho Administrativo, Tomo I,* segunda edición, Caracas, 1943, pp. 161 y ss. El autor deriva el régimen del contrato administrativo del régimen del servicio público, y de allí que acepta la revocabilidad del contrato en función a la mutabilidad del servicio público. Al esbozar la tesis del servicio público (pp. 145 y ss.), el autor sigue de cerca las diversas corrientes imperantes entonces en la doctrina francesa (Duguit, Jezè, Bonnard, Berthélemy y Waline, entre otros).

También en Venezuela, el moderno Derecho Administrativo se presentaba como un producto del siglo XX. Su principal impulsor es Allan R. Brewer-Carías, cuyo pensamiento jurídico fue marcado –y marcó– los esfuerzos iniciados desde 1958 por democratizar a las instituciones políticas venezolanas.

Como lo describió el expresidente venezolano Rafael Caldera, Brewer-Carías se "reconoce miembro de la generación de 1958, surgida a la vida nacional precisamente en los momentos en que se iniciaba el nuevo experimento democrático"[168]. En el plano del Derecho Comparado, esto implica que la singladura académica de Brewer-Carías coincide con el apogeo del moderno Estado administrativo y, en especial, con el impulso renovador de la Revista de Administración Pública de España. En el plano doméstico, su ubicación en la generación de 1958 sitúa al autor en un momento fundacional: la democratización del moderno estado Administrativo venezolano, formado lentamente a lo largo del siglo XX.

En efecto, Brewer-Carías inicia sus estudios de Derecho en la Universidad Central de Venezuela, en el último año de la larga Venezuela autocrática: 1957. El inicio de la travesía democrática coincide entonces con el propio inicio de su carrera académica, que se topa con el estudio del Derecho Administrativo, más comparado que venezolano, debido a la ausencia –ya señalada– de un cuerpo dogmático ajustado a la realidad del país. En 1960, inició su carrera de investigación académica, primero en el Instituto de Estudios Políticos fundado por Manuel García Pelayo y luego, en el Instituto de Derecho Público, dirigido por el profesor español Antonio Moles Caubet. Ello marcó su pensamiento jurídico hacia el Derecho Público, tanto más, luego de trabajar, también, en el Instituto de Codificación y Jurisprudencia del entonces Ministerio de Justicia. Fue allí cuando descubre una profusa jurisprudencia hilvanada a la andadura del incipiente Estado administrativo, que demostraba la existencia de un ordenamiento jurídico-administrativo que iba más allá de las leyes[169].

Este descubrimiento aportó al Derecho Administrativo venezolano el elemento que le faltaba, esto es, su ordenación sistemática y racional en torno a principios generales que solo pueden ser inducidos por la jurisprudencia, con ocasión a resolver las controversias jurídico-administrativas que, por su parte, solo pudieron presentarse como consecuencia de la gradual formación del Estado administrativo[170]. Por ello, Brewer-Carías nació en el momento adecuado: veinte años antes, probablemente las condiciones favorables derivadas del proceso de democratización hubiesen impac-

---

168 Caldera, Rafael, "Prólogo", en *Política, Estado y Administración Pública,* Editorial Ateneo de Caracas, Caracas, 1978, p. 6.

169 Seguimos los datos biográficos de Dahbar, Sergio, *Allan Brewer-Carías: Una Vida*, Dahbar, Madrid, 2019. pp. 47-53.

170 Véase Brewer-Carías, Allan, "Algunas bases del Derecho Administrativo Pública en la Jurisprudencia venezolana", en *Revista de la Facultad de Derecho n° 27,* Caracas, 1963, pp. 143 y ss.

tado adversamente en su obra; veinte años después, quizás, se habría topado con un Derecho Administrativo ya formado sistemáticamente.

El resultado fue su tesis de doctorado terminada en París en 1963, y publicada al año siguiente. Los dos primeros párrafos de la Nota Introductora de esa obra resultan claves para comprender los fundamentos de su pensamiento jurídico[171]:

> Ciertamente, no era yo el llamado a escribir por primera vez en Venezuela sobre la Teoría General del Derecho Administrativo venezolano actual. Sin embargo, cuando se cree tener responsabilidades, la conciencia exige la asunción de ellas, y más, cuando tengo el convencimiento de que, como ha señalado Jesús González Pérez, "el hecho de que, en buen número de casos, no se haya logrado alcanzar un auténtico saber científico del Derecho, no es una imposición de la realidad investigada, no es que ésta se rebele a un conocimiento científico, sino una falla de sus investigadores, que no han logrado alcanzar aquel plano del saber que constituye la Ciencia".
>
> Hasta tal punto esta falla existe, que algunas veces se ha dudado de las propias bases fundamentales del Derecho Administrativo en el ordenamiento jurídico venezolano, y de la posibilidad real de la sumisión de la Administración a la Legalidad. Al contrario, con este estudio pretendo demostrar que sí puede hablarse en Venezuela, con propiedad, de la existencia de un Derecho Administrativo y, por tanto, que podemos calificar a nuestro sistema como de Régimen Administrativo. La Administración, en nuestro sistema jurídico, está sometida a la Ley, y por ello es responsable ante los administrados por su actuación ilegítima.

Volvamos brevemente unos años atrás. Como explicamos, los inicios de la doctrina de Derecho Administrativo venezolana fueron tardíos, como tardía fue la formación del Estado. Fue en 1944 cuando la jurisprudencia decide interpretar al incipiente Estado administrativo desde el prisma del régimen administrativo, lo que se tradujo en una importante –aun cuando dispersa– jurisprudencia. Sin embargo, la predominancia del método exegético impidió la formación sistemática del Derecho Administrativo de Venezuela, hasta que Brewer-Carías no solo descubrió la jurisprudencia que sistematizaba principios generales, sino que además, logró unir los dispersos fallos en un sistema ordenado que, como no podía ser de otra manera, partió del estudio comparado del Derecho Administrativo, incluyendo por supuesto el modelo francés pero también otros modelos, en especial, el español. Así lo destacó el director de la tesis, Moles Caubet, al observar –en el informe del tutor– que la obra "representa el intento, perfectamente logrado, de hacer una exposición comparativa del Derecho Administrativo venezolano que, a través de semejante prisma categorial, permite ser bien conocido y valorado"[172].

---

[171] *Las instituciones fundamentales del Derecho Administrativo y la Jurisprudencia Venezolana*, Colección Tesis de Doctorado, Publicación de la Facultad de Derecho de la Universidad Central de Venezuela, Caracas, 1964, p. 11.

[172] Id., p. 2.

Tal y como el propio autor recordaría décadas después[173]:

> Por ello, también mencioné en la Presentación, que mi intención con el libro era llenar el vacío que para ese momento existía de obras nacionales en la materia, y así ayudar a los estudiantes de nuestras Facultades de Derecho y a los profesionales preocupados, en la iniciación al estudio o en el estudio de la teoría general del derecho administrativo venezolano, pues sin duda, en ese entonces, nuestra disciplina jurídica había sido quizás la menos afortunada en cuanto a estudios doctrinales se refiere, excepción hecha de la obra de nuestro primer y entonces único tratadista, J. M. Hernández Ron publicado en los años cuarenta. Pretendía, por tanto, con el libro, comenzar a llenar el vacío que hasta ese momento existía, y que coincidentemente también se había comenzado a llenar con el Manual de Derecho Administrativo del profesor Eloy Lares Martínez, editado en Caracas por la misma Imprenta universitaria en junio de 1963, cuando yo ya había concluido mi Tesis.

Así, sobre este libro, hemos señalado lo siguiente[174]:

> La tesis de Brewer-Carías se convirtió en el testimonio de la época fundacional del Derecho administrativo venezolano contemporáneo. En efecto, de acuerdo a la apretada evolución histórica que hemos hecho, nuestro Derecho administrativo es tributario de dos cambios históricos fundamentales: la centralización del Estado a través de Leyes administrativas, y el desarrollo e interpretación de esas Leyes por la jurisprudencia bajo los cánones del régimen administrativo francés. De allí que las bases o fundamentos de nuestro Derecho administrativo están expuestas, con notable lucidez, en ese libro.

El moderno Estado administrativo venezolano se había comenzado a formar a la sombra de los regímenes autoritarios que finalizaron en 1958 y que, a pesar de ello, lograron importantes avances en la jurisprudencia, la cual afirmó la sujeción de toda la actividad administrativa al principio de legalidad. La sistematización lograda por Brewer-Carías en su obra terminada en 1963 y publicada al año siguiente, otorgó el apoyo indispensable para la democratización de ese Estado administrativo, pues identificó los principios generales del Derecho Administrativo y, con ello, facilitó el estudio de las instituciones necesarias para la materialización de los cometidos definidos en la Constitución de 1961.

---

173 "Nota sobre la historia de las Instituciones fundamentales del Derecho Administrativo y la jurisprudencia venezolana, 1964", en Hernández G., José Ignacio (ed.), *Libro homenaje a las Instituciones Fundamentales del Derecho Administrativo y la Jurisprudencia Venezolana del profesor Allan R. Brewer-Carías en el cincuenta aniversario de su publicación 1964-2014,* Editorial Jurídica Venezolana, Caracas, 2015, p. 15.

174 Hernández G., José Ignacio, "Presentación", en *Libro homenaje a las Instituciones Fundamentales del Derecho Administrativo y la Jurisprudencia Venezolana del profesor Allan R. Brewer-Carías en el cincuenta aniversario de su publicación 1964-2014,* cit., p. 26

## 5. Las tres etapas del Derecho Administrativo venezolano a la sombra del Petro-Estado, y el rol del pensamiento de Allan R. Brewer-Carías

El pensamiento jurídico del autor puede ser estudiado en tres etapas históricas: *i)* la consolidación de las bases del Estado social y democrático de Derecho (1964-1984); *ii)* el fortalecimiento del Estado administrativo desde la centralidad de la persona y sus derechos humanos (1984-2004) y *iii)* la denuncia del falso Derecho Administrativo en la era de la globalización (2004-2024). A lo largo de estos sesenta años, el pensamiento jurídico de Brewer-Carías, cuyo estudio es el objeto de este libro, ha sido fundamental a los fines de identificar las particularidades del fenómeno administrativo, esto es, de las instituciones que, dentro del Estado, surgen para la mejor gestión material de los asuntos propios de la comunidad política. El desarrollo de este pensamiento jurídico-administrativo, además, coincide con el ciclo de consolidación, democratización y revisión del moderno Estado administrativo.

Este libro estudia el pensamiento jurídico-administrativo de Brewer-Carías a lo largo de estos sesenta años, con lo cual expondremos, en esta introducción, los trazos centrales de la evolución del Derecho Administrativo en este período.

Así, la primera etapa coincide con los esfuerzos orientados a procurar el sometimiento pleno de toda la Administración Pública al ordenamiento jurídico, como corresponde por lo demás con la democracia constitucional. Por ello, los condicionantes políticos del pensamiento jurídico de Allan R. Brewer-Carías eran especialmente favorables, pues la idea de la Administración Pública actuando con sometimiento pleno al ordenamiento jurídico para prevenir su arbitrariedad, encontraba un sólido sustento en la Constitución de 1961. En especial, el artículo 206 de ese texto recogió las modernas tendencias del Derecho Administrativo al reconocer que el sometimiento de la Administración Pública, además de pleno, aplica respecto de todo el ordenamiento jurídico, y no solo en relación con la Ley.

Para remachar esta sólida base, la norma en cuestión acotó que el control de la jurisdicción contencioso-administrativa aplica, incluso, frente a la desviación de poder[175].

La constitucionalización del Derecho Administrativo incentivó el mestizaje entre las nacientes instituciones administrativas surgidas al amparo de la Constitución de 1961, y el método comparado en el estudio del Derecho Administrativo, especialmente, a través del Derecho Europeo Continental. Además de la influencia de la doctrina francesa (no solo en temas

[175] García, Carlos, "Incluso por desviación de poder". Notas acerca de los orígenes de una parte de la norma constitucional sobre la jurisdicción contencioso-administrativa (o de cómo los profesores Manuel Ballbé y Jesús González Pérez influyeron en la Constitución de Venezuela)", en *Revista española de derecho administrativo n° 167*, Madrid, 2014, pp. 349 y ss.

como la justicia administrativa, sino en especial, la responsabilidad patrimonial[176]), destaca también la influencia de la doctrina italiana, en especial, en la teoría de la actividad administrativa[177]. Por supuesto, la doctrina española ha tenido especial influencia, en concreto, en la figura de Eduardo García de Enterría[178]. Como resultado de lo anterior, el estudio del Derecho Administrativo en Venezuela, en esta etapa de consolidación, se enfocó en la actividad y función administrativa[179] y su principal manifestación, como es el acto administrativo. Este énfasis se hizo no solo para reconocer privilegios y prerrogativas -lo que ha dado lugar a una corriente crítica- sino también, al control de ese poder administrativo[180].

Así, el control del poder administrativo por medio del principio de legalidad y de la jurisdicción contencioso-administrativa, responde, en realidad, a los principios decantados por la jurisprudencia con anterioridad a la Constitución de 1961[181]. Lo que este Texto hizo fue justificar tal control no solo en una herramienta de eficiencia administrativa, sino en especial, en un componente central del Estado de Derecho consolidado en esa Constitución. Por ello, en Venezuela, la constitucionalización del Derecho Administrativo creó las condiciones favorables para superar el método exegético entonces imperante, enfatizado en la llamada parte especial[182].

Esta superación marcó el inicio de la sistematización del Derecho Administrativo, no solo con las *Instituciones fundamentales* de Brewer, sino

---

176 Iribarren Monteverde, Henrique, "La responsabilidad administrativa extracontractual", en *Revista de la Facultad de Derecho de la Universidad Católica Andrés Bello N° 44,* Caracas, 1992, pp. 133 y ss. Su pensamiento en este tema puede consultarse en *El régimen venezolano (paradójicamente clásico) de la responsabilidad administrativa extracontractual*, Ediciones Liber, Caracas. 2006.

177 Rondón de Sansó ha sido uno de los autores más influyentes en esta materia, a partir de su clásico libro *Teoría general de la actividad administrativa,* Ediciones Liber, Caracas, 2000, pp. 16-17.

178 Hernández G., José Ignacio, "La influencia del Profesor Eduardo García de Enterría en el Derecho Administrativo Venezolano", en *Revista de Derecho Público n° 135,* Caracas, 2013, pp. 13 y ss.

179 Pérez Luciani, Gonzalo, "Funciones del Estado y actividades de la Administración", en *Escritos del Dr. Gonzalo Pérez Luciani,* cit., pp. 205 y ss.

180 Herrera Orellana, Luis Alfonso, *La potestad de autotutela administrativa,* Paredes, Caracas, 2008, pp. 109 y ss.

181 Moles Caubet, Antonio, "El principio de legalidad y sus implicaciones", en *Estudios de Derecho público,* Instituto de Derecho Público de la Universidad Central de Venezuela, Caracas, 1997, pp. 277 y ss.

182 Polanco Alcántara, Tomás, *Derecho Administrativo Especial*, Facultad de Derecho, Universidad Central de Venezuela, 1959, tomado de Colección Clásicos Jurídicos N° 1, Editorial Jurídica Venezolana, Caracas, 2012. Sobre la impronta de esta obra, vid. Hernández G., José Ignacio, "Palabras de presentación de la reimpresión de la obra Derecho Administrativo Especial del Profesor Tomás Polanco Alcántara", *Boletín de la Academia de Ciencias Políticas y Sociales n° 152*, Caracas, 2014, pp. 183 y ss.

también con el *Manual de Derecho Administrativo* de Eloy Lares Martínez[183].

Este control era, además, consustancial al Estado Democrático sancionado en la Constitución de 1961. Tal fue, sin duda, el gran cambio dado al principio de legalidad, al punto que cabría diferenciar entre el principio de legalidad autocrático, antes de 1958, y el principio de legalidad democrático, luego de ese año y, en especial, desde los fundamentos del Texto de 1961, anclados en el pacto de gobernanza democrática conocida como Pacto de Puntofijo[184]. La elección directa, secreta y universal del titular de la Presidencia de la República y de los miembros del entonces Congreso de la República, en el marco del principio de controles interorgánicos definidos en la Constitución, fueron condiciones favorables para ampliar la calidad y alcance del control sobre la Administración Pública, más allá del control de la jurisdicción contencioso-administrativa[185].

Finalmente, el Derecho Administrativo consolidó su rol prestacional a través de la fórmula del Estado Social. El abandono del así llamado dogma liberal –el Estado no interviene en la economía salvo en materias de orden público– había comenzado a abandonarse, en realidad, hacia fines del régimen de Juan Vicente Gómez, con la creación de las primeras empresas del Estado[186]. Además, luego de 1939, el Estado amplió su rol regulador en la economía al amparo de un régimen de excepción que, sin embargo, se mantendría hasta la década de los noventa[187]. El Estado Social no solo permitió ampliar el rol del servicio público como institución medular del Derecho Administrativo, sobre todo, por medio de la figura del contrato ad-

---

183 La primera edición del Manual fue publicada en 1963. Véase, sobre esta obra, lo que explicamos en Hernández G. José Ignacio, "Nota preliminar", en Pérez Olivares, Enrique y Hernández G., José Ignacio (ed.), *El derecho administrativo en los umbrales del siglo XXI. Libro homenaje al Manual de Derecho Administrativo de Eloy Lares Martínez,* Universidad Monteávila-Editorial Jurídica Venezolana, Caracas, 2006, pp. 23 y ss., así como "Un siglo de Derecho Administrativo. A propósito del centenario del nacimiento de Eloy Lares Martínez", en *Boletín de la Academia de Ciencias Políticas y Sociales n° 152*, Caracas, 2014, pp. 133 y ss.

184 Aveledo, Ramón Guillermo, "Valoración histórica y actual del Pacto de Puntofijo", en Aguiar, Asdrúbal y Brewer-Carías, Allan (ed.), E*l Pacto de Puntofijo; orígenes, actores, significados, implementación y efectos*, Academia de Ciencias Políticas y Sociales-Editorial Jurídica Venezolana, Caracas, 2024, pp. 69 y ss.

185 Rodríguez García, Armando, "Apuntes sobre la caracterización de lo contencioso administrativo", en *Actualidad del Contencioso administrativo y otros mecanismos de control del Poder Público,* Editorial Jurídica Venezolana, Caracas, 2013, pp. 49 y ss.

186 Caballero Ortiz, Jesús, *Las empresas públicas en el Derecho venezolano,* Editorial Jurídica Venezolana, Caracas, 1982, pp. 53 y ss.

187 Linares Benzo, Gustavo, "Regulación y economía: juntas y bien revueltas", en *Venezuela Siglo XX: Visiones y Perspectivas, Tomo II,* Fundación Polar, Caracas, 2000, pp. 351 y ss. Desde una perspectiva general, *vid.* Suárez, Jorge Luis, "Lo público y lo privado en las actividades económicas en Venezuela", en *Revista de la Facultad de Ciencias Jurídicas y Políticas número 101,* Universidad Central de Venezuela, Caracas, 1996, pp. 144-183.

ministrativo y la cláusula exorbitante[188]. Además, el Estado Social conformó a la Administración Económica para intervenir limitando el ejercicio de la libertad de empresa[189].

Esta expansión del Estado administrativo no solo respondió a las causas generales explicadas en la sección anterior, sino además, al impacto del petróleo. Este impacto no fue del todo apreciado desde el Derecho Administrativo, pues éste se enfocó en regular los cauces jurídicos para la conducción de la así llamada nacionalización petrolera, en especial, a través del rol de la empresa petrolera estatal[190]. La nacionalización petrolera acordada en 1975 no solo consolidó el pensamiento estatista en relación con el petróleo sino, más allá, en relación con toda la economía, como quedó reflejado en el V Plan de la Nación, el cual concibió al Estado -y en específico, su Administración Pública- como el principal actor de la economía. Por ello, la concepción del Derecho Administrativo como un Derecho exorbitante del Derecho Común y la importancia de instituciones como el servicio público[191], reflejaron -y siguen reflejando- el rol del Estado administrativo impulsado por el Petro-Estado.

Tras este pensamiento subyacía, en todo caso, un cambio de mayor envergadura, identificado por Terry Lynn Karl, cual es la conformación de Venezuela como Petro-Estado, esto es, la organización política en la cual la autoridad central gestiona la industria petrolera, capta el ingreso petrolero -que es una renta, en términos económicos- y lo distribuye[192]. Como resultado de las instituciones del Petro-Estado, la Administración Pública es propensa a tener una baja capacidad burocrática, con tendencias hacia la conducción de políticas clientelares, distributivas y rentistas[193].

Frente al Derecho Administrativo, las instituciones del Petro-Estado elevaban la exigencia de los controles para prevenir la arbitrariedad, vista la expansión del Estado administrativo, mucho más allá de los cauces del Estado Social. Por consiguiente, las instituciones del Petro-Estado también influyeron en el Derecho Administrativo. De esa manera, este Derecho se consideró como exorbitante no solo en función a la trasposición de los

---

188 Badell Madrid, Rafael, *Régimen jurídico del contrato administrativo,* Caracas, 2001, pp. 127 y ss.

189 Hernández G., José Ignacio, *La libertad de empresa y sus garantías jurídicas. Estudio comparado del Derecho español y venezolano,* IESA-FUNEDA, Caracas, 2004, pp. 86 y ss.

190 Boscán de Ruesta, Isabel, "Consideraciones sobre la naturaleza legal de Petróleos de Venezuela, S.A.", en *Revista de Derecho Público N° 9,* Caracas, 1982, pp. 60 y ss., y Duque Corredor, Román, *El Derecho de la nacionalización petrolera,* Editorial Jurídica Venezolana, Caracas, 1978, pp. 71 y ss.

191 Turuhpial, Héctor, *La actividad administrativa,* CIDEP, Caracas, 2021 (versión electrónica, n° 5.432 y ss.)

192 *The Paradox of Plenty: Oil Booms and Petro-States*, University of California Press, 1997, pp. 6 y ss.

193 Ross, Michael "Does Taxation Lead to Representation?", en *34 B.J.Pol.S.,* 2004, pp. 229–249.

principios del régimen administrativo y la distinción entre la Administración Pública actuando en función al servicio público y actuando como un particular. Tanto más, el Derecho Administrativo asumió un rol exorbitante pues ello facilitó la expansión de las técnicas de intervención administrativas al amparo del Petro-Estado, lo que se tradujo en la gradual captura del Derecho Mercantil por el Derecho Administrativo[194].

Que el Derecho Administrativo como instrumento del Petro-Estado bajo un régimen exorbitante del Derecho Común no haya derivado en un régimen político autocrático, se debe al éxito de los mecanismos de peso y contrapeso definidos en la Constitución de 1961 y, en concreto, a la sistematización del Derecho Administrativo, bajo el impulso de la jurisprudencia. Así, la teoría del acto administrativo (que resume todo el poder exorbitante de la Administración del Petro-Estado) fue desarrollada por la jurisprudencia, a partir del estudio de los requisitos de validez, tanto de forma como de fondo, incluso, en lo que respecta al control de la discrecionalidad administrativa[195]. La Ley Orgánica de la Corte Suprema de Justicia de 1976[196], y la Ley Orgánica de Procedimientos Administrativos, de 1981[197], constituyen los dos grandes pilares sobre los que se asentó el Derecho Administrativo, decantados por la labor de la jurisprudencia, tanto de la Corte Primera de lo Contencioso Administrativo como de la Sala Político-Administrativa[198].

La mejor muestra de esta consolidación fue la fundación de la Revista de Derecho Público en 1980, bajo la dirección de Allan R. Brewer-Carías[199].

---

194 Morles Hernández, Alfredo, *Curso de Derecho Mercantil. Introducción. La empresa. El empresario, Tomo I,* Universidad Católica Andrés Bello, Caracas, 2004, pp. 23-24.

195 Urdaneta Troconis, Gustavo, "Los motivos de impugnación en la Jurisprudencia Contencioso Administrativa venezolana en las últimas tres décadas", en *Derecho contencioso administrativo. Libro homenaje al Profesor Luis Henrique Farías Mata,* Librería J. Rincón, Barquisimeto, 2006.

196 Pérez Guevara, Martín, "Bases normativas del control jurisdiccional de los poderes públicos en Venezuela", en *El control jurisdiccional de los poderes públicos en Venezuela*, Instituto de Derecho Público, Caracas, 1979, pp. 15 y ss.

197 Ruan, Gabriel, "La Administración y la Ley Orgánica de Procedimientos Administrativos", en *Revista de Derecho Público N° 18,* Caracas, 1984, pp. 57 y ss. Véase la obra fundamental de José Araujo Juárez *Principios generales del Derecho Administrativo Formal,* publicada inicialmente en 1989, posteriormente ampliada bajo el título *Tratado de Derecho Administrativo Formal,* Vadell, Valencia, 2001, pp. 61 y ss.

198 Por ejemplo, sobre la importancia de los precedentes derivados de ponencias de la profesora Josefina Calcaño de Temeltas, vid. Belén, Ramírez y Grau, María Amparo (ed.). *Josefina Calcaño de Temeltas: Análisis doctrinario de su emblemática obra jurisprudencial,* FUNEDA-AVEDA-Editorial Jurídica Venezolana y Academia de Ciencias Políticas y Sociales, Caracas, 2024.

199 Véase la obra colectiva *El Derecho Público a los 100 números de la Revista de Derecho Público,* Editorial Jurídica Venezolana, Caracas, 2006. Como escribe Olivo Rodríguez, la Revista ha sido motor fundamental de la renovación del Derecho Público, no solo en Venezuela sino en América Latina en general. *Vid.*: "Testimonio de Amistad", en *Estudios de Derecho Público Administrativo y Constitucional. Reflexiones en*

El enfoque desde el Derecho Público –y no solo desde el Derecho Administrativo– reflejó la necesidad de abordar el estudio jurídico de las instituciones políticas desde un prisma general, como explicó Moles Caubet en la presentación de la Revista[200]. Este Derecho Público, bajo el Estado Social y Democrático de Derecho previsto en el Texto de 1961, permitió consolidar al Derecho Administrativo desde el principio de legalidad y el control universal del acto administrativo[201]. Ello se hizo, en todo caso, a partir de un sistema predominantemente objetivo y revisor centrado en el recurso de nulidad como medio de impugnación. En todo caso, el resultado fue la conquista de la Administración Pública y su poder político por el Derecho, como barrera para prevenir la arbitrariedad[202].

La segunda etapa del Derecho Administrativo, que inicia en 1984, quedó marcada por dos movimientos, como lo son la crisis del Estado y la consolidación de los derechos humanos. Así, el llamado viernes negro, de 1983, colocó en evidencia el agotamiento del modelo de desarrollo basado en la expansión del Petro-Estado, en especial, a través de su Administración Pública[203].

Debido al prolongado régimen de excepción que acompañó a la Constitución de 1961, la libertad de empresa nunca fue, en los hechos, un verdadero derecho público subjetivo, sino más bien un derecho precario y maleable[204]. Además de la expansión del Estado administrativo promovida por la visión estatista de la economía, el Estado fue degenerando en torno a la centralización y la democracia de partidos[205]. Para revertir ese proceso, en 1984 se creó a la Comisión Presidencial para la Reforma del Estado (COPRE), que postuló políticas para rescatar la economía de mercado, promo-

---

*la República Dominicana,* Centro Hostos de Estudios Constitucionales-Librería Jurídica Internacional, Santo Domingo, 2022, p. 36.

200 "Presentación", *Revista de Derecho Público n° 1*, Caracas, 1980, pp. 3 y ss.

201 Entre otros, vid. Moles Caubet, Antonio, "El sistema contencioso administrativo venezolano en el Derecho Comparado", *Contencioso Administrativo en Venezuela*, Editorial Jurídica Venezolana, tercera edición, Caracas, 1993, p. 10, y Rondón de Sansó, Hildegard, "El sistema contencioso-administrativo en el contexto de la Ley Orgánica de la Corte Suprema de Justicia. La distribución de competencias", en *El control jurisdiccional de los Poderes Públicos en Venezuela,* cit., pp. 34 y ss.

202 Grau, María Amparo, "La materia contencioso administrativa", en *I Jornadas Internacionales de Derecho Administrativo Allan R. Brewer-Carías,* FUNEDA, Caracas, 1995, p. 131.

203 Caballero, Manuel, *Las crisis de la Venezuela contemporánea (1903-1992)* Alfadil, Caracas, 2007, pp. 173 y ss.

204 Mayobre, José Antonio, "Derechos económicos", en *Estudios sobre la Constitución. Libro homenaje a Rafael Caldera, Tomo II,* Facultad de Ciencias Jurídicas y Políticas, Caracas, 1979, pp. 1.127 y ss.

205 Rachadell, Manuel, *Evolución del Estado venezolano 1958-2015. De la conciliación al populismo autoritario*, Editorial Jurídica Venezolana-FUNEDA, Caracas, 2015, pp. 20 y ss.

ver la descentralización, reforzar la calidad de la separación de poderes y profundizar la democratización[206].

La reforma del Estado permeó en la Administración Pública, al realzarse sus bases constitucionales a partir de la centralidad de los derechos humanos. En esta transformación, la jurisdicción contencioso-administrativa fue la gran protagonista, al impulsar la universalidad del control del acto administrativo desde la protección del derecho a la tutela judicial efectiva[207]. Gradualmente, los privilegios y prerrogativas de la Administración Pública pasaron a valorarse desde el balance con los derechos humanos. Desde el punto de vista procesal, esto permitió ampliar la actividad e inactividad administrativa sujeta a control jurisdiccional, a través de la pretensión procesal administrativa[208].

Otro cambio que impulsó la centralidad de los derechos humanos fue el reconocimiento del derecho y la acción de amparo, incluso, frente a la Administración Pública. La protección jurídica de los derechos humanos amplió los poderes del juez contencioso-administrativo y, con ello, mejoró la calidad del control de la Administración Pública[209].

La descentralización político-territorial, iniciada en 1989, también permitió la renovación de la Administración Pública, al construirse capacidades administrativas estadales y, especialmente, municipales[210]. Las instituciones del Derecho Administrativo formadas bajo la centralización del Estado pudieron desplegarse gradualmente a las Administraciones estadales y municipales, todo lo cual coadyuvó a fortalecer al procedimiento administrativo, no solo como un cauce de garantía del principio de legalidad

---

206 Carrera Damas, Germán, *La necesaria reforma democrática del Estado,* COPRE, Caracas, 1988, pp. 29 y ss.,

207 Linares Benzo, Gustavo, "El carácter subjetivo del procedimiento contencioso administrativo", en *XVII Jornadas J.M. Domínguez Escobar. Avances jurisprudenciales del contencioso administrativo en Venezuela, Tomo I,* Barquisimeto, 1993.

208 Urosa Maggi, Daniela, "Origen y evolución del contencioso administrativo en Venezuela. ¿Influencia francesa o española? Repercusiones en la situación actual de la justicia administrativa venezolana y en sus perspectivas de cambio", en *Boletín de la Academia de Ciencias Políticas y Sociales N° 147*, Caracas, 2009, pp. 114 y ss. Véase asimismo a Torrealba, Miguel Ángel, "El acto administrativo como objeto de la pretensión procesal administrativa y su tratamiento jurisprudencial a partir de la Ley Orgánica del Tribunal Supremo de Justicia", en *El contencioso administrativo a partir de la Ley Orgánica del Tribunal Supremo de Justicia*, FUNEDA, Caracas, 2009, pp. 121 y ss.

209 Briceño León, Humberto, "Tendencias actuales del contencioso administrativo en Venezuela", en *I Jornadas Internacionales de Derecho Administrativo "Allan Randolph Brewer-Carías",* FUNEDA, Caracas, 1995, pp. 770 y ss., y Sosa Gómez, Cecilia, "Efectos del recurso", en *XVIII Jornadas "J.M. Domínguez Escovar" Avances jurisprudenciales del contencioso administrativo en Venezuela, Tomo II,* Barquisimeto, 1993, *pp.* 293 y ss.

210 Urdaneta Troconis, Gustavo, *La idea de municipio en Venezuela: El arduo tránsito del municipio territorial al municipio-colectividad,* CIDEP, Caracas, 2020, pp. 19 y ss.

y ejercicio del derecho a la defensa, sino de participación ciudadana, en especial, de sectores vulnerables[211].

También el Derecho Administrativo recibió la influencia de las políticas adoptadas a partir de 1989, y que replantearon el rol del Estado en la economía, a través de mecanismos como la privatización de empresas públicas y la promoción de la inversión privada bajo el régimen de concesión[212]. De igual manera, la firma de tratados bilaterales de inversión (TBIs) favoreció la apertura del Derecho Administrativo a la inversión privada[213]. El restablecimiento de las garantías jurídicas de la libertad de empresa favoreció el avance del Derecho Administrativo Económico, inspirado en el sistema de economía social de mercado[214].

Pero sin duda, el principal cambio que se registró en este período derivó de la aprobación de la Constitución de 1999 que, salvando sus muchos defectos, reconoció de manera expresa las bases fundamentales del Derecho Administrativo[215]. El artículo 141 define a la Administración Pública como una organización servicial, o sea, una organización al servicio de las personas y, por ende, al servicio del bien común, con sometimiento pleno a la Ley y al Derecho[216]. Como resultado de este cambio, se impulsó la renovación del procedimiento administrativo, por medio de instituciones como la simplificación administrativa, orientada a realzar la calidad de la actividad administrativa[217].

Además, las políticas de liberalización en los sectores de electricidad, gas, hidrocarburos y telecomunicaciones, iniciadas en 1999, ayudaron a la renovación del Derecho Administrativo Económico, en concreto, promoviendo una visión más balanceada entre servicio público y libertad de em-

---

211 Ayala Corao, Carlos, "El derecho a la participación política de los pueblos indígenas", en *Revista de Derecho Administrativo n° 1,* Caracas, 1997, pp. 191 y ss.

212 Badell Madrid, Rafael, *Régimen jurídico de las concesiones en Venezuela,* Caracas, 2002, pp. 23 y ss.

213 Muci-Borjas, José Antonio, *El derecho administrativo global y los Tratados Bilaterales de Inversión (BITs),* cit.

214 De León, Ignacio, "Consideraciones acerca de los principios económicos de la Constitución venezolana", en *Revista de la Facultad de Ciencias Jurídicas y Políticas de la Universidad Central de Venezuela número 98,* Caracas, 1996, pp. 32 y ss.

215 Tal y como analizamos en Hernández G., José Ignacio, *Introducción al concepto constitucional de Administración Pública en Venezuela,* Editorial Jurídica Venezolana, Caracas, 2011, pp. 53 y ss.

216 García Soto, Carlos, "El carácter servicial de la administración pública: el artículo 141 de la constitución", en *Revista Electrónica de Derecho Administrativo n° 11*, Caracas, 2017, pp. 191 y ss.

217 Rodríguez García, Armando, "La Ley Orgánica de Procedimientos Administrativos y la simplificación de trámites administrativos", en Parra Aranguren, Fernando y Rodríguez García, Armando (ed.), *Estudios de Derecho Administrativo. Libro homenaje a la Universidad Central de Venezuela, Facultad de Ciencias Jurídicas y Políticas, con ocasión al vigésimo aniversario del curso de especialización de Derecho Administrativo, Tomo II,* Tribunal Supremo de Justicia, 2001, pp. 397 y ss.

presa[218]. La actividad de servicio público, que se había definido a partir de la centralidad de los privilegios y prerrogativas, pasó a incorporar también la visión de los derechos humanos, en especial, en los llamados servicios públicos municipales[219]. Todo lo anterior favoreció la adopción del concepto de regulación[220], fomentándose la comparación –inédita, hasta entonces– entre el Derecho Administrativo de Venezuela y el Derecho Administrativo de Estados Unidos[221].

Otro cambio importante, impulsado por la Constitución de 1999, fue la ampliación del ámbito de la jurisdicción contencioso-administrativa, por ejemplo, a las pretensiones relacionadas con la inactividad administrativa[222]. Además, la Ley Orgánica del Tribunal Supremo de Justicia de 2004 –y salvando sus importantes defectos– promovió a una visión universal de la jurisdicción administrativa que superó la distinción –artificial, por lo demás– entre la actividad administrativa sujeta a Derecho Administrativo y a Derecho Privado, en particular, en relación con el llamado contrato administrativo. A partir de esa Ley, toda pretensión relacionada con cualquier contrato de la Administración es conocida siempre por la jurisdicción contencioso-administrativa[223].

Para 2004, podría decirse que el proceso de sistematización y consolidación del Derecho Administrativo en Venezuela había alcanzado su mayor etapa de madurez, al establecerse un sistema racional de reglas, principios y valores que aseguran el sometimiento pleno de la Administración al ordenamiento jurídico actuando al servicio de los ciudadanos, pero sin negar la discrecionalidad que ésta necesita para atender a las exigencias del bien común[224]. Como resultado de ello, de la centralidad del acto adminis-

---

218 Hernández-Mendible, Víctor, "Los Servicios Públicos Competitivos y la Libertad de Empresa", en *Estudios en Homenaje a Don Jorge Fernández Ruiz. Responsabilidad, Contratos y Servicios Públicos. Tomo II*, Universidad Nacional Autónoma de México, 2005, pp. 313 y ss.

219 Araujo-Juárez, José, "Los derechos fundamentales económicos y el derecho de los servicios públicos", en *Servicio Público. Balance & Perspectiva,* Vadell Hermanos, Valencia, 1999, p. 120. En esa obra, véase también a Villegas Moreno, José Luis, "Servicios públicos municipales".

220 Hernández G., José Ignacio, *Derecho Administrativo y Regulación Económica,* Editorial Jurídica Venezolana, Caracas, 2006, pp. 123 y ss.

221 Mónaco, Miguel, "Las Administraciones Independientes en el Derecho administrativo de los Estado Unidos de América y su poder normativo", en *VII Jornadas Internacionales de Derecho Administrativo "Allan Randoplh Brewer-Carías". El principio de legalidad y el ordenamiento jurídico-administrativo de la libertad económica, Tomo II,* Caracas, 2005, pp. 189 y ss.

222 Urosa Maggi, Daniela, *Tutela judicial frente a la inactividad administrativa en el Derecho español y venezolano,* FUNEDA, Caracas, 2003, pp. 258 y ss.

223 Subero Mujica, Mauricio, "La noción de contrato administrativo y la jurisprudencia en Venezuela", en *Derecho administrativo iberoamericano,* Ediciones Paredes, Caracas, 2007, pp. 2035 y ss.

224 Pueden verse los trabajos de Alvarado Andrade, Jesús María, "Sobre Constitución y Administración Pública"; Nikken, Claudia, "Reflexiones sobre el concepto, a 100 años de la creación de la cátedra de Derecho administrativo en Venezuela" y Torreal-

trativo se pasó a la centralidad de la relación jurídico-administrativa[225]. En tal sentido, el artículo 141 de la Constitución favoreció a consolidar a la relación jurídico-administrativa desde el concepto de servicio a los ciudadanos, más allá del órgano que, dentro del Estado, realiza tal actividad.

Y fue justo luego de alcanzar esta cumbre, cuando la crisis política de Venezuela –que en realidad se arrastró desde fines del siglo XX[226]– permeó al Derecho Administrativo, el cual degeneró en un brazo ejecutor del modelo autocrático que pasó a conocerse como el socialismo del siglo XXI[227]. Así, paulatinamente, el principio de separación de poderes fue desmantelado en la práctica, centralizándose funciones en la Presidencia de la República, en especial, a partir del control político de la industria petrolera[228]. De una organización al servicio de las personas, la Administración Pública degeneró en un instrumento del poder político, e instrumento para el control autoritario de la sociedad civil y la violación sistemática de derechos humanos[229].

Quizás el principal signo de esta degeneración autocrática fue la politización de la jurisdicción contencioso-administrativa[230], como parte de la destrucción de la autonomía del Poder Judicial[231]. La ausencia de control

---

ba, Miguel Ángel, "Sobre los conceptos de Derecho administrativo y de Administración Pública en Venezuela", todos en *100 años de la enseñanza del Derecho administrativo en Venezuela 1909-2009, Tomo I*, Universidad Central de Venezuela, FUNEDA, Centro de Estudios de Derecho Público de la Universidad Monteávila, Caracas, 2011, pp. 165 y ss.

225 Caballero, Jesús, "La relación jurídica administrativa y las situaciones de los administrados", en *Revista de Derecho Administrativo N° 6,* Caracas, 1999, p. 7 y ss. y Meier, Henrique, "Aplicación de la teoría de la relación jurídica al estudio del Derecho administrativo", *100 años de la enseñanza del Derecho administrativo en Venezuela 1909-2009,* cit., pp. 911 y ss.

226 Hausmann, Ricardo y Rodríguez, Francisco, "Why did Venezuela growth collapse?", en *Venezuela before Chávez. Anatomy of an Economic Collapse,* The Pennsylvania State University Press, University Park, 2014, pp. 15 y ss.

227 Rachadell, Manuel, *Evolución del Estado venezolano 1958-2015. De la conciliación al populismo autoritario,* cit.

228 Carmona Borjas, Juan Cristóbal, *Hidrocarburos y Minerales. Derecho y Finanzas, Volumen I*, Caracas, 2016, p. 212.

229 Duque Corredor, Román, "El entramado jurídico del socialismo del Siglo XXI. De la autocracia militar dictatorial venezolana y su sustitución por una institucionalidad democrática sin impunidad y sin venganza", en *Revista de Derecho Público* n° 163-164, pp. 85 y ss. y Sosa Gómez, Cecilia, "Crisis del principio de la separación de poderes en Venezuela", en *Boletín de la Academia de Ciencias Políticas y Sociales n° 167,* Caracas, 2022, pp. 951 y ss.

230 Nikken, Claudia, "El caso Barrio Adentro: La Corte Primera de lo Contencioso Administrativo ante la Sala Constitucional del Tribunal Supremo de Justicia o el avocamiento como medio de amparo de derechos e intereses colectivos y difusos", en *Revista de Derecho Público* n° 93-96, Caracas, 2003, pp. 5 y ss., y Pesci-Feltri, Flavia, "Venezuela: el desmantelamiento progresivo del Estado de derecho. A partir de la instauración del régimen chavista", en *Revista de Derecho Público n° 157-158,* Caracas, 2019, pp. 96 y ss.

231 Canova, Antonio, et al., *El TSJ al servicio de la revolución*, Editorial Galipán, Caracas, 2014, pp. 11 y ss.; Chavero, Rafael, *La justicia revolucionaria*, Editorial Aequi-

judicial abrió las puertas a la arbitrariedad, en especial, en el Derecho Administrativo Económico, debido a la destrucción de los mecanismos de mercado, por ejemplo, por medio de expropiaciones de hecho[232]. A través de controles centralizados, los derechos económicos fueron diezmados[233], todo lo cual dio paso a la peor crisis económica fuera de países en guerra[234].

El deterioro democrático de Venezuela no fue resultado de acciones externas –como golpes militares– sino de acciones internas, demostrando así que, en el siglo XXI, las democracias mueren en manos de los ganadores de elecciones[235]. La soberanía popular, base del modelo republicano, fue degenerada en la defensa del pueblo para simular medidas autoritarias, o sea, en el autoritarismo populista[236]. La Constitución, de norma suprema que garantiza la libertad, pasó a ser un objeto maleable por el poder, a través del secuestro de sus instituciones –como la justicia constitucional y electoral[237]– para consolidar el modelo autoritario, en una suerte de Derecho Constitucional autocrático[238]. De hecho, el caso de Venezuela ha dado lugar al estudio del legalismo autocrático, esto es, las políticas autoritarias

---

tas, Caracas, 2011, pp. 103 y ss. y Louza, Laura, *La revolución judicial en Venezuela*, FUNEDA, Caracas, 2011, pp. 28 y ss.

232 Canova, Antonio et al., *¿Expropiaciones o vías de hecho?*, FUNEDA-Universidad Católica Andrés Bello, Caracas, 2009, pp. 131 y ss. Véase también a Sira Santana, Gabriel, "Relatoría de la Jornada 2021 de la Asociación Venezolana de Derecho Administrativo", en Alfonzo Paradisi, Juan Domingo y Silva Aranguren, Antonio, *Derecho de propiedad e intervención del Estado: nuevos y viejos problemas. Jornada Anual de la Asociación Venezolana de Derecho Administrativo*, AVEDA, Caracas, 2021, pp. 18 y ss.

233 Abadi, Anabella y García, Carlos, *El control de precios en Venezuela (1939-2015): de la Segunda Guerra Mundial a la "guerra económica"*, CEDICE, Caracas, 2016, pp. 56 y ss. Véase también a Escudero, Margarita, "Discurso de Incorporación como Individuo Número a la Academia de Ciencias Políticas y Sociales", 2 de abril de 2024.

234 Barrios, Douglas y Santos, Miguel Ángel, "¿Cuánto puede tomarle a Venezuela recuperarse del colapso económico y qué debemos hacer?", en *Fragmentos de Venezuela. 20 escritos sobre economía*, Fundación Konrad-Adenauer-Stiftung, Caracas, 2017, pp. 91 y ss.

235 Levitsky, Steven y Ziblatt, Daniel, *How democracies die*, Crown, Nueva York, 2018, pp. 8 y 91.

236 Mudde, Cass, "The Populist Zeitgeist", en *Government and Opposition*, número 39-4, 2014, pp. 541-563; Müller, Jan-Werner, *What Is Populism*, University of Pennsylvania Press, Filadelfia, 2016, p. 9, y Norris, Pippa y Inglehart, Ronald, *Cultural Backlash Trump, Brexit, and the rise of authoritarian populism.* Oxford University Press, Oxford, 2019, pp. 30 y ss.

237 Urosa Maggi, Daniela, "Justicia electoral y autoritarismo judicial en Venezuela", en *Revista Electrónica de Derecho Administrativo Venezolano N° 14*, Caracas, 2018, pp. 317 y ss.

238 Ginsburg, Tom y Simpser, Alberto, "Introduction: Constitutions in Authoritarian Regimes", y Tushnet, Mark "Authoritarian Constitutionalism: Some Conceptual Issues", en *Constitutions in Authoritarian Regimes,* Cambridge University Press, Cambridge, 2018, pp. 1 y 36.

que atentan en contra de las bases de la democracia constitucional, pero a través de formas legales[239].

El resultado de todo lo anterior fue un Derecho Administrativo autoritario populista, en el cual la participación ciudadana fue secuestrada por organizaciones controladas y dirigidas por el Gobierno, conocidas como instancias del poder popular, y que dieron lugar al Estado Comunal como un Estado paralelo al Estado constitucional[240]. Como resultado, la distinción entre Estado y sociedad se difuminó, lo que fue aprovechado para implementar mecanismos de huida de los controles fiscales, generándose incentivos para la irrupción de la cleptocracia, en especial, luego de los cientos de miles de millones de dólares administrados sin control efectivo, como resultado del *boom* del ingreso petrolero y del sobreendeudamiento[241].

En la práctica, todos los avances alcanzados desde el inicio de la sistematización del Derecho Administrativo se perdieron. De la Administración actuando con sometimiento pleno a la Ley y al Derecho se pasó a la Administración incontrolada y arbitraria. La actividad administrativa al servicio de los ciudadanos dio paso a la actividad administrativa al servicio del autoritarismo populista. La justicia administrativa, de cauce para el ejercicio del derecho a la tutela judicial efectiva y el control de la legalidad, pasó a ser cauce de autoritarismo judicial. La desconstitucionalización del Derecho Administrativo también afectó la vigencia práctica del Derecho Internacional de los Derechos Humanos, en especial, en el Sistema Interamericano[242].

Sin embargo, el pensamiento jurídico-administrativo ha resistido al embate[243]. Y ello solo ha sido posible debido a la construcción sistemática del Derecho Administrativo, iniciada en 1963 con las *Instituciones Fundamentales* de Brewer-Carías. Incluso, a pesar de la ausencia efectiva del Estado Social y Democrático de Derecho, la doctrina no solo ha logrado mantener la defensa de los principios fundamentales del Derecho Administra-

---

239 Corrales, Javier, *Autocracy rising. How Venezuela transitioned to authoritarianism*, Brookings Institution Press, Washington, D.C., 2022, pp. 21 y ss.

240 Nikken, Claudia, "La Ley Orgánica de los Consejos Comunales y el derecho a la participación ciudadana en los asuntos públicos", en *Leyes Orgánicas del Poder Popular y el Estado Comunal (los consejos comunales, las comunas, la sociedad socialista y el sistema económico comunista)*, Editorial Jurídica Venezolana, Caracas 2011, pp. 187 y ss.

241 Sánchez Falcón, Enrique, "La Ley Orgánica de la Administración Financiera del sector público, entre los años 2000 y 2015, ruta segura hacia el despilfarro", *Revista Venezolana de Legislación y Jurisprudencia n° 7,* 2016, Caracas, pp. 717 y ss.

242 Ayala Corao, Carlos, "Inconstitucionalidad de la denuncia de la Convención Americana sobre Derechos Humanos por Venezuela", en *Revista de Derecho Público n° 131,* Caracas, 2012, pp. 39 y ss.

243 Como concluye Carlos García Soto en "El pensamiento jurídico venezolano: una historia de resistencia intelectual", en Cova Arria, Luis et al (ed.), *Libro homenaje al doctor Humberto RomeroMuci, Tomo I,* Asociación Venezolana de Derecho Tributario y Academia de Ciencias Políticas y Sociales, Caracas 2023, pp. 149 y ss.

tivo, por ejemplo, frente a la arbitraria propuesta de reforma constitucional de 2007[244], y la ilegítima asamblea nacional constituyente de 2017[245]. Además, la doctrina ha logrado recoger avances teóricos importantes, por ejemplo, en materia de contrataciones públicas[246] (a pesar de su opacidad)[247] y lucha contra la corrupción[248].

El pensamiento jurídico del Derecho Administrativo en Venezuela, en los últimos sesenta años, presenta rasgos similares a la evolución comparada del *ius administrativum* al amparo del Estado administrativo del siglo XX, y las exigencias por crear instituciones democráticas para elevar la eficiencia y eficacia de la acción colectiva. Un rasgo peculiar es que las bases de esas instituciones se formaron, en algunos casos, a la sombra de los regímenes autocráticos, con ocasión al largo proceso de formación del Estado nacional contemporáneo. El otro rasgo es que esas instituciones también se formaron al tiempo que Venezuela adoptaba los arreglos institucionales del Petro-Estado, lo que inevitablemente se tradujo en instituciones rentistas que elevaron la tensión entre el poder administrativo y el bien común. Gracias a la jurisprudencia, doctrina y legislación, así como a los acuerdos políticos que actúan como baranda a la democracia[249], el poder administrativo del Petro-Estado no se desbordó y el Derecho Administrativo logró funcionar para facilitar la acción colectiva necesaria para la implementación de los cometidos del Estado Social y Democrático de Derecho. Cuando la deriva autoritaria avanzó, a partir de 2004, la legislación y la jurisprudencia dejaron de servir de elementos de contención y moderación del poder administrativo, pero la doctrina se mantuvo cumpliendo su función de preservar los principios fundamentales del Derecho Administrativo. A la cabeza de ese pensamiento jurídico se encuentra Allan R. Brewer-Carías.

---

244 Véase el volumen especial de la *Revista de Derecho Público n° 112*, Caracas, 2007.

245 Entre otros estudios, puede verse a Alfonso Paradisi, Juan Domingo, "La Ley Constitucional de Precios acordados emitida por la Asamblea Nacional Constituyente. Su inconstitucionalidad, nueva regulación de precios a través del diálogo y su desconocimiento por las vías de hecho de autoridades administrativas", en *Revista de Derecho Público n° 153-154*, Caracas, 2018, pp. 57 y ss.

246 Por ejemplo, vid. García Soto, Carlos, "Posición de la administración en su actividad contractual. El caso de la ley de contrataciones públicas", en *Ley de Contrataciones Públicas*, Editorial Jurídica Venezolana, 2014, pp. 34 y ss.

247 Rosas Rivero, Daniel, "La opacidad como norma en la legislación venezolana de contratación pública", en Rosas, Daniel (ed.), *La contratación pública en Iberoamérica*, CIDEP-Asociación Venezolana de Derecho Administrativo, Caracas, 2022, pp. 139 y ss.

248 Vivas, Jessica y Pernía-Reyes, Mauricio (ed.), *El rol del Derecho Administrativo en la lucha contra la corrupción*, AVEDA-CECOFI, Caracas, 2023.

249 "Democratic guardrails", o "barandas democráticas", son las instituciones informales basadas en acuerdos entre las élites políticas, muchas veces implícitos, que mantienen al juego político dentro de la cancha democrática. *Vid.*: Tushnet, Mark y Bugarič, Bojan *Power to the People*, Oxford University Press, Oxford, 2021, pp. 9 y ss.

## 6. El pensamiento humanista de Allan R. Brewer-Carías y la reacción frente al falso Derecho Administrativo

El pensamiento jurídico del *ius administrativum* en la obra de Allan R. Brewer-Carías, responde a las tres etapas señaladas en la sección anterior, y de las cuales Brewer-Carías fue, al mismo tiempo, actor y cronista. El inicio de ese pensamiento jurídico fue la sistematización de principios generales del Derecho Administrativo en la jurisprudencia venezolana, que posteriormente se destilaron para identificar a los principios fundamentales del Derecho Público[250], todo ello fiel al método comparativista. Si a este aspecto metodológico le agregamos una constancia y pasión por la investigación jurídica de un trabajador incansable[251], que se ha traducido en centenares de artículos y libros[252] que abordan al Derecho Administrativo desde la integralidad del Derecho Público, podremos comprender mejor estas palabras de Eduardo García de Enterría[253]:

> Entre los iuspublicistas hispanoamericanos, el Prof. Brewer-Carías ocupa un lugar de primer orden. Es el más brillante de los iuspublicistas formados en la Universidad Nacional de Caracas por el profesor español exiliado Antonio Moles, que acaba de fallecer, tras una larga y fecunda carrera. Brewer accede por ello muy joven al profesorado y emprende una obra sistemática de reordenación de todo el Derecho Público venezolano que asombra por su regularidad, por su ambición y por la seguridad de su criterio técnico servido por una ágil mente jurídica y por una formación de una amplitud excepcional. Hoy el Derecho Público venezolano, Administrativo y Constitucional, ha quedado conformado en su conjunto sistemá-

---

250 El trabajo iniciado con las *Instituciones Fundamentales* fue luego ampliado con *Jurisprudencia de la Corte Suprema 1930-1974 y estudios de Derecho Administrativo*, seis tomos, Instituto de Derecho Público de la Facultad de Derecho de la Universidad Central de Venezuela, Caracas, 1975-1977.

251 Jesús González Pérez aludió a "su enorme capacidad de trabajo –trabajador incansable, dice Beatriz–", así como a su capacidad de "aprovechar al máximo el tiempo, hasta esos ínfimos ratos sueltos que por lo general se desprecian –es, como decía Marañón de sí mismo, un trapero del tiempo–", en el discurso pronunciado con ocasión a la presentación del *Liber Amicorum* publicado en 2003. Brewer-Carías es una persona trabajadora –escribe Carlos Ayala– "muy rabajadora. Para ello no tiene otra regla que la disciplina de trabajar todos los días y cumplir con las metas que se propone". *Vid.*: "Allan Brewer-Carías: La persona", en Parejo Alfonso, Luciano y Cottin, León Henrique (ed.), *Allan R. Brewer-Carías. Proyección de su obra iberoamericana,* Editorial Jurídica Venezolana Internacional, Caracas-New York-Madrid, 2020, p. 37.

252 Citando a Jesús Caballero Ortiz, Brewer-Carías es "uno de los grandes juristas de Venezuela y, sin duda, quien tiene la más vasta obra jurídica escrita en toda la historia de nuestro país". En Arismendi, Alfredo y Caballero, Jesús (ed.), *El Derecho Público a comienzos del siglo XXI. Estudios en homenaje al profesor Allan R. Brewer-Carías, Tomo I*, Instituto de Derecho Público de la Universidad Central de Venezuela-Editorial Civitas, 2003, p. 29. Véase en especial, *La obra de Allan R. Brewer-Carías. Edición preparada por sus hijos y nietos con ocasión de celebrar sus 80 años de vida y 60 años de actividad académica,* Madrid, 2019 (documento n° 32, de la sección "Obras Homenaje y Escritos Sobre ARBC"). Toda su obra está organizada sistemáticamente en la página web https://allanbrewercarias.com.

253 "Prólogo", en Brewer-Carías, Allan, *Principios del procedimiento administrativo,* Civitas, Madrid, 1990, 11.

tico y en partes sustanciales del mismo por las construcciones de Brewer-Carías.

El pensamiento de Brewer-Carías, citando de nuevo a García de Enterría, refleja "un milagro de la naturaleza exuberante del trópico venezolano"[254]. El "milagro" fue, en parte, resultado de los condicionantes políticos de la Generación de 1958, que crearon el ambiente adecuado para que la capacidad intelectual de Brewer-Carías, jurista integral[255], pudiese desarrollar los principios fundamentales del Derecho Administrativo y, a partir de allí, del Derecho Público, no solo en Venezuela sino en general, en Iberoamérica[256]. Su dedicación a la investigación científica –como escribió Pedro Nikken– ha producido "resultados próximos a lo inverosímil"[257]. Lo inverosímil no es solo la cantidad de esa obra, sino en realidad, su extraordinaria calidad, debido a la capacidad de hilvanar las instituciones del *ius administrativum* en un sistema ordenado de Derecho Público.

En el centro de este sistema destaca lo que consideramos es la raíz humanista del pensamiento de Brewer-Carías, cuya preocupación central es cómo lograr el correcto funcionamiento de las instituciones administrativas para la promoción del bien común y la centralidad de la dignidad humana. Escribe Luciano Parejo Alfonso que Brewer-Carías es un jurista[258]:

---

254 García de Enterría, Eduardo, "Discursos en el acto de Presentación del libro: El derecho público a comienzos del siglo XXI. Homenaje al Profesor Allan R. Brewer-Carías", en *Revista Peruana de Derecho Público* n° 7-4, 2003, p. 120.

255 Su pensamiento jurídico, en realidad, cubre todas las parceles del Derecho Público, siempre girando en torno al fenómeno administrativo. Como explican Carlos García y Antonio Silva, "si en su trayectoria hay una ocupación que es particularmente importante es la de profesor, expositor y autor del Derecho Administrativo, raíz intelectual desde la cual brotó luego el resto de su trabajo académico, que alcanza desde la historia de las ideas, hasta el urbanismo colonial, pasando por el Derecho Constitucional y su historia, la Ciencia Política, la Ciencia de la Administración, entre otros tópicos. Por ello, naturalmente, se editan aquí varios ensayos sobre la figura del profesor Brewer en el ámbito del Derecho Público". "Presentación", en García Soto, Carlos y Silva Aranguren, Antonio (ed.), *Allan R. Brewer-Carías: una personalidad multifacética. Libro-homenaje de la Asociación Venezolana de Derecho Administrativo por sus 80 años,* AVEDA, Caracas, 2020, p. 13.

256 Alvarado Andrade, Jesús María, "Sobre el Derecho Público Iberoamericano: A propósito del Tratado de Derecho Administrativo de Allan R. Brewer-Carías", en *Revista de Administración Pública* n° 193, Madrid, pp. 423 y ss.

257 Nikken, Pedro, "Discurso del profesor Pedro Nikken en el acto del otorgamiento del Doctorado Honoris Causa de la Universidad Católica del Táchira, 1992", en Arismendi, Alfredo y Caballero, Jesús (ed.), *El Derecho Público a comienzos del siglo XXI. Estudios en homenaje al profesor Allan R. Brewer-Carías, Tomo I, cit.*, p. 44.

258 Parejo Alfonso, Luciano, "Discurso leído en el Acto Solemne de Conferimiento del Doctorado Honoris Causa al Profesor Allan R. Brewer-Carías en la Universidad Carlos III de Madrid, en día 3 de octubre de 1996", en Brewer-Carías, Allan, *Reflexiones sobre la organización territorial del Estado en Venezuela y en la América Colonial,* Cuaderno de la Cátedra Fundacional Dr. Charles Brewer Maucó "Historia del Derecho en Venezuela", Universidad Católica Andrés Bello, n° 1, Editorial Jurídica Venezolana, Caracas, 1987, p. 209.

Que pertenece a los que ven el Derecho no como un fin en sí mismo, en cuyo campo pueden alzarse sin riesgo –el riesgo ya será de otros– las construcciones más sutiles y acabadas, sino, más modestamente, como instrumento de la razón humana para el más justo gobierno de los hombres, el arreglo concreto posible de los problemas de la convivencia, y, por tanto, instrumento cultural e histórico para el progreso de ésta en la razón.

El Derecho como instrumento de la razón humana es lo que ha impulsado a Brewer-Carías a divulgar sus obras, incluso, los escritos de carácter más preliminar, pues como suele decir, este tipo de escritos, guardado en algún archivo –físico o digital– no podría cumplir ningún rol en el progreso de la razón. Por ello, y además de autor, Brewer-Carías ha sido editor e impulsor de los estudios jurídicos[259].

Para el autor, el Derecho Administrativo es la pieza jurídica central dentro de las instituciones políticas, cuya cabal comprensión solo puede hacerse desde el Derecho Constitucional y las Ciencias Políticas, pero además, en perspectiva histórica. La historia de las instituciones políticas es, así, la herramienta central para entender al Derecho Administrativo de nuestro tiempo, y su lucha constante por promover la acción colectiva desde la centralidad de la persona y el bien común.

La curiosidad por la historia –ha escrito Parejo Alfonso– ha llevado a Brewer-Carías a aplicar su riguroso método a la historiografía de las instituciones políticas en Hispanoamérica, fortaleciendo de esa manera las bases de su pensamiento en el *ius administrativum*[260].

El pensamiento jurídico de Allan R. Brewer-Carías es, entonces, el del jurista integral, que comprende que las instituciones administrativas no han surgido en aislamiento, sino que ellas son resultado de la larga evolución de condicionantes políticos, al punto de identificar como rasgo distintivo el fenómeno administrativo, o sea, las particularidades de las instituciones administrativas que surgen para hacer más eficiente la acción colectiva indispensable para la gestión concreta del bien común. Este fenómeno administrativo es mutable, como ya vimos, y marca la inestabilidad del Derecho Administrativo. De allí la importancia de otra de las virtudes de este pensamiento jurídico, destacado por Fortunato Cruz[261]:

---

259 Su aporte a la ciencia del Derecho Público –escribe Belén Ramírez Landaeta– "no se limita a su producción científica, lo que ya sería mucho, sino que además ha logrado impulsar a muchos talentosos estudiantes, abogados, profesores, investigadores que con su estímulo y apoyo han llegado a destacarse dejando también su impronta en este campo". "Presentación", en Ramírez Landaeta, Belén (ed.), *Jornada Académica en Homenaje al profesor Allan R. Brewer-Carías 80 años*, FUNEDA-Fundación Universitas-Editorial Jurídica Venezolana, Caracas, 2020, p. 12.

260 Parejo Alfonso, Luciano, "Prólogo", en Brewer-Carías, Allan, *La ciudad ordenada*, Instituto Pascual Madoz Universidad Carlos III de Madrid-Boletín Oficial del Estado, Madrid, 1997, p. 19.

261 González Cruz, Fortunato, "Prólogo" en Brewer-Carías, Allan, *Constitución, democracia y control del poder*, Universidad de Los Andes Consejo de Publicaciones, Cen-

> Es un intelectual que guarda fidelidad absoluta a sus principios y valores, siendo integral la correspondencia entre el pensamiento que manifiesta en sus libros y escritos, con las proposiciones que realiza y el testimonio de su vertiginosa actividad vital. Así, pocos en Venezuela han defendido con tanta vehemencia al Municipio y a la Provincia. Sus escritos le dan un sólido fundamento teórico al federalismo, a la descentralización, a la aspiración que tenemos los venezolanos de construir un mejor destino desde nuestros lugares.

La coherencia es, en parte, más sencilla en disciplinas como el Derecho Civil, cuyas instituciones han sido codificadas siguiendo los grandes trazos de la tradición legal clásica. Pero en una disciplina como el Derecho Administrativo, que no puede ser codificada –aun cuando han surgido códigos de sus instituciones centrales– la coherencia es mucho más compleja. A mediados del siglo XX, el Derecho Administrativo abrazó el dogma de la empresa pública, para luego apoyar la privatización de la empresa pública a fines de ese siglo. ¿Cómo guardar la coherencia en un entorno tan cambiante?

La clave está en el pensamiento principista de Brewer-Carías, sin duda, influenciado por el método cartesiano común en el Derecho de Francia, en el cual el autor se formó. Basta leer el índice de las *Instituciones Fundamentales*, para apreciar la extraordinaria habilidad de aplicar el método inductivo al Derecho Administrativo y así, identificar los principios generales –o las instituciones fundamentales– sobre los que la disciplina se mantiene[262]. Este pensamiento, a lo largo de los sesenta años que median desde la publicación de las *Instituciones Fundamentales*, ha sido coherente. En este libro, hemos contrapuesto al Brewer-Carías de 1964 con el Brewer-Carías de 2024. En esos sesenta años, por supuesto, su pensamiento jurídico ha cambiado, pues el fenómeno administrativo ha cambiado. Pero lo que ha permanecido inmutable son las instituciones fundamentales de ese pensamiento jurídico, o sea, los vectores que hunden sus raíces en una visión humanista en la cual el fenómeno administrativo se orienta al mejor servicio al bien común[263].

---

tro Iberoamericano de Estudios Provisionales y Locales (CIERPOL), Editorial Jurídica Venezolana, Caracas, 2004, pp. 7-8.

262 Como Eduardo Roca Roca indicó, en la presentación de la candidatura al Doctorado *Honoris Causa* de la Universidad de Granada el 9 de diciembre de 1986, "Allan R. Brewer-Carías irrumpe en el Derecho Administrativo de su país, en 1964, cuando aparece publicado su libro Las Instituciones Fundamentales del Derecho Administrativo y la jurisprudencia venezolana. Esta obra se puede considerar como la primera que, en Venezuela, y en Hispanoamérica, expuso el Derecho Administrativo contemporáneo, con una metodología moderna. Se trata de un intento de mostrar la situación de la teoría general del derecho administrativo, construida sobre la base de las decisiones jurisprudenciales de la Suprema Corte del país, la cual hasta ese momento era casi totalmente desconocida. La obra, sin duda, contribuyó a darle un vuelco total al derecho administrativo en Venezuela, antes de esa fecha muy poco cultivado". Tomado de Brewer-Carías, Allan, *Reflexiones en España*, Caracas, 1987, p. 86.

263 Es en el pensamiento jurídico de la historiografía del Derecho Público donde podemos encontrar, con mayor claridad, los fundamentos aristotélicos. Véase, por ejemplo,

Esta coherencia se vio especialmente influenciada por la escuela de Eduardo García de Enterría, de la cual Brewer-Carías forma parte, pese a ser mucho más joven[264]. De allí que, por ejemplo, y como destacó Jesús González Pérez, su estudio de las Leyes de procedimiento Administrativo de América Latina, termina en un auténtico Manual, esto es, el estudio ordenado y sistemático de los principios generales del Derecho Administrativo que procura el balance entre la actividad administrativa y los derechos de las personas, previniendo la arbitrariedad pero sin negar la discrecionalidad inherente al *ius administrativum*[265].

Su honestidad intelectual, coherencia, disciplina en el trabajo y visión del Derecho centrado en los derechos humanos han hecho que su pensamiento no permanezca ajeno a los embates del autoritarismo populista que se ha desarrollado en Venezuela desde 1999. Veíamos antes que desde 2004, la doctrina del Derecho Administrativo de Venezuela ha asumido, ante todo, una posición de resistencia –no ya defensa– de las bases constitucionales del Derecho Administrativo. El método exegético no ha sido una opción, pues la glosa del legalismo autocrático terminaría por convertir a la doctrina, también, en medio a favor del autoritarismo[266]. De la legislación, jurisprudencia y doctrina, solo se mantiene pie la última. La obra de Brewer-Carías no solo ha sido el fundamento de esta lucha en contra de las inmunidades y arbitrariedades del poder, sino que Brewer-Carías ha estado de primero en esa lucha. Tal y como escribió Pedro Nikken[267]:

---

Brewer-Carías, Allan, *Orígenes del Constitucionalismo Moderno en Hispanoamérica. Colección Tratado de Derecho Constitucional, Tomo II,* Fundación de Derecho Público-Editorial Jurídica Venezolana, Caracas, 2014, p. 15. Las raíces filosóficas del pensamiento jurídico de Allan R. Brewer-Carías se remontan, en realidad, a 1957. Luego de aplazar un curso sobre Historia de la Filosofía, Brewer-Carías descubrió en la escritura –a mano, hasta fecha bastante reciente– el método para ordenar su conocimiento, de lo cual surgió un curso de filosofía. *Vid.* Dahbar, Sergio, *Allan Brewer-Carías: Una Vida*, cit., pp. 39-40.

264 Sobre ello, vid. Fernández, Tomás-Ramón, "Presentación", en Brewer-Carías, Allan, *Mis estudios en la Revista de Administración Pública (1964-2022), Colección Biblioteca Allan R. Brewer-Carías-Instituto de Investigaciones Jurídicas de la Universidad Católica Andrés Bello n° 16,* Editorial Jurídica Venezolana, Caracas, 2023, pp. 13 y ss.

265 González Pérez, Jesús, "Prólogo", en Brewer-Carías Allan R., *Principios del procedimiento administrativo en América Latina,* Ediciones Olejnik, Santiago de Chile, 2020, pp. 23 y ss.

266 Como resumió Román Duque Corredor, "un aspecto que creo que debe destacarse de la obra de Brewer Carías, como investigador, es su preocupación para la integridad del derecho administrativo por la utilización en la exégesis de las leyes administrativas de juicios de valor, éticos o políticos, dado que su interpretación consiste en insertar el fenómeno jurídico dentro de un marco económico, social y político". En Ramírez Landaeta, Belén (ed.), *Jornada Académica en Homenaje al profesor Allan R. Brewer-Carías 80 años*, cit., p. 242.

267 "A manera de prólogo. Intervención de Pedro Nikken en la Jornada Académica celebrada para conmemorar los 80 años de Allan R. Brewer-Carías", en Balasso Tejera, Caterina et al., *Libro homenaje a Allan R. Brewer-Carías. 80 años de evolución del Derecho Público,* CIDEP-Editorial Jurídica Venezolana, Caracas, 2020, p. 14.

> En los últimos años, Brewer se ha concentrado en el escrutinio y análisis de la arbitrariedad con la cual ejerce el poder el régimen venezolano y muy especialmente en la inmensa farsa que es la llamada jurisprudencia del Tribunal Supremo de Justicia. Es un trabajo doloroso, que mucho le agradecerá la historia, y no solo la venezolana en nuestro Emil Zolá con su poderoso *J´accuse*

En palabras de Eduardo Jorge Prats[268]:

> Por su parte, Brewer-Carías, si bien comienza su obra doctrinaria en los inicios de la era democrática, sienta las bases para la transformación de un Derecho Administrativo, y Público en general, de presupuestos autoritarios heredados de la decimonónica tradición jurídico-publico francesa, a un Derecho propio de un Estado de Derecho conciliado con el Estado Social y que resistiese las tentaciones del Estado interventor. En ese proceso, el autor no solo contribuye a construir un Derecho Público venezolano de sólidas y paradigmáticas bases dogmáticas, sino también a erigir una verdadera escuela iberoamericana de Derecho Público.

Una de las ideas fuerza del pensamiento de Brewer-Carías (y que resumimos en las conclusiones de este libro) es la incidencia de los condicionantes políticos en el Derecho Administrativo. Estos condicionantes también incidieron en el pensamiento jurídico del autor que, en tanto miembro de la Generación de 1958, hizo del Derecho Administrativo un instrumento para la democracia constitucional. Por ello, el derecho a la democracia y el derecho a la Constitución basada en el precepto pro persona, es una pieza fundamental en este pensamiento jurídico. Incluso, consciente de la importancia del estudio de estas bases constitucionales del Estado Social y Democrático de Derecho, Brewer-Carías se adentró al estudio de estas bases, lo que a su vez le llevo a analizar la historia constitucional de Venezuela, y en general, de Hispanoamérica[269].

Con lo cual, el Derecho Administrativo de Brewer-Carías es el Derecho del Estado constitucional, pero más allá, del Estado Convencional. Como muy bien expresa Jaime Orlando Santofimio Gamboa, el Estado constitucional en el pensamiento de Brewer-Carías parte –como en Kant– de un derecho público de la humanidad, todo lo cual resulta de extrema utilidad en el siglo XXI, ante el surgimiento de regímenes políticos autoritarios con apariencia de constitucionalidad[270].

Como no podía ser de otra manera, de esta singladura ha emergido un concepto de Derecho Administrativo que renuncia a criterios únicos, y por

---

268 Jorge Prats, Eduardo, "Prólogo", en Brewer-Carías, Allan, *Crónica Constitucional sobre una Venezuela en las tinieblas. 2018-2019,* Editorial Jurídica Venezolana-Ediciones Olejnik, Santiago, 2019, p. 22.

269 Véase la nota de presentación de Brewer-Carías al *Derecho Administrativo. Reedición ampliada de la edición de Bogotá de 2005,* Universidad Católica del Táchira y Editorial Jurídica Venezolana Internacional, Panamá, 2024, pp. 45 y ss.

270 Santofimio Gamboa, Jaime Orlando, "La figura del Estado Constitucional, Democrático y Convencional", en *Allan R. Brewer-Carías. Proyección de su obra iberoamericana,* cit., pp. 189 y ss.

el contrario, se centra en la complejidad del fenómeno administrativo y sus signos de ruptura y continuidad. Como hemos escrito[271]:

> La obra de Allan R. Brewer-Carías (...) ha configurado el concepto de Derecho administrativo en Venezuela en un sentido amplio. El Derecho administrativo, para el autor, se aplica al Poder Ejecutivo (salvo cuando obre en ejercicio de la función de gobierno), por un lado, y a los órganos del Poder Público y a los particulares, por el otro, cuando ejerzan actividad administrativa. También rige a la Administración incluso cuando instrumentalmente ella se sujete a Derecho privado, pues no existe una "actividad administrativa de Derecho privado".

Esta construcción se ha realizado con el deliberado propósito de afirmar el control del Estado en beneficio de los derechos de los ciudadanos. De esa manera, gracias al concepto de Brewer-Carías, en Venezuela se acepta que toda la actividad e inactividad administrativa queda sujeta a Derecho y al control judicial, con independencia del órgano que lleve a cabo esa actividad, e incluso del régimen jurídico aplicable. Una construcción dogmática puesta al servicio del Estado de Derecho, de la democracia y de las garantías de los ciudadanos.

El pensamiento jurídico de Allan R. Brewer-Carías es un componente esencial de la consolidación del moderno Estado administrativo en el siglo XX, y la preocupación permanente de lograr instituciones que, al tiempo de facilitar la eficiencia de la acción colectiva, prevengan la arbitrariedad del poder y, más allá, aseguren la capacidad estatal para atender, debidamente, los complejos cometidos que el Estado debe cumplir, tanto más, en la era de riesgos globales. Este pensamiento es, en realidad, parte de la concepción humanista del Derecho Público, en cuyo centro se ubica el *ius administrativum,* al cual hicimos mención en el inicio de este estudio preliminar. Frente a la mutabilidad del Derecho Administrativo, el pensamiento de Brewer-Carías permite afianzar los signos de continuidad, en especial, por medio del método comparado y que, en los últimos sesenta años, marcan al Derecho Administrativo en su lucha por prevenir la arbitrariedad al amparo del principio de legalidad; promover el servicio a los derechos humanos, en especial, en relación con derechos económicos y sociales, y reaccionar frente al legalismo autocrático.

---

271 Hernández G., José Ignacio, "Allan R. Brewer-Carías y el concepto de Derecho Administrativo en Venezuela", en *Revista de Administración Pública* n° 184, Madrid, 2011, p. 354, así como "El contrato administrativo en la Ley de Contrataciones Públicas venezolana", en *Revista de Administración Público n° 176*, Madrid, 2008, pp. 363 y ss.

# EL MÉTODO DE ENSEÑANZA DEL DERECHO ADMINISTRATIVO Y LA OBRA DE BREWER-CARÍAS

Román Duque Corredor[1]

Yo definiría al Prof. Brewer-Carías, como un científico de las ciencias jurídicas, del derecho público, dentro del cual jerarquizó al derecho administrativo como rama jurídica especial y no como el estudio de las leyes de organización del poder ejecutivo, que era la consideración que se le daba antiguamente a este derecho.

Ha sido docente, investigador, glosista de leyes e impulsor de los valores constitucionales y derechos humanos como límites a la arbitrariedad.

Con su docencia permitió dotar de preparación a funcionarios para la carrera administrativa y a jueces para la formación de la justicia administrativa.

Y en ese orden de ideas, contribuyó decisivamente a la modernización del derecho administrativo. En efecto, es uno de los mejores exponentes del derecho administrativo moderno, a partir de los años 60, y en el presente es hoy, no solo en Venezuela, sino también en el derecho comparado uno de los más autorizados administrativistas.

Como científico del derecho administrativo, es de una personalidad polivalente porque combina la docencia, con la investigación, con la glosa legislativa, con el estudio del derecho comparado y de análisis de la doctrina y jurisprudencia.

En esa diversidad, es de destacar su capacidad de vincular el derecho administrativo al entorno económico, social y político del momento. De allí que la evolución de su pensamiento administrativista hacia el derecho constitucional ha sido creciente, así como con el derecho internacional de los derechos humanos.

En su docencia ha tenido un gran empeño en no desvincular las instituciones administrativas de los valores, principios y garantías constitucionales y de los postulados del Estado de derecho.

---

1 Profesor de la Universidad Central de Venezuela y de la Universidad Católica Andrés Bello, exmagistrado de la Corte Suprema de Justicia, Individuo de Número de la Academia de Ciencias Políticas y Sociales.

Sobre todo, porque en el derecho administrativo la discrecionalidad de la Administración y la facultad de la Administración de la reglamentación de las leyes, son un riesgo permanente de la arbitrariedad y fuente de la inseguridad jurídica; y porque el derecho administrativo es en cierto sentido contingente y ocasional.

Brewer-Carías, entonces, como docente motiva a los estudiantes por el mejoramiento del control de la legislación y de la jurisprudencia, así como de las compilaciones de las leyes por las materias y su correlación con las normas secundarias y de su puesta al día.

A mi manera de ver, Brewer-Carías ha hecho con su dilatada obra que el derecho administrativo no sea el derecho del Estado, sino también del ciudadano, es decir, del administrado. Y en sus estudios es notable su preocupación por la sistemática de las garantías del debido proceso en el procedimiento administrativo.

Creo, que su método de estudio y de investigación del derecho administrativo, y del derecho constitucional es el de la vinculación de la racionalidad de la norma jurídica y el contexto político, sobre todo en el tema de las decisiones administrativas. De ahí la importancia que en sus obras da a la jurisprudencia y a sus comentarios, para la mejor comprensión de esa vinculación.

Un aspecto que creo que debe destacarse de la obra de Brewer-Carías, como investigador, es su preocupación para la integridad del derecho administrativo por la utilización en la exégesis de las leyes administrativas de juicios de valor, éticos o políticos, dado que su interpretación consiste en insertar el fenómeno jurídico dentro de un marco económico, social y político. Ello en razón de que las leyes administrativas son manifestación de la intervención del Estado como rector de la economía y la vida social. Es decir, que en las leyes administrativas existe un trasfondo político. Lo cual puede llevar a excesos o abusos de poder. De allí la importancia que, como docente e investigador, Brewer-Carías otorga al control de la legalidad mediante la jurisdicción contencioso-administrativa o constitucional.

En ese mismo orden de ideas, encuentro en Brewer-Carías, como docente, un especial empeño en enseñar como fin del derecho administrativo lograr un equilibrio entre las prerrogativas o potestades del poder del Estado y los derechos ciudadanos, mediante la aplicación del principio de la legalidad.

A Brewer-Carías, se le puede definir, como jurista, como aquéllos que por los principios teóricos y exigencias prácticas, entre legalidad y eficacia, busca encontrar el equilibrio entre los derechos individuales y los de la sociedad y las potestades del Estado. Y de considerar el derecho administrativo como un instrumento para la juridificación del Estado de Derecho, tanto por su actividad como por su inactividad. En fin, como se ha dicho por algunos autores, desde el punto de vista pedagógico para Brewer-

Carías, el Derecho administrativo no es un derecho para ser "aprendido", sino para ser "comprendido".

Brewer-Carías, practicó lo que Héctor Fix Zamudio llama "pedagogía jurídica", en la enseñanza del derecho administrativo, es decir, una didáctica o técnica de aprendizaje de los conocimientos jurídicos teóricos, pero estimulando los aspectos prácticos. En concreto, un verdadero pedagogo porque enseñó derecho público y administrativo, de una manera integral, a través de la metodología jurídica de la racionalidad de las reglas básicas del derecho administrativo, la docencia de su sistemática o contenido y la investigación de las garantías y de derechos de los administrados y la organización del poder público, las funciones de control de la legalidad y los mecanismos de garantía de la supremacía de la Constitución, en la actividad o inactividad de la Administración.

Se dice que no existe un método que pueda considerarse como propio del Derecho Administrativo y distinto de los usados en las demás ramas jurídicas.

Sin embargo, de la obra de Brewer-Carías, teniendo en cuenta las características propias del derecho administrativo, se puede concluir que su interpretación y aplicación, por el elemento teleológico, que orienta todo el ordenamiento jurídico-administrativo, es posible considerar que cuenta con métodos aplicables específicos dentro de la ciencia del derecho, por la importancia de este elemento en la cuestión metodológica en el derecho administrativo.

Yo, particularmente, encuentro en la obra de Brewer-Carías, una combinación del positivismo y el iusnaturalismo, porque de su monumental obra se desprende como criterio fundamental que el ordenamiento jurídico positivo debe estar al servicio de la justicia y de la persona humana, que es, a mi juicio, lo que caracteriza su pensamiento como administrativista.

Me permito señalar, para concluir, que la metodología y la docencia del derecho administrativo por Brewer-Carías, es la de otorgarle una naturaleza instrumental, a través de la de criterios de orientación, que no pueden ser otros que los principios y valores institucionales y los principios generales del derecho.

# LAS FUENTES DE LA LEGALIDAD ADMINISTRATIVA Y LA VIGENCIA DEL CAPÍTULO II DE LA OBRA: LAS INSTITUCIONES FUNDAMENTALES DEL DERECHO ADMINISTRATIVO Y LA JURISPRUDENCIA VENEZOLANA DEL PROF. ALLAN BREWER-CARÍAS

Henrique Meier Echeverría[1]

> "Sin el contencioso-administrativo el Derecho Administrativo no sería Derecho. Sin un sistema jurisdiccional por el cual los tribunales forzaran efectivamente a la Administración Pública a actuar según las normas del Derecho Administrativo, tales normas (...) no tendrían el carácter de jurídicas". Antonio Canova González

## Introducción

Se me ha solicitado colaboración para la obra colectiva con motivo de los 50 años de haberse publicado la primera edición del libro del profesor Allan Brewer-Carías, "Las Instituciones Fundamentales del Derecho Administrativo y la jurisprudencia venezolana", que el autor presentase como tesis de grado para obtener el Doctorado en Derecho en la Universidad Central de Venezuela, merecedor del Premio Luis Sanojo 1963-1964 otorgado por la Fundación Rojas Astudillo.

Esa obra, por la que varias generaciones de abogados estudiamos la asignatura Derecho Administrativo I, constituye, sin duda alguna, un aporte pionero en el estudio de esa rama del Derecho Público no sólo por su contenido, resultado de la exhaustiva investigación de su autor, sino también por la magnífica sistematización de los conceptos y el didáctico lenguaje empleado. Sería una de las primeras de la prolífica obra jurídica del laureado profesor Brewer-Carías.

---

1 Director del Área de Estudios Jurídicos y Políticos del Decanato de Estudios de Postgrado de la Universidad Metropolitana. Director-fundador de la Escuela de Derecho de esa Universidad. Profesor jubilado de la Universidad Católica Andrés Bello en cuya Facultad de Derecho dictó durante 27 años las asignaturas Derecho Administrativo II, Derecho Constitucional e Instituciones Políticas.

Pues bien, el objeto de la presente contribución se contrae al Capítulo Segundo "Fuentes de la Legalidad Administrativa" del Título Primero "El Principio de Legalidad Administrativa" del homenajeado libro y su autor. A ese respecto, voy a comentar la vigencia, luego de 50 años, de los conceptos expresados por Brewer-Carías en el mencionado Capítulo siguiendo el mismo orden de exposición del autor.

En la Introducción al Capítulo Brewer-Carías cita una jurisprudencia administrativa de la antigua Corte federal y de casación (CF-3G-1, 9-4-9. CF-H-2, 17-7-53) que conceptúa a la legalidad administrativa como aquel principio "según el cual todos los actos de la Administración han de ser cumplidos o realizados dentro de las reglas o normas preestablecidas por la autoridad competente"[2], con la finalidad de clasificar las fuentes de dicho Principio en escritas, no escritas, y en las que el autor denomina "fuentes de carácter particular".

## 1. Fuentes escritas

### 1.1. Impuestas a la Administración

#### *1.1.1. Jerarquía de las fuentes*

Con fundamento en la doctrina jurisprudencial de la extinta Corte Suprema de Justicia en su Sala Político-Administrativa del momento[3] referida al principio de la "supremacía constitucional", Brewer clasifica las fuentes escritas impuestas a la Administración por autoridades supra-administrativas en dos grandes grupos de normas esenciales: las constitucionales y las ordinarias o secundarias "incluyendo sobre estas últimas, con rango intermedio, la categoría de leyes orgánicas previstas en el régimen legal vigente"[4].

#### *1.1.2. Enumeración de las fuentes*

##### *1.1.2.1. La Constitución*

Basándose en la jurisprudencia de nuestro Máximo Tribunal de la República[5], fuente esencial de sus desarrollos conceptuales, reitero, el autor aborda el contenido del principio de supremacía constitucional señalando que dicha supremacía implica que "la Ley Fundamental sea, no solamente superior a los demás cuerpos legales, sino que implica también el hecho de que sobre ella no pueda existir ninguna otra norma jurídica"[6].

---

2 Brewer-Carías, Allan (1964). *Las Instituciones Fundamentales del Derecho Administrativo y la jurisprudencia venezolana*. Publicaciones de la Facultad de Derecho. Universidad Central de Venezuela. Colección Tesis de Doctorado. Volumen IV. Caracas, p. 29.

3 CSJ-PA-24-1, 14-3-62.

4 Brewer-Carías, *opus cit.*, p. 30.

5 Sentencias tanto de la antigua Corte Federal y de Casación como de la Corte Suprema de Justicia de la época.

6 Brewer-Carías, *opus cit.*, p. 30.

La vigencia de dicho principio, al menos en el ámbito estrictamente formal, después de 50 años transcurridos desde la publicación de la obra que comentamos, queda de manifiesto en el texto de la propia Constitución de la República Bolivariana de Venezuela de 1999, pues en el artículo 7 de la misma se establece: "La Constitución es la norma suprema y el fundamento del ordenamiento jurídico. Todas las personas y los órganos que ejercen el Poder Público están sujetos a esta Constitución"[7].

De manera que la supremacía constitucional ya no es sólo un principio formulado por la doctrina jurisprudencial y la de los autores conforme a los criterios de la naturaleza supraestatal del poder que sanciona dicha norma (el Poder Constituyente originario), a su ubicación en el vértice o cúspide de la estructura piramidal y jerárquica del ordenamiento jurídico-positivo[8] y a la rigidez de los procedimientos para los cambios constitucionales (enmienda y reforma) respecto de los procedimientos para modificar la legislación orgánica y ordinaria, sino que es el mismo texto de la Ley Fundamental "vigente"[9] la fuente directa y expresa donde se consagra tal principio.

---

7 Constitución de la República Bolivariana de Venezuela (CRBV). *G.O.* N° 5.453 Extraordinario del 24 de marzo de 2000.

8 La teoría de Merkl en la que se inspiró Kelsen.

9 Recuérdese que la Constitución fue aprobada mediante referendo consultivo del 15 de diciembre de 1999, y luego relegitimada el 2 de diciembre de 2007 cuando la mayoría del pueblo-electoral, titular de la soberanía, que participó en ese otro referendo consultivo, rechazó la propuesta de Reforma Constitucional promovida por el entonces "Presidente de la República", Hugo Chávez Frías, luego de que la misma había sido aprobada por una Asamblea Nacional absolutamente controlada por quién se hacía llamar "Comandante-Presidente". El rechazo o no aprobación de la *sui generis* "Reforma", subterfugio fraudulento para derogar la Constitución del 99 y sustituirla por otra ajustada al despropósito de legitimar contra la mayoría del país la imposición de un régimen socialista al estilo del modelo cubano, implicó, al menos en el plano formal, la relegitimación del texto normativo que fuese aprobado en el 99. Respecto de esa pretensión de cambiar radicalmente la concepción del Estado de Derecho, el brillante administrativista, profesor José Ignacio Hernández acota: "Actualmente, sin embargo, el modelo socialista ha agravado el perfil del modelo estatista de desarrollo, en tanto el desarrollo social y económico se apalanca en el Estado y su Administración. Sin embargo, este modelo estatista se diferencia del modelo del pasado siglo, pues de manera expresa se basa en la superación del Estado de Derecho por un nuevo Estado, llamado Estado socialista, lo que implica un intento formal de cambiar estructuralmente nuestro proyecto nacional, fundado en el Estado de Derecho. Incluso, ese intento de superar al Estado se plasmó en el proyecto de reforma de la Constitución de 1999 que fue rechazado en referendo popular del 2 de diciembre de 2007. Ello no ha detenido los intentos por avanzar en esa transformación, actualmente en marcha de acuerdo con el vigente Plan de Desarrollo 2007-2023". Hernández, José Ignacio (2012). *Administración Pública, Desarrollo y Libertad en Venezuela. Algunas ideas en torno a la reforma administrativa en Venezuela*. FUNEDA. Caracas, p. 77. Ese intento ha continuado en el presenta año 2014 con esa bazofia ideológica llamada "Plan Patria", que ni es un auténtico plan de desarrollo económico, y nada tiene que ver con el concepto de patria, ya que hoy difícilmente podemos decir que Venezuela es una República independiente libre de toda dominación de potencia extranjera, dada la in-

En ese sentido, el mencionado Artículo 7 constitucional consiste en un principio normativo mediante el cual la Constitución se auto califica como *norma normarum*. Al mismo tiempo, de dicho dispositivo surge como corolario de la supremacía constitucional el principio de la "sujeción o sometimiento" de todas las personas que invisten los órganos que ejercen el Poder Público a la Constitución.

En la Exposición de Motivos de la Constitución se alude a ese principio:

> En las disposiciones fundamentales se consagran los principios de supremacía y fuerza normativa de la Constitución, según los cuales ella es la norma de mayor jerarquía y alcanza su vigencia a través de esa fuerza normativa o su capacidad de operar en la vida histórica de forma determinante o reguladora. Dichos principios constituyen el fundamento de todos los sistemas constitucionales del mundo y representan la piedra angular de la democracia, de la protección de los derechos fundamentales y de la justicia constitucional. Con base en lo anterior, todos los órganos que ejercen el Poder Público, sin excepción, están sometidos a los principios y disposiciones consagrados en la Constitución, y por tanto, todos sus actos pueden ser objeto del control jurisdiccional de la constitucionalidad.

A ese concepto de la sujeción o sometimiento a la Constitución de todos los órganos y personas que conforman el Poder Público se refiere Brewer-Carías en unos párrafos que han superado la prueba del tiempo:

> La existencia del control jurisdiccional de la Constitucionalidad de los actos del Poder Público por parte del más Alto Tribunal de la República ha sido tradicional en Venezuela y es indispensable en todo régimen que pretenda subsistir como Estado de Derecho. Y ello, porque lo inconstitucional es siempre antijurídico y contrario al principio que ordena al Poder Público, en todas sus ramas, sujetarse a las normas constitucionales y legales que definan sus atribuciones. Lo inconstitucional es un atropello al derecho de los ciudadanos y al orden jurídico en general, que tienen su garantía suprema en la Ley Fundamental del Estado. En los países libremente regidos, toda actividad individual o gubernativa ha de mantenerse necesariamente circunscrita a los límites que le señala la Carta Fundamental, cuyas prescripciones, como expresión solemne de la voluntad popular en la esfera del derecho público, son normas de ineludible observancia para gobernantes y gobernados, desde el más humilde de los ciudadanos hasta el más Alto de los Poderes del Estado. De los principios consagrados en la Constitución, de las normas por ella trazadas, así en su parte dogmática como en su parte orgánica, deben ser simple desarrollo las leyes y disposiciones que con posterioridad a la misma se dicten, y tan inconstitucionales y, por consiguiente, abusivas, serían éstas si de tal misión se excedieren, como inconstitucionales y abusivos los serían cualesquiera otros actos de los Poderes Públicos que abiertamente contravinie-

fluencia del régimen castrista, de esa pobre y mísera Isla en el sostenimiento de la neodictadura militarista, corrupta, totalitaria y comunistoide.

ren lo establecido en la Ley Fundamental. Así lo ha señalado la Corte Suprema de Justicia[10].

Obsérvese que el autor, como resultado de su acuciosa investigación histórica jurisprudencial, constata que "el control jurisdiccional de la Constitucionalidad de los actos del Poder Público por parte del más Alto Tribunal de la República ha sido tradicional en Venezuela" y afirma que dicho principio "es indispensable en todo régimen que pretenda subsistir como Estado de Derecho"[11].

Efectivamente, ese control fue una función tradicional del más Alto Tribunal de la República, así en pasado, porque no obstante la Constitución actual, siguiendo esa tradición mencionada por Brewer-Carías, atribuya las potestades necesarias al Poder Judicial por medio de todos los jueces de la República (Control Difuso de la constitucionalidad)[12], y en especial al Tribunal Supremo de Justicia (Control Concentrado de la constitucionalidad)[13] y a su Sala Constitucional (la interpretación de la Constitución)[14], con la finalidad de garantizar la supremacía constitucional, en la práctica dicho Poder lejos de realizar esa encomiable función "indispensable en todo régimen que pretenda subsistir como Estado de Derecho", en la acertada expresión del profesor Brewer, ha venido destruyendo con sus sentencias esa base axiológica esencial a todo Estado de Derecho.

En particular, y como lo reseña Brewer-Carías en uno de sus tantos escritos sobre esta temática:

---

10 *Opus cit.*, pp. 30-31.

11 En la Exposición de Motivos de la Constitución se reconoce esa tradición a la que alude Brewer-Carías en lo atinente específicamente al control difuso de la constitucionalidad: "Como consecuencia de ello, se eleva a rango constitucional una norma presente en nuestra legislación desde 1887, característica de nuestro sistema de justicia constitucional, y según la cual, en caso de incompatibilidad entre la Constitución y una ley u otra norma jurídica, serán aplicables en todo caso las disposiciones constitucionales.".

12 Primero y segundo párrafo del Art. 334: "Todos los jueces o juezas de la República, en el ámbito de sus competencias y conforme a lo previsto en esta Constitución y en la ley, están en la obligación de asegurar la integridad de la Constitución. // En caso de incompatibilidad entre esta Constitución y una ley u otra norma jurídica, se aplicarán las disposiciones constitucionales, correspondiendo a los tribunales en cualquier causa, aun de oficio, decidir lo conducente".

13 Tercer párrafo del Art. 334: "Corresponde exclusivamente a la Sala Constitucional del Tribunal Supremo de Justicia como jurisdicción constitucional, declarar la nulidad de las leyes y demás actos de los órganos que ejercen el Poder Público dictados en ejecución directa e inmediata de esta Constitución o que tengan rango de ley, cuando colidan con aquella".

14 Art. 335: "El tribunal Supremo de Justicia garantizará la supremacía y efectividad de las normas y principios constitucionales, será el máximo y último intérprete de esta Constitución y velará por su uniforme interpretación y aplicación. Las interpretaciones que establezca la Sala Constitucional sobre el contenido o alcance de las normas y principios constitucionales son vinculantes para las otras Salas del tribunal Supremo de Justicia y demás tribunales de la República".

> La Sala Constitucional del Tribunal Supremo de Justicia (...) lejos de haber actuado en el marco de las atribuciones expresas constitucionales indicadas, ha venido efectuando una inconstitucional interpretación constitucional mediante la cual ha venido asumiendo y se ha auto-atribuido competencias no sólo en materia de interpretación constitucional; sino en relación con los poderes de revisión constitucional de cualquier sentencia dictada por cualquier tribunal, incluso por las otras Salas del Tribunal Supremo de Justicia; con amplísimos poderes de avocamiento en cualquier causa; con los supuestos poderes de actuación de oficio no autorizados en la Constitución; con los poderes de solución de conflictos entre las Salas; con los poderes de control constitucional de las omisiones del Legislador; con la asunción del monopolio de interpretar los casos de prevalencia en el orden interno de los tratados internacionales en materia de derechos humanos[15].

Al margen de esa incuestionable y lamentable realidad, el principio previsto en el comentado Artículo 7 constitucional sigue siendo una exigencia formal para todas las personas que invistan los órganos del Poder Público. Y aunque la Administración Pública per se no pueda ser conceptuada como una rama del Poder Público, ella, en cualesquiera de sus modalidades político-territoriales: nacional, estadal y municipal, es una organización institucional subordinada y, por ende, dependiente, del correspondiente Poder Ejecutivo (Nacional, Estadal, Municipal).

En consecuencia, y por virtud del Artículo 7 constitucional, las personas investidas de la titularidad de los órganos de las diversas administraciones públicas están en el deber de someterse en forma estricta a los preceptos constitucionales.

Y a pesar de que, como antes se indicó, la Administración Pública no sea en sí una modalidad de Poder Público; sin embargo, la actual Constitución en su Artículo 141[16] le otorga rango constitucional a dicha organización definiéndola como una institución al servicio de los ciudadanos[17] que debe realizar sus actividades con sometimiento pleno a la ley y al derecho.

Con base en ese precepto, en la "vigente" Ley Orgánica de la Administración Pública[18] se ratifica el principio constitucional del sometimiento de la organización y funcionamiento de la Administración Pública a la Constitución (Art. 3), y por tanto, la sujeción de los funcionarios que la integran a dicha Ley Fundamental y especialmente al principio de la responsabilidad

---

[15] Brewer-Carías, Allan, *Quis Custodiet Ipsos Custodes: De la Interpretación Constitucional a la Inconstitucionalidad de la Interpretación*. Ponencia presentada al VII Congreso Peruano de Derecho Constitucional, Arequipa Perú, Septiembre de 2005- En http://www.allanBrewer-Carías.com/Content

[16] "La Administración Pública está al servicio de los ciudadanos y ciudadanas y se fundamenta en los principios de honestidad, participación, celeridad, eficacia, eficiencia, transparencia, rendición de cuentas y responsabilidad en el ejercicio de la función pública, con sometimiento pleno a la ley y el derecho".

[17] Concepto servicial del Estado-Administración.

[18] Decreto N° 6. 217 de 15 de julio de 2008, denominado Decreto con Rango, Valor y Fuerza de Ley Orgánica de la Administración Pública (*G.O.* N° 5. 890 Extraordinario de 31 de julio de 2008).

civil, penal, administrativa o disciplinaria, a que haya lugar, según el caso, como consecuencia de la violación o menoscabo de los derechos de los particulares por los actos, hechos u omisiones que a dichos funcionarios les sean imputables con ocasión al ejercicio de sus funciones, sin que esa responsabilidad pueda excusarse en órdenes superiores (Art. 8).

> La Administración Pública tendrá como objetivo de su organización y funcionamiento hacer efectivos los principios, valores y normas consagrados en la Constitución de la República Bolivariana de Venezuela y en especial, garantizar a todas las personas el goce y ejercicio de los derechos humanos (Art. 3)[19].
> Las funcionarias y funcionarios de la Administración Pública están en la obligación de cumplir y hacer cumplir la Constitución de la República Bolivariana de Venezuela. Las funcionarias y funcionarios de la Administración Pública incurren en responsabilidad civil, penal, administrativa o disciplinaria, según el caso, por los actos, hechos u omisiones que en el ejercicio de sus funciones violen o menoscaben los derechos garantizados en la Constitución de la República Bolivariana de Venezuela y la ley, sin que les sirva de excusa órdenes superiores (Art. 8).

Y en el Artículo 4 de la Ley en referencia, al formalizarse el Principio de Legalidad Administrativa se invoca nuevamente la supremacía constitucional y la sujeción de la Administración a la *norma normarum*:

> La Administración Pública se organiza y actúa de conformidad con el principio de legalidad, por el cual la asignación, distribución y ejercicio de sus competencias se sujeta a lo establecido en la Constitución de la República Bolivariana de Venezuela, las leyes y los actos administrativos de carácter normativos dictados formal y previamente conforme a la ley, en garantía y protección de las libertades públicas que consagra el régimen democrático, participativo y protagónico[20].

---

19 Esos principios y valores se hallan formalizados en los Artículos 2 y 3 de la Constitución cuando al declarar la Ley Fundamental que Venezuela se constituye en un Estado democrático y social de Derecho y de Justicia expresa que dicho modelo de Estado, y por ende, todas las ramas del Poder Público que lo conforman, deben propugnar como valores superiores de su ordenamiento jurídico y de su actuación, la vida, la libertad, la justicia, la igualdad, la seguridad, la democracia, la responsabilidad social y, en general, la preeminencia de los derechos humanos, la ética y el pluralismo político (Art. 2), ya que tales valores se hallan articulados a la defensa y el desarrollo de la persona y al respeto a su dignidad, al ejercicio democrático de la voluntad popular, a la construcción de una sociedad justa y amante de la paz, a la promoción de la prosperidad y bienestar del pueblo y, en fin, a la garantía del cumplimiento de los principios, derechos y deberes reconocidos y consagrados en la Constitución como fines esenciales del poder estatal (Art. 3).

20 De acuerdo con esa definición, no cualquier ley, reglamento o acto normativo dictado previamente por la Administración podría legítimamente integrar el Principio de Legalidad, ya que, con fundamento en la Constitución, se consagra una noción axiológica de la legalidad y no meramente "técnica" (actuar de acuerdo con las expresas normas de competencia). En efecto, las leyes, reglamentos y demás normas que conforman el "Bloque de la Legalidad" deben garantizar a todas las personas el goce y ejercicio de sus derechos humanos, en especial las "libertades públicas". Se trata de una concepción finalística o axiológica de la Legalidad Administrativa. Y es que si se en-

Insiste el Legislador (el finado expresidente Chávez Frías 1999-2013) en el concepto o idea servicial del Estado-Administración cuya consecuencia axiológica es que el poder estatal y el sistema de potestades y competencias administrativas que se derivan de dicho poder no se justifican en sí sino en la Constitución y en las leyes, y además, su ejercicio debe traducirse en prestaciones que beneficien a los ciudadanos (y por ende, a la sociedad), siendo de estricta obligación institucional garantizarle a todas las personas, sin discriminaciones de ninguna índole, el goce y ejercicio de los derechos humanos[21].

A despecho del propio Chávez-Frías mientras estuvo en vida y en ejercicio de la Presidencia de la República y del resto de los integrantes del régimen de poder que impera en el país desde hace 15 años, ni la Constitución, ni la Ley Orgánica de la Administración Pública, legitiman un sistema de poder en el que el ciudadano pierde su condición de titular de la esfera de derechos inviolables, inalienables e imprescriptibles garantizados en la *norma normarum* y en los tratados sobre derechos humanos suscritos por la República, para transformarse en sujeto estandarizado al servicio de una entelequia colectiva "Socialismo del Siglo XXI", por medio de un supuesto proceso revolucionario[22].

Por esa razón, no me cabe la menor duda de la ilegitimidad de desempeño o axiológica de las actuaciones formales y materiales de la Administración Pública Nacional y de la mayoría de las administraciones estadales y municipales, al pretender imponer un "proyecto socialista" ("Plan Patria"), violando los principios, valores, derechos y garantías de la esfera constitucionalmente protegida, vale decir, absolutamente incompatible

---

tiende por legalidad actuar de acuerdo con la ley, los funcionarios del régimen nacional socialista alemán, como los de la actual Cuba comunista, actuaron y actúan, respectivamente, ajustados a leyes y normas dictadas por los órganos competentes del Estado (normas injustas desde la perspectiva de la Doctrina de los Derechos Humanos). De ahí la diferencia entre la "Legalidad Socialista", "Comunista", "Fascista", y la "Legalidad del Estado democrático de Derecho". Por esa razón, el Principio de la Legalidad Administrativa ha de supeditarse al de la Legitimidad Axiológica.

21 En el Artículo 5 del mencionado Decreto con Rango, Valor y Fuerza de Ley Orgánica de la Administración Pública se reitera que la Administración "está al servicio de las personas, y su actuación estará dirigida a la atención de sus requerimientos y la satisfacción de sus necesidades, brindando especial atención a las de carácter social. La Administración Pública debe asegurar a todas las personas la efectividad de sus derechos cuando se relacionen con ella. Además, tendrá entre sus objetivos la continua mejora de los procedimientos, servicios y prestaciones públicas, de acuerdo con las políticas que se dicten".

22 Tal es el caso de la Constitución de Cuba en cuyo Artículo 5 se desustancializa a la persona humana privándola de su dignidad, y por tanto, de los derechos articulados a la libertad-autonomía al consagrarse la supremacía del partido comunista sobre la persona y la sociedad en términos muy explícitos: "El Partido Comunista de Cuba, martiano y marxistaleninista, vanguardia organizada de la nación cubana, es la fuerza dirigente superior de la sociedad y del Estado, que organiza y orienta los esfuerzos comunes hacia los altos fines de la construcción del socialismo y el avance hacia la sociedad comunista".

con el modelo de Estado, Sociedad, Economía, Educación y Cultura que el pueblo en su condición de titular de la soberanía popular, y por ende del Poder Constituyente Originario, adoptó al aprobar la Constitución en 1999 y ratificar su legitimidad en el 2007.

En este contexto, adquieren inusitada fuerza ética las palabras expresadas por el profesor Brewer-Carías, anteriormente citadas:

> En los países libremente regidos, toda actividad individual o gubernativa ha de mantenerse necesariamente circunscrita a los límites que le señala la Carta Fundamental, cuyas prescripciones, como expresión solemne de la voluntad popular en la esfera del derecho público, son normas de ineludible observancia para gobernantes y gobernados, desde el más humilde de los ciudadanos hasta el más Alto de los Poderes del Estado.

Así, pues, desde las primeras violaciones a la Constitución por parte de los integrantes de los diferentes poderes públicos del otrora "Estado de Derecho", Venezuela comenzó a perder la condición de un país "libremente regido".

Creo necesario destacar, antes de finalizar este punto, que la actual Constitución incorpora como normas con rango "constitucional" a los tratados, pactos y convenciones relativos a los derechos humanos suscritos y ratificados por la República, los cuales:

> ...tienen jerarquía constitucional y prevalecen en el orden interno, en la medida en que contengan normas sobre su goce y ejercicio más favorables a las establecidas en esta Constitución y en las leyes de la República, y son de aplicación inmediata y directa por los tribunales y demás órganos del Poder Público (Art. 23).

Según los términos de ese enunciado los tratados, pactos y convenciones en materia de derechos humanos suscritos y ratificados por Venezuela no sólo tienen jerarquía constitucional como principio general, sino que, además, cuando contengan normas sobre el goce y ejercicio de esos derechos más favorables a las establecidas en la Constitución, su rango es de carácter "supraconstitucional" y, en consecuencia, prevalecen sobre la normativa constitucional y legal en esa materia.

Ello quiere decir que los referidos instrumentos internacionales pueden ser conceptuados, al menos en el plano formal, como fuentes del Principio de Legalidad Administrativa tanto de rango o jerarquía constitucional como "supraconstitucional", según los casos[23].

---

23 En mi libro "La Gobernabilidad de los Derechos Humanos" analizo el fundamento de la naturaleza supraconstitucional, supraestatal y supranacional de los derechos humanos: "La legitimidad de estos derechos hay que buscarla más allá del Poder Constituyente, del proceso constituyente y de la Constitución texto o Constitución formal, resultado institucional del momento histórico constituyente. El concepto que hoy prevalece respecto del origen o fuente de legitimidad de los referidos derechos es el de unos poderes jurídicos que derivarían de la sola existencia del ser humano como persona, fin en sí (humanismo antropocéntrico) o de esa entidad suprahumana omnipotente, origen del universo: Dios (humanismo teocéntrico). En cualquiera de las vertientes

Asimismo, y por mandato de la citada norma constitucional en concordancia con la disposición contenida en el Artículo 154 *ejusdem*[24], tales tratados, pactos y convenciones no requieren ser aprobados mediante ley por la Asamblea Nacional para su configuración como Derecho exigible en el ámbito interno: son de aplicación inmediata y directa por los tribunales y demás órganos del Poder Público, lo que incluye al Poder Ejecutivo Nacional y demás poderes ejecutivos de los Estados y los Municipios, y por consiguiente, a las diferentes administraciones públicas[25].

La naturaleza supraestatal, supraconstitucional y supranacional del Derecho Internacional de los Derechos Humanos, reconocida formalmente por la Constitución, es lo que explica que en el Artículo 31 de la misma se garantice el derecho a toda persona:

> ...en los términos establecidos por los tratados, pactos y convenciones sobre derechos humanos ratificados por la República, a dirigir peticiones o quejas ante los órganos internacionales creados para tales fines, con el objeto de solicitar amparo a sus derechos humanos. El Estado adoptará,

---

del pensamiento humanista en que se fundamenta la Teoría de los Derechos Humanos el hombre ocupa el centro del universo, ente al que se le atribuye un valor per se expresado en la noción de dignidad. La dignidad es el primero y básico atributo de la persona humana, valor superior al Estado y sus instituciones. En consecuencia, la Constitución no crea esos derechos, se limita a reconocerlos y garantizarlos (…). Si los derechos fundamentales tienen un origen supraconstitucional, con mayor razón son derechos supraestatales, vale decir, derechos superiores al Estado y su ordenamiento jurídico (…). Por ello, no cabe la menor duda de que los derechos fundamentales operan cual límite infranqueable para la actuación de los diferentes poderes públicos. La 'razón de Estado' pierde legitimidad en la medida en que implique violación o menoscabo a estos derechos. De allí que el Estado de Derecho no sea simplemente el que está organizado por un conjunto de leyes, sino aquel cuyo fin primordial es garantizar el desarrollo, defensa, conservación, tutela y efectivo ejercicio de los derechos de la persona humana en su concepción integral (…). La propia Constitución Nacional postula el carácter supraconstitucional de los derechos humanos (…) 'Los tratados, pactos y convenios relativos a los derechos humanos, suscritos y ratificados por Venezuela, tienen jerarquía constitucional y prevalecen en el orden interno, en la medida en que contengan normas sobre su goce y ejercicio más favorables a las establecidas en esta Constitución y leyes de la República' (Art. *23*)". Meier, Henrique (2006). *La Gobernabilidad en la Hora de los Derechos Humanos*. UNIMET. Centro de Estudios de Gobierno. Caracas, pp. 186-187.

24 Expresa ese dispositivo que "Los tratados celebrados por la República deben ser aprobados por la Asamblea Nacional antes de su ratificación por el Presidente o Presidenta de la República, a excepción de aquellos mediante los cuales se trate de ejecutar o perfeccionar obligaciones preexistentes de la República, aplicar principios expresamente reconocidos por ella, ejecutar actos ordinarios en las relaciones internacionales o ejercer facultades que la ley atribuya expresamente al Ejecutivo Nacional". Los derechos humanos son principios expresamente reconocidos en la Constitución.

25 El ya citado Artículo 3 del Decreto N° 6. 217 de 15 de julio de 2008, denominado Decreto con Rango, Valor y Fuerza de Ley Orgánica de la Administración Pública, como se vio, establece como objetivo de la organización y funcionamiento de la Administración Pública: "hacer efectivos los principios, valores y normas consagrados en la Constitución de la República Bolivariana de Venezuela y en especial, garantizar a todas las personas el goce y ejercicio de los derechos humanos".

conforme a procedimientos establecidos en esta Constitución y en la ley, las medidas necesarias para dar cumplimiento a las decisiones emanadas de los órganos internacionales previstos en este artículo.

En la práctica, esa normativa constitucional que incorpora al Derecho Internacional de los Derechos Humanos expresado en los tratados, pactos y convenciones suscritos y ratificados por la República como parte del Derecho interno con la jerarquía constitucional y supraconstitucional, según los casos, así como a la garantía de la acción de amparo de legítimo ejercicio ante los organismos competentes del Sistema Interamericano de los Derechos Humanos[26], se ha convertido en letra muerta por la infausta, arbitraria e inconstitucional decisión de retirar a Venezuela de dicho Sistema por parte del "Gobierno Nacional"[27] por órgano de quien fuera "Presidente de la República" entre 1999 y 2012, Hugo Chávez Frías[28]. Antes de esa

26 Incorporando a nuestro Derecho interno el concepto del individuo como sujeto directo del Derecho Internacional en el caso de los Derechos Humanos.

27 Coloco entre comillas el vocablo "Gobierno Nacional" (Poder Ejecutivo Nacional) porque considero que esa expresión difícilmente le es aplicable a quienes invisten los órganos superiores del Poder Ejecutivo y sus órganos subalternos (como también de los otros poderes públicos), ya que la palabra "Gobierno" de raíz griega "Kybernetes" o timonel de un navío, equivale en el campo político a la entidad estatal que tiene como función básica dirigir, orientar y garantizar el orden de una sociedad cualquiera realizando los actos necesarios a ese fin. Conforme a la tradición medieval, analizada por el maestro García-Pelayo, se puede distinguir entre el buen y el mal gobierno, pero considero que para calificar de gobierno a una organización de poder es indispensable que reúna unos requisitos mínimos. En el caso de Venezuela desde hace 15 años lo que existe es un "desgobierno" integrado por lo que el eminente siquiatra Francis Delgado denomina la "secta destructiva". Y es que el proceso de destrucción del patrimonio institucional, empresarial, agrícola, industrial, urbanístico, ambiental, cultural y del llamado "capital social", promovido y ejecutado desde las más altas instancias del otrora Estado, es un hecho público y notorio, no sólo lo expresan datos y estadísticas irrefutables en esas diversas áreas de la vida social, sino el "síndrome del abismo o caída", percepción cada vez más extendida en todos los estratos sociales.

28 Ese retiro del mencionado Sistema se concretó el 11 de septiembre de 2013, un año después que Chávez Frías, en uno de sus arrebatos de megalómano, al igual que lo hiciera con el retiro del país de la "Comunidad Andina", denunciara a la Comisión Interamericana y a la Corte Interamericana de Derechos Humanos como organismos serviles al imperialismo norteamericano. Con esa decisión, Chávez Frías, y ahora su sucesor Maduro, "El ilegítimo", logaron equiparar a Venezuela con Cuba, el denominado "mar de la felicidad" por el fenecido "Comandante-Presidente". Respecto de esa decisión, en un artículo de mi autoría "El retiro de Venezuela del Sistema Interamericano de los DDHH, publicado en la página web soberanía.org el 8 de mayo de 2012, expreso, entre otras consideraciones, las siguientes: "Ahora bien, es obvio, y no tiene porqué causar sorpresa alguna, que para un régimen de poder de vocación totalitaria, corrupto, perverso, forajido y delincuencial es coherente la sistemática y permanente violación de una Constitución democrática que establece como finalidad esencial del Estado y del proyecto de sociedad previsto en la misma, el reconocimiento, garantía y respeto a los derechos humanos. Asimismo, la violación de los tratados internacionales en la materia, en particular del sistema interamericano, y el rechazo a las decisiones de sus organismos supranacionales: Comisión y Corte Interamericana de Derechos Humanos, forman parte del proceder 'inherente' de un régimen 'político' de ese cariz. El anunciado retiro de Venezuela de esos organismos implica necesariamente la

decisión, la Sala Constitucional del Tribunal Supremo de Justicia, como lo han denunciado, entre otros juristas, el propio profesor Brewer-Carías en varios de sus magníficos ensayos y artículos, uno de los cuales citamos anteriormente, y el profesor Eduardo Meier, dictó varías sentencias desconociendo el Derecho Internacional de los Derechos Humanos[29], en una de

---

denuncia de la Convención Americana sobre Derechos Humanos (Pacto de San José, 1969). No sería de extrañar también el retiro de la OEA, para así igualarnos con Cuba, que aunque nuevamente fue admitida en el 2009 en dicha Organización, el régimen castrista no participa en la misma. Decisiones de esa naturaleza dejarían a la sociedad nacional en grado extremo de indefensión frente a los reiterados actos del régimen de poder violatorios de los derechos y garantías en materia de derechos humanos, ya que es un hecho público y notorio la inexistencia de una comunidad de jueces, -un poder judicial-, autónomo, independiente e imparcial, como garante institucional de la vigencia de la Constitución Nacional. Y es que el desprecio de los dictadores (en especial en los regímenes totalitarios) a sus pueblos es de vieja data, es si se quiere inherente a esas formas de poder. Basta recordar la frase de Hitler antes de suicidarse (1945), 'Si el pueblo alemán renunciase a luchar demostraría que carece de entereza moral. De ser así, merece que lo aniquilen', cuando el estado mayor del ejército alemán le informó que la guerra estaba perdida, que las tropas soviéticas se hallaban a pocos kilómetros de Berlín, y que, en consecuencia, se imponía la rendición incondicional a los aliados. O la de Castro en el episodio de los misiles durante la época de la guerra fría en 1962, cuando le expresó a Nikita Jruchov que si el triunfo del socialismo implicaba el sacrificio del pueblo cubano, que no dudara respecto a la posibilidad de iniciar un ataque nuclear preventivo contra los Estados Unidos de Norteamérica. El Che Guevara en un artículo publicado luego de su muerte se refiere a ese episodio 'heroico': 'Es el ejemplo escalofriante de un pueblo que está dispuesto a inmolarse atómicamente para que sus cenizas sirvan al nacimiento de una sociedad nueva...'. De allí el origen de la expresión 'Socialismo, patria o muerte'".

29 El profesor Eduardo Meier en su monografía "La eficacia de las sentencias de la Corte Interamericana de Derechos Humanos frente a las prácticas ilegítimas de la Sala Constitucional", merecedora del Premio de la Academia de Ciencias Políticas y Sociales correspondiente al periodo 2012-2013, analiza el proceso de desconocimiento del *corpus iure* interamericano que comenzó con la sentencia SC/TSJ N° 386/2000 (Caso: Faitha Nahmens y Ben Ami Fihman o Revista "Exceso") "en el que decidió una acción de amparo interpuesta por periodistas y el Director de la Revista 'Exceso', quienes denunciaban acoso judicial en un juicio penal por difamación ante la falta de pronunciamiento oportuno sobre la alegada prescripción de la acción penal en su contra. Frente a la solicitud de la querellante que pretendía la detención preventiva de los periodistas, se vieron obligados a acudir a la CIDH, que decretó unas medidas cautelares a su favor, abriendo un caso contra el Estado venezolano donde se denunciaba la violación de los derechos humanos a la libertad de expresión y al debido proceso. La Sala Constitucional, anticipándose a lo que sería la asunción de criterios más radicales frente al Derecho y los órganos internacionales, consideró: '...inaceptable la instancia de la Comisión Interamericana de Derechos humanos de la organización de los Estados Americanos en el sentido de solicitar la adopción de medidas que implican una crasa intromisión en las funciones de los órganos jurisdiccionales del país, como la suspensión del procedimiento judicial en contra de los accionantes, medidas que sólo pueden tomar los jueces en ejercicio de su competencia e independencia jurisdiccional, según lo disponen la Carta Fundamental y las leyes de la República de Venezuela'". El autor cita otras infames sentencias de cariz similar. Así, la Sentencia SC/TSJ N° 1.013/2001 (Caso: Elías Santana y asociación Civil "Queremos Elegir") contra el estándar interamericano de derechos de rectificación, en la que la SC, "Luego de cuestionar la legitimidad del poder cautelar, la competencia y eficacia de la CIDH

las cuales se instaba al Poder Ejecutivo para que procediese a denunciar el Pacto de San José.

Otra de las fuentes impuestas a la Administración de acuerdo con la actual Constitución son las normas que se adopten en el marco de los acuerdos de integración, que "serán consideradas parte integrante del ordenamiento legal vigente y de aplicación directa y preferente a la legislación interna (Art. 153, Constitución Nacional).

De acuerdo con el anterior enunciado, las normas que integran el denominado "Derecho Comunitario" cuyo carácter es también supranacional, al igual que el Derecho Internacional de los Derechos Humanos, tienen

como órgano del SIDH...convalida los delitos de opinión, tan rechazados por el Sistema Interamericano como por las Naciones Unidas". Otra de las sentencias analizadas por el brillante y acucioso profesor es la Sentencia SC/TSJ N° 1942/2003 (Caso: Rafael Chavero contra el estándar interamericano sobre leyes de desacato). En esa sentencia el Magistrado Ponente afirma "por encima del Tribunal Supremo de Justicia y a los efectos del artículo 7 constitucional, no existe órgano jurisdiccional alguno, a menos que la Constitución o la ley lo señale, y aun en este último supuesto, la decisión que se contradiga con las normas constitucionales venezolanas, carece de aplicación en el país". El autor se refiere también a la Sentencia SC/TSJ N° 1.411/2004 (Caso: Ley del Ejercicio del Periodismo) contra el estándar interamericano sobre colegiación obligatoria: "luego de citar la Opinión Consultiva OC-5/85 del 13 de noviembre de la Corte Interamericana de Derechos Humanos, la Sala Constitucional validó la colegiación obligatoria en franco desacato y abierto desconocimiento del *acquis conventionnel* de la Corte IDH, asumiendo que para ello una interpretación errada de la opinión unánime interamericana, según la cual: '...la colegiación obligatoria del periodista en cuanto impida el acceso de cualquier persona al uso pleno de los medios de comunicación social como vehículo para expresarse o para transmitir información, es incompatible con el artículo 13 de la Convención Americana sobre Derechos Humanos'". En fin, el profesor Eduardo Meier analiza otras sentencias que conforman ese proceso de desconocimiento del DIDH por la Sala Constitucional del TSJ: Sentencia SC/TSJ N° 1.461/2006 (Caso: Pedro Colmenares Gómez o el "caracazo") contra el estándar interamericano sobre impunidad; Sentencia SC/TSJ N° 1939/2008 (caso: Venezuela contra la Corte Interamericana de derechos Humanos) que declara inejecutable el fallo de la CIDH, y solicita la denuncia de la CADH. En esa sentencia, y para que quede constancia para la historia de la "ignominia judicial", el "Magistrado Ponente": Arcadio Delgado Rosales, expresamente solicitó al Ejecutivo Nacional que procediese a denunciar la Convención Americana de Derechos Humanos "ante la evidente usurpación de funciones en que ha incurrido la Corte [CIDH] con el fallo objeto de la presente decisión, y el hecho de que tal actuación se fundamenta institucional y competencialmente en el aludido Tratado". En esa secuencia, el autor analiza también la muy nombrada Sentencia SC/TSJ N° 834/2009 (Caso: *Globovisión*) contra el estándar interamericano sobre censura previa; la Sentencia SC/TSJ N° 796/2010 (Caso: *Asociación Civil SUMATE*) contra el estándar interamericano sobre financiación de la ONG's ; la Sentencia SC/TSJ N° 745/2010 (Caso: *Asociación Civil Espacio Público*) contra el estándar interamericano sobre el acceso a la información; y la Sentencia SC/TSJ N° 1.547/2011 (Caso: *Procurador General de la República*) contra sentencia de la Corte IDH que restablece el derecho a ser elegido en el "Caso López Mendoza". *Vid.*, Meier-García, Eduardo (2014). *La eficacia de las sentencias de la Corte Interamericana de Derechos humanos frente a las prácticas ilegítimas de la Sala Constitucional*. Academia de Ciencias Políticas y Sociales. Serie estudios 105. Caracas, pp. 23-83.

una jerarquía superior a las leyes, es decir, una jerarquía constitucional, desde el momento en que la Constitución en el artículo antes parcialmente transcrito faculta a la República para que pueda atribuir "a organizaciones supranacionales, mediante tratados, el ejercicio de las competencias necesarias para llevar a cabo estos procesos de integración".

#### *1.1.2.2. Las leyes orgánicas*

Como segunda fuente formal escrita de naturaleza estatal el profesor Brewer-Carías menciona a las leyes orgánicas y cita la Exposición de Motivos de la Constitución de 1961 en la que se calificaba a este tipo de leyes:

> ...como una categoría especial de leyes intermedias entre la Constitución y las Leyes Ordinarias; agregándose que para definirlas se sigue el modelo francés y se acoge un criterio meramente formal para su calificación: primero cuando la propia Constitución le dé tal denominación y, segundo cuando sea investida con ese carácter por las Cámaras en la forma expresada anteriormente. La creación de las Leyes Orgánicas –agrega la Exposición de Motivos– tiene por objeto impedir que por leyes especiales se deroguen disposiciones que se refieren a la organización de ciertos Poderes Públicos o a las formalidades que deben reunir determinadas leyes. Por tanto las Leyes, y en general todos los actos que se dicten en materias reguladas por Leyes Orgánicas, se someterán a las normas de éstas[30].

En la vigente Constitución se mantiene la figura de las leyes orgánicas, pero, en su Exposición de Motivos, a diferencia de la Exposición de Motivos de la Constitución de 1961, no se califica a dichas leyes como una categoría especial de leyes intermedias entre la Ley Fundamental y las leyes ordinarias.

La novedad de la nueva Constitución en la materia es el establecimiento de cinco tipo de leyes orgánicas[31]: las que ella misma denomina como tales, las que se dicten para desarrollar derechos constitucionales, las que sirvan de marco normativo a otras leyes, y las que sean calificadas como tales por la Asamblea Nacional, en cuyo caso dicho órgano legislativo debe remitirlas a la Sala Constitucional del Tribunal Supremo de Justicia para que se pronuncie acerca de la constitucionalidad de su carácter orgánico, "esto con el propósito de evitar el uso indiscriminado de tal denominación"[32].

Ante la incomprensible omisión de la Exposición de Motivos de la Constitución con relación al rango y valor de las leyes orgánicas como leyes intermedias entre la *norma normarum* y las leyes ordinarias, no creo pueda interpretarse que ese tipo de leyes tengan igual rango y valor que las leyes ordinarias. Y esto por tres razones:

El Artículo 202 de la Constitución exige a la Asamblea Nacional una mayoría calificada: el voto de las dos terceras partes de los integrantes pre-

---

30 Brewer-Carías, *opus cit.*, p. 31.

31 Art. 202.

32 Exposición de Motivos de la Constitución de 1999.

sentes de ese organismo legiferante para la legitimar la calificación de orgánica antes de iniciarse la primera discusión del respectivo proyecto de ley, así como la remisión de la ley, antes de su promulgación, a la Sala Constitucional del TSJ para que ésta se pronuncie sobre la constitucionalidad de tal carácter.

Asimismo, el mencionado dispositivo constitucional define de manera vinculante las trascendentes materias que pueden ser reguladas mediante leyes orgánicas: organización de los poderes públicos, desarrollo de los derechos constitucionales; marco para otras leyes (ordinarias, se supone). La expresión de la Exposición de Motivos para justificar el cumplimiento de esas dos exigencias anteriores: "con el propósito de evitar el uso indiscriminado de tal denominación", es clara e indubitable evidencia de que la calificación de orgánica de una determinada ley significa que ella se ubica en un rango jerárquico superior a las leyes ordinarias.

Esas tres razones justifican, sin duda alguna, la consideración de las leyes orgánicas como un tipo de leyes intermedias entre la Constitución y las leyes ordinarias; por consiguiente, la conclusión del profesor Brewer-Carías con relación a este tipo de leyes sigue siendo válida no obstante los 50 años trascurridos desde la primera publicación del libro en comento: "Por tanto, las Leyes, y en general todos los actos que se dicten en materias reguladas por Leyes Orgánicas, se someterán a las normas de éstas"[33].

#### *1.1.2.3. Las leyes ordinarias*

La tercera de las fuentes escritas de naturaleza estatal son las denominadas "leyes ordinarias" que el autor las define de conformidad con el Artículo 162 de la Constitución de 1961 y la doctrina dominante de la Jurisdicción Contencioso-Administrativa como:

> ...los actos que sancionen las Cámaras Legislativas actuando como cuerpos colegisladores. Según este criterio, que también es expresado por las anteriores Constituciones, la orientación constitucional venezolana se ha apartado, en este punto, de toda la doctrina que consagre otros requisitos como la generalidad y el carácter abstracto, para determinar el concepto

---

33 En Sentencia de la SC/TSJ de fecha 16 de octubre de 2002 se reitera la doctrina Jurisprudencial acerca de la superioridad jerárquica de las leyes orgánicas sobre las ordinarias, que el profesor José Peña Solís critica acerbamente por considerarla una interpretación insólita por el hecho de que la nueva Constitución no diga nada al respecto. Dicha sentencia citada por el mencionado autor expresa: "Pero además la norma disponía que las leyes que se dicten en materias de leyes reguladas por leyes orgánicas se refiere la Sala al Artículo 163 de la Constitución de 1961se someterán a las normas de éstas, expresión que, si bien fue suprimida en el nuevo texto fundamental, contiene un principio de jerarquía de relevancia y arraigo en nuestro medio forense que gobierna el sistema de fuentes, y el cual debe sostenerse, pues de otra manera el constituyente no hubiere hecho la distinción y hubiese dejado al legislador ordinario la sanción de todas aquellas que le interesó distinguir y consignó en el artículo 203 constitucional, amén de la mayoría calificada que exige para su aprobación como tal". Peña-Solís, José (2005). *Los Tipos Normativos en la Constitución de 1999*. Tribunal Supremo de Justicia. Colección Estudios Jurídicos N° 14. Caracas, pp. 63-64.

de ley. Acoge sólo la Constitución esa forma simple pero precisa para tipificar dicho concepto, lo que significa que la mera circunstancia de que una norma sea sancionada por las Cámaras Legislativas como cuerpos colegisladores, basta para que figure como Ley dentro de nuestro ordenamiento jurídico. Este concepto claro y preciso de lo que la Constitución concibe como Ley, ha sentado la Corte Suprema de Justicia "no admite ni puede admitir interpretaciones contrarias a su texto, ni menos aún la asignación de otros requisitos o condiciones que, si bien pueden ser atribuibles o procedentes en otras legislaciones donde el concepto de Ley obedece a otros criterios doctrinales, en manera alguna son adecuados al que terminantemente se fija en la Constitución venezolana". Por tanto, para calificar de Ley a una norma de derecho, basta únicamente determinar si es o no un acto sancionado por las Cámaras Legislativas como Cuerpos colegisladores[34].

Ese concepto de ley, que no admite la diferencia entre ley formal y ley material por constituir una definición constitucional, sigue siendo válido en el contexto de la "vigente" Constitución Nacional, la que, en el Artículo 202 reitera la noción que formalizaba el 162 de la Constitución de 1961, con la variante institucional de la modificación orgánica del Poder Legislativo Nacional en esta nueva Carta constitucional que eliminó el tradicional Parlamento Bicameral "Congreso de la República" o "Congreso Nacional" por un "Parlamento Unicameral", típica institución del "constitucionalismo socialista" como es el caso de la República de Cuba[35].

En efecto, el mencionado Artículo 202 constitucional conceptúa a la Ley como "el acto sancionado por la Asamblea Nacional como cuerpo legislador. Las leyes que reúnan sistemáticamente las normas relativas a determinada materia se podrán denominar códigos".

A propósito de esa definición, en la Exposición de Motivos del texto constitucional "vigente" se hace una confusa, o quizás falsa afirmación, al señalarse que: "El texto constitucional incorpora un conjunto de cambios

---

34 Brewer-Carías, Las Instituciones Fundamentales...*opus cit.*, p. 32.

35 El Artículo 69 de esa Constitución que forma parte del Capítulo XX que regula los "Órganos Superiores del Poder Popular, expresa: "La Asamblea Nacional del Poder Popular es el órgano supremo del poder del Estado. Representa y expresa la voluntad soberana de todo el pueblo". Esa disposición forma parte de la "mentira institucionalizada" que caracteriza a los regímenes totalitarios. Nadie, en su sano juicio, podría creer que la susodicha Asamblea es el órgano supremo del poder del Estado, ya que dicho poder se halla concentrado en los sátrapas octogenarios, los hermanos Castro: Raúl y Fidel, desde hace 55 años; como tampoco que la Asamblea Nacional, el TSJ, el Ministerio Público, el Consejo Nacional Electoral, la Defensoría del Pueblo, la Contraloría General de la República en el actual régimen de poder son entidades autónomas conforme lo declara la Constitución Nacional. Hasta la muerte de Chávez Frías el poder del otrora Estado se concentró en su persona, hoy se distribuye entre el que hace las veces de "Presidente de la República", Nicolás "El ilegítimo" y ese excelso parlamentario Presidente de la Asamblea Nacional, el teniente coronel o coronel, Diosdado Cabello, caracterizado por su recta, justa y constitucional gestión al frente de la institución parlamentaria. Dicha distribución responde a una aparenta nivelación de fuerzas de poder entre ambos "personajes" y a las instrucciones recibidas desde sus jefes habaneros.

en cuanto a la definición de Ley y en cuanto a las leyes orgánicas". ¿Cuál es el cambio "en cuanto a la definición de Ley"? La confusa mente del constituyente bolivariano queda al descubierto en la frase siguiente de la Exposición de Motivos "Ley es todo acto sancionado por la Asamblea Nacional como cuerpo legislador", es decir, la misma y simple concepción estrictamente orgánico-formal a la que se refiere el profesor Brewer-Carías al comentar el contenido del 162 de la Constitución de 1961 y su interpretación por la doctrina jurisprudencial de la extinta Corte Suprema de Justicia en Sala Político-Administrativa.

Por lo demás, la denominación de Códigos a las leyes que reúnan sistemáticamente normas relativas a una misma materia es, si se quiere, algo inocuo, no cambia en absoluto el concepto orgánico-formal de Ley; es un agregado innecesario en la norma constitucional, ya que tal calificativo forma parte de una tradición de la cultura jurídica legislativa del país desde la propia fundación de la República de Venezuela como entidad soberana y libre de dominación de toda potencia extranjera.

Brewer-Carías aborda también como fuente de la legalidad administrativa impuesta a la Administración a los tratados internacionales, los cuales:

> ...constituyen, con la misma condición que las leyes ordinarias, fuente de la Legalidad Administrativa ya que, para que tengan validez interna, generalmente deben ser aprobados por las Cámaras Legislativas actuando como Cuerpos colegisladores. El inicio de la discusión de los proyectos de Ley relativos a Tratados o Convenios internacionales corresponde al Senado. La consecuencia inmediata del concepto de Ley que acoge nuestra Constitución consiste, en que la distinción doctrinal entre Ley Formal y Ley Material no se refleja en nuestro ordenamiento constitucional, sobre todo en lo que respecta a la Constitucionalidad de las Leyes[36].

En este tema se mantiene la interpretación del profesor Brewer-Carías, salvo en dos aspectos, a saber:

Con la eliminación del Parlamento Bicameral, y por tanto, de la tradicional Cámara Alta o Senado, ya no aplica aquella tan conveniente competencia constitucional de reservar a esa Cámara el inicio o iniciativa de la discusión de los proyectos de Ley relativos a Tratados o Convenios internacionales.

Como ya se analizó, las normas que integran los pactos, tratados y convenciones en materia de Derechos Humanos, así como las normas del Derecho de la Integración o Derecho Comunitario (emanadas de organismos supranacionales) en los casos en que la República hubiere suscrito y ratificado un tratado cediendo parte de su soberanía para incorporarse a

36 Brewer-Carías, Las Instituciones Fundamentales... *opus cit.*, pp. 32-33. Esa atribución del extinto Senado de la República estaba prevista en los Artículos 128 y 150 de la Constitución de 1961. *Vid*, pie de página N° 19 del libro en comentario.

un proceso de integración, no requieren de leyes aprobatorias para su validez y vigencia en el ordenamiento jurídico interno[37].

Aparte de esas excepciones la Constitución "vigente" ratifica el tradicional principio constitucional de la exigencia de la aprobación de los tratados celebrados por la República por parte de la Asamblea Nacional, obviamente mediante ley, antes de su ratificación por el Presidente de la República (Art. 153).

### 1.2. Creadas por la Administración

#### *1.2.1. De carácter general*

##### *1.2.1.1. Los decretos-leyes*

Expresa el profesor Brewer-Carías:

> Dentro de las fuentes de la Legalidad Administrativa creadas por la propia Administración con carácter general se encuentran los Decretos con valor de Ley. En Venezuela, la Constitución de 1961 establece un solo caso de los llamados Decretos-Leyes. En efecto, el artículo 190. Ordinal 8 de la Constitución da facultad al Presidente de la República, en Consejo de Ministros, para dictar medidas extraordinarias en materia económica y financiera cuando así lo requiera el interés público y haya sido autorizado para ello por ley especial. Estos actos constituyen lo que la doctrina ha denominado Decretos-leyes delegados, en que el Congreso por autorización constitucional delega al Presidente de la República la potestad legislativa, sin exclusividad, y con las limitaciones en relación a la materia: económica y financiera; y al tiempo, mientras lo requiera el interés público[38].

Sobre el particular voy a permitirme diferir de la autorizada opinión del profesor Brewer-Carías. En mi discutible criterio los "Decretos-leyes", hoy denominados Decretos con Rango, Valor y Fuerza de Ley por la actual Constitución, no son actos normativos creados por la "Administración Pú-

---

37 Tampoco aquellos mediante los cuales se trate de ejecutar o perfeccionar obligaciones preexistentes de la República, ejecutar actos ordinarios en las relaciones internacionales o ejercer facultades que la ley atribuya expresamente al Ejecutivo Nacional (Art. 154 CN). Este último supuesto constituye una exagerada potestad discrecional a la Asamblea Nacional para que pueda, a su vez, conferir mediante ley facultades al Ejecutivo Nacional, es decir, el "Presidente de la República", para que pueda actuar en el ámbito internacional comprometiendo los intereses de la República sin control parlamentario. Esa disposición forma parte de la ideología del "presidencialismo caudillista" presente en la Constitución actual, conjuntamente con la norma que otorga potestad a la Asamblea Nacional para delegar en el Presidente de la República, mediante ley habilitante, cualesquiera de las materias que competen al Poder Nacional sin límite temporal alguno. Punto que abordaré más adelante. Asimismo, la facultad para promover los oficiales de la Fuerza Armada Nacional a partir del grado de coronel o capitán de navío (Art. 236. 6 CN), que le permitió a Chávez Frías desinstitucionalizar y desprofesionalizar a dicha Fuerza, convirtiéndola en una organización pretoriana y mercenaria a su servicio, como lo hiciera Cesar en Roma. En la Constitución del 61 el Presidente de la República requería la autorización del Senado para realizar esa atribución.

38 Brewer-Carías, Instituciones Fundamentales, *opus cit.*, p. 35.

blica" en su sentido estricto, sino impuestos por una autoridad "*supra* administrativa" como lo es el Presidente de la República, Jefe del Poder Ejecutivo Nacional, en cuya condición dirige la acción del Gobierno (Art. 226 CN).

Y es que, al menos desde un enfoque formal, es posible distinguir entre el "Gobierno" y la "Administración" tanto en lo orgánico como en lo funcional[39]. En el ámbito de lo "orgánico" considero que el "Gobierno Nacional" está integrado por los órganos superiores del Poder Ejecutivo Nacional: el Presidente de la República, el Vice-Presidente de la República, el Consejo de Ministros como órgano colegiado y los Ministros.

La Administración en cuanto organización subordinada y dependiente del "Gobierno" estaría conformada por los Ministros del Despacho Ejecutivo y el resto de los órganos articulados estructuralmente, de acuerdo con el principio jerárquico, en Ministerios y otros organismos auxiliares. En ese sentido, y como siempre sostuve cuando impartía clases de Derecho Administrativo en la Universidad Católica Andrés Bello (UCAB, 1976-1999), los Ministros constituyen el punto de enlace y separación orgánica entre "Gobierno" y "Administración".

Como miembros del "Consejo de Ministros" forman parte del "Gobierno", y en su carácter de máxima autoridad o titulares de la jefatura de las diferentes entidades ministeriales son "autoridades administrativas superiores". De ahí la expresión clásica francesa "Los gobiernos pasan, pero la Administración permanece", inaplicable al régimen actual de poder, pues Hugo Chávez al triunfar en las elecciones presidenciales de 1998 y asumir el poder en febrero de 1999 aplicó la perversa práctica del *Spoil System*, o sistema de rebatiña, o en la expresión venezolana de "caída y mesa limpia" que refleja la concepción del poder cual botín conquistado o por las armas o por las urnas: el triunfador se apropia del Estado y destituye masivamente a los funcionarios públicos sin importar su escalafón, si invisten o no, "cargos de confianza"[40].

---

39 La Constitución Nacional formaliza esa diferencia en el numeral 3 del Artículo 187, que, al establecer las competencias de la Asamblea Nacional expresa: "Ejercer funciones de control sobre el Gobierno y la Administración Pública, en los términos consagrados en esta Constitución y en la ley". De manera que tal diferencia tiene base constitucional.

40 Contra tal práctica perversa, nos consta, el profesor Brewer-Carías hizo un gran esfuerzo desde la Presidencia de la extinta Comisión de Administración Pública. Su aporte fue fundamental en la elaboración de la Ley de Carrera Administrativa (1970). Debo al profesor Brewer-Carías mi inclinación por el Derecho Administrativo cuando trabajé como Asistente Legal, conjuntamente con Isabel Boscán y Horacio Vera, en el Instituto de Derecho Público de la UCV. Ingresamos a esos cargos por concurso en el año 1968 en el marco de un convenio suscrito entre el entonces Ministerio de Obras Públicas por medio de la Comisión Para el Plan Nacional de Aprovechamiento de los Recursos Hidráulicos (COPLANARH) y la UCV por medio del Instituto de Derecho Público de la Facultad de Derecho. El objeto del convenio era la elaboración de un conjunto de estudios jurídicos a fin de organizar las bases para la redacción de un proyecto de ley de aguas. Al graduarme en 1969 continué trabajando en ese proyecto,

En lo funcional la "Teoría de los actos de gobierno" como actos dictados por el Presidente de la República en ejecución directa e inmediata de la Constitución[41], y que se diferencian de los actos administrativos precisamente porque éstos últimos, aunque han de sujetarse a la Constitución, la ejecutan de manera mediata, es decir, por medio de las leyes y los reglamentos.

En consecuencia, es mi parecer que los Decretos-leyes son actos normativos impuestos a la Administración por el Presidente de la República en su condición de Jefe de un Poder Público: el Ejecutivo Nacional.

Confirma esa apreciación lo expresado por el eminente jurista y profesor Brewer-Carías, a quien tanto debemos los estudiosos del Derecho Público, al referirse a la categoría jurídica de los Decretos-leyes en el Derecho comparado:

> En atención a la virtualidad de dichos actos, se les conceptúa como verdaderos actos legislativos. Se considera que la autoridad Ejecutiva, al dictarlos está realizando una función legislativa. Es decir, se estima que está dictando reglas jurídicas cuya emisión, según el constitucionalismo predominante debe corresponder a otra autoridad especializada: el cuerpo legislativo o Congreso. Por ello, el derecho positivo y la doctrina de algunos países han incluido todos estos actos, de categoría legislativa, pero de procedencia ejecutiva, bajo el nombre genérico de Decretos-Leyes. Son

---

y en 1970 me fui a estudiar Derecho Administrativo a la Universidad de Paris I (1970-71) gracias a un auxilio financiero de la Comisión de Administración Pública mientras se tramitaba mi estatus de "comisión de servicios" en el extranjero con el sueldo de Abogado I adscrito a COPLANARH. También, gracias a las gestiones del profesor Brewer-Carías, obtuve una beca del Gobierno francés para realizar estudios de Administración Pública, equivalentes a una Maestría, en el Instituto Internacional de Administración Pública en Paris (1971-73). Nobleza obliga.

41 El profesor Brewer-Carías trata ese tema en una de sus monografías: "los órganos que ejercen el Poder Ejecutivo del Estado, cuando lo ejercen, dictan actos estatales que no son uniformes, y tienen diversa naturaleza según el grado de ejecución de la Constitución que se produce al dictarlos, distinguiéndose, básicamente, los actos de gobierno como actos de ejecución directa e inmediata de la Constitución, y los actos administrativos como actos de ejecución indirecta y mediata de la Constitución. Ambos actos, como todos los actos estatales, son susceptibles de ser controlados judicialmente para verificar su conformidad con el derecho. Así, de acuerdo con el artículo 259 de la Constitución, la competencia para conocer de las acciones de nulidad por ilegalidad e inconstitucionalidad de los actos administrativos corresponde a la Jurisdicción Contencioso-Administrativa, lo que repite el artículo 9.1 de la Ley orgánica de la Jurisdicción Contencioso-Administrativa de 2010, y de acuerdo con la última parte del artículo 334 de la Constitución, corresponde exclusivamente a la Sala Constitucional del Tribunal Supremo de Justicia como Jurisdicción Constitucional, declarar la nulidad de las leyes y demás actos de los órganos que ejercen el Poder Público dictados en ejecución directa e inmediata de esta Constitución, como son los actos de gobierno, o que tengan rango de ley, cuando colidan con aquella, lo que se repite en el artículo 336 de la Constitución y en el artículo 25 de la Ley Orgánica del tribunal Supremo de Justicia de 2010". Brewer-Carías, Allan. *El Control de la Constitucionalidad de los Actos del Poder Ejecutivo Nacional dictados en Ejecución Directa e Inmediata de la Constitución, y el Principio de Formación del Derecho por Grados en Venezuela*. En http://allanbrewer.com

Decretos porque provienen de la autoridad superior ejecutiva; y son leyes, porque versan sobre materias que el Derecho positivo moderno ha reservado tradicionalmente a las Cámaras Legislativas, y porque, además, tienen fuerza para modificar y derogar las normas sancionadas por éstas, es decir, las leyes[42].

En la Constitución actual, como se verá enseguida, esa potestad legislativa del Presidente de la República se ha intensificado de manera inaudita hasta el punto de que, independientemente de hechos extraconstitucionales, los Artículos 203 y 236. 8 de la Carta Fundamental, al consagrar la referida exorbitante potestad, propician la violación del principio de separación de poderes previsto en su Artículo 136 conforme a la tradición constitucional de Venezuela.

Esa abultada potestad normativa del Presidente de la República se fundamenta en la categoría de las leyes habilitantes o leyes de delegación legislativa. Según el Artículo 203 constitucional, ya antes citado, son leyes habilitantes las sancionadas por la Asamblea Nacional por las tres quintas partes de sus integrantes a fin de establecer las directrices y propósitos y el marco de las materias que se deleguen al Presidente de la República para que dicte decretos con rango y valor de ley. Las leyes habilitantes o leyes de base deben fijar el plazo que se le confiere al Presidente de la República para que ejerza la potestad legislativa delegada en las materias objeto de la delegación.

Los actos normativos dictados por el Presidente de la República en ejercicio de la mencionada delegación legislativa se les conocen como decretos con fuerza de ley (Artículo 236.8 CN) o decretos-ley, como lo señala el profesor Brewer-Carías en el Capítulo de su libro objeto de estos comentarios. Es decir, participan del mismo rango, valor y jerarquía que las leyes orgánicas o las ordinarias, según los casos. Cabe agregar sobre este punto, que la vigente Constitución, a diferencia de la del 61, no estableció límite material alguno al "órgano parlamentario": la Asamblea Nacional, para la delegación legislativa o transferencia temporal del poder legislativo al Presidente de la República.

Mientras en la Constitución del 61 el Congreso Nacional sólo podía delegar su potestad legislativa en materia económica y financiera por razones de evidente interés público –como bien analiza el profesor Brewer-Carías–, en el actual texto constitucional se faculta a la Asamblea Nacional para que realice esa delegación sobre cualquiera de las materias que integran la competencia del Poder Público Nacional (Artículo 156 CN). Ello responde al reforzamiento del presidencialismo ("presidencialismo imperial") y al debilitamiento del Parlamento como parte del caudillismo mesiánico militarista que anima el proyecto de la llamada Quinta República[43].

---

42 Brewer-Carías, Las Instituciones Fundamentales, *opus cit.*, p. 36.

43 Hugo Chávez Frías, en el lapso en el que ejerció la "Presidencia de la República" (1999-2012) recibió habilitaciones legislativas por una "Asamblea Nacional" absolutamente controlada por quien se hacía llamar "Comandante-Presidente" en 1999,

No tengo la menor duda de que, tal y como está formulada la delegación legislativa en la Constitución, desdice los valores superiores del modelo de Estado democrático de Derecho. Es una involución del principio de separación de poderes, y del Parlamento como el órgano por antonomasia competente para legislar.

Del Parlamento como el escenario y el tiempo para debatir los proyectos de ley, madurarlos, oír los diversos puntos de vista, la pluralidad de opiniones de los representantes del pueblo, convocar a la sociedad civil, a los sectores interesados para que opinen; en fin, abrir un gran debate nacional utilizando el hemiciclo parlamentario, símbolo del poder democrático, del pluralismo político, además de los medios de comunicación: la

---

2001, 2007 y 2010, las tres últimas las utilizó el déspota para fines incompatibles con los valores y fines del modelo de Estado democrático y social de Derecho y de Justicia formalizado en la Constitución Nacional (Arts. 2 y 3), en particular, el régimen socioeconómico de la República previsto en los Arts. 299, 112, 115 y 116 de la misma como un sistema de Economía Social y Ambiental de Mercado fundado en el principio de corresponsabilidad entre el Estado y la iniciativa privada para promover el desarrollo integral del país, o desarrollo sostenible, así como en los principios-valores de justicia social, democracia, eficiencia, libre competencia, protección del ambiente, productividad, y solidaridad, y la garantía de la seguridad jurídica, la propiedad privada (que incluye los medios de producción) y la libertad económica o el derecho de las personas a dedicarse libremente a la actividad económica de su preferencia, sin más limitación que las previstas en la propia Constitución y en las leyes por razones de desarrollo humano, seguridad, sanidad, protección del ambiente, u otras de interés social. Un régimen de economía mixta cuya finalidad constitucional es el equilibrio entre Estado y Mercado, sector público y sector privado, propiedad pública sobre determinados medios productivos (yacimientos de hidrocarburos y minerales, las aguas del territorio nacional) y el control estatal de las áreas económicas expresamente reservadas por ley al Estado, y la propiedad privada de los medios de producción como regla general. En suma, un modelo distante tanto del sistema liberal que postula la no injerencia estatal en la economía o el dejar hacer y dejar pasar, la idea del mercado como un espacio de relaciones entre productores, comerciantes y consumidores "neutro" que se autorregula por unas leyes supuestamente "espontáneas", como del sistema socialista que se basa en la estatización de los medios de producción y el control estatal absoluto de la producción, importación, distribución, circulación y consumo de bienes y servicios (Cuba). Con ocasión a esas cuatro habilitaciones Chávez Frías dictó 218 decretos con rango, valor y fuerza de ley, la mayoría violatorios de la Constitución Nacional y no pocos con el propósito de liquidar el patrimonio empresarial del país. De unas 13 empresas que había en 1998 sólo quedaban para finales de 2013 unas 5000. Allí están a la vista los resultados del proceso de estatización de la economía: improductividad y desabastecimiento de productos alimenticios y fármacos, hiperinflación, devaluación salvaje del Bolívar, desinversión, desempleo, etc. Ahora, el sucesor de Chávez, Maduro, de cuya legitimidad de origen hay fuertes dudas dado los resultados de las elecciones presidenciales de abril de 2013, por ello llamado el "Ilegítimo", como también de su nacionalidad originaria venezolana, por ello llamado el "Indocumentado", se hizo dictar una ley habilitante por esa Asamblea Nacional controlada por el régimen de poder cuyos integrantes el siquiatra Francis Delgado denomina "la secta destructiva". Con base en esa habilitación Maduro dictó una nueva "Ley" de precios justos (2014) para sustituir la dictada por su mentor en el 2011. Uno de los objetivos de esa "Ley" es consolidar el orden económico socialista previsto en el Plan Patria (Art. 1).

radio, la prensa, la televisión, la realización de foros abiertos. En una palabra, que las leyes sean el resultado de un amplio consenso y no la imposición autoritaria de un "iluminado[44].

Esa potestad legislativa atribuida al Presidente de la República es una reminiscencia del Estado Monárquico-absolutista europeo de los siglos XIV, XV y XVI, antes de la transformación provocada en la organización de las relaciones de poder por el movimiento político-social parlamentario (democracia liberal), en particular en Inglaterra y Francia.

Es de recordar que el rey absoluto, titular de la soberanía estatal, era el depositario de una potestad cuasi ilimitada para legislar conforme a su arbitrio. Las leyes del soberano, "leyes de palacio", debían ser obedecidas por los súbditos por razones de "lealtad" (pacto de sujeción). Soberano por la "Gracia de Dios", el rey, titular de todo el poder estatal, disponía sobre la vida y bienes de sus súbditos.

Los abusos reales, especialmente en materia impositiva, son el origen del movimiento político-social que logró arrebatarle a la monarquía la potestad para crear impuestos transfiriéndola al Parlamento como represenación del pueblo (en principio, los nobles y barones de la tierra y la naciente burguesía, luego el pueblo llano). A partir de ese hecho histórico sólo mediante ley parlamentaria podrán crearse nuevos impuestos (Principio de legalidad tributaria).

Esa reserva legal se extenderá a las otras materias vinculadas con las libertades y derechos ciudadanos. El triunfo del parlamentarismo, triunfo de la democracia moderna, significará la titularidad de la potestad legislativa en esa institución representativa de la diversidad política y social de la sociedad plural.

Pues bien, con las atribuciones que la Constitución del 99 confiere al Jefe del Estado y del Poder Ejecutivo, esta República del Siglo XXI se asemeja a las monarquías medievales europeas, sólo que el rey es electo por la "gracia del pueblo", o quizás del "Consejo Nacional Electoral". Si en el futuro se abre la posibilidad de reconstruir al Estado democrático de Derecho, y crear las bases para una auténtica sociedad organizada por el Derecho, vale la pena pensar en la eliminación de todo vestigio de esa legislación gubernamental, o "legislación de palacio".

Pero, obviamente, ello supone modificar la cultura política del presidencialismo imperial, la falsa creencia en el poder revolucionario de la ley para cambiar la sociedad, así como valorizar al Parlamento como órgano titular de la potestad legislativa.

---

[44] Lo de "iluminado" obviamente es un sarcasmo, ni Chávez Frías, ni Maduro, son iluminados, pues el primerio demostró con creces mientras estuvo en vida la ausencia de los conocimientos, formación y ética que se requiere de un Jefe de Estado. Y del segundo basta decir que ni siquiera conoce la geografía nacional. A ellos les es aplicable la frase de Bolívar "Moral y Luces son nuestras primeras necesidades".

En el "inconsciente colectivo" del pueblo venezolano, además de la añoranza por el hombre fuerte, el líder popular, heredero del mito bolivariano, del héroe justiciero capaz de resolver él solo los problemas del país, está presente la desconfianza en las asambleas pluralistas, en sus lentas deliberaciones, en las negociaciones y pactos políticos considerados como expresiones de corrupción.

Un pueblo impaciente con la "lentitud" de los acuerdos parlamentarios, pero paciente con la incapacidad, el engaño, y el incumplimiento de las promesas del líder providencial. El pueblo quiere soluciones rápidas, y eso sólo puede hacerlo el líder arrojado que no se detiene en formalidades, que pasa por encima de la Constitución y las leyes. El pueblo quiere que entre él y el Presidente-líder no exista mediación institucional alguna, quiere una relación directa con el salvador de la patria.

¿Será posible superar esa percepción colectiva?

#### *1.2.1.2. Los reglamentos*

Expresa el profesor Brewer-Carías que los reglamentos son una manifestación o expresión de la "función administrativa" que compete a la Administración, siendo inherente a dicha función

> ...la facultad de la Administración de dictar actos administrativos contentivos de normas generales. Por tanto debemos entender por Reglamento, como fuente del Principio de la Legalidad Administrativa, todo acto administrativo de carácter general. Es decir que, en ese sentido, no sólo son reglamentos los Decretos reglamentarios que dicta el Presidente de la República en Consejo de Ministros, en virtud de la atribución 10ª del artículo 190 de la Constitución, sino que debemos considerar también como reglamento todo acto administrativo de carácter general emanado de cualquier otra autoridad actuando en función administrativa y en virtud de autorización legal. En esta forma los Reglamentos, como actos administrativos, están sometidos también al Principio de la Legalidad Administrativa por cuanto no deben alterar el espíritu, propósito y razón de la Ley, bajo la sanción de ilegalidad por desviación de poder. En virtud del principio de jerarquía administrativa que implica la subordinación de los funcionarios inferiores ante los superiores y por cuanto según el Principio de Legalidad Administrativa, todo acto administrativo debe estar conforme a las reglas generales preestablecidas, los actos que dicte cualquier autoridad administrativa deben estar conformes a los Reglamentos que se hayan dictado por las autoridades superiores, como también deben estar conformes con los Reglamentos que esa misma autoridad haya dictado con anterioridad. Esto último es consecuencia del principio de que una autoridad administrativa no puede quebrantar sus propias decisiones y reglamentaciones, a menos que las derogue expresamente[45].

En este punto, también voy a diferir de la autorizada concepción del profesor Brewer-Carías. No comparto la idea de los reglamentos como una manifestación inherente a la función administrativa del Estado, ya que cuando una autoridad estatal dicta reglamentos, es decir, actos normativos

---

45 Brewer-Carías, *Las Instituciones Fundamentales*, *opus cit.*, p. 37.

de rango sublegal, no lleva a cabo la acción de administrar sino que desarrolla o complementa una ley o norma legal preexistente en ejercicio de una potestad normativa articulada a la "función normativa" del Estado.

La función administrativa se caracteriza, al margen de la clásica e infructífera discusión acerca de sus diferencias con la función legislativa y la judicial, por la ejecución de las actividades necesarias para traducir a hechos concretos, tangibles, los diferentes cometidos del Estado previstos en la Constitución y las leyes mediante la elaboración y ejecución de planes, programas y proyectos, la construcción de obras públicas y su mantenimiento, la preservación de los bienes del dominio público, la prestación de servicios públicos, el control del ejercicio de los diversos derechos de los particulares para garantizar el orden público y social, el fomento de determinadas actividades económicas y sociales, la represión de los ilícitos o contravenciones administrativas.

Y esas actividades las ejecuta básicamente la Administración –es su función por excelencia–, por medio de actos jurídicos y operaciones materiales. Los actos jurídicos son los típicos actos administrativos de efectos particulares, tanto los llamados "actos de autoridad" o unilaterales como los "bilaterales": los contratos y concesiones administrativas.

Los reglamentos forman parte del presupuesto normativo o base normativa de la función administrativa, bien que sean dictados por una autoridad supra-administrativa: el Presidente de la República, en Consejo de Ministros, por los Ministros, o por cualquier otra autoridad a las que la ley otorgue esa suerte de potestad normativa[46].

Se administra cuando se procede, de conformidad con la ley, a expropiar un bien de la esfera del derecho de propiedad de un determinado particular por razones de utilidad pública para construir una escuela, un dispensario, un conjunto de viviendas de interés social, etc., previo pago del justiprecio correspondiente al propietario del bien. El acto de afectación a los fines de la expropiación es un acto administrativo, al igual que las auto-

---

[46] Denomino reglamentos de "Primer Grado" a los que dicta el Presidente de la República, en Consejo de Ministros en ejercicio de una potestad normativa de rango constitucional, y de "Segundo Grado" a los dictados por los Ministros o cualquier otra autoridad administrativa en ejercicio de una potestad normativa de rango legal. En cualquier caso, la función normativa culmina con la publicación en el órgano oficial correspondiente del instrumento normativo: ley o reglamento; en cambio, la administrativa, con fundamento en los actos ordinamentales que integran el ordenamiento jurídico-administrativo, se realiza cada vez que la Administración lleva a efectos prácticos los diversos cometidos o fines del Estado-Nación o República, así como de las entidades político-territoriales que conforman la estructura del supuesto "Estado Federal Descentralizado", definidos en la Constitución y las leyes. Otro rasgo de la función administrativa es la creación, modificación y extinción de relaciones jurídicas entre la Administración y los particulares como resultado de la realización de las diferentes formas de actuación que adquiere dicha función dependiendo del tipo de Estado y del grado de intervención que la Constitución y las leyes le confieran al Gobierno y la Administración para regular y controlar las diferentes esferas de la vida social.

rizaciones, permisos, visados y licencias, las multas, cierres temporales de establecimientos como medidas sancionadoras, el acto que ordena la demolición de una construcción que amenace ruinas, los contratos de obras públicas, las concesiones de servicios públicos, etc.

En mi libro "El Procedimiento Administrativo Ordinario" sostengo esa posición:

> Comparto la teoría según la cual el reglamento no es un acto administrativo en sentido estricto, puesto que la acción de administrar entendida como actividad encaminada al desarrollo, tutela y protección de los intereses públicos en forma permanente, continua y regular, se expresa en el plano jurídico mediante actos administrativos de efectos particulares. Los reglamentos forman parte de otra función del Estado: la función normativa; función ésta que en el Estado moderno no es privativa del órgano parlamentario, pues el Poder Ejecutivo y la Administración Pública han venido adquiriendo por razones históricas (de orden político, económico y social) cada vez mayor poder para normar, para dictar actos de carácter abstracto creadores de situaciones jurídicas impersonales, genéricas y permanentes (...). La diferencia entre el reglamento y el acto administrativo propiamente dicho, no estriba en el destinatario de sus efectos. El reglamento no es el único tipo de acto dictado por la Administración dirigido a un número indeterminado de personas: existen actos no reglamentarios dirigidos a una categoría indeterminada de sujetos, como es el caso de las convocatorias, órdenes generales, anuncios de licitación, etc. Pero, tales actos no tienen por objeto normar; en otras palabras, crear situaciones jurídicas de carácter abstracto, genérico e impersonal articuladas en forma permanente al ordenamiento jurídico. Además, la Administración Pública, hoy día, dicta reglamentos que no van dirigidos a toda la colectividad indiferenciada de sujetos, sino a una categoría determinada de la misma. Tal el caso, por ejemplo, de las normas reguladoras de determinadas industrias[47].

---

[47] Meier, Henrique (2004). *El Procedimiento Administrativo Ordinario*. Homero. Caracas, pp. 306 y 308. Esa misma teoría es expuesta por Juan Alfonso Santamaría Pastor: "El problema de los criterios distintivos de las normas reglamentarias respecto de los actos administrativos es, es desde luego, una cuestión de alto porte teórico, pero también de una considerable relevancia práctica: reglamentos y actos suelen tener, en nuestro Derecho positivo, la misma denominación o rotulación; sin embargo, existen entre ambos sustanciales diferencias de régimen jurídico, por lo que resulta imprescindible disponer de instrumentos teóricos para determinar en cada caso, ante qué producto jurídico nos encontramos…La tesis que podríamos denominar tradicional fija el rasgo distintivo de los reglamentos en la nota de su generalidad entendida ésta en su sentido subjetivo: el reglamento es general en cuanto que sus destinatarios se encuentran definidos de modo impersonal, como pertenecientes a una categoría abstracta (P. ej., los menores de edad, los funcionarios), en tanto que el acto administrativo tendría como destinatarios a una o varia personas inequívoca e individualmente identificadas, o identificables mediante un proceso mecánico de concreción (p.ej., nombramiento de un funcionario)…La postura anterior ha sido paulatinamente desplazada, sin embargo, por la de la abstracción de la generalidad en su sentido objetivo: lo que identifica a los reglamentos no es el modo de definición del círculo de destinatarios, ni el número de éstos, sino el carácter abstracto del objeto de la norma: esto es, el supuesto de hecho al que el mandato se refiere (P. ej., realizar vertidos tóxicos a los cauces públicos). La definición abstracta del objeto de la norma constituye pues, una

Ahora bien, prescindiendo de esa diferencia de posturas acerca de la naturaleza jurídica de los reglamentos, los conceptos del profesor Brewer-Carías con relación a la función de ese tipo de normas como fuente de la Legalidad Administrativa siguen teniendo plena validez. Es así como en la actual Constitución se consagra la tradicional potestad reglamentaria del Presidente de la República en su condición de Jefe del Poder Ejecutivo Nacional y, por ende, de la conducción del Gobierno Nacional: "Son atribuciones y obligaciones del Presidente o Presidenta de la República: 10. Reglamentar total o parcialmente las leyes, sin alterar su espíritu, propósito y razón" (Art. 236).

Asimismo, los conceptos expresados por el Maestro Brewer-Carías en lo atinente al principio de jerarquía administrativa:

> ...que implica la subordinación de los funcionarios inferiores ante los superiores y por cuanto según el Principio de Legalidad Administrativa, todo acto administrativo debe estar conforme a las reglas generales preestablecidas, los actos que dicte cualquier autoridad administrativa deben estar conformes a los Reglamentos que se hayan dictado por las autoridades superiores, como también deben estar conformes con los Reglamentos que esa misma autoridad haya dictado con anterioridad.

Fueron objeto de formalización normativa en la aún "vigente" Ley Orgánica de Procedimientos Administrativos (LOPA, 1982):

> Ningún acto administrativo podrá violar lo establecido en otro de superior jerarquía; ni los de carácter particular vulnerar lo establecido en una disposición administrativa de carácter general, aun cuando fueren dictados por autoridad igual o superior a la que dictó la disposición general (Art. 13).

### *1.2.2. De orden interno*

El profesor Brewer-Carías trata el punto de los actos administrativos internos, es decir, aplicables únicamente a los funcionarios del correspon-

---

regulación preventiva hipotética, cuya realización concreta puede producirse en un número indefinido de casos (responsabilidad de la aplicación)". Santamaría Pastor, Alfonso (2001). *Principios de Derecho Administrativo*. Vol. I. Tercera Edición. Editorial Centro de Estudios Ramón Areces, SA. Madrid, pp. 312, 314 y 315. En mi concepto ambas posturas identificadas por el autor citado no son incompatibles sino complementarias, pues hay reglamentos que se caracterizan por la generalidad del elemento subjetivo: los destinatarios se encuentran definidos de modo impersonal, como señala el autor, es decir, pertenecientes a una categoría abstracta; mientras que otros, por la especialidad de la materia que regulan, se caracterizan por el carácter abstracto del objeto de la norma, cual es el caso de las normas técnicas que complementan el supuesto de hecho de los delitos ambientales tipificados en la Ley Penal del Ambiente (2012) como tipos en blanco o abiertos, es decir, las normas reglamentarias dictadas por el Ejecutivo Nacional para complementar dicha Ley (Art. 12: "Cuando los tipos penales contemplados en esta Ley, requieran de una disposición complementaria para la exacta determinación de la conducta punible o su resultado, deberá constar en una ley o en un decreto del Presidente o Presidenta de la República en Consejo de Ministros, sin que sea admisible un segundo reenvío").

diente organismo de la Administración Pública, denominados por algunos autores como "actos de administración" para diferenciarlos de los actos administrativos en su acepción estricta, es decir, aquellos que tienen efectos en la esfera jurídica de los particulares, como sigue:

> Las normas o reglas creadas por la misma Administración, que forman parte de la Legalidad Administrativa, son además de las que hemos llamado de carácter general, que a la vez de tener como destinatarios a los particulares también rigen la Administración, las que llamaremos de carácter particular o de orden interno. Es decir, aquellas normas o reglas creadas por la propia Administración y que tienen también como destinataria a la propia Administración. Son los actos administrativos interiores o medidas administrativas de orden interior. Generalmente se manifiestan en las llamadas Instrucciones del Servicio que no son más que indicaciones, que en base al principio de jerarquía administrativa, los funcionarios superiores dan a los que les están subordinados, sobre la manera cómo han de desarrollar la actividad administrativa. Por ser de orden interno, normalmente no tienen publicidad. Sin embargo, no por ello dejan de ser normas preestablecidas que debe observar la autoridad administrativa en su actuar y, por ende, fuente del principio de la Legalidad Administrativa. El incumplimiento por parte de una autoridad administrativa inferior de una de esas (...instituciones) de servicio acarreará una sanción disciplinaria interna[48].

Esa modalidad de fuente de la Legalidad Administrativa no ha sufrido modificación alguna en los 50 años desde la publicación de la primera edición de la obra en comento. En efecto, los Artículos 15 a 17 la LOPA regulan el orden de prelación jerárquica de los actos administrativos, como sigue: *i)* Los Decretos, vale decir, las decisiones de mayor jerarquía dictadas por el Presidente de la República (Art. 15); *ii)* Las Resoluciones, que son las decisiones de carácter general o particular adoptadas por los Ministros por disposición del Presidente de la República o por disposición específica de la ley (Art. 16); y *iii)* Las Órdenes o Providencias, que también pueden adoptar las formas de Instrucciones o Circulares, es decir, los actos administrativos dictados por los órganos de la Administración cuando no les corresponda la forma de Decreto o Resolución (Art. 17)[49].

Por consiguiente, las Órdenes o Providencias cuando adoptan la forma de Instrucciones son los actos administrativos internos a los que se refiere el profesor Brewer-Carías en la cita textual de su libro.

Confirma esa apreciación lo dispuesto en los Artículos 28 y 42 del citado Decreto con Rango, Valor y Fuerza de Ley Orgánica de la Administra-

---

48 Brewer-Carías, *Instituciones Fundamentales*, *opus cit.*, p. 38. Acoto el error de tipeo en el original del libro, ha debido decir "Instrucciones" y no "Instituciones".

49 La redacción del Artículo 17 de la LOPA es equívoca, pues ningún órgano de la Administración puede dictar actos que sean rotulados como decretos, ya que esa forma o categoría formal está reservada al Presidente de la República, órgano que no forma parte de la Administración Pública Nacional por constituir el Jefe del Poder Ejecutivo Nacional y por tanto, la máxima autoridad gubernamental de la República. Quizás la norma se refiera a los decretos de los gobernadores de los Estados como máximas autoridades gubernamentales de dichas entidades político-territoriales (Art. 160 CN).

ción Pública (2008) respecto del Principio de Jerarquía que impera en la organización de la Administración: "Los órganos de inferior jerarquía estarán sometidos a la dirección, supervisión, evaluación y control de los órganos superiores de la Administración Pública con competencia en la materia respectiva", a cuyos efectos: "El incumplimiento por parte de un órgano inferior las órdenes e instrucciones de su superior jerárquico inmediato obliga a la intervención de éste y carrea la responsabilidad de las funcionarias o funcionarios a quienes sea imputable dicho incumplimiento, salvo lo dispuesto en el artículo 8° del presente Decreto con Rango, Valor y Fuerza de Ley (Art. 28)[50]. "Los órganos y entes de la Administración Pública dirigirán las actividades de sus órganos jerárquicamente subordinados mediante instrucciones, órdenes y circulares" (Art. 48).

## 2. Fuentes no escritas

Es conveniente aclarar que la nomenclatura de fuentes "no escritas" utilizada por el profesor Brewer-Carías para calificar determinadas fuentes de la Legalidad Administrativa como es el caso de la Jurisprudencia Administrativa, puede conducir a equívocos, pues tal fuente constituida por sentencias judiciales se expresa o manifiesta en documentos escritos, siendo rasgo del Derecho patrio la escritura. Quizás la intención del autor fue la de indicar que no se trataba de una fuente formal como la Constitución, las leyes, los decretos-leyes y los reglamentos; sin embargo, tanto en la Constitución de 1961 como en la actual de 1999 la jurisprudencia administrativa en el tema del control de los actos administrativos por parte de la Jurisdicción Contencioso-administrativa es una fuente formal por expreso reconocimiento constitucional[51].

---

50 El Art. 8° del mencionado Decreto-Ley expresa el principio de la responsabilidad civil, penal, administrativa o disciplinaria en que pueden incurrir los funcionarios de la Administración Pública por los actos, hechos u omisiones que impliquen, con ocasión al ejercicio de sus funciones, violación o menoscabo de los derechos garantizados en la Constitución Nacional y la ley "sin que les sirva de excusa órdenes superiores".

51 Al efecto, el Artículo 206 de la Constitución del 61, luego de establecer que la Jurisdicción contencioso-administrativa correspondía a la Corte Suprema de Justicia y a los demás tribunales que determinase la ley, otorgaba potestad a los órganos de dicha Jurisdicción "para anular los actos administrativos generales e individuales contrarios a derecho, incluso por desviación de poder, condenar al pago de sumas de dinero y a la reparación de daños y perjuicios originados en la responsabilidad de la administración, y disponer lo necesario para el restablecimiento de las situaciones jurídicas subjetivas lesionadas por la actividad administrativa". Por su parte, el Artículo 259 de la Constitución "vigente" reitera esa potestad a los órganos de la Jurisdicción Contencioso-Administrativa, agregando una nueva competencia para "conocer de reclamos por la prestación de servicios públicos". Ello quiere decir, reitero, que la jurisprudencia de los tribunales contencioso-administrativos, en particular de la Sala Político-Administrativa del más Alto Tribunal de la República, constituye en el ámbito del control de la Legalidad de los actos administrativos y de la responsabilidad patrimonial de la Administración, así como en el contencioso de los reclamos por el funcionamiento de los servicios públicos, fuente formal de la Legalidad Administrativa. La

### 2.1. La jurisprudencia

La jurisprudencia fue la fuente más importante en el progresivo desarrollo de las instituciones del Derecho Administrativo hasta el final del último período gubernamental de la mal llamada "IV República"(1959-1998)[52] e inicios de la "República Bolivariana de Venezuela" con la vigencia de la Constitución de 1999 y la eliminación de la Corte Suprema de Justicia, en particular su Sala Político-Administrativa, y la arbitraria destitución de los magistrados imparciales, autónomos e independientes que integraban la Corte Primera de lo Contencioso-Administrativo[53].

---

fuente no escrita por excelencia es la costumbre jurídica, y sin embargo, como ocurre en el caso del Derecho Mercantil (Art. 8 del Código de Comercio), los usos y prácticas son fuente supletoria ante los vacíos normativos que el juez debe avalar en la sentencia (escrita) como usos reiterados en el tiempo y el espacio.

52 La única etapa en nuestra accidentada historia republicana en la que Venezuela vivió la experiencia (con las fallas, vicios y corruptelas que nunca se ocultaron) de un Estado democrático de Derecho que reunió los elementos fundamentales para ser así calificado (pluralismo político, elecciones periódicas, libres y justas, alternabilidad en el poder, separación de poderes, control judicial de los actos estatales).

53 Es de recordar que durante todo el año 2008 la Corte Primera de lo Contencioso-Administrativo estuvo cerrada por la arbitraria destitución de sus jueces cuya motivación fue absolutamente política, pues la neodictadura militarista, corrupta y de vocación totalitaria requería de jueces complacientes con el Poder, o más bien, "comisarios judiciales", siendo que los magistrados destituidos: Ana María Ruggeri Cova, Perkins Rocha Contreras y Juan Carlos Apitz, aparte de su sólida formación jurídica, son personas de indubitable convicciones éticas. Pues bien, ese año no funcionó dicha Corte a la espera de que el TSJ designara a sus suplentes. En el 2005 había ocurrido una situación semejante por los mismos motivos. En esa oportunidad la CPCA cerró sus puertas durante 11 meses. La más contundente prueba de la liquidación del control jurisdiccional de los actos y actuaciones de la Administración Pública, parte del proceso de extinción del Estado democrático de Derecho en él país, es la monografía del brillante y corajudo jurista Antonio Canova González "La realidad del contencioso-administrativo venezolano. Un llamado de atención frente a las desoladoras estadísticas de la Sala Político-Administrativa en 2007 y primer semestre de 2008", ya que en esa publicación el autor demuestra cómo dicha Sala dejó de ser el garante institucional efectivo del control de la Legalidad de los actos administrativos, violando el mandato previsto en el Artículo 259 constitucional, para convertirse en un tribunal absolutamente controlado por el "Poder Ejecutivo" ("comisarios judiciales"). En esa monografía, el autor hace un análisis estadístico extraoficial de las sentencias dictadas por la Sala Político-Administrativa del TSJ desde el 1° de enero al 31 de diciembre de 2007, y del primer semestre de 2008, veamos sus resultados: "En cuanto a la acción de anulación contra actos administrativos, la Sala Político-Administrativa en 2007 dictó 222 sentencias. De éstas 182, que representan un 81,98%, se declararon Sin Lugar la pretensión de los particulares; 18 que constituyen un 8,10% fueron declaradas Parcialmente Con Lugar, un total de 22 sentencias, que son el 9,90%, acordaron Con Lugar; en contra de la Administración Pública. ...En total de las 22 sentencias Con Lugar, y tomando en cuenta esta inédita "anulación de oficio", no hubo una sola decisión contra la Administración Pública activa que supusiera un restablecimiento de la situación jurídica denunciada por los ciudadanos". En el primer semestre de 2008 en ese mismo ámbito del contencioso de la anulación de los actos administrativos: "la Sala Político-Administrativa dictó 71 sentencias que resolvieron acciones contencioso-administrativas de anulación contra actos administrativos, de las cuales 61 declara-

ron la pretensión Sin Lugar, que representan el 85,91%; 6 decisiones estimaron Con Lugar la demanda, que equivalen a un 8,45%; y 4 decidieron estimar la pretensión parcialmente o declaradas Parcialmente Con Lugar, que constituyen un 5,63% del total de estas sentencias". Concluye el autor su valiosa investigación con estas palabras: "Lo aquí planteado debe tenerse como un llamado a todos los ciudadanos venezolanos que tienen que estar conscientes de que, contra la Administración Pública, en tanto se mantenga esa intolerable situación de los tribunales contencioso-administrativos, no cuentan con garantía de sus derechos, de su libertad; que están expuestos, en total indefensión, a sufrir actuaciones arbitrarias o ilegales de cualquier funcionario que ocupe un cargo público. Tal llamado ha de ser tanto como ensordecedor para los administrativistas venezolanos, quienes deben dejar de lado la indiferencia con que han visto hasta ahora, esta destrucción sistemática del Derecho Administrativo y, por consiguiente, del Estado de Derecho, la democracia y la libertad". Canova-González, Antonio (2009). *La realidad del contencioso-administrativo venezolano. Un llamado de atención frente a las desoladoras estadísticas de la Sala Político-Administrativa en 2007 y primer semestre de 2008*. Fundación de Derecho Administrativo. FUNEDA. Caracas, pp. 23,50 y 163. El profesor Brewer-Carías con ocasión a la Clausura de las Jornadas de Derecho Procesal Administrativo conmemorativas de los 30 años de la Revista de Derecho Público realizadas en la Facultad de Derecho de la Universidad Católica Andrés Bello, el 16 de diciembre de 2010 pronunció un discurso (videoconferencia) intitulado "La justicia administrativa y la nueva Ley Orgánica de la Jurisdicción Contencioso-Administrativa" en el que destacó esa dramática realidad de la extinción de la función de la Jurisdicción Contencioso-Administrativa como garante del control de las actuaciones de la Administración Pública, no obstante la promulgación de la Ley que regula a dicha Jurisdicción: "Algo es definitivamente claro en esta materia de control, y es que para que una Jurisdicción Contencioso-Administrativa pueda funcionar en cualquier país, controlando a la Administración Pública, no sólo es indispensable que el Estado esté formalmente configurado como un Estado de Derecho, sino que funcione como tal, en un régimen democrático, donde esté efectivamente garantizada las separación de poderes, y en particular, la autonomía e independencia de los jueces. Sólo unos jueces autónomos e independientes son los que pueden declarar la nulidad de los actos del Poder Público, y condenar al Estado por responsabilidad contractual o extracontractual. Es por ello, precisamente, que la Jurisdicción Contencioso-Administrativa en Venezuela tuvo su mayor desarrollo a partir de la entrada en vigencia de la Constitución de 1961, durante las cuatro décadas de régimen democrático que vivió el país hasta 1999. Lamentablemente, a partir de la entrada en vigencia de la Constitución de 1999 y durante la última década, a pesar de todas las declaraciones formales, la situación ha variado radicalmente y el régimen autoritario que se ha apoderado violentamente del Estado y de todas sus instituciones ha hecho añicos la autonomía e independencia de los jueces, situación en la cual el sistema de control de la constitucionalidad, legalidad y legitimidad de la actuación de la Administración Pública, ha quedado en desuso. Ello, al menos, es lo que nos muestra la experiencia del funcionamiento de la Jurisdicción Contencioso-Administrativa en los últimos años, particularmente desde que el Poder Ejecutivo, en 2003, utilizando al Tribunal Supremo de Justicia, que ha sido el instrumento más insano para afianzar el autoritarismo en el país, intervino a la Corte Primera de lo Contencioso-Administrativo, secuestrando su competencia y destituyendo a sus Magistrados, habiendo clausurado dicha Corte por más de diez meses; y todo, por haber dictado dichos jueces una simple medida cautelar de amparo en contra de las autoridades nacionales y municipales en relación con el proceso de contratación de médicos cubanos para ejercer la profesión médica pero que no tenían licencia para ello…El efecto demostración que tuvo esa violenta intervención policial, de lo que le puede ocurrir y efectivamente le ha ocurrido a cualquier juez cuando se trate de dictar medidas que afecten intereses gubernamentales o simplemente funcionariales, fue ciertamente devastador. Ello desencadenó

El mismo título del libro del profesor Brewer, cuyo capítulo dedicado a las "Fuentes de la Legalidad Administrativa" estamos comentando, da cuenta de la trascendencia de la doctrina jurisprudencial de la jurisdicción contencioso-administrativa en la formación de las instituciones del Derecho Administrativo. Comparto totalmente las apreciaciones del infatigable profesor y autor de obras de Derecho Público cuando afirma:

> Sin distinción entre las diversas ramas jurídicas y, en general, el juez juega un considerable rol en la construcción del Derecho. Nosotros no creemos, como todavía algunas veces se afirma, que el juez es una especie de distribuidor automático de decisiones jurídicas concretas que no exigen, de su parte, otra función que la de confrontar la ley a los hechos y deducir una solución de cierta forma mecánica. El juez debe interpretar la ley: y la experiencia prueba que ninguna ley puede prever todos los casos particulares que podrían traer problemas o dificultades de interpretación[54].

En mi libro "Introducción al Estudio del Derecho", casi, con las mismas palabras, me refiero a la actividad creadora del juez:

> Por más que formalmente se le niegue al juez potestad para crear normas, en la práctica es imposible que ello no ocurra. La propia naturaleza de la función jurisdiccional, de la actividad de interpretación de textos legales insuficientes, oscuros, ambiguos, obliga al juez a establecer un cierto grado de generalidad en el razonamiento previo a la decisión (motivación de la sentencia). ¿Cómo declarar el Derecho en el caso concreto limitándose a decir cosas singulares? Es falsa la imagen del juez como un mero aplicador de la ley mediante una operación mecánica de subsunción de los hechos controvertidos en el supuesto de hecho de la norma o normas aplicables. En la interpretación, como se verá en su oportunidad, hay una actividad creativa, y más en los supuestos de ausencia de textos legales cuando el juez, con fundamento en los principios generales del Derecho (Artículo 4 Código Civil), proceda crear una regla general para decidir la litis o controversia. La importancia del Derecho judicial depende de la cultura jurídica prevaleciente en la sociedad[55].

Esa innegable función creativa del juez dentro del marco que establece la Constitución y las leyes se hace más evidente en el campo del Derecho Administrativo. El profesor Brewer-Carías aborda esa función del juez de lo contencioso-administrativo que hasta hace algunos años fuera fundamen-

---

la trágica situación en la que actualmente se encuentra la Jurisdicción Contencioso-Administrativa, en la cual los jueces de los tribunales que la conforman –por temor de confrontar al Poder–, simplemente se han negado a aplicar el derecho administrativo, a controlar a la Administración Pública y a proteger a los ciudadanos frente a la misma". En http://w2.ucab.edu.ve/tl_files/POSTGRADO/boletines/derechoadmin/2_boletin/BREWER%2520CARIAS. Diría que más que el temor a confrontar al Poder, los actuales integrantes de esa Jurisdicción son cómplices del régimen de poder, meros "comisarios judiciales" como los he llamado en otras oportunidades, lejos están de ser auténticos "Magistrados".

54 Brewer-Carías, *Instituciones Fundamentales*, *opus cit.*, p. 39.

55 Meier, Henrique (2009). *Introducción al Estudio del Derecho*. Impresos Casamayor. Caracas, p. 56.

tal en la progresiva formación y consolidación de las Instituciones del Derecho Administrativo. Por ello, el autor nos dice:

> Pero en algunas oportunidades, que se denotan más acentuadamente en el Derecho Administrativo, el juez carece de norma legal que interpretar para una solución concreta y, sin embargo, debe decidir. En virtud del artículo 9 del Código de Procedimiento Civil se prohíbe al juez abstenerse de decidir so pretexto de silencio, contradicción o deficiencia de la ley, o de oscuridad o ambigüedad en sus términos. En los casos de ausencia de ley, entonces el juez está obligado a determinar la regla de derecho que va a aplicar al caso concreto no regulado abstractamente. Por tanto, la labor del juez no es sólo interpretativa sino creativa[56].

Más adelante el autor demuestra cómo las Instituciones fundamentales del Derecho Administrativo son el resultado de la paciente, laboriosa y creativa labor del juez contencioso-administrativo señalando los diversos aportes de esa doctrina jurisprudencial, mucho de los cuales se convertirían en normas jurídicas vinculantes[57]:

> En efecto, en materia administrativa, la creación del derecho por el juez no es un hecho excepcional; es, al contrario, lo normal. Es verdad que la legislación llamada de leyes administrativas o especiales es abusadísima, pero sin embargo, la generalidad de estas leyes está consagrada a regular casos concretos. Por ello, en la mayoría de los problemas planteados ante el juez administrativo, éste se encuentra con la ausencia de normas generales y, por tanto, con la obligación de crear él mismo el derecho aplicable. Esta específica función del juez en materia administrativa no es más que una consecuencia del carácter nuevo, no codificado y evolutivo del Derecho Administrativo venezolano (...). Esta realidad es evidente. ¿Dónde, si no en la jurisprudencia, puede la Doctrina fundamentar nuestra Teoría de los actos administrativos, de los Contratos Administrativos, de los recursos administrativos y de la materia contencioso-administrativa? En efecto, en materia de actos administrativos, sólo nuestra Corte ha señalado sus características fundamentales, su naturaleza, la necesidad de su motivación, su carácter ejecutorio o de decisión ejecutoria, los efectos de su firmeza, los efectos de su discrecionalidad y de su Poder discrecional, la cosa juzgada administrativa, su calcificación general y sus clases[58].

Y concluye Brewer-Carías, uno de los grandes maestros de Derecho Administrativo venezolano conjuntamente con los desaparecidos profesores Eloy Lares Martínez, Antonio Moles Caubet, Tomás Polanco, Enrique Pérez Olivares y Gonzalo Pérez Luciani:

> Vemos, entonces, que el juez contencioso-administrativo se ha salido de los marcos tradicionales de la actuación judicial, y ello por necesidad. Sin embargo, ello no quiere decir que propugnamos la "tiranía del precedente". El hecho de que el Derecho Administrativo de Venezuela tenga actualmente que fundamentarse en la jurisprudencia administrativa, no convierte a ésta, directamente, en una fuente de derecho y, por ende, en

---

56 Brewer-Carías, *Instituciones Fundamentales*, *opus cit.*, p. 39.

57 Especialmente por medio de la Ley Orgánica de Procedimientos Administrativos.

58 Brewer-Carías, *Instituciones Fundamentales*, *opus cit.*, p. 41.

> una fuente del Principio de la Legalidad Administrativa. La verdadera fuente no escrita de este principio está constituida por los Principios Generales del Derecho Administrativo contenidos en esa jurisprudencia. Por tanto, la sumisión de la actividad administrativa al Principio de la Legalidad administrativa implica el respeto a los Principios Generales del Derecho Administrativo establecidos y definidos por la jurisprudencia, y no el respeto a la jurisprudencia en sí. De esta manera, un recurso administrativo de anulación procedería por la violación, por un acto administrativo de un Principio General de Derecho Administrativo reconocido por la jurisprudencia, pero no por la violación pura y simple de esta última[59].

Esta última acotación del profesor Brewer-Carías hoy tiene mayor relevancia ética que en cualquier otro momento desde que hace 50 años se publicara la primera edición de las Instituciones Fundamentales, pues no debiera ser secreto para ningún abogado, jurista, profesor y para no pocos ciudadanos, lo que ha demostrado Antonio Canova González, en su libro de denuncia vigorosa y corajuda, antes citado, acerca de la realidad de una jurisdicción contencioso-administrativa cuyos jueces, lejos de controlar los actos administrativos contrarios a derecho, incluso por desviación de poder, conforme a las exigencias constitucionales y a los Principios Generales del Derecho Administrativo, algunos de los cuales han sido incorporados formalmente en la Ley Orgánica de Procedimientos Administrativos (1982) y hasta en el Decreto con Rango, Valor y Fuerza de Ley Orgánica de la Administración Pública (2008), se han dado a la vergonzosa tarea de violar los derechos y garantías de los recurrentes, demandantes y accionantes en general, así como a los mencionados Principios que integran la esencia axiológica de la Legalidad Administrativa[60], todo ello como parte del proceso de demolición del Estado democrático de Derecho emprendido desde las más altas instancias del otrora Estado desde hace 15 años.

Coincido también con el profesor Brewer-Carías en el origen jurisprudencial de las teorías fundamentales del Derecho Administrativo: Teoría del acto administrativo, teoría del contrato administrativo, de la fuentes de la legalidad administrativa, del procedimiento administrativo, de la relación jurídico-administrativa, de las nulidades administrativas, de las formas de actuación de la Administración Pública, de las formas de la organización administrativa, de la responsabilidad de la Administración por sus actuaciones, etc.

En ese sentido, en mi libro "Teoría de las Nulidades en el Derecho Administrativo" expreso:

> La Teoría de las Nulidades no es un invento del legislador, es como antes se acotó, el resultado de una lenta y laboriosa creación jurisprudencial: la obra histórica fundamental de los tribunales de la jurisdicción contencioso-administrativa. Como resultado de esa función esencial para la exis-

---

59 *Ibidem*, p. 43.

60 La legalidad referida a los diversos elementos de fondo y forma de todo acto administrativo de efectos particulares: competencia, causa, motivo, objeto, finalidad, procedimiento, motivación, formas de manifestación.

tencia del Estado de Derecho como lo es el control de la legalidad de los actos administrativos por parte de la jurisdicción contencioso-administrativa, ésta ha venido elaborando paulatinamente las categorías jurídicas indispensables para efectuar ese control, es decir, los diferentes supuestos o causales de nulidad absoluta o relativa del acto administrativo impugnado a partir del examen de las actuaciones administrativas concretas sometidas a su consideración, sometiéndolas al ordenamiento jurídico en general y a los principios generales informantes del orden jurídico en general[61].

## 2.2. Los principios generales del Derecho

Expresa el profesor Brewer-Carías que los Principios Generales del Derecho como fuente reconocida en nuestro ordenamiento jurídico[62] han jugado un papel decisivo en la formación de la jurisprudencia administrativa, hasta tal punto que el más Alto Tribunal de la República de la época les atribuye el carácter de fuente del Principio de la Legalidad Administrativa.

El autor cita el ejemplo de los principios basados:

> ...en la noción del predominio de la finalidad de servicio público en la actuación de la autoridad administrativa, de donde se deriva: la ejecutoriedad del acto administrativo según la cual éstos tienen efectos inmediatos y pueden ejecutarse desde que se los dicta y por la cual los recursos administrativos no producen efectos suspensivos; el derecho de la administración a revisar sus propios actos antes de su recurribilidad jurisdiccional, limitada dicha recurribilidad a los poseedores de un interés legítimo para no entorpecer la acción de la Administración; el derecho de modificar unilateralmente los contratos administrativos según las necesidades públicas generales; el derecho para la Administración de conocer exclusivamente el mérito y la oportunidad de sus actos[63].

Es tal la vigencia de la noción del predominio del servicio público en las actuaciones de la Administración Pública a que se refiere el profesor Brewer-Carías, que, como ya señalé en páginas precedentes, la "vigente" Constitución y el Decreto con Rango, Valor y Fuerza de Ley Orgánica de la Administración Pública formalizan esa noción, o quizás más bien un principio relacionado con la concepción constitucional del Estado y su proyección sobre las organizaciones que integran las diferentes administraciones públicas.

---

61 Meier, Henrique (2001). *Teoría de las Nulidades en el Derecho Administrativo*. Segunda Edición. Editorial Alva. Caracas, p. 14.

62 El Artículo 4 del Código Civil que establece los métodos de interpretación del Derecho califica a los Principios Generales del Derecho como fuente supletoria cuando en ausencia de una disposición expresa de la ley, y ante la imposibilidad de aplicar disposiciones que regulan casos semejantes o materias análogas (analogía), el juez, obligado a decidir el caso, debe acudir a los Principios Generales del Derecho para crear una regla específica para su solución, ya que no debe, so pena de incurrir en denegación de justicia, excusarse en el vacío normativo o en la ambigüedad o confusión de la ley.

63 Brewer-Carías, Instituciones Fundamentales, *opus cit.*, p. 44.

Y es que si el Estado democrático y social de Derecho y de Justicia ha sido formalmente conceptuado como una compleja organización institucional cuya finalidad esencial es la defensa y protección de la dignidad de la persona humana y de sus derechos consustanciales garantizados en la Constitución y en los tratados, pactos y convenciones en materia de Derechos Humanos (Arts. 2 y 3), y si además la propia norma constitucional define a la Administración Pública como organización al servicio de los ciudadanos (Art. 141), es lógico que dicha institución estatal tenga como objetivo de su organización y funcionamiento hacer efectivos los principios, valores y normas consagrados en la Ley Fundamental de la República y en especial, garantizar a todas las personas el goce y ejercicio de los derechos humanos (Art. 3. Decreto con Rango, Valor y Fuerza de Ley Orgánica de la Administración Pública)[64].

---

[64] En un artículo de mi autoría publicado en la página web soberanía.org, "La Finalidad prioritaria del Estado Democrático de Derecho", planteó el tema del poder estatal al servicio de la persona humana y sus derechos: El axioma "El Estado está al servicio del hombre, y no el hombre al servicio del Estado" sintetiza el primero y fundamental principio-valor del Estado de democrático Derecho en cualquiera de sus modalidades históricas del pasado y del presente. La primera consecuencia de este postulado axiológico es que el Estado no se justifica en sí mismo, ni en los fines de las doctrinas e ideologías de los absolutismos de los Siglos XVI al XVIII, y los totalitarismos de los Siglos XX y XXI, para pretender legitimar la supremacía de un hombre sobre los individuos y la sociedad: el Rey (absolutismo monárquico), un caudillo mesiánico (populismo militarista); o de una colectividad abstracta: el Estado (fascismo), la Nación-raza (nacionalsocialismo), el Partido-Estado (socialismo autoritario o comunismo) y así "justificar" la abolición de las diversas expresiones de la libertad-autonomía (libertad ambulatoria, de tránsito, de conciencia, información, opinión, expresión, culto, trabajo, profesión, arte, oficio, empresa, inviolabilidad del hogar, de la correspondencia, derecho de propiedad etc.) y de la libertad-participación (sufragio, derecho a postularse para cargos de elección popular, derecho a fundar organizaciones políticas y a formar parte de las mismas, a manifestar pacíficamente y sin armas, derecho de reunión con fines políticos, etc.). En efecto, a diferencia del "constitucionalismo democrático," en el "constitucionalismo estatalista" (fundamento político-jurídico de los Estados totalitarios o Estados policiales) se establece la superioridad absoluta del poder sobre el individuo, del poder respecto de la libertad, y como lógico corolario de ello, la eliminación de la autonomía de la persona humana y de la sociedad (organizaciones políticas, económicas, sociales, sindicales, educativas y culturales; en pocas palabras, extinción de la sociedad civil). Al respecto, en el artículo 62 de la Constitución de la Ex Unión Soviética (1977) se expresaba: "El ciudadano de la Unión Soviética debe velar por los intereses del Estado soviético y contribuir al fortalecimiento de su poderío y prestigio". El vocablo "poderío" según el reconocido constitucionalista y politólogo, Maurice Duverger, expresa las relaciones de dominación en el ámbito de las poblaciones de animales donde el más fuerte y fiero impone su fuerza bruta para liderar una manada, un rebaño. El león que se halla a la cabeza de una manada conservará su liderazgo mientras cuente con capacidad para aniquilar a cualquiera que le dispute su poderío; de lo contrario, será desplazado por el espécimen con mayor vigor físico (usualmente más joven). Duverger diferencia al poderío del poder, atribuyéndole a ésta última palabra un significado antropológico: las relaciones de dominación entre los hombres caracterizadas, en el concepto del maestro francés, por la existencia de límites políticos, jurídicos, institucionales, éticos, sociales, culturales. El poderío sería inherente a la implacable ley darwiniana de la selección de las especies (sólo so-

Algunos de los principios señalados por el profesor Brewer-Carías que derivan del predominio de la noción de servicio público en las actuaciones de la Administración fueron consagrados en la aún "vigente" Ley Orgánica de Procedimientos Administrativos[65].

---

breviven los más fuertes) que rige en el orden ecológico, mientras que el poder expresa la aspiración humana de construir un orden social justo y civilizado sustituyendo a las "leyes de la naturaleza" por las leyes civiles o de la ciudad. Pues bien, en el contexto ideológico del totalitarismo soviético no cabía la posibilidad de ciudadanos titulares de derechos y libertades frente al Estado. El "nuevo hombre" de la sociedad socialista era apenas un engranaje de esa gran maquinaria a la que se refería el padrecito de los pueblos, el genocida Stalin, cuando brindaba en su oficina del secretariado general del Partido Único, por el "éxito" de la industrialización de Rusia ejecutada a costa de millones de vida de los "kulak" (campesinos considerados como "terratenientes") sacrificados en la colectivización forzosa del campo. Todo se hallaba supeditado al poderío soviético, al aumento progresivo, sin atenerse a límite alguno, prescindiendo de cualquier coste humano (social), del poder militar, industrial, científico y tecnológico del Estado".

65 En efecto, el Principio-Potestad de la Ejecutividad y Ejecutoriedad de los actos administrativos (Arts. 8. 78, 79 y 80: ejecución de oficio en el término establecido en el acto o de manera inmediata, requisitos para la ejecución del acto administrativo formal, modalidades de la ejecución forzosa de los actos administrativos); el Principio-Potestad de Revisión de oficio de los actos administrativos por la propia Administración o la autotutela administrativa (Arts. 81, 82, 83 y 84: Convalidación en cualquier momento de los actos anulables, Revocación en cualquier momento de los actos que no hubieren originado una situación jurídica favorable en la esfera jurídica del particular, Reconocimiento en cualquier momento de la nulidad absoluta de los actos afectados por vicios insubsanables, Corrección en cualquier momento de errores materiales o de cálculo); el Principio de los Efectos no Suspensivos de la interposición de los recursos administrativos y su excepción (Art. 87). En lo que respecta a la legitimación activa para recurrir la LOPA remite la categoría de "interesados" a los Artículos 112 y 121 de la derogada Ley Orgánica de la Corte Suprema de Justicia que establecían dos categorías: los titulares de un derecho subjetivo o de un interés legítimo, directo y personal, vale decir, una situación subjetiva intransferible afectada por el acto recurrible. Ahora bien, por cuanto esa Ley fue derogada, y en el 2010 se sancionó una Ley Orgánica de la Jurisdicción Contencioso-Administrativa, considero que la interpretación que hace el administrativista Rafael Badel Madrid del Artículo 29 de la mencionada Ley en lo que respecta a la Legitimación Activa en el ámbito de la susodicha Jurisdicción ("Interés actual") es perfectamente aplicable a los recursos administrativos regulados en la LOPA, a saber: "a. El derecho subjetivo: Derivado de la existencia de vinculaciones o relaciones previas establecidas entre la Administración y el particular, que confiere a éste el derecho de exigir determinada prestación e impone a aquella la contrapuesta obligación de cumplirla, so pena de violentar o infringir dicho derecho, grado que legitima al particular para recurrir contra actos de efectos particulares. b. El interés legítimo: Derivado de la especial situación de hecho del particular frente al acto administrativo contrario a derecho, situación ésta que lo hace más sensible que el resto de los administrados frente a un posible desconocimiento del interés general por parte de la Administración al violar la Ley, grado que igualmente legitima al particular para recurrir contra actos de efectos particulares…d. Los intereses plurales: Representados por la suma de intereses individuales que se encuentran en una misma situación frente a la actuación administrativa contraria a derecho. Grado que legitima al particular para recurrir contra actos de efectos particulares, aquellos en los que concurran podrán iniciar el proceso individual o colectivamente, pudiendo existir acumulación procesal cuando las pretensiones que se deduzcan si se formulan independiente-

El autor trata también los principios:

> ...basados en el derecho de los administrados al normal funcionamiento del servicio y a la protección jurídica frente a la Administración de donde se deriva: el principio de la cosa juzgada administrativa, según el cual un acto administrativo no puede ser revisado por una autoridad de alzada, cuando contra él no se admite apelación o ésta ha caducado, es decir, cuando está firme siendo creador dicho acto de derechos subjetivos; el derecho a la motivación del acto administrativo como protección contra el arbitrio de la Administración; el carácter de Derecho Público Subjetivo que revisten los recursos administrativos para el particular lesionado en su interés legítimo. La violación de estos principios por parte de la autoridad administrativa vician el acto de ilegalidad, pues son fuente de la Legalidad Administrativa que, a su vez, está reconocido por la Corte, como el principio fundamental del Derecho Administrativo venezolano[66].

Esos principios también fueron objeto de formalización en la Ley Orgánica de Procedimientos Administrativos[67].

---

mente tengan idéntico fundamento y petición. e. Los intereses colectivos: Se refiere a los intereses de un grupo determinado como tal, aunque no cuantificable o individualizable y respecto de los cuales puede existir un vínculo jurídico común (i. e. grupos gremiales, asociaciones vecinales, etc.), grado que legitima al particular para recurrir contra los actos de efectos particulares, en representación de esos intereses. Los intereses difusos: Son los que se refieren a un bien o derecho que atañe a la comunidad, asumido por un cúmulo de ciudadanos que no conforman un sector cuantificable o particularizado y entre los cuáles no existe un vínculo jurídico común, de modo que la afectación de todos ellos deriva de razones de hecho contingentes. Surge de una prestación indeterminada cuya omisión afecta a todo el colectivo sin distinción. Se refieren a un bien indivisible, en el sentido de que es insustituible de división de cuotas o fracciones adjudicables a cada uno de los intereses. Este grado que también legitima al particular para recurrir contra actos de efectos particulares, en representación de esos intereses". Y concluye el jurista: "Con la exigencia de un "interés jurídico actual" se abandonó el tratamiento que se daba, tanto en la Ley Orgánica de la Corte Suprema de Justicia como en la derogada Ley Orgánica del Tribunal Supremo de Justicia del año 2004, en el que se hacía referencia a la titularidad de un interés personal, legítimo y directo". Badell Madrid, Rafael. La demanda de nulidad. En http://www.badelgrau.com

66 Brewer-Carías, *Instituciones Fundamentales… opus cit.,* pp. 44-45.

67 El Principio de la "Cosa Juzgada" y de la Irreversibilidad e Irrevocabilidad de los actos que hubieren originado derechos subjetivos o intereses legítimos, personales y directos en la esfera jurídica del particular (Art. 82); el Principio-Garantía-Requisito de la motivación de todo acto de efectos particulares (Art. 9). La Teoría del derecho adquirido no se aplica con la rigidez de la "cosa juzgada" en el campo de las autorizaciones ambientales, ya que, dada las características de los bienes ambientales: escasez, fragilidad, insustituibilidad para la satisfacción de necesidades humanas y la conservación de la vida, no es jurídicamente posible postular una suerte de derecho a degradar el ambiente sino a su utilización o aprovechamiento sustentable. En ese sentido, las autorizaciones ambientales sólo confieren derechos limitados, condicionados y revisables como es el caso, por ejemplo, de la denominada "autorización de afectación de recursos naturales" regulada en el Decreto N° 1257 de 13 de marzo de 1996 "Normas Sobre Evaluación Ambiental de las Actividades Susceptibles de Degradar el Ambiente". Es así como el Artículo 21 de la mencionada normativa establece que la autorización en referencia para la fase de la explotación minera y la producción petro-

## 2.3. La costumbre administrativa

Según el profesor Brewer-Carías:

> La práctica administrativa en Venezuela ha jugado un papel decisivo en la formación de las reglas que guían la acción de las autoridades administrativas, y ello porque la repetición constante de una determinada manera de proceder de la Administración forma una norma decisiva para la actuación sucesiva de las autoridades de la Administración. Es decir, cuando la práctica es unánimemente aceptada en el orden administrativo, ella forma parte del Principio de la Legalidad Administrativa, y por tanto, de obligatoria observancia por el administrador. En varias oportunidades así lo ha reconocido nuestro Tribunal Supremo. Por otra parte, ello no podría ser de otro modo ya que, por la ausencia de una legislación procedimental administrativa, las autoridades encargadas de cumplir el procedimiento constitutivo e impugnativo del acto administrativo han carecido de normas precisas para actuar, por lo que están guiadas en una larga medida por las prácticas administrativas[68].

En este punto también voy a diferir del concepto expresado por el eminente jurista, profesor y prolífico autor de obras de Derecho Público, pues en lo que respecta a mi experiencia como servidor público[69], así también como abogado representando y asistiendo a personas naturales y jurídicas en sus relaciones con la Administración Pública[70], lo que caracterizaba a las prácticas administrativas durante ese tiempo (1997-2000: 23 años) era todo lo contrario, es decir, la transgresión del Principio de la Legalidad Administrativa, y en especial la violación a los derechos fundamentales de los particulares. Situación que se ha agravado *Ad infinitum* desde hace 15 años. Tal vez las prácticas administrativas a las que se refiere el profesor Brewer-Carías son anteriores a los años 70, quizás de la década de los años 30 y 40, en el tiempo de la antigua Corte Federal y de Casación.

Abordo ese tema de las prácticas arbitrarias de la Administración en un artículo que el profesor Brewer-Carías me publicase en su magnífica Revista de Derecho Público, "El Principio de la Legalidad Administrativa y la Administración Pública"[71], en el tiempo en el que ejercía la titularidad de

---

lera "se ajustará a las previsiones establecidas en el Estudio de Impacto Ambiental del proyecto y contendrá las especificaciones señaladas en el artículo 18 de estas normas. El Ministerio del Ambiente y de los Recursos Naturales Renovables podrá imponer las condiciones adicionales que considere necesarias, conforme a la ley". Vid, Meier, Henrique (2011). *Categorías Fundamentales de Derecho Ambiental*. Homero. Caracas.

68 Brewer-Carías, Instituciones Fundamentales, *opus cit.*, p. 45.

69 En particular cuando ejercí los cargos de Secretario Ejecutivo de la Comisión Nacional de Legislación Codificación y Jurisprudencia adscrita al entonces Ministerio de Justicia (1977-79), Consultor Jurídico del Ministerio del Ambiente y de los Recursos Naturales Renovables (1978-83), Consultor Jurídico de la Presidencia de la República (1995-96) y Ministro de Justicia (1996-97).

70 1984-95; 1997-2000.

71 Meier, Henrique (1981). *El Principio de la Legalidad Administrativa y la Administración Pública.* En Revista de Derecho Público. N° 5, enero-marzo 1981. Editorial Jurídica Venezolana. Caracas, pp. 45-56.

la Consultoría Jurídica del Ministerio del Ambiente y de los Recursos Naturales Renovables. En dicho artículo hago un análisis de las prácticas administrativas contrarias a Derecho que había venido observando desde los años 70 y contra las que luché, sin mucho éxito, en el ejercicio de esa función consultiva.

En el artículo en cuestión doy cuenta de las más reiteradas prácticas "*contra legem*" que había venido observando:

> a) El desconocimiento de "derechos adquiridos" por los particulares al amparo de permisos y autorizaciones otorgados por los órganos competentes de la Administración. Es frecuente la práctica cuando cambian los titulares de determinados órganos administrativos, de iniciar un período de renovación o cambios en la política del despacho, Dirección, o Departamento, que incluye dejar sin efecto los actos decididos por sus antecesores, aun cuando tales actos hayan creado auténticos derechos a favor de los particulares (...). La Administración Pública, en virtud del principio de autotutela administrativa, está en el deber de modificar y hasta de revocar los actos administrativos dictados en contravención a la ley (...). Sin embargo, ello tiene un límite cuando se trata de actos que han creado auténticos derechos subjetivos, y más en el caso de los llamados actos-condición; cuando la Administración lo que hace es remover obstáculos administrativos, para el perfeccionamiento de un derecho preexistente (...). b) El empleo abusivo y contrario a derecho de las llamadas "paralizaciones preventivas" (...) que constituyen actos administrativos de trámite, cuyo objeto es evitar que se produzca o continúe un visible daño a los recursos naturales y demás componentes del ambiente tutelados por la ley de la materia (...). La Administración no puede paralizar una actividad por simple sospecha de ilicitud: deben existir fundados motivos, base real para presumir la conducta ilegal, debe ser el resultado de una investigación sumaria (...). Sin embargo, se han venido repitiendo absurdas prácticas de paralizaciones preventivas o provisionales por presuntas violaciones a la Ley Orgánica del Ambiente (...) sin que se hayan iniciado investigaciones y menos aún, abiertos procedimientos administrativos (...). c) La exigencia de requisitos técnicos a los solicitantes de permisos y autorizaciones, sin que tales requisitos estén contemplados en reglamentación alguna, con lo cual se ha venido institucionalizando una discrecionalidad "técnico-administrativa" que raya simplemente en la arbitrariedad (...). d) La exagerada tardanza en el otorgamiento de permisos y autorizaciones así como las llamadas "renovaciones de permisos", que de hecho se transforman en paralizaciones ilegales de actividades y obras, con el consiguiente perjuicio a los derechos particulares[72].

Por esa razón, en ese mismo artículo afirmo sin ambigüedades que:

> ...la Administración Pública en Venezuela se ha venido convirtiendo, por las prácticas arbitrarias y lesivas de los legítimos derechos de los particulares en una organización desde la cual, lejos de propiciarse el cumplimiento de las normas que rigen nuestro Estado de Derecho, se fomenta la irregularidad administrativa, las vías de hecho, el desacato a preceptos legales, el tráfico de influencia y otras prácticas contrarias a la esencia misma de una Sociedad y de un Estado, que aspiran desenvolverse bajo un ordenamiento jurídico cuyo ideal supremo es el respeto, protección y

72 Meier, El Principio de Legalidad…*opus cit.*, pp. 52, 53 y 54.

garantía de los derechos inalienables de la persona humana, conforme declara el Preámbulo de la Constitución Nacional de 1961[73].

## 3. Fuentes de carácter particular

El profesor Brewer-Carías conceptúa también como fuentes de la Legalidad administrativa a determinados actos jurídicos de carácter particular "exteriores a la Administración o dictados por ella (...) Tales son las decisiones de la autoridad judicial y las decisiones de la autoridad administrativa"[74]. De esos actos se derivan, según el autor, el respeto de la cosa juzgada jurisdiccional y la cosa juzgada administrativa. Incluye, asimismo, a los contratos administrativos.

### 3.1. La cosa juzgada jurisdiccional

Con fundamento en un principio fundamental del Estado de Derecho, Brewer-Carías postula la obligación en que está la Administración, al igual que los particulares, a respetar y cumplir lo decidido por la autoridad judicial con fuerza de verdad legal, bien que se trate de:

> ...una cosa juzgada de efectos relativos, cuando la Administración ha sido parte de un proceso y condenada, por ejemplo, al pago de daños y perjuicios originados por su responsabilidad; como de una cosa juzgada de efectos erga omnes, cuando por ejemplo, la autoridad jurisdiccional en lo contencioso-administrativo declara la nulidad de un acto administrativo. La Administración, en todo caso, está obligada a observar y cumplir lo decidido por el juez[75].

Si ese principio no se cumple no es posible postular la existencia del Estado de Derecho, como tampoco la vigencia del Derecho Administrativo de bases axiológicas demo-liberales.

En la acertada expresión del jurista Antonio Canova González:

> Sin un sistema jurisdiccional por el cual los tribunales forzaran efectivamente a la Administración Pública a actuar según las normas del Derecho Administrativo, tales normas (...) no tendrían el carácter de jurídicas. No obligarían a su principal destinatario: a saber, la Administración Pública.

---

73 Ibidem, p. 45. En uno de mis libros citados, "La Teoría de las Nulidades" insisto en tema de las prácticas administrativas contrarias a Derecho: "A la fecha mayo del 2000, la LOPA cumple 18 años, y como poco han cambiado las cosas desde el año 91, fecha de la primera edición de esta obra, podemos decir al igual que en aquella ocasión, que persisten las prácticas administrativas "*contra legem*", y que en muchos Despachos de la Administración Pública, se ignora, a veces intencionalmente, la vigencia de esa Ley. Se actúa como si ella no existiera. Los treinta y tres años de democracia ininterrumpida (a la fecha cuarenta y dos) no han logrado eliminar las prácticas arbitrarias del estado venezolano. De allí pues, la delicada y trascendental función del juez de los contencioso-administrativo, a cuyo quehacer judicial debemos los principios fundamentales de la Teoría de las Nulidades en el Derecho Administrativo", *opus cit.*, p. 12.

74 Brewer-Carías, *Instituciones Fundamentales*, *opus cit.*, p. 46.

75 *Ibidem*.

A lo sumo, serían "prácticas", "técnicas", "consejos" administrativos, nunca, Derecho[76].

Y es que la autoridad del juez –sostengo en uno de mis libros, ya antes citado– es una autoridad jurídica. No tiene a su servicio un poder material de coacción física como los órganos de fuerza con que cuenta el Estado (Poder Ejecutivo). El acatamiento de los fallos de los jueces de lo contencioso-administrativo, exige la operatividad del principio de origen filosófico que trasciende las fronteras de lo estrictamente jurídico, por ejemplo, cuando se trata de decisiones anulatorias de actos ilegales, o de condena a la Administración por los daños y perjuicios ocasionados en la esfera jurídica de los particulares, o a restablecerles las situaciones jurídicas infringidas por la actividad administrativa. Me refiero a la separación de poderes y a la real independencia del Poder Judicial respecto de los otros poderes del Estado: Ejecutivo y Legislativo. Y es que si la Administración hace caso omiso de las sentencias que les son adversas, se quiebra el frágil equilibrio sobre el que descansa la vigencia del Estado de Derecho. A nadie se le escapa el hecho de que nuestros jueces son influenciables en sus decisiones, dado el particular sistema de selección de los mismos, unido a la subestimación de esa función en la sociedad venezolana y a la tradicional dependencia del Poder Judicial respecto de otros poderes del Estado[77].

En este tiempo de la ignominia esa dependencia es absoluta, total, ya no queda el más mínimo resquicio de autonomía del otrora Poder Judicial. Y no es que la Administración se resista al cumplimiento del principio de la "cosa juzgada", al respeto y acatamiento de las decisiones definitivamente firmes del juez de lo contencioso-administrativo anulando actos administrativos contrarios a Derecho, o condenándola al pago de sumas de dinero por los daños y perjuicios causados a los particulares (responsabilidad patrimonial contractual y extracontractual), o en fin ordenando el restableciendo la situación jurídica infringida a los particulares por sus actuaciones u omisiones ilegales.

¡No!, como lo demuestra Antonio Canova González en su excelente investigación jurisprudencial del contencioso-administrativo, ya citada, el drama no es esa resistencia ante la autoridad jurídica del juez; es algo mucho peor: los jueces dejaron de serlo para actuar como "comisarios judiciales" al servicio de una ideología y una estructura de Poder que se halla en las antípodas de los valores, principios, derechos y garantías que conforman la base axiológica del Estado democrático y social de Derecho y de Justicia formalizado en la Constitución Nacional, y de la tradición del control judicial de los actos estatales del más Alto Tribunal de la República a la que se refiere el profesor Brewer-Carías en el Capítulo de su libro en comentario.

---

76 Canova-González, Antonio, *La Realidad del….opus cit.*, p. 9.

77 Meier, *Teoría de las Nulidades*, *opus cit.*, pp. 13-14.

Hoy, los particulares, personas naturales y jurídicas, nos hallamos en una situación total de indefensión. Los Artículos de la Constitución Nacional 254, 255, 256 (independencia y autonomía del Poder Judicial); 259 (control de la actuación de la Administración por parte de la Jurisdicción Contencioso-Administrativa), 334 y 335 (Control difuso y concentrado de la constitucionalidad o garantía institucional de la "Supremacía Constitucional" y de su leal y legítima interpretación) son "letra muerta", y como consecuencia de ello, el sistema de derechos y garantías constitucionales. En ese contexto, de nada vale que se haya sancionado una Ley Orgánica de la Jurisdicción Contencioso-Administrativa (2010).

Hago mía las palabras de Antonio Canova González "No se puede tapar el sol con un dedo (...). Los administrativistas debemos reaccionar y asumir nuestro compromiso con la sociedad, con el país, es decir, con el Derecho, pues libremente decidimos dedicarnos profesionalmente a esta disciplina"[78].

### 3.2. La cosa juzgada administrativa

> La Administración, en todo caso está obligada –nos dice Brewer-Carías en este punto–, a respetar las decisiones que ella misma ha tomado, sean éstas de carácter general o particular, una vez que hayan adquirido firmeza o hayan causado estado (...). Respecto de los actos administrativos de efectos particulares creadores de derechos a favor de terceros, una vez firmes o si han causado estado, la Administración no puede desconocerlos ni revisarlos nuevamente, ya que es un principio general del Derecho Administrativo que, cuando los actos administrativos han creado derechos subjetivos, la Administración no puede revocarlos[79].

Tal y como se vio en páginas anteriores, ese principio sigue siendo una fuente de la Legalidad Administrativa en el ámbito formal mientras no se derogue el Artículo 82 de la LOPA que prohíbe a la Administración revisar y revocar los actos administrativos que hubieren originado derechos subjetivos o intereses legítimos, personales y directos para un particular.

Asimismo, la potestad de la Administración para convalidar sus actos anulables (Art. 81, LOPA) no puede ser ejercitada cuando el particular afectado ya hubiere agotado la vía administrativa, o hubiere optado por ejercer directamente el recurso contencioso-administrativo correspondiente por ante el tribunal competente en los términos previstos en el Artículo 7.10 del Decreto con Rango, Valor y Fuerza de Ley Orgánica de la Administración Pública[80], pues en esos supuestos la decisión acerca de la validez del acto impugnado compete al juez de lo contencioso-administrativo.

---

78 Canova, González, Antonio. La Realidad de...*opus cit.*, p. 162.

79 Brewer-Carías, *Instituciones Fundamentales...opus cit.*, p. 47.

80 Artículo 7: "Las personas en sus relaciones con la Administración tendrán los siguientes derechos:..10. Ejercer a su elección y sin que fuere obligatorio el agotamiento de la vía administrativa, los recursos administrativos o judiciales que fueren procedentes para la defensa de sus derechos e intereses frente a las actuaciones u omisiones de la

Sin embargo, en la práctica, la cruda realidad, así como la actual "Administración" no es objeto del control de sus actuaciones por la inexistencia de una jurisdicción contencioso-administrativa integrada por jueces conocedores del Derecho, éticos, imparciales y autónomos, por las razones ya antes indicadas, tampoco es rasgo de esa organización pública respetar sus propias decisiones, salvo las que impliquen negar legítimas peticiones a los particulares (autorizaciones, permisos, licencias), desconocer derechos adquiridos, imponer sanciones administrativas y demás actos de gravamen, desfavorables, vale decir, de efectos negativos para la esfera jurídica de los interesados.

No creo exagerar afirmando que los denominados entes administrativos del supuesto "poder popular" se inspiran en la "Ideología", que no "Doctrina", de la Sala Constitucional del Tribunal Supremo de Justicia expresada en el fallo N° 1. 309 de 19 de julio de 2001, Caso: Herman Escarrá:

> ..."el Derecho es una teoría normativa presta al servicio de una política (la política que subyace tras el proyecto axiológico de la Constitución) y que la interpretación debe comprometerse, si quiere mantener la supremacía de ésta"; interpretación que según esa "Doctrina" no debe afectar "...la vigencia de dicho proyecto con elecciones interpretativas ideológicas que privilegien los derechos individuales a ultranza o acojan la supremacía del orden jurídico internacional sobre el derecho nacional en detrimento de la soberanía del Estado"[81].

El cinismo de los "Magistrados" es inocultable: llaman "proyecto axiológico" a lo que es un "proyecto ideológico" que además no subyace en la Constitución, y califican de "elecciones interpretativas ideológicas" que privilegien a los derechos individuales a lo que debería ser, con fundamento en la Constitución, lógicas "interpretaciones axiológicas" (La lógica inversa de la ideología comunista: la mentira es la verdad, la injusticia la justicia, como escribió Orwell en 1984).

He allí la verdad: la Administración, al igual que el resto de las entidades públicas está al servicio de un proyecto ideológico: el "socialismo del Siglo XXI" y a ese fin se supeditan la totalidad de los actos estatales. No es de extrañar, entonces, que la Constitución Nacional sea objeto de sistemática, continua y permanente violación.

### 3.3. Los contratos administrativos

El profesor Brewer-Carías finaliza su análisis de las fuentes de la Legalidad Administrativa de carácter particular con el punto de los "contratos administrativos", actos administrativos de naturaleza bilateral y de efectos particulares. Basándose en la Constitución de 1961 el autor de esa obra pionera fundamental en la historia del Derecho Administrativo venezolano, distingue dos categorías fundamentales de ese tipo de actos: los contratos

---

Administración Pública, de conformidad con la ley, salvo el procedimiento administrativo previo a las acciones contra la República".

81 *Vid.,* Canova, González, Antonio. *La Realidad del...opus cit.*, p. 149.

administrativos necesarios para el normal desarrollo de la Administración Pública celebrados por el Presidente de la República o el funcionario competente, sin que se requiera de la intervención legislativa y los contratos que denomina excepcionales, es decir, aquellos que para su celebración exigían la previa autorización o la posterior aprobación del entonces Congreso de la República.

Brewer-Carías considera que la naturaleza excepcional de esa última categoría de contratos administrativos se deriva de la propia Constitución, al consistir en contratos de tal importancia para el funcionamiento mismo del Estado, "que la Constitución exige para su celebración, además de la intervención del órgano ejecutivo, la autorización o aprobación del órgano legislativo como supremo representante de la soberanía popular"[82]. Y cita para ejemplificar el concepto a los contratos de empréstito público y operaciones de crédito público que, conforme a la Constitución de 1961, requerían para su validez, de una ley especial que los autorizase.

A partir de esa distinción, el autor plantea que el Principio de la Legalidad tiene un alcance diferente en ambos tipos de contratos. En los que son normales para el desarrollo de la Administración Pública, el Principio de Legalidad tendría efectos restringidos "*inter partes*". Pero, se pregunta "¿podríamos decir lo mismo respecto de los contratos administrativos que requieren aprobación legislativa, en los que, como hemos dicho, todos los administrados y las mismas personas públicas tienen interés?[83]

Su respuesta es negativa y se fundamenta en la propia exigencia constitucional de la aprobación legislativa mediante ley especial, cuya consecuencia, en su concepto, es que cualquier persona:

> ...podrá exigir ante la Corte, no ya el cumplimiento del contrato por alguno de los contratantes sino el control de la constitucionalidad del mismo. Esa es la principal finalidad de la aprobación legislativa, hacer que los terceros, ciertamente interesados como administrados, puedan exigir la conformidad con la Constitución del contrato, o, lo que es lo mismo, puedan exigir el cumplimiento del Principio de la Legalidad Administrativa[84].

¿Tienen vigencia esos conceptos relacionados con los contratos administrativos en el contexto normativo de la actual Constitución Nacional?

La Constitución de 1999 no establece la distinción a la que se refiere el profesor Brewer Carías, con base en el artículo 126 de la Carta Fundamental de 1961[85], entre los contratos que requieren de la aprobación del Poder Legislativo, que es la regla general, y aquellos que están excepcionados de

---

82 Brewer-Carías, *Instituciones Fundamentales*, *opus cit.*, pp. 48-49.

83 *Ibidem*, p. 50.

84 *Ibidem*.

85 Artículo 126: "Sin la aprobación del Congreso, no podrá celebrarse ningún contrato de interés nacional, salvo los que fueren necesarios para el normal desarrollo de la Administración Pública o los que permita la ley...".

esa aprobación por ser necesarios para el normal desarrollo de la Administración Pública, o porque así lo permita la ley.

En efecto, el Artículo 150 de la nueva Constitución remite a la ley la determinación de los contratos de "interés público nacional" que requieren de la aprobación de la Asamblea Nacional sin especificar si esa aprobación deba realizarse mediante ley u otro acto parlamentario.

Esa misma remisión a una ley se prevé en el Artículo 187.9 que otorga competencia a la Asamblea Nacional para autorizar al Ejecutivo Nacional para celebrar contratos de interés nacional, "en los casos establecidos en la ley", aunque para los contratos de interés público municipal, estadal o nacional con Estados o entidades extranjeras o con sociedades no domiciliadas en Venezuela, la norma no remite a la ley el procedimiento de la autorización parlamentaria, reservándole a la Asamblea Nacional esa autorización en forma directa.

Llama la atención que en la Exposición de Motivos de la Ley Fundamental del 99 se exprese que:

> En materia de contratos de interés público se mantiene, en general, la regulación constitucional existente, aunque se mejora su redacción. Se prevé, así, como regla general que los contratos de interés público nacional deben ser aprobados por la Asamblea Nacional en los casos que determine la ley.

Pues bien, esa no era la regla general prevista en la materia en la Constitución del 61 ya que, en ésta, como acota Brewer-Carías, tal principio o regla general era la exigencia de la aprobación legislativa sin remisión a ley alguna, es decir, se establecía un control del órgano parlamentario directo, no condicionado a la sanción de una ley especial que estableciese los tipos de contratos requeridos de esa aprobación.

Por otra parte, en la nueva normativa constitucional se eliminó la distinción entre los contratos excepcionados de la aprobación legislativa por constituir medios fundamentales para el normal desarrollo de las actividades de la Administración Pública, y los que sí requerían de esa aprobación (regla general). Además, no veo en qué se ha mejorado la redacción de tal normativa en el actual texto constitucional.

En consecuencia, tengo serias dudas acerca de la vigencia de la doctrina formulada por el profesor Brewer-Carías en el tema de los contratos administrativos como fuente de la Legalidad Administrativa, dada las modificaciones, antes precisadas, que en esa específica materia sufrieron las normas de la Constitución de 1961 en relación con la actual Constitución.

Por lo demás, es un hecho público y notorio que el Poder Ejecutivo y la Administración Pública del régimen de poder que impera para desgracia del país desde hace 15 años, se caracteriza por la violación de los contratos de interés público celebrados con empresa nacionales y extranjeras en diferentes ámbitos de la vida nacional, en especial en el petrolero y minero. Prueba de ello son las múltiples demandas contra la República en instancias internacionales por el incumplimiento de cláusulas contractuales y la rescisión unilateral de no pocos contratos violando los derechos y garantías procedimentales de los cocontratantes que la propia Constitución Nacional consagra.

Para quienes integran los órganos superiores del "Gobierno" y la "Administración" el contrato no es ley entre las partes, pues "la política que subyace tras el proyecto axiológico de la Constitución", vale decir, el proyecto de implantación del socialismo del Siglo XXI, justifica el ejercicio de un poder que no conoce límites, un poder abusivo, arbitrario, despótico.

## Conclusiones

En el desarrollo de este artículo ha quedado demostrado como la mayor parte de los conceptos y principios de la doctrina elaborada por el profesor Brewer-Carías en el tema de las Fuentes de la Legalidad Administrativa a partir del análisis, interpretación y sistematización de la normativa de la Constitución de 1961 y de la jurisprudencia de la Corte Federal y de Casación, y en especial de la Corte Suprema de Justicia, sigue teniendo vigencia en el ámbito formal no obstante los 50 años transcurridos desde la publicación de la primera edición de su libro "Las Instituciones Fundamentales del Derecho Administrativo y la Jurisprudencia venezolana".

Prueba de la anterior afirmación es la normativa de la Constitución Nacional de 1999, y de las Leyes Orgánicas de Procedimientos Administrativos (1982) y de la Administración Pública (2008), que formalizan los principios fundamentales de la "Teoría de las Fuentes de la Legalidad Administrativa", en particular la supremacía constitucional, el control jurisdiccional de las actuaciones de la Administración Pública, y el orden jerárquico de los actos que integran esas fuentes.

Pero, lamentablemente, y como también demostramos en este artículo con el auxilio del propio Brewer-Carías y de los connotados juristas citados en su oportunidad, no puede decirse lo mismo de la mayoría de las sentencias que conforman la jurisprudencia del Tribunal Supremo de Justicia signadas por la patente, burda y grosera inconstitucionalidad e ilegalidad, pues el más Alto Tribunal de la República desde hace unos 14 años rompió con una tradición de más de 60 años de ese mismo Tribunal que, con diferentes designaciones: Corte Federal y de Casación y Corte Suprema de Justicia, aplicó de manera sostenida el principio del control de la constitucionalidad y legalidad de las actuaciones de la Administración Pública, aun en gobiernos que no podrían calificarse como democráticos (El Gobierno de López Contreras 1936-41 y la dictadura militar 1948-58)[86].

---

86 Para evitar malentendidos es necesario diferenciar el Gobierno del Presidente López-Contreras que, aunque no puede ser calificado como un auténtico régimen democrático, sin embargo, puede decirse que constituyó un periodo de transición hacia la República democrática-liberal, proceso que fue interrumpido durante 10 años luego del golpe de Estado militar de octubre de 1948 con los 10 años de la dictadura militar.

Asimismo, el régimen de gobierno y administrativo que impera en el país desde hace 15 catastróficos años, ha venido sistemáticamente violando los valores, principios, derechos y garantías consagrados en la Constitución Nacional, así como en algunas leyes fundamentales dictadas por dicho régimen como es el caso del ya mencionado Decreto con Rango, Valor y Fuerza de Ley Orgánica de la Administración Pública y del Decreto con Rango, Valor y Fuerza de Ley de Simplificación de Trámites Administrativos (2008).

En este deplorable presente, las "Instituciones Fundamentales del Derecho Administrativo y la Jurisprudencia venezolana", obra pionera para el conocimiento y estudio del Derecho Administrativo cónsono con un Estado de Derecho, adquiere un significativo valor ético-jurídico dada la filosofía jurídica que animan sus páginas, que es la misma de la Constitución de 1999, a saber, el control de las actuaciones del poder estatal como medio para garantizar los derechos fundamentales de la persona humana y las libertades públicas.

---

Durante el periodo gubernamental de López Contreras surgieron los primeros partidos políticos modernos: la Organización Venezolana (ORVE), el Partido Republicano Progresista (PRP), la Federación de Estudiantes de Venezuela-Organización Política (FEV-OP) y el Partido Democrático Nacional (PDN). Sus líderes y dirigentes fueron expulsados del país raíz de su participación en la huelga petrolera de 1936.

# DISCRECIONALIDAD ADMINISTRATIVA. REFLEXIONES SOBRE DOS DOGMAS DEL DERECHO ADMINISTRATIVO A PARTIR DE LA OBRA DEL PROFESOR ALLAN RANDOLPH BREWER-CARÍAS

José Antonio Muci Borjas[1]

## Introducción

Comienzo por agradecer a los organizadores de este libro, que celebra los casi 60 años que el Profesor Brewer-Carías ha dedicado a la investigación, a la docencia y, en general, a la divulgación del conocimiento científico en materia de Derecho Público, por su gentil invitación a participar en tan sentida y merecida celebración.

Me propongo disertar sobre la discrecionalidad administrativa, tópico que ha sido -y que, de hecho, sigue siendo- una de las grandes cuestiones del Derecho Administrativo. Más particularmente, en este breve ensayo discurriré sobre dos dogmas del Derecho Administrativo íntimamente asociados a la discrecionalidad administrativa, a saber:

Primero, la incompetencia del juez contencioso-administrativo para revisar la oportunidad y la conveniencia de las decisiones adoptadas por la Administración.

Segundo, la incompetencia del juez para sustituir la decisión adoptada por la Administración en ejercicio de poderes discrecionales, so pretexto de la especialización de funciones de una y otra rama del Poder Público.

Y para hacerlo tomaré como punto de referencia algunas de las reflexiones que el Profesor Brewer-Carías ha realizado sobre el particular a lo largo de los años.

## 1. La discrecionalidad en la obra de Brewer-Carías

En una de las obras clásicas del Profesor Brewer-Carías, reveladora de sus grandes dotes de investigador, Brewer-Carías afirmaba que la Administración Pública "obra discrecionalmente cuando no está sometida al cum-

---

1 Profesor Titular de Derecho Administrativo en la Universidad Católica Andrés Bello. Individuo de Número de la Academia de Ciencias Políticas y Sociales.

plimiento de normas especiales en cuanto a la oportunidad de obrar"[2]. En esa misma obra Brewer-Carías citaba un fallo judicial pronunciado por la Corte Federal[3], de acuerdo con la cual:

Primero, "el acto discrecional se produce cuando la Administración actúa en ejercicio del poder de libre apreciación que le deja la ley para decidir si debe obrar o abstenerse, o cómo ha de obrar, o qué alcance ha de dar a su actuación".

Segundo, "que es de la naturaleza de todo acto realizado en ejercicio de una facultad discrecional, el que no pueda ser revisado o anulado por otro poder en lo que se refiere al mérito o fondo. Esta conclusión resulta evidente, porque de lo contrario, esa facultad discrecional no sería tal, ni propia de un poder".

Tras la sanción de la Ley Orgánica de Procedimientos Administrativos[4] y, consecuentemente, del régimen general que gobierna la discrecionalidad administrativa[5] en nuestro país, el Profesor Brewer-Carías afirmó que la Administración Pública disponía de "libertad legal" para "apreciar la oportunidad y conveniencia de ciertas actuaciones"[6].

En fecha mucho más reciente Brewer-Carías dejó constancia de los esfuerzos significativos, tanto jurisprudenciales como legislativos, tendentes a permitir que el juez contencioso-administrativo penetre de manera efectiva en el ámbito de la discrecionalidad, a los efectos de controlar la arbitrariedad[7].

Esos esfuerzos, según Brewer-Carías, obligan a revisar el principio cardinal del Derecho Administrativo, de acuerdo con el cual el juez no puede juzgar las razones de oportunidad o conveniencia que condujeron a la adopción de un acto administrativo, porque "el juez no puede sustituirse al

---

2 Brewer-Carías, Allan R. *Jurisprudencia de la Corte Suprema de Justicia 1930-74 y Estudios de Derecho Administrativo,* T. I (Ordenamiento constitucional y funcional del Estado), Instituto de Derecho Público de la Facultad de Derecho de la Universidad Central de Venezuela, Caracas, 1975, p. 20.

3 Ibid., pp. 613-614.

4 *Gaceta Oficial de la República* N° 2.818 Extraordinario, del 1° de julio de 1981.

5 Establece el artículo 12 de la Ley Orgánica de Procedimientos Administrativos que "aun cuando una disposición legal o reglamentaria deje alguna medida o providencia a juicio de la autoridad competente, dicha medida o providencia deberá mantener la debida proporcionalidad y adecuación con el supuesto de hecho y con los fines de la norma, y cumplir los trámites, requisitos y formalidades necesarios para su validez y eficacia".

6 Brewer-Carías, Allan R. *El Derecho Administrativo y la Ley Orgánica de Procedimientos Administrativos,* Editorial Jurídica Venezolana, Caracas, 1982, p. 46.

7 Brewer-Carías, Allan R. "Algunos aspectos del control judicial de la discrecionalidad en Venezuela", Ponencia para el Congreso de Derecho Administrativo, paralelo al VIII Foro Iberoamericano de Derecho Administrativo, Panamá, septiembre 2009. Para la elaboración de esa Ponencia Brewer-Carías reconoce haber partido de un estudio suyo, intitulado "Sobre los límites al ejercicio del poder discrecional", publicado en Delpiazzo, Carlos E. (Coordinador), *Estudios Jurídicos en Homenaje al Prof. Mariano Brito,* Fundación de Cultura Universitaria, Montevideo 2008, pp. 609-629.

administrador por motivos obvios de diferenciación y especialización de funciones conectadas con el principio de la separación de poderes"[8].

## 2. Revisión de dos dogmas del Derecho Administrativo asociados a la discrecionalidad administrativa

En homenaje al Profesor Brewer-Carías quisiéramos contribuir a repensar algunos de los *obiter dicta* del fallo *Depositaria Judicial,* invocado por Brewer-Carías en el último de los trabajamos de su autoría citado por nosotros.

### 2.1. La incompetencia del juez contencioso administrativo para revisar la oportunidad y la conveniencia de una medida administrativa dictada en ejercicio de potestades discrecionales

#### 2.1.1. *La oportunidad según la Ley Orgánica de la Administración Pública*

El primer aspecto al cual quiero referirme guarda relación con la revisión de la oportunidad de una medida administrativa por el juez contencioso-administrativo.

Si bien es cierto que la oportunidad de la actuación administrativa ha sido entendida tradicionalmente como circunstancia ajena o extraña al Derecho y, precisamente por ese dato, como circunstancia que escapaba al control –siempre de legalidad– del juez contencioso-administrativo venezolano, no es menos cierto que en nuestro Derecho la oportunidad constituye hoy por hoy principio jurídico que informa y condiciona toda la actuación administrativa. Es esto, y no otra cosa, cuanto dispone el artículo 10 de la Ley Orgánica de la Administración Pública, de acuerdo con el cual, cito, "la actividad de la Administración Pública se desarrollará con base en los principios de... oportunidad..."[9].

Aunque esa norma no ha sido objeto de análisis detenido por la doctrina y jurisprudencia venezolanas, por lo menos por lo que al principio de

---

8 Sala Político-Administrativa de la Corte Suprema de Justicia, Sentencia del 2 de noviembre de 1982, asunto *Depositaria Judicial La R.C., C.A.*, en *Revista de Derecho Público* N° 12, 1982, Editorial Jurídica Venezolana, Caracas, pp. 127-130.

9 *Gaceta Oficial de la República* N° 6.147 Extraordinario, del 17 de noviembre de 2014. El artículo 10 (Principios que rigen la actividad de la Administración Pública) establece textualmente lo siguiente: "La actividad de la Administración Pública se desarrollará con base en los principios de economía, celeridad, simplicidad, rendición de cuentas, eficacia, eficiencia, proporcionalidad, oportunidad, objetividad, imparcialidad, participación, honestidad, accesibilidad, uniformidad, modernidad, transparencia, buena fe, paralelismo de la forma y responsabilidad en el ejercicio de la misma, con sometimiento pleno a la ley y al derecho, y con supresión de las formalidades no esenciales. La simplificación de los trámites administrativos, así como la supresión de los que fueren innecesarios será tarea permanente de los órganos y entes de la Administración Pública, de conformidad con los principios y normas que establezca la ley correspondiente".

oportunidad respecta, debemos destacar aquí que los distintos principios del artículo 10 de la Ley Orgánica de la Administración Pública constituyen, en palabras del Tribunal Supremo de Justicia, "reglas"[10], de Derecho se sobreentiende; verdaderos "imperativos legales"[11], cuya infracción puede comportar la nulidad del acto administrativo, entre otras razones, por causa de su inoportunidad.

En virtud de la juridificación del principio de oportunidad, por su expresa inclusión en el artículo 1 de la Ley Orgánica de la Administración Pública, y de la consecuente transformación de la oportunidad en parámetro jurídicamente relevante al momento de valorar la licitud de cualquier medida administrativa, parece obligado concluir que la oportunidad ha dejado de ser un criterio meta-jurídico.

Comoquiera que la oportunidad ha dejado de ser principio o concepto al margen del Derecho, se impone la revisión de la tesis tradicional que negaba al juez contencioso-administrativo poder para controlarla, pues ya no pareciera posible afirmar, sin más, que la oportunidad sea materia –excluida de plano– del control integral –de Derecho– que el artículo 259 de la Constitución encomienda a la jurisdicción contencioso-administrativa[12].

Recapitulando, la juridificación del principio pareciera constituir argumento suficiente para habilitar al juez contencioso-administrativo para que también controle, exartículo 259 de la Constitución, que las decisiones administrativas objeto de revisión sean oportunas.

Y dicho cuanto antecede, entendemos que el control judicial al cual aludimos ha de centrarse sobre el proceso conducente a la creación o producción de la decisión administrativa y atender a la suficiencia de la información en poder de la Administración. Por tanto, calificaría como inoportuna la decisión fundada en datos incompletos o en datos que no han sido debidamente verificados. Así mismo, calificaría como inoportuna la decisión adoptada en función de pronósticos o predicciones de dudosa plausibilidad sobre los efectos que la medida administrativa producirá[13].

---

10 Sala Político-Administrativa del Tribunal Supremo de Justicia, Sentencia N° 607, del 2 de junio de *2015, Asunto Alimentos Heinz, CA.*

11 Sala Constitucional del Tribunal Supremo de Justicia, Sentencia N° 952, del 21 de noviembre de 2016, asunto *Constitucionalidad del Decreto N° 2.548, que declara el Estado de Excepción y de la Emergencia Económica.*

12 *Gaceta Oficial de la República* N° 5.908 Extraordinario, del 19 de febrero de 2009. El artículo 259 establece: "La jurisdicción contencioso administrativa corresponde al Tribunal Supremo de Justicia y a los demás tribunales que determine la ley. Los órganos de la jurisdicción contencioso administrativa son competentes para anular los actos administrativos generales o individuales contrarios a derecho, incluso por desviación de poder; condenar al pago de sumas de dinero y a la reparación de daños y perjuicios originados en responsabilidad de la Administración; conocer de reclamos por la prestación de servicios públicos y disponer lo necesario para el restablecimiento de las situaciones jurídicas subjetivas lesionadas por la actividad administrativa".

13 *Vid.*, Giannini, Massimo Severo, *Diritto Amministrativo,* Volume Secondo, Dott. A. Giuffre Editore, S.p.a., Milano, 1993, terza edizione, pp. 327.

Si se quiere, el artículo 1 de la Ley Orgánica de la Administración Pública no hace más que reconocer, de manera virtual o implícita, que en cada caso concreto la "solución oportuna" no puede ser sino una sola[14].

### 2.1.2. *La conveniencia*

Disertemos ahora, así sea muy brevemente, sobre la conveniencia.

Pareciera posible afirmar que solo puede calificar como oportuna la decisión administrativa que realmente conviene al interés público merecedor de tutela jurídica; y, a la inversa, que únicamente puede calificar como conveniente la medida administrativa que verdaderamente resulta oportuna, consideradas las distintas circunstancias –de tiempo y espacio, *inter alia*– que debían ser ponderadas al momento de decidir[15].

Dicho de otra manera, pareciera posible afirmar que la juridificación del principio de oportunidad comporta un efecto colateral o reflejo: juridifica también el juicio de conveniencia de la Administración, cuando ésta produce actos en ejercicio de poderes discrecionales.

Y justamente por ello ya no cabe afirmar –de plano– que del control, en principio plenario, encomendado al juez contencioso-administrativo, quede excluido el control sobre el juicio de conveniencia.

### 2.1.3. *Recapitulación*

Quisiera concluir estas reflexiones sobre el principio de oportunidad y la conveniencia de la actuación administrativa citando un fallo de nuestro más alto Tribunal, de acuerdo con el cual el poder amplio concedido a la Administración para "apreciar la oportunidad y conveniencia de sus decisiones en determinados supuestos, están delimitadas por ciertos parámetros [jurídicos] que deben ser considerados inexorablemente a los fines de evitar la arbitrariedad en el ejercicio de la función pública"[16].

El fallo judicial invocado con anterioridad agrega, cito, que "la irrevisabilidad (sic.) del acto discrecional sólo alcanza el mérito de la decisión, *en tanto* ésta no sea desproporcionada, no constituya abuso o desviación de poder o carezca de causa legítima".

Y para disipar cualquier duda acerca del alcance de su decisión, el Tribunal Supremo de Justicia concluye que "todos los presupuestos del acto

14 *Ibid.*, p. 326.

15 De acuerdo con el Diccionario de la Lengua Española, oportunidad (Del lat. *opportunĭtas, -ātis.*) es el momento o circunstancia oportuno o conveniente para algo. Por su parte, conveniencia (Del lat. *convenientia.*) significa utilidad o provecho, variables –utilidad o provecho– que dependen de la oportunidad, porque lo útil y provechoso hoy puede no serlo mañana. La conexión entre uno y otro término se torna más evidente al tomar en consideración que conveniente (Del lat. *conveniens, -entis.*) significa útil, oportuno, provechoso, conforme y proporcionado.

16 Sala Político-Administrativa del Tribunal Supremo de Justicia, Sentencia N° 310, del 14 de febrero de 2006, asunto *Tresy Medio Eventos, C.A.*

[incluidas, se entiende, su oportunidad y conveniencia]...deben ser revisados por el sistema de justicia nacional"[17].

Una atenta lectura del pronunciamiento judicial citado, particularmente en lo tocante a las causales que justifican el examen del mérito de la decisión administrativa –falta de proporcionalidad, abuso de poder, desviación de poder e ilegitimidad de la causa– aclara o precisa que para nuestro más alto Tribunal la conveniencia de una medida administrativa, al igual que su oportunidad, se hallan condicionadas por el principio constitucional de interdicción de la arbitrariedad[18] y, por consiguiente, que esta regla o canon puede ser utilizado para controlar tanto la oportunidad como la conveniencia. Aclara, dicho de otro modo, que el control plenario encomendado al juez contencioso-administrativo se extiende a la conveniencia y a la oportunidad de los actos de la Administración.

Una reflexión final, esta vez de Derecho comparado: en Francia el juez de la Administración ejerce un control reforzado sobre las medidas de policía administrativa, limitativas de derechos y libertades reconocidas y protegidas por la ley, y según la doctrina, en estos casos el Consejo de Estado francés ejerce un control que se aproxima a un control de la conveniencia[19].

---

17 Los razonamientos del fallo sirvieron para desaplicar el artículo 46 del Código Orgánico Tributario de 2001 *(Gaceta Oficial de la República* N° 37.305, del 17 de octubre de 2001), que negaba el derecho a revisión de la decisión –discrecional– dictada por la Administración Tributaria para rechazar la solicitud de prórroga o de facilidades de pago formulada por un contribuyente, considerando que violaba el derecho fundamental a la tutela judicial efectiva. El artículo 46 establecía: "Las prórrogas y demás facilidades para el pago de obligaciones no vencidas, podrán ser acordadas con carácter excepcional en casos particulares. A tal fin, los interesados deberán presentar la solicitud al menos quince (15) días hábiles antes del vencimiento del plazo para el pago, y sólo podrán ser concedidas cuando a juicio de la Administración Tributaria se justifiquen las causas que impiden el cumplimiento normal de la obligación. La Administración Tributaria deberá responder dentro de los diez (10) días hábiles siguientes a la presentación de la solicitud. La decisión denegatoria no admitirá recurso alguno. En ningún caso podrá interpretarse que la falta de pronunciamiento de la Administración Tributaria implica la concesión de la prórroga o facilidad solicitada. Las prórrogas y demás facilidades que se concedan causarán intereses sobre los montos financiados, los cuales serán equivalentes a la tasa activa bancaria vigente al momento de la suscripción del convenio. Si durante la vigencia del convenio, se produce una variación de diez por ciento (10%) o más entre la tasa utilizada en el convenio y la tasa bancaria vigente, se procederá al ajuste de las cuotas restantes utilizando la nueva tasa. Parágrafo Único: Las prórrogas y demás facilidades para el pago a los que se refiere este artículo no se aplicarán en los casos de obligaciones provenientes de tributos retenidos o percibidos, así como de impuestos indirectos cuya estructura y traslación prevea la figura de los denominados créditos y débitos fiscales".

18 *Vid., mutatis mutandis,* Sala Político-Administrativa del Tribunal Supremo de Justicia, Sentencia N° 24, del 14 de enero de 2009, asunto *José Gregario Ruíz.*

19 Long, M., Weil, P., Braibant, G., Devolvé, P. y Genevois, B., *Les grands arrêts de la jurisprudence administrative,* C.E. 4 avr. 1914, Gomel, Rec. 488, Éditions Dalloz, Paris, 1993 pp. 159-167; y, Nieto, Alejandro, "La Administración sirve con objetividad los intereses generales", *Estudios sobre la Constitución Española.* Homenaje al Pro-

## 2.2. Los poderes de sustitución del juez contencioso-administrativo, con particular referencia a la especialización de funciones

El segundo asunto al cual quiero referirme guarda relación con los poderes de sustitución de la Administración, que el fallo *Depositaria Judicial* le niega al juez por causa del principio constitucional de división del Poder Público –*i.e.*, por motivos, parafraseando el fallo *Depositaria Judicial,* de diferenciación y especialización de las funciones que atañen a cada una de las ramas llamadas a ejercer el Poder Público–.

### 2.2.1. *La ponderación de intereses como actividad propia de la Administración Pública y la Ley Orgánica de la Jurisdicción Contencioso-Administrativa*

La discrecionalidad administrativa típica descansa sobre la ponderación de los intereses públicos y privados enfrentados[20]. Así, primero se identifican los intereses relevantes; luego, en atención a las circunstancias del caso, se le atribuye peso o importancia a cada uno de tales intereses; y, finalmente, con base en la ponderación de intereses legalmente permitida se decide cuál de ellos ha de prevalecer por imperativo de ley[21]. Tradicionalmente la doctrina y jurisprudencia han sostenido que esa ponderación es materia que corresponde a la Administración es exclusiva.

Ahora bien, para garantizar el derecho constitucional a una tutela judicial que, por imperativo constitucional, ha de ser efectiva, la Ley Orgánica de la Jurisdicción Contencioso-Administrativa[22] le reconoce al juez poder para ponderar los intereses generales en conflicto y el derecho o interés que el particular hace valer en juicio, a los fines del ejercicio de su poder cautelar general[23]. El artículo 104 de la Ley Orgánica de la Jurisdicción Contencioso Administrativa establece textualmente:

---

fesor Eduardo García de Enterría, T. III, Editorial Civitas, S.A., Madrid, 1991, pp. 2.245.

20 Giannini, Massimo Severo, *op.. cit.,* p. 324; y, Muci Borjas, José Antonio, "Procedimientos y Administración Pública", *Boletín de la Academia de Ciencias Políticas y Sociales,* N° 147, enero-diciembre 2009, Caracas, 2009, pp. 73-112.

21 Santamaria Pastor, Juan Alfonso, *Principios de Derecho Administrativo,* Volumen 1, Editorial Centro de Estudios Ramón Areces, S.A., Madrid, 1998, pp. 109-110. En palabras de Santamaria Pastor, en virtud del principio de objetividad -previsto, en la legislación venezolana, por el artículo 10 de la Ley Orgánica de la Administración Pública-, "la actividad [administrativa] ha de desarrollarse mediante una exacta ponderación de todos los intereses en juego que la Ley ordena proteger en cada caso (e.g., los de todos los aspirantes en un concurso), o de acuerdo con criterios técnicos de congruencia o razonabilidad generalmente admitidos". Por tanto, la ponderación de intereses vendría a ser corolario del principio de objetividad.

22 *Gaceta Oficial de la República* N° 39.451, del 22 de junio de 2010.

23 El artículo 104 de la Ley Orgánica de la Jurisdicción Contencioso-Administrativa debe ser concatenado con el 4° *eiusdem,* a tenor del cual "el Juez o Jueza es el rector del proceso y debe impulsarlo de oficio o a petición de parte, hasta su conclusión. El Juez Contencioso Administrativo está investido de las más amplias potestades caute-

> A petición de las partes, en cualquier estado y grado del procedimiento el tribunal podrá acordar las medidas cautelares que estime pertinentes para resguardar la apariencia del buen derecho invocado y garantizar las resultas del juicio, ponderando los intereses públicos generales y colectivos concretizados y ciertas gravedades en juego, siempre que dichas medidas no prejuzguen sobre la decisión definitiva.
> El tribunal contará con los más amplios poderes cautelares para proteger a la Administración Pública, a los ciudadanos o ciudadanas, a los intereses públicos y para garantizar la tutela judicial efectiva y el restablecimiento de las situaciones jurídicas infringidas mientras dure el proceso.
> En causas de contenido patrimonial, el tribunal podrá exigir garantías suficientes al solicitante.

Por su objeto, la ponderación de intereses que el encabezamiento del artículo 104 de la Ley Orgánica de la Jurisdicción Contencioso-Administrativa encomienda al juez al momento de proveer sobre una medida cautelar se asemeja, por lo que a su sustancia se refiere, a la exigida por el artículo 25, numeral 2, de la Ley Orgánica de la Administración Pública, que impone a los órganos y entes de la Administración el deber de "ponderar, en ejercicio de sus competencias, la totalidad de los intereses públicos implicados[24].

Cada vez que releo el artículo 104 de la Ley Orgánica de la Jurisdicción Contencioso-Administrativa me asalta la misma pregunta: ¿si la ley autoriza al juez contencioso-administrativo para ponderar los intereses en conflicto y, con base en esa ponderación, decretar las medidas cautelares que juzgue adecuadas, por qué no puede hacer esa misma operación intelectual al momento de decidir el fondo?

Somos del criterio que si el juez puede ponderar los intereses en juego a los efectos de regular la relación jurídica de manera provisional, esto es, hasta tanto se decida el pleito, porque esa ponderación resulta necesaria para impartir justicia, en los términos exigidos por la Constitución, pues entonces también cuenta con poder suficiente para ponderar tales intereses a los fines de regular esa misma relación jurídica, esta vez de manera permanente, a través del fallo -definitivo- mediante el cual se administra

---

lares. A tales efectos podrá dictar, aún de oficio, las medidas preventivas que resulten adecuadas a la situación fáctica concreta, imponiendo órdenes de hacer o no hacer a los particulares, así como a los órganos y entes de la Administración Pública, según el caso concreto, en protección y continuidad sobre la prestación de los servicios públicos y en su correcta actividad administrativa". En sentido coincidente, Pugliese afirma en Italia que al decretar una medida cautelar el juez contencioso-administrativo puede ponderar los intereses –particulares y generales– en conflicto, en términos análogos a como lo hace la Administración en el procedimiento administrativo (Pugliese, Francesco, "Le ragioni del controinteressato nell'evoluzione della tutela cautelare", *Rivista di Diritto Processuale Amministrativo,* número3/l.988, Giuffré Editore, Milano, p. 396).

24 Establece el artículo 25 (Principio de lealtad institucional*)* que "los órganos y entes de la Administración Pública actúan y se relacionan de acuerdo con el principio de lealtad institucional y, en consecuencia, deberán:… 2. Ponderar, en el ejercicio de las competencias propias, la totalidad de los intereses públicos implicados".

justicia efectiva por lo que al fondo de la controversia respecta. Una y otra disciplina judicial, aludimos a las derivadas del fallo cautelar y del fallo definitivo, encuentran su justificación en una misma y única razón: el derecho constitucional a una tutela judicial efectiva que asiste al recurrente.

De lo que se trata, a fin de cuentas, es de controlar judicialmente el cumplimiento del deber legal de tutelar el interés público de la mejor manera posible, y, por consiguiente, de dictar la decisión administrativa más adecuada[25], que la ley impone a una Administración que, por mandato constitucional, se encuentra al servicio de los ciudadanos[26].

De acuerdo con nuestra Constitución, no basta cualquier clase de tutela judicial. Ciertamente, el artículo 26 constitucional rechaza la tutela judicial nominal de derechos e intereses y exige, por el contrario, una tutela judicial real, verdadera, que desde el punto de vista sustantivo ponga punto final a la controversia surgida –en nuestro caso– con la Administración.

Las distintas decisiones judiciales pronunciadas a lo largo de las últimas décadas sobre el poder de sustitución del juez contencioso-administrativo ponen de manifiesto las marchas y contramarchas que han caracterizado la interpretación del artículo 26 de la Constitución. Veamos.

### 2.2.2. *La Corte Primera de lo Contencioso-Administrativo*

El primero de los fallos que merece la pena citar puso fin a un litigio en el que se demandaba *i)* la nulidad de los actos administrativos que habían decretado la remoción y retiro de un funcionario público, *ii)* la reincorporación de dicho funcionario al cargo que desempeñaba o, alternativamente, a uno de igual o superior jerarquía, junto con *iii)* el pago de los sueldos dejados de percibir hasta la fecha de la decisión judicial que ordenase la ejecución de la sentencia definitiva[27].

La sentencia pronunciada por la Corte Primera de lo Contencioso Administrativo deja constancia, por una parte, que son muchas las decisiones judiciales que niegan al juez contencioso-administrativo el poder para sus-

25 *Vid.*, Giannini, Massimo Severo, *op. cit.*, pp. 326-327.

26 A tenor del artículo 141 de la Constitución venezolana, "la Administración Pública está al servicio de los ciudadanos y ciudadanas y se fundamenta en los principios de honestidad, participación, celeridad, eficacia, eficiencia, transparencia, rendición de cuentas y responsabilidad en el ejercicio de la función pública, con sometimiento pleno a la ley y al derecho".

27 Corte Primera de lo Contencioso Administrativo, Sentencia s/n, del 26 de julio de 2001, asunto *Hernán Gutiérrez*. Las decisiones impugnadas, dictadas en ejercicio de potestades discrecionales, se fundaban en el artículo 4, ordinal 3°, de la Ley de Carrera Administrativa *(Gaceta Oficial de la República* N° 1.745 Extraordinario, del 23 de mayo de 1975), que establecía: "Se consideran funcionarios de libre nombramiento y remoción, los siguientes:... 3°.- Los demás funcionarios públicos que ocupen cargos de alto nivel o de confianza en la Administración Pública Nacional y que por la índole de sus funciones, el Presidente de la República mediante Decreto, excluya de la carrera administrativa, previa aprobación por el Consejo de Ministros".

tituir la Administración; y, por la otra, que en otras muchas "simplemente el Juez se sustituye sin hacer justificación expresa al fundamento de ello".

Deja constancia, además, que en los casos en los que el juez ha justificado su poder de sustitución lo ha hecho afirmando que "...conforme al artículo 206 de la Constitución y 131 de la LOCSJ [vigentes *rationae temporis*] la función jurisdiccional de los Tribunales Contencioso Administrativos es plena y no limitada únicamente al aspecto declarativo de la nulidad de las decisiones administrativas ilegales"[28].

Y sentada esa premisa, el fallo judicial añade que:

> ...el juez podrá sustituirse en la medida en que las partes suministren elementos de juicio suficientes, en cuyo caso la situación jurídica debe ser restablecida directamente por el juzgador, o de no haberlos, indirectamente, sentando en la propia sentencia las bases para su ulterior ejecución, porque así lo exige la efectividad de la tutela judicial que la Constitución garantiza.

### *2.2.3. La Sala Político-Administrativa del Tribunal Supremo de Justicia*

Años más tarde la Sala Político-Administrativa del más alto Tribunal decidió el recurso de apelación que había sido propuesto contra la sentencia en la que un juez contencioso-tributario, previa anulación de un reparo impositivo, había procedido a cuantificar la obligación tributaria adeudada a un Municipio, habida consideración que en el expediente judicial constaban los elementos necesarios para la determinación del tributo[29]. Según la Sala Político-Administrativa, constatado el incumplimiento de la obligación tributaria, el juez de primera instancia "sí podía...determinar las cantidades correspondientes a tributos y accesorios, concretamente a los montos debidos por concepto de Impuesto de Industria, Comercio, Servicios e Índole Similar, así como los intereses moratorios".

---

[28] Los artículos 206 de la Constitución *(Gaceta Oficial de la República* N° 662 Extraordinario, del 23 de enero de 1961) y 131 de la Ley Orgánica de la Corte Suprema de Justicia *Gaceta Oficial de la República* N° 1.893 Extraordinario, del 30 de julio de 1976) establecían, respectivamente, que "la jurisdicción contencioso-administrativa corresponde a la Corte Suprema de Justicia y a los demás Tribunales que determine la ley. Los órganos de la jurisdicción contencioso-administrativa son competentes para anular los actos administrativos generales o individuales contrarios a derecho, incluso por desviación de poder; condenar al pago de sumas de dinero y a la reparación de daños y perjuicios originados en responsabilidad de la administración, y disponer lo necesario para el restablecimiento de las situaciones jurídicas subjetivas lesionadas por la actividad administrativa"; y, que "en su fallo definitivo la Corte declarará si procede o no la nulidad del acto impugnado y determinará los efectos de su decisión en el tiempo. Igualmente, la Corte podrá de acuerdo con los términos de la respectiva solicitud, condenar el pago de sumas de dinero y a la reparación de daños y perjuicios originados en responsabilidad de la administración, así como disponer lo necesario para el restablecimiento de las situaciones jurídicas subjetivas lesionadas por la actividad administrativa".

[29] Sentencia N° 1.009, del 8 de julio de 2009, asunto Distribuidora de Motores Cordillera Andina Compañía Anónima (Dimca C.A.).

La decisión judicial citada agrega que esa determinación:

> ...no constituye una usurpación de funciones, pues es competencia de los jueces tributarios revisar la legalidad o no de los actos administrativos emanados de la Administración, así como verificar la correcta aplicación de los textos legales y, en consecuencia, las determinaciones efectuadas, ya que se encuentran en controversia tanto los intereses patrimoniales del Estado, como los derechos subjetivos de los particulares.

### 2.2.4. *La Sala Constitucional del Tribunal Supremo de Justicia*

En el asunto Ricardo Cella[30], la decisión judicial que comentamos a continuación fue pronunciada en el marco de un proceso de amparo constitucional, propuesto contra la sentencia de un juez contencioso-administrativo en la que éste había determinado el canon de arrendamiento máximo de un inmueble, previa desaplicación, por razones de constitucionalidad, del artículo 79 de la Ley de Arrendamientos Inmobiliarios[31].

Según el fallo, a la jurisdicción contencioso-administrativa le corresponde proteger tanto el interés público como los derechos e intereses de los particulares. Y sentada esa proposición, el fallo añadió que de conformidad con lo establecido por el artículo 259 de la Constitución, el juez contencioso-administrativo puede incluso:

> ...sustituirse en el órgano o ente autor del acto anulado, a fin de proveer en sede judicial aquello a que tenía derecho el particular y que le fue negado o limitado en contrariedad con el Derecho, por lo que mal pueden disposiciones de rango legal... limitar o eliminar el ejercicio de tales atribuciones [judiciales].

En el asunto Cervecerías Polar Los Cortijos C.A. *et al.*[32], en otro orden de ideas, en sentencia posterior en fecha, que decidió la demanda de nulidad propuesta contra el artículo 211 del Decreto-Ley de Tierras y Desarrollo

---

30 Sala Constitucional del Tribunal Supremo de Justicia, Sentencia N° 559, del 17 de marzo 2003, asunto *Ricardo Zandegiacomo Cella Zamberlan.*

31 *Gaceta Oficial de la República,* N° 36.845, del 7 de diciembre de 1999. El artículo 79 de la Ley de Arrendamientos Inmobiliarios establecía: "Las sentencias que decidan los recursos contenciosos inquilinarios de nulidad contra los actos regulatorios de los cánones máximos de arrendamiento no podrán fijar su monto. La decisión de mérito deberá quedar circunscrita a los poderes de los jueces contenciosos administrativos conforme a la ley especial sobre la materia. En caso de que sea declarada la nulidad del acto regulatorio mediante sentencia definitivamente firme, el órgano regulador deberá proceder a dictar el nuevo acto conforme a lo establecido en la sentencia judicial, en cuyo caso, deberá reiniciarse un nuevo procedimiento administrativo conservando pleno valor jurídico todas aquellas actuaciones, pruebas y actos que sean acordes con el fallo o que no hayan sido declarados nulos por el mismo".

32 Sala Constitucional del Tribunal Supremo de Justicia., Sentencia N° 962, del 9 de mayo de 2006, asunto *Cervecerías Polar Los Cortijos CA. et al.*

Agrario[33], la Sala Constitucional del Tribunal Supremo de Justicia ratificó decisión suya previa[34] y, hecho esto, agregó que:

> ...los órganos de la jurisdicción contencioso-administrativa tienen atribuida la facultad de sustituirse en determinados casos en la Administración, cuando ello sea necesario para garantizar una tutela judicial efectiva, con base en los principios y valores del Estado Democrático y Social de Derecho y de Justicia, [en el que]... la plena jurisdicción del contencioso administrativo no sólo se limita a declarar la nulidad de la actuación o de la abstención, sino también de proveer lo necesario para tutelar los derechos e intereses de quienes han visto cercenados sus derechos por el arbitrario proceder de la Administración.

Que el juez contencioso administrativo:

> ...se encuentra constitucionalmente habilitado para trascender el mero control de legalidad sobre la actuación administrativa de los órganos del Poder Público, toda vez que constituye un mandato constitucional el deber de restituir las situaciones jurídicas que pudieran haber sido lesionadas por la actuación u omisión sub-legal del Estado.

Y, finalmente, que:

> ...de acuerdo con los principios de tutela judicial efectiva y colaboración de poderes, el juez contencioso administrativo puede desarrollar, en determinados casos, una actividad que desde el punto de vista sustancial –no así orgánico– podría ser calificada como una función administrativa.

En el asunto Inversiones Mayta C.A., la última de las decisiones que consideramos dignas de mención versó, una vez más, sobre el artículo de la 79 Ley de Arrendamientos Inmobiliarios[35].

De acuerdo con este último fallo, la constitucionalidad de una disposición legal limitativa del poder de sustitución del poder del juez contencioso-administrativo depende de la naturaleza de la potestad que la Administración esté llamada a ejercer. Si la decisión que la Administración debe dictar tiene carácter discrecional, "el límite [legal impuesto] al poder de sustitución del juez contencioso no sería inconstitucional, sino, por el con-

---

33 *Gaceta Oficial de la República*, 37.323 del 13 de noviembre de 2001. El artículo 211 establecía: "El juez agrario debe velar por el mantenimiento de la seguridad agroalimentaria de la Nación y el aseguramiento de la biodiversidad y la protección ambiental. En tal sentido, el juez agrario, exista o no juicio, deberá dictar oficiosamente las medidas pertinentes a objeto de asegurar la no interrupción de la producción agraria y la preservación de los recursos naturales renovables, haciendo cesar cualquier amenaza de paralización, ruina, desmejoramiento o destrucción. Dichas medidas serán vinculantes para todas las autoridades públicas, en acatamiento del principio constitucional de seguridad y soberanía nacional".

34 *Ut supra,* nota a pie de página N° 30.

35 Sala Constitucional del Tribunal Supremo de Justicia, Sentencia N° 695, del 18 de abril de 2007, asunto *Inversiones Mayta C.A.*

trario, acorde con el ámbito de sus facultades jurisdiccionales y al principio de separación de poderes"[36].

Este último fallo, no hay duda, desdice la postura que sobre esta materia venía siendo afirmada por la Corte Primera de lo Contencioso Administrativa, la Sala Político-Administrativa del Tribunal Supremo de Justicia y la propia Sala Constitucional del Tribunal Supremo de Justicia.

Dicho esto, luce pertinente destacar que la conclusión a la cual arriba el fallo que decidió el asunto *Jrwersiones Mayta C.A.* se funda en una argumentación parcial o incompleta. Sus fundamentos, decíamos, distan mucho de ser argumentos completos o acabados por diversas razones, a saber:

Primero porque es producto de una lectura desintegrada de la Constitución[37] -desintegrada, decimos, porque el juez tomó con pinzas un único principio constitucional (división del Poder Público), fijó su mirada sólo en él y, atendiendo única y exclusivamente a las consecuencias que de él en principio se derivan, procedió a fallar, sin tener en cuenta que ese principio forma parte integrante de un todo más grande–.

Segundo, porque ignora uno de los factores que debía considerar en su razonamiento: el derecho a la tutela judicial, que ha de ser efectiva. La efectividad de la tutela judicial garantizada por la Constitución no cabe duda en propósito, matiza o condiciona el principio de división del Poder Público. Por tanto, so pretexto del respeto del principio de división del Poder no puede desdibujarse o, peor aún, desvirtuarse el derecho a la tutela judicial, particularmente en los casos en los que la efectividad de dicha tutela depende, precisamente, de que el juez sustituya a la Administración.

Tercero, porque ignora que el artículo 259 de la Constitución le encomienda a la justicia contencioso-administrativa un control plenario, esto es, un control cumplido, de toda la actuación administrativa.

Como si ello no bastara, el fallo que decidió el asunto *ınversiones Mayta C.A.* carece de motivación adecuada, porque no expone razón alguna que justifique el abandono del criterio que la Sala Constitucional del Tribunal Supremo de Justicia había afirmado en Cervecerías Polar Los Cortijos C.A. *et al.*

---

36 Según el Fallo, el acto de regulación del alquiler se expide "en ejercicio de una facultad *mayormente reglada,* pues deriva de la apreciación y evacuación de informes periciales acerca del valor del inmueble, los cuales dependen, a su vez, de factores objetivos, como la ubicación del inmueble, edad y características de la construcción, valor del terreno, caracteres urbanísticos, servicios públicos adyacentes, entre otros, sin que dependan de la apreciación facultativa o discrecional de la Administración". Precisamente por ello, añade la Sala, "el artículo 79 de la Ley de Arrendamientos Inmobiliarios es excesiva e inconstitucionalmente limitativo de las potestades restablecedoras del juez".

37 Tribe, Lawrence H. y Dorf, Michael C., *On Reading the Constitution,* Harvard University Press, Cambridge Massachusetts and London, England, 1991, p. 23.

### 2.2.5. *Recapitulación*

Los poderes de sustitución del juez contencioso-administrativo derivan, por una parte, de las exigencias que impone el derecho a una tutela judicial efectiva garantizado por el artículo 26 de la Constitución, y por la otra, del control judicial plenario que el artículo 259 *eiusdem* encomienda a los órganos integrantes de la jurisdicción contencioso-administrativa.

Los jueces contencioso-administrativos pueden adoptar decisiones en las que sustituyan a la Administración, si cuentan con elementos de juicio suficientes.

La inclusión del principio de oportunidad en la Ley Orgánica de la Administración Pública de 2008[38] y el reconocimiento por la Ley Orgánica de la Jurisdicción Contencioso-Administrativa de la facultad para ponderar los intereses en conflicto *en lieu et en place de* la Administración, justifican la cumplida admisión del poder judicial de sustitución.

Hasta aquí las muy breves reflexiones en homenaje a quien tuve la buena fortuna de tener como Profesor, dentro y fuera del aula de clases, y a quien, hoy por hoy, tengo el privilegio de tener por amigo.

---

[38] *Gaceta Oficial de la República,* N° 5.890 Extraordinario, del 31 de julio de 2008.

# CONCEPTO Y NATURALEZA DEL CONTRATO ADMINISTRATIVO EN ALLAN R. BREWER-CARÍAS

Carlos García Soto[1]

## Introducción

Como ocurre con otras de las instituciones fundamentales del Derecho Administrativo venezolano, explicar la evolución del concepto de "contrato administrativo" bien puede hacerse a partir del pensamiento de Allan R. Brewer-Carías. Porque en el caso del "contrato administrativo", como ha ocurrido con otras instituciones del Derecho Administrativo en Venezuela, la evolución de esa institución ha sido consecuencia, en gran medida, de la evolución del pensamiento de Allan R. Brewer-Carías. Así que el presente trabajo sirve como una muestra de cuál ha sido la evolución que el concepto de "contrato administrativo" ha sufrido en Venezuela. Evolución que se estudiará siguiendo como hilo conductor los planteamientos que sobre el tema ha realizado de Allan R. Brewer-Carías.

Señalaremos que hay tres momentos en el pensamiento de Allan R. Brewer-Carías sobre el concepto y la naturaleza del contrato administrativo. Una primera etapa, que se ubica en 1964, en la cual se entiende a los contratos administrativos como contratos sometidos a normas jurídicas autónomas, distintas a lo que se consideraba como el régimen de los contratos sometidos al Derecho Privado (o Común). Una segunda etapa, en la que se considera a los contratos que celebra la Administración como contratos en los que hay que distinguir entre aquellos que se basan en un régimen preponderante de Derecho Administrativo y otros que se basan en un régimen preponderante de Derecho Civil, abandonando así el concepto de "contrato administrativo". Y una tercera etapa, en la que a partir de la posición asumida en esa segunda etapa, se insiste en la equivalencia de los conceptos de contratos administrativos, contratos públicos y contratos del Estado.

## 1. Los contratos administrativos como contratos sometidos a normas jurídicas autónomas

Cuando Brewer-Carías advierte en *Las Instituciones Fundamentales del Derecho Administrativo y la Jurisprudencia Venezolana* la distinción entre

1 Director de la Escuela de Derecho de la Facultad de Ciencias Jurídicas y Políticas de la Universidad Monteávila.

los contratos celebrados por la Administración bajo la forma de contratos de Derecho Privado y los contratos celebrados bajo la forma de contratos de Derecho Público, señalará:

> ....la Administración Pública puede realizar también actos bilaterales, que, si bien tienen naturaleza contractual, como consecuencia de su contenido la relación jurídica que surge de ellos es una relación de Derecho Administrativo y, por tanto, estarán sometidos a normas jurídicas autónomas, algunas de las cuales distintas de las del Derecho privado. Estos contratos forman, dentro de los Contratos de la Administración, la categoría particular de los contratos administrativos[2].

Brewer-Carías acotaría que el interés de la distinción se encontraba en dos sentidos, conforme a los que había venido señalando la jurisprudencia en Venezuela: por una parte, en que al contrato de Derecho Privado le serían aplicables las normas del Código Civil, mientras que a los denominados como "contratos administrativos" les resultaría aplicable el Derecho administrativo; por otra parte, la distinción sería necesaria a los efectos de determinar la jurisdicción competente para conocer de cada tipo de contratos: para los contratos de Derecho Privado sería aplicable la jurisdicción ordinaria civil, mercantil o del trabajo, mientras que para el caso de los "contratos administrativos" la jurisdicción competente sería la contencioso-administrativa[3].

Hecha la aclaratoria, Brewer-Carías advertirá que la finalidad de servicio público sería la noción que da su naturaleza específica al contrato administrativo:

> ...la noción que le da su naturaleza específica al contrato administrativo es la finalidad de servicio público que se persigue al celebrarlo, y no la prestación de un determinado servicio público. Ya hemos expresado qué entendemos por finalidad de servicio público y las implicaciones del concepto. Sin embargo, es conveniente recordar que una actividad es realizada con finalidad de servicio público cuando, realizada por una autoridad pública como gestión de intereses públicos y en ejecución de la Ley, tiende a mantener y hacer mantener incólumes las garantías constitucionales de los ciudadanos; a respetar y hacer respetar los derechos constitucionales de los ciudadanos; a hacer cumplir los deberes constitucionales de los ciudadanos; o a cumplir las obligaciones constitucionales del Estado venezolano con miras a obtener el bienestar general y la seguridad social.
> En definitiva, todo contrato realizado por la Administración Pública con finalidad de servicio público es un contrato administrativo[4].

Desde esa perspectiva será definido el "contrato administrativo":

> Tomando como base los conceptos sobre acto jurídico expuestos en el Título II° y lo anteriormente expresado, podemos definir el contrato admi-

---

2 Universidad Central de Venezuela, Caracas, 1964, pp. 157-158.

3 Véase *Las Instituciones Fundamentales del Derecho Administrativo y la Jurisprudencia Venezolana*, *cit.*, p. 158.

4 Ibid., pp. 161-162.

nistrativo como aquel acuerdo bilateral de voluntades realizado entre dos o más personas jurídicas, una de las cuales es la Administración Pública actuando en función administrativa, con la finalidad de servicio público y el efecto de crear una situación jurídica individual y subjetiva[5].

De tal manera, en esta primera etapa el concepto y naturaleza del "contrato administrativo" se afincará en que se trata de un contrato suscrito por la Administración Pública, con una finalidad de servicio público, sujeto a unas normas jurídicas autónomas. Sin duda, la concepción de Brewer-Carías sería tributaria de la teoría del contrato administrativo que se había construido en Francia desde principios de siglo.

## 2. Contratos con un régimen preponderante de Derecho Administrativo o preponderante de Derecho Civil

Brewer-Carías modificaría su posición en torno al concepto de contrato administrativo en "La evolución del concepto de contrato administrativo"[6].

Al hacer referencia a la complejidad que supone el tema de los contratos administrativos, señalará:

> ...el problema, en nuestro caso, es que el concepto de los contratos administrativos, como categoría jurídica contrapuesta a los contratos de derecho privado de la Administración, ha sido tributario, solamente, de las concepciones teóricas y de los criterios de la doctrina y jurisprudencia francesas, pero no de las justificaciones prácticas y pragmáticas de aquella distinción[7].

Inmediatamente precisará esa idea, para señalar:

---

5 *Ibid.*, p. 162. En nota al pie N° 10 (p. 162), aclararía que "La creación de una situación jurídica, individual y subjetiva puede manifestarse como 'constitución, reglamentación, transmisión, modificación o extinción' entre los contratantes de un vínculo jurídico".

6 En *Libro-homenaje al Profesor Antonio Moles Caubet*, Universidad Central de Venezuela, Caracas, 1981. Los mismos planteamientos serían reiterados en *Contratos Administrativos*, Editorial Jurídica Venezolana, Caracas, 1992 (y 1997), pp. 11-15 y 39-53.

7 "La evolución del concepto de contrato administrativo", *cit.*, p. 42. La idea sería desarrollada más adelante, al señalar que "Es a comienzos del presente siglo, con la aparición del criterio de servicio público, cuando comienza a formularse la idea de un contrato administrativo, sometido a un régimen de derecho administrativo, como contrapuesto al contrato de derecho privado, sometido a las regulaciones del derecho civil, con sus razones jurisdiccionales: los primeros quedaban sometidos a la jurisdicción administrativa, en cambio que los últimos caían bajo la competencia de la jurisdicción judicial. En el inicio de esta distinción jurisdiccional está la célebre decisión contenida en el *arret* Terrier, de 1903, en el cual el Consejo de Estado francés señaló que todo lo que concernía a la organización y funcionamiento de los servicios públicos, fuera que la Administración actuase por vía de contrato o de autoridad, constituía una operación administrativa, que por su naturaleza, era del dominio de la jurisdicción administrativa" ("La evolución del concepto de contrato administrativo", *cit.*, p. 55).

> La repartición de competencias jurisdiccionales en Francia, ha sido factor clave en el nacimiento y desarrollo del derecho administrativo y en la concepción misma del contrato administrativo; en definitiva, ha sido la justificación del propio derecho administrativo. En nuestros países y en la gran mayoría de los que han sido tributarios del derecho francés, ello no ha ocurrido, ni es así. De allí la tendencia observada, una vez lograda la necesaria madurez doctrinal, por abandonar tantas teorías y concepciones basadas en una situación de origen adjetivo, circunstancial por lo demás, y por estructurar nuestras propias concepciones. No se trata de innovar por innovar, sino de sustantivizar el propio derecho administrativo conforme a las peculiaridades de nuestros países para dejar de importar por importar. Allí está la labor de los últimos veinte años de la doctrina española la cual, sin desconocer los aportes de las concepciones francesas, ha desarrollado una formidable labor doctrinal cuyas influencias se comienzan a hacer sentir en nuestros países. Dentro de esta tendencia a sustantivizar nuestro propio derecho administrativo es que se encuadra la orientación que se presiente, de abandonar toda idea de un pretendido contrato administrativo por oposición a contratos de derecho privado de la Administración[8].

Añadiendo, al referir la implicación que el problema del "contrato administrativo" tiene para el Derecho Administrativo:

> Lo polémico del tema, en todo caso, surge de su carácter medular para el derecho administrativo: en su estudio están implicadas las cuestiones básicas del derecho administrativo; el "problema" del contrato administrativo es, por tanto, el "problema" del derecho administrativo, y en no pocas ocasiones, la sustantividad del propio derecho administrativo y de su autonomía[9].

Para concluir:

> El tema de los contratos administrativos, no parece necesario insistir en ello, es uno de los temas medulares del derecho administrativo. De allí que todos los que hemos tenido que estudiar y escribir sobre esta rama del derecho, alguna vez nos hayamos tenido que enfrentar con su análisis, y con las dificultades que entraña. En nuestra disciplina, en efecto, si hay un tema difícil de asir, es precisamente este: aparentemente sencillo, implica una toma de posición general sobre ella[10].

Brewer-Carías partirá entonces de una nueva premisa: en la medida en la que a la actividad de la Administración se le aplica tanto el Derecho Público como el Derecho Privado, habrá que relativizar la distinción entre "contratos administrativos" y "contratos de Derecho Privado de la Administración", de la cual él mismo había originalmente partido, según se vio.

La base de esa nueva perspectiva se fundamentará en esta afirmación de carácter general:

> La Administración, por tanto, si bien preponderantemente regulada por el derecho administrativo, en la actualidad está sometida, tanto al dere-

---

8 *Ibid.*, pp. 42-43.

9 *Ibid.*, p. 44.

10 *Ibid.*, p. 42.

cho público como al derecho privado, y su actividad, regida por ambas ramas del derecho, será siempre una actividad administrativa. No hay, en realidad, actividad privada de la Administración: así como no existen actos privados de la Administración, tampoco existen, en puridad, contratos de derecho privado de la Administración. La actividad de la Administración y en general, de todos los sujetos de derecho administrativo, está sometida a un régimen preponderante de derecho administrativo o preponderante de derecho privado, pero ello no autoriza a concluir que, en el primer supuesto, la actividad sea administrativa y en el segundo, sea privada[11].

Y aquí vendrá entonces el cambio de criterio de Brewer-Carías sobre el concepto y naturaleza de "contrato administrativo" al que había hecho referencia en *Las Instituciones Fundamentales del Derecho Administrativo y la Jurisprudencia Venezolana*:

> En materia de contratos de la Administración, entonces, habrá contratos con un régimen preponderante de derecho administrativo o preponderante de derecho civil, o si se quiere, habrá contratos en los cuales la modulación administrativa de los mismos alcanza una mayor o menor intensidad.
> Por tanto, en nuestro criterio, en la actualidad, y en países como Venezuela, en los cuales la jurisdicción contencioso-administrativa ha sido tradicionalmente competente para conocer de todos los litigios concernientes a los contratos de cualquier naturaleza en que sea parte la Administración, la distinción entre contratos administrativos y contratos de derecho privado, parece no tener el interés jurídico que ha tenido en otros países, o que pudo tener hace algunas décadas, derivado del interés en sustantivizar nuestro propio derecho administrativo. Nosotros mismos, en un libro escrito hace quince años, al escribir sobre la teoría del contrato administrativo como una de las instituciones fundamentales del derecho administrativo venezolano, establecimos la distinción entre contratos administrativos y contratos de derecho privado basados en la finalidad perseguida por la Administración al contratar[12].

La conclusión será por ello la siguiente:

> En definitiva, la distinción entre contratos administrativos y contratos de derecho privado de la Administración está en la actualidad superada, y ya no tiene interés jurídico. Insistimos, toda la actividad contractual de la Administración es administrativa, y habrá, en ciertos contratos, según la finalidad de servicio público perseguida, una preponderancia de régimen de derecho público. Si a estos contratos los queremos llamar contratos administrativos, ello será por puro convencionalismo y tradición terminológica legítima, pero no porque sean opuestos a los contratos de derecho privado que celebre la Administración[13].

En 1996 volvería sobre el tema, para señalar, al hacer referencia a la interaplicación del Derecho Público y del Derecho Privado en la actividad contractual de la Administración:

---

11 *Ibid.*, p. 57.
12 *Ibid.*, p. 58.
13 *Ibid.*, p. 69.

> Por ello hemos cuestionado la distinción entre contratos administrativos y contratos de derecho privado de la Administración, como si estos últimos sólo estuviesen sometidos a normas de derecho privado lo cual es imposible, pues todos los contratos de la Administración están sometidos al derecho administrativo, aun cuando pueda considerarse, *a priori*, que preponderantemente se le aplica el derecho privado. Por ello, la distinción no tenía ninguna justificación en el país, hasta que la Ley Orgánica de la Corte Suprema acogió la noción de contrato administrativo para asignar a la Sala Político Administrativa de la Corte competencia para conocer de las cuestiones que se susciten con motivo de "la interpretación, cumplimiento, caducidad, nulidad, validez o resolución" de los mismos. Esta norma, por supuesto, ha sido objeto de aplicación en múltiples casos, y varias han sido las decisiones de la Corte para identificar a los contratos administrativos, habiéndose acogido como criterio, además del objeto vinculado a un servicio público –la verdad es que en nuestro criterio, parecería imposible no encontrar algún contrato de la Administración, en una u otra forma vinculado a un servicio público–, la existencia de cláusulas exorbitantes del derecho común, es decir, que creare, situaciones de privilegio a favor de la Administración contratante, como serían las que le permiten dirigir y controlar la ejecución del contrato; modificarlo unilateralmente, con el debido respeto al principio de la llamada ecuación o equilibrio económico del contrato, y rescindirlo unilateralmente, las cuales, como lo ha considerado la Corte Suprema, "podrían incluso ser implícitas, es decir, no figurar en forma expresa en el texto del contrato, y sin embargo, considerarse presentes en el mismo por estar consustanciadas con la naturaleza de la relación jurídica creada". En palabras de la Corte, implícita o expresamente dichas cláusulas están "en los casos en los cuales este poder de supremacía de la Administración se pone de manifiesto justificado por la necesidad de proteger el interés jurídico en forma especial confiado a su competencia"[14].

Brewer-Carías abandonará la tesis del contrato administrativo construida en Francia que él mismo había adoptado en 1964, para dar lugar a una concepción de la actividad contractual conforme a la cual a esa actividad se aplicarán tanto normas de Derecho Público, como de Derecho Privado, según cada caso. Ello tiene como conclusión abandonar la concepción de un supuesto "contrato administrativo", como oposición a unos supuestos "contratos de Derecho Privado de la Administración". Partiendo de la base, en todo caso, que toda la actividad de la Administración, aún la contractual, se fundamenta en un régimen de Derecho Administrativo.

## 3. Contratos administrativos, contratos públicos, contratos del Estado

Entre 2005 y 2013, Brewer-Carías publicará varios trabajos en los cuales precisará su posición sobre el concepto y la naturaleza del contrato que celebra la Administración Pública. En 2005 escribirá "Nuevas consideracio-

[14] "La interaplicación del Derecho Público y del Derecho Privado a la Administración Pública y el proceso de huida y recuperación del Derecho Administrativo", en *II Jornadas Internacionales de Derecho Administrativo "Allan Randolph Brewer-Carías" (Las formas de la actividad administrativa)*, Funeda, Caracas, 1996, pp. 58-59.

nes sobre el régimen jurídico de los contratos del Estado en Venezuela"[15]. A ese trabajo seguiría en 2010 "Sobre los Contratos del Estado en Venezuela"[16]. Luego volvería al tema en "Los contratos del Estado y la Ley de Contrataciones Públicas. Ámbito de aplicación"[17]. En 2013 se ocuparía del asunto en "Introducción General al Derecho Administrativo Venezolano"[18]. La versión más actualizada de su tratamiento del tema, en todo caso, es la contenida en el Tratado de Derecho Administrativo. Derecho Público en Iberoamérica (Los actos administrativos y los contratos administrativos)[19], en la que se recoge la recopilación previa realizada en *Contratos administrativos, Contratos públicos, Contratos del Estado*[20].

Brewer-Carías advertirá cómo las inclusiones de la expresión "contratos administrativos" en las derogadas Ley Orgánica de la Corte Suprema de Justicia de 1976 y Ley Orgánica del Tribunal Supremo de Justicia de 2004 a los efectos de la competencia para conocer de tales contratos, "a lo que habían conducido era a confusiones, contradicciones y dilaciones"[21]. Sin embargo, como señalaría:

> Todo ello y la discusión sobre los contratos administrativos como categoría específica en los contratos del Estado puede decirse que desapareció, al eliminarse de la Ley Orgánica del Tribunal Supremo de 2010 la noción misma de contrato administrativo y no incluirse la misma en la Ley Orgánica de la Jurisdicción Contencioso Administrativa de ese mismo año para la delimitación de la competencia judicial; y además, al no haberse empleado la terminología en la Ley sobre Contrataciones Públicas de 2008, reformada en 2010. Esta, en efecto, habla de contratos del Estado o contratos públicos, y en cuanto a la atribución de competencia entre los diversos tribunales de la Jurisdicción Contencioso Administrativa para conocer de controversias sobre contratos suscritos por entes públicos, la Ley Orgánica de la misma no establece distinción alguna entre contratos administrativos y otros que podrían no serlo, de manera que todas las

15 En *VIII Jornadas Internacionales de Derecho Administrativo "Allan Randolph Brewer-Carías" (Contratos administrativos. Contratos del Estado)*, Funeda, Caracas, 2006, pp. 449-479. También publicado en *Estudios de Derecho Administrativo (2005-2007)*, Editorial Jurídica Venezolana, Caracas, 2007, pp. 439-472 y en *Revista de Derecho Administrativo (RDA)*, Círculo de Derecho Administrativo (CDA), año 1, N° 2, Lima, diciembre 2006, pp. 46-69.

16 En *Derecho Administrativo Iberoamericano (Contratos Administrativos, Servicios Públicos, Acto Administrativo y Procedimiento Administrativo, Derecho Administrativo Ambiental, Limitaciones a la libertad). IV Congreso Internacional de Derecho Administrativo*, Mendoza, 2010, pp. 837-866. También publicado en *Revista Mexicana Statum Rei Romanae de Derecho Administrativo (Homenaje al Dr. José Luis Meilán Gil)*, N° 6, Facultad de Derecho y Criminología de la Universidad Autónoma de Nuevo León, enero-junio 2011, pp. 207-252.

17 En *Ley de Contrataciones Públicas*, 3era. edición actualizada y aumentada, Editorial Jurídica Venezolana, Caracas, 2012, pp. 9-47.

18 En *Revista Electrónica de Derecho Administrativo venezolano*, Centro de Estudios de Derecho Público de la Universidad Monteávila, N° 1, 2013, pp. 47-50.

19 Volumen III, Civitas-Thomson Reuters-Fundación de Derecho Público-Editorial Jurídica Venezolana, Madrid, 2013, pp. 830-859.

20 Editorial Jurídica Venezolana, Caracas, 2013.

21 "Introducción general al Derecho Administrativo venezolano", *cit.*, p. 49.

> demandas sobre contratos públicos son del conocimiento de los tribunales de la jurisdicción contencioso administrativa[22].

En esta nueva etapa, Brewer-Carías asumirá una posición, si se quiere, orgánica, al señalar el concepto de contrato administrativo. De hecho, dejará de lado el término "contrato administrativo", dadas las complicaciones conceptuales reseñadas, para asumir la de contratos públicos, contratos del Estado o contratos estatales. Señalará desde esta perspectiva:

> Los contratos públicos, contratos del Estado o contratos estatales, son todos aquellos contratos en los cuales una de las partes (pueden ser las dos) es una persona jurídica estatal, es decir, que está integrada en la organización del Estado, sea que se trate de una persona jurídica político territorial (República, Estados, Municipios), o de personas de derecho público (pe. los institutos autónomos) o de personas de derecho privado (pe. las sociedades anónimas del Estado o empresas del Estado) estatales[23].

La explicación vendrá dada con ocasión del concepto de los denominados "contratos de interés público". Al explicar este tipo de contratos, al cual se hace expresa referencia en los artículos 150 y 151 de la Constitución, señalará:

> Esa noción de contratos de interés público puede considerarse como equivalente a las nociones de *contratos públicos, contratos del Estado*, o *contratos de la Administración*; o a la noción en inglés de *Public Contract*; a la francesa de *contrats de l'administration*; a la italiana de *contratti della pubblica amministrazione*; o a la portuguesa de *contratos de administracao pública*; todas tendientes a identificar contratos en los cuales una de las partes de la relación contractual es el Estado, la Administración Pública o una entidad pública, los que además, en general, tienen propósitos de interés público. Esa fue la intención de la propuesta que formulamos respecto de esa norma ante la Asamblea Nacional Constituyente durante la elaboración de la Constitución de 1999[24].

Luego concluirá:

> Todos los contratos estatales o contratos del Estado, al tener como una de las partes contratantes un ente público o persona jurídica estatal, pueden considerarse como de interés público, en el sentido de que lo que interese a un ente público es de interés público. Por eso hemos considerado que la expresión contrato de interés público en la Constitución equivale a contrato público, contrato estatal o contrato del Estado[25].

Desde esa perspectiva, Brewer-Carías volverá sobre la antigua discusión acerca del concepto del "contrato administrativo":

> Conforme a la doctrina tradicional, no todos los contratos del Estado pueden considerarse como "contratos administrativos", pero sin duda, en

---

[22] *Ibid.*, pp. 49-50.

[23] *Tratado de Derecho Administrativo. Derecho Público en Iberoamérica (Los actos administrativos y los contratos administrativos)*, *cit.*, p. 832.

[24] *Ibid.*, pp. 832-833.

[25] *Ibid.*, p. 839.

presencia de cualquier contrato del Estado o contrato público, siempre surgirá la discusión sobre si debe o no considerarse como un contrato administrativo, en particular cuando de cuestiones de competencia judicial se trata.

Por otra parte, con frecuencia es la propia Administración contratante la que califica a cualquier contrato como contrato administrativo a los efectos de alegar la existencia de cláusulas exorbitantes del derecho común. Sin embargo, de hecho, si bien es cierto que en su origen en el siglo pasado, la distinción entre "contratos administrativos" y "contratos de derecho privado de la Administración" podía tener alguna importancia en relación con los poderes extraordinarios que podían ejercerse por la Administración contratante en relación con la ejecución de los "contratos administrativos" y que supuestamente no existían en los "contratos de derecho privado"; en la actualidad la distinción es inútil, ya que los poderes extraordinarios (*cláusulas exorbitantes*) establecidos en las leyes, pueden siempre ejercerse por la Administración contratante, independientemente del objeto del contrato público y del contenido de sus cláusulas, cuando el interés público lo requiera[26].

Para luego concluir:

La noción de "contrato administrativo", en ausencia de una ley general que los regule en Venezuela, sin duda, es una construcción doctrinal en cuya elaboración hemos contribuido en una forma u otra todos los que nos hemos ocupado de esta disciplina, al comentar la rica jurisprudencia de la Corte Suprema de Justicia, basada fundamentalmente en razones prácticas de orden adjetivo[27].

Luego de resumir la propia evolución de su pensamiento sobre los denominados "contratos administrativos"[28], señalará:

Como indicamos, el origen francés de la distinción entre contrato administrativo y contrato de derecho privado suscrito por la Administración Pública, dio origen a la distribución de competencias judiciales entre la jurisdicción contencioso administrativa y la jurisdicción judicial ordinaria; la cual fue seguida en muchos países de régimen de derecho escrito. La noción francesa de *service public* fue también utilizada y por ello la seguimos hace cuatro décadas. La muy conocida crisis de la noción de *servicio público* también originó la mencionada crisis de la noción de contrato administrativo, los cuales no pueden ahora ser definidos por la sola finalidad de servicio público, dado el riesgo de que no exista criterio sustantivo alguno para identificar dicha finalidad, o simplemente porque se identifiquen con todos los contratos públicos o de interés público. Si tal es el caso, entonces la noción de contrato administrativo es inútil, excepto para la competencia de la Sala Político Administrativa del Tribunal Supremo de Justicia al decidir sobre su propia competencia en relación con ciertos contratos suscritos por la República, los Estados o los Municipios[29].

---

26 *Ibid.*, pp. 842-843.
27 *Ibid.*, p. 843.
28 *Ibid.*, pp. 844-848.
29 *Ibid.*, p. 848.

De hecho, con ocasión de la Ley Orgánica del Tribunal Supremo de Justicia, Brewer-Carías advertirá cómo incluso desde el punto de vista procesal, la noción de "contrato administrativo" ha dejado de tener sentido:

> Sin embargo, este interés adjetivo que originó la misma noción de contrato administrativo, puede decirse que también ha desaparecido con la aplicación de la reciente Ley Orgánica del Tribunal Supremo de Justicia de mayo de 2004, la cual al distribuir las competencias entre los tribunales de la jurisdicción contencioso administrativa, puede decirse que eliminó el monopolio que tenía la Sala Político Administrativa del Tribunal Supremo para conocer controversias en materia de "contratos administrativos", con lo cual la noción perdió utilidad e interés procesal, que materialmente era el único que la sustentaba. Por tanto, ninguna importancia tiene que se califique o no a cualquier contrato público como contrato administrativo, el cual como contrato público, está sometido, como todos los contratos del Estado a un régimen mixto de derecho público y de derecho privado, siendo el Código Civil de aplicación supletoria respecto de lo establecido en las cláusulas contractuales y en las leyes especiales[30].

Por ello más adelante concluirá:

> Es decir, no existe en el ordenamiento jurídico venezolano un "régimen jurídico propio (distinto aunque no excluyente de los preceptos del derecho civil y comercial)" exclusivamente aplicable a los "contratos administrativos". Lo que existe es un régimen jurídico que no es ni único ni uniforme y que es aplicable a todos los contratos públicos o contratos del Estado, conformado por normas de derecho público y de derecho privado (incluyendo las cláusulas contractuales) que se interaplican y que pueden tener preponderancia en uno u otro contrato según el grado de regulación legal específico que exista en relación con el objeto del contrato específico. De allí el mismo sentido de la distinción entre contratos administrativos y contratos de derecho privado de la Administración[31].

Es decir, que para Brewer-Carías, la distinción que desde el punto de vista del Derecho Procesal Administrativo se había construido entre "contratos administrativos" y "contratos de Derecho Privado de la Administración" ha dejado de tener sentido. En efecto, la distinción ha sido abandonada por las propias leyes reguladoras de la jurisdicción contencioso-administrativa (primero por la Ley Orgánica del Tribunal Supremo de Justicia, luego por la Ley Orgánica de la Jurisdicción Contencioso Administrativa), e incluso por la propia Ley de Contrataciones Públicas. Según la interpretación de Brewer-Carías, al desaparecer la justificación procesal de la distinción entre "contratos administrativos" y "contratos de Derecho Privado de la Administración", ésta deja de tener sentido, ya que ese interés procesal "materialmente era el único que la sustentaba".

En consecuencia, la actividad contractual de la Administración deberá ser entendida según Brewer-Carías como una actividad sujeta a un régimen conformado por normas tanto de Derecho Público como de Derecho Privado, que se interaplican, regímenes que pueden ser más o menos prepon-

---

30 *Ibid.*, p. 848.
31 *Ibid.*, p. 885.

derantes en cada contrato "según el grado de regulación legal específico que exista en relación con el objeto del contrato específico".

## Conclusión

Como se señaló, la evolución del concepto y la naturaleza del "contrato administrativo" en el Derecho Administrativo venezolano, bien puede estudiarse a partir de la evolución del pensamiento de Allan R. Brewer-Carías, en el entendido que el origen de sus reflexiones sobre el tema (1964) coinciden con los postulados fundamentales de la llamada "teoría del contrato administrativo" de formulación francesa, en los inicios del siglo XX. Pero esa posición irá cambiando con el tiempo, hacia el concepto de la actividad contractual de la Administración como una manifestación más de la interaplicación del Derecho Público y del Derecho Privado que se da, con su más y menos, en toda la actividad de la Administración Pública contemporánea.

# ACTOS Y PROCEDIMIENTOS ADMINISTRATIVOS

# ALLAN R. BREWER-CARÍAS, SU INFLUENCIA EN LA PROMULGACIÓN, PROMOCIÓN Y ESTUDIO DE LA LEY ORGÁNICA DE PROCEDIMIENTOS ADMINISTRATIVOS

Flavia Pesci-Feltri[1]

## Introducción

Las próximas líneas intentan reflejar cómo el profesor Allan R. Brewer Carías, a quien rendimos justo y merecido homenaje para celebrar sus ochenta años de vida, incidió de manera decisiva mediante su labor a lo largo de toda su actividad académica y profesional en la promulgación, promoción y estudio de la Ley Orgánica de Procedimientos Administrativos vigente, normativa que conforma uno de los pilares fundamentales del Estado de derecho en Venezuela.

## 1. Antecedentes y promulgación de la Ley Orgánica de Procedimientos Administrativos

La Ley Orgánica de Procedimientos Administrativos venezolana surge bajo la corriente doctrinal y el desarrollo legislativo que se había expuesto en Europa en las primeras décadas del siglo XX, en tomo a la necesidad de recoger, en una sola norma, el cauce formal que delimitara y estableciera los mecanismos y maneras del actuar administrativos.

Dentro del marco de un Estado de derecho se razonaba que, así como el legislador y el juez debían someterse a un procedimiento general para ejercer sus funciones (principio de legalidad), de idéntica manera la actuación administrativa debía someterse a un sistema procedimental previamente diseñado, en aras de garantizar su eficiencia y el respeto de los derechos de los ciudadanos frente al ejercicio de la función administrativa.

La idea entonces de codificar la actuación de la Administración Pública y formalizar la toma de sus decisiones, se estableció como uno de los

1 Abogado de la UCV; especialización en Derecho Constitucional y Ciencia Política en el Centro de Estudios Constitucionales de Madrid y en Derechos Humanos de la Universidad Complutense de esa misma ciudad; profesora de Derecho Administrativo de la UCV; Miembro del Consejo de Redacción de la *Revista Electrónica de Derecho Administrativo* (REDAV); Secretaria de la *Asociación Venezolana de Estudios de Derecho Administrativo* (AVEDA).

elementos esenciales para dar cumplimiento efectivo a la premisa de someter el Poder público y, por tanto, la Administración al Derecho.

Dicha exigencia se impuso en la Venezuela del final de los años cincuenta, al término de la dictadura del General Marcos Pérez Jiménez y al comienzo de la era democrática con la promulgación de la Constitución de 1961 y la previsión en su texto de la cláusula del Estado social y democrático de derecho.

Sin embargo, pasaron veinte años a partir de la entrada en vigencia de la Constitución mencionada para que la Administración Pública de nuestro país contara con un régimen legal adjetivo que la regulara; veinte largos años en las que actuó de manera discrecional y arbitraria en sus relaciones jurídicas con los administrados en contra de los derechos de estos, fuera del modelo de Estado consagrado en el texto constitucional.

Efectivamente, el proceso que dio como resultado la promulgación de una ley que previera un procedimiento administrativo general de obligatorio cumplimiento para cualquier actuación de la Administración y consagrara los principios a los que debía sujetar su comportamiento con el fin de garantizar el respeto de los derechos del ciudadano, fue un proceso en extremo lento, que comenzó a finales de los años cincuenta y que pudo, por fin, cristalizarse en enero de 1982.

En este sentido, expresaba el profesor Tomás Polanco Alcántara que:

> Al ocurrir el Golpe de Estado de 1958 se inició una reforma del país, una reforma de Venezuela. Se creó entonces la Comisión de Administración Pública y afortunadamente fue encargada a un eminente ciudadano...el doctor Lozada (quien) planteó a sus colaboradores la necesidad de estudiar y presentar proyectos acerca de lo que había que hacer en el país; fue entonces cuando nació el primer borrador del Proyecto de Ley de Procedimientos Administrativos, del cual me correspondió ser ponente. Ese proyecto encontró muy poca acogida a pesar de que después de haber sido estudiado en la Comisión fue presentado a las Cámaras y de ahí no pasó[2].

La aprobación de la referida ley fue, como lo testimonia Orlando Tovar[3], una promesa de todos los candidatos a la elección presidencial y se encontraba en los programas elaborados por los partidos políticos, de lo que puede deducirse que estos eran conscientes de la deuda no satisfecha con los ciudadanos y con el modelo de Estado por el que lucharon desde 1947.

---

2 Polanco Alcántara, Tomás: "El impacto de la Ley Orgánica de Procedimientos Administrativos sobre la Administración Pública", en *El Procedimiento Administrativo. Archivo de Derecho Público y Ciencias de la Administración.* V. IV. 1980-1981. Universidad Central de Venezuela. Facultad de Ciencias Jurídicas y Políticas. Caracas, 1983, p. 44.

3 Tovar, Orlando: "Foro sobre el Proceso de elaboración de la Ley Orgánica de Procedimientos Administrativos", en *El Procedimiento Administrativo. Archivo de Derecho Público y Ciencias de la Administración. Ob. cit.* p. 299.

Unos días antes de que fuera aprobada por el legislativo la normativa aludida, en la Escuela de Derecho de la Facultad de Ciencias Jurídicas y Políticas de la Universidad Central de Venezuela se celebró en mayo de 1981 un "Seminario sobre la Ley Orgánica de Procedimientos Administrativos", promovido y organizado por el Instituto de Derecho Público, cuyo director para esa fecha era el profesor Brewer-Carías, en el que participaron destacados juristas y en el que se produjeron importantes contribuciones y análisis del contenido de dicha normativa.

El referido Seminario fue un acto académico de gran transcendencia ya que, a partir de su celebración, se realizaron varias actividades dirigidas a reforzar la trascendencia de la norma procedimental recién aprobada y a inculcar la exigencia de su obligada aplicación en el actuar de la Administración que, hasta ese momento, estaba acostumbrada a conducirse de forma discrecional.

Las ponencias que se presentaron fueron luego plasmadas en un texto intitulado "El procedimiento administrativo", Archivo de Derecho Público y Ciencias de la Administración, en el que se encuentran los análisis a los que se ha hecho mención y que constituyeron una guía doctrinaria esencial no sólo para profesores y estudiantes de derecho administrativo sino también para abogados, funcionarios públicos y jueces contencioso-administrativos.

Además, el libro citado es actualmente un documento indispensable para los investigadores en el área, pues recoge cuáles fueron los diversos proyectos de leyes que se discutieron en esta materia revelando el largo trayecto transcurrido entre el precursor de ellos y la ley definitiva.

Así, el primero de los proyectos de ley de procedimiento administrativo que se elaboró es el que hace mención el Dr. Tomás Polanco en el libro citado, texto que fue redactado por él mismo a solicitud de la Comisión de Administración Pública en 1963.

Posteriormente en 1965 se hizo, por petición del Ministerio de Justicia, el Anteproyecto de Ley de Procedimiento Administrativo cuya elaboración fue encomendada a Brewer-Carías y en la que intervinieron los profesores españoles Sebastián Martín Retortillo y Rubio Llorente que se encontraban en esa época trabajando en la Universidad Central de Venezuela[4].

No obstante las buenas intenciones, persistió una importante resistencia en materializar la voluntad de someter a la Administración Pública a

4 Brewer-Carías, Allan R.: *El tránsito de un administrativista por las entrañas de la Administración del Estado.* Palabras en el Acto de Instalación de las IX Jornadas Internacionales de Derecho Administrativo y Público en General, organizadas por la Fundación de Estudios de Derecho Administrativo (FUNEDA), la Fundación Institucionalidad y Justicia (FUNJIS), el Instituto Dominicano de Derecho Constitucional, la Asociación Dominicana de Derecho Administrativo, y la Pontificia Universidad Madre y Maestra, Santo Domingo, República Dominicana, 6 de noviembre de 2018. http://allanbrewercarias.com/wp-contentfuploads/2018/11/1221.-Brewer-conf.-El-tránsito-de-un-administrativista.-IX-Jomadas Funeda-Rep.-Dom.-11-2018-1.pdf

una norma general y previa. En efecto, tuvieron que transcurrir siete años de la contribución de los maestros españoles en la preparación del proyecto de ley adjetiva, concretamente en 1972, para que se retomara el tema gracias al sostenido trabajo de la Comisión de Administración Pública *de la Presidencia* presidida por el Dr. Brewer-Carías, quien propuso junto con sus colaboradores en el extenso Informe Sobre la Reforma de la Administración Pública Nacional, el Proyecto de Ley de Procedimientos Administrativos.

Después de tres años de un trabajo colosal por parte de todos los integrantes de la Comisión que tenía como propósito proponer al Ejecutivo un Plan de Reforma Administrativa, fue entregado al Presidente Caldera un informe que incluía, entre otras propuestas, la reestructuración, tecnificación, reorganización de la Administración Pública; la elaboración de una serie de proyectos de leyes dirigidos a regular los procedimientos administrativos y la creación de un estatuto de la función pública[5].

Ese informe de junio del 72 revela con claridad el tamaño del compromiso que, desde sus 33 años de edad, había asumido el muy joven jurista Brewer-Carías con el país y con el Estado de derecho. Su total convicción de transformar y regularizar la Administración Pública venezolana se ve reflejada a lo largo de los dos gruesos tomos que conforman el citado texto. Por cierto, en su capítulo IV titulado "El régimen jurídico de los procedimientos administrativos", Brewer afirmaba para ese entonces que:

> La promulgación de una Ley de Procedimientos administrativos constituye uno de los aspectos de mayor importancia en la labor de integración del ordenamiento jurídico de la República, por cuanto que con leyes de esta naturaleza culmina el proceso de reducción del actuar administrativo a esquemas jurídicos de validez general, presupuesto necesario para la efectiva vigencia del Estado de derecho[6].

---

5 De esa experiencia nos comenta el propio Brewer: "Tres años intensísimos y fascinantes siguieron, durante los cuales tuve el privilegio, junto con un destacadísimo grupo de más de 80 profesionales que designé con toda libertad y sin injerencia partidista, de conocer por dentro y diseccionar todas las entrañas de la Administración Pública, en las áreas de personal –en la Comisión estaba la Oficina Central de Personal–; de la organización administrativa tanto estructural como funcional, y su reforma; y de la formación en administración pública –la Escuela de Administración Pública– también estaba adscrita a la Comisión. // El resultado fue, además, de la elaboración de varios importantes proyectos de leyes, como la relativa a la función pública –aprobada como Ley de Carrera Administrativa en 1971–; y la relativa a la Administración Pública; la presentación de un muy completo y ambicioso plan de reforma administrativa -único en su tiempo en América Latina para ser ejecutado en los años futuros, contenido en un grueso e importante libro, que sirvió por muchos años como guía para el conocimiento de la Administración Pública". Brewer-Carías, Allan R.: *El tránsito de un administrativista por las entrañas de la Administración del Estado.* Ob. Cit. pp. 12 y 13.

6 *Informe sobre la Reforma de la Administración Pública Nacional.* T. II. República de Venezuela. Comisión de Administración Pública. Caracas, 1972. p. 391.

Ahora bien, la discusión en torno a la aprobación de una ley procedimental para el actuar administrativo es otra vez suspendida para ser reactivada en 1976, cuando finalmente, una nueva comisión, la Comisión de Reforma Integral de la Administración Pública somete a consideración del Ejecutivo Nacional otro proyecto.

Luego de quince años, contados a partir de la primera elaboración del primer proyecto de ley de procedimientos administrativos, el Ministerio de Justicia envía al Presidente de la Cámara de Diputados el Proyecto de Ley Orgánica de Procedimientos Administrativos de 1978 que, ahora sí, es aprobado por el Senado en 1980, quien lo remite a la Cámara de Diputados para su revisión y sanción, habiendo previamente modificado y eliminado una serie de disposiciones.

En diciembre de ese mismo año, el Presidente de la República envía un comunicado al Presidente del Congreso solicitando la reconsideración de alguno de los cambios introducidos en el texto de la futura ley, a lo cual el Senado responde mediante un Informe de la Comisión Permanente de Administración y servicios del Senado de la República en marzo de 1981.

Al fin, el 1 de julio de 1981 la Ley Orgánica de Procedimientos Administrativos se publica en la Gaceta Oficial N° 2.818; pero la misma va a entrar en vigencia seis meses después por orden de una de sus disposiciones transitorias, por lo que la fecha a partir de la cual comenzó a producir efectos fue el 1 de enero de 1982, veintiún años después de promulgada la Constitución democrática de 1961 y diecinueve años después de la elaboración del primer proyecto.

La novísima y tan ansiada Ley Orgánica de Procedimientos Administrativos va a tener como objeto principal materializar el contenido del principio de legalidad administrativa, bajo la premisa de que todo el ejercicio de la función administrativa debe estar sometido a una norma previa que lo delimite mediante el establecimiento de los parámetros dentro de los cuales ha de actuar la Administración entendida ésta en su acepción más amplia.

Como consecuencia de lo anterior, el procedimiento administrativo y la ley que lo regula buscan establecer los límites del ejercicio de la función administrativa siendo esta una de las competencias encomendadas al Estado como ente que monopoliza el poder para dar satisfacción a las necesidades de los ciudadanos.

El maestro Moles Caubet en el Seminario organizado por el Instituto de Derecho Público al que se hizo mención más arriba, interviene de primero en las exposiciones para explicar de manera lúcida los objetivos del procedimiento administrativo y, por ende, de la recién aprobada ley. En tal sentido, afirmaba el jurista que:

> El procedimiento administrativo está concebido para alcanzar tres distintos objetivos:

> Primero: el acondicionamiento de las potestades de la Administración, cuyo ejercicio siempre ha de sujetarse a las reglas de Derecho, con lo que el acto resultante se hace jurídicamente irreprochable.
> Segundo: la protección o tutela de los derechos e intereses de quienes intervienen en el procedimiento, que está asegurada por la suma de sus garantías procedimentales.
> Tercero: queda un tercer extremo, frecuentemente omitido por su carácter extrajurídico; las técnicas del procedimiento, destinadas a racionalizarlo para obtener una mayor eficacia, con la consiguiente simplificación, rapidez y economía. Estas técnicas se encuentran altamente muy perfeccionadas en el campo de la organización, de la mecanización, de la informática y de la electrónica[7].

En efecto, la Ley Orgánica de Procedimientos Administrativos tiene como fin controlar el ejercicio del poder para garantizar, en el desarrollo de la actuación administrativa el respeto de los derechos de las personas previéndose, en tal sentido, los principios sobre los que debe sustentarse la relación jurídica entre administrado y Administración; los límites de su actuación; y los derechos a ser protegidos.

Asimismo, la ley contiene dentro de sus objetivos lograr una Administración Pública moderna, eficiente que ejecute sus competencias dentro de parámetros de racionalidad y eficacia que le permitan cumplir verdaderamente sus fines y satisfacer las peticiones de los administrados, lo cual quedaba abiertamente plasmado en la Exposición de Motivos del Proyecto de Ley Orgánica de Procedimientos Administrativos de 1980, elaborado por el Ministerio de Justicia y enviado al Congreso de la República para su consideración y en la que se subrayaba tal idea en los siguientes términos:

> En la tendencia actual que vive Venezuela, de enrumbar al país hacia un desarrollo integral, se requiere de una moderna Administración Pública, caracterizada, fundamentalmente, por la celeridad en su actuación, por la racionalidad en la tramitación de los asuntos que ante ella se plantean y por la seguridad que frente a la misma debe existir de los derechos que el ordenamiento jurídico garantiza a los ciudadanos. En Venezuela, donde se está acorde con esta idea de modernizar a la Administración Pública, es necesario que la reforma institucional de la misma, la cual se ha iniciado con la aprobación por el Congreso Nacional de la Ley Orgánica de la Administración Central y la discusión de la Ley de la Administración Descentralizada, sea complementada con la aprobación de una norma que regule los principios generales que rijan el actuar de la administración, los cuales como se infiere de su contenido, se recogen en el proyecto de Ley Orgánica de Procedimientos Administrativos que se presenta a la consideración de estas Cámaras[8].

---

[7] Moles Caubet, Antonio: "Introducción al procedimiento administrativo", en *El Procedimiento Administrativo. Archivo de Derecho Público y Ciencias de la Administración. Ob. Cit.* p. 18 y 19.

[8] *Exposición de Motivos del Proyecto de Ley Orgánica de Procedimientos Administrativos, en El Procedimiento Administrativo. Archivo de Derecho Público y Ciencias de la Administración.* V. IV. 1980-1981. Universidad Central de Venezuela. Facultad de Ciencias Jurídicas y Políticas. Caracas, 1983. p. 413.

## 2. Vigencia y aplicación de La Ley Orgánica de Procedimientos Administrativos

Fueron muchas las tensiones y expectativas que se crearon alrededor de la entrada en vigencia de la Ley de Procedimientos Administrativos venezolana. Hay que recordar que, hasta ese momento, 1 de julio de 1981, se había mantenido una deuda muy difícil de justificar con la democracia, el Estado de derecho y los venezolanos en relación a la exigencia constitucional de poner límites a la actuación administrativa.

Esa deuda que había tardado tanto en saldarse y había sido reclamada de forma insistente por juristas, profesores y políticos, fue satisfecha bajo el aplauso de muchos y las críticas de otros; estos últimos consideraban que en el dilatado proceso de elaboración del texto normativo se habían dejado por fuera instituciones esenciales o se las regulaba confusamente[9]; no obstante, cada uno reconocía y subrayaba la trascendencia y significación histórica que para el Estado de derecho venezolano implicaba tal acontecimiento legislativo.

Brewer, que había sido hasta ese momento protagonista directo y fundamental en el difícil recorrido de la elaboración del texto de la Ley Orgánica de Procedimientos Administrativos, también fue su impulsor y promotor a ultranza con el único objetivo de hacer llegar su contenido a través de publicaciones, foros, conferencias y clases dirigidas fundamentalmente a las administraciones públicas del país. Así, se inauguró un proceso de toma de conciencia por parte de los funcionarios públicos que debían comenzar a asumir la difícil y compleja labor de someterse a la norma previa.

Efectivamente, Brewer-Carías señalaba para aquel momento la trascendencia que la aplicación de esa norma tendría en el establecimiento de los límites del actuar administrativo para buscar garantizar el respeto de los derechos de los particulares así como la incidencia en la eficiencia de la función administrativa; y expresaba que a partir de dicha ley se iría desarrollando una revolución jurídica administrativa en Venezuela, pues su aplicación exigiría un cambio absoluto de mentalidad por parte de la Administración Pública que debía dejar de ser arbitraria y discrecional para convertirse en un poder sometido al principio de legalidad que habría de actuar en función de los intereses generales y del respeto de los derechos ciudadanos.

Y en ese contexto, el joven Brewer exponía que la pronta puesta en vigencia de la ley procedimental iría necesariamente acabando con el abuso por parte de la Administración:

> Ya no puede ser la Administración prepotente que concede dádivas o favores al particular, quien por su parte, no tiene derechos, ni como recla-

9 *Vid* en este sentido, los "Comentarios" de Rodríguez García, Nelson a la ponencia de Brewer-Carías "La Ley Orgánica de Procedimientos Administrativos y el Contencioso administrativo", en *El Procedimiento Administrativo. Archivo de Derecho Público y Ciencias de la Administración. Ob. Cit.* p. 255 y ss.

> marlos y es aplastado a veces vejado por la Administración, sino que esto tendrá necesariamente, que cambiar, lo que plantea la necesidad de un cambio de actitud y mentalidad. Ya no es un particular indefenso el que la Administración va a tener enfrente, en las relaciones jurídicas, sino un particular bien armado con muchos derechos legales y con muchos mecanismos jurídicos para garantizar esos derechos y controlar cualquier actitud que signifique la desmejora de esas garantías[10].

En aras precisamente de divulgar el contenido de la ley que se comenta, la Editorial Jurídica Venezolana, fundada por el propio Brewer, publicó en 1981 el primer libro de la llamada Colección Textos Legislativos, titulado la Ley Orgánica de Procedimientos Administrativos, compuesto por el texto de la propia ley y varios trabajos escritos por los profesores Hildegard Rondón de Sansón, Gustavo Urdaneta y nuestro homenajeado que explicaban la justificación, contenido e instituciones de la norma.

Este primer título de la Colección, atrevo a decirlo, ha sido fundacional y fundamental para estudiosos y estudiantes del Derecho administrativo. En mi caso, no he dejado de leerlo desde mis primeros acercamientos como alumna y sigo recomendando su lectura y análisis a aquellos que hoy en día asisten a las aulas universitarias. Es una guía esencial que, a lo largo de los años, ha tenido que reimprimirse innumerables veces lo que ha permitido que sea complementada con otros artículos y otras leyes promulgadas posteriormente y vinculadas a la organización y funcionamiento de la Administración venezolana.

La Colección Textos Legislativos nombrada, se convertiría en el transcurso del tiempo en una herramienta cardinal porque cada uno de sus títulos reúne en un solo libro trabajos de especialistas que discurren sobre el contenido de una ley recién publicada o reformada y la norma propiamente dicha, convirtiéndose en un instrumento útil al alcance de todos. Muestra de ello es que, desde sus inicios (1981) hasta el día de hoy, la Colección tiene 54 títulos publicados bajo la dirección de quien hoy celebramos.

Volviendo a la Ley Orgánica de Procedimientos Administrativos, no cabe duda de que a raíz de su entrada en vigencia se produjo un cambio copernicano en la manera de entender el ejercicio de la función administrativa de parte de sus ejecutores así como en la posición jurídica que, desde la garantía de sus derechos, comenzaron a tener los ciudadanos en sus relaciones con los órganos y entes administrativos.

Fue un proceso de concientización y aplicación de la norma que transformó en el tiempo el actuar de los funcionarios públicos a través del control que los tribunales contenciosos administrativos ejercieron sobre la constitucionalidad y legalidad de sus actuaciones.

---

10 Brewer-Carías, Allan R.: "Comentarios a la Ley Orgánica de Procedimientos Administrativos", en la *Revista de Derecho Público.* N 7. Editorial Jurídica Venezolana. Caracas, 1987.

Sería falso e ingenuo sostener que la Administración, a lo largo y ancho del país y desde la vigencia de la ley adjetiva, se acopló inmediata y entera mente a sus disposiciones legales y a sus principios; sin embargo, sí pienso que es posible afirmar que hoy día funcionarios públicos, abogados, jueces, ciudadanos y estudiosos del Derecho, son conscientes de la obligatoriedad que le es impuesta a la Administración de someter toda su actuación a la Constitución y a la ley; hay en definitiva un claro entendimiento de las implicaciones del principio de legalidad administrativa, conciencia que parecía imposible imaginar hace casi treinta años.

Sin embargo, ello no significa que en la actualidad la Administración actúe apegada a derecho; efectivamente, a partir de 1999 se interrumpió tanto el proceso de educación democrática de la sociedad venezolana como el fortalecimiento de sus instituciones que, hasta ese momento, se venían desarrollando lentamente y que requerían, como todas las grandes obras, de mayor tiempo para su edificación.

En estos últimos veinte años, a raíz del desmantelamiento continuado y progresivo del Estado de derecho en Venezuela y de todas sus instituciones, el fenómeno que enfrentamos es el de una Administración Pública que actúa fuera de la Constitución con total y desfachatado capricho, no obstante la existencia y vigencia de normas llamadas a controlar su funcionamiento y conducta.

Este fenómeno se debe en buena parte a la existencia de un sistema judicial, representado por el Tribunal Supremo de Justicia, que ha venido transformándose en el brazo que materializa la voluntad del Ejecutivo por lo que carece de toda objetividad, imparcialidad y autonomía, dejando de cumplir su verdadero fin que no es otro que el de controlar el poder para garantizar el respeto de los derechos ciudadanos o restituir su ejercicio, en caso de que sean conculcados por la Administración.

A pesar de lo anterior, se sigue enseñando en las universidades cuál es el deber ser del actuar administrativo aun cuando haya pleno conocimiento de que nos encontramos en una etapa oscura en la que el poder devora a sus propios ciudadanos transformándolos en esclavos y súbditos de su arbitrariedad.

Precisamente para realizar esa labor, se considera esencial volver al origen de las instituciones democráticas, darle el valor y el peso específico que tienen; investigar y comprender cuál ha sido el desarrollo y la naturaleza de las mismas, así como el proceso que han tenido que transitar para su surgimiento.

La Ley Orgánica de Procedimientos Administrativos que tuvo tantos obstáculos para su aprobación y luego sanción, es de las poquísimas leyes fundacionales del Estado de derecho venezolano que han permanecido intactas en estos veinte años, es decir, que no ha sido derogada ni modificada por el sistema actual que ha tenido como norte transformar, de manera inconstitucional a través de leyes y decreto leyes, el ordenamiento jurídico venezolano y el modelo de Estado previsto en nuestra Carta Magna.

La larga vigencia de la Ley Orgánica de Procedimientos Administrativos no puede sino ser celebrada y defendida. Está a punto de cumplir cuarenta años desde que fuera aprobada por el otrora Congreso y aún permanece intacta como una de las columnas vertebrales del Estado de derecho venezolano. Constituye, en definitiva, una bandera de la democracia de nuestro país aun cuando esa misma democracia y sus actores políticos tardaran tanto en someterse a ella y aun cuando esté siendo vilipendiada por quienes han dirigido el país en estas últimas dos décadas.

Esta lucha por el Estado de derecho y por el sometimiento de la Administración Pública al principio de legalidad administrativa ha sido la lucha, entre otras, de quien hoy homenajeamos con admiración, agradecimiento y profundo respecto, pues, Allan R. Brewer-Carías, el académico, abogado, profesor, jurista y político con su tenaz y perseverante tozudez ha dado todas las batallas a lo largo de sus sesenta años de vida profesional para defender, en cada una de sus facetas, un valor superior que ha encarnado con vehemencia y convicción: el Estado de derecho.

# LA NOCIÓN DE "ACTO ADMINISTRATIVO" EN LA OBRA DE ALLAN R. BREWER-CARÍAS

Jesús María Alvarado Andrade[1]

> "En verdad, la separación de poderes no se ha aplicado en ningún sistema constitucional, ni histórico ni vigente, de modo que se haya conseguido un equilibrio perfecto entre los tres poderes fundamentales del Estado. Alguno de los tres ha tenido siempre alguna preeminencia sobre los demás. En Europa la supremacía característica del legislativo concluyó en un persistente 'legicentrismo' (RIALS), que ha durado hasta el último tercio del siglo XX. Pero Montesquieu explicó que (como se ha aplicado con más acierto en el constitucionalismo norteamericano) la fórmula que debe emplearse para corregir la tendencia al predominio de unos poderes sobre otros consiste en evitar que cada poder asuma en exclusiva una función para evitar que uno solo de ellos la ejerza con monopolio. En el modo de establecer ese equilibrio está la importancia de los contrapesos"[2].

## Introducción

En las *Instituciones Fundamentales del Derecho Administrativo y la Jurisprudencia Venezolana*[3] de Allan R. Brewer-Carías se analizó reflexiva-

---

1 Catedrático de la Universidad Francisco Marroquín; Miembro del claustro del Centro Henry Hazlitt de la Universidad Francisco Marroquín, Profesor de Derecho Constitucional de la Universidad Central de Venezuela y Miembro de la Asociación Venezolana de Derecho Constitucional.

2 Muñoz Machado, Santiago, *Tratado de Derecho Administrativo y Derecho Público General*, Tomo I, Editorial Thomson-Civitas, Madrid, 2004, p. 27.

3 Brewer-Carías, Allan R. *Las Instituciones Fundamentales del Derecho Administrativo y la Jurisprudencia Venezolana,* Colección Tesis de Doctorado, Vol. IV, Facultad de Derecho, Universidad Central de Venezuela, Caracas, 1964, p. 99 y ss., y también en *Tratado de Derecho Administrativo. Derecho Público Iberoamericano*, Tomo III,

mente en Venezuela la noción de "acto administrativo" en tanto institución central del Derecho Administrativo, influyendo *a posteriori* de manera decisiva en los estudios *iuspublicistas* venezolanos e iberoamericanos. Con arreglo a la referida obra, en especial al capítulo segundo, el autor desarrolló una teoría de los actos administrativos, que visto en conjunto con el resto de la obra, invita merecidamente a efectuar el merecido homenaje, pues se trató de un esfuerzo encomiable que vino a colmar el vació dogmático existente, por lo que no es exagerado afirmar que fue la primera obra *iuspublicista* en Venezuela que se trazó un programa de investigación conceptual y sistemático sobre el Derecho Administrativo, a partir de una investigación histórica y conceptual, con arreglo a la doctrina francesa y española, y a toda la jurisprudencia constitucional y administrativa de la Corte Suprema 1930-1974, que luego compiló y publicó en los años setenta[4], la cual comenzó a estudiar en sus años como Auxiliar de Asuntos Legales para el Estudio de la Jurisprudencia de la Antigua Corte Federal en el Instituto de Codificación y Jurisprudencia (1961-1962).

En dicha obra, el autor asumió un concepto de "acto administrativo" que la Corte Federal había expuesto en sentencia del 3 de junio de 1959, el cual era del tenor siguiente: "declaración de voluntad realizada por la Administración con el propósito de producir un efecto jurídico"[5]. Las consecuencias jurídicas de tal noción fueron debidamente analizadas en la obra homenajeada, por lo que vale la pena examinarla cincuenta años después, porque a partir de la referida obra, puede cualquier observador percatarse, de la importante proyección que ha tenido la obra del profesor Brewer-Carías en la jurisprudencia, legislación y en la doctrina *iuspublicista* venezolana, tanto en su génesis, desarrollo y consolidación[6], en especial, en el ámbito del Derecho Administrativo.

Por todo lo anterior, y con arreglo a la importancia de la obra homenajeada, es que el presente trabajo hurgará en la noción de "acto administrativo" en la obra de Brewer-Carías, con el objetivo de efectuar un análisis de la compatibilidad de esta categoría con la cláusula constitucional del "Estado de Derecho" (Art. 2) y de la supremacía constitucional (art. 7).

---

Editorial Civitas Thomson Reuters- Fundación de Derecho Público- Editorial Jurídica Venezolana, Madrid, 2013, pp. 85-121.

4 Brewer-Carías, Allan R. *Jurisprudencia de la Corte Suprema 1930 1974 y Estudios de Derecho Administrativo*, Ediciones del Instituto de Derecho Público de la Facultad de Derecho de la Universidad Central de Venezuela, Caracas, 1975-1979, en ocho grandes volúmenes.

5 Brewer-Carías, Allan R. *Las Instituciones Fundamentales del Derecho Administrativo y la Jurisprudencia Venezolana, op. cit.*, p. 99 y ss.

6 Para una breve muestra de la importancia de una obra colosal por parte del profesor Brewer-Carías, puede el posible lector, hurgar en los seis tomos del *Tratado de Derecho Administrativo. Derecho Público Iberoamericano*, Editorial Civitas-Thomson Reuters, en coedición con la Fundación de Derecho Público y la Editorial Jurídica Venezolana, Madrid, 2013, así como en los dieciséis tomos del *Tratado de Derecho Constitucional*, Fundación de Derecho Público-Editorial Jurídica Venezolana, Caracas, 2014.

## 1. Brewer-Carías 1964 vs Brewer-Carías 2014: Cincuenta años de estudio en relación al "acto administrativo"

El estudio en profundidad de la dilatada obra del profesor Brewer-Carías, puede conllevar equívocamente al lector de la misma, a caer en el fácil y a veces estéril juego de detectar presuntas *contradicciones*, las cuales para quien escribe no son más que productos de cambios de criterios o de *evoluciones* siempre productos del estudio constante, mucho más cuando se examina el corpulento *curriculum vitae* del autor[7]. De hecho, en lo que concierne al "acto administrativo", innegablemente el Brewer-Carías de 1964 se diferenciará en muchos temas del Brewer-Carías del 2014, pues vale recordar que el Brewer-Carías en su primera obra, asumirá un *criterio material,* para la identificación y explicación de la categoría jurídica del "acto administrativo", que luego será vehementemente criticado por él en sus sucesivas obras académicas, a partir de los años setenta.

Por ello, luce vital aproximarse previamente a la idea original de los sesenta (1964) y luego a sus posturas críticas (1975 y ss.), las cuales en gran medida se han mantenido de algún modo inalteradas hasta el presente. En efecto, para los años sesenta Brewer-Carías sostendrá que el "acto administrativo" en tanto "expresión antropomórfica de una determinación" de la Administración Pública, implicaba una aproximación previa al concepto de Administración Pública, tal y como disponía el ordenamiento jurídico, por cuanto la Administración Pública se encontraba inserta dentro de la estructura del Estado, formando parte de él, por lo que era vital adentrarse en la noción de "función administrativa" para luego "una vez precisado por este conducto lo que por Administración debe entenderse, examinar las diferencias esenciales entre el acto administrativo y los demás actos jurídicos estatales"[8].

En *Las Instituciones Fundamentales del Derecho Administrativo y la Jurisprudencia Venezolana*, aseveraba entonces, que lucía indispensable previamente a la hora de encarar la definición de "acto administrativo", hacer un análisis de lo que se entendía por "función administrativa", a partir del encuadramiento de ella en el Estado, como una de sus múltiples funciones, en tanto, el jurista debía estudiar al Estado y sus relaciones con la noción de Poder Público, para luego abordar las implicaciones jurídicas de la noción de "función administrativa" como elemento definidor de la noción de "acto administrativo".

De hecho, en su obra, el Poder Público era entendido como la "situación jurídica constitucional individualizada, propia y exclusiva del Esta-

---

7 El autor tiene la virtud de hacer notar en notas al pie, cuando ha cambiado de criterio a lo largo de su obra. Por ello, es que hay que leer sus obras, que son muchas para darse cuenta de sus criterios pasados y actuales.

8 Brewer-Carías, Allan R. *Las Instituciones Fundamentales del Derecho Administrativo y la Jurisprudencia Venezolana, op. cit.*, p. 103.

do"[9], derivado de la presunta "unicidad del Poder del Estado y no de la pluralidad de poderes separados", la cual vendría a ser una presunta consecuencia de que el régimen constitucional venezolano, se caracterizaría por una *unicidad* del poder del Estado, que implicaría desde un punto de vista jurídico, una actuación de éste a través de determinados órganos que ejercerían cuota parte de ese Poder Público único e indivisible[10], como reza actualmente la "Constitución" al disponer que el "El Poder Público se distribuye entre el Poder Municipal, el Poder Estadal y el Poder Nacional. El Poder Público Nacional se divide en Legislativo, Ejecutivo, Judicial, Ciudadano y Electoral" agregando que "Cada una de las ramas del Poder Público tiene sus funciones propias, pero los órganos a los que incumbe su ejercicio colaborarán entre sí en la realización de los fines del Estado" (art. 136).

La idea antes referida, casi unánimemente aceptada en la doctrina *iuspublicista* venezolana, descansa en el hecho, de que se caracteriza al Poder Público como la "potestad o poder jurídico de obrar que confiere la Constitución al Estado venezolano para realizar sus fines"[11] (art. 3)[12], identificándose erróneamente *sociedad civil* con Estado, descuidándose el hecho de que en una *sociedad libre*, los fines deben ser perseguidos por los individuos libres y no por el *deus mortalis*. Sin embargo, para Brewer-Carías, el "Poder Público no existe en la realidad social como un ente funcionante sino como un concepto jurídico que representa las funciones del Estado venezolano"[13]. De allí que sea el Estado quien actúe con arreglo a una sola y única potestad, a saber, el Poder Público, relegando el tema de las funciones del Estado, como algo perteneciente a las diversas manifestaciones de la presunta *unicidad* del Estado, a través de determinados órganos, puesto que como advertirá posteriormente en 1975, lo importante es establecer "la unidad del Poder del Estado para luego distinguir sus funciones"[14].

---

9 Brewer-Carías, Allan R., *Tratado de Derecho Administrativo. Derecho Público Iberoamericano*, Tomo I, Editorial Civitas-Thomson Reuters, Fundación de Derecho Público-Editorial Jurídica Venezolana. Madrid, 2013, p. 533 y ss.

10 *Ibid.*, p. 533 y ss.

11 Brewer-Carías, Allan R. *Las Instituciones Fundamentales del Derecho Administrativo y la Jurisprudencia Venezolana, op. cit.*, p. 103.

12 Dice la "Carta-Constitución" actual que "El Estado tiene como fines esenciales la defensa y el desarrollo de la persona y el respeto a su dignidad, el ejercicio democrático de la voluntad popular, la construcción de una sociedad justa y amante de la paz, la promoción de la prosperidad y bienestar del pueblo y la garantía del cumplimiento de los principios, derechos y deberes reconocidos y consagrados en esta Constitución" (art. 3), en uno de los preceptos jurídico constitucionales más funestos de todos.

13 Brewer-Carías, Allan R. *Las Instituciones Fundamentales del Derecho Administrativo y la Jurisprudencia Venezolana, op. cit.*, p. 103.

14 Brewer-Carías, Allan R., *Derecho Administrativo*, Tomo I, Publicaciones de la Facultad de Derecho Universidad Central de Venezuela, Caracas, 1975, p. 215; y en Brewer-Carías, Allan R., *Tratado de Derecho Administrativo. Derecho Público Iberoamericano*, Tomo I, *op. cit.*, p. 533 y ss.

De hecho, para la doctrina *iuspublicista* venezolana, la legislación, la jurisprudencia[15], e incluso para la Constitución, el Poder Público se manifiesta en ramas, las cuales tienen asignadas sus "funciones propias". De allí que Brewer-Carías, alegara enfáticamente desde sus inicios, que en la comprensión de la noción de "acto administrativo", sus problemas y sus relaciones con la Administración Pública y los otros órganos que ejercen el Poder Público, o los Poderes Públicos, debía tenerse presente la distribución vertical, y estudiar no solo los "actos jurídicos"[16], sino también, la propia noción de "funciones del Estado", pues en relación a esta última, "debe ser entendida únicamente en el sentido de función jurídica y no en el sentido de atribución", por cuanto las funciones del Estado no son más que la "acción que desarrollan los órganos estatales o la actividad que desempeñan, como tarea que les es inherente" en tanto "la función es toda actividad de la propia esencia y naturaleza del Estado y, por tanto, indelegable"[17], siempre diversas y exteriorizaciones de la actividad estatal[18].

En efecto, y en la línea argumentativa desplegada, luce importante recordar que para 1964, el más importante *iuspublicista* venezolano, sostuvo una defensa rotunda del criterio funcional, a la hora de delimitar o definir al "acto administrativo" en el ordenamiento jurídico venezolano. De hecho, en dicha obra, se afirmaba que el "acto administrativo" no era más que aquella "manifestación de voluntad realizada por una autoridad pública actuando en ejercicio de la función administrativa, con el objeto de producir determinados efectos jurídicos"[19], para luego abandonarlo por el denominado *criterio mixto*, supuestamente más acoplado a la realidad de la separación de poderes en Venezuela. Así pues, para 1975, afirmará que "El acto administrativo, como concreción típica pero no única del ejercicio de la función administrativa, puede emanar de todos los órganos estatales en ejercicio del Poder Público, teniendo en todo caso carácter sublegal"[20], en tanto no debía identificarse el ejercido de una función estatal determinada con la producción de determinados actos jurídicos, puesto que "Al igual que la separación orgánica de poderes no coincide con la distribución de

15 Brewer-Carías, Allan R. y Ortiz Álvarez, Luis, *Las Grandes Decisiones de la Jurisprudencia Contencioso-Administrativa*, Editorial Jurídica Venezolana, Caracas, 2005, *in totum*.

16 Brewer-Carías, Allan R., "Reflexiones sobre la situación de la enseñanza e investigación del Derecho Administrativo: notas para un prefacio que nunca fue publicado (1963)", *Inédito.* Agradezco al profesor Brewer-Carías, la puesta a la orden de este importante texto suyo.

17 Brewer-Carías, Allan R. *Las Instituciones Fundamentales del Derecho Administrativo y la Jurisprudencia Venezolana, op. cit.*, p. 105.

18 Sobre las sentencias de la Corte Federal y de Casación que influyeron en el autor, véase Brewer-Carías, Allan R. "Algunas bases fundamentales del derecho público en la jurisprudencia venezolana" en *Revista de la Facultad de Derecho*, N° 27, Universidad Central de Venezuela, Caracas, 1963, pp. 143-147.

19 Brewer-Carías, Allan R. *Las Instituciones Fundamentales del Derecho Administrativo y la Jurisprudencia Venezolana, op. cit.*, p. 117.

20 Brewer-Carías., Allan R., *Derecho Administrativo*, Tomo I, *op. cit.*, p. 385.

funciones, ésta no coincide, necesariamente, con el tipo de acto jurídico que emane de la voluntad estatal"[21].

La ruptura con el criterio *material* que en antaño utilizó Brewer-Carías, se debía por tanto a que la identificación del "acto administrativo" con el ejercicio de la *función administrativa*, identificaba lo inidentificable, a saber, acto estatal con función estatal, "cuando ambos conceptos son sustancialmente distintos"[22]. La quiebra con la concepción de 1964, obedeció a que en la redacción del libro *Derecho Administrativo*, Tomo I, le resultó imposible al maestro concebir un criterio material que "pudiera reducir a una unidad la actividad administrativa"[23]. De hecho, con la promulgación de la Ley Orgánica de Procedimientos Administrativos[24], el autor ratificará su posición de 1975, destacando enfáticamente que, conforme al ordenamiento jurídico, resultaba inconveniente e incluso errado, utilizar un *criterio único*, una especie de "Dorado"[25], para definir el "acto administrativo", ya que la "heterogeneidad de sus formas y contenido lo demuestra y exige"[26].

Con ello, Brewer-Carías rechazará hasta la actualidad el criterio orgánico, lo cual data desde la publicación de *Las Instituciones Fundamentales del Derecho Administrativo y la Jurisprudencia Venezolana* de 1964, al asegurar que resultaba imposible definir el "acto administrativo", solo y exclusivamente a la luz del dato de su emanación por los órganos que ejercen el Poder Ejecutivo. De igual modo, el autor rechazó posteriormente el criterio material utilizado en su obra de 1964, caracterizado por la definición exclusiva del "acto administrativo" a la luz del dato del ejercicio de la función administrativa, puesto que conforme a su visión, no se podía confundir acto estatal con función estatal, en tanto son conceptos sustancialmente distintos. Por último, Brewer-Carías, de igual modo, rechazó la sola invocación del criterio formal para definir el "acto administrativo", en base a su carácter sublegal, puesto que los actos judiciales también en su criterio

---

21 *Ibid.*, p. 385.

22 Brewer-Carías, Allan R. "El problema de la definición del acto administrativo" en *Libro Homenaje al Doctor Eloy Lares Martínez*, Tomo I, Facultad de Ciencias Jurídicas y Políticas, Universidad Central de Venezuela, Caracas, 1984, pp. 39-40 y Brewer-Carías, Allan R., "El recurso contencioso-administrativo contra los actos de efectos particulares" en *El Control jurisdiccional de los Poderes Públicos en Venezuela*, Instituto de Derecho Público, Facultad de Ciencias Jurídicas y Políticas, Universidad Central de Venezuela. Caracas, 1979, p. 170 y ss.

23 Brewer-Carías., Allan R., *Derecho Administrativo*, Tomo I, *op. cit.*, p. 395.

24 *Gaceta Oficial* No. 2818 Extraordinario, 1 de julio de 1981.

25 Brewer-Carías., Allan R., "El Concepto de Derecho Administrativo en Venezuela" en *Revista de Administración Pública*, N° 100-102, Vol. I, Centro de Estudios Políticos y Constitucionales, Madrid, 1983, p. 686.

26 Brewer-Carías, Allan R. "El problema de la definición del acto administrativo" *op. cit.*, p. 39.

tendrían conforme al principio de la formación del derecho por grados, carácter sublegal[27].

La posición doctrinaria de Brewer-Carías en relación al "acto administrativo" luego de 1975, se decantará por la asunción de un célebre *criterio mixto*, delimitador del "acto administrativo", supuestamente más acorde a la realidad de la separación de poderes en Venezuela. Conforme a ello, la noción de "acto administrativo" resultante de ese *criterio mixto*, será el de que es:

> Toda manifestación de voluntad de carácter sublegal, realizada, *primero*, por los órganos del Poder Ejecutivo, es decir, por la Administración Pública, actuando en ejercicio de la función administrativa, de la función legislativa y de la función jurisdiccional; *segundo*, por los órganos del Poder Legislativo (de carácter sublegal) actuando en ejercicio de la función administrativa; y *tercero* por los órganos del Poder Judicial actuando en ejercicio de la función administrativa y de la función legislativa[28].

En esta definición, el elemento clave pasaba a ser la determinación de qué debe entenderse por "Administración"[29] ya que, conforme al autor, los "actos administrativos" son dictados por todos los órganos estatales y en ejercicio de todas las funciones estatales, de allí que:

> ...su individualización, a pesar de su carácter sublegal, no puede estar fundamentada en la sola utilización del criterio orgánico, del criterio formal o criterio material, sino, de la mezcla y combinación de ellos, pues de lo contrario quedarían fuera de caracterización, por ejemplo, los actos administrativos que dictan los funcionarios de los órganos legislativos o de los órganos judiciales[30].

Con arreglo a esta visión, Brewer-Carías, se alzará como firme disidente de toda defensa del criterio orgánico a la hora de delimitar o definir los "actos administrativos", en tanto, según su consideración, pueden surgir

---

27 Brewer-Carías, Allan R. "El problema de la definición del acto administrativo" *op. cit.*, pp. 39-40 y Brewer-Carías., Allan R., *Derecho Administrativo*, Tomo I, *op. cit.*, p. 373 y ss.

28 Brewer-Carías, Allan R. *El Derecho Administrativo y la Ley Orgánica de Procedimientos Administrativos. Principios del Procedimiento Administrativo*, Colección Estudios Jurídicos, N° 16, 8° Edición, Editorial Jurídica Venezolana, Caracas, 2008, pp. 141-142 o en *Tratado de Derecho Administrativo. Derecho Público Iberoamericano*, Tomo IV, Editorial Civitas Thomson Reuters- Fundación de Derecho Público- Editorial Jurídica Venezolana, Madrid, 2013, pp. 483 y ss.

29 Hernández G., José Ignacio, "Allan R. Brewer-Carías y el concepto de Derecho Administrativo en Venezuela" en *Revista de Administración Pública*, N° 184, Centro de Estudios Políticos y Constitucionales, Madrid, 2011, pp. 350-352.

30 Brewer-Carías, Allan R. "Los actos ejecutivos en la Constitución venezolana y su control judicial" en *Reflexiones sobre el Constitucionalismo en América*, Cuadernos de la Cátedra Fundacional Doctor Charles Brewer Maucó "Historia del Derecho en Venezuela", Universidad Católica Andrés Bello, N° 2, Editorial Jurídica Venezolana, Caracas, 2001, p. 236. En una versión crítica véase a Pérez Luciani, Gonzalo, "Actos administrativos que en Venezuela escapan al Recurso Contencioso de Anulación" en *Revista de la Facultad de Derecho*, N° 6, Universidad Católica Andrés Bello, Caracas, 1968, p. 171-203, en especial nota 19.

"actos administrativos", tanto de los órganos legislativos actuando en función administrativa, como de los tribunales, "de los órganos del Poder Electoral y del Poder Ciudadano, actuando en tanto en función normativa como en función administrativa"[31], entre otros.

## 2. Constitución y Estado de Derecho en la obra de Brewer-Carías: Algunas consideraciones críticas

En la célebre tesis *Las Instituciones Fundamentales del Derecho Administrativo y la Jurisprudencia Venezolana* de 1964, Brewer-Carías no realizó un análisis pormenorizado de lo que se entiende por "Estado de Derecho" (*rule of law*), aun cuando la obra gira indirectamente sobre tal ideal político. La cuestión luce comprensible, si se toma en cuenta que el objeto del libro era abordar las instituciones fundamentales del Derecho Administrativo, y de ningún modo incursionar en el ámbito del Derecho Constitucional, algo que luego hará fructíferamente a partir de 1975. Aun así, es menester destacar que, en dicha obra, si bien se daba por supuesto el significado y alcance del ideal político del "Estado de Derecho" (*rule of law*), se realizaron algunas consideraciones que es permitente abordar, como aquella de que la actividad administrativa debía estar "condicionada por la Ley a la obtención de determinados resultados" en tanto aseguraba el autor:

> ...no puede la Administración Pública procurar resultados distintos de los perseguidos por el legislador, aun cuando aquéllos respondan a la más estricta licitud y moralidad, pues lo que se busca es el logro de determinado fin, que no puede ser desviado por ningún motivo, así éste sea plausible[32].

Tal perspectiva de bastante vigencia en la actualidad, permite entrever que el autor se tomaba en serio la sujeción del "Estado de Derecho" y no a la defensa de un "Estado de Justicia" (art. 2) que como bien acotó tempranamente un excelso académico venezolano en el ámbito del Derecho Constitucional:

> ...lo que hace es confundir aún más lo que se quiere decir. [...] por ello no puede uno menos de pensar que al añadir a la justicia como algo distinto del Derecho, se está separando a éste de aquella y, por tanto, buscando caminos diferentes al derecho para lograr la justicia, con lo cual el derecho tiende a desaparecer y como corolario forzado, el Estado de Derecho[33].

Para el jurista Brewer-Carías, la autoridad administrativa debía estar condicionada en su actuación por la Ley, para la obtención de determinados resultados, por lo que la Administración Pública, le debía estar proscri-

---

31 Brewer-Carías, Allan R. "Los actos ejecutivos en la Constitución venezolana y su control judicial" *op. cit.*, p. 236.

32 Brewer-Carías, Allan R. *Las Instituciones Fundamentales del Derecho Administrativo y la Jurisprudencia Venezolana, op. cit.*, p. 70.

33 Planchart Manrique, Gustavo, "El Estado Social de Derecho y de Justicia" en *La Constitución de 1999,* Serie Eventos, Biblioteca de la Academia de Ciencias Políticas y Sociales, Caracas 2000, p. 393.

to el perseguir resultados distintos de los señalados expresamente en las leyes que debían ser generales y abstractas, lo cual no podía ser desvirtuado por "ningún motivo, así sea plausible éste"[34].

Es cierto que el "Estado de Derecho" (*rule of law*) verdadero y no su deformación como *Estado de legalidad*, significa e implica más cosas que lo que allí se afirmaba, sobre el cual me he ocupado en otro lugar[35]. Sin embargo, lo importante en relación con la obra homenajeada, es que uno de los pilares del "Estado de Derecho" (*rule of law*), a saber, la separación de poderes, se encontraba desde temprano bastante resentida, pues no gozaba de muy buena salud. Repárese, que Brewer-Carías si bien fue modulando su obra hacia un criterio mixto como clave de bóveda determinadora de lo que debía entenderse por "acto administrativo", ello obedecía a un entendimiento previo de una peculiar doctrina sobre la "separación de poderes", que terminó a la postre con una definición sumamente amplia de "acto administrativo", afectando considerablemente la doctrina forjada por Locke y Montesquieu, recogido en *The Federalist* y plasmado en la *Déclaration des Droits de l'Homme et du Citoyen* de 1789 y por ende la libertad individual y política.

Dado que en la *Déclaration* de 1789, se afirmaba sin ambages en su célebre artículo XVI, que la separación de poderes era un elemento necesario mas no suficiente, para saber con exactitud si existía en una determinada sociedad una Constitución auténtica, es por lo que la separación de poderes en su fórmula clásica, requiere a este respecto un reexamen en el caso de Venezuela, con el objetivo de evaluar si la posición asumida en la obra que nos ocupa y la de la doctrina mayoritaria en Venezuela, es compatible con el ideal político del "Estado de Derecho" (*rule of law*), y con la noción de Constitución, más allá de lo que expresa la "Carta-Constitución" de 1999, consideraciones que vale acotar, de igual modo pueden ser extrapoladas a las "Cartas-Constituciones" de 1947 y de 1961.

La condición necesaria mas no suficiente de la separación de poderes, permite "tener una constitución", pero el "vivir" y el "estar" bajo Constitución, requiere que la forma constitucional responda a los cánones del ideal político del "Estado de Derecho" (*rule of law*), que es el que posibilita que

---

34 Brewer-Carías, Allan R. *Las Instituciones Fundamentales del Derecho Administrativo y la Jurisprudencia Venezolana, op. cit.*, p. 128. Idea ésta que en realidad es bastante diferente a la planteada por el mismo autor décadas más tarde. Brewer-Carías, Allan R., *Principios Fundamentales del Derecho Público*, Editorial Jurídica Venezolana, Caracas, 2005, p. 122, o en *Tratado de Derecho Administrativo. Derecho Público Iberoamericano,* Tomo I, *op. cit.*, pp. 367-372; al invitar a que el Estado tienda a garantizar la "justicia" por encima de la *legalidad formal.* Para quien escribe, la posición ideal sería la postura de 1964, que está recogida de igual modo en el *Tratado.*

35 Con la venia de estilo, Alvarado Andrade, Jesús María, "División del Poder y Principio de Subsidiariedad. El Ideal Político del Estado de Derecho como base para la Libertad y prosperidad material" en Herrera Orellana, Luis Alfonso (Coord.), *Enfoques Actuales sobre Derecho y Libertad en Venezuela*, Academia de Ciencias Políticas y Sociales, Caracas, 2013, pp. 131-185.

los ideales sean debidamente practicados[36]. Por ello, como ya se ha expuesto en otro trabajo[37], en el caso venezolano no puede sostenerse equívocamente como se sigue haciendo, que toda carta, documento etc. reputado como "Constitución" es tal, pues solo hay Constitución cuando se instaura la separación de poderes y se garantizan los derechos individuales y no las "expectativas de derechos"[38], que siendo falsos derechos, lo que hacen es desconocer el principio de la alteridad, al atribuir "al Estado innumerables obligaciones y que, en gran parte, marginan a la sociedad civil, resultando un esquema que globalmente considerado es altamente paternalista"[39].

Por ello, el concepto de Constitución exige la separación de poderes, aun cuando sea ésta una condición necesaria mas no suficiente, siendo esto así, desde que las declaraciones de derechos de las colonias de América del Norte, en especial, las de Estados Unidos de América, legaran al mundo occidental[40] la importancia de tal formulación. De hecho, en la Constitución del estado de New Hampshire de 1783, sección III y en la Constitución de Massachusetts de 1780 entra otras, se recogía la doctrina mucho antes que se recogiera en la Constitución Federal de ese país, y en la conceptualización de la *Déclaration des Droits de l'Homme et du Citoyen* de 1789.

En efecto, en la Constitución de Massachusetts de 1780, se establecía que:

> En el gobierno de esta Comunidad, el departamento legislativo nunca ejercerá los poderes ejecutivos y judiciales, o alguno de ellos; el ejecutivo nunca ejercerá los poderes legislativos y judiciales, o alguno de ellos; el judicial nunca ejercerá los poderes legislativos y ejecutivos, o alguno de ellos, para que así sea un gobierno de leyes y no de hombres (art. 30).

Y en la Constitución Federal de 1811 de Venezuela, en su importante *Preliminar* se establecía que:

> El ejercicio de esta autoridad confiada à la Confederación, no podrá jamás hallarse reunido en sus diversas funciones. El Poder Supremo debe estar dividido en Legislativo, Executivo, y Judicial, y confiado á distintos cuerpos independientes entre sí, en sus respectivas facultades. Los individuos que fueren nombrados para ejercerlas, se sujetarán inviolablemen-

---

36 Por todos, Aguiló Regla, Josep, "Tener una constitución", "darse una constitución" y "vivir en Constitución" en *Isonomía: Revista de teoría y filosofía del derecho* N° 28, Instituto Tecnológico Autónomo de México, México, D.F., 2008, pp. 67-86.

37 Con la venia de estilo, Alvarado Andrade, Jesús María, "Aproximación a la tensión Constitución y libertad en Venezuela" en *Revista de Derecho Público* N° 123, Editorial Jurídica Venezolana, Caracas, 2010, pp. 17-43.

38 Brewer-Carías, Allan R., *Un Derecho para el desarrollo y la protección de los particulares frente a los poderes público y privado*, Centro de Estudios de Filosofía del Derecho-Universidad del Zulia, Maracaibo, 1975, p. 53.

39 Brewer-Carías, Allan R. "El fortalecimiento de las instituciones de protección de los derechos humanos en el ámbito interno" en *Reflexiones sobre el Constitucionalismo en América*, *op. cit.*, p. 69.

40 García de Enterría, Eduardo, *Problemas del Derecho Público al comienzo de siglo. Conferencias en Argentina*, Editorial Civitas, Madrid, 2001, p. 93 y ss.

te al modo, y reglas que en esta Constitución se les prescriben para el cumplimiento, y desempeño de sus destinos.

Sin embargo, pese a estos antecedentes[41], la pertinencia de tal doctrina ha sido paulatinamente puesta en duda en los tiempos modernos, por la influencia de una doctrina *iuspublicista* antiliberal, con el alegato de que la misma ha tomado "distintas modalidades según las épocas y las coyunturas"[42], por lo que dependería posteriormente de la concretización histórica, y no de la formulación expuesta por Locke[43], Montesquieu[44] o Hume[45], entre otros. Así pues, la separación o balance de poderes –sin mengua de sus antecedentes medievales y antiguos–, caracterizada por la defensa irrestricta de la libertad individual y política, recelosa frente al poder, en tanto éste tiende a su abuso, y por tanto es el mayor enemigo de la libertad, exigía no una mera separación de poderes en distintos órganos, sino también la conciencia de que la "sola determinación en un pergamino de los límites constitucionales de los varios departamentos no es suficiente salvaguardia contra las usurpaciones que conducen a la concentración tiránica de todos los poderes gubernamentales en las mismas manos"[46].

Sin embargo, la separación de poderes válida y reputada en antaño, en los tiempos modernos ciertamente no goza de buena salud, debido a las concretizaciones históricas, que se han alejado ostensiblemente de su significado, lo que ha ocasionado una confusión mayúscula, dado que la otrora separación de poderes, ha pasado a entenderse simplemente como simple distribución de funciones al interior de la unicidad del Estado, olvidando que la idea original se basaba precisamente en "su incompatibilidad con la unidad e indivisibilidad del poder del Estado"[47], que es el que actualmente se defiende, debido al fenómeno de la administrativización del Derecho Constitucional[48] y a la estatización de la precaria y nula sociedad civil.

---

41 Brewer-Carías, Allan R., *Orígenes del Constitucionalismo Moderno en Hispanoamérica*, Colección Tratado de Derecho Constitucional, Tomo II, Fundación Editorial Jurídica Venezolana, Caracas, 2014, 982 pp.

42 García-Pelayo, Manuel, "La división de poderes y su control jurisdiccional" en *Revista de Derecho Político*, N° 18-19, Universidad Nacional de Educación a Distancia (UNED), Madrid, 1983, p. 7.

43 Locke, John, *Segundo Tratado sobre el Gobierno Civil*, Alianza Editorial, Madrid, 2008.

44 Montesquieu, *El Espíritu de las Leyes*, Editorial Tecnos, Madrid, 2007.

45 Hume, David, *Essays, Moral, Political and Literary*, Liberty Fund, Indianapolis-USA, 1987.

46 Hamilton, Alexander; Madison, James, y Jay, John, *El Federalista*, Fondo de Cultura Económica, México D.F, 2000, pp. 213.

47 García-Pelayo, Manuel, "La división de poderes y su control jurisdiccional" *op. cit.*, p. 11.

48 En el caso venezolano, con la venia de estilo, Alvarado Andrade, Jesús María, "Sobre Constitución y Administración Pública ¿Es realmente el Derecho Administrativo en Venezuela un Derecho Constitucional Concretizado?" en Hernández G, José Ignacio (Coord.), *100 Años de Enseñanza del Derecho Administrativo en Venezuela 1909-*

De hecho, la máxima de Locke, Montesquieu e incluso de Hume, basada en la necesidad de que el poder político donde se hallare dividido debía limitarse en aras de garantizar la libertad política y la libertad individual, evitando los abusos de poder, mediante los recelos y controles recíprocos entre los poderes divididos, hoy ha venido relajándose por el advenimiento de la idea del poder político benévolo al amparo de la cláusula del "Estado Social". Dado que la división implica la separación de poderes antes, es por lo que la separación de poderes clásica, que es la que es compatible con el concepto genuino de Constitución y con el ideal político del Estado de Derecho *(rule of law),* no es equivalente a la llamada *separación de funciones*, en el que existen múltiples "órganos y a cada uno se asigna una función propia, lo que en modo alguno significa exclusividad en el ejercicio de esa función"[49].

Lo anterior, no viene a colocar una "hipostatización"[50] de la idea de la separación de poderes, pues precisamente porque para quien escribe no están claras esas supuestas nuevas formas actuales que garantizan la libertad política e individual. En efecto, es tan claro y prístino como el agua bien tratada y por tanto potable, que pensadores como Locke, Montesquieu o Hume, redactaron sus obras teniendo presente la realidad social que los circundaba, y teniendo muy en cuenta la *verità effettuale della cosa* como gustaba decir al gran Maquiavelo, para así no dejarse llevar por ideales impracticables. Sin embargo, su validez atemporal, descansa en sus sabias formulaciones y en las precauciones que legaron al tener muy presente la "naturaleza humana", las cuales permiten hasta la actualidad, comprender que la existencia de un gobierno limitado para el liberalismo era un mal necesario, pero que éste debía ser moderado y representativo, para lo cual era necesario tomar en cuenta la separación de poderes, con el objetivo de que se impidiera el abuso, el despotismo o la tiranía.

Por ello, es que la obra de los clásicos si bien no se construyó "en un vacío sociopolítico"[51], en nada impide que, teniendo presente esas realidades y las nuevas, pero también las máximas con las que operaron que las trascienden, se examine más allá del tópico común, la idea de la separación de poderes, pues como se ha advertido, la misma es una condición necesaria mas no suficiente para que exista Constitución auténtica en una sociedad. Dado que la separación de poderes presupone un poder concentrado y no separado, es por ello que la Constitución reviste importancia, pues es a través de ella que se instaura la separación de poderes, la cual no es equivalente a la mera colaboración o especialización de funciones, fomentada por

*2009,* Centro de Estudios de Derecho Público de la Universidad Universidad Monteávila Fundación de Estudios de Derecho Administrativo (FUNEDA), Caracas, 2011, pp. 165-263.

49 Brewer-Carías., Allan R., *Derecho Administrativo*, Tomo I, *op. cit.,* p. 219.

50 García-Pelayo, Manuel, "La división de poderes y su control jurisdiccional" *op. cit.*, p. 11.

51 *Ibid.*, p. 9.

la cláusula del "Estado Social", que vino a resquebrajar al "Estado de Derecho" (*rule of law*) y hacerlo polvo cósmico por más que se trate infructuosamente de hacerlos compatibles, sencillamente porque obedecen a presupuestos teóricos y filosóficos totalmente discrepantes.

No cabe duda alguna que en los últimos doscientos sesenta y seis años desde la publicación de *De l'esprit des lois*, han acaecido diversos "cambios sociales, políticos y constitucionales"[52], sobre el cual nadie puede permanecer ajeno. Sin embargo, la situación constitucional actual, basada más en "competencias dependientes separadas funcionalmente"[53], que en la doctrina de antaño, luce funesta para la libertad política e individual, máxime si se tiene presente que aquella separación de poderes originaria, representativa de fuerzas sociales, se ha convertido en una simple separación de funciones determinada por cualquier documento auto reputado como "Constitución"[54] aun cuando ni separe los poderes ni garantice los derechos individuales, lo que incluso ha facilitado, que sean las falsas "Constituciones" actuales reinantes, las que conforme a los nuevos tiempos, concedan al Gobierno, ya no solo la función gubernativa o de ejecución de leyes generales y abstractas –las menos–, sino también las leyes-medida (*massnahmegesetze*) –las más–, y a la vez gozar de una actividad normativa a través de las llamadas "leyes delegantes" y las "leyes delegadas" todo ello en conformidad con la cada vez más intensa actividad prestacional de la Administración Pública propia del "Estado Social" que se ha caracterizado por "sacar de sus límites clásicos al poder ejecutivo"[55], lo cual puede evidenciarse en la frase de Brewer-Carías de que "El problema respecto de la separación de poderes en América Latina en la actualidad, no es por tanto el de si es o no garantía de las libertades públicas, sino el de si con ella el Estado puede o no gobernar"[56], olvidando ello que "En una democracia, donde una multitud de individuos ejercen en persona las funciones legislativas y están continuamente expuestas, por su incapacidad para deliberar regularmente y para tomar medidas concertadas, a las ambiciosas intrigas de sus magistrados ejecutivos, bien se puede temer que la tiranía brote en la primera ocasión favorable"[57], facilitada ahora mucho más con la legislación motorizada.

Para el pensador francés autor de las *Lettres Persanes*, la *distribution des pouvoirs*, aplicaba al ámbito de lo político, mientras que la *separation des pouvoirs*, aplicaba al ámbito jurídico. De allí pues, que la *separation des pouvoirs* envolvía algo más allá que la simple asignación de funciones pro-

---

52 García Macho, Ricardo, "Problemática de la División de Poderes en la actualidad" *op. cit.*, p. 175.
53 *Ibid.*, p. 180.
54 *Ibid.*, p. 181.
55 *Ibid.*, p. 183.
56 Brewer-Carías, Allan R., *Cambio Político y Reforma del Estado en Venezuela*, Colección Ciencias Sociales, Serie de Ciencia Política, Editorial Tecnos, Madrid, 1975, p. 175.
57 Hamilton, Alexander; Madison, James, y Jay, John, *El Federalista*, *op. cit.*, p. 211.

pias a cada uno de los poderes. Sin embargo, en el caso venezolano que vale de igual modo para la región –en aquellas partes donde se siga la doctrina de la superación de la separación de poderes– ha prevalecido la idea de que más que separación de poderes debe hablarse de una división de funciones[58], debido a dos confusiones que es menester destacar, a saber: *i)* la que de que presuntamente la concepción de Montesquieu era profundamente rígida, *ii)* la de que supuestamente la concepción otrora liberal, no se "adecúa a las nuevas realidades y fuerzas sociales ni a las gigantescas dimensiones del Estado social contemporáneo"[59] y *iii),* la idea de que la separación de poderes otrora rígida y superada, impedía la colaboración de voluntades entre los poderes.

En efecto, en relación a la primera de las confusiones, vale advertir que Montesquieu no pretendió nunca una concepción rígida, en el sentido de postular el aislamiento entre los poderes, pues como afirmó Madison en *El Federalista*, XLVIII, lo importante es dividir y equilibrar el poder de modo tal "ninguno pasara de sus límites legales sin ser contenido y reprimido eficazmente por los otros"[60]. En cuanto a la segunda de las confusiones, sucintamente puede afirmarse que el "Estado Social" contemporáneo, es precisamente el que ha desvirtuado el "Estado de Derecho" (*rule of law*), destruyendo con ello la otrora concepción liberal, "en provecho de un poder gubernamental que es el centro neurálgico del sistema de dirección política"[61], al cual se someten todos los poderes o como se dice en Venezuela, a los órganos que ejercen el Poder Público. Por último, y en relación a la *tercera* confusión, es menester recordar que la concepción liberal no pretendió como se ha advertido equívocamente, un aislamiento o desconexión entre los poderes pues, de hecho, en la obra de Montesquieu, "la conexión es parte inescindible de su teoría de la división, pues de otra forma el poder no frenaría al poder", aun cuando, "la riqueza de los controles del constitucionalismo británico de su tiempo era más amplia que la pura *faculté d'empécher*"[62].

Sin embargo, en la obra de Brewer-Carías, se puede observar una oscilación, que va de la prescindencia de la concepción clásica de la separación de poderes a la necesidad por revivirla, en especial, cuando la realidad vuelve a demostrar que los asuntos ventilados en doctrina tienen implica-

---

58 Sánchez Agesta, Luis, "División de poderes y poder de autoridad del Derecho" en *Revista Española de Derecho Constitucional*, n° 25, Centro de Estudios Políticos y Constitucionales, Madrid, 1989, p. 13.

59 García Roca, Francisco Javier, "Del principio de la división de poderes (1)" en *Revista de Estudios Políticos*, N° 108, Centro de Estudios Políticos y Constitucionales, Madrid, 2000, p. 46.

60 Hamilton, Alexander; Madison, James, y Jay, John, *El Federalista*, *op. cit.*, p. 212.

61 García Roca, Francisco Javier, "Del principio de la división de poderes (1)" *op. cit.*, p. 46.

62 Aragón Reyes, Manuel, "El control como elemento inseparable del concepto de Constitución" en *Revista Española de Derecho Constitucional*, N° 19, Centro de Estudios Políticos y Constitucionales, Madrid, 1987, p. 22.

ciones prácticas, muchas veces perniciosas que es imposible descuidar. En efecto, Brewer-Carías pese a los criterios antes referidos, ha llegado afirmar con razón que tiene que "arraigarse el principio de la separación orgánica de poderes, como antídoto efectivo frente al autoritarismo"[63], y que en el caso de la "Carta-Constitucional", pese que contemple la "novedad" de la pentadivisión del Poder Público Nacional, los mismos no llegan a ser autónomos e independientes entre sí, por cuanto existe una funesta distorsión que se manifiesta en la competencia que ostenta la Asamblea Nacional para remover a los Magistrados del Tribunal Supremo de Justicia, al Fiscal General de la República, al Contralor General de la República, al Defensor del Pueblo y a los Miembros del Consejo Nacional Electoral (arts. 265, 279 y 296); en algunos casos por simple mayoría; en la previsión de la delegación legislativa por parte de la Asamblea Nacional al Presidente de la República, mediante "ley habilitante", para regular mediante "decreto-ley", sin límite material, cualquier materia (arts. 203, y 236, ord. 8), violando incluso la reserva legal; en la eliminación de la bicameralidad, y agrega quien escribe, en la competencia a la Sala Constitucional de declarar la inconstitucionalidad de la conducta omisiva del cuerpo representativo, mucho más si se tiene presente que la propia "Carta-Constitucional" incorpora flagrantes violaciones al principio de alteridad, lo cual se traduce en una esquizofrenia "constitucional" total, que ha desquiciado el necesario control al poder.

## 3. Brewer-Carías y las tensiones con la doctrina de la separación de poderes: La noción amplia de "acto administrativo"

Dada la importancia e influencia de la obra de Brewer-Carías, no solo en Venezuela, sino también en Iberoamérica[64], no solo resulta imperioso efectuar una crítica constructiva en relación a la idea de separación de poderes que ha permanecido en la obra del autor, sino también en toda la dogmática *iuspublicista* venezolana, y a la vez a la noción de "acto administrativo". En efecto, la comprensión de lo expuesto previamente permite no

63 Brewer-Carías, Allan R. "Retos Constitucionales para el Siglo XXI" en *Reflexiones sobre el Constitucionalismo en América*, *op. cit.*, p. 21.

64 Está demás advertir, pues es de sobra conocido, que soy un deudor de toda la obra del profesor Allan R. Brewer-Carías a quien considero uno de mis maestros. No es de extrañar que un discípulo, mantenga una diferencia en relación a este tema del "acto administrativo". Para un estudio omnicomprensivo sobre la importancia de la obra del más importante jurista del país y uno de los más importantes de Iberoamérica, véase Hernández G., José Ignacio "Allan R. Brewer-Carías y el concepto de Derecho Administrativo en Venezuela" en *Revista de Administración Pública*, N° 184, Centro de Estudios Políticos y Constitucionales, Madrid, 2011, pp. 349-355., y Alvarado Andrade, Jesús María, "Sobre el Derecho Público Iberoamericano: A Propósito del Tratado de Derecho Administrativo de Allan R. Brewer-Carías" en *Revista de Administración Pública,* N° 193, Centro de Estudios Políticos y Constitucionales, Madrid, 2014, pp. 423-464.

solo dar cuenta del pensamiento del homenajeado en alguna de sus obras más representativas a lo largo de estas cinco décadas de intensa labor intelectual y profesional, sino también el percatarse de que es precisamente esta idea de la animadversión por la separación de poderes en su fórmula clásica, la que ha permitido que se concretizara, ya no solo a nivel de doctrina, sino también a nivel jurisprudencial, la idea de que más que hablar de separación de poderes debe defenderse una separación "atenuada"[65], que inaugurada por la Corte Federal y de Casación, ha trastocado hasta sus cimientos las instituciones y la comprensión teórica a nivel de Derecho Constitucional y de Derecho Administrativo, perjudicando gravemente la libertad individual y política de los ciudadanos.

De lo anteriormente expuesto, se colige que no se ha defendido la "separación de poderes" al estilo francés revolucionario, sino aquella que siendo de la esencia del "Estado de Derecho" (*rule of law*) surgió en la tradición anglosajona, por lo que la separación de poderes no francesa pero también a toda la de Europa continental, tampoco es asumida en estas líneas por cuanto no es algo a imitar. De hecho, vale recordar, que en relación a la obra de Brewer-Carías, extensiva a la doctrina –y en esto es una diferencia rotunda con el maestro– existe un desdén por la doctrina de la separación de poderes, que responde a una influencia decisiva de los célebres teóricos del Estado del siglo XIX europeos, quienes comenzaron a desacreditar la doctrina, por la desesperada búsqueda por lograr darle una personalidad jurídica al Estado[66].

En efecto, con arreglo a la obra de los teóricos de los Estado galos y germanos, se llegará a sostener que el acuerdo de varias voluntades " implica necesariamente el concurso de todos o de varios de los órganos que constituyen la personalidad estatal"[67], pues como afirmare el célebre Carré De Malberg, había que comenzar por establecer la unidad del Poder del Estado, para luego distinguir sus funciones al interior de ese Estado, lo cual es *per se*, algo totalmente opuesto a la doctrina clásica como ya se acotó[68].

---

[65] Brewer-Carías, Allan R. *Las Instituciones Fundamentales del Derecho Administrativo y la Jurisprudencia Venezolana, op. cit.*, p. 110.

[66] Es por ello que Brewer-Carías, entre otras cosas más, mantiene una diferencia con la obra de Eduardo García de Enterría con su concepción estatutaria.

[67] García Roca, Francisco Javier, "Del principio de la división de poderes (1)" *op. cit.*, p. 48

[68] En Latinoamérica, el jurista Juan Carlos Cassagne, ha afirmado que "Si se parte de la unidad del poder del Estado puede aceptarse sólo una distribución de funciones en órganos diferentes pero nunca una separación que opere, con límites precisos y definitivos, una delimitación absoluta de funciones. ¿Qué ocurre en la realidad? ¿Cuál es el sentido actual de la teoría? Aparte de la función gubernativa (que reviste un carácter superior y excepcional), las funciones del Estado pueden clasificarse desde un punto de vista material en: administrativa (actividad permanente, concreta, practica e inmediata); legislativa (actividad que consiste en el dictado de normas generales y obligatorias) y jurisdiccional (actividad que se traduce en la decisión de controversias con fuerza de verdad legal). Las tres funciones deben perseguir, primordialmente, en su orientación teleológica, a la realización del bien común, ya sea en forma inmediata o

Repárese que en las obras de Carré De Malberg, Georg Jellinek[69], e incluso en León Duguit[70] existen muchos recelos por la obra de Montesquieu, y por todo el ideario liberal, hasta el punto que para el primer jurista, tal doctrina conllevaba a "destruir en el Estado la unidad que es el principio mismo de su fuerza"[71], lo que favoreció una nueva doctrina de reemplazo, conocida como la teoría formal-sustancial, la cual propició la justificación, ya no solo descripción, de que los órganos ejecutivos ejercieran "función normativa", a través de las leyes delegadas y delegantes; que los órganos legislativos ejercieran funciones judiciales; que los órganos administrativos ejercieran funciones judiciales (entre otros el absurdo de los actos "cuasi-jurisdiccionales"[72]); y que los órganos judiciales ejercieran funciones legislativas (el absurdo de la "legislación positiva")[73], aunado al

---

mediata. En el orden de la realidad lo que acontece es que cada uno de los órganos entre los que se distribuye el poder estatal tiene asignada, como competencia predominante, una de las funciones señaladas sin que ello obste a la acumulación (en forma entremezclada) de funciones materialmente distintas. El valor de la tesis de Montesquieu consiste fundamentalmente en los principios de coordinación, equilibrio y especialización que la nutren. Por lo tanto, sin apartarse del objetivo esencial de la concepción (que es evitar la concentración indebida de poder en un solo órgano), ella puede ajustarse a las exigencias históricas graduando la competencia asignada a cada órgano en función de los requerimientos de colaboración, control y especialización funcional. Se quiebra, en consecuencia, el principio divisorio, entendido a la manera clásica, a raíz de que no pueden ya identificarse de una manera estricta los aspectos sustancial, orgánico y formal de los actos estatales" Cassagne, Juan Carlos *Derecho Administrativo*, Tomo I, 8° Edición Actualizada, Lexis Nexis-Abeledo Perrot, Buenos Aires, 2006, pp. 72 y 73.

69 *Teoría General del Estado*, Fondo de Cultura Económica, México D.F, 2012, 687 pp.

70 *La Separación de Poderes y la Asamblea Nacional de 1789*, Centro de Estudios Constitucionales, Madrid, 1996, 152 pp. y *Las Transformaciones del Derecho Público y Privado*, Editorial Comares, Madrid, 2007, 315 pp.

71 Carré De Malberg, Raymond, *Teoría General del Estado*, Fondo de Cultura Económica, México, 2000, p. 754.

72 Rondón de Sansó, Hildegard, *Los actos cuasi jurisdiccionales*, Ediciones Centauro, 1990, 160 pp., y la "famosa", sentencia Sala Político-Administrativa de 10 de enero de 1980, *caso Miranda Entidad de Ahorro y Préstamo*.

73 La definición global del "acto administrativo" permitió una ruptura radical con la doctrina de la *separación de poderes*. El fundamento de tal ruptura se halla en las influencias intelectuales descritas, y en teorías que rompieron con la formulación original de Locke y Montesquieu. Es menester destacar, que la amplia noción de "acto administrativo", ha sido el resultado de esta ruptura. Circunstancias como la absurda "jurisdicción normativa", no son más que una conclusión lógica del planteamiento de la *teoría formal sustancial.* Sin embargo, alguien podría objetar que la Sala Constitucional del Tribunal Supremo de Justicia, creadora de este invento funesto de la "jurisdicción normativa", no cuenta con una competencia que lo autorice a legislar, pero no hay que olvidar, que en la "Constitución" se plasmó el absurdo de la "omisión legislativa" (art. 336 ord. 7), la cual no es una competencia estrictamente jurisdiccional. Sobre el invento de la llamada "jurisdicción normativa", ha dicho el ex Magistrado Jesús Eduardo Cabrera Romero que "...se manifiesta cuando la Sala Constitucional ha preferido aplicar las normas de la Carta Fundamental, a pesar de que no existen leyes que las implemente, y a ese fin acude a disposiciones legales semejantes o análogas que hacen viables las situaciones referidas en la normativa constitucional, logrando así

hecho aún más deplorable, de que todos los órganos que ejercen el Poder Público, pueden dictar "actos administrativos", acarreando con ello, que *i)* cualquier manifestación de voluntad de la Administración deviene en "acto administrativo" por lo que puede crear, modificar y extinguir situaciones jurídicas, afectando gravemente la situación jurídico-subjetiva del individuo; *ii)* toda manifestación de voluntad de la Administración Pública deviene en "acto administrativo", el cual siempre se presumirá legítimo, ejecutivo y ejecutorio; *iii)* todo acto estatal dictado por cualquiera de los órganos que ejercen el Poder Público en su división vertical, con fundamento en el ejercicio de la "actividad administrativa" de modo secundario, puede dictar "actos administrativos", por virtud de la teoría formal-material, violando "justificadamente" la separación de poderes, y haciendo saltar por los aires al "Estado de Derecho" (*rule of law*)[74].

---

que la normativa constitucional viva. O, cuando por control difuso constitucional desaplica normas procesales existentes que coliden con la Constitución; o cuando las ha reinterpretado conforme los principios constitucionales" en Cabrera Romero, Jesús Eduardo, "La Prueba en el Proceso Constitucional Venezolano" en *Revista de Derecho Probatorio* n° 14, Ediciones Homero, Caracas, 2006, pp. 111-112. Para una crítica no total a la "legislación positiva", pero sí a los absurdos de la Sala Constitucional véase a Brewer-Carías, Allan R., "Prólogo: Los tribunales constitucionales como legisladores positivos. Una aproximación comparativa", al libro de Daniela Urosa Maggi, *La Sala Constitucional del Tribunal Supremo de Justicia como legislador Positivo*, Academia de Ciencias Políticas y Sociales, Serie Estudios N° 96, Caracas, 2011, pp. 9-70; y su reciente libro *Constitucional Courts as Positive Legislators*, Cambridge University Press, New York, 2011, 923 pp. Repárese que la Sala Constitucional, afirma que "La "jurisdicción normativa" estaba prevista en la Ley de Registro Público de 1940, para que la ejerciera la Corte Federal (artículo 11 de dicha Ley de Registro Público), la cual según la Sala, en los últimos años de la extinta Corte Suprema de Justicia, fue ampliamente ejercida –sin base legal alguna– tanto por la Sala de Casación Civil, como por la Sala Político-Administrativa. El mismo argumento vale para ella. No tiene base legal y menos constitucional, pero repare el lector en lo que dice la norma citada erróneamente que: "Las dudas que ocurrieren, en cuanto a la inteligencia y aplicación de esta Ley, en los casos concretos que puedan presentarse, serán resueltas por la Corte Federal y de Casación, a solicitud del Ministerio de Relaciones Interiores, de los Registradores, por órgano del mismo Ministerio, o de los particulares interesados, debiendo estos últimos formular sus consultas por intermedio del respectivo Registrador, quien las remitirá, debidamente informadas, dentro del término de siete días después de su presentación, por conducto del mencionado Despacho. La Corte Federal y de Casación podrá solicitar, por órgano del mencionado Despacho, los datos que a su juicio fueren necesarios para ilustrar suficientemente la consulta; y deberá resolver las dudas que se le sometan conforme a este artículo, dentro del plazo de treinta días, a contar de la fecha en que reciba el último recaudo" en Ley de Registro Público, *Gaceta Oficial* N° 47 Extraordinario del 4 de septiembre de 1943. No se ve la "jurisdicción normativa" por ningún lado. Véase, sentencia N° 1571, de fecha 22 de agosto de 2001, caso: *ASODEVIPRILARA*. Por todos, véase la crítica insuperada de Pesci-Feltri, Mario, "La jurisdicción normativa y los artículos 335 y 336 de la constitución" en *El derecho público a comienzos del siglo XXI: estudios en homenaje al profesor Allan R. Brewer Carías,* (Coords. Arismendi A. Alfredo y Caballero Ortiz, Jesús Vol. 1, Editorial Civitas, Madrid, 2003), pp. 1029-1056.

[74] Muchas de las ideas que se encuentran en este trabajo fueron ya expuestas por mí, en mi tesis titulada "Reflexiones sobre la construcción de la noción de acto administrati-

Con arreglo a la ruptura con la separación de poderes, es que se ha erigido una noción de "acto administrativo" que se encuentra en las antípodas de la genuina idea del "Estado de Derecho" (*rule of law*) al otorgarle un poder omnímodo al Estado. De hecho, la primigenia idea de la separación de poderes, precisamente buscaba evitar la confusión de funciones, así sea por decisión del constituyente, por lo que contraviene la formulación original, una teoría como la *formal-sustancial* que se basa en la idea de que los órganos que ejercen el Poder Público -en esta visión estatalizada- pueden ejercer tanto funciones primarias como funciones secundarias de otros, evidenciándose con ello, la imposibilidad de asegurar la libertad individual y política en estos términos[75].

Es innegable que la referida doctrina realiza un esfuerzo encomiable por describir la "separación de poderes" plasmada a nivel constitucional y legislativa, pero en su descripción existe una justificación a la ruptura con la separación de poderes clásica, la cual se corrobora en la ausencia de críticas jurídicas y políticas al llamado ejercicio "inter-orgánico" e "inter funcional" del Poder Público plasmado normativamente ya en la "Constitución". En efecto, el enjuiciamiento crítico de tal realidad anómala a nivel "constitucional", debió realizarse desde el primer momento, para advertir que el diseño "constitucional" destruía la idea de separación de poderes por representar un atentado funesto al ideal político del "Estado de Derecho" (*Rule of Law*), aunado a todos los problemas concretos que tal posición acarreaba, lo cual incluso hasta la actualidad no se hace, lo cual justifica este trabajo en esta merecida conmemoración.

La tesis mayoritaria sobre el "acto administrativo" en la doctrina *iuspublicista* venezolana[76], inspirada en la obra de Brewer-Carías, no cabe

---

vo en Venezuela", Universidad Central de Venezuela, Caracas, 2011, 186 pp., que actualmente se encuentra en revisión para su publicación. Allí hacía una reflexión sobre la noción de "acto administrativo" y su precaria reflexión sustantiva debido a la vinculación con el dato procesal.

75 Con la venia de estilo, Alvarado Andrade, Jesús María, "Sobre la Incompatibilidad del Estado de Derecho (*rule of law*) con la presunción de legitimidad del "acto administrativo", texto inédito, Guatemala, 2014.

76 Sobre los trabajos más representativos sobre el "acto administrativo" en Venezuela, véase a Farías Mata, Luis Henrique, "La Doctrina de los Actos Excluidos en la Jurisprudencia del Supremo Tribunal" en *Archivo de Derecho Público y Ciencias de la Administración*, Volumen I, Universidad Central de Venezuela, Facultad de Derecho, Caracas, 1971, p. 335; Farías Mata, Luis Henrique, "Procedimiento para la fijación de Cánones de Arrendamiento en el derecho venezolano" en *Studia Jurídica*, N° 3, Instituto de Derecho Público, Universidad Central de Venezuela, Caracas, 1973, pp. 423 y 425; De Stefano, Juan, "Los Meros Actos Administrativos" en *Revista de la Facultad de Ciencias Jurídicas y Políticas*, N° 84, Universidad Central de Venezuela, Caracas, 1992, pp. 33 y ss.; Andueza, José Guillermo "El control de la constitucionalidad y el Contencioso Administrativo" en VV.AA. *Contencioso Administrativo en Venezuela*, Editorial Jurídica Venezolana, 3° Edición, Colección Estudios Jurídicos N° 10, Caracas, 1993, p. 76 y ss.; Lares Martínez, Eloy, *Manual de Derecho Administrativo*, 12° Edición, Facultad de Ciencias Jurídicas y Políticas, Universidad Central de Venezuela, Caracas, 2001, p. 136 y ss.; Rondón De Sansó, Hildegard, "Estudio Preliminar" en

duda alguna que representa una lectura fiel a la realidad normativa de las "Constituciones" analizadas (1947, 1961 y 1999), así como de las legislaciones imperantes en Venezuela. Sin embargo, si bien no hay un falseamiento de lo analizado normativamente, si es pertinente destacar que la crítica que se formula descansa no en la descripción efectuada, sino en la ausencia de una crítica a la pervertida normatividad, debido a que en medio de la descripción, se empezó a asumir la realidad normativa como lo ideal o lo valioso, descuidándose abiertamente la separación de poderes, al no denunciarse el distanciamiento progresivo que las "Constituciones" habían empezado a tener con respecto a aquella parte medular del ideal político del "Estado de Derecho" (*rule of law*), cuyas violaciones a la separación orgánica ya en la "Carta-Constitucional" de 1999, como ha criticado el propio profesor Brewer-Carías, son igual de perversas que las violaciones a la libertad individual y a los derechos constitucionales que trae consigo el ejercicio "inter-orgánico" e "inter-funcional" de los Poderes Públicos.

Así pues, la referida doctrina *iuspublicista* mayoritaria, al no enjuiciar la realidad normativa que analizaba, terminó por aceptar como válido lo que es a todas luces algo sumamente funesto para el goce y ejercicio de la libertad individual y política. La explicación de esta situación, se debe entre otros factores, al descrédito hacia la doctrina liberal y al constitucionalismo liberal, el cual comenzó a florecer en Venezuela a raíz de la "Constitución" de 1947, la cual terminó por erradicar lo ridículamente liberal que quedaba en las "Constituciones" del siglo XIX, y en la cultura jurídica venezolana, y a la vez, con un fenómeno ya más global, a saber, la influencia de posturas doctrinarias europeas continentales, que alejadas del ideal político del "Estado de Derecho" (*rule of law*), fueron afianzando un abismo entre la formulación teórica política de la separación de poderes y las falsas "Constituciones" reinantes[77].

El referido abismo, descansa en que las posturas europeas continentales desde el siglo XIX, comenzaron a propugnar la idea de que una lectura atenta de las "Constituciones" europeas del siglo XIX, permitía entrever que adolecían de una separación de poderes a la estirpe de los cánones descritos por Locke y Montesquieu, en tanto los referidos textos "constitucionales" y legales, reflejaban una realidad normativa del todo diferente. En

---

*Ley Orgánica de Procedimientos Administrativos y Legislación Complementaria,* Colección Textos Legislativos, N° 1, 15° Edición, Editorial Jurídica Venezolana, Caracas, 2008, pp. 80-82; Pérez Luciani, Gonzalo, *La Noción del Acto Administrativo*, Academia de Ciencias Políticas y Sociales, Editorial Italgráfica, Caracas, 1998; Linares Benzo, Gustavo, "Notas sobre los actos administrativos" en *El Derecho Público a los 100 números de la Revista de Derecho Público 1980-2005*, Editorial Jurídica Venezolana, Caracas, 2006, pp. 755-784 y Herrera Orellana, Luis, *La Potestad de Autotutela. Ejecutividad y Ejecutoriedad de los Actos y de los Contratos Administrativos*, Ediciones Paredes, Caracas, 2008 entre otros.

77 Tal y como he explicado en el trabajo ya citado en la nota N° 36, en Venezuela no ha habido Constitución auténtica, de allí que tengamos la grave situación política, económica y social prolongada en el tiempo sin que se quiera comprender lo esencial.

efecto para esta teoría, cada uno de los "poderes" u "órganos que ejercían" el Poder Público en salvaguarda de la unidad estatal, desempeñaban por disposición constitucional "funciones" que si bien le correspondían por su índole (funciones propias), ello no significaba que no podían ejercer otras "funciones" que no le correspondían por su índole (funciones secundarias), surgiendo con ello una nueva teoría jurídica, a saber, la teoría formal-sustancial que tanto ha influido en la doctrina *iuspublicista* venezolana y en especial en la obra del maestro.

Conforme a la teoría formal-sustancial, se le dio descanso eterno a la separación de poderes en Venezuela, y en donde se haya asumido, al sostenerse que existía en contra de la formulación original un obstáculo severo en las propias "Constituciones", con lo cual se dudó incluso de la razón de ser de la doctrina[78], pues al no considerarse como una institución de derecho positivo, se adujo que ella representaba solamente una "mera teoría política o un principio de política u organizativo que sirviera de desarrollo de todo el sistema de poderes del Estado, o a lo sumo, una finalidad a la cual debería tender el derecho positivo"[79]. La combinación de la teoría formal-sustancial, con otras surgidas posteriormente –la de la escuela de la formación por grados– bastante diferentes, propició a su vez otra idea, según la cual, tampoco existe una igualdad entre los "poderes", pues de conformidad con las "Constituciones" y los derechos positivos de todos los Estados, se desprendía también que esa igualdad no estaba consagrada en las mismas.

Ahora bien, a estas alturas no se requiere mucha perspicacia para darse cuenta que la teoría formal-sustancial, no representaba ni representa un progreso en cuanto a la búsqueda necesaria por realmente constitucionalizar el poder político a través de una verdadera Constitución que establezca la separación de poderes y garantice los derechos individuales como rezaba el célebre artículo XVI de la *Déclaration* de 1789. Por ello, la presente crítica en contra de la teoría formal-sustancial no es extremada, ya que a partir de ella, ha surgido la noción imperante del "acto administrativo", y es por ella que la noción aceptada en Venezuela es tan amplia y peligrosa para la libertad individual, ya que al no existir separación de poderes, todos los actos estatales serían "actos administrativos" a excepción de los actos de gobierno, las leyes o los actos parlamentarios sin forma de Ley y las sentencias[80], por lo que todos esos actos estatales dictados por todos los órga-

---

[78] Ya Loewenstein afirmaba que "...aunque erróneamente se suele designar como la separación de los poderes estatales, es, en realidad, la distribución de determinadas funciones estatales a diferentes órganos del Estado" Loewenstein, Karl, *Teoría de la Constitución*, Ariel, Barcelona, 1979, p. 55.

[79] Pérez Luciani, Gonzalo, "La actividad normativa de la Administración" en *Revista de Derecho Público* N° 1, Editorial Jurídica Venezolana, Caracas, 1980, pp. 19-44.

[80] Brewer-Carías, Allan R. *El Derecho Administrativo y la Ley Orgánica de Procedimientos Administrativos*. ob., *cit.*, pp. 141-142. Crítica a la anterior postura, véase en Pérez Luciani, Gonzalo, *La Noción del Acto Administrativo*, Editorial Italgráfica, p. 119.

nos que ejercen los poderes públicos, *prima facie* crearían, modificarían o extinguirían situaciones jurídicas, y los mismos a su vez, gozarían de los privilegios de imperatividad o de ejecutoriedad, a la vez que de la inconstitucional presunción de legitimidad[81].

Tal noción imperante en el Derecho Administrativo venezolano, no constitucionalizado y bastante iliberal en sus cimientos[82], parte de la influencia de que la separación de poderes ha quedado disuelta en la práctica política constitucional a una mera especialización funcional. Y es que si bien el argumento versa en que en la realidad normativa "constitucional" y legal la separación de poderes no encuentra respaldo normativo, también hay que destacar, que en la teoría existe un desdén por la doctrina de la separación de poderes, razón que explica por qué en la descripción, existe esa propensión a justificar la descripción expuesta, pese a contrariar al "Estado de Derecho (*rule of law*)[83]. De allí pues, que descripción y valoración en los autores se unan, en detrimento de la doctrina formulada por Locke y Montesquieu[84].

En la construcción de la noción de "acto administrativo", como ya se ha explicado, la doctrina y jurisprudencia perdieron de vista la elaboración de una noción científica del "acto administrativo" debido a la búsqueda por sólo vincular la noción con un efecto principal, a saber, el control jurisdiccional, con el objetivo de que no existan actos excluidos de control, olvidando que todo acto estatal deviene impugnable, aun cuando no administrativo conforme a la cláusula del "Estado de Derecho" (*rule of law*)[85]. En

---

81 Con la venia de estilo, Alvarado Andrade, Jesús María, "Sobre la Incompatibilidad del Estado de Derecho (*rule of law*) con la presunción de legitimidad del acto administrativo", texto inédito, Guatemala, 2014.

82 Herrera Orellana, Luis Alfonso, "Derecho Administrativo y Libertad: o de por qué el Derecho Administrativo venezolano no ha respetado ni promovido la libertad", en *Revista Electrónica de Derecho Administrativo Venezolano*, N° 2, Centro de Estudios de Derecho Público de la Universidad Monteávila, Caracas, 2014, pp. 71-94.

83 Brewer-Carías, Allan R., "Retos constitucionales para el siglo XXI" en *Revista Politeia (Constitución y Constitucionalismo hoy. Bicentenario del Derecho Constitucional Comparado de Manuel García Pelayo)*, n° 26, Instituto de Estudios Políticos, Universidad Central de Venezuela, Caracas, 2001, pp. 47-68; y *Authoritarian Government v. The Rule of Law. Lectures and Essays (1999-2014) on the Venezuelan Authoritarian Regime Established in contempt of the Constitution*, Fundación de Derecho Público, Editorial Jurídica Venezolana, Caracas, 2014, 986 p., aunque aún persista la defensa de la "teoría formal sustancial".

84 Vile, M. J. C., *Constitutionalism and the separation of powers*, Liberty Fund, Indianapolis, 1998, 455 p.

85 Brewer-Carías, Allan R., *El Control de la Constitucionalidad de los Actos Estatales*, Colección Estudios Jurídicos, N° 2, Editorial Jurídica Venezolana, Caracas, 1977, pp. 31, 32, 112, 113 y 114; Brewer-Carías, Allan R., "La impugnación de los actos administrativos de registro ante la jurisdicción contencioso-administrativa" *en Libro a la Memoria de Joaquín Sánchez Covisa*, Caracas, 1975, pp. 440 y ss.; Canova González, Antonio, "Bases actuales para el control de la Administración Pública (Algunos argumentos a favor de la Abolición de los modelos históricos)" en *Revista de Derecho Administrativo*, N° 1, Editorial Sherwood, Caracas, 1997, pp. 47-70.

tal encomiable pero infructífera labor, la doctrina y la jurisprudencia se empecinaron en el estudio del "acto administrativo", pero solo a efectos del control "contencioso-administrativo"[86] a fin de tutelar los derechos e intereses de los ciudadanos, razón por la cual arguyó la doctrina, la idea de que no podía adoptarse un criterio único y excluyente, sino todos los criterios (orgánico, material y mixto) para supuestamente hacer efectivo el principio de universalidad del control jurisdiccional[87], lo que acarreó innumerables problemas y confusiones en el entendimiento de esta importante institución del Derecho Administrativo y de todo el entramado institucional.

En efecto, ha sido Allan R. Brewer-Carías quien gracias a su magisterio, ha logrado idear una fórmula para lograr este sometimiento de los actos del Estado (los actos sublegales) al control jurisdiccional, en especial al "contencioso administrativo", por medio de una explicación sobre el llamado ejercicio "inter-orgánico" e "inter funcional" del Poder Público presente en un Estado Federal que reconoce falsamente la "separación orgánica de poderes" en sus tres entes político-territoriales. Según esta postura doctrinaria, es prioritario comprender la noción de función estatal la cual entiende el jurista cómo:

> ...la acción que desarrollan los órganos estatales o la actividad que desempeñan como tarea que le es inherente, en el sentido que sólo en ejercicio del Poder Público pueden cumplirse. De ahí que la función es toda actividad de la propia esencia y naturaleza de los órganos estatales y, por tanto, indelegable salvo que exista una autorización constitucional. Entonces, las diversas funciones del Estado son sólo las diversas formas a través de las cuales se manifiesta la actividad estatal[88].

Concepto que permite reforzar la idea según la cual, la "separación orgánica" de poderes no coincide con la "separación de funciones" ya que, si bien la "Constitución" establece una distribución del Poder Público en "ramas", también asigna a cada una de ellas y a sus órganos conformados de acuerdo a la división del Poder en cada nivel, unas determinadas "funciones propias" pero permitiendo la asunción de otras.

---

[86] Alvarado Andrade, Jesús María, "Reflexiones sobre la construcción de la noción de acto administrativo en Venezuela", Universidad Central de Venezuela, Caracas, 2011, 186 pp., y Alvarado Andrade, Jesús María, "Sobre la Incompatibilidad del Estado de Derecho (*rule of law*) con la presunción de legitimidad del acto administrativo", texto inédito, Guatemala, 2014.

[87] Canova González, Antonio, *Reflexiones para la reforma del sistema contencioso administrativo venezolano,* Editorial Sherwood, Caracas, 1998; y del mismo autor, *La realidad del contencioso administrativo venezolano (Un llamado de atención frente a las desoladoras estadísticas de la Sala Político Administrativa en 2007 y primer semestre de 2008),* Caracas, 2008; Torrealba Sánchez, Miguel Ángel, *Manual de Contencioso Administrativo (Parte General)*, Editorial Texto, Caracas, 2007 y Brewer-Carías, Allan R. *Tratado de Derecho Administrativo. Derecho Público Iberoamericano*, Tomo VI, ob., *cit.*, p. 130 y ss.

[88] Brewer-Carías, Allan R. *Tratado de Derecho Administrativo. Derecho Público Iberoamericano*, Tomo III, *op. cit.*, 1.072 p.

Conforme a ello, cada uno de los órganos que ejercen el Poder Público Nacional, si bien ostentan constitucionalmente "funciones propias", ello no significa que las ejerzan con carácter de exclusividad, pues en el ejercicio del Poder Público por parte de los órganos que lo ejercen, algunas veces intervienen otros órganos, y la vez, su ejercicio también se les atribuye constitucional y legalmente a otros órganos, la cual sin duda es la posición mayoritaria en la doctrina venezolana. Sin embargo, huelga advertir que tal postura tiene el inconveniente –nada baladí– de que en realidad afianza un poder tiránico por parte del Estado en contra del individuo, no porque la separación de poderes sea insuficiente por sí sola como ya entrevió *El Federalista XLVIII*, cuando afirmaba que "la sola determinación en un pergamino de los límites constitucionales de los varios departamentos no es suficiente salvaguardia contra las usurpaciones que conducen a la concentración tiránica de todos los poderes gubernamentales en la misma en las mismas manos"[89], sino porque la propia idea de separación de poderes se relega gravemente al ámbito de la ciencia política por no corresponderse supuestamente con una realidad normativa alejada del constitucionalismo liberal.

La noción de "acto administrativo" asumida en la doctrina *iuspublicista* venezolana, no cabe duda alguna que fue el producto de un sincretismo jurídico[90], y el resultado de una profunda y negativa influencia de corrientes doctrinarias opuestas a la doctrina de la separación de poderes clásica. Si a dicha conclusión, se añade lo absolutista que es la propia noción de "acto administrativo" construida al calor de la conveniencia política de los revolucionarios de 1789, quienes tomaron todo aquello que provenía del *ancien régime* para acelerar sus planes de reingeniería social[91], luce fácil comprender que el tema del "acto administrativo" es un tema complejo y que amerita una reflexión profunda, ya que es en esta disciplina, a veces abstrusa del Derecho Administrativo, en donde se ve patente que el porvenir de la libertad individual se encuentra nebulosa, debido a la cada vez mayor administrativización de la sociedad[92].

---

89 Hamilton, Alexander, Madison, James y Jay, John, *El Federalista, op. cit.*, p. 213.

90 Brewer-Carías, Allan R. "Sobre la importancia para el derecho administrativo, de la noción del acto administrativo y de sus efectos" en *Los efectos y la ejecución de los actos administrativos. III Jornadas Internacionales de Derecho Administrativo Allan Randolph Brewer-Carías*, Fundación Estudios de Derecho Administrativo (FUNEDA), Caracas, 1997, pp. 19-43.

91 Con la venia de estilo, Alvarado Andrade, Jesús María, "Sobre la Incompatibilidad del Estado de Derecho (*rule of law*) con la presunción de legitimidad del acto administrativo", texto inédito, Guatemala, 2014.

92 Con la venia de estilo, Alvarado Andrade, Jesús María, "Análisis sobre el Acrecentamiento de la Administración Pública Central del Estado Venezolano (Consideraciones especiales sobre la Transformación y el Aumento en la "Administrativización" de la Sociedad 1999-2009)" en *Revista de la Facultad de Derecho de la Universidad Católica Andrés Bello*, N° 60-61, Universidad Católica Andrés Bello, Caracas, pp. 209-260.

## Conclusiones

El presente trabajo, desde una perspectiva constitucional, pretendió ofrecer sucintamente una reflexión, que permita efectuar un reexamen en la doctrina *iuspublicista* venezolana[93], en relación a la noción del "acto administrativo", procurando en todo momento evidenciar, que la verdadera constitucionalización del ordenamiento jurídico, solo pasa por la concientización de que la verdadera Constitución normativa, es aquella que se amolda a los cánones del ideal político del "Estado de Derecho" (*rule of law*), que es el que puede garantizar una forma política favorable a la libertad política e individual.

Para ello, se trató de mostrar que solo bajo una Constitución que entronice la separación de poderes y las debidas protecciones a los derechos individuales, es la que puede lograr el debido control al poder, combatiendo en todo momento, conceptos elásticos que conciben a la Constitución, como "pura entelequia o desnuda vaciedad"[94]. De allí que la Constitución defendida no sea aquel texto auto-reputado como "Constitución", sino aquel, que refleje el desiderátum sabio de los revolucionarios de 1789 en su célebre artículo XVI.

En ese sentido, el lector podrá evidenciar que la crítica siempre constructiva, anhela un reexamen de la noción de "acto administrativo" imperante en Venezuela, que erradique esa funesta concepción de la libertad como una realidad sólo posible en y a través del Estado[95], y de la concepción de "derechos" como derechos públicos subjetivos existentes por obra y gracia del Estado y en la configuración que el Estado desee, convirtiendo a los individuos en medios dóciles de un poder inusitado, haciendo a los individuos indefensos y sometidos al "Estado administrativo" que solo se limita a cumplir –si es que lo hace– sus cada vez más programas de reingeniería social a través de sus voraces legislaciones, opuestas a las leyes generales y abstractas.

Es por ello, que en este homenaje a una obra como *Las Instituciones Fundamentales del Derecho Administrativo y la Jurisprudencia Venezolana*, que debe ser leída y estudiada en las Universidades por la importancia que reviste, nos vimos también forzados a acudir a la extensa y prolífica obra de Brewer-Carías, para analizar el tema del "acto administrativo" en su obra, pues lo dicho en la obra homenajeada sufrió cambios que es importante conocer, para posteriormente en diálogo con el maestro, efectuar una crítica a la manera en que el autor ha concebido la noción de "acto administrativo", mostrando las influencias que presumiblemente existen, y que lo

---

93 Hernández G., José Ignacio, "Repensando al Derecho Administrativo Venezolano", Universidad Católica Andrés Bello, Caracas, 2013.

94 Aragón Reyes, Manuel, "El control como elemento inseparable del concepto de Constitución" *op. cit.*, p. 16.

95 Colletti, Lucio, *From Rousseau to Lenin, Studies in Ideology and Society*, Monthly Review Press; USA, 1974, 240 pp.

llevaron a concebir más que una separación de poderes, una separación de funciones, al amparo de una *descripción* que terminó convirtiéndose en una *justificación* tácita y a veces expresa que debe ser superadas en aras de hacer posible el "Estado de Derecho" (*rule of law*).

Como se ha advertido, al partir Brewer-Carías de que cada uno de los órganos que ejercen el Poder Público, si bien cuentan con funciones propias ellas no le son excluyentes a los diversos órganos de los poderes del Estado, pues "la asignación de funciones propias a los órganos que ejercen los Poderes Públicos, no implica que cada uno de los órganos del Estado siempre tenga el ejercicio exclusivo de alguna función estatal específica"[96], con el objetivo de "identificar a la función administrativa y su ejercicio por los diversos órganos del Estado"[97], logrando que " El acto administrativo, como concreción típica pero no única del ejercicio de la función administrativa, puede emanar de todos los órganos estatales en ejercicio del Poder Público, teniendo en todo caso carácter sublegal"[98], pero también con arreglo al principio del carácter inter-funcional de los actos estatales, el cual implica que no exista coincidencia entre las funciones del Estado y los actos jurídicos que emanan de la voluntad estatal, todo lo cual facilita que los "actos administrativos" pueden emanar de la:

> Asamblea Nacional, actuando en función administrativa y en función de control; de los tribunales, actuando en función normativa, en función de control y en función administrativa; de los órganos que ejercen el Poder Ejecutivo (Administración Pública Central) cuando actúan en función normativa, en función jurisdiccional, en función de control y en función administrativa; de los órganos que ejercen el Poder Ciudadano actuando en función normativa, en función de control y en función administrativa; y de los órganos que ejercen el Poder Electoral actuando también en función normativa, en función de control y en función administrativa. Los actos administrativos en esta forma, y contrariamente a lo que sucede con las leyes, con los actos parlamentarios sin forma de ley, con los decretos-leyes, con los actos de gobierno y con las sentencias judiciales, no están reservados a determinados órganos del Estado, sino que pueden ser dictados por todos ellos y no sólo en ejercicio de la función administrativa, sino de todas las otras funciones del Estado[99].

Así pues, como se ha explicado a lo largo del sucinto trabajo, la noción de "acto administrativo" excesivamente amplia de Brewer-Carías, ha sido el producto como ha destacado Pérez Luciani de un sincretismo jurídico[100],

---

96 Véase la parte que le corresponde a nuestro homenajeado en Vidal Perdomo, Jaime; Ortíz Ortíz, Eduardo; Gordillo, Agustín y Brewer-Carías, Allan R. *La función administrativa y las funciones del Estado. Cuatro amigos, cuatro visiones sobre el derecho administrativo en América Latina*, Cuadernos de la Cátedra Allan R. Brewer-Carías de Derecho Administrativo, Universidad Católica Andrés Bello, Editorial Jurídica Venezolana, Caracas, 2014, p. 204.

97 *Ibid.*, p. 205.

98 *Ibid.*, pp. 219-220.

99 *Ibid.*, pp. 228-239.

100 Pérez Luciani, Gonzalo, *La Noción del Acto Administrativo*, *op. cit.*, p. 119 y 120.

pero también de un entendimiento discutible de la separación de poderes, bastante alejada de los cánones clásicos, sobre los cuales ha oscilado su obra si se lee detenidamente sus obras de Derecho Constitucional, mucho más liberales, que las obras de Derecho Administrativo, bastante antiliberales en sus inicios.

Aun así, esta crítica constructiva que en nada pretende liquidar una discusión que debe darse en doctrina, no implica que se falsee la obra del más importante jurista del país, en lo que respecta a la noción de "acto administrativo" como puede verse en algunos fallos judiciales[101], que estimo pueden ser muchos, derivado del poco estudio serio y honesto de una obra vasta, imponente e importante. De hecho y por más extraño que parezca, siendo deudor de la obra del maestro, en este punto mantengo una diferencia, que se aclara con el hecho de que soy un discípulo que no pretendo un gobierno liberal pues eso "es realmente una *contradictio in adjecto*" ya que la "Solo la presión unánime de la opinión pública obliga al gobernante a liberalizar; el jamás lo haría por su propio impulso"[102], sino que pretendo un sólido "Estado de Derecho" (*rule of law*), pues como advirtieran los sabios de *The Federalist:*

> Si los hombres fuesen ángeles, el gobierno no sería necesario. Si los ángeles gobernaran a los hombres, saldrían sobrando lo mismo las contralorías externas que las internas del gobierno. Al organizar un gobierno ha de ser administrado por hombres para los hombres, la gran dificultad estriba en esto: primeramente hay que capacitar al gobierno para mandar sobre los gobernados; y luego obligarlo a que se regule a sí mismo. El hecho de depender del pueblo es, sin duda alguna, el freno primordial indispensable sobre el gobierno; pero la experiencia ha demostrado a la humanidad que se necesitan precauciones auxiliares[103].

---

101 Véase la sentencia asunto: FP11-R-2006-000327 del Tribunal Superior Segundo del Trabajo de la Circunscripción Judicial del Estado Bolívar, Puerto Ordaz, 17 de Octubre de 2006 en http://bolivar.tsj.gov.ve/DECISIONES/2006/NOVIEMBRE/1928-17-FP11-R-2006-000327-0040.HTML y también la sentencia de la Corte Primera de lo Contencioso Administrativa de fecha 1 de junio de 2000, caso: Julio Rico en *Revista de Derecho Público*, N° 82, Editorial Jurídica Venezolana, Caracas 2000, pp. 415-416. Con provecho Brewer-Carías, Allan R. "Sobre la relación de Eduardo García de Enterría con Venezuela", Palabras leídas por Jesús María Alvarado Andrade en *Foro: Estado de Derecho, Judicatura y democracia*, Academia de Ciencias Políticas y Sociales, Acceso a la Justicia y Universidad Metropolitana, Caracas, 28 noviembre 2013.

102 Von Mises, Ludwig, *Liberalismo*, Universidad Francisco Marroquín-Unión Editorial, Madrid, 2005, p. 103.

103 Hamilton, Alexander; Madison, James, y Jay, John, *El Federalista*, *op. cit.*, pp. 220 y 221.

# LA CLASIFICACIÓN DE LOS ACTOS ADMINISTRATIVOS EN LA OBRA DE ALLAN BREWER-CARÍAS

Marilena Asprino Salas y Gladys Mata Marcano[1]

## Introducción

En 1964, el Dr. Allan Brewer-Carías publicó su tesis de grado intitulada "Las Instituciones Fundamentales del Derecho Administrativo y la Jurisprudencia Venezolana", con la que obtuviera un año antes el título de Doctor. Elaborada durante su estadía en París bajo la influencia de destacados doctrinarios franceses, alemanes y españoles, así como de la jurisprudencia de esos países, la tesis doctoral de Brewer-Carías constituyó la primera obra completa y organizada de Derecho Administrativo en nuestro país, poco afortunado para esos momentos, en lo que a producción de estudios doctrinarios se refiere[2]. Al cumplirse cinco décadas de tan importante trabajo, cualquier iniciativa de reconocimiento luce pequeña ante la dimensión del aporte de este maestro del Derecho Administrativo venezolano, la cual se ha hecho evidente a lo largo de su fructífera labor como docente, investigador, jurista, conferencista y autor de infinidad de artículos y libros especializados. De manera que atender la gentil invitación que se nos hiciera para participar en la obra homenaje con ocasión de cumplirse los cincuenta años de esta tesis doctoral, es un gran compromiso para nosotras y así lo asumimos, por lo que, en las páginas siguientes, abordamos el estudio de la propuesta para la categorización de los actos administrativos hecha por Brewer-Carías, con una necesaria y obligada referencia a las normas venezolanas y a las soluciones dadas desde el ámbito de la justicia administrativa a la exigencia de clasificación de tales actos.

---

1 Profesoras de Derecho Administrativo, Facultad de Ciencias Jurídicas, Políticas y Criminológicas, ULA.

2 En el año 1963, concluida la tesis doctoral del Dr. Allan Brewer-Carías, se publicó la primera edición del "Manual de Derecho Administrativo" del ilustre catedrático y jurista Eloy Lares Martínez, obra de reconocido valor didáctico para la difusión de los principios, fundamentos e instituciones de esta disciplina, la cual ha sido calificada también como pionera, dada la inexistencia de estudios completos y sistematizados de Derecho Administrativo en el país para ese momento.

## 1. Clasificación de los actos administrativos en "Las instituciones fundamentales del derecho administrativo y la jurisprudencia venezolana"

En el texto "Instituciones Fundamentales del Derecho Administrativo y la Jurisprudencia Venezolana", Brewer-Carías basa su análisis en las soluciones surgidas de la jurisprudencia del Máximo Tribunal de la República (antigua Corte Federal y de Casación)[3], durante el período comprendido entre los años 1950 y 1962. Asimismo, en virtud de que al final de este periodo entró en vigencia la Constitución de 1961, las disposiciones de la –para entonces– novedosa Constitución, influyeron de manera sustancial en su análisis y en la elaboración de su propuesta de categorización de los actos administrativos. La Corte Federal[4] definió al acto administrativo como la "Declaración de voluntad realizada por la Administración con el propósito de producir efectos jurídicos". Esta definición dada por la jurisprudencia posee menos elementos que la elaborada por el autor[5], quien además, llegó a proponer una clasificación de los actos administrativos basada en los siguientes criterios: La declaración de voluntad, la autoridad que declara la voluntad de la Administración, los poderes de la autoridad que dicta el acto administrativo y los efectos del acto administrativo[6].

---

3 Araujo Juárez sostiene que el instituto del acto administrativo surge en el Derecho administrativo venezolano, cuando el artículo 120, numeral 12 de la Constitución de 1931 hace mención de él dentro de las atribuciones de la Corte Federal y de Casación. *Cfr. Vid.*, ARAUJO-JUÁREZ, José. "Derecho Administrativo venezolano: aproximación a su constitución científica". En *100 años de la enseñanza del Derecho Administrativo en Venezuela 1909-2009.* Caracas: UCV/Centro de Estudios de Derecho Público de la Universidad Monteávila/FUNEDA, 2011. Tomo I. pp. 283-284.

4 La sentencia a que se hace referencia es la Sentencia de la Corte Federal del 3-6-59 citada por el autor Allan Brewer-Carías en su obra *in comento*. En cuanto a la definición de acto administrativo contenida en dicha sentencia, puede afirmarse que posee un marcado carácter orgánico, puesto que sólo considera la manifestación de voluntad de la Administración. A este respecto, el autor hace un análisis del vocablo Administración por considerar que la Corte no lo utiliza en sentido estricto. *Cfr. Vid.*, Brewer-Carías, Allan. *Instituciones Fundamentales del Derecho Administrativo y la Jurisprudencia Venezolana.* Caracas: Publicaciones de la Facultad de Derecho, Universidad Central de Venezuela, 1964. pp. 102 y ss.

5 El autor Allan Brewer-Carías analiza en detalle los elementos conceptuales de la definición dada por la Corte Federal y se aparta de una interpretación literal de la misma para elaborar y exponer su propia definición del acto administrativo, en los términos siguientes: "Podemos definir el acto administrativo como aquella manifestación de voluntad realizada por una autoridad pública actuando en ejercicio de función administrativa, con el objeto de producir efectos jurídicos determinados que pueden ser, o la creación de una situación jurídica individual o general, o la aplicación a un sujeto de derecho de una situación jurídica general". Brewer-Carías, Allan. Op. Cit., pp. 99-120.

6 Otra clasificación de los actos administrativos fue la propuesta por Lares Martínez, basada en criterios distintos a los utilizados por Brewer-Carías. En este sentido, sustenta la tipología de este tipo de actos en los siguientes aspectos: a) en el número de órganos que participan en la formación del acto, pudiendo ser simples o complejos; b) en el procedimiento, por el cual los actos pueden ser: preparatorios o de trámite; actos

Desde la perspectiva de la declaración de voluntad, Brewer-Carías clasifica los actos administrativos en:

*Expresos*, si la voluntad de la Administración es declarada formalmente, pudiendo ser a su vez, acordatorios o denegatorios respecto de la petición hecha por el administrado; y tácitos si se configura el silencio administrativo, calificado esencialmente como denegatorio o de rechazo de una solicitud[7].

*Unilaterales*, si el acto se configura por la sola declaración de voluntad de la Administración –siendo por demás su modo normal de acción–, o bilaterales si el acto se forma por un acuerdo de voluntades, siendo una de ellas la voluntad de la Administración. Este tipo de actos están representados por el contrato administrativo como acto tipo.

A partir de la autoridad que declara la voluntad de la Administración, Brewer-Carías reivindica la existencia de actos administrativos nacionales, actos administrativos estadales y actos administrativos municipales, que corresponden a las distintas Administraciones Públicas existentes en Venezuela, en razón de la distribución vertical del Poder Público consagrada en la Constitución Nacional[8].

---

principales o definitivos; actos firmes y actos de ejecución; c) en el alcance de sus efectos (destinatarios), pudiendo ser generales (generales de contenido normativo y generales de contenido no normativo) o individuales; d) en la amplitud de los poderes de la Administración, dando lugar a los actos reglados y los actos discrecionales; e) de acuerdo a su contenido los actos pueden ser muy variados, siendo los más reconocidos: admisiones, concesiones, autorizaciones, aprobaciones, renuncias, actos punitivos, actos de expropiación y órdenes. LARES MARTÍNEZ, Eloy. *Manual de Derecho Administrativo*. 8°. Edición. Caracas: Universidad Central de Venezuela, 1990. pp. 160-172.

7 Entre las normas que para ese entonces atribuían al silencio administrativo un valor denegatorio Brewer-Carías cita el Reglamento de la Ley de Regulación de Alquileres y las Leyes de la Procuraduría de la Nación y del Ministerio Público. *Cfr. Vid.*, Brewer-Carías, Allan. *op. cit.*, Nota 131, p. 148. Asimismo, sobre el silencio administrativo conviene señalar que la Sala Político-Administrativa de la Corte Suprema de Justicia en sentencia de fecha 02-03-1978 y 28-11-1978, con ocasión de la entrada en vigencia de la Ley Orgánica del Tribunal Supremo de Justicia, le otorga un valor negativo y en consecuencia, lo instituye como una carga para el administrado. En efecto, el máximo Tribunal estableció que, vencido el lapso de la Administración para la decisión del recurso jerárquico, el administrado debía ejercer obligatoriamente el recurso de anulación dentro del lapso de seis meses siguientes al vencimiento del mismo. Brewer-Carías, Allan y Ortíz, Luis. *Las Grandes Decisiones de la Jurisprudencia Contencioso-Administrativa (1961-1996).* Caracas: Editorial Jurídica Venezolana, 1996, pp. 724-729. Más recientemente, el máximo tribunal se inclina favor de la posibilidad que surge para el administrado de actuar por ante los órganos contencioso administrativos para demandar la nulidad de un acto, si transcurre el lapso previsto para que la Administración se pronuncie sobre el recurso jerárquico, sin que se produzca pronunciamiento alguno. Sala Política Administrativa, N° Sentencia 01752 de fecha 27-07-2000. Disponible en http://www.tsj.gov.ve/jurisprudencia/extracto.asp?e=495

8 Constitución de la República de Venezuela, *Gaceta Oficial* N° 662, Extraordinario de 23 de enero de 1961.

Según los poderes de la Administración, en la tipología propuesta por Brewer-Carías, los actos administrativos pueden ser: reglados, si la autoridad que emite el acto lo hace bajo el condicionamiento de normas preestablecidas que no le conceden libertad de elección[9]; o discrecionales si la autoridad competente emite el acto en ejercicio de su poder de apreciación otorgado por la propia ley[10]. En el ejercicio de su potestad discrecional la Administración está facultada para decidir actuar o abstenerse de hacerlo, y en caso de obrar, elegir entre varias soluciones posibles según la oportunidad y conveniencia de ello.

Finalmente, conforme a los efectos de los actos administrativos, apunta Brewer-Carías que pueden ser: generales si sus efectos son impersonales y objetivos, siendo el característico el acto reglamentario[11], en virtud del

---

9 En sentencia de la Corte Federal de 17-07-1953, el Máximo Tribunal afirmó: "(...) y reglados, llamados también vinculados y obligatorios, cuando el funcionario no puede efectuarlos sino con sujeción estricta a la Ley, so pena de incurrir en incompetencia, exceso de poder o genéricamente, en ilegalidad o violación de la Ley; en este orden de ideas todas las actividades de la autoridad administrativa deben ceñirse a reglas o normas preestablecidas. De ahí, el principio de legalidad de los actos administrativos." Brewer-Carías, Allan. "El Poder Discrecional en la Jurisprudencia Administrativa Venezolana". En *Revista de la Facultad de Derecho* N° 28. Caracas: Universidad Central de Venezuela. p. 189.

10 Respecto del acto discrecional de la Administración y su control, la Corte Federal en sentencia de fecha 06-11-1958, estableció: "Este poder discrecional, ya virtual, ya expresamente conferido por la Ley, es indispensable para que el Poder Administrador, y de manera más amplia, pueda realizar sus fines de un modo cabal, porque la ley no puede prever y reglamentar las múltiples, cambiantes y complejas relaciones jurídicas que se producen en la sociedad. De ahí que, por lo general, se limite a determinar normas que fijan la competencia de los diversos órganos administrativos y deje a éstos una cierta libertad de apreciación de los hechos, para decidir u orientar su actuación". Puede decirse, entonces, que el acto discrecional se produce cuando la Administración actúa en ejercicio del poder de libre apreciación que le deja la ley para decidir si debe obrar o abstenerse, cómo ha de obrar o qué alcance ha de dar a su actuación. Bonnard. *Derecho Administrativo*, 1938. p. 64 Apud Brewer-Carías, Allan y Ortíz, Luis. *Las Grandes Decisiones de la Jurisprudencia Contencioso-Administrativa (1961-1996)*... pp. 578-581. De igual manera, puede revisarse toda una gama de decisiones de la Antigua Corte Federal sobre el poder discrecional de la Administración en artículo del mismo autor. *Cfr. Vid.*, Brewer-Carías, Allan. "El Poder Discrecional en la Jurisprudencia Administrativa Venezolana" En *Revista de la Facultad de Derecho* N° 28... pp. 188-194.

11 Aún existe discrepancia en la doctrina en cuanto a considerar el reglamento como acto administrativo. En opinión de Brewer-Carías con fundamento en las normas constitucionales, tanto de 1961 como de 1999, que atribuyen a la Sala Político-Administrativa la competencia para declarar la nulidad total o parcial de los reglamentos y demás actos administrativos generales o individuales del Ejecutivo Nacional, en Venezuela, los reglamentos son y siempre han sido considerados como actos administrativos. *Cfr. Vid.*, "Los Actos Ejecutivos en la Constitución Venezolana de 1999 y su control judicial". En Acto Administrativo y Reglamento. Jornadas Organizadas por la Universidad Austral, Facultad de Derecho, 30-31 Mayo y 1° Junio 2001. Argentina: Ediciones RAP S.A., 2002. pp. 531-579. Disponible en: www.allanbrewercarias.com En sentido contrario, se ha pronunciado Pérez Luciani. *Cfr. Vid.*, PEREZ LUCIANI, Gonzalo. *La Noción del Acto Administrativo*. Caracas: Academia de Ciencias Políticas y Sociales,

cual la Administración regula la conducta de los administrados, la de los funcionarios a su servicio y su propia actividad, o actos administrativos individuales[12], si producen efectos individuales, particulares y subjetivos. Estos últimos representan el actuar normal de la Administración. Puede observarse que esta categorización de los actos administrativos en generales e individuales, se fundamenta en la presencia o ausencia del carácter normativo en los mismos.

## 2. Incidencia de la promulgación y entrada en vigencia de la Ley Orgánica de La Corte Suprema de Justicia en la clasificación de los actos administrativos

Doce años después de la publicación de la tesis doctoral del Dr. Brewer-Carías, es promulgada en Venezuela la Ley Orgánica de la Corte Suprema de Justicia[13], en la cual queda plasmada la doctrina administrativa nacida de la jurisprudencia del Supremo Tribunal. Esta ley entra a organizar y a regular "provisoriamente" la jurisdicción contencioso-administrativa, convirtiéndose en la norma adjetiva o de carácter procesal que sitúa a los actos administrativos como el objeto del contencioso administrativo de nulidad y restringe su clasificación a los solos fines del proceso. Esta Ley fue dictada bajo el imperio de la Constitución Nacional de 1961, la cual establecía las bases del contencioso administrativo venezolano en el artículo 206[14]. Este artículo, recogió la distinción entre actos generales y

---

Serie Discursos N° 2, 2009. No obstante, al prever la Ley Orgánica de la Administración Pública (2008) en su artículo 88 el procedimiento para la elaboración de los reglamentos y en el artículo 87 el principio de la reserva legal, el legislador manifiesta de manera clara su intención de incluir dentro de la noción de actos administrativos a los reglamentos.

12 Respecto de esta clasificación la Sala Político-Administrativa de la Corte Suprema de Justicia en sentencia de fecha 2-11-67 se pronunció en estos términos: "A este respecto bastaría analizar el alcance del acto que se discute para apreciar la diferencia entre él y un acto reglamentario. En efecto, una disposición reglamentaria tiene siempre un atributo de la generalidad, porque se aplica dentro de los supuestos de hecho que contempla y en relación con la materia legal cuya ejecución se regula, a un número indeterminado de personas. El acuerdo que se impugna tiene un carácter distinto porque la decisión que contiene se refiere a un grupo de personas individualmente determinadas. La circunstancia de que la situación jurídica creada por el acto cuya validez se discute esté dirigida a más de una persona, en virtud del número de ellas, no modifica su individualidad motivo por el cual sigue siendo un acto administrativo de efectos particulares…." *Vid.*, Brewer-Carías, Allan y Ortíz, Luis. *Las Grandes Decisiones de la Jurisprudencia Contencioso-Administrativa (1961-1996)…* pp.21-23.

13 *Gaceta Oficial* N° 1.893 Extraordinario de 30 de julio de 1976.

14 "La jurisdicción contencioso-administrativa corresponde a la Corte Suprema de Justicia y a los demás Tribunales que determine la ley. Los órganos de la jurisdicción contencioso-administrativa son competentes para anular los actos administrativos generales o individuales contrarios a derecho, incluso por desviación de poder; condenar al pago de sumas de dinero y a la reparación de daños y perjuicios originados en responsabilidad de la administración, y disponer lo necesario para el restablecimiento de las

actos individuales, siendo que, en caso de contrariedad al derecho, ambos podían ser objeto de la acción de nulidad ejercida ante esta jurisdicción[15]. Sin embargo, cuando en el texto de la Ley Orgánica de la Corte Suprema de Justicia se alude al procedimiento a seguir para la anulación de los actos administrativos, el legislador plasma una distinción entre actos de efectos generales y actos de efectos particulares[16], diferente a la establecida en la Constitución, de actos generales y actos individuales.

Esta situación es objeto de la atención del Dr. Brewer-Carías, quien a un año de la promulgación de la referida Ley, en su artículo "El recurso contencioso-administrativo contra los actos de efectos individuales"[17] reconoce que no es posible definir el acto administrativo con un criterio único[18], e introduce una distinción de los actos según sus destinatarios y según sus efectos, adaptada a la Constitución de 1961, explicando a su vez, los errores en los que incurre la Ley Orgánica de la Corte Suprema de Justicia. En este sentido, el autor señala lo siguiente:

> En este punto sin duda, tanto la Ley Orgánica de la Corte Suprema de Justicia como su exposición de motivos, han confundido y mezclado una serie de términos que dificultan su interpretación. En efecto, no debemos olvidar que es la Constitución la que ha hecho una distinción básica en su

---

situaciones jurídicas subjetivas lesionadas por la actividad administrativa". (Artículo 206, Constitución Nacional de Venezuela, 1961).

15 *Vid.* Artículo 205 de la Constitución de la República de Venezuela de 1961.

16 Los artículos de la Ley Orgánica de la Corte Suprema de Justicia considerados en este análisis son los siguientes: "Artículo 112. Toda persona natural o jurídica plenamente capaz, que sea afectada en sus derechos o intereses por ley, reglamento, ordenanza u otro acto de efectos generales emanado de alguno de los cuerpos deliberantes nacionales, estadales o municipales o del Poder Ejecutivo Nacional, puede demandar la nulidad del mismo, ante la Corte, por razones de inconstitucionalidad o de ilegalidad, salvo lo previsto en las Disposiciones Transitorias de esta Ley". "Artículo 121. La nulidad de actos administrativos de efectos particulares podrá ser solicitada sólo por quienes tengan interés personal, legítimo y directo en impugnar el acto de que se trate. El Fiscal General de la República y demás funcionarios a quienes la Ley atribuya tal facultad, podrán también solicitar la nulidad del acto, cuando éste afecte un interés general". "Artículo 134: Las acciones o recursos de nulidad contra los actos generales del Poder Público podrán intentarse en cualquier tiempo, pero los dirigidos a anular actos particulares de la Administración, caducarán en el término de seis meses contados a partir de su publicación en el respectivo órgano oficial, o de su notificación al interesado, si fuere procedente y aquélla no se efectuare. Sin embargo, aún en el segundo de los casos señalados, la ilegalidad del acto podrá oponerse siempre por vía de excepción, salvo disposiciones especiales".

17 Brewer-Carías, Allan. "El recurso contencioso-administrativo contra los actos de efectos individuales". En *Revista El Control Jurisdiccional de los Poderes Públicos en Venezuela*. Caracas: Instituto de Derecho Público, Universidad Central de Venezuela, 1979, pp. 169-194.

18 El autor en este estudio plantea la necesidad de redefinir la noción de actos administrativos pues, a su juicio, no puede ser conceptualizado utilizando un criterio único. De esta manera, expone su rechazo a la utilización de un criterio puramente orgánico, material o formal y argumenta sobre el por qué debe utilizarse uno mixto que incluya a estas tres categorías. Brewer-Carías, Allan. *El recurso contencioso-administrativo contra los actos de efectos individuales*... p. 172.

artículo 206 entre actos administrativos generales e individuales, sin precisar, por supuesto, si la distinción se basa en el número de destinatarios o en sus efectos, es decir, en su carácter normativo o no normativo. Ahora bien, el legislador, en la Ley Orgánica de la Corte debió optar por una de las clasificaciones señaladas para distinguir los procedimientos, sin embargo no lo hizo y mezcló los conceptos[19].

Con base en estas consideraciones, Brewer-Carías elabora una nueva clasificación de los actos administrativos, a saber:

Desde el punto de vista de sus destinatarios, dependiendo si van dirigidos a un solo sujeto o a una pluralidad de sujetos, los actos administrativos pueden ser:

*Generales*, si están dirigidos a un número determinado o indeterminado de sujetos. Pueden ser a su vez: de efectos generales si tienen contenido normativo, orientados generalmente a un número indeterminado de sujetos; y de efectos particulares si son de contenido no normativo o concreto, dirigido a un número determinado o determinable de sujetos.

*Individuales*, si se dirigen a un solo sujeto de derecho. Siempre de efectos particulares[20].

Desde el punto de vista de sus efectos, la clasificación de Brewer-Carías atiende al carácter normativo o no normativo del acto, pudiendo ser: *i)* De *efectos generales*, si el acto es normativo y va dirigido -generalmente- a un número indeterminado de sujetos; *ii)* De *efectos particulares*, si el acto no posee carácter normativo, pudiendo ser a su vez: generales de efectos particulares, si están dirigidos a un grupo determinado o determinable de personas; o individuales, si van dirigidos a un solo sujeto de derecho.

---

19 Efectivamente, en opinión de Allan Brewer-Carías, la Ley Orgánica de la Corte Suprema de Justicia de 1976 confunde los "actos generales" con los "actos de efectos generales" y los "actos particulares" con los "actos de efectos particulares". Del mismo parecer es el jurista venezolano José Guillermo Andueza, sin embargo, a diferencia del primero, considera que en aras de armonizar lo contenido en la Constitución y en la Ley Orgánica de la Corte Suprema de Justicia, (pese a que la doctrina considerara que eran conceptos diferentes), debía establecerse una equivalencia entre el acto general y el acto de efectos generales, fuesen normativos o no, siempre que estuviesen dirigidos a un número indeterminado de sujetos, para evitar dejar por fuera del control de constitucionalidad a los actos no normativos. En consecuencia, por acto de efectos generales debía entenderse aquél que tuviese como destinatario a un número indeterminado de sujetos, tuviese o no contenido normativo. *Cfr.* Vid. ANDUEZA, José Guillermo. "El Control de Constitucionalidad y el Contencioso Administrativo". En *Contencioso Administrativo en Venezuela*. Caracas: Editorial Jurídica Venezolana, 1996, pp. 67-69.// De igual manera, Pérez Luciani, señala "la utilización errónea de la terminología por la Ley". Vid. PEREZ LUCIANI, Gonzalo. Op. Cit., p. 147.

20 Para Pérez Luciani, la generalidad de un acto jurídico alude al número de sujetos a los cuales el acto va dirigido, pero en ningún caso se refiere a los efectos, los cuales suelen clasificarse en efectos declarativos o meramente declarativos y efectos constitutivos de creación, modificación o extinción de situaciones jurídicas. *Cfr. Vid.* PÉREZ LUCIANI, Gonzalo. *Op. Cit.*, p. 146.

Como puede observarse, esta clasificación de Brewer-Carías de los actos administrativos según sus efectos, es diferente a la presentada en su obra "Instituciones Fundamentales del Derecho Administrativo y la Jurisprudencia Venezolana"[21], y será mantenida y considerada por el autor, cinco años después, en el análisis y examen de la tipología de los actos administrativos que hiciese con ocasión de la promulgación de la Ley Orgánica de Procedimientos Administrativos de 1982.

## 3. Incidencia de la Ley Orgánica de Procedimientos Administrativos en la clasificación de los actos administrativos elaborada por Brewer-Carías

La promulgación de la Ley Orgánica de Procedimientos Administrativos de 1981[22], marca una nueva pauta en el tratamiento jurídico de la Administración y de sus relaciones con los administrados. Dada la importancia de esta ley para el avance del Derecho Administrativo venezolano, el tratadista Brewer-Carías desarrolla nuevos estudios que conducen a la publicación de su obra intitulada "El Derecho Administrativo y la Ley Orgánica de Procedimientos Administrativos"[23].

Esta Ley, que como acertadamente observó Brewer-Carías, contribuyó a la "popularización" del Derecho Administrativo, instituyó una nueva definición de acto administrativo, en la cual el legislador introdujo elementos

---

21 Efectivamente, en la clasificación del acto administrativo propuesta según sus efectos por Brewer-Carías en la obra "Instituciones Fundamentales del Derecho Administrativo y la Jurisprudencia Venezolana", examinada en párrafos anteriores, el autor categoriza a los actos emanados de la Administración en generales e individuales, según sus efectos sean generales, impersonales u objetivos o individuales o subjetivos, siendo que esta categorización apunta al carácter normativo o no normativo de los actos. En la nueva tipología propuesta, clasifica a los actos administrativos según sus destinatarios en generales e individuales y según su carácter normativo o no normativo, en actos de efectos particulares y actos de efectos generales. Con respecto a esta clasificación, el doctrinario Gonzalo Pérez Luciani, ha señalado lo que a su criterio constituye una contradicción dentro de la propuesta de Brewer-Carías, consistente en el señalamiento de la existencia, por una parte, de actos generales y actos particulares, en atención al número de destinatarios, sin apuntar a sus efectos; y por otra, convierte a estos últimos en elemento diferenciador entre actos de efectos generales (de contenido normativo) y actos de efectos particulares (de contenido no normativo). *Cfr.* Vid. PÉREZ LUCIANI, G. *op. cit.* p. 167. Estos criterios mencionados por Brewer-Carías han permanecido en sus obras posteriores, sin variaciones.

22 *Gaceta Oficial* N° 2.818, Extraordinario de fecha 1 de julio de 1981.

23 Señala el autor que para el momento en que entró en vigencia la Ley Orgánica de Procedimientos Administrativos (LOPA), a diferencia del panorama de la década de los sesenta, nuestro país se encontraba en una situación mucho más favorable para la generación de doctrina administrativa, lo que se tradujo en la existencia de diversos tratados, manuales y revistas especializadas que plasman los principios fundamentales de esta rama del Derecho, lográndose con la nueva ley, además, la positivización de sus principios. BREWER-CARIAS, Allan. *El Derecho Administrativo y la Ley Orgánica de Procedimientos Administrativos.* Caracas: Editorial Jurídica Venezolana, 1990, pp.8-9.

distintos a la emitida por la Corte Federal y de Casación en 1959[24]. Pese a las críticas hechas por el autor a esta definición[25], con fundamento en ella y en lo establecido en el articulado de la Ley, presentó otra categorización de los actos administrativos basada en los siguientes criterios: Los efectos del acto, el contenido del acto, la manifestación de voluntad, la impugnabilidad del acto y la ejecución del acto.

En relación a los efectos del acto, Brewer-Carías presenta una clasificación de los actos administrativos desde dos perspectivas diferentes:

Son de *efectos generales* los actos que tienen contenido normativo. La LOPA los contempla en el artículo 13 como actos o disposiciones administrativas de carácter general y en el artículo 72 como actos que deben ser publicados. Son actos de *efectos particulares*, aquéllos que no poseen contenido normativo, pudiendo estar referidos a un sujeto o a una pluralidad de sujetos, distinguidos en el mismo artículo 13 como actos administrativos de carácter particular y en el artículo 73 del mismo texto, como objeto de

24 "Toda declaración de carácter general o particular emitida de acuerdo con las formalidades y requisitos establecidos en la Ley, por los órganos de la Administración Pública" (Art. 7, LOPA).

25 Con respecto a la definición de la LOPA, Brewer-Carías señala lo siguiente: "El artículo 7, en efecto, ha establecido una definición de acto administrativo, incurriendo en lo que tradicionalmente se ha calificado como una falta de técnica legislativa, porque el legislador, por principio, no debe definir conceptos jurídicos y mucho menos, conceptos jurídicos tan difíciles y controvertidos como el de acto administrativo (...). Esta definición de acto administrativo, sin duda, recoge lo que la doctrina ha calificado como definición orgánica del acto administrativo, es decir, la definición del acto por el órgano del que emana. En esta forma, queda claro, de acuerdo al artículo 7 de la Ley, la noción de que el acto es una declaración emitida por los órganos de la Administración Pública. Al acoger esta definición orgánica del acto, la ley está realizando una definición inútil, incompleta y errada porque en nuestro criterio, en el derecho administrativo venezolano, no es admisible, la definición orgánica de los actos administrativos. (...). En el ordenamiento jurídico venezolano, el acto administrativo no es sólo el que emana de los órganos de la Administración Pública (...) y no puede derivarse de la sola definición orgánica sino que tiene que ser establecida por una combinación de criterios orgánico, material y formal, y no puede condicionarse al ejercicio de una función específica del Estado (...)". Siendo consecuente con el parecer expuesto, el autor cuya obra comentamos, define al acto administrativo como: "Toda manifestación de voluntad de carácter sub-legal, realizada primero por los órganos del Poder Ejecutivo, es decir, por la Administración Pública, actuando en ejercicio de la función administrativa, de la función legislativa y de la función jurisdiccional; segundo por los órganos del Poder Legislativo (de carácter sub-legal), actuando en ejercicio de la función administrativa y tercero por los órganos del Poder Judicial actuando en ejercicio de la función administrativa y de la función legislativa. En todos esos casos, la declaración de voluntad constituye un acto administrativo cuando tiende a producir efectos jurídicos determinados, que pueden ser la creación, modificación o extinción de una situación jurídica individual o general o la aplicación, a un sujeto de derecho de una situación jurídica general". Brewer-Carías, Allan. *El Derecho Administrativo y la Ley Orgánica de Procedimientos Administrativos*... pp.138-141. La posición del autor respecto a la mezcla de criterios para definir el acto administrativo se mantiene hasta hoy. *Vid.* Brewer-Carías, Allan. "Introducción General al Derecho Administrativo venezolano". En *REDAV N° 1*, 2012. pp. 26 Y 27.

notificación. El autor advierte además, que esta clasificación es la que de acuerdo a la Ley Orgánica de la Corte Suprema de Justicia, permite distinguir los actos administrativos en actos de efectos generales y actos de efectos particulares.

Son *actos generales* si interesan a una pluralidad de sujetos, ya se trate de sujetos de derecho determinados o indeterminados, y *actos individuales* si están dirigidos a un sólo destinatario o a un sólo sujeto de derecho. Dicha clasificación aparece reflejada en el Artículo 72 de la Ley, referido a la publicación necesaria de los actos que afectan a un número indeterminado de sujetos[26].

De acuerdo al contenido del acto administrativo, Brewer-Carías los clasifica de la manera siguiente:

Según la decisión que contenga el acto administrativo, éstos pueden ser definitivos[27] si el acto pone fin al asunto administrativo o de trámite si el acto no pone fin al procedimiento administrativo sino que tiene carácter preparatorio[28]. Esta clasificación, indica el autor, se deduce de los artículos 9, 62 y 85 de la Ley Orgánica de Procedimientos Administrativos.

En otro sentido, los actos administrativos pueden ser creadores o no de derechos subjetivos, regulados en los artículos 19.2 y 82 de la Ley; o actos administrativos que establecen obligaciones referidos en el artículo 70 *ejusdem*.

Desde el punto de vista de la manifestación de voluntad, Brewer-Carías distingue entre los actos administrativos expresos de los tácitos. Respecto a los primeros, la LOPA en su artículo 18 exige que la voluntad del acto deba manifestarse de manera expresa, formal y por escrito; y los segundos se dan cuando se presume una voluntad tácita denegatoria de la

[26] Sobre la clasificación en actos administrativos de efectos generales y actos administrativos de efectos particulares, la jurisprudencia no ha sido uniforme en cuanto a su tratamiento. En algunos casos se equipara al carácter normativo o no normativo de los actos administrativos (CP-CSJ de fecha 16-02-94); en otros se equivale el carácter indeterminado o determinado de sus destinatarios (CPCA de fecha 18-04-85 y 28-01-86 y SPA/CSJ 15-07-92); en otros utiliza indistintamente el criterio normativo o no normativo de los actos así como el criterio determinado o indeterminado de los destinatarios (Sentencias SPA/CSJ de fecha 24-04-80, 15-11-90, CPCA sentencias del 01-06-82, 07-04-83 y 29-05-86) y en otros sigue el criterio del autor (CSJ-SPA 24-4-80, 19-08-93, y CPCA de fecha 17-10-85). Todas consultadas en BALASSO, Caterina. *Jurisprudencia sobre los actos administrativos (19801993)*. Caracas: Editorial Jurídica Venezolana, 1999. pp. 157-177.

[27] La CPCA en sentencia de fecha 17-07-82 sostiene –coincidiendo con Brewer-Carías– que "un acto definitivo que por lo general es aquel que resuelve el fondo del asunto, poniendo fin al procedimiento". Igualmente, véase sentencia de la misma Corte de fecha 22-07-87. BALASSO, Caterina. *op. cit.*, pp. 221224.

[28] La jurisprudencia ha sostenido que existen actos que no deciden el mérito principal del asunto pero que pueden ser reputados como definitivos, porque impiden o imposibilitan la continuación del procedimiento, causen indefensión o prejuzguen sobre el fondo del asunto. Véase, sentencia de la CPCA de fecha 17-07-82 y sentencias de la SPA/CSJ de fecha 18-02-88 y 26-10-89. *Ibidem*, pp. 221 y 225.

solicitud por silencio de la Administración, regulado en el artículo 4 del mismo texto[29].

Considerando la impugnabilidad de los actos administrativos, el autor *in comento* los categoriza como firmes[30] si el acto no puede ser impugnado por las vías ordinarias administrativas o no firmes si es recurrible o impugnable por vía administrativa. Todo ello de conformidad con lo establecido en los artículos 85 y 97 de la Ley Orgánica de Procedimientos Administrativos.

Desde la perspectiva de la ejecución de los actos, el autor distingue entre el acto material de ejecución y el acto administrativo formal. El primero se distingue en el artículo 78 de la Ley en concordancia con el artículo 8 de la misma.

Sin pretender restar importancia a las diversas categorías de actos administrativos señaladas anteriormente, y considerando que una de las más debatidas en la doctrina y la jurisprudencia venezolana es aquélla referida a sus efectos, se estima conveniente citar la opinión del Dr. Allan Brewer-Carías sobre este particular, expuesta unos años más tarde, en el marco de las III Jornadas de Derecho Administrativo "Allan Randolph Brewer-Carías", en su conferencia introductoria[31]. En dicha exposición el autor,

---

29 Después de la promulgación de la Ley Orgánica de Procedimientos Administrativos, la SPA/CSJ en sentencia de fecha 22-06-82, (caso Ford Motors de Venezuela) cambia el criterio sostenido y modifica la interpretación sobre el carácter negativo del silencio administrativo, entendiéndolo como un mecanismo procesal que permite al administrado ejercer el recurso contencioso administrativo contra un acto que no causa estado cuando la Administración guarda silencio ante la resolución de un recurso administrativo. Consultada en BALASSO, Caterina. *op. cit.* pp. 234-244. Igualmente, la SPA/CSJ, en sentencia de fecha 05-05-1988 sostuvo: "Pero observa la Corte: 1. Ante la ausencia de pronunciamiento expreso de la Administración la propia norma legal (Ley Orgánica de Procedimientos Administrativos), ha optado por dar –transcurrido un determinado plazo– efecto jurídico preciso al silencio de la Administración dentro de los procedimientos administrativos, confiriéndole valor procesal al considerarlo como respuesta negativa, con el objeto de permitir de esta manera al interesado la opción de acudir a la instancia correspondiente en resguardo de sus derechos e intereses. En efecto, tal como lo tiene establecido esta Sala respecto del silencio administrativo consagrado en el artículo 134 de la Ley Orgánica de la Corte Suprema de Justicia, 'el silencio no es en sí mismo un acto sino una abstención de pronunciamiento (...) es una garantía jurídica que se traduce en un beneficio para los administrados (...); principios jurisprudenciales perfectamente aplicables, estima esta sala, al silencio previsto en la Ley Orgánica de Procedimientos Administrativos'". Consultada en Brewer-Carías, Allan y Ortíz-Álvarez, Luis. *Las grandes de Decisiones de la Jurisprudencia Contencioso Administrativa (1961-1996)*... pp. 48-50.

30 En cuanto a la firmeza del acto, la SPA/CSJ en sentencia de fecha 25-03-93 define el acto firme de la manera siguiente: "el acto administrativo es firme cuando han sido agotados, tanto en vía administrativa como en vía jurisdiccional los recursos para impugnarlos o se ha dejado trascurrir el lapso para su ejecución". BALASSO, Caterina. *Jurisprudencia sobre los actos administrativos (1980-1993)*... p. 228.

31 Brewer-Carías, Allan. *La importancia para el Derecho Administrativo, de la noción del acto administrativo y de sus efectos*. Conferencia dictada en las III Jornadas Inter-

además de resaltar la importancia de la noción de acto administrativo para el Derecho Administrativo, retoma el tema de la clasificación de los actos administrativos según sus efectos, subrayando una categorización de orden sustancial y otra de orden formal.

En relación a la clasificación de orden sustancial, el autor aporta una nueva tipología de los actos según sus efectos, atendiendo el contenido sustantivo de la actividad administrativa e indica como tales, a los siguientes: actos declarativos, actos ablatorios, actos concesorios y actos autorizatorios[32]. Según el autor son actos declaratorios, aquéllos que otorgan certeza a determinados actos o hechos jurídicos, atribuyendo calificaciones jurídicas a cosas, personas o relaciones jurídicas determinadas, ubicando entre éstos de manera especial los actos de registro y los actos de certificación. Actos ablatorios, son aquéllos en virtud de los cuales los sujetos de derecho sufren determinadas privaciones en su esfera jurídica. Se encuentran entre ellos la expropiación, el comiso, la requisición o la servidumbre en relación a la propiedad, su uso o limitación; el arresto, confinamiento o cuarentena en relación a la privación o limitación de libertad; las multas como imposición de dar o las demoliciones como imposición de hacer. Por otra parte, define como actos concesorios a los que amplían la esfera jurídica subjetiva de los administrados otorgándosele un derecho que no preexistía. Generalmente se originan de un contrato donde se incorporan las obligaciones del concesionario; y denomina actos autorizatorios a los que permiten a los administrados ejercer un derecho preexistente, entre los

---

nacionales de Derecho Administrativo Allan Randolph Brewer-Carías. Caracas: Fundación Estudios de Derecho Administrativo (FUNEDA), 1997, pp. 19-43.

32 La mayoría de estos actos categorizados por el autor según sus efectos como actos declarativos, concesiones, autorizaciones o actos ablatorios, están subsumidos en las clasificaciones de los actos administrativos presentadas por la doctrina desde el punto de vista de su contenido. No obstante, estudiosos del Derecho Administrativo como el especialista Jesús Alvarado, en base a doctrina calificada, coincide con el planteamiento de Brewer-Carías y presenta como clasificación jurídica idónea de los actos administrativos según sus efectos, la siguiente: 1) Actos Administrativos Favorables que son aquellos que entran en la esfera o el patrimonio jurídico del destinatario y que reconocen o crean un derecho o una ventaja jurídica, encontrándose aquí a las: concesiones, autorizaciones, admisiones, aprobaciones y dispensas; 2) Actos de Gravamen o Desfavorables: aquellos que perpetran o limitan el patrimonio jurídico de los ciudadanos destinatarios como: órdenes (mandatos y prohibiciones); expropiaciones, revocaciones, sanciones, revisiones, jubilaciones y rescates; 3) Actos Administrativos con doble efecto que pueden ser actos administrativos con efectos a terceros (licencias para la realización de actividades comerciales o industriales, que afectan al titular de la actividad autorizada, pero también a los vecinos donde se localiza la industria) y "actos administrativos con efectos mixtos" (que producen simultáneamente efectos beneficiosos y perjudiciales respecto del mismo destinatario) y 4) Actos con Efectos Mixtos que son aquellos actos en los cuales su existencia revela que a los efectos de la revisión o revocación lo realmente importante es la naturaleza del acto de revisión. ALVARADO, Jesús María. *Reflexiones sobre la construcción de la noción de "Acto Administrativo" en Venezuela*. Caracas: Universidad Central de Venezuela, Especialización en Derecho Administrativo, Centro de Estudios de Postgrado, 2013. pp. 175-178. Disponible en: http://saber.ucv.ve

que se encuentran los permisos, licencias y demás autorizaciones administrativas[33].

En relación a la clasificación de orden formal, el Dr. Brewer-Carías señala una vez más las diferencias de criterio existentes entre el artículo 206 constitucional, que distingue entre actos generales y actos individuales, y la Ley Orgánica de la Corte Suprema de Justicia de 1976, la cual al regular el procedimiento de los juicios de nulidad de los actos administrativos los categoriza en actos de efectos generales y actos de efectos particulares, según el objeto de impugnación. En consecuencia, el autor mantiene su opinión, en el sentido de considerar que los actos administrativos generales previstos en la Constitución de 1961 pueden ser de efectos generales o de efectos particulares y los actos individuales (siempre de efectos particulares) pueden ser generales si están dirigidos a una pluralidad de sujetos determinados o determinables o individuales si están destinados a un sólo sujeto[34]. Esta diferencia entre la categorización constitucional y la clasificación legal de los actos administrativos sería reproducida en el texto fundamental de 1999, así como en los subsiguientes textos legislativos reguladores de la jurisdicción contencioso-administrativa.

## 4. La clasificación de los actos administrativos y la Constitución de 1999

La Constitución de 1999[35], no introduce en cuanto a la categorización de los actos, cambio alguno. Al igual que la Constitución de 1961, califica a los actos administrativos según los destinatarios del mismo. Al otorgar competencia a la jurisdicción contencioso-administrativa para anular los actos administrativos contrarios a derecho, la Constitución de la República

33 Esta concepción de los actos administrativos autorizatorios expuesta por Brewer-Carías, es compartida por el Dr. Román José Duque Corredor, tal y como se evidencia en su voto salvado en la decisión Arnaldo Lovera, "La autorización de desalojo no es un acto constitutivo, porque no crea el derecho a desalojar, sino que remueve el obstáculo que existía para ejercerlo (...)" *Cfr.* Vid. ERICHSEN, Liliana. *Diccionario de voces del Contencioso-Administrativo Venezolano.* Caracas: Universidad Católica Andrés Bello/Los libros de El Nacional. Serie Jurídica, 2005. p. 20.

34 La CPCA en sentencia de fecha 16-02-1994, ya citada, expone: "Aunque la doctrina no es uniforme en considerar estas dos clases de actos se observa que predomina el criterio de equiparar la generalidad con el carácter normativo, es decir, lo que caracteriza a dichos actos es la abstracción e impersonalidad. En cambio, el acto administrativo de efectos particulares estaría dirigido a un destinatario concreto o grupo de personas perfectamente identificables y en este último caso, se habla de actos generales de efectos particulares". En cuanto a la SPA/CSJ en sentencia del 24-04-1993 sostuvo que: "De manera que resulta concluyente, en aplicación de reiterada doctrina de este Alto Tribunal (sentencia del 16-11-89) que el acto administrativo impugnado es general de efectos particulares ya que afecta a personas específicas perfectamente identificables". *Vid.* Brewer-Carías, Allan y Ortíz-Álvarez, Luis. *Las grandes de decisiones de la Jurisprudencia Contencioso Administrativa (1961-1996)*... pp. 23-24 y 26-27.

35 Puede verse un análisis detallado del contenido de la Constitución en Brewer-Carías, Allan. *La Constitución de 1999*. Caracas: Editorial Arte, 2000.

Bolivariana de Venezuela distingue entre actos generales y actos individuales. Efectivamente, el artículo 259 del texto fundamental, atribuye a los órganos de la jurisdicción contencioso-administrativa competencia para anular los actos administrativos generales o individuales contrarios a derecho, incluso por desviación de poder. Asimismo, el artículo 266 numeral 5 del mismo texto, otorga a la Sala Político-Administrativa del Tribunal Supremo de Justicia, competencia para declarar la nulidad total o parcial de los reglamentos y demás actos administrativos generales o individuales del Ejecutivo Nacional, cuando sea procedente. Posteriormente, se promulga la Ley Orgánica del Tribunal Supremo de Justicia de 2004[36], que también toca lo atinente a la clasificación de los actos administrativos, reproduciendo la expuesta en la Ley Orgánica de la Corte Suprema de Justicia de 1976, que los distingue en actos de efectos generales y actos de efectos particulares. El nuevo texto al igual que su precedente, utiliza indistintamente a lo largo de su articulado, los términos "actos de efectos generales" o "actos generales" y "actos de efectos particulares" o "actos particulares"[37].

Sobre este aspecto, Brewer-Carías, en su artículo "Los actos normativos del Ejecutivo Nacional"[38], señala nuevamente la incorrecta utilización de los términos en la Ley Orgánica del Tribunal Supremo de Justicia de 2004, de la siguiente manera:

> ...puede decirse que se establece una distinción de los actos administrativos según sus efectos refiriéndose, por una parte, a los efectos normativos o no normativos de los mismos; y por la otra, a los destinatarios de los actos; pero la hace, utilizando indistintamente la terminología de "actos generales" o "actos de efectos generales" y de "actos individuales", "particulares" o "de efectos particulares," cuando ello no es correcto (...) No todo "acto general" es de carácter normativo. Como sucede por ejemplo, con la convocatoria a un concurso de oposición o a una licitación. De lo anterior resulta, que los actos administrativos según sus efectos, se deben clasificar, en dos categorías: en primer lugar, según el contenido normativo o no normativo de los actos, es decir, según sean o no fuente de derecho; y en segundo lugar, según los destinatarios de los actos[39].

El autor advierte, además, que ante esta situación, la jurisprudencia sigue sustentando que la categoría de los actos de efectos generales podía traducir indistintamente un acto normativo o referido a un número indeterminado de destinatarios y, en el caso de los actos de efectos particulares, significar actos no normativos o un acto dirigido a un sólo sujeto o a una pluralidad de sujetos determinados o determinables.

---

36 *Gaceta Oficial* N° 37.942 de fecha 20 de mayo de 2004.

37 Véase el artículo 5, párrafo 1°, numerales 28, 30 y 31 y el artículo 21, párrafos 9, 11, 20, 21 y 22 de la Ley Orgánica del Tribunal Supremo de Justicia, de Venezuela.

38 Brewer-Carías, Allan. *Los actos administrativos normativos como fuente del derecho en Venezuela con especial referencia a los reglamentos ejecutivos.* Ponencia en VIII Encuentro Iberoamericano de Derecho Administrativo. Panamá: Corte Suprema de Justicia, 2009. 19 p. Disponible en: www.allanbrewercarias.com

39 *Ibidem*, pp. 2, 5-7.

La ley de 2004 fue derogada por la Ley Orgánica del Tribunal Supremo de Justicia de 2010[40], año en que es promulgada la Ley Orgánica de la Jurisdicción Contencioso Administrativa[41], la cual entra a regular la justicia administrativa como ley especial. Esta última, mantiene la clasificación de los actos administrativos según sus efectos en actos administrativos de efectos generales y actos administrativos de efectos particulares. En el texto de la ley se refleja esta distinción en el artículo 8, cuando somete al control de la jurisdicción la actividad administrativa desplegada por todos los órganos, que incluye *actos de efectos generales y particulares*; en el artículo 9, numeral 1° cuando regula la competencia de la jurisdicción contencioso administrativa para conocer de las impugnaciones contra los *actos administrativos de efectos generales o particulares*, incluso por desviación de poder; en el artículo 23, numerales 5° y 6° cuando atribuye a la Sala Político-Administrativa del Tribunal Supremo de Justicia, la competencia para conocer de las demandas de nulidad contra *los* actos administrativos de efectos generales o particulares dictados por el Presidente o Presidenta de la República, el Vicepresidente Ejecutivo o Vicepresidenta Ejecutiva de la República, los Ministros o Ministras, así como por las máximas autoridades de los demás organismos de rango constitucional, si su competencia no está atribuida a otro tribunal y para conocer de las demandas de nulidad del acto administrativo de efectos particulares conjuntamente con el acto normativo sub-legal que le sirve de fundamento respectivamente; en el artículo 24, numeral 5° cuando le atribuye a los Juzgados Nacionales de la Jurisdicción Contencioso Administrativa la competencia para conocer de las demandas de nulidad contra los actos administrativos de efectos generales o particulares dictados por autoridades distintas de las mencionadas en el artículo 23, numeral 5°; en el artículo 25, numerales 3° y 6° cuando atribuye a los Juzgados Estadales de la Jurisdicción Contencioso Administrativa la competencia para conocer de las demandas de nulidad contra los actos administrativos de efectos generales o particulares, dictados por las autoridades estadales o municipales de su jurisdicción y de las demandas de nulidad contra los actos administrativos *de* efectos particulares concernientes a la función pública en su orden; y en el artículo 32, numeral 1° al referirse a la caducidad de la acción contra los actos administrativos de efectos particulares y a la no caducidad en el caso de los actos de efectos generales.

Como puede observarse, esta ley a diferencia de sus antecesoras, ya no hace un uso indistinto de los términos "actos de efectos generales o actos generales" y "actos de efectos particulares o actos particulares", confundiendo así las clasificaciones según sus efectos y según sus destinatarios, sino que la armoniza, uniformándola. En la Ley Orgánica de la Jurisdicción Contencioso Administrativa de 2010, sólo se contempla la clasificación de

---

40 Originalmente promulgada en *Gaceta Oficial* N° 39.447 de fecha 16 de junio 2010 y reimpresa en *Gaceta Oficial* N° 39.451 de fecha 22 de junio de 2010.

41 *Gaceta Oficial* N° 39.451 de 22 de junio de 2010.

los actos según sus efectos, distinguiéndolos en actos de efectos generales y actos de efectos particulares. Pareciera desprenderse de la ley entonces, que tal distinción se establece basada en el contenido normativo o no normativo del acto, lo cual concuerda con la opinión del Dr. Allan Brewer-Carías, sostenida a lo largo de la evolución legislativa venezolana. En este sentido, señala el autor:

> ...según sus efectos, como se ha dicho, los actos estatales pueden ser clasificados en forma distinta, distinguiéndose así, los actos "de efectos generales" es decir, de contenido normativo y que, por tanto, crean, declaran, modifican o extinguen situaciones jurídicas generales y los actos "de efectos particulares", aquéllos de contenido no normativo, es decir, que crean, declaran, modifican o extinguen situaciones jurídicas particulares. Bajo este ángulo, la clasificación de los actos administrativos puede realizarse así: los actos de efectos generales son los de contenido normativo, dirigidos a un número indeterminado e indeterminable de sujetos; en cambio, los actos de efectos particulares son de contenido no normativo, y éstos, a su vez, pueden ser o actos generales, dirigidos a un grupo determinado o determinable de personas, o actos individuales, siempre dirigidos a un solo sujeto de derecho[42].

Se convalida esta opinión, si consideramos que en el caso de los juicios de nulidad –pese a que esta ley unifica los procedimientos estableciendo un solo procedimiento, tanto para las acciones contra actos de efectos generales como para las acciones contra los actos de efectos particulares[43]–, se mantiene el lapso de caducidad de la acción contra los actos de efectos particulares y la imprescriptibilidad de la acción contra los actos de efectos generales, lo que sólo se justificaría, como señala Brewer-Carías, por el carácter normativo de estos últimos.

La Ley Orgánica de la Jurisdicción Contencioso Administrativa de 2010, introduce otros elementos relacionados con la clasificación de los actos administrativos que deben ser considerados en este estudio. En tal sentido, conviene señalar que este texto legal positiviza el llamado "Acto de autoridad", categoría de acto administrativo fruto de la doctrina del Máximo Tribunal[44]. En efecto, la Ley somete a la jurisdicción contencioso-

---

[42] Brewer-Carías, Allan. *Los Actos Administrativos Normativos como Fuente del Derecho en Venezuela con especial referencia a los Reglamentos Ejecutivos...* pp. 5-6. Véase también sus obras *El recurso contencioso-administrativo de anulación contra los actos de efectos particulares*, pp. 171 y ss. y *El control de la constitucionalidad de los actos estatales*. Caracas: 1977. p. 8 y ss.

[43] Capítulo II, Título IV, Sección Tercera, denominado "Procedimiento Común a las demandas de nulidad, interpretación de leyes y controversias administrativas". Ley Orgánica de la Jurisdicción Contencioso Administrativa.

[44] Con respecto al Acto de autoridad, Araujo-Juárez se ha pronunciado en los siguientes términos: "(…) la construcción de esta especial categoría en nuestro país es uno de los grandes aportes de la justicia administrativa del Derecho administrativo venezolano, y de las formas a través de la cual la justicia administrativa contribuye al afianzamiento del Estado de Derecho y al control de la arbitrariedad de los entes dotados del Poder Público, capaz de incidir en la esfera jurídica de los otros sujetos". ARAUJO-JUÁREZ, José. *op. cit.*, p. 284.

administrativa a "(...) cualquier sujeto distinto a los mencionados anteriormente, que dicte actos de autoridad o actúe en función administrativa" (Artículo 7, numeral 6°). Esto recoge el parecer del Dr. Brewer-Carías en relación a que toda forma de acto administrativo queda sometido al control de esta jurisdicción, esto es, "que todos, absolutamente todos los actos administrativos se sujetan al control judicial de los órganos de la jurisdicción contencioso-administrativa, en virtud del principio de la universalidad del control"[45]. En consecuencia:

> ...los actos administrativos emanados de cualquier ente u órgano de la Administración Pública o de cualquier otra persona o entidad actuando en función administrativa, por cualquier motivo de contrariedad al derecho, pueden ser controlados por los tribunales de la jurisdicción contencioso-administrativa. Ello implica que cualquier exclusión de control respecto de actos administrativos específicos sería inconstitucional, sea que dicha exclusión se haga por vía de ley o por las propias decisiones de los tribunales, en particular, del propio Tribunal Supremo de Justicia[46].

Asimismo, el dispositivo legal extiende el control de la jurisdicción contencioso-administrativa a los actos de "los consejos comunales[47] y otras

---

45 Brewer-Carías, Allan. "Introducción general al régimen de la Jurisdicción Contencioso Administrativa". En *La Ley Orgánica de la Jurisdicción Contencioso Administrativa.* Caracas: Editorial Jurídica Venezolana, 2010. Colección Textos Legislativos N° 47, p. 27.

46 Sobre el Acto de Autoridad Rafael Badell Madrid sostiene que: "(...) el conocimiento de dichos actos corresponde al control de la Jurisdicción Contencioso Administrativa, toda vez que tratan de la organización y desarrollo del servicio público o de una actividad que le ha sido encargada a un particular y que ha sido denominada como de utilidad pública, ello en virtud del interés general que están llamados a tutelar, de tal forma que atendiendo a la naturaleza del acto recurrido en materia contencioso administrativa, el control judicial de dicho acto está atribuido a esta jurisdicción, de acuerdo al principio de universalidad y asimismo al artículo 259 de la Constitución de la República Bolivariana de Venezuela del año 1999. En conferencia intitulada *La Jurisdicción Contencioso Administrativa en Venezuela*. I Congreso Nacional de Derecho Procesal. Homenaje al Dr. Israel Argüello, 2012. Disponible en la siguiente dirección electrónica: http://www.badellgrau.com/?pag=27&ct=1169#sthash.kq9vzH8t.dpufhttp://www.badellgrau.com/?pag=27&ct=1169

47 Los consejos comunales fueron regulados por primera vez en la Ley Orgánica de los Consejos Comunales en 2006, *Gaceta Oficial* 5806 Extraordinaria de fecha 10-04-2006 la cual fue derogada por la Ley Orgánica de los Consejos Comunales de 2009, *Gaceta Oficial* 39.335 de fecha 2912-2009. Es necesario señalar que hoy existen además las llamadas Leyes del Estado Comunal que imponen una organización "paralela" a la organización político territorial establecida por la Constitución. Estas leyes son: Ley Orgánica de Consejo Federal, Ley Orgánica del Poder Popular, Ley Orgánica de Planificación Pública y Popular, Ley Orgánica de Contraloría Social, Ley Orgánica de las Comunas y Ley Orgánica del Sistema Económico Comunal, por lo que también darían pie a estudios sobre los actos emitidos por las comunas y otras organizaciones populares. En relación al análisis del estado comunal y la regulación sobre el mismo se recomienda leer el Anuario de Derecho Público IV-V, años 2011-2012 del Centro de Derecho Público de la Universidad Monteávila, Caracas 2013, en especial al Dr. José Ignacio Hernández: la "Crónica del Derecho Público 2010", pp. 21-30; J.

entidades o manifestaciones populares de planificación, control, ejecución de políticas y servicios públicos, cuando actúen en función administrativa"[48].

En sentido análogo, el artículo 7 *ejusdem* amplía la clasificación de los actos administrativos incorporando como criterio clasificador a la autoridad de la cual emane, de manera que puede hablarse con propiedad de actos de los órganos de la Administración Pública (nacional, estadal, municipal, descentralizada o centralizada)[49]; actos de los órganos que ejercen el Poder Público (La Dirección Ejecutiva de la Magistratura del Poder Judicial DEM, el Consejo Nacional Electoral del Poder Electoral (CNE) y los órganos del Poder Ciudadano: Fiscalía General de la República, la Defensoría del Pueblo y la Contraloría General de la República[50]; actos de corporacio-

---

Villegas. "Jaque al Municipio constitucional: La irrupción de la Comuna en el sistema territorial municipal". pp. 57-70; Daniela Urosa. "Alcance e implicaciones del Poder Popular en Venezuela", pp. 71-98, Hernández J; "El estado comunal" pp. 99-108.

48 Artículo 7 numeral 4, Ley Orgánica de la Jurisdicción Contencioso Administrativa.

49 Sostiene el Dr. Brewer-Carías que para determinar lo que es Administración Pública en el numeral 1 del artículo 7 de la LOJCA, debe recurrirse a los artículos 140 y siguientes de la Constitución y a lo contemplado en la Ley Orgánica de la Administración Pública, en particular, a lo establecido en el artículo 15 de este último texto legal, donde se definen tres organizaciones que ahora forman parte del universo de la Administración Pública, como son los entes, los órganos y las misiones. *Vid.* Brewer-Carías, Allan. "Introducción general al régimen de la Jurisdicción Contencioso administrativa". En *La Ley Orgánica de la Jurisdicción Contencioso Administrativa*... pp. 39-40. En relación al artículo 15 de la LOAP, debe enfatizarse el hecho de que la norma sujeta a sus disposiciones de regulación y control a los entes y órganos de la Administración Pública, no así a las misiones, las cuales carecen de control por parte de los órganos contralores, de los órganos superiores y/o de los órganos de adscripción (control jerárquico, control de tutela). Quizás ello se deba al hecho de que "operan bajo condiciones experimentales, lo cual revela que, por una parte, su operatividad está sometida a prueba, y por otra, que permiten la utilización de métodos novedosos", tal y como afirma Rondón de Sansó. RONDÓN DE SANSÓ, Hildegard. "El Concepto del Derecho Administrativo en Venezuela y las administraciones públicas" En *100 Años de la Enseñanza del Derecho Administrativo en Venezuela 1909-2009*. Caracas: Centro de Estudios de Derecho Público de la Universidad Monteávila y Fundación Estudios de Derecho Administrativo FUNEDA, 2011. Tomo I. pp. 331-403. p. 360. En relación al concepto de acto administrativo y su aplicación a las misiones, se recomienda el estudio así intitulado de LEÓN ÁLVAREZ, María Elena. "Estudios acerca de la Ley Orgánica de la Administración Pública de 2008: El concepto de acto administrativo y su aplicación a las misiones". En *100 Años de la Enseñanza del Derecho Administrativo en Venezuela 1909-2009*. Caracas: Centro de Estudios de Derecho Público de la Universidad Monteávila y Fundación Estudios de Derecho Administrativo FUNEDA, 2011. Tomo I. pp. 813-823.

50 Respecto de la incorporación constitucional de estos órganos a la esfera de la Administración Pública, el Dr. Brewer-Carías en su ponencia *La Actividad Administrativa y su Régimen Jurídico*, presentada en las II Jornadas de Derecho Administrativo de Valencia sobre El Contenido de la Actividad Administrativa, organizadas por FUNEDA y el Instituto de Estudios Jurídicos del Colegio de Abogados el Estado Carabobo, en el año 2004, expresó: "Esta tendencia se ha consolidado en la Constitución de 1999, al establecerse la ya mencionada pentadivisión del Poder Público, agregándose a los Poderes Legislativo, Ejecutivo y Judicial, el Poder Ciudadano y el Poder Electoral

nes, fundaciones, sociedades, empresas, asociaciones y otras formas de derecho privado, en las que el Estado tenga participación decisiva; los actos de sujetos de derecho privado en ejercicio de potestades públicas y/o prestación de servicios[51] y actos de los consejos comunales[52] y otras entidades o manifestaciones populares de planificación, control, ejecución de políticas y servicios públicos, cuando actúen en función administrativa.

(Art. 136). Por ello, puede decirse que también conforman e integran la Administración Pública a nivel nacional, los órganos que ejercen el Poder Ciudadano, es decir, la Fiscalía General de la República o Ministerio Público, la Contraloría General de la República, y la Defensoría del Pueblo; así como los órganos que ejercen el Poder Electoral, como el Consejo Nacional Electoral. Igualmente, también puede considerarse que es órgano de la Administración Pública nacional, la Dirección Ejecutiva de la Magistratura del Tribunal Supremo de Justicia. Todos esos órganos conforman la Administración Pública Nacional, aun cuando por supuesto, no de la Administración Pública Central cuyos órganos son los que ejercen el Poder Ejecutivo Nacional" (En documento consultado en la página Web de Allan Brewer-Carías, ya señalada). Este parecer es sostenido por el autor en su artículo "Introducción General al Derecho Administrativo venezolano". En *Revista Electrónica de Derecho Administrativo venezolano REDAV N° 1.* Caracas: 2012, p. 4. Disponible en http://www.uma.edu.ve/admini/ckfinder/userfiles/files/ABC.pdf

51 Durante la vigencia de la Ley Orgánica de la Corte Suprema de Justicia de 1976 que atribuía competencia a la Corte Primera en lo Contencioso Administrativo para conocer de la nulidad de los actos administrativos emitidos por autoridades distintas a las que eran de la competencia de la Sala Político-Administrativa (art. 185.3), la jurisprudencia introdujo la categorización de los actos de autoridad reconocidos a sujetos de derecho privado que ejercen funciones públicas, en ejercicio de potestades públicas o de un servicio público. Es el caso de los Colegios de Profesionales, sociedades autorales o de autores y compositores, deportivas, universidades privadas, Bolsa de Valores. Véase a título de ejemplo, sentencia de la CPCA 15-03-1984 (control de actos administrativos de particulares), 13-02-86 (Asociación de tiro del Distrito Federal), 18-02-1986 (sociedad de autores o compositores), 24-11-86 Universidad Católica Andrés Bello), 16-12-87 (Criollitos de Venezuela), 24-03-88 (Comisión Nacional de Valores). De la SPA/CSJ 21-03-90 (Criollitos de Venezuela II), 27-7-93 (Colegio de Técnicos Radiólogos). BALASSO, Caterina. *Jurisprudencia sobre los actos administrativos (1980-1993)*... pp. 121, 154. Más recientemente, N° 2727 de fecha 30 de noviembre de 2006, caso *Unidad Educativa Colegio Academia Merici de Venezuela*, en *RAP* N° 108, 2006, pp. 160,168.

52 Indica el Dr. Brewer-Carías que, "el literal C del artículo 7 de la LOJCA, agrega a la enumeración de los órganos sujetos al control los consejos comunales y otras entidades o manifestaciones populares de planificación, control, ejecución de políticas y servicios públicos, cuando actúen en función administrativa. Esta norma, de nuevo, puede considerarse como redundante, pues los entes que en ella se enumeran pueden incluirse en los literales A y B del mismo artículo. En cuanto a los Consejos Comunales, sin duda, son "entes" de la Administración Pública pues están regulados en la Ley Orgánica de los Consejos Comunales de 2009, en la cual se dispone que se adquiere personalidad jurídica con su registro ante la respectiva Comisión Local de Planificación del Poder Popular (art. 20)". Brewer-Carías, Allan. "Introducción general al régimen de la Jurisdicción Contencioso-administrativa". En *La Ley Orgánica de la Jurisdicción Contencioso Administrativa*... pp. 39-40. Véase del mismo autor "El inicio de la desmunicipalización del municipio en Venezuela: La organización del Poder Popular para eliminar la descentralización, la democracia representativa y la participación a nivel local". En *Revista de la Asociación Internacional de Derecho Administrativo,* AIDA. México: Universidad Nacional Autónoma de México, 2007, pp. 49-67.

La amplitud de la Ley Orgánica de la Jurisdicción Contencioso Administrativa en cuanto a la consideración de la integración de la Administración Pública y el sometimiento al control jurisdiccional de la misma a actos administrativos emanados de órganos que ejercen poderes públicos distintos al Ejecutivo, nos muestra que tanto la jurisprudencia[53] como la legislación venezolana han incorporado paulatinamente, los criterios sostenidos por el Dr. Allan Brewer-Carías durante todos estos años después de la publicación de su tesis doctoral, con respecto a la clasificación de los actos administrativos. Criterios éstos que por supuesto, el autor ha ido modelando y perfeccionando con el paso del tiempo. Esa labor de "afinación" se pone de manifiesto de manera particular en el hecho de haber pasado de una tipología basada en el criterio orgánico-funcional a otra construida con base en un criterio mixto que reúne lo orgánico, lo material y lo funcional. En la actualidad no sólo convergen en esta noción los conceptos de Administración Pública y de actividad administrativa, sino también de las potestades públicas y hasta de los servicios públicos, lo que sin duda ha repercutido en la categorización de los actos, ampliándola, por cuanto va de la mano de la definición del acto administrativo y de sus particularidades jurídicas.

## A modo de conclusión

Creemos que hemos honrado el compromiso asumido de analizar y exponer de manera sucinta la categorización de los actos administrativos elaborada por el Dr. Allan Brewer Carías en su tesis doctoral, a la luz de la doctrina, la legislación y la jurisprudencia administrativa venezolanas de los años sesenta, y compararla con propuestas posteriores del autor, surgidas de la evolución de nuestro Derecho Administrativo y de los cambios experimentados por la Administración Pública en Venezuela, desde ese entonces hasta años recientes.

---

[53] La jurisprudencia ha dado un tratamiento más tradicional al tema. Así, por ejemplo, en sentencia de fecha 09-10-2001, la Sala Político-Administrativa del Tribunal Supremo de Justicia, en cuanto a la definición del acto y su clasificación, parte del concepto establecido por la Ley Orgánica de Procedimientos Administrativos en su art. 7 y de la categorización de los actos mostrada por la doctrina, especialmente la exhibida por el autor Eloy Lares Martínez. No obstante, en cuanto a su clasificación según sus efectos expresa que: "la doctrina y la jurisprudencia han sido pacíficas en señalar que los actos de efectos generales son aquellos que interesan a una pluralidad de sujetos, es decir, que inciden en la esfera jurídica de un número determinado o indeterminado de personas y los de efectos particulares los que van dirigidos a un sujeto de derecho o a un número preciso de sujetos a los cuales afecta en su esfera jurídica particular". En: MOSTAFÁ, Hadel. *Compilación de la Doctrina de la Sala Político Administrativa: Contencioso Administrativo*. Caracas: Tribunal Supremo de Justicia, Colección Doctrina Judicial N°3, 2009. Tomo I. pp. 126-128.

# CONTENCIOSO ADMINISTRATIVO

# LA CONTRIBUCIÓN DE BREWER-CARÍAS AL CONTENCIOSO ADMINISTRATIVO EN VENEZUELA

Rafael Badell Madrid[1]

## Introducción

Para mí es un honor sumarme al homenaje que se le hace al Profesor Allan Brewer-Carías en esta oportunidad tan importante, cuando se celebran sus 80 años de vida y casi 60 largos años de valiosísima, variada y excepcional obra intelectual. De modo que empiezo por agradecer, con auténtica sinceridad, a la Fundación de Estudios de Derecho Administrativo, en especial a la Dra. Belén Ramírez Landaeta, a Universitas Fundación y demás organizadores de este evento, por la oportunidad que me han dado de estar entre este grupo de profesores, a los que nos une, en esta oportunidad, el afán de resaltar la obra de un maestro extraordinario.

En primer lugar, quiero ratificar mi admiración, aprecio y respeto por el Dr. Brewer-Carías, quien es un venezolano excepcional, motivo de orgullo para todos y, sin duda, representación de lo mejor de Venezuela. La dimensión de la obra del Profesor Allan Brewer-Carías es verdaderamente impresionante. Los aportes Brewer-Carías al derecho público en Venezuela, Iberoamérica y Europa son excepcionales.

En casi 60 años de vida profesional el Profesor Allan Brewer-Carías ha contribuido de manera determinante al derecho público a través de su actividad como profesor en varias universidades de Venezuela y también en muchos otros países en Iberoamérica, España, Francia, Reino Unido y Estados Unidos; como investigador, desde el Instituto de Derecho Público de la Universidad Central de Venezuela; desde su posición, por más de cuarenta años, de numerario de la Academia de Ciencias Políticas y Sociales en Venezuela y miembro correspondiente de otras muchas corporaciones académicas extranjeras.

A través de su extensísima obra escrita de 223 libros, 85 libros coordinados o publicados en coautoría y más de 1000 artículos y estudios publicados en temas de derecho público, historia y ciencias políticas, en revistas especializadas y obras colectivas, en español, inglés y francés.

Un aspecto que quiero resaltar, de forma especial, es la contribución de Brewer-Carías como editor, lo que ha tenido un impacto enorme en el

1 Profesor titular de la Universidad Católica Andrés Bello. Ocupó la Cátedra Andrés Bello en la Universidad de Oxford. *Senior Associate Member* de la Universidad de Oxford. Individuo de Número de la Academia de Ciencias Políticas y Sociales

desarrollo del derecho público en Venezuela. Desde el año 1980 el profesor Brewer-Carías ha sido el director y factor fundamental de la *Revista de Derecho Público* de Venezuela, publicación periódica de incalculable valor doctrinario, tanto para el derecho nacional como internacional y, también, a través de la Editorial Jurídica Venezolana que tanto ha estimulado y permitido el crecimiento y divulgación de la doctrina en el País.

Particularmente, dentro de esta abultada, variada y útil obra escrita de Brewer-Carías, se encuentran el *Tratado de Derecho Constitucional*, que en dieciséis volúmenes abarcan toda la vida Constitucional del País; el monumental *Tratado de Derecho Constitucional* recoge y sistematiza en cerca de 18.000 páginas toda la labor investigativa del Dr. Brewer-Carías en materia de derecho constitucional y es, sin duda, la obra más importante hasta ahora escrita en Venezuela sobre la materia.

Los dieciséis tomos que conforman esta obra, desde el primero de ellos –relativo a la Historia Constitucional de Venezuela– que dio inicio al Tratado, fueron publicados sucesivamente desde el año 2013 y hasta el 2017. En ellos, el autor abarca todos y cada uno de los temas que estructuran el derecho constitucional, así como su desarrollo en Venezuela, entre los cuales mencionamos: la Historia constitucional de Venezuela; los Orígenes del constitucionalismo moderno en Hispanoamérica; el Cambio político y consolidación del Estado de Derecho 1958-1998; las Instituciones del Estado democrático de derecho en la Constitución de 1961; los derechos y garantías constitucionales en la Constitución de 1961; la Asamblea Constituyente y Proceso Constituyente (1999); la Constitución de 1999: El Estado democrático y social de derecho; el Golpe de Estado Constituyente, Estado constitucional y democracia; los Derechos y garantías constitucionales y la acción de amparo; el Derecho y la acción de amparo en el derecho constitucional comparado; la Justicia constitucional y jurisdicción constitucional; la Práctica y distorsión de la justicia constitucional; el Juez legislador y la patología de la justicia constitucional; el Desmantelamiento de la democracia y el Estado totalitario; la Destrucción del Estado de derecho, la ruina de la democracia y la dictadura judicial.

De otra parte, quiero referirme al *Tratado de derecho administrativo. Derecho público en Iberoamérica*, publicado en Madrid en el año 2013, que como lo señaló el Profesor Luciano Parejo Alfonso en el prólogo:

> Constituye, en verdad, una visión completa de la evolución de los fundamentos y las principales instituciones del derecho administrativo venezolano y, por tanto, sobre prácticamente el entero ciclo de su formación, desarrollo, consolidación e, incluso, entrada en crisis en el presente siglo.

Esta magnífica obra, en 5 tomos, recopila una parte sustancial de la producción intelectual del Dr. Brewer-Carías y sistematiza los temas esenciales de esta rama del derecho público, a saber: el Derecho administrativo y sus principios fundamentales; la Administración Pública; los Actos administrativos y los contratos administrativos; el Procedimiento administrativo; la Acción de la Administración: los poderes, potestades y relaciones con los administrados; y la Jurisdicción contencioso administrativa.

Brewer-Carías además ha sido autor de muchos proyectos de leyes administrativas, de organización y de relación, y muchos instrumentos normativos de importancia fundamental en el desarrollo del derecho administrativo en Venezuela, así mismo recordemos que hace 20 años, en 1999, fue un valiente constituyentista que representó, a contracorriente, los ideales democráticos cuya destrucción empezó, precisamente, en la elaboración de la Constitución de 1999. En fin, no es fácil, y ni siquiera he pretendido intentarlo con lo escrito antes, resumir con acierto y precisión la obra del profesor Brewer-Carías.

Para celebrar esta ocasión tan especial y rendir homenaje al Dr. Brewer-Carías, voy referirme, muy brevemente y sin propósito de exhaustividad, al tema de la justicia administrativa en Venezuela, que resulta tratado en detalle, en el volumen VI del precitado *Tratado de derecho administrativo*, intitulado "La jurisdicción contencioso-administrativa", el cual compila los temas trascendentales del contencioso administrativo, desde una aproximación histórica de la justicia contencioso-administrativa, pasando por la caracterización de la jurisdicción contencioso administrativa, los procesos contencioso administrativos en Venezuela, la distinción de la jurisdicción constitucional y la jurisdicción contencioso administrativa, la jurisdicción contencioso administrativa y los procesos de amparo contra las acciones y omisiones de la administración, hasta el régimen en la Ley Orgánica de la Jurisdicción Contencioso Administrativa de 2010.

## 1. Consideraciones generales sobre la justicia administrativa

La importancia hoy del tema, justicia administrativa, radica en la necesidad que tenemos en Venezuela de reconstruir esta jurisdicción, totalmente destruida y aniquilada por el régimen de facto que rige al país, el cual para actuar a su solo arbitrio y sin ningún control, empezó por destruir todo control judicial, constitucional o administrativo.

En efecto, la consolidación de la dictadura que padecemos, pasó, en primer lugar, por desarmar todo el régimen de control sobre la Administración Pública: el control político, que debía llevar adelante la Asamblea Nacional fue aniquilado por la Sala Constitucional del Tribunal Supremo de Justicia y el control de legalidad que debería ejercer la jurisdicción contencioso-administrativa, fue confiado, con pocas pero meritorias excepciones, a jueces provisionales, sin independencia, incapaces, corruptos, militantes de la causa revolucionaria, cómplices en el propósito de desarmar el Estado de derecho, que traicionaron sus responsabilidad de asegurarlo, lo que ha desfigurado la garantía de la tutela judicial efectiva, el principio de la legalidad y ha asegurado el triunfo de la arbitrariedad y de la barbarie.

La eliminación del sistema de control judicial sobre la actividad administrativa garantiza el triunfo de las vías de hecho y nos devuelve a la condición de súbditos, en abandono a nuestra posición de ciudadanos, donde el respeto a los derechos subjetivos es su componente fundamental.

El Poder judicial ha sido objeto de un proceso permanente y sistemático de demolición de su autonomía e independencia, llevado a cabo por diversos órganos del Estado, incluyendo el propio Tribunal Supremo de Justicia.

Esta falta de imparcialidad, autonomía e independencia de los jueces contencioso-administrativos y su sometimiento a los designios de quienes controlan el poder político desde el Poder Ejecutivo, condena toda posibilidad de someter el ejercicio del poder público a derecho.

Para dimensionar la importancia de la justicia administrativa, tengamos presente que nada de lo que actualmente padecemos habría ocurrido si el juez administrativo hubiera cumplido el mandato del artículo 259 constitucional, en concordancia con el 26 –tutela judicial efectiva– y con el auxilio del control difuso –que siempre pudo aplicar– según lo dispone el artículo 334 de la Constitución.

## 2. La justicia administrativa

La primera forma de estudiar a la jurisdicción contencioso-administrativa es, precisamente, como indica el Profesor Brewer-Carías, como una garantía constitucional. La jurisdicción contencioso-administrativa es creada como un mecanismo especializado de control del poder, encargado de someter a los órganos y entes de las administraciones pública al imperio de la ley.

La justicia administrativa deriva del empeño en controlar el ejercicio arbitrario del poder, y junto al principio de separación de poderes, al de legalidad y al del respeto a las situaciones jurídicas subjetivas, es fundamento indispensable del Estado de derecho.

Entre los presupuestos del Estado de derecho, la existencia de la justicia administrativa como medio para asegurar el sometimiento de los actos, hechos, omisiones, contratos y demás actuaciones de los órganos de la Administración Pública, al bloque de la legalidad, es indispensable.

De esta forma, si el Estado moderno ha aceptado someterse a derecho y, en consecuencia, su actividad administrativa, que es la que mayor incidencia tiene en la esfera de derechos y libertades, ha de someterse a la ley, va de suyo que la consecuencia fundamental es la necesidad de contar con una jurisdicción encargada, precisamente, de controlar esa legalidad.

Un régimen de justicia administrativa es entonces indispensable en el Estado moderno para asegurar la adecuación a derecho, algo más que la adecuación a la ley, de la actuación de la administración. Un régimen de justicia administrativa es, como ya ha quedado dicho, una garantía constitucional.

Los tribunales contencioso-administrativo son garantes del Estado de derecho, encargados de forzar a la Administración Pública a actuar según las normas que regulan y limitan su actuación.

La jurisdicción administrativa, en su función de controlar especialmente la actuación de la Administración en sus relaciones con los administrados, representa un rol fundamental en el sistema de garantías del ciudadano frente al ejercicio del poder público.

La jurisdicción contencioso-administrativa constituye un medio para actualizar la tutela judicial efectiva de los ciudadanos frente a la administración y para proteger sus derechos ante las lesiones sufridas como consecuencia de cualquiera de las actuaciones administrativas.

Uno de los derechos fundamentales del ciudadano frente al Estado es el de atacar, por la vía judicial, cualquiera actuación de los órganos y entes de la Administración Pública, cuando le producen una lesión, para obtener el restablecimiento de los derechos o intereses violados, a través del cumplimiento de alguna obligación concreta de hacer, no hacer o dar.

Este derecho a la tutela jurisdiccional, el derecho de toda persona "a que se le haga justicia"[2], despliega sus efectos en tres momentos distintos, a saber: "primero, en el acceso a la justicia; segundo, una vez en ella", al hacer "posible la defensa y obtener solución en un plazo razonable, y tercero, una vez dictada sentencia", mediante "la plena efectividad de sus pronunciamientos"[3].

Con el reconocimiento de la tutela judicial efectiva como un derecho humano por el que se garantiza una respuesta a la pretensión de derechos e intereses legítimos con autoridad de cosa juzgada y con la eficacia coactiva que demanda la satisfacción de derechos fundamentales, la jurisdicción administrativa adquirió una nueva dimensión transformándose de un proceso al acto –un sistema objetivo de protección de la legalidad–, a un proceso de efectiva tutela de derechos e intereses del administrado que busca el resarcimiento de las situaciones jurídicas subjetivas lesionadas por las actuaciones u omisiones de la administración.

En palabras de García de Enterría y Fernández, "si la tutela ha de ser efectiva, la jurisdicción ha de ser, en consecuencia, también plena"[4].

---

2 Y que supone que toda pretensión frente a otro –incluyendo un organismo del Poder Público– fundada en el ordenamiento jurídico sea atendida por un órgano estadal independiente, en un proceso investido de garantías que hagan posible una defensa adecuada.

3 González Pérez resume estos tres momentos en "Acceso a la jurisdicción, proceso debido y eficacia de la sentencia". Cfr. Jesús González Pérez, *El derecho a la tutela jurisdiccional*, Tercera edición, Editorial Civitas, Madrid, 2001, p. 57.

4 Eduardo García de Enterría, y Tomás-Ramón Fernández, *Curso de derecho administrativo*, Tomo II, cuarta edición, Editorial Civitas, Madrid, 1993, p. 568.

La necesidad de garantizar el derecho a la tutela judicial efectiva ha impuesto la consideración y modificación de muchos aspectos del contencioso administrativo, tales como: el régimen de competencias, la legitimación exigida para recurrir, el agotamiento de la vía administrativa, las medidas cautelares y la ejecución del fallo, en los que la labor de la jurisprudencia adecuando el contencioso-administrativo a las nuevas orientaciones constitucionales que imponen la tutela plena y efectiva de los derechos e intereses de los particulares, ha jugado un papel relevante.

El desarrollo del principio de la tutela judicial efectiva exigió la extensión del control de la jurisdicción administrativa a todas actuaciones de los órganos y entes que ejercen funciones administrativas, lo que trae como consecuencia que se consideren inconstitucionales aquellas disposiciones generales que prohíban, cierren o limiten el recurso contencioso-administrativo sobre determinadas decisiones de la administración[5].

## 3. Carácter universal de la justicia administrativa

Si es manifestación de la tutela judicial, entonces esta justicia administrativa debe tener carácter universal, es decir, no se admiten actos excluidos del control de la jurisdicción, antes y por el contrario, todos los actos y todos sus elementos serán objetos de control, con excepción de las razones de oportunidad y mérito.

Como ha señalado Brewer-Carías este principio de universalidad supone el sometimiento a derecho de todos los órganos del Estado que ejercen funciones administrativas, independientemente de la forma como se manifieste esa actuación e incluso se extiende a los actos dictados por los particulares en el ejercicio excepcional de funciones públicas que les atribuya una ley, de forma que no hay acto o actuación excluidos del control de legalidad[6].

Sobre el principio de universalidad del control contencioso-administrativo, el Dr. Farías Mata hacía especial referencia, al señalar que la tendencia del sistema contencioso-administrativo estaba orientada a la revisión de todos los actos administrativos dictados por cualquier Poder del Estado y a la desaparición paulatina del catálogo de los llamados "actos

---

5 Explica Brewer-Carías al respecto que la constitucionalización de la jurisdicción contencioso administrativa, que una de las consecuencias fundamentales constitucionalización de la jurisdicción contencioso administrativa, es, precisamente, la universalidad del control que la Constitución prevé para todos los actos subordinados a ella (que a su vez es otra característica del sistema); de lo cual "cualquier exclusión del control respecto de actos administrativos específicos, sería inconstitucional, sea que dicha exclusión se haga por vía de ley o por las propias decisiones de los Tribunales"; Cfr. Allan Brewer-Carías, "Universalidad del Control Contencioso-Administrativo" en *Revista de Derecho Público* N° 46, Editorial Jurídica Venezolana, Caracas, 1991.

6 V. Allan Brewer-Carías, "El régimen de la Ley Orgánica de la Jurisdicción contencioso administrativa de 2010", en *Tratado de derecho administrativo. Derecho público en Iberoamérica,* Volumen VI, Editorial Civitas, Thomson Reuters, Madrid, 2013, pp. 846 y ss.

excluidos"[7]. Este criterio había sido expuesto por el Magistrado Farías Mata en su voto salvado en la sentencia de la Sala Político-Administrativa de la Corte Suprema de Justicia, del 9 de abril de 1992, en el caso "Corporación Bamundi", donde la mayoría sentenciadora había concluido que los tribunales laborales eran competentes para conocer del recurso de nulidad en contra de actos dictados en ejecución de las normas administrativas de derecho laboral[8]. Hoy es un dogma que todos los actos administrativos están sujetos al control de la jurisdicción contencioso-administrativa.

El artículo 8 de la LOJCA incluye actos de efectos generales y particulares, actuaciones bilaterales, vías de hecho, silencio administrativo, prestación de servicios públicos, omisión de cumplimiento de obligaciones y, en general, cualquier situación que pueda afectar los intereses públicos o privados.

## 4. La justicia administrativa en Venezuela

Esta jurisdicción administrativa en Venezuela es de rango constitucional, judicial, universal, subjetiva, bilateral y, como fue desde su origen, de marcado carácter jurisprudencial.

La justicia administrativa se concreta a través de un conjunto de órganos jurisdiccionales encargados de controlar la legalidad y legitimidad de los actos, generales o individuales, hechos, contratos, omisiones y demás relaciones jurídico-administrativas originados por la actividad administrativa concretada principalmente por la rama ejecutiva nacional, estadal o municipal, centralizada o descentralizada, pero también por los órganos legislativo, judicial y demás poderes y órganos constitucionales, cuando éstos ejercen función administrativa o, incluso, por los particulares, cuando en colaboración con la administración llevan adelante, también, actuaciones administrativas.

La justicia administrativa en Venezuela tuvo su origen en la Constitución de 1811, pero es, sin duda, en la Constitución de 1961 donde se estableció una jurisdicción especial: la contenciosa-administrativa, integrada por tribunales con competencia para controlar la actividad de la Administra-

---

7 Luis Henrique Farías Mata, "Acto administrativo, materia del recurso contencioso de anulación", en *XVIII Jornadas "J.M. Domínguez Escovar", Avances Jurisprudenciales del Contencioso Administrativo en Venezuela*, Tomo II, Barquisimeto, 1993, p. 16.

8 El Dr. Farías Mata en su voto salvado, señaló que dicho criterio "atentaba contra la 'integralidad' de la jurisdicción contencioso-administrativa, en tanto los tribunales de esa jurisdicción debían ser los competentes para conocer de recursos de nulidad contra actos dictados por la llamada administración laboral, dando así preferencia al fuero atrayente derivado del propio concepto de acto administrativo. Cfr. José Ignacio Hernández, "Luis Henrique Farías Mata y la construcción jurisprudencial del derecho administrativo venezolano", disponible en: https://www.academia.edu/37189497/Luis_Henrique_Far%C3%ADas_Mata_y_la_construcci%C3%B3n_jurisprudencial_del_Derecho_Administrativo_venezolano?auto=download, p. 39.

ción Pública; su artículo 206 delimitó por primera vez, por una parte, el objeto del control de la jurisdicción contencioso-administrativa al incluir dentro del mismo a los actos administrativos, las situaciones administrativas, la actividad ilícita o ilegal de la Administración, incluso la desviación de poder; y, por otra, las consecuencias de dicho control al prever que los tribunales de la jurisdicción contencioso-administrativa podrían declarar la nulidad del acto contrario a derecho, condenar al pago de sumas de dinero o a la reparación de daños y perjuicios originados en responsabilidad de la administración, y disponer lo necesario para el restablecimiento de las situaciones jurídicas subjetivas lesionadas por la actividad administrativa.

Antes de la entrada en vigencia de la Constitución de 1961 sólo se hablaba expresamente de la nulidad de ciertos actos de los órganos y entes de la Administración, pero no se contemplaba realmente una jurisdicción contencioso-administrativa. Podría decirse que se propugnaba tenuemente la existencia de una jurisdicción especial contencioso-administrativa, sin embargo, ésta no se hizo efectiva sino hasta su definitiva consagración constitucional en 1961 y su posterior desarrollo jurisprudencial y legislativo.

En efecto, a partir de la Constitución de 1961 y a falta de una ley formal que regulara y desarrollara el contencioso-administrativo, a través de la jurisprudencia se fue construyendo este método de control del ejercicio del poder. Desde los años sesenta el Dr. Brewer-Carías comenzó a realizar una muy importante recopilación y sistematización de toda la jurisprudencia de la Corte Suprema de Justicia, dentro de la cual destacan las decisiones de la jurisdicción contencioso-administrativa, aporte esencial para los estudiosos del derecho administrativo.

Cuando no existía internet y no se podían consultar las grandes sentencias de la Corte Suprema de Justicia por vías electrónicas, el Dr. Brewer-Carías proporcionó este aporte fundamental para los abogados y estudiantes de derecho mediante los tomos de su obra *Jurisprudencia de la Corte Suprema 1930-1974 y estudios de derecho administrativo* publicada en las Ediciones del Instituto de Derecho Público, de la Facultad de Ciencias Jurídicas y Políticas de la Universidad Central de Venezuela, en los años 1976 y 1978.

Luego, el 1° de enero de 1977 entró en vigencia la Ley Orgánica de la Corte Suprema de Justicia (LOCSJ), lo que significó una contribución enorme a la justicia administrativa en Venezuela.

Frente a la estructura organizativa vigente antes de la entrada en vigencia de la ley, caracterizada por la concentración y centralización del ejercicio de la jurisdicción contencioso administrativa en un solo órgano (i.e. Sala Político-Administrativa), la LOCSJ desconcentró las competencias atribuidas a la Sala creando dos nuevas clases de tribunales contencioso administrativos generales, a saber: la Corte Primera de lo contencioso administrativo y los Tribunales Superiores en lo civil y contencioso administrativo en varias regiones del país.

La ley reguló los procesos para sustanciar y decidir, en primera y segunda instancia, los recursos destinados a controlar la legalidad de los actos administrativos, tanto de efectos generales como individuales y se le confirieron al juez poderes[9], no sólo de dictar el fallo definitivo para restablecer las situaciones jurídicas infringidas (artículo 131), sino también de conceder las medidas cautelares necesarias para evitar daños irreparables y garantizar la efectividad del fallo definitivo.

Este desarrollo inicial de la jurisdicción contencioso-administrativa -a partir del artículo 206 de la Constitución de 1961 y su posterior desarrollo legislativo mediante la LOCSJ- creó la necesidad de distinguir -como no había ocurrido antes en el derecho público venezolano-, entre la justicia administrativa y la justicia constitucional, diferenciándose de esta forma la facultad de la Sala-Político Administrativa para conocer de la impugnación de un acto administrativo de rango sublegal y dictado en ejercicio de funciones administrativas (bien por razones de inconstitucionalidad o por razones de ilegalidad), de la facultad de la Corte en Pleno para decidir sobre los recursos de nulidad de los actos dictados en ejecución directa e inmediata de la Constitución.

Es necesario también resaltar la importancia de la Ley Orgánica de Procedimientos Administrativos (LOPA). A partir de enero de 1982 la LOPA comenzó a regular, por primera vez en Venezuela, los principios del procedimiento administrativo; el acto administrativo, sus elementos y régimen de nulidades; el procedimiento general y especial de formación del acto administrativo; el régimen de impugnación y revisión de las decisiones de la administración, sus efectos y consecuencias. A tener en cuenta que esta no es sólo una ley de procedimiento desde que se refiere, también, a principios y conceptos de la actuación administrativa.

En ese momento, el profesor Brewer-Carías fue un actor fundamental para la evolución de la disciplina. Brewer-Carías fue corredactor en colaboración con Sebastián Martín Retortillo y Francisco Rubio Llorente, del Proyecto de Ley de Procedimientos Administrativos, así como del Proyecto de la Ley de la Jurisdicción Contencioso-Administrativa, entre otros muchos.

Igualmente, desde su posición de Conjuez del Tribunal de la Carrera Administrativa, como posteriormente, desde su desempeño como Conjuez de la Sala Político-Administrativa, de la Corte Suprema de Justicia, y, en los años 1979 al 1984 ocupando el cargo de Magistrado Suplente de la Sala Político-Administrativa de la Corte Suprema de Justicia, el Dr. Brewer-Carías fue una figura extraordinaria en el contencioso administrativo venezolano.

La Constitución de 1999 -téngase en cuenta que Brewer-Carías formó parte de la Asamblea Nacional Constituyente y realizó la importante labor de documentación de todos los debates constituyentes- siguiendo la tendencia marcada por la de 1961, la jurisprudencia, la LOCSJ y la LOPA, rati-

9 Véase al respecto el Tratado de derecho administrativo del Dr. Allan Brewer-Carías, Tomo VI, pp. 37, 209, 375, 573, 653 y 748.

ficó la existencia en Venezuela de una jurisdicción contenciosa-administrativa dirigida a garantizar la sumisión a derecho de la conducta administrativa.

La jurisdicción contencioso-administrativa está contemplada en el ámbito constitucional en el artículo 259, disposición en la cual se encuentran enunciadas las especialidades del contencioso, que son las siguientes: Contencioso-administrativo de anulación, de responsabilidad (contractual y extracontractual), del restablecimiento de las situaciones jurídicas de los administrados afectadas por la Administración (fuentes residuales que no pueden incluirse en la noción del hecho ilícito o del contrato), de los servicios públicos, siendo esta última una nueva competencia de la jurisdicción contencioso-administrativa: "conocer de reclamos por la prestación de servicios", que permite atraer ahora a dicho orden jurisdiccional las controversias por incumplimiento y la ineficacia de los servicios públicos, entre consumidores, usuarios y prestadores de dichos servicios, ya sean entidades del Estado o particulares, contratistas o concesionarios.

Otras disposiciones constitucionales que fundamentan y rigen la justicia contenciosa-administrativa en Venezuela son el artículo 26 (que dispone el derecho de toda persona de acceder a los órganos de administración de justicia para hacer valer sus derechos e intereses, incluso los colectivos o difusos, a la tutela efectiva de los mismos y a obtener con prontitud la decisión correspondiente); el artículo 49 referido a los principios que informan el derecho a la defensa y a sus garantías; el artículo 136 (que consagra el principio de separación de los poderes); el artículo 137 (que contempla el principio de legalidad en las actividades que realicen los órganos que ejercen el Poder Público (Administración Pública); y el artículo 140 (que establece el fundamento del sistema de responsabilidad de la Administración, según el cual el Estado responderá patrimonialmente por los daños que sufran los particulares en cualquiera de sus bienes y derechos, siempre que la lesión sea imputable al funcionamiento de la administración, ya sea normal o anormal dicho funcionamiento o lícita o ilícita la actuación). Finalmente, también el artículo 297 conforme al cual la jurisdicción electoral será ejercida por la Sala Electoral del Tribunal Supremo de Justicia y demás tribunales que determine la ley. Estas disposiciones constitucionales han servido de base a la jurisprudencia para establecer el carácter subjetivo del proceso contencioso administrativo.

Posteriormente, en el año 2004 se dictó la LOTSJ, de fecha 20 de mayo de 2004, lo que representó, es de lamentar, un retroceso en la materia, tanto en lo formal como en lo material. Luego, el 22 de junio de 2010, se publicó la Ley Orgánica de la Jurisdicción Contencioso Administrativa (LOJCA), primera ley destinada a regular a la jurisdicción contenciosa-administrativa de forma especial, lo cual desde un punto de vista formal representó un importante cambio en materia de técnica legislativa, toda vez que comprende una división sistemática y organizada de sus artículos, facilitando así una mayor comprensión y entendimiento del texto normativo, sin dejar de tener en consideración que la jurisprudencia sigue siendo un complemento armónico de la disciplina.

A los pocos meses, el 1° de octubre de 2010, se promulgó la LOTSJ. En esta ley se estableció el régimen, organización y funcionamiento del Tribunal Supremo de Justicia y se eliminaron las disposiciones transitorias que regulaban los procesos contenciosos administrativos, hoy regulados por la LOJCA.

Todo este ordenamiento jurídico establece los medios de impugnación, las reglas procesales que gobiernan cada uno de esos medios de impugnación y los poderes del juez en la admisión y sustanciación de las acciones o recursos, en las decisiones, cautelares o definitivas y en la ejecución de su fallo.

En concreto se regulan varios medios de impugnación que incluyen:

- La demanda de nulidad de actos de efectos particulares y generales: dirigida a anular en todo o en parte el acto impugnado por motivos de ilegalidad e inconstitucionalidad del acto administrativo, que a su vez puede ser: *i*) expreso (actos administrativos de efectos particulares, definitivos o de trámite, los de efectos generales y los vinculados a una relación contractual o de autoridad), *ii*) el silencio administrativo, *iii*) acto administrativo tácito[10] y, *iv*) reglamentos[11].
- Demanda de interpretación de leyes: mediante el cual se solicita al juez contencioso-administrativo que se pronuncie sobre el sentido y alcance de los textos legales de contenido administrativo.
- Demanda de controversias administrativas: referidas a enfrentamientos entre autoridades públicas que corresponde dirimir a la jurisdicción contencioso-administrativa.
- Los reclamos por la omisión, demora o deficiente prestación de los servicios públicos.
- Las demandas por vías de hecho: se refieren a aquella actuación material en la que incurre la Administración Pública y que ha de-

---

10 Es decir, aquellos actos entendidos como manifestaciones de voluntad de la Administración que se deducen de actuaciones positivas y colaterales vinculadas al caso concreto y que son desarrollados por ella misma.

11 Véase para mayor profundidad sobre el tema: Rafael Badell Madrid "El Recurso de Nulidad", en *Avances Jurisprudenciales del Contencioso Administrativo, en XXVII Jornadas "J.M Domínguez Escovar"*, Barquisimeto 2003. (Parte II), "El Recurso de Nulidad", en *Derecho Contencioso Administrativo, Libro Homenaje al Profesor Luís Henrique Farías Mata.* Colegio de Abogados del Estado Lara, Librería J. Rincón. Barquisimeto Estado Lara 2006, "La Demanda de Nulidad", en *XXVIII Jornadas "J.M Domínguez Escovar"*, Barquisimeto Marzo 2013, y "La Demanda de Nulidad". En *XVII Jornadas Centenarias Internacionales: Constitución, Derecho Administrativo y Proceso: Vigencia, Reforma e Innovación*. Colegio de Abogados del Estado Carabobo. Instituto de Estudios Jurídicos "Dr. José Ángel Castillo Moreno". Valencia, 2014.

bido legitimarse mediante la producción de un acto administrativo previo.

- Las demandas por abstención: dirigidas a atacar "la abstención o negativa" del funcionario público a actuar, es decir, a cumplir determinado acto ordenado expresamente.
- Las demandas de contenido patrimonial: como el medio de impugnación mediante el cual se da trámite a las pretensiones de condena al pago de sumas de dinero y la reparación de daños y perjuicios originados por la responsabilidad contractual y extracontractual de la Administración, en contra de la República, los Estados, los Municipios, los institutos autónomos, entes públicos o empresas o cualquier otra forma de asociaciones en las cuales la República, los estados, los municipios o cualquiera de las personas jurídica antes mencionadas tengan participación decisiva (artículos 56 al 64 de la LOJCA).

## 5. Impronta del Dr. Brewer-Carías en el contencioso administrativo

Brewer-Carías ha contribuido de manera extraordinaria a la consolidación de esta jurisdicción hoy destruida. Desde su labor como profesor, el maestro Brewer-Carías se ha encargado de difundir los conocimientos del contencioso administrativo, en especial, en la Universidad Central de Venezuela, en los cursos de pregrado como de postgrado, desde el año 1963 cuando dictó por primera vez el "Curso monográfico sobre la Jurisdicción Contencioso Administrativa en el sistema jurídico venezolano", y hasta el año 1985 cuando fue profesor del seminario sobre "El contencioso de los actos administrativos" y de la cátedra sobre el "Sistema contencioso administrativo", en el Curso de Especialización en Derecho Administrativo de la UCV.

Así también, Brewer-Carías ha ayudado a la difusión del contencioso-administrativo a través de más de 1200 conferencias y exposiciones tanto a nivel nacional en varias universidades como la Universidad Central de Venezuela, la Universidad Católica Andrés Bello, la Universidad José María Vargas y la Universidad Santa María en Caracas, La Universidad del Zulia en Maracaibo y la Universidad Católica del Táchira en San Cristóbal; como a nivel internacional, siendo conferencista en la Universidad de París II (Francia), la Universidad Militar Nueva Granada y Universidad Libre de Colombia, Santafé de Bogotá (Colombia), el Instituto de Investigaciones Gonzalo Ortiz de Zevallos, Lima (Perú), la Universidad Externado de Colombia, Bogotá (Colombia), la Universidad de Heidelberg, Santiago de Chile (Chile), Universidad de Puerto Rico (Puerto Rico), entre muchas otras.

En Venezuela, el Dr. Brewer ha sido conferencista en varias oportunidades, entre las que podemos mencionar:

- "La situación actual de la Jurisdicción Contencioso-Administrativa en Venezuela", en el Curso de Perfeccionamiento Profesional. Bases Jurídicas de la Administración Pública, Colegio de Abogados del Distrito Federal, Facultad de Derecho, Universidad Central de Venezuela, Caracas 1972.
- "El recurso contencioso-administrativo contra los actos administrativos de efectos individuales. Los vicios de los actos administrativos", en el Ciclo de Conferencias sobre El Control Jurisdiccional de los Poderes Públicos, Facultad de Derecho Público, Universidad Central de Venezuela, Caracas, marzo 1977.
- "El proceso contencioso-administrativo en la nueva Ley Orgánica de la Corte Suprema de Justicia", en las Primeras Jornadas venezolanas de Derecho Procesal, Colegio de Abogados del Estado Carabobo, Valencia, 19 al 24/06/77.
- "La Jurisdicción contencioso-administrativa y la nueva Ley Orgánica de la Corte Suprema de Justicia", en la Mesa Redonda, organizada por el Destacamento N° 16 de la Fuerzas Armadas de Cooperación, Mérida, julio 1978.
- "La Jurisdicción Contencioso-Administrativa en la nueva Ley Orgánica de la Corte Suprema de Justicia", Colegio de Abogados del Estado Aragua, octubre 1978.
- "Lo contencioso-administrativo en la nueva Ley Orgánica de la Corte Suprema de Justicia", Colegio de Abogados del Estado Zulia, Maracaibo, 27/10/79.
- "Los aspectos procesales sobre la admisibilidad o inadmisibilidad de los recursos contencioso-administrativos de anulación", en las V Jornadas de Derecho Procesal, Colegio de Abogados del Estado Lara, Barquisimeto, 03/05/80.
- "La Admisibilidad del Recurso Contencioso-Administrativo de Anulación", en la Asociación de Jueces del Distrito Federal, Caracas, 16/10/80.
- "Ley Orgánica de Procedimientos Administrativos y lo Contencioso-Administrativo" en el Seminario sobre la Ley Orgánica de Procedimientos Administrativos, Instituto de Derecho Público, Universidad Central de Venezuela, Parque Central, Caracas, 05 al 07/05/81.
- "Los Principios Jurisprudenciales del Contencioso Administrativo", Postgrado de la Facultad de Derecho, La Universidad del Zulia, Maracaibo, 11/11/83.
- "El Juicio de Nulidad de los Actos de efectos generales del Poder Público", en el Curso de Extensión sobre Contencioso-Administrativo, Asociación de Jueces del Distrito Federal, Caracas, 25/10/84.

- "El Procedimiento Contencioso-Administrativo", en el Ciclo organizado por el Centro de Estudiantes de Derecho, Universidad Central de Venezuela, Caracas, 11/12/84.
- "La acción de amparo y el contencioso-administrativo", en el Ciclo sobre El recurso de amparo, y participación en el Foro sobre la acción de Amparo, Facultad de Ciencias Jurídicas y Políticas, Casa del Profesor Universitario, Universidad Central de Venezuela, Caracas, 03/07/85.
- "Los diversos tipos de acciones o recursos contencioso-administrativos" en las Jornadas X Aniversario LOCSJ, Fundación Procuraduría General de la República, Caracas, 08/10/86.
- El contenido, efectos y ejecución de las sentencias en el contencioso-administrativo", en las Jornadas sobre Contencioso Administrativas, Procuraduría General de la República, Caracas 08/04/87.
- "Las pruebas en el contencioso administrativo", en el Ciclo sobre Contencioso Administrativo, Procuraduría General de la República, Caracas, octubre 1987.
- "El sistema de acciones y recursos contencioso-administrativos", en el Instituto de Estudios Jurídicos, Fracción Parlamentaria de Copei, Caracas, 14/06/88.
- "Los principios generales del contencioso administrativo en Venezuela", en las Jornadas sobre el Contencioso-Administrativo, Fundación de Derecho Público, Caracas, 02/04/91.
- "Principios generales del contencioso administrativo en Venezuela (Nuevas Tendencias)", en las Jornadas sobre el Contencioso Administrativo, UCAT, FDRS, San Cristóbal, 07/06/91.
- "Nuevas tendencias del contencioso administrativo", en las Jornadas de Actualización, Universidad José María Vargas, Caracas, 10/10/91.
- "Las nuevas tendencias del contencioso administrativo", acto de la Promoción de Abogados (1987-1992) de la Universidad Santa María, Sala Plenaria, Parque Central, Caracas, 07/11/92.
- "Las nuevas tendencias en el control judicial de la Administración Pública", en el Curso Internacional sobre las Nuevas Tendencias del Contencioso-Administrativo (La Efectividad del Control Judicial de la Administración Pública), Fundación de Derecho Público, Cátedra de Derecho Público Allan R. Brewer-Carías de la Universidad Católica Andrés Bello, Caracas, 15/02/93.
- "El contencioso-administrativo electoral", en el Seminario sobre Contencioso Electoral, Funeda-Corte Suprema de Justicia, Caracas, 19/11/93.
- "El amparo acumulado al recurso contencioso-administrativo", Instituto de Investigaciones Procesales, Caracas, 11/05/94.

- "Reflexiones sobre la jurisdicción contencioso-administrativa con motivo del Proyecto de Ley Orgánica del Sistema Contencioso Administrativo", en las II Jornadas de Derecho Procesal Administrativo, Asociación Mundial de Jóvenes Juristas y Estudiantes de Derecho, Corte Suprema de Justicia, Caracas, 23/04/99.
- "La justicia administrativa y la nueva Ley Orgánica de la Jurisdicción Contencioso-Administrativa" Palabras de Clausura en Videoconferencia, en las Jornadas de Derecho Procesal Administrativo, Conmemorativas de los 30 años de la Revista de Derecho Público, Facultad de Derecho, Universidad Católica Andrés Bello, Postgrado de Derecho Administrativo, Caracas 16 de noviembre de 2010.

A nivel internacional, el Dr. Brewer-Carías ha sido conferencista sobre materias relativas al contencioso-administrativo en numerosas universidades alrededor del mundo. Entre las conferencias dictadas, podemos mencionar las siguientes:

- "Aspectos generales del contencioso-administrativo en Venezuela", en el Curso de Derecho Administrativo del Profesor Guy Braibant, Tercer Ciclo, Universidad de París II, septiembre de 1973.
- "El contencioso-administrativo en Venezuela y el anteproyecto de Ley de la Jurisprudencia Contencioso Administrativa de Nicaragua", Corte Suprema de Justicia, Managua, 25/06/97.
- "El sistema contencioso-administrativo venezolano", en el II Seminario Internacional de Derecho Público, Universidad Militar Nueva Granada y Universidad Libre de Colombia, Santafé de Bogotá, 08/09/00.
- "El Proyecto de Ley reguladora del proceso contencioso-administrativo", en el Seminario Internacional sobre la Jurisdicción Contencioso-Administrativo, Ministerio Público, Fiscalía de la Nación, Instituto de Investigaciones Gonzalo Ortiz de Zevallos, Lima, Perú, 03/05/01.
- "La situación del Poder Judicial en Venezuela y la casi clausura del contencioso-administrativo", en las IV Jornadas Colombo Venezolana de Derecho Público, FUNEDA, Universidad Externado de Colombia, Bogotá, 10/06/2004.
- "El sistema contencioso-administrativo en Venezuela", en el Diplomado Internacional: Estado de Derecho y Reformas a la Justicia, Centro de Estudios de la Justicia, Facultad de Derecho, Universidad de Chile y Heidelberg Center para América Latina, Universidad de Heidelberg, Santiago de Chile, 21/07/2004.
- "La Codificación del Derecho Administrativo y la Ley 1437 de 2011 sobre el Código de Procedimiento Administrativo y de lo Contencioso-Administrativo de Colombia de 2011", Conferencia en el Seminario internacional de Presentación de la Ley 1437 de 2011 Códi-

go de Procedimiento Administrativo y de lo Contencioso-Administrativo, organizado por el Consejo de Estado de Colombia, con el apoyo de la Contraloría General de la República, la Auditoría General de la República, la Escuela Superior de administración Pública y el Banco de la República, Bogotá, Biblioteca Luis Ángel Arango 1-2 y 3 de febrero de 2011.

- "La Codificación del derecho administrativo y la Ley 1437 de 2011 sobre el nuevo Código de Procedimiento administrativo y de lo contencioso-administrativo de Colombia", Lección Inaugural de los Cursos de Maestría en Derecho Administrativo, Universidad externado de Colombia, Bogotá, 9 de febrero de 2011.
- "La constitucionalización de la jurisdicción contencioso-administrativa en Venezuela: Formalidad y frustración". Ponencia en la XIV reunión del Foro Iberoamericano de Derecho Administrativo, Universidad de Puerto Rico, San Juan de Puerto Rico, 26-30 de octubre de 2015.

Brewer-Carías ha tratado los asuntos fundamentales del contencioso-administrativo en sus numerosos ensayos y monografías. Así pues, resalta en su obra escrita estudios sobre las condiciones de recurribilidad de los actos administrativos en la vía contencioso-administrativa; los efectos no suspensivos del recurso contencioso-administrativo de anulación; los aspectos generales del proceso contencioso-administrativo; el auto de admisión en los recursos contencioso-administrativos; la legitimación activa en los recursos contencioso-administrativos de efectos particulares; el contencioso-administrativo como un derecho constitucional a la tutela judicial frente a la Administración; el contencioso-administrativo y los procesos constitucionales. Entre los artículos del profesor Brewer-Carías, publicados en revistas especializadas como en obras colectivas, destacamos los siguientes:

- "Estudio sobre los actos recurribles en vía contencioso-administrativa emanados de la Contraloría General de la República" en *Revista Control Fiscal y Tecnificación Administrativa*, N° 37, Contraloría General de la República, Caracas 1965, pp. 29-63.
- "El recurso contencioso-administrativo de interpretación en el sistema jurídico venezolano" (en colaboración con Enrique Pérez Olivares) en *Revista de la Facultad de Derecho*, N° 32, Universidad Central de Venezuela, Caracas, diciembre 1965, pp. 103-126. Publicado también en *Jurisprudencia de la Corte Suprema 1930-1974 y Estudios de Derecho Administrativo*, Tomo V: La jurisdicción Contencioso-Administrativa, Vol. 2. Los recursos de anulación y de plena jurisdicción, Caracas 1978, pp. 507-533.
- "Las condiciones de recurribilidad de los actos administrativos en la vía contencioso-administrativa" en *Revista del Ministerio de Justicia*, N° 54, Año XIV, Caracas, enero-diciembre 1966, pp. 83-112; y

en *Perspectivas del Derecho Público en la segunda mitad del Siglo XX, Homenaje al profesor Enrique Sayagués Lazo*, Instituto de Estudios de Administración Local, Madrid 1969, Tomo V, pp. 743-769. Publicado también como "Las condiciones de recurribilidad de los actos administrativos en la vía contencioso-administrativa en el sistema venezolano", en *Jurisprudencia de la Corte Suprema 1930-1974 y Estudios de Derecho Administrativo*, Tomo III: La Actividad Administrativa. Vol. 1 Reglamentos, Procedimientos y Actos Administrativos, Caracas 1976, pp. 65-95.

- "Estudio sobre la impugnación ante la jurisdicción contencioso-administrativa de los actos administrativos de registro" en *Libro Homenaje a la Memoria de Joaquín Sánchez Covisa*, Facultad de Derecho, Universidad Central de Venezuela, Caracas, 1975, pp. 425-480; y en *Doctrina de la Procuraduría General de la República 1975*, Caracas 1976, pp. 139-195.
- "Los efectos no suspensivos del recurso contencioso-administrativo de anulación y sus excepciones" en *Revista de la Facultad de Derecho*, N° 37-38, Universidad Central de Venezuela, Caracas, diciembre 1967, pp. 293-302. Publicado también en *Jurisprudencia de la Corte Suprema 1930-1974 y Estudios de Derecho Administrativo*, Tomo V: La Jurisdicción Contencioso-Administrativa, Vol. 2. Los Recursos de Anulación y de Plena Jurisdicción, Caracas 1978, pp. 496-506.
- "Aspectos generales del procedimiento contencioso administrativo", *Curso de Ampliación en Derecho Público*, Universidad Central de Venezuela, (multigrafiado), Caracas 1974, 59 pp. Publicado también en *Revista de la Universidad de Buenos Aires*, publicación dispuesta en homenaje al Profesor Rafael Bielsa, Buenos Aires 1979, pp. 267-309; y en el libro *Jurisprudencia de la Corte Suprema 1930-1974 y Estudios de Derecho Administrativo*, Tomo V: La Jurisdicción Contencioso-Administrativa, Vol. 1. Los Órganos y el Recurso de Anulación, Caracas 1978, pp. 15-52.
- "El recurso contencioso-administrativo contra los actos de efectos particulares" en *El Control jurisdiccional de los Poderes Públicos en Venezuela*, Instituto de Derecho Público, Facultad de Ciencias Jurídicas y Políticas, Universidad Central de Venezuela, Caracas 1979, pp. 169-194. Publicado también en *Jurisprudencia de la Corte Suprema 1930-1974 y Estudios de Derecho Administrativo*, Tomo V, Vol. 1, Caracas 1978, pp. 53-85.
- "Consideraciones sobre el silencio administrativo consagrado a los efectos del recurso contencioso-administrativo de anulación" en *Revista de Control Fiscal*, N° 96, Contraloría General de la República, Caracas, enero-marzo 1980, pp. 11-33.

- "El auto de admisión en los recursos contencioso-administrativos de anulación" en *Revista del Consejo de la Judicatura*, N° 19, Caracas, octubre-diciembre 1980, pp. 43-50.
- "Aspectos procesales de la decisión sobre la admisibilidad o inadmisibilidad en los recursos contencioso-administrativos de anulación" en A. Moles y otros, *Contencioso Administrativo en Venezuela*, Caracas 1980, pp. 125-178.
- "Comentarios en torno a la suspensión de los efectos de los actos administrativos en vía contencioso-administrativa" en *Revista de Derecho Público*, N° 4, Editorial Jurídica Venezolana, Caracas, octubre-diciembre 1980, pp. 189-193.
- "La Ley Orgánica de Procedimientos Administrativos y el Contencioso-Administrativo" en *El Procedimiento Administrativo*, Archivo de Derecho Público y Ciencias de la Administración, Vol. IV, 1980-81, Instituto de Derecho Público, Facultad de Ciencias Jurídicas y Políticas, Universidad Central de Venezuela, Caracas 1983, pp. 179-254.
- "Aspectos de la legitimación activa en los recursos-contencioso-administrativos de efectos particulares" en *Revista de Derecho Público*, N° 16, Editorial Jurídica Venezolana, Caracas, octubre-diciembre 1983, pp. 227-233.
- "Los diversos tipos de acciones y recursos contencioso-administrativos en Venezuela", en *Revista de Derecho Público*, N° 25, Editorial Jurídica Venezolana, Caracas, enero-marzo 1986, pp. 5-30.
- "Algunos aspectos del proceso contencioso-administrativo", en *Ley Orgánica De La Corte Suprema De Justicia*, Editorial Jurídica Venezolana, Caracas 1989, 369 pp.; 2ª edición actualizada, Caracas 1991. 137-290.
- "La universalidad del control contencioso-administrativo" en *Libro de la Amistad en Homenaje a Enrique Pérez Olivares*, Caracas 1992, pp. 203-226.
- "Consideraciones sobre el contencioso-administrativo como un derecho constitucional a la tutela judicial frente a la administración" en *Revista de Derecho Público*, N° 49, Editorial Jurídica Venezolana, Caracas, enero-marzo 1992, pp. 526; en *Liber Amicorum Homenaje a la Obra Científica y Docente del Profesor José Muci Abraham*, Editorial Jurídica Venezolana, Caracas 1994, pp. 331368; y en *Homenaje al profesor Eduardo Ortíz Ortíz*, Colegio Santo Tomás de Aquino, Universidad Autónoma de Centroamérica, San José, Costa Rica 1994, pp. 539-561.
- "Nuevas Tendencias del Contencioso-Administrativo", en *Primeras Jornadas en Ciencias Jurídicas*, Universidad José María Vargas, 30

septiembre - 14 octubre 1991, Fondo Editorial Universidad José María Vargas, Ediciones de la Rectoría, Caracas, 1998.

- "Los procesos contencioso-administrativos en Venezuela", en *Universitas Jurídicas* N° 108, Diciembre 2004, Pontifica Universidad Javeriana, Facultad de Ciencias Jurídicas, Bogotá D.C., Colombia 2004, pp. 335-455.
- "Reforma constitucional, Asamblea Nacional Constituyente y control judicial contencioso-administrativo: El caso de Honduras (2009) y el precedente venezolano (1999)", en *Revista Mexicana Statum Rei Romanae de Derecho Administrativo. Homenaje de Nuevo León a Jorge Fernández Ruiz*, Con. 3, Julio-Dic 2009, Asociación Mexicana de Derecho Administrativo, Facultad de Derecho y Criminología de la Universidad Autónoma de Nuevo León, Monterrey, México 2009, pp.11-77. Publicado también en *Revista de la Facultad de Derecho*, N° 60-61, (20052009), Universidad Católica Andrés Bello, Caracas 2009, pp.63-112; y en *Revista Aragonesa de Administración Pública*, N° 34, (junio 2009), Gobierno de Aragón, Zaragoza 2009, pp. 481-529.
- "Introducción general al régimen de la Jurisdicción Contencioso-Administrativa" en Allan R. Brewer-Carías y Víctor Hernández Mendible, *Ley Orgánica de la Jurisdicción Contencioso Administrativa*, Editorial Jurídica Venezolana, Caracas 2010, pp. 9-151.
- "Introducción general al régimen del Tribunal Supremo de Justicia y de los procesos y procedimientos constitucionales y contencioso electorales" en el libro de Allan R. Brewer-Carías, y Víctor Hernández Mendible, *Ley Orgánica del Tribunal Supremo de Justicia. El Tribunal Supremo de Justicia y los procesos y procedimientos constitucionales y contencioso electorales*, Editorial Jurídica Venezolana, Caracas 2010, pp. 9-164.
- "Aproximación general al nuevo régimen del contencioso-administrativo conforme a la Ley Orgánica de la Jurisdicción Contencioso Administrativa de 2010" en *Revista de Derecho Público*, N° 122, (abril-junio 2010), Editorial Jurídica Venezolana, Caracas 2010, pp. 102-130.
- "Aproximación general al nuevo régimen del contencioso-administrativo conforme a la Ley Orgánica de la Jurisdicción Contencioso Administrativa" en VVAA, *Comentarios a la Ley Orgánica de la Jurisdicción Contencioso Administrativa*, Fundación de Estudios de Derecho Administrativo, FUNEDA, Caracas 2010, Tomo I, pp. 43-96.
- "Introducción General al Régimen de la Jurisdicción-Contencioso Administrativa". en Allan Brewer-Carías en colaboración con Víctor Hernández Mendible, *Ley Orgánica de la Jurisdicción Conten-*

*cioso Administrativa*, Editorial Jurídica Venezolana, Caracas 2010, pp. 9151.

- "Introducción General al Régimen del Tribunal Supremo de Justicia y de los procesos y procedimientos constitucionales y contencioso electorales", en Allan Brewer-Carías en colaboración con Víctor Hernández Mendible, *Ley Orgánica Del Tribunal Supremo De Justicia. El tribunal Supremo de Justicia y los procesos y procedimientos constitucionales y contencioso electorales*, Editorial Jurídica Venezolana, Caracas 2010, pp.9-164.
- "La constitucionalización de la jurisdicción contencioso-administrativa en Venezuela y los procesos contencioso-administrativos, en Cesar Nava Escudero y Oscar Nava Escudero (Coordinadores), *Administración Pública Contemporánea. Derecho, política y justicia. Estudios jurídicos en homenaje a Alfonso Nava Negrete*, Tomo III Justicia, Editorial Porrúa, Facultad de Derecho UNAM, Instituto de Investigaciones Jurídicas UNAM, México 2010, pp. 27-56.
- "Sobre la justicia constitucional y la justicia contencioso-administrativo. A 35 años del inicio de la configuración de los procesos y procedimientos constitucionales y contencioso administrativos (1976-2011)" en *El contencioso administrativo y los procesos constitucionales* (Directores Allan R. Brewer-Carías y Víctor Rafael Hernández-Mendible), Editorial Jurídica Venezolana, Caracas, 2011, pp. 19-74.
- "Sobre la justicia constitucional y la justicia contencioso-administrativo. A los 35 años del inicio de la configuración de los procesos y procedimientos constitucionales y contencioso administrativos (1976-2011)" en *El Contencioso Administrativo y Los Procesos Constitucionales* (Coordinado y editado por Allan Brewer-Carías y Víctor Hernández-Mendible), Editorial Jurídica Venezolana, Caracas 2011, pp. 19-74.
- La justicia administrativa y la nueva Ley Orgánica de la Jurisdicción Contencioso Administrativa" en *Boletín de Derecho Administrativo*, Nos 1 y 2, Dirección General de Post Grado, Universidad Católica Andrés Bello, Enero de 2011.
- "Justicia y administración en la Venezuela de comienzos del siglo XXI: contradicciones entre la jurisprudencia, el legislador y la práctica de una llamada "justicia administrativa socialista" (A propósito de la sentencia de la Sala Constitucional del Tribunal Supremo de Justicia de Venezuela N° 290 de 23 de abril de 2010, declarando la constitucionalidad del carácter "orgánico" de la Ley Orgánica de la Jurisdicción Contencioso Administrativa de 2010), en *Administración y justicia. Un análisis jurisprudencial. Liber Amicorum Tomás Ramón Fernández* (Coordinadores) Eduardo

García de Enterría, Ricardo Alonso García, Editorial Civitas, Madrid 2012.

- "Los actos estatales sujetos al control por parte del Tribunal Constitucional en la República Dominicana, y el necesario deslinde entre la Jurisdicción Constitucional y la Jurisdicción Contencioso-Administrativa" en *Anuario 2012. Tribunal Constitucional de la República Dominicana*, Santo Domingo, República Dominicana 2013, pp. 185-214.
- "El contencioso administrativo en Venezuela" en Jaime Rodríguez Arana y Marta García Pérez (Coordinadores), *El contencioso administrativo en Iberoamérica, Colección Derecho Público Iberoamericano*, N° 1, Editorial Jurídica Venezolana, Caracas 2014, pp. 461-491.
- "La Jurisdicción contencioso-administrativa como freno al Ejecutivo: El sistema panameño y algunas comparaciones con el caso venezolano", *Colegio de Abogados de Panamá*, Panamá, 3 de diciembre de 2015.
- "Aspectos procesales del proceso contencioso administrativo con especial referencia a las medidas cautelares: comparación entre los sistemas de Panamá y Venezuela", *Corte Suprema de Panamá*, Panamá, 4 de diciembre de 2015.
- "La garantía del debido proceso respecto de las actuaciones administrativas, y su desconstitucionalización en Venezuela por el juez contencioso-administrativo. Análisis jurisprudencial" en *Revista de Derecho Público*, No. 141 (Primer semestre 2015), Editorial Jurídica Venezolana, Caracas 2015, pp. 179-190.
- "La constitucionalización de la jurisdicción contencioso-administrativa en Venezuela: Formalidad y frustración" en *Contenciosos Administrativos en Iberoamérica* (Jaime Rodríguez Arana, William Vázquez Irizarry, María del Carmen Rodríguez Martín-Retortillo), XIV FIDA, Universidad de Puerto Rico, San Juan de Puerto Rico 2015, pp. 288-320.

De otra parte, entre las obras completas del Dr. Brewer-Carías sobre el contencioso-administrativo se encuentran las siguientes:

- *Jurisprudencia de la Corte Suprema 1930-1974 y estudios de derecho administrativo*: tomo III: La actividad administrativa. Vol. 1. Reglamentos, procedimientos y actos administrativos, Ediciones del Instituto de Derecho Público, Facultad de Derecho, Universidad Central de Venezuela, Caracas 1976, 433 páginas; tomo v: la jurisdicción contencioso-administrativa, vol. 1. Los órganos y el recurso de anulación, Ediciones del Instituto de Derecho Público, Facultad de Derecho, Universidad Central de Venezuela, Caracas 1978, 386 páginas; tomo v: la jurisdicción contencioso-administrativa, vol. 2. Los recursos de anulación y de plena jurisdicción, Ediciones del

Instituto de Derecho Público, Facultad de Derecho, Universidad Central de Venezuela, Caracas 1978, 816 páginas.

- *La Jurisdicción Contencioso-Administrativa en Venezuela*, Asociación Venezolana de Derecho Administrativo y Ciencias de la Administración, Editorial Jurídica Venezolana, Caracas 1983, 91 pp. Publicado también en Estudios de Derecho Administrativo, Bogotá 1986, pp. 159-212.
- *Estado de Derecho y Control Judicial (Justicia Constitucional, Contencioso-Administrativo y Amparo en Venezuela)*, Instituto Nacional de Administración Pública, Madrid 1987, 657 pp.
- *Nuevas Tendencias en el Contencioso-Administrativo en Venezuela*, Cuadernos de la Cátedra de Derecho Administrativo Allan R. Brewer-Carías de la Universidad Católica Andrés Bello, N° 4, Editorial Jurídica Venezolana, Caracas 1993, 238 pp.
- (En colaboración con Luis A. Ortiz-Álvarez), *Las grandes decisiones de la Jurisprudencia Contencioso-administrativa (1991-1996)*, Editorial Jurídica Venezolana, Caracas 1996, 1.066 pp.
- *La Justicia Contencioso-Administrativa*, Tomo VII De *Instituciones Políticas y Constitucionales*, Universidad Católica del Táchira-Editorial Jurídica Venezolana, Caracas-San Cristóbal 1997, 613 pp.
- *Ley Orgánica del Tribunal Supremo de Justicia. El Tribunal Supremo de Justicia y los procesos y procedimientos constitucionales y contenciosos administrativos*, Caracas 2004, 352 pp.
- *Bases constitucionales del derecho administrativo y del proceso contencioso administrativo en República Dominicana*, (En coautoría con Víctor Hernández-Mendible), Colección Estudios de Derecho Administrativo, Volumen I, Asociación Dominicana de Derecho Administrativo, Editorial EJV International, 2014, pp. 148.

Lamentablemente, todo el esfuerzo y empeño en construir un sistema de justicia administrativa puesto por el Dr. Brewer-Carías y otros valiosos venezolanos y brillantes profesores inmigrantes como Moles Caubet y otros, se ha perdido, por ahora. Afortunadamente Brewer-Carías, ha formado, eso si no se ha perdido, a un batallón de abogados, profesores, especialistas en estas áreas de derecho público que estamos haciendo esfuerzos enormes, y vamos terminar con éxito la encomienda de rescatar el Estado de derecho.

# ASPECTOS ESENCIALES DE LA JURISDICCIÓN CONTENCIOSO-ADMINISTRATIVA A LA LUZ DE LAS "INSTITUCIONES FUNDAMENTALES DEL DERECHO ADMINISTRATIVO Y LA JURISPRUDENCIA VENEZOLANA"

Daniela Urosa Maggi[1]

## Introducción

La obra *Instituciones Fundamentales del Derecho Administrativo y la Jurisprudencia Venezolana* (en lo adelante las *Instituciones Fundamentales*) de Allan R. BREWER-CARIAS, dedica su Título V al análisis de la Jurisdicción Contencioso-Administrativa. En los seis Capítulos de ese Título se estudia el ámbito material de esa jurisdicción, lo que abarca su fundamento, justificación, naturaleza jurídica y características fundamentales y su ámbito formal o procesal, esto es, la delimitación de las competencias de los tribunales contencioso-administrativos, los "recursos contencioso-administrativos" y el procedimiento a seguir en cada uno de ellos, culminando con un Capítulo especialmente dedicado a "la materia contencioso fiscal".

El mérito invalorable de las enseñanzas que en relación con la Jurisdicción Contencioso-Administrativa aportan las *Instituciones Fundamentales*, puede decantarse en dos aspectos:

En primer lugar, y con la importante excepción del *Manual de Derecho Administrativo* de Eloy Lares Martínez[2], las *Instituciones Fundamentales* constituye el primer estudio jurídico de la Jurisdicción Contencioso-Administrativa venezolana luego de promulgada la Constitución de 1961.

---

1 Profesora de Derecho Procesal Constitucional y Derecho Procesal Administrativo en la Universidad Católica Andrés Bello.

2 La primera edición del Manual de Derecho Administrativo de Eloy Lares Martínez, publicada en 1963 (un año antes de la publicación de las *Instituciones Fundamentales del Derecho Administrativo y la Jurisprudencia Venezolana* de Brewer-Carías) dedica tres Capítulos al estudio de la Jurisdicción Contencioso-Administrativa, su origen, los distintos sistemas existentes en el Derecho comparado, los recursos contencioso-administrativos y sus aspectos fundamentales de orden procedimental. *Cfr.* Lares Martínez, Eloy, *Manual de Derecho Administrativo,* UCV, Caracas, 1963, pp. 475 y siguientes.

Como se sabe bien, fue el artículo 206 la Constitución de 1961 el que instituyó en Venezuela el sistema de Jurisdicción Contencioso-Administrativa. Tal sistematización del Texto de 1961 le otorgó al contencioso la garantía institucional que aporta el rango constitucional, aun cuando ya con anterioridad existían competencias de la máxima instancia judicial que permitían el control jurisdiccional de la Administración Pública y que, en consecuencia, daban lugar a la interposición de recursos contencioso-administrativos.

Esa concepción novedosa del contencioso administrativo como una "jurisdicción", ameritaba un análisis desde el Derecho venezolano que guiara sus primeros pasos. La obra académica que tempranamente efectuó ese análisis fue precisamente las *Instituciones Fundamentales del Derecho Administrativo y la Jurisprudencia Venezolana* del maestro Brewer-Carías.

Pero el mérito de esa obra no se limitó en ser el primer estudio que delineara el alcance de la incipiente Jurisdicción Contencioso-Administrativa venezolana, sino que además y en segundo lugar, se trató de un análisis claro, conciso, profundo y visionario de lo que era y debía ser la Jurisdicción Contencioso-Administrativa. Gracias al tratamiento otorgado por Brewer-Carías a la justificación y fundamentos de esa jurisdicción, su naturaleza jurídica, sus premisas fundamentales y sus competencias, pudo desarrollarse en Venezuela por más de treinta años un sistema sólido de control judicial de la Administración Pública y una producción pretoriana y doctrinaria unificada y coherente que en todo momento se basó en esa concepción primaria que de la Jurisdicción Contencioso-Administrativa se estableció en la obra las *Instituciones Fundamentales*.

Concepción originaria que cincuenta años después se mantiene aún firme en su esencia, y a la que solo se han agregado puntos de vista o amplitud de ciertos criterios en el tratamiento formal o procesal de la Jurisdicción Contencioso-Administrativa.

En esta oportunidad realizaremos un breve análisis de los aspectos fundamentales del ámbito material de la Jurisdicción Contencioso-Administrativa a la luz de esa importantísima obra jurídica como es las *Instituciones Fundamentales del Derecho Administrativo y la Jurisprudencia Venezolana*, a fin de determinar su incidencia y su vigencia en la actualidad del ordenamiento jurídico venezolano.

## 1. Fundamento y naturaleza jurídica de la jurisdicción contencioso-administrativa en las Instituciones Fundamentales

### 1.1. Fundamento y justificación de la Jurisdicción Contencioso-Administrativa

La obra que se comenta explica que la Jurisdicción Contencioso-Administrativa existe a fin de ejercer el control jurisdiccional de la actuación administrativa, como garantía del respeto del principio de legalidad, pilar fundamental del Estado de Derecho.

Estado de Derecho-principio de legalidad-control jurisdiccional de la Administración como garantía de la observancia de ese principio, distinto e independiente del autocontrol o control interno que pueda ejercer la Administración sobre sus propios actos a través de los recursos administrativos. Es esa la justificación primaria de la existencia de la Jurisdicción Contencioso-Administrativa, a la cual se añade el papel fundamental de los órganos contencioso-administrativos a fin de restablecer las situaciones jurídico-subjetivas vulneradas por la actividad administrativa, mediante los mandamientos que fuesen requeridos para ello.

Función objetiva –control de legalidad de la actividad administrativa– y función subjetiva –restablecimiento de las situaciones jurídico-subjetivas lesionadas por el actuar Administración– que aún hoy continúan siendo los pilares básicos de la existencia de la Jurisdicción Contencioso-Administrativa venezolana. Si bien en tiempos recientes se ha evolucionado en la concepción de que la justicia administrativa responde, además, a la necesidad de garantía del principio de eficacia administrativa y a la exigencia del cumplimiento del deber de buena Administración[3], lo cierto es que, en el fondo, esta justificación sigue encuadrándose en la función objetiva y subjetiva del contencioso-administrativo.

### 1.2. Naturaleza jurídica de la Jurisdicción Contencioso-Administrativa

Luego de analizar la justificación de la existencia de la Jurisdicción Contencioso-Administrativa, la obra comentada aclara ciertos conceptos jurídicos que permiten determinar con claridad cuál es la naturaleza jurídica de esa jurisdicción.

Señala así Brewer-Carías que:

> ...en Venezuela, cuando se habla de Jurisdicción Contencioso-Administrativa, no se indica que se está en presencia de una jurisdicción autónoma, independiente y en cierta forma incompatible con otra jurisdicción que podría llamarse judicial, sino que se quiere señalar la competencia que en materia contencioso-administrativa tienen determinados tribunales de la República[4].

La función jurisdiccional, como bien señala el autor siguiendo las nociones fundamentales del Derecho Procesal, es una sola y se ejerce por el Poder Judicial mediante los tribunales que lo conforman cuya cúspide era

3 Al respecto véase por todos, en el Derecho Comparado, Ponce Solé, Julio, *Deber de buena Administración y derecho al procedimiento administrativo debido*, Lex Nova, Valladolid, 2001 y en Venezuela por todos, Hernández González, José Ignacio, "Organización Administrativa y Buena Administración", A.A.V.V. *II Congreso Venezolano de Derecho Administrativo,* Funeda, Caracas, 2014, pp. 39 y ss.

4 Brewer-Carías, Allan, *Instituciones Fundamentales del Derecho Administrativo y la Jurisprudencia Venezolana*, UCV, Caracas, 1964, p. 295.

la entonces Corte Suprema de Justicia, hoy Tribunal Supremo de Justicia. En cambio, la competencia es la medida de la jurisdicción, distribuida entre los diferentes órganos del Poder Judicial según distintos criterios, especialmente la cuantía, el territorio y la materia.

En este sentido, se aclara en las Instituciones Fundamentales que "si bien hablaremos de Jurisdicción Contencioso-Administrativa al analizar el sistema venezolano, lo hacemos acogiendo la terminología usual, no para contraponerla a otra Jurisdicción (...) sino para indicar la competencia que en materia contencioso-administrativa poseen ciertos órganos jurisdiccionales determinados"[5].

Elocuentemente insiste en el punto, páginas más adelante, cuando expresa su desacuerdo con la posición de Torrealba Narváez, quien en 1950 distinguía en Venezuela la existencia de dos jurisdicciones: la jurisdicción administrativa y la jurisdicción judicial. Al respecto, señala Brewer-Carías en las *Instituciones Fundamentales* que:

> En Venezuela el Poder Judicial tiene el "monopolio" de la Justicia, y solamente los órganos del Poder Judicial pueden desarrollar una actividad jurisdiccional, sea ésta civil, penal, del trabajo, administrativa, constitucional, etc. La distinción entre esas llamadas "jurisdicciones", hemos dicho es propiamente una distinción de competencias[6].

Tales referencias nos llevan a señalar que la temprana distinción entre jurisdicción y competencia realizada en las *Instituciones Fundamentales* permitió que no quedara duda de que esa justicia administrativa tiene naturaleza judicial y que cuando la Constitución estableció que el control contencioso correspondía a la –entonces– Corte Suprema de Justicia "y a los demás tribunales que determine la Ley", dicho tribunales deben necesariamente estar insertos en el Poder Judicial, sin que fuese posible establecer legalmente una "jurisdicción administrativa" paralela a la jurisdicción judicial, ello a pesar de que la Constitución de 1961 asumió la tradicional terminología de corte francés y denominó "jurisdicción" al sistema contencioso administrativo y "recurso" a los medios procesales administrativos.

La misma jurisprudencia contencioso-administrativa en los casos en que hubo alguna duda acerca del carácter administrativo o judicial del control contencioso y en especial del recurso contencioso-administrativo, aclaró que la presentación de ese "recurso" no implica, en modo alguno, una apelación, sino que se trata de la interposición de una demanda ante órganos insertos en el Poder Judicial[7]. Para tomar tales decisiones, los tribunales contencioso-administrativos llegaron incluso a citar la obra *Insti-*

---

5 *Ibid.*, p. 298.

6 *Ibid.*, p. 304.

7 Entre otras, las importantes sentencias de la Sala Político-Administrativa de 14 de diciembre de 1970 (caso *Juan Vieira Alves*), de 11 de mayo de 1981 (caso *Pan American*) y de 14 de febrero de 1985 (caso *Patria Fondo Mutual*).

*tuciones Fundamentales del Derecho Administrativo y la Jurisprudencia Venezolana* como fundamento de la decisión asumida en la sentencia[8].

Hoy en día tales consideraciones parecen ser obvias, pues nadie duda del carácter judicialista de la Jurisdicción Contencioso-Administrativa venezolana. No obstante, en su momento, el enfoque asumido en la obra comentada tuvo el mérito de saber distinguir la correcta naturaleza jurídica de la Jurisdicción Contencioso-Administrativa venezolana, aun cuando las únicas posiciones de la doctrina nacional que para la época habían abordado el tema –Torrealba Narváez y Polanco Alcántara– se inclinaban por considerar, como ya se dijo, que en Venezuela había una doble jurisdicción, tomando en cuenta la importante influencia francesa en la jurisprudencia y doctrina venezolana del momento.

Esa claridad en la distinción entre el modelo francés y el contencioso venezolano, sin negar evidentemente la influencia gala en muchos aspectos, es expresada en *las Instituciones Fundamentales* de la siguiente manera:

> ...a pesar de las excelencias del sistema francés, es necesario observar la realidad venezolana y nuestra joven tradición para darse cuenta de los innumerables problemas que plantearía un sistema similar al francés en nuestro país, como en Francia mismo plantea, y para comprender la necesidad de que en Venezuela la Jurisdicción Contencioso-Administrativa permanezca en manos del Poder Judicial tal como lo establece la Constitución vigente y como lo han sostenido tímidamente las Constituciones anteriores[9].

Del mismo modo, la determinación del carácter judicialista de la "Jurisdicción Contencioso-Administrativa" ha sido muy importante para sostener en el Derecho Comparado y en el venezolano también, que al contencioso-administrativo han de aplicarse los principios fundamentales del Derecho Procesal y que el "recurso contencioso-administrativo" debe estructurarse como un verdadero proceso judicial cuyo objeto sea la pretensión procesal administrativa. En síntesis, la concepción procesal de la justicia administrativa tiene como justificación primaria su carácter judicial y de allí que busca equiparar al proceso administrativo, en sus fundamentos y en sus garantías, con el proceso judicial, pues aquél es una especie de éste[10].

---

8 Nos referimos a la sentencia de la Corte Primera de lo Contencioso Administrativo de 18 de febrero de 1981 (caso *Armando Rodríguez* Trilla).

9 Brewer-Carías, Allan, *Las Instituciones Fundamentales del Derecho Administrativo y la Jurisprudencia Venezolana*, *cit.*, p. 308.

10 Al respecto vid. González Pérez, Jesús, *Manual de Derecho Procesal Administrativo*, tercera edición, Civitas, Madrid, 2001; y Urosa Maggi, Daniela, "La pretensión procesal administrativa", obra colectiva *El contencioso administrativo hoy*, Funeda, Caracas, 2004.

## 2. Definición y características de la jurisdicción contencioso-administrativa en las Instituciones Fundamentales

### 2.1. Definición de Jurisdicción Contencioso-Administrativa

Enseña Brewer-Carías en sus Instituciones Fundamentales que la Jurisdicción Contencioso-Administrativa es "el conjunto de órganos jurisdiccionales encargados de controlar la legalidad y legitimidad de los actos, hechos y relaciones jurídico-administrativas originadas por la actividad administrativa"[11].

Dicha definición arroja, de entrada, varios elementos:

En primer lugar, se trata de una definición fundamentada en un criterio orgánico, esto es, enfocada desde los órganos que llevan a cabo la función jurisdiccional de control de la actuación administrativa. Esos órganos son, como señalábamos ya, verdaderos tribunales insertos en el poder judicial -de allí su diferencia con el sistema francés y su semejanza con el sistema norteamericano y con el sistema español- que controlan a la Administración Pública.

En segundo lugar, es una definición fundamentada en un criterio objetivo, en tanto establece que la función de esa "jurisdicción" es el control de la legalidad y legitimidad de las actuaciones administrativas. El concepto de legalidad que se maneja en la obra, no obstante, se aporta en sentido lato, como bloque de legalidad o juridicidad, lo que incluye no solo la contrariedad a la ley formal sino también a la Constitución, es decir, contrariedad a derecho, con clara alusión al artículo 206 de la Constitución entonces vigente.

Ahora bien, si se revisa la obra en su contexto, queda claro que se asume también el criterio subjetivo en la concepción de la Jurisdicción Contencioso-Administrativa, en el sentido de que ésta actúa para controlar la legalidad -*lato sensu*- de los actos, hechos y relaciones jurídicas que lesionen derechos e intereses de los particulares, y de allí la competencia constitucionalmente otorgada a los tribunales contenciosos de condenar al pago de sumas de dinero y a la reparación de daños y perjuicios originados por la responsabilidad contractual o extracontractual de la Administración y disponer lo necesario para el restablecimiento de las situaciones jurídicas subjetivas lesionadas por la actividad administrativa[12].

En definitiva, la concepción de Jurisdicción Contencioso-Administrativa venezolana asumida en las *Instituciones Fundamentales* es la del conjunto de órganos jurisdiccionales, insertos en el Poder judicial, que tienen como competencia el control de la actuación administrativa contraria a derecho, pudiendo anular y/o condenar a la Administración a

---

11 Brewer-Carías, Allan, *Las Instituciones Fundamentales del Derecho Administrativo y la Jurisprudencia Venezolana*, cit. 2695.

12 *Ibid.*, p. 316.

fin de restablecer las situaciones jurídico-subjetivas lesionadas por la actividad administrativa.

Como se verá, tal definición recoge, en su esencia, los aspectos fundamentales del sistema contencioso-administrativo venezolano y que son además los que aún sustentan el alcance y funciones de la justicia administrativa en nuestro país, bien en el artículo 259 de la vigente Constitución, que reprodujo el derogado artículo 206 constitucional, bien en la Ley Orgánica de la Jurisdicción Contencioso Administrativa (especialmente en sus artículos 1, 8 y 9) de 2010.

### 2.2. Características de la Jurisdicción Contencioso-Administrativa

Analizamos a continuación las características de la Jurisdicción Contencioso-Administrativa, siguiendo la enumeración y orden que en este sentido se sigue en las *Instituciones Fundamentales*:

#### 2.2.1. *Es una "jurisdicción especial"*

Enseña Brewer-Carías en la obra que se comenta que la Jurisdicción Contencioso-Administrativa es una jurisdicción especial y distinta a la jurisdicción ordinaria. Recuérdese que este estudio, como antes se señaló, aclara que el concepto "Jurisdicción Contencioso-Administrativa" se utiliza en el sentido de competencia de determinados tribunales insertos en el poder judicial para controlar a la Administración. Luego, "jurisdicción especial" hace referencia a un conjunto de tribunales con competencia exclusiva en razón de la materia contencioso-administrativa.

Esa especialidad de la competencia contencioso-administrativa es enfocada en las *Instituciones Fundamentales* en dos sentidos: en primer lugar, se considera especial porque controla a determinados entes y órganos del Poder Público, concretamente la Administración Pública; y, en segundo lugar, es especial porque controla determinados actos: los actos administrativos o, *lato sensu*, cualquier manifestación de la actuación administrativa.

En efecto, el modelo constitucional venezolano de Jurisdicción Contencioso-Administrativa, a diferencia del francés, como se dijo ya, se estructura en un conjunto de órganos jurisdiccionales insertos en el Poder Judicial que asumen el control de la Administración, no obstante y a diferencia también del modelo norteamericano, esos órganos judiciales no son tribunales ordinarios, sino que tienen competencia exclusiva en razón de la materia.

Tribunales especiales o "jurisdicción especial" en razón de la materia. Así lo asumió el constituyente tanto de 1961 como el de 1999, estableciendo como materia de reserva legal, que debía ser asumida por la entonces Corte Suprema de Justicia "y demás tribunales que determine la Ley".

Ahora bien, esa importancia que le dio el constituyente a la especialidad de los tribunales contenciosos no ha sido lamentablemente acatada ni asumida por el legislador. Así, ya en el año 1964 criticaba Brewer-Carías en sus *Instituciones Fundamentales* que "Lamentablemente después de dos años" de dictada la norma constitucional no se habían creado ni determinado aún cuáles serían los tribunales que la conforman. Lamentablemente también, podemos agregar en el año 2014, esa transitoriedad e irregularidad en la estructura de los tribunales contenciosos parece haber sido una práctica continuada por nuestro legislador durante ya cincuenta años.

En efecto, la Ley Orgánica de la Jurisdicción Contencioso-Administrativa debió ser dictada a partir de la entrada en vigencia desde la Constitución de 1961, a fin de desarrollar su artículo 206. Sin embargo, el signo de esa jurisdicción fue el de la transitoriedad, en tanto su regulación organizativa y adjetiva quedó relegada en ciertas disposiciones transitorias de la Ley Orgánica de la Corte Suprema de Justicia de 1976. Así, dicha Ley otorgó competencia contencioso-administrativa a los Juzgados Superiores en lo Civil mientras se dictaba la Ley que regulara a esa jurisdicción y creara su estructura orgánica definitiva[13].

Tal precaria situación se mantuvo luego de la promulgación de la Constitución de 1999, a pesar del vencimiento de los plazos previstos en la propia Constitución para dictar esa Ley. Paradójicamente, la Ley Orgánica del Tribunal Supremo de Justicia de 2004 omitió incluir la regulación transitoria de la Jurisdicción Contencioso-Administrativa, con lo cual, criterios tan básicos como la competencia, quedaron establecidos directamente en la jurisprudencia[14].

En 2010, cuando finalmente se promulga la primera Ley Orgánica de la Jurisdicción Contencioso-Administrativa venezolana, se establece un cambio importante en su estructura orgánica, con la creación de los Juzgados Nacionales, Juzgados Superiores Estadales y Juzgados de Municipio de lo Contencioso Administrativo. No obstante, a pesar de que la Ley ha cumplido ya cuatro años de vigencia, no se han creado en su totalidad esos tribunales contenciosos, manteniendo así la eterna transitoriedad y reflejando la poca importancia que el Poder Legislativo y el Poder Ejecutivo Nacionales dan a la Jurisdicción Contencioso-Administrativa así como su poca relevancia práctica, pues si ésta jurisdicción se considerase necesaria –como en

---

[13] En efecto, el artículo 181 de la Ley Orgánica de la Corte Suprema de Justicia establecía que "Mientras se dicta la Ley que organice la Jurisdicción Contencioso-Administrativa, los Tribunales Superiores que tengan atribuida competencia en lo Civil, conocerán, en primera instancia en sus respectivas circunscripciones, de las acciones o recursos de nulidad contra los actos administrativos de efectos generales o particulares, emanados de autoridades estadales o municipales de su jurisdicción, sin son impugnados por razones de ilegalidad". Del mismo modo, los artículos siguientes establecían las competencias que transitoriamente tendrían dichos Tribunales Superiores.

[14] En general, vid. Brewer-Carías, Allan, *Ley Orgánica del Tribunal Supremo de Justicia,* Editorial Jurídica Venezolana, Caracas, 2008, pp. 131 y ss.

efecto debería serlo– dadas las funciones de control que cumple como pilar fundamental del Estado de Derecho, ya hubiese voluntad política para la conformación de sus tribunales.

En consecuencia, a pesar de que la Ley Orgánica de la Jurisdicción Contencioso-Administrativa llenó un vacío importante, lamentablemente la organización y competencias siguen rigiéndose por las reglas anteriores a esa Ley, a saber, por criterios jurisprudenciales, pues –recuérdese– la hoy derogada Ley Orgánica del Tribunal Supremo de Justicia nada dispuso al respecto.

#### 2.2.2. *Es una "jurisdicción que controla a la Administración"*

Señalaba el profesor Brewer-Carías en su obra comentada que "la existencia de la Jurisdicción Contencioso-Administrativa radica en la necesidad de una jurisdicción especial para controlar a la Administración y su actividad"[15].

En este sentido, enseña Brewer-Carías que la nota característica del proceso administrativo es la presencia de la Administración Pública en juicio. Esa presencia se entiende en dos sentidos:

En sentido orgánico, esto es, que sea un ente u órgano de la Administración Pública el sujeto pasivo o demandado, entendiendo por Administración Pública, como enseña el mismo Brewer-Carías, todo ente u órgano que conforma la Administración nacional, estadal y municipal, y la Administración central y descentralizada funcionalmente, lo que incluye entes públicos creados con forma de Derecho Público y con formas de Derecho Privado[16].

En sentido funcional o material, es decir, que esté en presencia del ejercicio de actividad administrativa, bien por parte un órgano administrativo, bien por parte de otro órgano del Poder Público –Legislativo, Judicial Ciudadano o Electoral–, los cuales, si bien orgánicamente están separados del Poder Ejecutivo, materialmente pueden ejercer función administrativa. Incluso, como ha asumido la jurisprudencia temprana de los tribunales contencioso administrativo, puede tratarse de personas jurídico-privadas que en virtud del ejercicio de competencias administrativas otorgadas por Ley puedan dictar actos de autoridad sometidos también al control contencioso-administrativo[17]. Si se está en presencia, entonces, del ejercicio de

---

15 Brewer-Carías, Allan, *Instituciones Fundamentales del Derecho Administrativo y la Jurisprudencia Venezolana*, *cit.*, p. 313.

16 Brewer-Carías, Allan, *Tratado de Derecho Administrativo. Derecho Público en Iberoamérica*, "La Jurisdicción contencioso-administrativa", Tomo VI, Civitas, Thomson Reuters, Madrid, 2013 pp. 184-185.

17 En relación con el control contencioso administrativo de los llamados actos de autoridad y los actos emanados de órganos legislativos y judiciales en ejercicio de función administrativa, vid. Por todos, Brewer-Carías, Allan, *Nuevas Tendencias del Contencioso Administrativo en Venezuela*, Editorial Jurídica Venezolana, Caracas, 1993, pp.

actividad administrativa, se está en presencia de Administración Pública en sentido funcional.

Así, de la redacción del artículo 206 de la Constitución de 1961, como también de la del actual artículo 259 constitucional, se desprende que la competencia contencioso-administrativa se sustenta en la necesidad de control de la actividad administrativa y por ende los tribunales contenciosos son competentes para anular actos administrativos, condenar a la Administración y disponer lo necesario para el restablecimiento de las situaciones jurídico-subjetivas lesionadas por la actividad administrativa. En otras palabras, la justicia administrativa es, en términos de las Instituciones Fundamentales, una "jurisdicción especial" para controlar a la Administración.

Administración Pública, se insiste, entendida en sentido amplio a fin de abarcar toda relación jurídico-administrativa en la que esté presente el ejercicio de actividad administrativa, bien por parte de la propia Administración, bien de otro órgano del Poder Público o de algún particular dotado por ley para el ejercicio de cierta competencia administrativa.

En la actualidad, la Ley Orgánica de la Jurisdicción Contencioso-Administrativa de 2010 asume esa noción de "jurisdicción especial que controla a la Administración" tanto en sentido orgánico como en sentido funcional, tal como se desprende de su artículo 7, norma que establece lo siguiente:

> Artículo 7°: Entes y órganos controlados. Están sujetos al control de la Jurisdicción Contencioso Administrativa:
> 1. Los órganos que componen la Administración Pública;
> 2. Los órganos que ejercen el Poder Público, en sus diferentes manifestaciones, en cualquier ámbito territorial o institucional;
> 3. Los institutos autónomos, corporaciones, fundaciones, sociedades, empresas, asociaciones y otras formas orgánicas o asociativas de derecho público o privado donde el Estado tenga participación decisiva;
> 4. Los consejos comunales y otras entidades o manifestaciones populares de planificación, control, ejecución de políticas y servicios públicos, cuando actúen en función administrativa;
> 5. Las entidades prestadoras de servicios públicos en su actividad prestacional; y
> 6. Cualquier sujeto distinto a los mencionados anteriormente, que dicte actos de autoridad o actúe en función administrativa.

Ahora bien, esa concepción constitucional de la jurisdicción contencioso-administrativa como una "jurisdicción especial que controla a la Administración", asumida como se dijo, en el artículo 7 de la Ley Orgánica de la Jurisdicción Contencioso-Administrativa, es contradictoriamente desvirtuada en esa misma Ley en artículos posteriores. Así, nos referimos a las disposiciones contenidas en los artículos 23, numerales 2; 24, numeral 2 y 25, numeral 2 de la Ley Orgánica de la Jurisdicción Contencioso-

37 y ss. y Torrealba Sánchez, Miguel Ángel, *Manual de Contencioso Administrativo*, Universidad Central de Venezuela, Caracas, 2007, pp. 35 y ss.

Administrativa, según las cuales los tribunales contencioso-administrativos son competentes para conocer de:

> ...las demandas que ejerzan la República, los estados, los municipios, o algún instituto autónomo, ente público, empresa o cualquier otra forma de asociación, en la cual la República, los estados, los municipios o cualquiera de los entes mencionados tengan participación decisiva (...) cuando su conocimiento no esté atribuido a otro tribunal en razón de su especialidad[18].

Competencia que es compartida entre las distintas instancias contencioso-administrativas, según la cuantía de la demanda.

Con fundamento en esa disposición, las instancias contencioso-administrativas admiten las demandas que intenten los entes públicos contra los particulares. Es el caso, entre otros varios, de la sentencia de la Sala Político-Administrativa N° 1059 de 10 de julio de 2014, mediante la cual se asumió la competencia para conocer de una demanda por cobro de Bolívares intentada por la República, por órgano del Ministerio de la defensa, contra dos sociedades mercantiles de capital privado. En tales casos, la jurisprudencia ha dado una interpretación *sui generis* a la norma citada de la Ley Orgánica de la Jurisdicción Contencioso-Administrativa, al entender que cuando la Ley dispone que la competencia será del contencioso administrativo si "su conocimiento no esté atribuido a otro tribunal en razón de su especialidad", debe entenderse "que la norma bajo análisis constituye una derogatoria de la competencia civil y mercantil, que es la jurisdicción ordinaria, pero no de las otras competencias especiales, tales como la laboral, del tránsito o agraria".

En nuestro criterio, dichas disposiciones se exceden definitivamente del ámbito de las competencias que la Constitución reconoce a la Jurisdicción Contencioso-Administrativa, pues al conocer de demandas de entes públicos contra particulares, no se está –evidentemente– ejerciendo el control de la adecuación a derecho de la Administración Pública ni se está persiguiendo el restablecimiento de las situaciones jurídico-subjetivas lesionadas por la actividad administrativa. Por el contrario, se está estableciendo a la Jurisdicción Contencioso-Administrativa como un "fuero atrayente" que conoce de cualquier demanda en la que alguna de las partes –demandante o demandada– sea la Administración Pública, lo que implica la violación del derecho al juez natural de los particulares demandados ante la Jurisdicción Contencioso-Administrativa.

Si bien es cierto que razones de economía procedimental y de uniformidad de criterio podrían llevar a considerar conveniente un cambio de esa naturaleza –y de allí que alguna autorizada doctrina se haya pronunciado a

---

18 Dicha norma positiviza el criterio asumido por la Sala Político-Administrativa a partir de su sentencia N° 1315 de 8 de septiembre de 2004, primera oportunidad en la cual, sin mayores motivaciones jurídicas, esa Sala determinó que corresponde a la Jurisdicción Contencioso-Administrativa la competencia para conocer de las demandas intentadas por entes públicos contra los particulares.

favor de esa novedad en la justicia administrativa venezolana[19] somos de la opinión que mientras se mantenga la redacción actual del artículo 259 de la Constitución, las referidas disposiciones de la Ley Orgánica de la Jurisdicción Contencioso-Administrativa devienen inconstitucionales pues modifican el fundamento y justificación constitucional de la Jurisdicción Contencioso-Administrativa que no es otro que la existencia de una "jurisdicción especial" o conjunto de tribunales dotados de especial competencia para controlar la actuación administrativa, en los términos en que diáfanamente precisó Brewer-Carías en sus *Instituciones fundamentales* hace ya cincuenta años.

### 2.2.3. *Es una "jurisdicción que controla actos, hechos y relaciones jurídicas fundadas en Derecho administrativo"*

La tercera característica fundamental de la Jurisdicción Contencioso-Administrativa según las *Instituciones fundamentales,* es que se trata de una "jurisdicción especial" que se circunscribe al control de actos, hechos y relaciones jurídicas de Derecho Administrativo. En este sentido, se afirma que:

> ...no toda la actividad de los órganos administrativos está sometida a la Jurisdicción Contencioso-Administrativa. Solamente los actos, hechos y relaciones jurídicas de Derecho Administrativo tienen su control en esta jurisdicción especial. Y nos encontramos ante un acto, un hecho o una relación jurídico-administrativa cuando la Administración actúa en función administrativa, es decir, cuando la actividad de la Administración tiene una finalidad de Servicio Público[20].

Tales afirmaciones ameritan varios comentarios importantes en dos sentidos concretos:

#### 2.2.3.1. *La Jurisdicción Contencioso-Administrativa controla los actos, hechos y relaciones jurídico-administrativas*

El artículo 206 de la Constitución de 1961, norma reguladora de la Jurisdicción Contencioso-Administrativa al momento de la publicación de las *Instituciones Fundamentales*, establecía que:

> Los órganos de la Jurisdicción Contencioso-Administrativa son competentes para anular los actos administrativos generales o individuales contrarios a derecho, incluso por desviación de poder; condenar al pago de sumas de dinero y a la reparación de daños y perjuicios originados en

---

[19] Esta polémica modificación en la esencia misma de las competencias contencioso-administrativas ha dado lugar, lógicamente, a la exposición de distintas posiciones doctrinarias, algunas pocas a favor, la gran mayoría en contra. Tales opiniones son recogidas por Torrealba Sánchez, Miguel Ángel, *Manual de Contencioso Administrativo, cit.*, pp. 435 y ss.

[20] Brewer-Carías, Allan, *Instituciones Fundamentales del Derecho Administrativo y la Jurisprudencia Venezolana, cit.*, p. 314.

responsabilidad de la administración, y disponer lo necesario para el restablecimiento de las situaciones jurídicas subjetivas lesionadas por la actividad administrativa.

A pesar de la tendencia francesa que para entonces imperaba en la mayoría de los sistemas contencioso-administrativos continentales, de bipartición entre el contencioso por exceso de poder o de nulidad de actos administrativos frente a las demandas de plena jurisdicción o de condena patrimonial a la reparación de daños y perjuicios, y que, por ende centraba no solo al control contencioso sino en general al Derecho administrativo mismo en la noción de acto administrativo, la obra *Instituciones Fundamentales* dio tempranamente una amplia y acertada interpretación a esa norma constitucional, al señalar que no son solo los actos administrativos los que están sometidos al control contencioso administrativo, sino además lo están todos los hechos y relaciones jurídicas de la Administración; en definitiva, cualquier actividad –o inactividad– desplegada por la Administración regida por el Derecho Administrativo es materia de la justicia administrativa.

Tal interpretación de avanzada permitió que el contencioso venezolano se desarrollara como un sistema propio de múltiples medios procesales, mucho más amplio que el bipartito francés de exceso de poder-plena jurisdicción. De este modo, la Ley Orgánica de la Corte Suprema de Justicia de 1976 incluyó entre las competencias de los tribunales contencioso-administrativos no solo la nulidad de actos generales y particulares y las demandas patrimoniales contra entes públicos, sino además competencias de condena frente a las abstenciones o carencias administrativas, competencias mero declarativas de interpretación de leyes y competencias para resolver conflictos entre autoridades públicas.

Del mismo modo, la Ley Orgánica de la Jurisdicción Contencioso-Administrativa de 2010 incluyó entre los medios procesales administrativos la demandas contra vías de hecho y demandas de prestación de servicio público y permitió la ampliación considerable del control de las pasividades mediante la demanda contra inactividades de la Administración, extendiendo así, aún más, el abanico de posibilidades de control de la actuación administrativa, mucho más allá de la nulidad de actos administrativos.

Esa evolución, si se quiere lenta pero paulatina, se logró gracias a la temprana concepción del sistema contencioso administrativo venezolano como una jurisdicción que controla actos, hechos, actuaciones y relaciones jurídico-administrativas, plasmada por Brewer-Carías en sus *Instituciones Fundamentales* y posteriormente, del mismo autor, en su obra *Nuevas Tendencias del Contencioso Administrativo en Venezuela*, en la cual hizo especial énfasis en el principio de universalidad del control, en el sentido de que la justicia administrativa abarca el control de toda la actuación administrativa, sea que ésta se manifieste formalmente mediante actos administrativos, normativos o no, contratos administrativos, o bien mediante actuaciones materiales u omisiones antijurídicas[21].

#### 2.2.3.2. *La Jurisdicción Contencioso-Administrativa controla la actuación de la Administración fundada en Derecho Administrativo*

Se afirma en las *Instituciones Fundamentales* que "el signo característico de la Jurisdicción Contencioso-Administrativa es que los procesos a ella encomendados son siempre originados (...) por una actividad de la Administración regida por el Derecho Administrativo"[22].

Se asume, en este sentido, la cláusula establecida en la legislación española vigente para la época, específicamente la Ley Reguladora de la Jurisdicción Contencioso-Administrativa de 1956 y que hace referencia a la tradicional ecuación Derecho Administrativo-Jurisdicción contencioso-administrativa, en el sentido de que ésta es una "jurisdicción" especializada en Derecho Administrativo a la que le corresponde el conocimiento de las pretensiones fundadas en Derecho Administrativo y que, por argumento en contrario, las demandas originadas en actuaciones de la Administración no regidas por el Derecho administrativo serán controladas por otros órdenes jurisdiccionales, como serían el civil, laboral, mercantil, entre otros[23].

Tal distinción ha traído no pocas discusiones en España en relación con el fenómeno conocido como la huida del Derecho Administrativo, en el sentido de la proliferación de órganos administrativos cuyas actuaciones se rigen preponderantemente por el Derecho Privado como modo de sortear los controles propios de la actividad administrativa, incluida la justicia administrativa, siendo necesario acudir a técnicas creadas por la doctrina y jurisprudencia, tales como el levantamiento del velo, los actos separables o el fraude a la ley, para constatar que en efecto determinada actuación debe ser sometida a un control jurisdiccional administrativo a pesar de la "resistencia" a la aplicación del Derecho Administrativo[24].

No obstante, en Venezuela, si bien ese criterio de definición del ámbito contencioso administrativo según las pretensiones fundadas en Derecho Administrativo fue inicialmente sostenido por Brewer-Carías en sus *Instituciones Fundamentales*, el mismo autor afirma con posterioridad que:

---

21 *Cfr.* Brewer-Carías, Allan, *Nuevas Tendencias del Contencioso Administrativo en Venezuela, cit.*, pp. 21 y ss.

22 Brewer-Carías, Allan, *Instituciones Fundamentales del Derecho Administrativo y la Jurisprudencia Venezolana, cit.*, p. 314.

23 Al respecto vid. Gavín, Pemán, "Comentarios al artículo 1 de la LJ", en AAVV *Comentarios a la Ley de la Jurisdicción Contencioso-Administrativa de 1998*, Civitas, Madrid, 1999, p. 50.

24 Al respecto, González-Varas Ibáñez, Santiago, *Tratado de Derecho Administrativo*, Tomo III "Contencioso Administrativo", Civitas, Thomson Reuters, Madrid, segunda edición, 2012, pp. 69 y ss.

> ...a partir de la Ley Orgánica de la Corte Suprema de Justicia de 1976, la Jurisdicción Contencioso-Administrativa se estableció como un fuero general respecto de la República y las otras personas jurídicas estatales nacionales. Por ello, en nuestro criterio, no solo los juicios de nulidad de actos administrativos emanados de los entes de derecho público, cualquiera sea la naturaleza de su objeto (incluso los que se refieren a la administración del derecho privado), corresponden a esta jurisdicción, sino que también compete a sus órganos el conocimiento de las demandas por cualquier causa intentadas contra la República y demás entes públicos nacionales, incluyendo las empresas nacionales del Estado[25].

En consecuencia, el mismo autor ha modificado esa posición inicial y si se quiere inevitable a la luz de la jurisprudencia venezolana imperante para 1964 y en sentido similar al de la legislación española, que establecía que la Jurisdicción Contencioso-Administrativa controlaba solamente la actuación administrativa fundada en Derecho Administrativo, para entender ahora que a dicha jurisdicción corresponde el conocimiento de cualquier demanda y pretensión por cualquier causa intentada contra la Administración Pública –sentido orgánico– o en razón del ejercicio de actividad administrativa –sentido funcional–.

### 2.2.4. *La Jurisdicción Contencioso-Administrativa ejerce control de legalidad y legitimidad de la actuación administrativa*

La última de las características de la Jurisdicción Contencioso-Administrativa estudiadas en las *Instituciones Fundamentales*, es la que se refiere a los "motivos de control" de la actuación administrativa. En este sentido, la obra hace énfasis en dos conceptos: el control de legalidad y el control de legitimidad de la actuación administrativa.

En este sentido, se expone que:

> ...el control de la legalidad se manifiesta por la competencia que tienen los órganos de la Jurisdicción Contencioso-Administrativa para "anular los actos administrativos generales o individuales contrarios a derecho, incluso por desviación de poder". Es decir, esta jurisdicción especial con-

25 Brewer-Carías, Allan, "La Justicia Contencioso Administrativa", *Instituciones Políticas y Constitucionales*, Tomo VII, Universidad Católica del Táchira, Editorial Jurídica Venezolana, Caracas-San Cristóbal, 1997, y también en *Tratado de Derecho Administrativo. Derecho Público en Iberoamérica*, "La Jurisdicción contencioso-administrativa", Tomo VI, *cit.*, pp. 185-186. La misma opinión del autor es plasmada en "La justicia administrativa en Venezuela como instrumento de protección de los particulares frente a la Administración", *Tratado de Derecho Administrativo. Derecho Público en Iberoamérica*, "La Jurisdicción contencioso-administrativa", Tomo VI, pp. 626; y en sus trabajos posteriores de comentarios a la Ley Orgánica del Tribunal Supremo de Justicia y de la Ley Jurisdicción contencioso-administrativa (en la misma obra recopilatoria *Tratado de Derecho Administrativo. Derecho Público en Iberoamérica*, "La Jurisdicción contencioso-administrativa", Tomo VI, pp. 734 y ss. y 833 y ss.).

trola los actos administrativos en su sumisión al Principio de la Legalidad Administrativa[26].

La Jurisdicción Contencioso-Administrativa controla la adecuación de la actuación administrativa al principio de la legalidad administrativa. Para entender el alcance de esta afirmación que se realiza en las *Instituciones Fundamentales*, es necesario acudir al concepto de legalidad administrativa que se asume en las primeras páginas de la misma obra, cuyo Título I se dedica al completo, precisamente, a estudiar el principio de la legalidad administrativa.

El principio de la legalidad administrativa, según se define en *las Instituciones Fundamentales:*

> ...no es más que la conformidad con el Derecho que debe acompañar a todos los actos de las ramas del Poder Público. Es decir, el principio según el cual toda la actividad del Estado debe estar conforme con el Derecho de ese Estado[27].

Se entiende entonces que para Brewer-Carías en sus *Instituciones Fundamentales*, la función de la Jurisdicción Contencioso-Administrativa es el control de la sumisión de la actuación administrativa al Principio de la legalidad, esto es, al Derecho. De allí que se utiliza el concepto legalidad administrativa en su sentido más *lato*, como juridicidad administrativa, abarcando así tanto la adecuación a la Constitución como a la ley en su sentido formal.

Esa legalidad *lato sensu* es didácticamente explicada en las *Instituciones Fundamentales* en relación con la manifestación clásica de la actividad administrativa: los actos administrativos. Siguiendo la redacción del artículo 206 de la Constitución de 1961, se hace allí referencia al control de legalidad como la sumisión al Derecho de los actos administrativos, incluso por desviación de poder, lo que conlleva a su declaratoria de nulidad, bien por razones de inconstitucionalidad, bien por razones de ilegalidad.

El mismo Brewer-Carías en sus obras posteriores a las *Instituciones Fundamentales* afirma que:

> ...no existe, por tanto, constitucionalmente hablando en Venezuela, limitación alguna en cuanto a los motivos de control respecto de los cuales pueden conocer los órganos de la Jurisdicción Contencioso-Administrativa, y que pudiera conducir a limitar el conocimiento de estos órganos a meras cuestiones de legalidad, excluyéndoles la competencia para conocer de cuestiones de constitucionalidad[28].

---

26 Brewer-Carías, Allan, *Instituciones Fundamentales del Derecho Administrativo y la Jurisprudencia Venezolana, cit.*, 314-315.

27 *Ibid.*, p. 23.

28 Brewer-Carías, Allan, "La Justicia Contencioso Administrativa", *Instituciones Políticas y Constitucionales*, Tomo VII, Universidad Católica del Táchira, Editorial Jurídica Venezolana, Caracas-San Cristóbal, 1997, y también en *Tratado de Derecho Administrativo. Derecho Público en Iberoamérica*, "La Jurisdicción contencioso-

Tales consideraciones fueron sin duda el germen del principio de universalidad de control al que recurrentemente se refiere el mismo Brewer-Carías a partir de su obra *Nuevas Tendencias en el Contencioso Administrativo en Venezuela*, en el sentido de que toda actuación administrativa es controlable por los órganos de la Jurisdicción Contencioso-Administrativa con fundamento en cualquier motivo de impugnación, es decir, tanto por razones de inconstitucionalidad como por razones de ilegalidad, incluido el incumplimiento de normas reglamentarias y de rango sublegal[29].

Esa temprana y correcta interpretación dada al artículo 206 constitucional en las *Instituciones Fundamentales* se ha visto confirmada y reforzada en el tiempo. Así, luego de la entrada en vigencia de la Constitución de 1999, con fundamento en el desarrollo jurisprudencial de las décadas que la precedieron, no queda duda que la distinción en cuanto al ámbito material u objeto de la jurisdicción constitucional y la Jurisdicción Contencioso-Administrativa se realiza en torno al rango del acto objeto del control de una y otra, no así del motivo de impugnación en el que se fundamente la demanda. Concretamente, a la jurisdicción constitucional corresponde el control de los actos de rango legal, esto es, los actos del Poder Público dictados en ejecución directa e inmediata de la Constitución, mientras que a la justicia administrativa corresponde el control de los actos administrativos y demás actuaciones de rango sublegal, es decir, dictados en ejecución directa de la Ley.

Por tanto, el juez contencioso administrativo es juez constitucional, bien al revisar la constitucionalidad de la actuación administrativa a través de los diversos medios procesales administrativos, bien cuando actúa como juez de amparo constitucional, o bien cuando lo hace como juez que puede desaplicar por control difuso normas jurídicas que considere contrarias a la Constitución.

Ahora bien, en las *Instituciones Fundamentales* se hace referencia a un segundo motivo de control de la actuación administrativa en el marco del proceso administrativo: el control de la legitimidad, entendiendo por tal concepto la "conformidad con el ordenamiento jurídico", que debe tener toda la actuación de la Administración Pública, es decir, "no sólo los actos administrativos, sino también los hechos y las relaciones jurídico-administrativas". Para el autor de esa obra jurídica, una actividad es legítima cuando está fundada en un título jurídico regular y suficiente según el ordenamiento jurídico en el cual dicha actividad se desarrolla. Por argumento en contrario, señala Brewer-Carías que "la ilegitimidad en la activi-

administrativa", Tomo VI, *cit.*, pp. 186. Y en "La justicia administrativa en Venezuela como instrumento de protección de los particulares frente a la Administración", *Tratado de Derecho Administrativo. Derecho Público en Iberoamérica*, "La Jurisdicción contencioso-administrativa", Tomo VI, *cit.*, pp. 627.

29 Brewer-Carías, Allan, *Nuevas tendencias en el Contencioso Administrativo en Venezuela*, *cit.*, p. 21.

dad administrativa surge, entonces, ante la ausencia de un título jurídico que autorice el desarrollo de esa actividad, que legitime esa actividad"[30].

De este modo, el concepto de legitimidad de la actuación administrativa es para Brewer especialmente relevante cuando se pretende lograr el control de las actuaciones materiales, hechos jurídicos y relaciones jurídico-administrativas, respecto de los cuales no calza el concepto de legalidad formal traducida en vicios de nulidad propios de los actos administrativos generales o particulares y que, además, sean lesivos de la esfera jurídico-subjetiva de los particulares. Visión definitivamente de avanzada, si se toma en cuenta que fue planteada hace cincuenta años, cuando el modelo de justicia administrativa dominante era el francés, fundado en el control de legalidad de actos administrativos formales mediante el recurso por exceso de poder y el restablecimiento de derechos mediante el recurso de plena jurisdicción.

De allí que los planteamientos de las *Instituciones Fundamentales* han permitido la construcción de un sistema contencioso-administrativo propio en Venezuela, en el que la universalidad de control postula el control de cualquier manifestación de la actividad e inactividad administrativa, por cualquier motivo de control a través de una amplia gama de medios procesales, mucho mayor que el del esquema bipartito francés. Planteamientos que, debe insistirse, cincuenta años después aún mantienen plena vigencia en el marco jurídico formal de la Jurisdicción Contencioso-Administrativa, aun cuando en su aplicación práctica la realidad actual sea, lamentablemente, muy distinta. Realidad a la que no nos corresponde referirnos en esta oportunidad en la que, se insiste, nos circunscribimos a rendir homenaje a la doctrina y enseñanzas plasmadas en La obra *Instituciones Fundamentales del Derecho Administrativo y la Jurisprudencia Venezolana* de Allan R. Brewer-Carías[31].

---

30 *Vid.* Brewer-Carías, Allan, *Instituciones Fundamentales del Derecho Administrativo y la Jurisprudencia Venezolana*, *cit.*, p. 315. La misma opinión asume el autor en todos sus trabajos de contencioso administrativo, desde las *Instituciones Fundamentales del Derecho Administrativo y la Jurisprudencia Venezolana* hasta los más recientes de análisis de las disposiciones de la Ley Orgánica de la Jurisdicción contencioso-administrativa de 2010 (cfr. *Tratado de Derecho Administrativo. Derecho Público en Iberoamérica*, "La Jurisdicción contencioso-administrativa", Tomo VI, *cit.*, pp. 196, 641 y ss.; 740 y 863.

31 En otras oportunidades nos hemos referido al estado actual de la justicia administrativa venezolana y el contraste entre su teoría y práctica forense. Véase, Hernández G., José Ignacio y Urosa Maggi, Daniela, "El estado actual de la justicia administrativa en Venezuela", Colección Estado de Derecho y Justicia, *Tomo III: Justicia Administrativa*, Serie Primera, FUNEDA, Caracas, 2012.

# DERECHO TRIBUTARIO Y MUNICIPAL

# ALLAN R. BREWER-CARÍAS TRIBUTARISTA: SUS APORTACIONES AL DERECHO TRIBUTARIO VENEZOLANO

Humberto Romero Muci

Muy buenas tardes a todos desde Londres.

Sr. Presidente y demás individuos de número de la Academia de Ciencias Políticas y Sociales.

Sr. Presidente de la Asociación Venezolana de Derecho Tributario y demás colegas tributaristas.

Señoras, Señores, amigos todos.

Es un honor para mí poder presentar este libro denominado *ARBC tributarista.* Esta es una iniciativa editorial conjunta de la ACPS y la AVDT. Constituye una exploración sobre las aportaciones o del legado intelectual de nuestro autor al derecho tributario venezolano. Quiero aclarar que este es un libro del Dr. Brewer, yo solamente me adelanté, lo organicé, lo sistematicé, le di la forma que imaginé el Dr. Brewer habría organizado un libro de su autoría sobre esta materia.

En esta oportunidad hicimos un inventario y balance de la "obra tributaria" de ARBC. Un sector poco conocido de su trayectoria intelectual, pero no por ello menos valiosa. Lo tributario se incardina coherentemente en el gran contexto de sus inquietudes por el orden constitucional, la descentralización política, los derechos humanos y la ordenación del territorio y el urbanismo. Podría decirse que es una prolongación más de su gran obra y de su legado intelectual, especialmente de su sensibilidad por los derechos y libertades, que son su especialidad y discernimiento.

Sus aportaciones intelectuales al conocimiento y al progreso del derecho público son incalculables en calidad y cantidad. Prácticamente no hay un sector de esta amplia rama del derecho que no haya sido abordada con lucidez por este prolífico y generoso cultivador de la ciencia del derecho en Iberoamérica. Hoy trasciende como el jurista venezolano más universal y como referente de la academia iberoamericana.

Seguir el ejemplo de excelencia de ARBC y sus lúcidos marcos teóricos sobre el significado de los derechos y del tributario en particular son la mejor garantía para la reconstrucción del Estado de derecho, la democracia y los derechos humanos en Venezuela.

En este inventario y balance, hemos reunido 21 textos de contenido tributario publicados por ARBC entre los años 1965 a 2020. Estas publicaciones fueron sistematizadas en 9 ejes temáticos.

Esta es la forma más idónea de (i) apreciar el orden, significado y trascendencia de su pensamiento fiscal. Del mismo modo la sistematización ofrece una visión diacrónica que permite (ii) apreciar la evolución, vigencia y transcendencia del pensamiento fiscal de nuestro autor en sus 60 años de enjundiosa producción académica y profesional.

Estos textos de ARBC han sido publicados en forma dispersa en artículos monográficos, prólogos y ensayos en revistas jurídicas especializadas, libros homenaje y capítulos de libros propios del autor. Todos estos contenidos han sido reunidos en esta publicación de conjunto a texto íntegro para apreciarlos y consultarlos en toda su valía original. Complementamos cada trabajo con un breve comentario sobre su significado y aporte en el contexto histórico de su aparición.

I. EL SISTEMA TRIBUTARIO CONSTITUCIONAL. *La Hacienda Pública Venezolana. Bases Constitucionales para su estudio (1961); Sobre la elaboración de las normas del sistema tributario en la Constitución de 1999.*

II. SOBRE LOS LÍMITES DE PODER TRIBUTARIO ESTADAL Y MUNICIPAL Y LA DESCENTRALIZACIÓN TRIBUTARIA. *Prólogo sobre el libro Jurisprudencia tributaria y la autonomía local, de Humberto Romero-Muci; La necesaria identificación de las competencias tributarias estadales; La descentralización, las finanzas públicas y la participación municipal en el impuesto al valor agregado; Comentarios sobre el impuesto municipal de patente de industria y comercio; El juicio "Municipalidad del Distrito Federal contra el Instituto Nacional de Hipódromos" por la aplicación de las Ordenanzas de Impuestos sobre Apuestas Lícitas (Comentarios críticos en torno a una Sentencia de la Corte Superior Segunda en lo Civil y Mercantil).*

III. SOBRE LOS TRIBUTOS A LA PROPIEDAD PREDIAL URBANA Y RURAL COMO INSTRUMENTOS DE RACIONALIZACIÓN DE LA ORDENACIÓN DEL TERRITORIO Y DE LA OCUPACIÓN DEL SUELO. *La política de ordenación del territorio y el Proyecto de Ley de Impuesto Predial; El proceso de Urbanización y el Proyecto de Ley de Impuesto Predial; La imprecisión del objeto del tributo en el Proyecto de Ley de Impuesto Predial y su efecto en el desarrollo agropecuario; Las cesiones obligatorias de propiedad privada a los entes públicos por razón de urbanismo, con especial referencia a las* áreas *verdes,* áreas *educacionales y calles.*

IV. LAS GARANTÍAS CONSTITUCIONALES SOBRE LA CREACIÓN DE LOS TRIBUTOS. *Las protecciones constitucionales y legales contra las tributaciones confiscatorias.*

V. TRIBUTACIÓN PETROLERA. *Sobre la apertura petrolera, la participación del capital privado en la industria bajo los convenios de asociación y la no sujeción a impuestos municipales. Consideraciones sobre los reparos formulados por la Contraloría a las empresas concesionarias de hidrocarburos respecto del ejercicio fiscal 1970.*

VI. SANCIONES TRIBUTARIAS. *Prólogo al libro sobre La potestad sancionadora de la Administración Tributaria. Especial referencia al ámbito en España y Venezuela de M. Gabriela Crespo Irigoyen.*

VII. TRIBUTACIÓN PARAFISCAL Y RESPONSABILIDAD SOCIAL. *Prólogo al libro Contratación pública y compromisos de responsabilidad social. Una nueva forma de tributación de Khairy Josvett Peralta Fung.*

VIII. SOBRE EL AUTORITARISMO JUDICIAL DE LA SALA CONSTITUCIONAL Y SUS NEFASTAS REPERCUSIONES EN MATERIA TRIBUTARIA. *El juez constitucional en Venezuela como legislador positivo de oficio en materia tributaria. Particularmente la sentencia de la sala constitucional No. 301/2007 que reformó el artículo 31 de la Ley de impuesto sobre la renta; De cómo la Jurisdicción constitucional en Venezuela, no sólo legisla de oficio, sino subrepticiamente modifica las reformas legales que "sanciona", a espaldas de las partes en el proceso: el caso de la aclaratoria de la sentencia de Reforma de la Ley de Impuesto sobre la Renta de 2007.*

IX. SOBRE EL PROCESO TRIBUTARIO. *Las transacciones fiscales y la indisponibilidad de la potestad y competencia tributarias; Prólogo al libro sobre Arbitraje Tributario Interno e internacional, de Luis Fraga Pittaluga; Sobre la no exigibilidad de tributos que se encuentran en proceso de impugnación administrativa o judicial.*

Después de describir el perímetro de la obra tributaria de ABC, solo nos queda volver a confirmar nuestra convicción de que, ARBC es un institucionalista irreductible; un hombre de Estado. Aquí se hace evidente su compromiso vital con los valores democráticos y republicanos, con la libertad y el estado de derecho, con la iniciativa y la propiedad privada, con la seguridad y el orden jurídico. El Dr. Brewer es un venezolano de temple, con vocación de servicio, comprometido con el progreso del país. Por eso, este nuevo libro suyo, esta vez en el campo de la tributación (ARBC *tributarista*), es una muestra más de esa visión indeclinable de darle sustancia y sentido a las instituciones constitucionales y administrativas.

Pero hay mucho más..., el apostolado de maestro de ARBC, acrisolado en su inmensa obra de constancia y presencia, es fuente de ciudadanía y pilar de libertad para salir del barranco del presente.

Dijimos en su momento que, en ese contexto de regresión institucional que vive el país desde hace 23 años, el tributo no cumple ni puede cumplir su función ética. Su destino no es consistente con el bien común. El tributo se desprestigió y degeneró en otro instrumento más de control social, apalancado en la imperatividad de su forma jurídica y en la amenaza coactiva de la recaudación fiscal. El tributo es utilizado como mecanismo de terror y persecución de la disidencia política y económica. Hoy la justicia tributaria es una quimera.

Es tan perturbadora la marcha atrás de los derechos fundamentales de la tributación que se introdujeron en el ordenamiento tributario toda suerte de modificaciones legislativas en desmedro de la igualdad posicional de los sujetos de la relación tributaria, degradándola de una relación de derecho a una relación de poder, la más de las veces una permanente vía de hecho. Ello ha significado el irrespeto más desafiante de los derechos (humanos y constitucionales) de nuestra historia contemporánea.

La razón fundamental de esta descomposición institucional es la infectividad de la garantía judicial. Se desmontó el control jurisdiccional del poder con repercusiones nefastas sobre la seguridad jurídica, la legalidad, el Estado de Derecho y la democracia. La justicia tributaria no es excepción.

Hoy frente a la noche totalitaria ARBC permanece lúcido y valeroso. Es un faro de luz contra la irracionalidad y la regresión dominante en el país. Su impronta de ciudadano ejemplar es un antídoto contra la desmemoria y la improvisación. Por eso, hoy más que nunca, el ejemplo de ARBC nos inspira y compromete. Su capacidad de trabajo y constancia nos convoca a ciudadanos y operadores jurídicos a reedificar las instituciones de la justicia tributaria, para refundar una república liberal, moderna y prospera y, por sobre todo, nos evidencia el desafío permanente que tenemos los venezolanos de afianzar los valores de la libertad, la democracia y los derechos humanos como límites al poder político.

Quiero agradecer a la ACPS y a AVDT por auspiciar institucionalmente la publicación del libro *ARBC tributarista*. Especialmente a mis colegas en la Academia los individuos de número Gabriel Ruan, Juan Cristóbal Carmona y Rafael Badell por su incondicional apoyo para consolidar este proyecto.

Por supuesto, especial agradecimiento al Dr. Juan Esteban Korody, presidente de la AVDT y a su cuerpo directivo, por adherirse con entusiasmo a este homenaje que es, en esencia, un merecido tributo al talento y al humanismo del Dr. Brewer que le hace la AVDT y con ella todos los tributaristas venezolanos: un tributo de admiración por su obra de jurista egregio, un tributo de gratitud por su servicio al desarrollo del conocimiento jurídico y divulgación de nuestra disciplina impositiva y un *tributo de aprecio* por su amistad generosa. Este tributo lo cumplimos con gusto y con afecto.

Dr. Brewer dobles felicitaciones hoy. Primero, felicitaciones por este nuevo libro, por este nuevo legado intelectual: "Allan Brewer-Carías tributarista"! y segundo, feliz cumpleaños.

A todos muchas gracias por su atención y paciencia.

# EL MUNICIPALISMO EN EL PENSAMIENTO Y LA OBRA DE BREWER-CARÍAS

José Luis Villegas Moreno[1]

Cordial saludo para todos nuestros amigos iberoamericanos que van a participar en estas especiales jornadas en homenaje a nuestro querido profesor y amigo Allan Brewer-Carías con ocasión de sus 80 años y toda una fructífera vida académica. Quiero también agradecer en esta oportunidad a FUNEDA y especialmente a la Doctora Belén que siempre ha sido tan generosa y atenta en invitarnos a participar en estos eventos tanto en Venezuela como en otros lugares donde se hayan realizado; y también felicitar a la Fundación Universitas por haberse reinventado de lo presencial a lo remoto con tanto éxito, y haber apoyado este magnífico evento interespacial en el campus iberoamericano en este homenaje, y especialmente a mi querido amigo y ex alumno en la Universidad Católica del Táchira el Dr. Julio Pérez Graterol por haberme invitado a abordar algún tema que tenga que ver con el profesor Brewer-Carías.

Es una tarea muy compleja ya que prácticamente ha abordado o ha tratado todos los temas de la ciencia jurídica y especialmente en el ámbito del derecho público. Por mi afinidad con él en muchos temas y especialmente por mi dedicación al derecho público y concretamente en el derecho administrativo municipal, escogí decir unas palabras en este contexto, en un tema que es de mi predilección y que también sé que lo es en la preocupación, en el pensamiento y en la obra del maestro Allan Brewer Carías, cuyo pensamiento sobre el municipalismo es una idea transversal en todo el contexto de América que le ha preocupado al maestro Brewer y concretamente sobre el fenómeno municipal en Venezuela que gira en torno a tres ideas fundamentales que son: el federalismo, la descentralización y el municipio. Son constantes en la obra del maestro Brewer y lo que hemos hecho para abordar estos minutos que vamos a compartir es dividir en tres etapas desde el punto de vista espacial este comentario, este recuerdo de esta reflexión sobre la obra y el pensamiento del maestro Brewer al que adelante estaremos acompañando también en el homenaje que se le rendirá el día de su cumpleaños en Madrid.

---

1 Doctor en Derecho. Profesor Titular emérito de Derecho Administrativo en la UCAT. Director de la Revista Tachirense de Derecho. Profesor colaborador asistente en UPComillas.

Por eso hemos dividido en tres etapas esta reflexión para referirnos a la evolución o digamos al pensamiento en la obra del maestro Brewer en el ámbito municipal y sobre todo en el contexto iberoamericano. Las etapas son las siguientes: 1978 a 1994, de 1995 a 2005 y de 2005 hasta hoy 2019. Lo hemos hecho de manera arbitraria, un poco si se quiere caprichosa para enfocar este tema.

PRIMERA ETAPA: 1978-1994 coincide con la promulgación de la primera Ley Orgánica de Régimen Municipal en Venezuela, y con un hecho trascendental en la vida académica del profesor Brewer-Carías como es su nombramiento como director del Instituto de Derecho Público de la Universidad Central al que se dedicó en alma desde 1978 a 1988. Así, en todas sus actividades tiende a divulgar, estudiar y reflexionar sobre el fenómeno del derecho público y por supuesto del derecho municipal y del federalismo en ese eje central de su preocupación por el federalismo, la descentralización y el municipio.

En el año 1976 ocurre un hecho especialmente trascendente para el futuro del Derecho público en Venezuela y también para la labor editorial del profesor Brewer Carías que es la fundación de la Editorial Jurídica Venezolana.

Pero bueno nos centramos desde 1978 con la primera Ley de Régimen Municipal en la que de alguna manera del profesor Brewer ya tiene incidencia en su elaboración, pero no notamos toda la huella de la profundidad de su pensamiento ya que en esta primera ley pues nos encontramos un municipio dependiente administrativamente del Distrito ampliamente criticado por el profesor Brewer en toda su obra. Hasta esa fecha, como como vamos a ver, ya que lo que se pretendía y lo que todos hemos defendido en Venezuela es un municipio autónomo, políticamente descentralizado administrativamente y que esté cerca de los ciudadanos. En el año 89 nos encontraremos una reforma en la segunda Ley del Régimen Municipal durante la vigencia de la Constitución de 1961.

En este periodo en el año 80 también el profesor Brewer funda la *Revista de Derecho Público* que tiene una trascendencia fundamental en el desarrollo del Derecho administrativo, y del Derecho municipal en Venezuela.

En el año 1984 el profesor Brewer plasma sus ideas municipalistas en un trabajo que sirvió de piedra angular y de base para desarrollar todo su pensamiento en el ámbito municipal desde el contexto local venezolano y que ha trascendido a través de la participación en diferentes eventos en diferentes congresos en los que ha participado, especialmente en el mundo iberoamericano. Esa obra del *Régimen municipal en Venezuela* sirvió para que todos aquellos que estudiábamos en la época nos formáramos dentro del derecho administrativo municipal cuando estudiábamos en la universidad. Recuerdo que yo estudiaba cuarto año de derecho en esa época, y nos sirvió de fuente para aproximarnos a lo que era el régimen municipal en Venezuela.

En el año 85 publica un libro poco divulgado, poco conocido que se llama el *Estado incomprendido*, y curiosamente no lo publica la Editorial Jurídica sino editorial Vadell Hermanos de Valencia, Venezuela. En este trabajo el profesor Brewer aborda temas vinculados al derecho público, al derecho administrativo y al municipio y concretamente se plantea ya la problemática (que era grave en Venezuela) de la centralización de la Administración Pública, de la centralización del poder y de la debilidad institucional de la Administración Pública municipal y por supuesto del municipio. Esta obra si bien no ha resultado muy conocida dentro del contexto del pensamiento del maestro Brewer, es un ensayo a mi modo de ver donde ya aparecen las claves de lo que es un pensamiento sobre la descentralización y el municipio en Venezuela.

En el año 1998 publica un trabajo importante con la Editorial Jurídica que tiene que ver con las leyes y reglamentos para lo que él denominó la *Descentralización política de la federación.* Este será el germen de todo su trabajo como Ministro para la Descentralización.

En el año 88 publica los comentarios en la Editorial Jurídica a la *Ley Orgánica de Ordenación Urbanística* del año 1988 donde plasma un poco la reflexión, lo importante que es el urbanismo para la ciudad, lo importante que son las reglas y el respeto de la normativa jurídico-municipal en el desarrollo de una *Ciudad Ordenada* que veremos que será una de sus publicaciones más importantes.

En el año 1989 se publica la nueva Ley de Régimen Municipal y en el año 1990 la Editorial Jurídica, coordinada por él, donde hace su primera aproximación a esta ley como los comentarios sobre la configuración del nuevo poder público municipal, y que encontramos ya la separación de la dependencia administrativa del municipio, del distrito y alguno que otro elemento más importante para la descentralización municipal y para el logro de la autonomía municipal, aunque en realidad el municipio en palabras del maestro Brewer estuvo prácticamente dependiente del poder central en toda nuestra historia municipal a pesar de haber logrado algún pequeño avance en estas dos leyes.

En el año 1992 dentro de su intenso ejercicio profesional como abogado litigante y defensor del orden jurídico municipal publica un trabajo que recoge su experiencia en uno de los casos más sonados que hubo en Venezuela en la época en materia de derecho urbanístico y es El caso del "*Monstruo De Los Palos Grandes*" una obra publicada en 1992 y que nos sirvió a todos aquellos que nos dedicamos a estudiar el derecho para comprender desde el punto de vista de una decisión judicial la importancia de respetar la ordenación urbanística y cuando hay proporción o desproporción de las autoridades municipales en esta materia y cuando debe actuar el poder judicial contencioso-administrativo para poner orden en este tema.

Viene ahora después de 1992 una época importantísima en la labor del profesor Brewer prestado a la Administración Pública en tareas de gobierno ya que en el año 1993 es designado como Ministro de Estado para la Descentralización, en un periodo transitorio de nuestra democracia con el presidente Ramón J. Velázquez. El profesor Brewer hace una labor titánica ya que en esos dos años del 93 al 94 realiza toda una labor extraordinaria de lo que deberían ser las bases, la arquitectura para la transformación del Estado y para lograr ese fenómeno de aplicar verdaderamente lo que la Constitución había querido y lo que se aspiraba en esta historia política que tiene que ver con lograr una verdadera descentralización con un federalismo adecuado y pertinente en un contexto en el cual el municipio fuera autónomo e independiente administrativamente del poder central. Esta es una época de muchos vaivenes políticos y es una época de gran reflexión desde el punto de vista político y jurídico administrativo.

El profesor Brewer se dedica en esta época de frente a abordar lo que sería el futuro para el país en este contexto de la descentralización y de producir toda la normativa jurídica necesaria: leyes, reglamentos, etc. El profesor Brewer nunca perdió su norte académico, y elabora un informe como Memoria de su ministerio para presentar ante el Congreso. *Este Informe sobre la Descentralización* es prácticamente un tratado de derecho público en el que se estudia el fenómeno de la descentralización, la federación y el municipio y que se publica en ese año 1994. El profesor Brewer, rodeándose de diferentes especialistas en el área en diferentes áreas como la economía, derecho, geografía, etc., logró una labor maravillosa que no fue continuada por cierto por su predecesor en el cargo el doctor José Guillermo Andueza.

Fueron momentos difíciles pero intensos en la consolidación del pensamiento municipalista y el pensamiento de descentralización del profesor Brewer, que repito quedó plasmado en este enorme documento de casi 700 páginas que tiene el informe de estado para la descentralización. Es en esta primera época donde ya se ve la importancia que en el pensamiento y en la obra de Brewer tiene el régimen municipal.

SEGUNDA ETAPA: 1995 a 2005. Esta segunda etapa la hemos escogido entre 1995, cuando sale del ministerio temporal de la descentralización y el 2005, porque el 2005 es el año en que encontrándose en Berlín dando una conferencia se entera de la noticia de que la Fiscalía o la Fiscal General de la República de la época, lo ha imputado por el fenómeno político desestabilizador denominado golpe de estado de aquella época y entonces ya no regresa más a Venezuela. No puede hacerlo ante el temor de una represalia brutal desproporcionada e injusta e ilegal como como todos sabemos. Y así él lo ha defendido en todos los documentos y en todos los lugares donde ha asistido desde su no implicación y su inocencia en lo que se le imputaba.

No puede regresar y establece su residencia en Nueva York, y empieza prácticamente en 2005 una época muy difícil, pero entre 1995 y 2005 su pensamiento avanza. Es una época intensa. Publica un trabajo en la Editorial Jurídica y nuestra cátedra Brewer de la Universidad Católica del Táchira. Un trabajo fenomenal que se llama *Federalismo y municipalismo en la Constitución de 1999*. Este trabajo por supuesto tiene la huella de todo su pensamiento y de las anécdotas de los avatares y de las reflexiones jurídico-políticas que se debatieron en la Asamblea Nacional Constituyente. Por ello ahora recordamos que el profesor Brewer fue Diputado independiente a la Asamblea Nacional Constituyente apoyado por casi todos los universitarios que estábamos activos en aquella época en el país.

Como miembro de la Asamblea Nacional Constituyente tuvo de primera mano una información de cuáles eran los intereses a la hora de configurar constitucionalmente el municipio, lo que hemos denominado el municipio democrático. Se sintió impotente al no haber podido plasmar sus ideas de un verdadero federalismo, una descentralización y un municipio autónomo e independiente administrativamente del poder central. El municipio pues no queda configurado como hubiera deseado, al igual que aquellos que nos hemos dedicado al estudio del fenómeno municipalista en el país ya que la consulta constituyente fue muy cerrada en este ámbito y se impuso la mayoría radical que ya conocemos.

De todas maneras, el municipio constitucional configurado en la Constitución de 1999 ha sido útil para el desarrollo del principio del pensamiento del federalismo y el municipalismo, aunque después como veremos ya en la época del 2005 o 2007 empieza la verdadera supresión de las potestades y de la autonomía del municipio.

También en esta época publica el profesor Brewer un trabajo en la Editorial Jurídica, es concretamente en el año 97 denominado *Reflexiones sobre la organización territorial del estado en Venezuela*, donde se aborda nuevamente el problema del municipio independiente tanto desde el poder local, regional y del poder nacional lejano y grande en extensión, lejos del ciudadano. Aquí lo que hace el profesor Brewer es un estudio sobre cómo era el municipio en la colonia, como el municipio después pasa en el trayecto de la independencia y cómo aparece después ya en el siglo 20 reflejado en nuestras constituciones en la Constitución de 1961 y en la Constitución de 1999.

En el año 2003 se publica un libro homenaje, el *Libro Homenaje* más importante y más completo que se ha hecho a mi modo de ver al profesor Brewer y a su obra que es el trabajo publicado por la editorial Civitas en Madrid, España y en el que tuvimos la oportunidad de participar con nuestro trabajo en este homenaje al profesor Brewer. Dedicado a la autonomía municipal en la constitución de 1999, que ha sido uno de los temas de reflexión de nuestro trabajo y nuestra investigación como así lo planteamos en el trabajo publicado posteriormente denominado *Doscientos años de municipalismo en Venezuela* que publicamos en el año 2010 y que fue apoyado precisamente por quien convoca este evento que es FUNEDA.

En esta época también después de varios años en mora con la Constitución, en el año 2004, después de una sentencia por todos conocida del Tribunal Supremo, la Sala Constitucional ordena prácticamente a que se legislara de acuerdo a lo que establecía la Constitución, una nueva ley del poder público municipal. Y efectivamente, en el año 2004 se publica la Ley Orgánica del Poder Público Municipal que está vigente, con diversas reformas, y a la que el profesor Brewer también junto con otros interesantes estudiosos y académicos e interesados en el tema municipal, destacando en ella a nuestro querido amigo Fortunato González el eterno Director del CIEPROL –Centro Iberoamericano Estudios Provinciales en la ULA–, dedica un libro. En esta publicación se hace un análisis de lo que fue el producto de ese parto casi inconsulto que se hizo para la Ley Orgánica del Poder Público Municipal, en el sentido de que no participamos ni la mayoría de los que nos dedicamos al derecho público, al derecho municipal en Venezuela.

En el año 2006 publica el profesor Brewer un trabajo extraordinario, interesantísimo, que se llama la *Ciudad Ordenada*, que se publica primero en España patrocinado por la Universidad Carlos III de Madrid-Instituto Pascual Madoz. Después ha tenido diferentes ediciones. *La Ciudad Ordenada* es un estudio de lo que debe ser el orden jurídico urbanístico, además de una profunda investigación histórica sobre la planta de las ciudades iberoamericanas. Es por lo tanto una obra de un gran valor jurídico en el tema urbanístico.

TERCERA ETAPA: 2005-2019. Y bueno, en esta época llega el 2005 como les dije antes y empieza el exilio, ya no puede regresar desde Berlín el profesor Brewer a Venezuela y prácticamente mucha gente se preguntaba qué pasaría con su labor académica, con su ímpetu, con su dedicación, con su pasión por el derecho. Pues fenomenal, prácticamente desde que está en el exilio su proyección académica se duplicó por la cantidad de trabajos y reflexiones que sobre Venezuela desde la distancia ha seguido constantemente produciendo y que es del conocimiento público todas las diferentes publicaciones en el área de la destrucción del Estado, en el área del valor de la democracia, en el área de la justicia, en el área de la valoración de lo que es el fenómeno autocrático, en el área de la difusión de lo que estaba pasando en Venezuela con el régimen político que actualmente dirige los destinos del país. Total, que ha sido un verdadero predicador del derecho público en la defensa de la democracia y el Estado derecho, en toda América y especialmente por lo que pasa en Venezuela.

Y así llegamos a lo que hemos determinado la tercera época que la hemos arbitrariamente diseñado del 2005-2006 hasta hoy 2019. En estos 13 años donde hubo temas importantísimos en Venezuela, se produjo un jaque mate prácticamente al municipio constitucional por el poder político y al controlar el parlamento se elaboraron unas leyes que prácticamente dieron la puntilla definitiva a la pérdida total de autonomía del municipio y hacerlo depender populistamente del poder central. En este contexto nace la Ley Orgánica de los Consejos Comunales, un caballo de Troya que fue introducido para dinamitar el municipio.

El profesor Brewer, junto con otros expertos publican los Comentarios a la Ley Orgánica de los Consejos Comunales en el año 2010, haciendo un análisis de su ilegalidad e inconstitucionalidad en el contexto de la Constitución de 1999 y los valores fundamentales del Estado de derecho y la democracia.

Después, en el 2011, con la aparición de las denominadas Leyes del poder popular y el Estado comunal, también se hace un comentario importantísimo con un grupo de especialistas en este tema publicado también por la Editorial Jurídica Venezolana.

Por lo tanto, el pensamiento del profesor Brewer desde el exilio en Nueva York se ha multiplicado, para siempre ser una voz de denuncia y de alerta sobre los diferentes estropicios políticos que ha hecho el poder público frente al municipio en Venezuela.

También quiero recordar aquí su conferencia en el Congreso del Instituto Internacional de Derecho Administrativo sobre la cuestión territorial en Iberoamérica que se celebró en el mes de marzo de 2019 en la Universidad de Salamanca bajo el título "La mutación de la federación en Venezuela" donde se expone la destrucción del federalismo y del municipio en Venezuela. Como no pudo presentarla personalmente, ante su petición, tuve el honor de leerla y exponerla.

Su asistencia a diferentes congresos, eventos, jornadas, seminarios por todo el mundo lo hacen un predicador del derecho público y concretamente de la defensa de la democracia y el Estado de derecho en Venezuela y del derecho municipal y de la importancia de un municipio autónomo e independiente administrativamente. Recuerdo el último celebrado en Guadalajara convocado por la Organización Iberoamericana de Cooperación Intermunicipal en el que tuve el honor y la oportunidad de participar también y compartir estas reflexiones, donde dimos voz a todo lo que ocurre en Venezuela en esta debacle jurídico institucional y la destrucción del Estado y, por qué no decirlo también, de la sociedad.

Esta es mi reflexión, ésta es mi descripción de la obra y el pensamiento en el ámbito municipal del profesor Brewer a quien le guardamos un gran respeto, admiración, un gran cariño y agradecimiento por todo lo que ha aportado como faro rector para el mundo jurídico iberoamericano.

# EL CONCEPTO DE MUNICIPIO EN ALLAN R. BREWER-CARÍAS

Fortunato González Cruz[1]

Cuando leo la obra del Dr. Allan R. Brewer-Carías con el ánimo de captar la naturaleza de sus ideas sobre el Municipio, o apelo al método weberiano para comprenderla, resulta claro de su adscripción a la corriente sociológica que afirma el municipio es la forma de gobierno propio de las ciudades, a despecho de los estructuralistas. No es una creación del Derecho sino una manifestación que surge de la comunidad para administrar su vida y ordenarla en función de sus necesidades y aspiraciones. Tampoco es un poder como forma de dominación, sino una organización que participa de la naturaleza de la ciudad, como sus casas, sus espacios públicos, sus mercados y sus templos. Si existiese una ciudad sin Municipio es porque se le niega su propio gobierno, su libertad política que en Derecho Público es autonomía, un poder hacer del colectivo que la habita para decidir su propio desarrollo, para ejecutar su proyecto como obra colectiva, para atender libremente los asuntos que le son propios. La legislación constitucional lo integrará o no al Estado y al hacerlo como debe ser tendrá que tener cuidado de considerar esa particularidad más servicial que de jefatura, más horizontal que la visión jerárquica del Poder, a riesgo de desnaturalizarlo.

Para la existencia de un municipio debe existir una población que viva de manera permanente en un territorio determinado, con un centro poblado y la posibilidad de disponer de recursos propios. Estos elementos no deben ser valorados en forma cuantitativa sino cualitativa, afirma nuestro homenajeado. Brewer-Carías (1984) lo define así:

> El Municipio es una realidad sociológica que deriva de la existencia de vínculos estables y permanentes de una población cualquiera. En realidad, lo que importa para calificar un Municipio es que sociológicamente permita configurarse en una unidad política primaria dentro de la organización territorial del país: puede tratarse de una comunidad pequeña, siempre que tenga vida y existencia propias y sea capaz de tener su propia autoridad local (p. 237).

Compartimos esa definición y agrego: "El Municipio es una institución política, un sistema de autogobierno urbano que atiende los asuntos propios de la vida local y una instancia de gestión de los servicios públicos."

---

[1] Abogado. Primer Alcalde de Mérida, Venezuela. Fundador y director del Centro Iberoamericano de Estudios Provinciales y Locales CIEPROL.

(González, Fortunato. 2019, p. 59). Ese centro urbano, ciudad en mi concepto independientemente de su número de habitantes, incorpora al gobierno su área de influencia.

La realidad que demanda su reconocimiento y calificación como municipio es la existencia de un centro urbano, una comunidad cohesionada con sentido de pertenencia y con una identidad inconfundible porque tiene un caracterismo y un nombre propio. La ciudad es un lugar urbano, coherente, integrador, que tiene la cualidad de ejercer un liderazgo sobre un territorio que es influenciado por ella, tiene centralidad y ejerce una fuerza centrípeta, una atracción a quienes habitan el territorio cercano que acuden desde los suburbios, aldeas, caseríos y gente dispersa para satisfacer necesidades sociales y personales. El municipio se encuentra en ese territorio con esa cabecera porque es una unidad política primaria al no identificarse otra con esas características por debajo de él. La centralidad se impone y le insufla como responsabilidad el ejercicio de su liderazgo político. Ese lugar es:

> (...) íntimo y propio, es el sitio donde vives y satisfaces tus necesidades existenciales y espirituales. Ese lugar es donde eres, estás, haces y tienes. Es donde subsistes, amas, proteges, participas, recreas, educas, te identificas y ejerces tu libertad. Entonces no existe un espacio más importante que tu lugar. (González, Francisco. 2018, p. 60).

Como lo señala Allan R. Brewer Carías en su definición, es una comunidad que tiene vida y existencia propia porque allí viven personas, seres humanos. La consecuencia de este carácter tan particular es su diversidad. Como las personas humanas, no existen ciudades iguales. En lo político, la consecuencia es el reconocimiento a su diversidad. Como los derechos humanos que son iguales para todos y cada ser humano los goza en libertad de acuerdo con su personalidad; de la misma manera los habitantes de la ciudad tienen sus derechos e intereses colectivos o difusos iguales, pero cada comunidad los entiende y goza a su manera y en libertad, es decir, en forma autónoma.

Como la expresión política del gobierno de la ciudad es el municipio, este tiene que ser autónomo. El municipio se define como el sistema de gobierno autónomo de una ciudad. Es autónomo porque tiene las posibilidades de tomar decisiones sobre los asuntos propios de la vida local sin sujeción a otra autoridad política. La autonomía es política, porque sólo sus habitantes están habilitados para elegir a quienes van a ejercen el gobierno local y solo sus habitantes pueden ser elegidos para ocupar dichos cargos. Eso significa que el sistema electoral debe considerar el municipio como una circunscripción electoral singular. La autonomía política comprende además la potestad de establecer las reglas jurídicas locales que aseguren la convivencia, la tranquilidad, el bienestar y la prosperidad de sus habitantes con arreglo a sus propios intereses tanto individuales como colectivos. Estas normas se denominan ordenanzas y son leyes en sentido material y en sentido formal. El gobierno local es una responsabilidad de sus ciudadanos, por ello el órgano político que lo ejerce tiene que ser colectivo, un cuerpo pluripersonal que sanciona las ordenanzas y decide en última instancia sobre las materias que debe atender, los ingresos propios y en que se deben gastar, y sobre cualquier otro asunto de interés local. Este ente se denomina Concejo Municipal, Cabildo o Ayuntamiento, palabras equivalentes, aunque puedan significar pequeñas diferencias. En un municipio bien organizado el concejo debe asumir tanto el gobierno como la legislación y el control, si es pequeño puede también encargarse de la administración, pero lo recomendable es que la asuma un órgano unipersonal como el alcalde, intendente e incluso el presidente del concejo. No está demás decir que, al formar parte de una realidad provincial, regional, de un país, de un Estado y de una comunidad internacional cada vez más vinculada, la autonomía municipal se administra dentro de los principios de responsabilidad, cooperación, coordinación y solidaridad dentro del Derecho, que lo organiza todo.

La diversidad de las ciudades es un hecho indiscutible y el Derecho tiene, en consecuencia, que reconocer la pluralidad de regímenes municipales, distintas formas de establecer su organización política. Existe un modelo histórico y mundial de municipio que admite su acomodo a las realidades locales y es esa una de las razones de su permanencia en el tiempo y también de su eficacia. El concejo municipal es el órgano insustituible porque sólo la representación de los vecinos elegidos democráticamente puede gobernarlo. No es una unidad administrativa sino representativa, de allí que los concejales deben ser personas con su modo de vida y sus ingresos personales, el servicio al municipio debe ser *ad honorem* con una dieta que recompense en el tiempo de las sesiones el gasto en que puedan incurrir si es el caso. Luego puede haber otros órganos como alcalde, síndico, secretario, administrador y cronista. No es lo mismo gobernar a Caracas, a San Rafael de Mucuchíes, ni a Nueva York que son los lugares de Allan R. Brewer Carías. Él ha estudiado la organización política de la capital de Venezuela como de los municipios pequeños y sabe que tanto a Caracas como a San Rafael de Mucuchíes la legislación venezolana le han negado el gobierno autonómico, propio y racional que demanda. En la primera se ha establecido un caos y en la segunda se le niega su derecho al gobierno propio.

La diversidad municipal impone el reconocimiento de dos aspectos distintos en su organización: uno, respecto de su conformación territorial, de manera que cada municipio reconozca su propia realidad y se estructure en comunidades urbanas y rurales otorgándole responsabilidades según sus demandas, necesidades, problemas y capacidades. Se pueden denominar comunas, comarcas, urbanizaciones, barrios, aldeas, caseríos, veredas o como lo indique cada realidad local. Un segundo aspecto es el de su estructura política interna y burocrática de concejo, alcalde, comisiones y demás formas de ejercer el gobierno; y la más simple o más compleja organización administrativa que deba establecer para cumplir con sus competencias, administrar con eficiencia y eficacia y prestar servicios de calidad.

Esa diversidad conduce a atender materias que son estándares mundiales, como la limpieza urbana y la recolección de desechos, y también asuntos particulares de determinados municipios por su vocación como pueden ser ciertos servicios agrícolas, educativos, industriales, o turísticos, entre otros.

Otra de las condiciones para la existencia del municipio es su permanencia en un lugar determinado, pues no les es natural a comunidades trashumantes, esporádicas ni temporales que tendrán otras formas de organización. La permanencia en un lugar desarrolla una relación entre sus habitantes que generalmente permanece en el tiempo. El paisaje natural y su propio quehacer cultural va generando un vínculo afectivo, sensual y cultural entre su población. Afectivo porque se ama y se añora, sensual porque permanece en la memoria cuando se ha captado por los sentidos de varias generaciones en sus paisajes, sonidos, texturas, olores y sabores; cultural porque la personalidad de cada uno de sus habitantes y la identidad comunitaria es producto en gran parte de un amasijo colectivo. La permanencia genera institucionalidad. Existen ciudades que van paulatinamente desapareciendo como consecuencia del éxodo de la población por razones de violencia, económicas o de otra índole y sin embargo mantienen su carácter. Existen pueblos abandonados cuyos habitantes regresan en vacaciones por la nostalgia de su lugar, por la búsqueda de la querencia y conservan sus menguadas instituciones hasta que desaparecen o renacen.

En cuanto a la capacidad para tener su propio gobierno depende mucho de los vínculos que se genera entre los habitantes de la ciudad, las relaciones entre ellos, la existencia de una división del trabajo por elemental que sea, familias que forman hogares, intercambios diversos que integran grupos de intereses sociales, económicos y culturales. Una comunidad con lengua común, costumbres propias, valores compartidos y sentido de responsabilidad para con ella. Esa comunidad es, además, política, primero porque es un compromiso común y luego porque la responsabilidad compartida impone una organización para establecer las normas de convivencia y atender los asuntos propios. Por esa necesidad de la relación social y comunitaria es tan importante la existencia de espacios públicos donde las personas se conozcan y compartan: calles, plazas y parques, mercado, escuela, templo, sitios para la cultura, servicios para el ocio, la recreación y el deporte. Hoy, cuando la ciudad y su municipio alcanzan dimensiones gigantescas, megalópolis y metrópolis que confinan a sus habitantes en ambientes estrechos, es cuando más se requieren esos espacios abiertos y de calidad para el proceso de socialización. Entre estos espacios tiene que estar la sede de su gobierno o la casa consistorial, hermosa, abierta, amigable, que identifique y además sea un ícono que genere orgullo por su calidad estética. Este tema lo desarrolla Allan R. Brewer Carías en el que a mi juicio es su obra maestra: "La ciudad ordenada", por el enorme esfuerzo que demandó la investigación, por la calidad de su escritura, por la belleza de la edición y por sus significados. Tiene varias ediciones en las que amplía su trabajo.

La capacidad para tener gobierno propio y además de calidad depende de la calidad de sus relaciones políticas, de sus partidos políticos y de su sistema electoral, que Allan R. Brewer-Carías ha estudiado con profundidad y que desarrolló, siguiendo a Aristóteles, en el libro "Ciudad Política" aquí citado. De este libro extraigo unas notas sobre las relaciones de poder que vinculan a las personas por la preocupación que tienen por los asuntos públicos, el gobierno de la sociedad bien sea local, provincial o nacional. En este tipo de relaciones hay generalmente un trasfondo ideológico, es decir, ideas sobre cuáles son los objetivos comunes, cómo se puede organizar mejor la sociedad para lograr esos objetivos y qué mecanismos son los más idóneos. Existen unos modelos establecidos por la experiencia y la reflexión que en general respetan los derechos humanos y garantizan el bienestar. También existen fundamentalismos que tratan de imponerse por la fuerza, o el populismo que se convierte en un virus que destruye la democracia y el municipio no está exento de estas amenazas. La naturaleza de las relaciones de poder es política, es decir, une a las personas en torno a un ideario común que tiene que ver fundamentalmente sobre cómo se deben conducir los asuntos públicos. De hecho, las relaciones políticas unen y a la vez separan a las personas: las une la idea que comparten y las separa cuando la percepción es distinta. De allí surge la actitud e incluso la conducta de las personas frente a la política cuya expresión propia es el partido político y los grupos de opinión, que entran en competencia por lograr una mayor influencia en la conducción del colectivo, en particular desde la estructura de mayor importancia del poder: el Parlamento, bien sea local, provincial, nacional e incluso supranacional.

Otro asunto clave es que el municipio debe atender sus gastos al menos los de administración y servicios básicos para que sea capaz de sostener su gobierno autónomo. En efecto, el municipio debe tener capacidad para disponer de recursos propios suficientes. Este principio viene acompañado de la falsa idea de que cada municipio debe generar los recursos que demanda la eficiente atención de los asuntos y servicios locales. No se trata de generar sino de disponer de ingresos propios, lo cual significa que además de eficiencia en la generación de recursos fiscales de acuerdo con las posibilidades o capacidades reales de la localidad, cuando los habitantes de la ciudad son de bajos recursos y poca o nula capacidad contributiva, debe haber transferencias de recursos fiscales nacionales y regionales que sirven además para corregir las diferencias territoriales generadas por la desigual distribución de la población, del territorio y de la riqueza. La enorme concentración de la riqueza en Venezuela, país petrolero y minero, determinó una economía dependiente de los ingresos de exportación todos nacionales, y de una debilidad estructural de sus ingresos fiscales. Esto ha determinado que pocos municipios tengan una población que pague sus impuestos bien por la debilidad de sus economías o bien por la bajísima cultura contributiva. La gran mayoría de los municipios dependen de las transferencias nacionales hasta para los gastos más elementales, como la nómina. Transparencia Venezuela elaboró un ranking que permite observar que, en una muestra de 64 municipios, 14 gozaban de una autonomía tributaria de más del 70%; por debajo de ese porcentaje se ubican los otros 50 de la muestra, y 31 de la muestra están por debajo del Situado Constitucional y todas las transferencias nacionales. Es decir, un poco más del 70% de los municipios venezolanos no tienen capacidad para generar recursos propios suficientes. Las razones son varias, unas nacionales ya señaladas, pero otras locales y destacan su negligencia en tener un buen catastro y una eficiente unidad tributaria que calcule y recaude, la pobreza de las economías de los potenciales contribuyentes y la casi inexistente tributación a las actividades económicas no urbanas. (Transparencia. Informe 2. Mayo 2014).

Lo sano, por supuesto, es que los habitantes sean contribuyentes y paguen los gatos de sus representantes, a su burocracia municipal y costeen y mantengan sus obras y servicios, lo que habría que alcanzarse, y esto es posible lograrlo cuando Venezuela, que vive una caída vertiginosa y monumental de sus ingresos petroleros, mineros y de endeudamientos externos, se vea obligada a impulsar un nuevo desarrollo sostenible, conforme a las metas fijadas por la ONU en ODS-30, basado en el trabajo productivo de sus habitantes. Mientras ello sucede se impone una organización municipal austera, eficiente y eficaz, que debiera ser normal en toda circunstancia; que cuente con planes, programas y proyectos de desarrollo social y económico, con financiamiento externo dirigido a estos planes y programas de desarrollo y no a sostener sus gastos corrientes; y el establecimiento de políticas dirigidas a su propio financiamiento mediante impuestos a la propiedad rural y urbana, a toda la actividad económica lucrativa y al autofinanciamiento de los servicios con tasas y precios reproductivos. Sólo con la generación de riqueza y de una cultura de responsabilidad contributiva se podrá tener capacidad de generar recursos propios y tener municipios verdaderamente autónomos.

Allan R. Brewer-Carías tuvo un papel importante y destacado en el diseño del municipio venezolano desde sus primeros pasos profesionales en 1964. Sus intervenciones respecto del régimen municipal venezolano ha tenido una gran coherencia desde aquellas primeras incursiones en este campo, que lo han convertido en un referente obligado en la doctrina municipalista, como del Derecho Constitucional y del Derecho Administrativo en Venezuela y en el ámbito internacional. Fue elegido por el pueblo venezolano como miembro de la Asamblea Nacional Constituyente que redactó y sancionó la Constitución venezolana de 1999. Sólo destaco por razones de brevedad y con el objeto de sintetizar su largo camino en la defensa del municipio lo siguiente:

> Sin embargo, todavía está por diseñarse un Nuevo Municipalismo que supere el uniformismo legislativo actual, que hace inaplicable el esquema organizativo municipal, excesivamente burocratizado y diseñado para grandes aglomeraciones urbanas, a las pequeñas comunidades y centros poblados que están ávidas de participación y que no la encuentran. Con tal propósito, obligatoriamente, en el futuro, deben diseñarse diferentes regímenes municipales para la organización, gobierno y administración de los municipios, atendiendo a las condiciones de población, desarrollo económico, capacidad para generar ingresos fiscales propios, situación geográfica, elementos históricos y culturales y otros factores relevantes, que refleje la organización democrática diferenciada y responda a la naturaleza propia de la vida local. Ello estaba previsto en la Constitución de 1961 como una potestad del legislador (art. 27); ahora, en la Constitución de 1999, se ha establecido como una obligación impuesta constitucionalmente al legislador (art. 169), cuyo cumplimiento no puede eludirse (...). Lamentablemente, sin embargo, la incorporación al texto constitucional de la separación orgánica entre el Concejo Municipal y el alcalde, ha constitucionalizado un ingrediente organizativo que, por su rigidez y uniformismo, podría impedir establecer la diferenciación de regímenes que se busca, sobre todo si se multiplica el número de municipios en el ámbito rural y con territorios más pequeños. (Brewer Carías, 2001, p. 103).

Si bien las disposiciones constitucionales aparentemente abrieron en la Constitución de 1999 la posibilidad de establecer distintos regímenes municipales (Art. 169) le impone una gran rigidez cuando establece un régimen uniforme de separación de poderes, craso error en este nivel, de alcalde con potestades de gobierno y administración, concejo municipal para legislar y control político, secretaría, sindicatura, contraloría y cronista. Esta rigidez se amplió mediante leyes que le imponen al municipio cargas burocráticas adicionales y más tarde terminó por destruirlo.

Antes me referí a las amenazas de los totalitarismos y una consecuencia de uno de ellos ha sido la destrucción del municipio venezolano. Estas reflexiones las amplía el maestro en su obra *El desmantelamiento de la Democracia y el Estado Totalitario.* Dice, después de un detallado análisis del Estado Comunal, lo siguiente:

> La estructuración paralela del Estado Comunal o del Poder Popular, con la creación de las Comunas, ha tenido un impacto fundamental en la Administración Municipal, con la creación, al margen de la Constitución, de las Comunas, que han sido concebidas en la Ley Orgánica del Poder Popular, precisamente para suplantar al municipio constitucional, como la "célula fundamental" de dicho Estado Comunal ... Ahora bien, en cuanto a calificar a las Comunas como "entidades locales," el Legislador olvidó que conforme a la Constitución(arts. 169, 173), esta expresión de "entidad local" sólo se puede aplicar a las "entidades políticas" del Estado en las cuales necesariamente tiene que haber gobiernos integrados por representantes electos mediante sufragio universal, directo y secreto (arts. 63, 169), ceñidos a los principios establecidos en el artículo 6 de la Constitución, es decir, que ser "siempre democrático, participativo, electivo, descentralizado, alternativo, responsable, pluralista y de mandatos revocables." (Brewer-Carías, 2017, pp. 640 y 641).

Todos los avances alcanzados en la larga e histórica lucha por lograr municipios fuertes, autónomos, capaces de asumir el liderazgo del desarrollo de las ciudades y sus territorios, con los pequeños éxitos alcanzados por la lucha de los habitantes de las ciudades venezolanas, los logros constitucionales y legislativos, se acabaron en Venezuela con el montaje del Estado Comunal y totalitario. Ya no queda sino la doctrina de los especialistas entre los que destaca el pensamiento municipalista de nuestro homenajeado que será útil para la reconstrucción de la institución municipal. Cuando vuelva el tiempo de la democracia a Venezuela se abrirá una nueva oportunidad para establecer un buen gobierno municipal capaz de asegurarle a su población el bienestar y la prosperidad.

Estos tiempos trágicos son propicios para valorar al ciudadano y la importancia de su conducta cívica, de su capacidad para asumir su papel de resistir y subsistir en medio de la opresión e ir ganando palmo a palmo una salida. Es el tiempo de volver al encuentro con la persona humana y su dignidad, con los habitantes de la ciudad que son su valor más preciado que merecen que sus políticos asuman plenamente la responsabilidad del gobierno y de la administración de los asuntos comunes.

Es la población la que demanda de su dirigencia política, científica, social, económica y de cualquiera otra naturaleza la claridad, la sabiduría y la disposición para el diseño y gobierno de instituciones que permitan una vida tranquila y segura, libre y civilizada, con un gobierno local autónomo, lugarizado, sostenible, eficiente y eficaz, capaz de liderarlo con la seguridad y claridad que lo ha hecho en su largo camino intelectual el Dr. Allan R. Brewer-Carías.

## Bibliografía


Brewer-Carías, Allan R. *Estudios de Derecho Público. Tomo JI* (Labor en el Senado 1983). Ediciones del Senado de la República. Caracas, Venezuela 1984.

Federalismo y Municipalismo en la Constitución de 1999 (Alcance de una Reforma Insuficiente y Regresiva)". En *Cuadernos de la Cátedra Allan R. Brewer-Carías de Derecho Público.* Universidad Católica del Táchira N°7. Editorial Jurídica Venezolana, Caracas 2001.

*El desmantelamiento de la Democracia y el Estado Totalitario.* Colección Tratado de Derecho Constitucional. Tomo XV. Fundación de Derecho Público. Editorial Jurídica Venezolana. Caracas 2017.

*La ciudad ordenada*. Editorial Jurídica Venezolana. Caracas 2017.

GONZÁLEZ, Fortunato. *Ciudad Política. El lugar de la democracia en un mundo globalizado. Un ensayo sobre la politeia aristotélica* Editorial Jurídica Venezolana. Caracas 2019.

GONZÁLEZ, Francisco. *Desarrollo Humano Sostenible Lugarización.* Universidad Valle del Momboy. Valera, Venezuela 2018.

Transparencia Venezuela. Informe N° 2. *Ranking de ingresos propios municipales: Autonomía y capacidad tributaria.* 2014. www.transparenciavenezuela.org.ve.

# ALGUNAS REFLEXIONES EN TORNO A LA "CIUDAD ORDENADA" DE ALLAN R. BREWER-CARÍAS

Luciano Parejo Alfonso[1]

La motivación del estudio de la ciudad hispanoamericana en tanto que obediente a un trazado cuadricular; el sentido político y no solo urbanístico del poblamiento de la América hispana.

El Estado y el Derecho venezolano –su construcción y perfeccionamiento como Estado administrativo articulado, sobre el suelo de la dignidad de la persona y los derechos que le son inherentes, conforme a los principios democrático y de Estado de Derecho– han constituido y constituyen sin duda el núcleo de los intereses intelectuales de A. R. Brewer Carías, que los ha satisfecho en la doble dimensión científico-dogmática (como profesor universitario y abogado) y político-práctica (como ministro en la fugaz Presidencia de Ramón J. Velásquez en la primera mitad del S. XX y miembro de la Asamblea Constituyente que elaboró el texto constitucional de 1999). La ocupación en, y preocupación por, las cuestiones constitucionales y de funcionamiento del Estado han pasado, además, a un primer plano como consecuencia del rumbo tomado por el régimen político venezolano, muy acusadamente ya bajo la presidencia de Nicolás Maduro Moros.

Ocurre que la inquietud y curiosidad que caracterizan a A.R. Brewer desbordan con mucho el campo estrictamente jurídico, siendo el fruto de la dedicación a las que no encajan sin más en él igualmente abundoso y no menos sobresaliente. Así lo revela un simple repaso a su extensa producción bibliográfica. La sorpresa que esto puede suscitar se despeja inmediatamente si se tiene en cuenta que de A.R. Brewer Carías se puede decir (con paráfrasis carente de todo ánimo comparativo alguno) lo que, según Rüdiger Safranski[2], dijo en una conferencia Martín Heidegger a propósito de Aristóteles: su vida se resume en un infatigable trabajar. Lo que conociendo a A.R. Brewer sí que sorprende con razón, pues tratándose de una persona de temperamento sereno y afable, capaz de disfrutar desde luego de la familia, los amigos y la vida en general, es inevitable interrogarse sobre su secreto para que ello no le haya impedido una producción científica

---

1 Catedrático emérito de Derecho administrativo. Universidad Carlos III de Madrid.

2 R. Safranski, *Ein Meister aus Deutschland. Heidegger und seine Zeit,* Ed. Fischer, 2000, p. 15.

fuera de lo común. La respuesta no es otra que la capacidad y la disciplina para un trabajo sistemático, esforzado y continuado.

Uno de los temas cuando menos en las márgenes de la corriente principal de los que han ocupado a A.R. Brewer es el del proceso de poblamiento o fundación de ciudades en la América hispana, de creación de la ciudad hispanoamericana. Hay desde luego conexión con la expuesta línea de trabajo central: la de la conveniencia de la descentralización de la estructura del Estado venezolano y, por tanto, la revitalización de su instancia territorial basal. En su etapa de ministro, Brewer desplegó una política que perseguía justamente esa revitalización, de donde el interés por el origen y desarrollo en América del municipio (pues el trasplante de éste al nuevo mundo no es sino la otra cara de la fundación de ciudades y su importancia en aquél, y desde luego en Venezuela) es indudable (la declaración en 1811 de la independencia en el primer Congreso de Venezuela –en el que estaban representadas siete Provincias, las siete estrellas iniciales de la bandera nacional–[3] no puede desligarse del movimiento autonomista encabezado por el Cabildo de Caracas en 1810[4]). No puede olvidarse que la fundación de ciudades y, por tanto, de "repúblicas urbanas" como a sí mismas se calificaban entonces en su relación con la Corona, tiene sin duda una lectura profunda en clave –diríamos hoy– constitucional, toda vez que en el nuevo mundo alcanzaron –dadas las distancias y las dificultades de comunicación– un alto grado de independencia y capacidad de decisión. En todo caso, esta desviación (relativa, como queda dicho) del camino principal nos ha regalado, además de algunos artículos[5], dos versiones del libro *La ciudad*

---

[3] Las estrellas son en la actualidad ocho, al sumarse la Guayana, octava Provincia integrante del territorio que se independizó de España.

[4] Como es bien sabido, este protagonismo de los Cabildos locales en los procesos de independencia se dio prácticamente en todos los territorios de la América hispana. El Cabildo fue a todo lo largo del periodo colonial una institución con variadas y destacadas funciones: desde la prestación de los servicios básicos a la población (por virtud de la convivencia) y desde luego las obras públicas, hasta el control del mercado, la administración de justicia en primera instancia y el cobro de impuestos. Conforme a las Ordenanzas ya de Felipe II de 1573, el régimen municipal, que estaba basado en el de los municipios españoles, dependía de la categoría de la población. Por eso se mandaba especificar primero el tipo de población que se va a fundar (ciudad –metropolitana o sufragánea–, villa o lugar), pues de ello dependen el número de miembros del concejo o cabildo y los nombramientos a efectuar. Los cargos eran electivos y duraban generalmente un año, celebrándose las elecciones en cabildos. Los llamados "Oficiales de oficio para la república" eran los que cobraban un salario público o de las arcas municipales.

[5] A. R. Brewer Carías, *"La ciudad colonial hispana en América como patrimonio cultural de la humanidad: ensayo de un itinerario"*, en J. R. Fernández Torres, J. Prieto de Pedro, JM. Trayter Jiménez (Coords.), *El Camino de Santiago y otros itinerarios: cultura, historia, patrimonio, urbanismo, turismo, ocio y medio ambiente: liber amicorum Enrique Gómez-Reino y Carnota,* 2014; y *Poblamiento y orden urbano en la conquista española de América,* trabajo aportado a las Jornadas Internacionales sobre Derecho urbanístico celebradas en la Universidad Santiago de Compostela los días 2 y 3 de julio de 1998.

*ordenada,* una editada en España por el Instituto Pascual Madoz de la Universidad Carlos III de Madrid y el Boletín Oficial del Estado a finales de la década de los años 90 y otra por la editorial Criteria en Caracas en la segunda mitad de la primera década del S. XXI. Libros éstos fruto de una detenida investigación (a la que se deben extraordinarias reproducciones de planos fundacionales) incluso en el Archivo General de Indias en Sevilla, creado por Carlos III en la segunda mitad del S. XVIII.

Las características sobresalientes de la acción pobladora española en América nos hacen preguntarnos si se trató de actos fundacionales conforme a un plan preestablecido en instrucciones de la metrópoli.

La atención prestada a la acción pobladora española tras el descubrimiento de América, que se traducía en la fundación de ciudades en términos jurídicamente formales (por exigencia del Derecho del Reino de Castilla, aplicable en el nuevo mundo) y, en consecuencia, en la constitución de su expresión institucional: los correspondientes cabildos, obedece sin duda a dos circunstancias, singulares por su dificultad en las condiciones propias de la época: la cantidad de fundaciones efectuadas en un limitado lapso de tiempo en tan extenso territorio y la obediencia en la generalidad de ellas a un plan rector (unas instrucciones) determinante de la homogeneidad de su morfología[6].

Por lo que hace a lo cuantitativo, las cifras así lo corroboran en efecto, pues son más que elocuentes de la enorme dimensión del fenómeno: entre 1494/97 (la Isabela, Santo Tomás, La Vega, Santiago de los Caballeros, Santo Domingo y Bonao) y 1599 (San Gabriel de los Españoles y Macas), es decir, en el S. XVI se fundaron 700 ciudades. Y entre 1600 (Guasca, Zipaquirá, Soacha, Cáqueza, Barbacoas y Iscuandé) y 1699 (San Ysidro, Laguna, San Xavier del Bac, San Juan Bautista, San Javier, San Juan Bautistá Londó, Guamúchil, Jesús María, El Pao y San Juan Bautista), es decir, en el S. XVII, lo fueron 636.

La realización de los concretos actos fundacionales conforme a un plan preestablecido, es decir, siguiendo en todos los casos y desde el principio unas instrucciones impartidas al respecto, es decir, como algo controlado normativamente *ex ante* y desde el principio desde la metrópoli, es ya algo más dudoso. Pues las apuntadas instrucciones -las dictadas por Felipe II para el descubrimiento y la población en 1573- solo existen (se sistematizan) tres cuartos de Siglo de comenzado el proceso, sin perjuicio de la enorme influencia de Las Siete Partidas a pesar de las dificultades por las

---

6 Como señala el propio A.R. Brewer-Carías en el trabajo aportado a las jornadas internacionales celebradas en Santiago de Compostela citadas en nota anterior: "En un lapso de dos siglos (XVI y XVII) en el Nuevo Mundo americano español se produjo la fundación del mayor número de ciudades jamás establecidas con un trazado regular, en toda la historia de la humanidad, en un espacio geográfico tan amplio y en un tiempo tan breve. // De las seis naciones europeas (España, Portugal, Francia, Inglaterra, Dinamarca y Holanda) que intervinieron en la colonización de América, sólo España fundó ciudades de acuerdo a un invariable plan regular y ordenado..."

que hubo de atravesar hasta su entrada en vigor hacia mediados del S. XIV (permaneciendo, sin embargo, vigente, hasta prácticamente el S. XIX). Por eso el trazado de todas las ciudades conforme a un plano regular, ortogonal o cuadricular, con su plaza en el centro (y abierta al mar en los casos de ciudades costeras), se atribuye a la recepción de las ideas renacentistas (descubridoras la arquitectura urbana antigua), es decir, a las obras de Aristóteles, Vitruvio y Alberti (más, si acaso, el recuerdo histórico del *castrum* romano, como suelo feraz para la aludida recepción), y a su conversión en instrucciones de poblamiento por el Consejo Real de Indias, más concretamente el Comité permanente creado ya en 1511 para atender los asuntos de las Indias; Comité que comenzó ya en 1513 a impartir instrucciones a los Adelantados.

Esta interpretación de la razón de la morfología homogénea de las ciudades en los primeros decenios del proceso de poblamiento no requiere ser revisada, pero quizás sí complementada con la finalidad de proporcionar una visión más completa y ajustada de aquel proceso, siquiera en sus inicios. Pues como se señala, por ejemplo, en el reciente estudio de J. Díaz Ceballos[7] si bien la fundación de ciudades ha venido siendo interpretada como la labor puntual y casi solitaria de un jefe de expedición, siguiendo normas concretas de la Corona –a través de las capitulaciones individuales firmadas entre ésta y los respectivos capitanes o de instrucciones emitidas a tal efecto– y realizándola en un solo acto, lo cierto parece ser que no fue un hecho puntual (consumado con el levantamiento del correspondiente acta), sino una acción colectiva de construcción de una comunidad, cuya clave no era otra que la participación efectiva de los miembros de dicha comunidad (pues la fundación debía conducir a la formación de la correspondiente pequeña "república urbana", calificativo que, como ya se ha dicho, se daban a sí mismas las ciudades en sus comunicaciones con la Corona.

Sobre este trasfondo no cabe excluir que la recepción del modelo urbano seguido en América no se haya producido más bien a través de las más tempranas obras del catalán Fray Francesc de Eiximenis (cuya obra –incompleta– pertinente –los libros primero, tercero y duodécimo, especialmente este último, del Crestià– se escribe entre 1379 y 1392 y tuvieron gran predicamento y difusión) y de Rodrigo Sánchez Arévalo (cuya Suma de la Política es de 1455).

Siguiendo a Antelo Iglesias[8] parece claro que Eiximenis consideró, en la época de construcción de los Reinos, la ciudad-Estado como ámbito ideal de cultura superior, compatible con vastas construcciones políticas,

---

[7] Díaz Ceballos, J. "Negociación, consenso y comunidad política en la fundación de ciudades en Castilla del Oro en el temprano siglo XVI", en *Investigaciones Históricas, época moderna y contemporánea,* 38 (2018), pp. 131-160.

[8] Antelo Iglesias, A. "La ciudad ideal según fray Francesc Eiximenis y Rodrigo Sánchez Arévalo", en *La ciudad hispánica siglos XIII al XVI,* Ed. Universidad Complutense de Madrid, Madrid 1985.

presentando sus ideas analogía con las de Marsilio de Padua (lo que se explica por la común tradición urbana de los países mediterráneos). Es considerado justamente uno de los precursores del urbanismo solo luego va a establecerse a partir de la difusión del humanismo y la recuperación de Vitruvio y Alberti. En el libro duodécimo de La Cristiá esboza un modelo de ciudad bella, saludable y bien edificada en el que están presentes todos los elementos definitorios del trazado y la estructura destacados por A R. Brewer. En efecto:

- Otorga importancia a los factores geográficos en la vida social. Pues, estando la alegría entre los fines de la comunidad, es de trascendencia el emplazamiento de la ciudad, siendo preferente el marítimo por razones comerciales y debiendo i) elegirse terreno llano para facilitar un ulterior ensanche natural, ii) cuidar de la salubridad de las aguas y aires, iii) no fundar sobre un río (por dificultar la defensa), y iv) orientar todo hacia el mediodía o el levante.
- La planta ha de ser cuadrada y protegida por una muralla. Esa planta se divide (de E. a O.y de N.a S) en cuatro distritos por dos amplias calles, colocándose i) una plaza en cada uno de los distritos; ii) el palacio del príncipe al costado y la catedral en el centro (dominando la plaza mayor); y iii) los barrios a su alrededor (según oficios).
- Caracteriza la vida en la ciudad por el cambio de residencia según las estaciones (en el campo durante el invierno, pero celebrando las fiestas en la ciudad; en la ciudad, sin embargo, durante el verano, con vuelta al campo para la recolección).

Aunque se discute sobre las influencias que operaron en la obra de Eixemins (fue un personaje que probablemente tuvo acceso y leyó efectivamente las principales obras de su tiempo y desde luego los clásicos, comenzando evidentemente por Aristóteles, pero incluyen también por Vitruvio), lo cierto es que estuvo muy atento a la realidad en la que vivía y la que pudo observar en sus viajes por Europa. Téngase en cuenta que:

- Conoció desde luego las Bastidas del Suroeste de Francia (la antigua Aquitania).
- Tuvo a la vista desde luego las villas o ciudades surgidas en la península ibérica entre los siglos XII y XIII con planta precisamente ortogonal y contemporáneas a las del Midi (Castellón, Villarreal), reconducibles también a un desarrollo del campamento militar.

Puede decirse que, si Eiximenis fue un autor cronológicamente medieval, su obra anticipa ya las ideas renacentistas, pudiendo considerársele un precursor de las mismas. Lo mismo puede decirse de Rodrigo Sánchez Arévalo, autor importante ya en el S. XV castellano[9]. En el libro I "que fabla como deuen ser fundadas e edificadas las çibdades e villas", de su Suma de la Política (probablemente aparecida en 1455) acredita –como demuestran las citas que realiza– un conocimiento amplio de las fuentes coetáneas y clásicas, griegas y romanas y considera también la ciudad como ámbito superior de la vida social (dice, en efecto, "Asi que la çibdad fue constituyda e fundada porque los omes, uiuiendo juntamente en un lugar, conuersen e uiuan delectablemente"). En lo que importa enumera hasta 18 "consideraciones", de las que aquí interesa destacar, sintéticamente, las siguientes:

- Al poblar una ciudad debe ante todo atenderse a la natural disposición de la región o provincia y, muy especialmente, "el sitio della", debiendo cuidarse si el sitio escogido tiene "conueniencia o propinquidad a sierras o montes o a otros lugares lagunos (¿) del mar" por la influencia que ello ejerce en la calidad natural de la ciudad (de la que depende la índole de sus habitantes).
- Debe buscarse tierra que presente las apuntadas características según "la virtud de figura del cielo de los cuerpos celestiales", de modo que el sitio proporcione las condiciones precisas para "la sanidad de los cuerpos humanos", lo que guarda relación con la exigencia de que haya disposición de aguas sanas y abundantes (por lo que la ciudad debe abrirse al oriente y al septentrión). En todo caso, el emplazamiento debe situarse, a ser posible, ni muy lejos del mar (es preciso que cuente con posibilidades de acceso a uno o varios puertos) ni junto al mar (la condición costera o portuaria propicia la afluencia de extranjeros capaces de subvertir, con novedades, las costumbres establecidas).
- La ciudad debe, además, poseer tierras de labor suficientes y una población acorde con la agricultura, el cultivo de los montes y la ganadería (es decir, de población que domine los oficios necesarios y útiles).

Sea como fuere un dato más que sobresaliente del modelo a que responde la ciudad hispanoamericana de raíz colonial, que había experimentado una segunda etapa en el S. XVIII (comparable a la de la iniciada en el S. XVI)[10], es su continuidad más allá incluso de la independencia de Espa-

---

9 Las referencias al modelo urbano de este autor se toman igualmente de la obra citada en nota anterior.

10 Felipe II, siguiendo el consejo de Juan de Herrera, fundó su Academia de Matemáticas y Arquitectura Civil y Militar en 1582. Los ingenieros salidos de esta Academia estaban dotados de amplias competencias, que les que les habilitaron para trabajar en terrenos tan diferentes en frentes como la fortificación, la agrimensura, las obras hidráulicas y la arquitectura. A principios del XVIII, fueron encuadrados en un Real Cuerpo, con competencias más definidas, entre las que estaba incluido el levantamiento de trazas de ciudades).

ña, acreditando así, como ha señalado F. de Terán[11] la enorme inercia de la práctica urbanística colonial. A pesar de ello, la evolución, ya entrado el S. XIX, del urbanismo español a partir de la obra clave de I. Cerdá parece seguir un camino propio, paralelo al americano, según ha podido concluir el autor antes aludido, que señala que Cerdá –habiendo realizado elogios al modelo de ciudad hispanoamericana– eligió ciertamente, como base de su labor profesional y desde luego teórica, el trazado reticular, pero en unos términos que lo hacen susceptible de dar lugar a formas diferentes, de modo que ya no cabe hablar de una ciudad cuadricular como de lo unitario.

En la época en que Cerdá elabora sus teorías de la construcción de las ciudades (1859-61) y general de la urbanización y aplicación de sus principios y doctrinas a la reforma y ensanche de Barcelona (1867) los modelos urbanos de referencia en Europa eran encuadrables en dos grandes grupos: i) el modelo estético derivado de la ciudad barroca, adoptado por el neoclasicismo (ejemplos: Washington o San Petersburgo); y ii) el modelo racional basado justamente en la retícula ortogonal que, generalizado en Europa, era utilizado desde luego en España (ejemplos: El Ferrol, Santander)[12] y en las fundaciones americanas posteriores a la independencia.

Habiendo sido la de los ensanches proyectados por los Ingenieros la experiencia que tuvo más a mano Cerdá, se entiende su inclinación por el modelo racional, pero introduciendo en su forma más tradicional la variación consistente en la sustitución del módulo rectangular por el cuadrado y la asunción rígida de la homogeneidad de la cuadrícula. Sin embargo, ni en las sucesivas formulaciones que hizo de la cuadrícula, ni en el resultado final obtenido, parece haber tenido la ciudad hispanoamericana una influencia decisiva.

Según de nuevo F. de Terán es posible distinguir dos elementos, independientes entre sí, en el diseño de Cerdá: i) la organización del conjunto de las manzanas, entendidas como superficies cuadradas, delimitadas por las vías, cuyo destino es ser edificadas (el trazado geométrico es, así, el esqueleto, y la edificación su relleno, siendo determinante las formas de tal relleno); y ii) la evolución permisiva –en virtud del abandono del dogma de la edificación exenta (como había sido lo propio, al menos en sus inicios, de la ciudad hispanoamericana– del relleno de la manzana de diversas formas, aumentando la edificabilidad y haciendo aparecer, así, una manza-

11 de Terán, F." El urbanismo europeo en América y el uso de la cuadrícula. Cerdá y la ciudad cuadricular", *Rev. Ciudad y Territorio. Estudios Territoriales,* XXXI (119-120), 1999, pp. 21 a 40.

12 De Terán, F. *op. cit.,* dice al respecto textualmente que la tradición de utilización del modelo fue retomada por "...la Escuela de Ingenieros de Caminos fundada por Betancourt en 1808, cuya reapertura se había producido en 1834. Y algo más tarde, en 1853, esa tradición sería reconocida por la Junta Consultiva de Policía Urbana del Ministerio de Fomento, en su texto de Bases sobre alineaciones de calles, recomendando la formación de manzanas rectangulares de 300 a 500 pies en su lado mayor, y de 150 a 200 pies en el menor, de modo que se pudiesen obtener por subdivisión, solares regulares, de fondo doble a la fachada, con previsión de patios y jardines".

na abierta por dos de sus lados, capaz de suprimir (gracias a las combinaciones posibles y los jardines) la monotonía del sistema de cuadrícula y dotada de un gran patio o espacio libre que la atraviesa por su mitad (separando las construcciones de un lado de las del opuesto). Es ésta una manzana de concepción original, que no responde a la tradición del modelo hispanoamericano. De lo que resulta que los urbanismos hispanoamericano y español ya asumen, desde sus inicios contemporáneos, una trayectoria que es paralela, pero no común.

# BREWER Y CARACAS

Dolores Aguerrevere Valero[1]

## Introducción

Los invitados a participar en un libro homenaje a Allan Brewer-Carías nos encontramos ante un sinfín de temas relacionados con el Derecho Público. Es tan extensa y variada la obra de Brewer, que con el desarrollo de cualquier tema jurídico nos sentiríamos rindiendo homenaje a su encomiable labor en la consolidación y evolución del estudio del Derecho Administrativo en Venezuela.

Sin embargo, hay un tema al cual ha dedicado importantes momentos de su vida académica. Un tema recurrente en su obra, como muchos otros, pero en el cual hemos tenido la oportunidad de apreciar no sólo al Brewer jurista, sino también al Brewer historiador apasionado y hasta al Brewer urbanista y arquitecto. Nos referimos al tema de Caracas, a Caracas como ciudad latinoamericana, como Capital de la República, como área metropolitana, como área urbana y, en fin, a Caracas como laboratorio infinito de temas jurídicos, históricos y urbanísticos que siguen apasionándolo.

En Caracas confluyen para Brewer dos temas de su particular interés: el tema institucional en cuanto a su forma de organización y gobierno, y el tema netamente urbanístico. A los problemas institucionales dedicó muchos estudios que perseguían la creación de una figura jurídica que convirtiera a Caracas en una ciudad gobernable[2]. Veremos cómo algunas de sus

1 Profesora de la Universidad Católica Andrés Bello.

2 En la extensa obra de BREWER encontramos estudios y conferencias sobre el tema: *Problemas Institucionales del Área Metropolitana de Caracas y del Desarrollo Regional y Urbano*, Ediciones de la Comisión de Administración Pública, (multigrafiado), Caracas 1971, 60 pp.; b) "Algunas soluciones institucionales parta el Área Metropolitana de Caracas", en *Revista Venezolana de Estudios Municipales*, Asociación Venezolana de Cooperación Intermunicipal, n° 2, Caracas 1977, pp. 17 a 39; c) *La Transformación total de la Estructura Jurídica y Administrativa de Caracas* (en colaboración con PÁEZ PUMAR, Álvaro; MORALES TUCKER, Alberto; POGGIOLI, Odoardo y ROJAS B., Luis), Caracas 1982, 12 pp.; d) *Propuesta para una Reforma Institucional de Caracas y de la Región Capital. 1982*. Publicaciones del Concejo Municipal del Distrito Federal; e) Exposición sobre los *Problemas institucionales de la Ciudad de Caracas*, Gerencia de la Electricidad de Caracas, Caracas, 24 de mayo de 1988; f) Conferencia sobre "Caracas: una ciudad multigobernada, sin gobierno", en la *Reunión Internacional sobre Gestión Urbana y Tierra, Facultad de Arquitectura, Universidad Central de Venezuela,* Caracas, 05 de julio de 1990; g) Exposición sobre los *Problemas del Área Metropolitana de Caracas,* en la Reunión preparatoria del

propuestas fueron tomadas en cuenta en la creación posterior del Distrito Metropolitano de Caracas en enero de 2000, aun cuando otras quedaron lamentablemente olvidadas.

Por su parte, el tema urbanístico de Caracas en la obra de Brewer ha sido abordado tanto en sus estudios generales sobre el urbanismo en Venezuela, como en sus estudios sobre el poblamiento en América y las ciudades latinoamericanas. Un vistazo sobre la extensa obra de Brewer nos muestra fácilmente cómo el urbanístico ha sido un tema presente en importantes momentos de su vida académica.

En efecto, en primer lugar, su Discurso de Incorporación como Individuo de Número de la Academia de Ciencias Políticas y Sociales (3 de noviembre de 1978) trató sobre el tema *El Urbanismo en Venezuela y la Cuestión Jurídico-Institucional*[3], presentando como Trabajo de Incorporación, el que luego se convirtió por mucho tiempo en el único libro venezolano de derecho urbanístico: *Urbanismo y Propiedad Privada*[4]. Dicho trabajo fue presentado asimismo como Trabajo de Ascenso a Profesor Titular de la Universidad Central de Venezuela (Caracas, 8 de abril de 1981). Para esa fecha, la poca legislación urbanística existente eran las ordenanzas caraqueñas y, por lo tanto, hablar de Urbanismo en Venezuela era hablar de Caracas.

En 1980 dirigió la organización del Primer –y único– Seminario Internacional sobre Derecho Urbanístico organizado por el Instituto de Derecho Público de la Universidad Central de Venezuela y el Ministerio de Desarrollo Urbano, y al cual asistieron destacados profesores españoles de

Consejo de Gobiernos del Área Metropolitana de Caracas, Caracas, 03 de septiembre de 1993; h) "Sistema Jurídico Administrativo de la Ciudad", en *Caracas, Presente y Futuro. Ideas para transformar una ciudad*, Alcaldía de Caracas, 1995, pp. 65 a 73; i) Exposición sobre "El Gobierno de Caracas", en el *Foro sobre La Gobernación de Caracas¿Alcaldía Mayor o Gobernación?*, Fracción Causa R, Concejo Municipal del Municipio Libertador, Parque Central, 29 de mayo de 1997; j) Exposición sobre "La Organización del Distrito Metropolitano de Caracas", en el *Foro sobre Alcaldía Metropolitana, Propuesta para la Ciudad*, Facultad de Arquitectura y Urbanismo, Sector Estudios Urbanos, Universidad Central de Venezuela, Caracas, 28 de abril de 2000; k) Ponencia sobre "Descentralización Política y Municipalización de Caracas", en *Caracas se divide: Propuesta para la división político-territorial del Distrito Capital*, Cabildo Metropolitano de Caracas, Comisión de Juventud, Deporte, Recreación y Turismo, Caracas, 20 de julio de 2001; l) Conferencia "Municipalismo y organización de Caracas", Asociación Pro Calidad de Vida por Caracas, Caracas, 3 de septiembre de 2001; m) "Federalismo y Municipalismo en la Constitución de 1999 alcance de una reforma insuficiente y regresiva", *Cuadernos de la Cátedra Allan R. Brewer-Carías de Derecho Público*. Universidad Católica del Táchira n° 7, Caracas 2001. El listado que se presenta se realizó a partir de la *biblio verbi grafía* de Allan R. Brewer-Carías realizada por Arelis Torres Amaro y publicada en el libro *Reflexiones sobre el Constitucionalismo en América*, Editorial Jurídica Venezolana, Caracas 2001, pp. 289 y ss.

3 Consultado en original.

4 Editorial Jurídica Venezolana, Caracas 1980.

la escuela del Profesor Eduardo García de Enterría[5]. Más de veinte años después es urgente la realización de un segundo seminario, más aún cuando está siendo estudiado en la Asamblea Nacional un proyecto sobre Ley Orgánica de Ordenación Territorial y Urbanística[6].

El tema del desarrollo urbano de la ciudad está incluido además en la investigación sobre el poblamiento de América y el diseño de la ciudad latinoamericana; investigación que ya ha sido inicialmente expuesta por Brewer en el Libro *La Ciudad Ordenada*[7], y en cuya conclusión está trabajando en estos momentos por invitación de la Facultad de Arquitectura, Urbanismo y Preservación Histórica de la Universidad de Columbia, Nueva York.

Finalmente, en otro importante momento de su vida académica, cual fue el acto de su nombramiento como Doctor Honoris Causa de la Universidad Carlos III de Madrid, Brewer desarrolló el tema de *Carlos III y la Organización Territorial del Poblamiento en América*[8], cuyo contenido demuestra una vez más nuestra tesis sobre su especial pasión por estos temas, al presentarnos un Brewer jurista, unido a un Brewer historiador y a un Brewer urbanista y arquitecto. Los abogados interesados en estos temas sabemos que el tema del desarrollo urbano de una ciudad no puede ser un tema netamente jurídico, y por eso lo interesante de la forma como Brewer se desdobla y los estudia, acercando el derecho al urbanismo y a la arquitectura. Sobre este necesario acercamiento señala el arquitecto Federico Vegas a propósito de la obra de Brewer:

> Lo más importante no son las enseñanzas que Allan Brewer estudia, organiza y nos ofrece. Lo más importante es que nos abre la posibilidad de un nuevo diálogo entre el derecho y la arquitectura, un diálogo que nos ayude a comprender el origen y el destino de nuestras ciudades, un diálogo que permita al arquitecto participar en las razones fundamentales, en lo acostumbrado y en lo escrito, en las leyes y en esas consecuencias que definen la esencia de lo urbano. Podemos decir con alegría y entusiasmo: Allan Brewer-Carías, entre arquitectos estás y por muchas y muy buenas razones[9].

En el presente estudio se esquematizan y exponen, según nuestro criterio, las opiniones de Brewer sobre la evolución del régimen legal de Caracas, donde confluyen a la vez el tema institucional y el tema urbanístico, tomando como referencia las discusiones anteriores y posteriores a la pro-

---

5 Las ponencias del Seminario fueron publicadas en *Derecho Urbanístico*, Archivo de Derecho Público y Ciencias de la Administración, vol. V, Instituto de Derecho Público, Facultad de Ciencias Jurídicas y Políticas de la Universidad Central de Venezuela, Caracas 1982.

6 *V.*, en www.asambleanacional.gov.ve

7 Brewer-Carías, Allan, *La Ciudad Ordenada (Estudio sobre El orden que se ha tener en descubrir y poblar o sobre el trazado regular de la ciudad hispanoamericana, en particular de las ciudades de Venezuela)*. Universidad Carlos III, Madrid. 1997.

8 Consultada en original.

9 VEGAS, Federico, ensayo sobre *La Ciudad Ordenada*, consultado en original.

mulgación de la Constitución venezolana de 1999. Este intento es necesario profundizarlo a los fines de contribuir con la consolidación del régimen legal y urbanístico del Distrito Metropolitano de Caracas creado a partir de la Constitución de 1999, y cuyo régimen legal ha quedado sólo enunciado en la Ley que rige su funcionamiento[10].

## 1. Brewer y los problemas institucionales de Caracas

### 1.1. Planteamientos anteriores a la Constitución de 1999

La Constitución de 1961 señalaba a Caracas como capital de la República, dejando a una ley especial la posibilidad de "coordinar las distintas jurisdicciones existentes dentro del área metropolitana de Caracas, sin menoscabo de la autonomía municipal" (artículo 11). La indeterminación de los límites de la ciudad de Caracas, y la existencia de varias jurisdicciones (Distrito Federal, Distrito Sucre del Estado Miranda y posteriormente los municipios Libertador, Sucre, Baruta, Chacao y el Hatillo), hacían que fuese urgente la escogencia de un mecanismo legal que permitiese la coordinación de las competencias de las diferentes autoridades involucradas. Muchos planteamientos fueron expuestos sin que se llegase jamás a dictar la ley especial que por mandato constitucional debía regir la tan anhelada coordinación.

Por muchos años, se hicieron variadas propuestas sobre la forma jurídica idónea para lograr la gobernabilidad de la ciudad. Desde la asunción de las competencias por el Poder Nacional, hasta la creación de un gobierno municipal a dos niveles, muchas fueron las propuestas que nunca se llegaron a concretar en una ley especial, aun cuando se lograron esfuerzos importantes previos concretados en convenios de mancomunidad.

El primer trabajo que encontramos en la obra de Brewer sobre los problemas institucionales de Caracas se refiere a la necesidad de integración en materia de transporte urbano[11]. Seguidamente se inclina al estudio de la cooperación intermunicipal en materia de urbanismo[12], en el cual publica además el Proyecto de Convenio de Mancomunidad Urbanística presentado por la Comisión Reorganizadora de la Oficina Municipal de Planeamiento Urbano del Distrito Federal, a la Comisión Especial para la Integración del Área Metropolitana de Caracas y posteriormente a las administraciones municipales de Caracas en agosto de 1967[13]. Sin embargo, no es sino en una publicación posterior donde plantea concretamente algunas solu-

---

10 *G.O.* n° 36.906 de fecha 8-3-2000.

11 Brewer-Carías, Allan, "La integración del Área Metropolitana de Caracas y la coordinación de los servicios de transporte urbano", en *Revista Talle*, Facultad de Arquitectura, Universidad Central de Venezuela, n° 20, Caracas 1966, pp. 23 a 27.

12 Brewer-Carías, Allan, "El Área Metropolitana de Caracas y la Cooperación Intermunicipal en materia de Urbanismo", en *Revista de la Facultad de Derecho* n° 35, Universidad Central de Venezuela, Caracas 1967, pp. 49 a 76.

13 Sobre la integración de dichas comisiones y el proyecto de Convenio ver *idem* 11, pp. 62 a 76.

ciones institucionales para el área metropolitana de Caracas, y en la cual comienza a destacar la propuesta de un sistema de gobierno municipal a dos niveles[14].

En estos estudios iniciales Brewer recurre a la doctrina y práctica internacional para hacer referencia a los distintos tipos de regímenes de áreas metropolitanas en el mundo, las cuales resume para distinguir, desde el punto de vista administrativo, las siguientes soluciones:

- La asunción de los servicios metropolitanos por el Poder Nacional: mecanismo utilizado en algunos países ante la incapacidad de las autoridades locales en asumir sus competencias. Desde un principio, esta solución fue desechada para Caracas por alejar del ciudadano los mecanismos de participación tan necesarios para el desarrollo. Expresamente señalaba Brewer en su oportunidad: "...esta solución impide el crecimiento y desarrollo de las instituciones locales que, por otra parte, desde el punto de vista político, son indispensables, no como autonomías inútiles, sino como reales mecanismos de participación de la población dentro del proceso de decisión urbana". Al respecto concluía enfáticamente en que "en todo caso, insisto, estimo que la asunción por parte del Poder Nacional de las funciones metropolitanas no es la solución adecuada a los problemas metropolitanos"[15].

- Los Distritos Especiales para los Servicios Metropolitanos, es decir, la creación de "entes con competencia global para una determinada área urbana en funciones concretas de carácter urbano, para su realización uniformemente en el área". Es el ejemplo que imperó por muchos años de la Administración del Acueducto de la Zona Metropolitana (AAZM), de la Mancomunidad en materia de ordenación urbanística del Área Metropolitana de Caracas creada en 1972, o del Convenio sobre la Policía Metropolitana suscrito en 1969. Sin embargo, estas soluciones "no implican una solución global a los problemas administrativos del área"[16].

- La estructuración de un Gobierno Metropolitano: Esta solución implica la estructuración de un gobierno para el área, lo cual puede lograrse a través de dos mecanismos: "la creación de un gobierno único para toda el área metropolitana o la creación de un gobierno a dos niveles para la misma"[17]. Aun cuando Brewer señala que la solución menos problemática desde el punto de vista organizativo sería la de la anexión, es decir, el establecimiento de una única jurisdicción político-territorial, reconoce, asimismo, que la autonomía municipal imperante en Venezuela desde sus inicios harían muy difícil, políticamente, la escogencia de dicho mecanismo. En tal virtud señala la modalidad de la creación del gobierno a dos niveles como

---

14 Brewer-Carías, Allan, "Algunas soluciones institucionales para el área metropolitana de Caracas"; en *Revista Venezolana de Estudios Municipales*, n° 2, Asociación Venezolana de Cooperación Intermunicipal, junio 1977, pp. 17 a 39.

15 *Idem* 13, pp. 20 y 21

16 *Idem* 13, pp. 21 y 22

17 *Idem* 13, p. 26.

el mecanismo más acorde con la realidad caraqueña, y la mayormente aplicada en las áreas metropolitanas de otros países.

> La característica fundamental de esta fórmula de gobierno metropolitano a dos niveles está en que los gobiernos locales no desaparecen con la estructuración del gobierno metropolitano, sino que permanecen intactos o no sufren sino modificaciones parciales. La fórmula implica entonces la creación de un nuevo escalón o nivel de gobierno de ámbito metropolitano, para la organización y coordinación de los grandes servicios que abarcan toda el área metropolitana[18].

En un estudio realizado en 1982, Brewer insistió en la modalidad de creación de un sistema de gobierno metropolitano independiente para toda la Región Capital. Sobre este estudio es importantísimo distinguir su observación sobre la necesaria inclusión de otras áreas que ya formaban parte de la realidad metropolitana de Caracas. Expresamente señalaba Brewer:

> No debemos olvidar que Caracas, ya no sólo es el casco central de la capital al oeste del valle del Ávila. Caracas, en efecto, no sólo está formada por el Departamento Libertador del Distrito Federal y por el Distrito Sucre del Estado Miranda, sino que también forma parte de ella, el Distrito Guaicaipuro de dicho Estado. La vida de la capital. Además, está íntimamente vinculada al Litoral Central, es decir al departamento Vargas del Distrito Federal; a los Distritos de los Valles del Tuy; a los Distrito del Valle Guarenas-Guatire y a los Distrito de Barlovento, en el Estado Miranda. Esas cinco áreas territoriales forman la Región Capital, y deben, en un futuro, formar una sola unidad político territorial, para lo cual debe establecerse un sistema único de gobierno[19].

Vale la pena resaltar aquí que una de las principales críticas al Distrito Metropolitano de Caracas creado en cumplimiento del artículo 18 de la Constitución de 1999, ha sido precisamente el no haber previsto la inclusión de otras áreas territoriales que forman parte de la realidad metropolitana de Caracas. Este planteamiento fue hecho por los diferentes estudios de la ciudad pero no encontraron eco en el debate Constituyente, omisión que ha dejado a Caracas sin una organización verdaderamente metropolitana.

---

18 A solicitud del Gobernador del Distrito Federal, BREWER preparó un estudio sobre *Mecanismos para la Integración del Distrito Sucre del Estado Miranda al Distrito Federal* (1976), publicado en Brewer-Carías, Allan e IZQUIERDO COSER, Norma, *Estudios sobre la Regionalización en Venezuela*, Universidad Central de Venezuela, Ediciones de la Biblioteca, Caracas 1977, pp. 315 a 318.

19 Este estudio fue presentado por BREWER en fecha 25 de julio de 1982 a la Comisión Bicameral Especial que tenía a su cargo los estudios sobre la posible creación del Estado Vargas, la Reforma de la Ley Orgánica del Distrito Federal y la elaboración del Proyecto de Ley de Coordinación de las jurisdicciones que actúan en el área de Caracas. En este estudio BREWER presenta concretamente las reformas a largo y a corto plazo que debía "*darle un tratamiento global e integral al problema institucional de Caracas y la Región Capital*. Brewer-Carías, Allan; *Propuesta para una Reforma Institucional de Caracas y de la Región Capital*, editado por la Dirección de Relaciones Públicas del Concejo Municipal del Distrito Federal, Caracas 1982.

La búsqueda de un sistema de gobierno para Caracas continuó, paralela a la insistencia de otros sectores por el reordenamiento urbanístico de la ciudad (Ej. Plan Estratégico de Caracas, etc.). Especial referencia merece la creación del Consejo de Gobierno del Área Metropolitana de Caracas[20], el cual tenía como finalidad la coordinación de las actividades municipales, estadales y nacionales en el área metropolitana. Dicho Consejo formó parte del importántisimo esfuerzo de Brewer como Ministro de Estado para la Descentralización durante el gobierno del presidente Ramón J. Velázquez (junio 1993- febrero 1994)[21]. Las soluciones de cooperación, conciliación y coordinación consagradas en este instrumento jurídico pueden servir de base para el funcionamiento del Distrito Metropolitano, cuyo régimen jurídico está aún por concretarse en las Ordenanzas que el Cabildo Metropolitano está llamado a promulgar.

Entre estas soluciones vale la pena resaltar que el ámbito metropolitano considerado en este Reglamento incluía, además del municipio Libertador y los municipios Sucre, Baruta, Chacao y El Hatillo, a los municipios Vargas, Los Salias y Carrizal. Dicho ámbito era, sin lugar a dudas, más "metropolitano" que el que finalmente fue acogido en el Distrito Metropolitano de Caracas. Si bien el municipio Vargas del Distrito Federal fue convertido en Estado Vargas, los municipios Los Salias y Carrizales del Estado Miranda podrían haber sido incluidos en el Distrito Metropolitano dada su interrelación necesaria con la ciudad. Asimismo vale la pena resaltar que el Reglamento de Creación del Consejo de Gobiernos no dejaba lugar a dudas en cuanto a que el Plan de Ordenación Urbanística (POU) del Área Metropolitana debía ser aprobado por dicho Consejo (artículo 5, lateral b), antes de su aprobación conforme a la Ley Orgánica de Ordenación Urbanística. Con la consagración actual de dicha competencia en el artículo 19 de la Ley del Distrito Metropolitano, no se tiene claro si el POU debe ser dictado por el Gobierno Metropolitano o si el Cabildo debe aprobar otro tipo de plan intermedio entre el POU y el Plan de Desarrollo Urbano Local. Como este, muchos ejemplos de coordinación pueden ser tomados en cuenta en las actuales circunstancias en las cuales el régimen del Distrito Metropolitano aún no ha sido desarrollado en las Ordenanzas Metropolitanas correspondientes.

Para el año 1995, el Concejo Municipal de Caracas organizó un movimiento para estudiar las diferentes ideas para transformar la ciudad y hacerla más gobernable. En su participación en dichos foros, Brewer insistió en la necesidad de arreglar, en primer lugar, el problema institucional, único mecanismo para comprometer verdaderamente a todas la autorida-

---

20 Creado mediante Decreto NZ° 3309 de fecha 22 de diciembre de 1993 mediante el cual se dictó el Reglamento Parcial n° 6 de la Ley Orgánica de Descentralización, Determinación y Transferencia de competencias del Poder Público sobre el Consejo de Gobierno del Área Metropolitana de Caracas (*G.O.* n° 35.301 del 21-9-93).

21 Brewer-Carías, Allan, *Informe sobre la Descentralización en Venezuela 1993*, Editorial Arte, Caracas 1994.

des involucradas en los problemas de la ciudad. Al respecto señaló que "...el principal problema de Caracas, el problema que ha tenido de siempre, es carecer de estructuras institucionales que permitan que esta ciudad sea gobernada, sea gobernada como una sola ciudad y no en parcelitas como la situación que tenemos en la actualidad"[22]. La discusión del Plan Estratégico para Caracas, requería, en su criterio, del establecimiento previo de una estructura institucional que le diese a la ciudad un tratamiento de gobierno único. Por ello era enfático al señalar:

> No existe en ninguna parte del universo, es decir, del mundo actual, ninguna gran ciudad que no haya resuelto su problema institucional, de manera que las enseñanzas de las ciudades europeas están allí. Madrid, es una comunidad autónoma; París es un Departamento Especial de la ciudad de París; el gran Londres es parte de una organización que depende del Consejo del Gran Londres; las ciudades americanas y canadienses se han estructurado a base de municipios, pero luego con una federación de municipios han establecido autoridades metropolitanas, pero en definitiva no existe en ninguna parte una gran ciudad que no tenga un gobierno a dos niveles, una autoridad metropolitana con todas las características de autoridad electa y con poder necesario para gobernar la ciudad en su globalidad y en los asuntos que son de carácter metropolitano y por la otra unas autoridades locales para los asuntos estrictamente locales en la multitud de municipios que puedan estar y que existen normalmente en una ciudad[23].

Resalta una vez más la propuesta sobre la modalidad del gobierno a dos niveles como única respuesta a los problemas institucionales de las áreas metropolitanas.

### 1.2. Debate Constituyente

A pesar de los múltiples esfuerzos por promulgar la ley especial ordenada por el artículo 11 de la Constitución, y de la existencia de variados proyectos de reforma institucional y urbanística de Caracas, lo cierto es que la ciudad se fue desarrollando sin la unidad anhelada. El Distrito Sucre se dividió en cuatro municipios, y al Distrito Federal le fue sustraído el territorio del municipio Vargas para la creación del estado Vargas. Todo esto sin la necesaria coordinación institucional y con la sola existencia de mancomunidades en algunas actividades (tránsito, agua, etc.). Estas soluciones intermedias eran necesarias, pero sólo como el inicio de una verdadera reforma institucional que proporcionara a la ciudad un gobierno metropolitano de unidad.

La oportunidad real de dicha reforma se presentó con la Asamblea Nacional Constituyente convocada en 1999 para otorgar al país un nuevo contrato social que respondiera a las necesidades de cambio que el país desde hace tiempo reclamaba. Brewer fue uno de los cuatro Constituyentes inde-

---

22 Ponencias publicadas en *Caracas, Presente y Futuro. Ideas para una Ciudad*, Alcaldía de Caracas, 1995, pp. 67 a 73.

23 *Idem* 21, pp. 69 y 70.

pendientes elegidos y por lo tanto participó en el debate para la creación del nuevo régimen institucional de la ciudad, en un sistema de gobierno municipal a dos niveles, que abarcara a los municipios del Distrito Federal y del estado Miranda en los cuales está ubicada Caracas.

La propuesta original era la de crear un Distrito Capital que abarcara tanto el municipio Libertador como los municipios Sucre, Chacao, Baruta y el Hatillo del Estado Miranda, lo cual significaba separar dichos municipios del estado Miranda. Sin embargo, razones políticas lo impidieron quedando como mandato constitucional la imposibilidad de vulnerar el territorio del estado Miranda.

La segunda discusión del artículo 17 (finalmente 18), fundamentalmente giró en torno a si la ley especial debía establecer la unidad político-territorial de la ciudad o sólo su forma de gobierno, y en torno al necesario respeto a la integridad territorial del estado Miranda. En opinión del Constituyente Brewer, una misma ley orgánica debía establecer "el régimen de gobierno y administración del Distrito Capital, así como su organización y funcionamiento", y además, debía "organizar un sistema de gobierno municipal, a dos niveles, metropolitano y local," que abarcara los municipios del Distritos Capital, y del estado Miranda en los cuales está ubicada la ciudad de Caracas, con la determinación de las respectivas competencias y recursos[24]. En su criterio, la norma no debía hacer referencia a la creación de la unidad político territorial puesto que traería confusión en cuanto a la integración o no de los municipios Sucre, Baruta, El Hatillo y Chacao al Estado Miranda. Al respecto señaló: "Pero, de ahí a decir que la ciudad de Caracas es una unidad político-territorial que abarca el Distrito Capital y los municipios del estado Miranda es ponernos de nuevo en el conflicto, de si están o no estos municipios del estado Miranda integrados a otra cosa"[25]. Su proposición sobre una nueva redacción no fue acogida y de ahí que el artículo 18 de la Constitución vigente señale que la ley establecerá la unidad político-territorial de la ciudad, con las confusiones que ello puede acarrear al no ser Caracas una entidad político-territorial, en los términos del artículo 16 de la Constitución.

La confusa redacción del proyecto se manifestó asimismo en la redacción de la Disposición Transitoria Primera. En dicha disposición transitoria se confunde la ley orgánica a que hace referencia el artículo 18 con la ley orgánica que debe dictarse para organizar el Distrito Capital (artículos 156, 10 y 187 de La Constitución). En efecto, la misma señala que la Asamblea Constituyente debía promulgar "la ley especial sobre el régimen del Distrito Capital, prevista en el artículo 18", cuando la ley que prevé el artículo 18 es la ley que debía organizar la ciudad de Caracas, conformada tanto por el Distrito Capital como por los correspondientes municipios del estado Mi-

---

24 *V.*, Asamblea Nacional Constituyente, *Gaceta Constituyente (Diario de Debates)*, septiembre-octubre 1999, p. 14.

25 *Idem* 21, p. 15.

randa. Así finalmente lo entendió la Asamblea Nacional Constituyente, razón por la cual, antes de finalizar su gestión y de una forma por demás improvisada y superficial, sancionó la Ley Especial sobre el Régimen del Distrito Metropolitano de Caracas. Pero ya la confusión reinaba y de ahí pueden haber partido las inconsistencias y las omisiones en el régimen jurídico del Distrito Metropolitano de Caracas creado en enero de 2000.

En efecto, siendo la única Ley que debía dictar la Asamblea Nacional Constituyente antes de cesar en sus funciones, en fecha 25 de enero de 2000, se procedió a dar lectura y discusión al proyecto de ley que debía dictarse en ejecución de la Disposición Transitoria Primera[26]. Este primer proyecto presentado por el constituyente José Vicente Rangel tenía el nombre de "*Ley Especial sobre el Régimen del Distrito Capital*", confundiendo el Distrito Capital con la ciudad de Caracas, aun cuando expresamente señalaba que el proyecto se presentaba en ejecución del artículo 18 de la Constitución.

Así fue puesto de manifiesto por el Constituyente Brewer haciendo énfasis además en la necesidad de delimitar con claridad las competencias de ambos niveles, metropolitano y municipal:

> ...para eso, el elemento clave son las competencias. No ganamos absolutamente nada con montar un aparato de órganos, de consejo metropolitano, de alcaldes, sin decir cuáles son las competencias; la clave en la organización de un área metropolitana es la distribución de las competencias entre el nivel metropolitano y el nivel local. Hay que pensar en la planificación urbana, en el tránsito y transporte, en la seguridad y policía urbana, en el aseo urbano, en los acueductos, en el sistema de alcantarillado, en salud pública....Por ejemplo, en materia de planificación urbana hay que decir: la planificación de toda la ciudad de Caracas es metropolitana, pero el control urbanístico corresponde a cada municipio con sus ingeniería municipales. Abastecimiento de agua, es metropolitano absolutamente[27].

En su opinión, el proyecto presentado no hacía esta distinción, convirtiendo al alcalde metropolitano en un simple coordinador de mancomunidades. Suponemos que habiendo esperado y hecho innumerables estudios sobre la ley especial a la que hacía referencia el artículo 11 de la Constitución de 1961, Brewer quiso evitar que se repitiera la historia y emplazó a los constituyentes a que se establecieran con claridad las competencias de cada nivel directamente en la ley, evitando dejar la discusión a acuerdos futuros de mancomunidades voluntarias.

Con apuro, apenas tres días después, el 28 de enero de 2000, se llevó a cabo la segunda discusión del proyecto dejando aclarado que se trataba del régimen jurídico de Caracas y no del régimen del Distrito Capital. Tal como quedó establecido en la ley que rige su funcionamiento, para la organi-

---

26 *V.*, Asamblea Nacional Constituyente, *Gaceta Constituyente (Diario de Debates)*, noviembre 1999 – Enero 2000, pp. 2 y ss.

27 *Idem* 25, p. 8.

zación administrativa de Caracas se escogió finalmente el sistema de gobierno municipal a dos niveles con elección universal directa y secreta del alcalde y concejales metropolitanos, y dejando incólume la integridad territorial del estado Miranda. Sin embargo, muchos temas fueron dejados por fuera o fueron insuficientemente regulados, entre otros el de las zonas de influencia de Caracas (Los Teques, Guarenas, Guatire, etc.) que debían estar incluidos en esa realidad metropolitana. Por otra parte, no fue clara la regulación de otros problemas básicos para la viabilidad real del Distrito Metropolitano de Caracas, como lo eran su potestad tributaria, el régimen de sus bienes y las demás competencias específicas. Esto motivó que, a pocos meses de su promulgación, la ley fuese objeto de un recurso de interpretación decidido por la Sala Constitucional del Tribunal Supremo de Justicia en diciembre de 2000[28].

### 1.3. Planteamientos posteriores a la Constitución 1999

No hay duda que el artículo 18 de la Constitución de 1999 significa un avance con respecto al artículo 11 de la Constitución de 1961. Con la nueva consagración constitucional se estableció directamente un sistema de gobierno para la ciudad, superando así el sistema de la delegación a una ley especial que regulara la coordinación de las distintas jurisdicciones que conviven en Caracas. Se conseguía así la tan anhelada organización administrativa necesaria para llevar adelante los proyectos metropolitanos que guiarían el crecimiento de la ciudad como un todo.

En su obra posterior a la promulgación de la Constitución de 1999, Brewer muestra su disconformidad con dicha organización administrativa en razón de no haber desmembrado al estado Miranda e integrado los municipios Sucre, Chacao, Baruta y El Hatillo al Distrito Capital. Al respecto señala:

> En las discusiones en la Asamblea Nacional Constituyente para la redacción de la Constitución de 1999, la propuesta original no fue cambiarle de nombre al Distrito Federal, sino crear un "Distrito Capital" en un territorio que abarcara mucho más que el del antiguo Distrito Federal, es decir, además de este, el de los territorios de los municipios Chacao, Sucre, Baruta y El Hatillo del Estado Miranda, equivalente al territorio geográfico del valle de Caracas y sus zonas más próximas. Se propuso así, inicialmente, separar del estado Miranda esos municipios e integrarlos territorialmente al Distrito Capital, como una nueva entidad política en el territorio nacional. Lamentablemente, factores políticos circunstanciales impidieron la solución territorial definitiva para Caracas, y el debate terminó con el establecimiento del Distrito Capital única y exclusivamente en el territorio del antiguo Distrito Federal, con la mención expresa de que debía preservarse la integridad territorial del estado Miranda[29].

---

28 *V.*, en www.tsj.gov.ve, Sala Constitucional, 13 de diciembre de 2000, con Ponencia de Jesús Eduardo Cabrera.

29 Brewer-Carías, Allan, "Federalismo y Municipalismo en la Constitución de 1999 (Alcance de una reforma insuficiente y regresiva)", *Cuadernos de la Cátedra Allan R.*

Con esta afirmación, Brewer se acerca a las conclusiones del estudio que realizara para el Congreso en 1982, en el cual proponía un cambio radical en la estructura del régimen del Distrito Federal y del estado Miranda a fin de lograr una entidad política territorial nueva[30]. Tal como lo dispuso en esa oportunidad, dicha propuesta implicaba una enmienda a la Constitución y con la Constituyente el momento había llegado. Sin embargo, la realidad política imperante durante la Asamblea Nacional Constituyente hicieron imposible la puesta en práctica de esta solución radical. Si bien facilitaba la organización institucional de la ciudad al conformarla por municipios de una misma entidad federal (el Distrito Capital), dejaba al gobierno de Miranda desprovisto de los municipios más prósperos de dicho estado[31].

Aun así, lo cierto es que Caracas quedó convertida en una unidad, conformada por municipios de distintas entidades territoriales, con un régimen de gobierno municipal a dos niveles, con el único inconveniente de que los municipios que lo conforman pertenecían a entidades federales distintas.

Dicha unidad fue convertida en Distrito Metropolitano con la promulgación de la Ley Especial que rige su funcionamiento. No encontramos en la obra posterior de Brewer crítica alguna a la escogencia de la figura del Distrito Metropolitano para organizar administrativamente Caracas.

Sin embargo, en materia de asignación de competencias a ambos niveles, encontramos duras críticas no necesariamente relativas a la ley especial sino a la interpretación que la Sala Constitucional expuso mediante sentencia de fecha 13-12-00. Tal como hemos establecido anteriormente, los estudios anteriores a 1999 revelaban la importancia de la asignación clara de competencias a los niveles metropolitano y municipal, en caso de escoger dicha figura como forma de organización administrativa de un área metropolitana. Tal como fue redactado el artículo 19 de la ley especial, se presentaban numerosas dudas sobre la extensión de las competencias metropolitanas con respecto a las competencias locales. La enumeración consagrada en dicho artículo fue entendida por la Sala Constitucional como competencias exclusivas del nivel metropolitano, lo cual es enfáticamente cuestionado por Brewer:

> En consecuencia, es totalmente equivocada la operación de "sustracción" o "resta" que arbitrariamente hizo la Sala Constitucional, de "quitarle" a los municipios del Área Metropolitana de Caracas parte de sus competencias constitucionales (art. 178) y pretender crear una exclusión y una

*Brewer-Carías de Derecho Público*. Universidad Católica del Táchira n° 7, Editorial Jurídica Venezolana, Caracas 2001, p. 109.

30 *Idem* 18

31 Durante las discusiones, comenzó por los medios de comunicación una campaña para afianzar la pertenencia al estado Miranda. Comenzó a oírse la frase "Somos mirandinos", término nunca usado hasta ese momento y el cual quedó en el olvido una vez promulgada la Constitución.

"materia" de competencias municipales exclusivas del nivel distrital metropolitano. La Sala debió sólo interpretar en las mismas competencias municipales un informe a la enumeración del artículo 19 que ámbito "macro" correspondía al nivel distrital metropolitano y que ámbito "micro" correspondía al nivel municipal[32].

## 2. Brewer y el urbanismo en Caracas

### 2.1. Sobre la planificación y ordenación urbanística de Caracas

Uno de los primeros aspectos del régimen jurídico de Caracas que llamó la atención de Brewer fue precisamente el tema de la necesidad de lograr una cooperación en materia de urbanismo[33]. En los años 1966 y 1967 formó parte de la Comisión Municipal de Planeamiento Urbano del Distrito Federal[34] y posteriormente de la Comisión Especial para la Integración del Área Metropolitana de Caracas[35], las cuales tuvieron como objetivo presentar a las Municipalidades de Caracas (Distritos Sucre y Federal), el proyecto de Convenio de Mancomunidad en materia de ordenación urbanística del Área Metropolitana de Caracas[36]. Las bases de dicho proyecto pueden resumirse en los siguientes términos:

En ausencia de la ley especial del artículo 11 de la Constitución de 1961 era necesario que las municipalidades suscriban un convenio de mancomunidad. Era necesario que todas las municipalidades sancionaran la misma Ordenanza sobre planeamiento urbanístico de la Ciudad creando órganos comunes de dirección, asesoría y ejecución. Toda construcción en Caracas debía contar con la aprobación de esos órganos comunes. El plan general a dictarse debía ser obligatorio para todos los organismos públicos y privados correspondiendo su elaboración y ejecución a ese organismo común[37].

En el año 1972 se suscribió el Convenio de Mancomunidad fundamentado entre otros considerandos en:

> ...que el Valle de Caracas constituye una unidad topográfica y que el incremento demográfico y urbano del Departamento Libertador del Distrito Federal y del Distrito Sucre del Estado Miranda, unido a la interin-

32 *Idem* 28, pp. 128 y 129.

33 *Idem* 11.

34 Conformada por los arquitectos: FOSSI, Víctor; SANABRIA, Tomás; BORGES, Bernardo; OLBRICH, Hasso; LARES, Omer y PIMENTEL, Francisco; los ingenieros: MORASSO, Luis E.; YABER, José; DÍAZ CHÁVEZ, Francisco y SANANEZ, Juan. *V.*, en Brewer-Carías, Allan, *Idem* 11, p. 62.

35 Designada por los Presidentes de los Concejos Municipales del Distrito Federal y del Estado Miranda en fecha 5-4-1967, conformada por los Dres. CASTRO, Julio y BREWER, Allan, por el Distrito Federal y ARREAZA, Frank y MARTE SOSA, Joaquín, por el Distrito Sucre. *Idem* 11 p. 63.

36 *V.*, texto del proyecto en *Idem* 11, pp. 63 a 76

37 *Idem* 11, p. 62.

fluencia de sus actividades y servicios ha provocado la ruptura real de los límites político-territoriales establecidos en esta zona[38].

Tal como lo preveía dicho Convenio, ambas Municipalidades promulgaron además la misma Ordenanza sobre Ordenación Urbana del Área Metropolitana de Caracas y su Zona de Influencia, con lo cual se avanzaba bastante en el objetivo de lograr un desarrollo armónico de la ciudad[39].

Esta Ordenanza de Ordenación Urbana es de obligatoria referencia en los actuales momentos en los cuales la ciudad está esperando del Cabildo Metropolitano la Ordenanza respectiva. En aquella Ordenanza fueron creadas la Comisión Metropolitana de Urbanismo y la Oficina Metropolitana de Planeamiento Urbano, como máximos organismos asesor y planificador, respectivamente, de la ciudad. Además, en ella se regulaba la actividad planificadora en detalle, la cual estaba fundamentada en el crecimiento armónico de toda la ciudad y no en el crecimiento aislado sólo regulado en ordenanzas de zonificación, como finalmente sucedió.

Es importante destacar la insistencia de Brewer en cuanto a que la suscripción de dicha mancomunidad era necesaria, pero sólo como "el primer paso hacia el mecanismo de integración completa entre las jurisdicciones que actúan en dicha área"[40], lo cual, como señalamos anteriormente, nunca se materializó en la ley especial que ordenaba el artículo 11 de la Constitución de 1961.

La Comisión Metropolitana de Urbanismo y la Oficina Metropolitana de Planeamiento Urbano (OMPU) fueron instaladas, pero aun así no se logró dictar el Plan General de Desarrollo Urbano del Área Metropolitana de Caracas y su zona de influencia. Este Plan debía ser elaborado por la Comisión Metropolitana de Urbanismo, para su posterior revisión por la OMPU, y su consecuente aprobación por cada uno de los Concejos Municipales. Los lineamientos establecidos en dicho Plan servirían de base para los planes especiales y las ordenanzas de zonificación que debían ejecutar el planeamiento general. La historia nos dice cómo la ciudad siguió zonificándose sin que previamente se planificara.

Paralelamente, el Poder Nacional dictó múltiples normas que incidían sobre el desarrollo urbanístico de la ciudad, sin contar con la debida participación de los organismos municipales involucrados[41]. Al respecto Brewer concluía:

---

38 Suscrito el 27 de enero de 1972 por el Gobernador del Distrito Federal y por el Presidente del Concejo Municipal del Distrito Sucre del Estado Miranda. Consultado en original.

39 El Distrito Sucre la sancionó en fecha 26 de julio de 1972 y el Distrito Federal en fecha 19 de julio de 1972.

40 Brewer-Carías, Allan; *Urbanismo y Propiedad Privada*, *ob. cit.*, p. 263.

41 Un resumen de dichas normas puede encontrarse en Brewer-Carías, Allan, *Urbanismo y Propiedad Privada*, *ob. cit.*, pp. 267 a 289 y Brewer-Carías, Allan, "Comentarios sobre las recientes regulaciones urbanísticas relativas a la Región Capital", en *Revista*

En todo caso, un análisis institucional de las competencias urbanísticas relativas a la antigua Región Capital, evidencia que la ordenación urbanística de esta importante área, en primer lugar es dispersa e incoherente, y en segundo lugar, está ahogada en Comisiones, por lo que no puede ser más inoperante. No sólo se han venido atribuyendo facultades paralelas a los más variados organismos, lo que hace confusa la determinación de las competencias en cada zona, sino que materialmente resulta imposible que algunos puedan realmente participar en tantas y tantas comisiones, respondiendo a alguna política más o menos uniforme. Se impone, por tanto, la realización de un gran esfuerzo por reordenar la situación existente, de manera que se superen las interferencias y superposición de competencias[42].

En 1983 Brewer dirigió la organización del Primer Seminario Internacional de Derecho Urbanístico, en el cual expuso su preocupación sobre estos temas, reiterando las opiniones emitidas en su Discurso de Incorporación a la Academia de Ciencias Políticas y Sociales (1978) y que es necesario recordar para entender el desarrollo urbano de Caracas: "hemos sufrido un proceso de urbanización acelerado, pero hemos carecido de urbanismo; hemos tenido urbanizadores pero, también hemos carecido de urbanistas...".

El urbanismo presupone, ante todo, una ordenación y una planificación del desarrollo urbano y del crecimiento de las ciudades, para garantizar una adecuada vida de los hombres; presupone, por tanto, ordenación y previsión, teniendo en cuenta no sólo los derechos particulares, sino los intereses colectivos del hombre en su relación con el entorno urbano. La urbanización representa lo contrario. Cuando la expansión de áreas urbanas y la ocupación de áreas rurales por asentamientos humanos no obedecen a una orientación global del desarrollo de la ciudad, integrada al territorio del país, hay urbanización, no hay urbanismo; cuando las grandes ciudades comienzan a ser ocupadas por asentimientos poblacionales de origen rural incontrolados, produciéndose ese proceso de ruralización de las ciudades tan característico de nuestro tiempo, hay urbanización y no hay urbanismo; en fin, cuando no es el interés colectivo el que guía el proceso de crecimiento urbano, sino los intereses particulares, hay urbanización y no hay urbanismo[43].

Esas reflexiones siguen vigentes más de veinte años después.

La ausencia de planificación general y la dispersión de las normas urbanísticas para Caracas, motivaron el interés de Brewer en coordinar la elaboración del Manual de Zonificación para los municipios Baruta y El

---

*de la Facultad de Derecho* n° 54, Universidad Central de Venezuela, Caracas 1975, pp. 109 a 153.

42 Brewer-Carías, Allan, *Urbanismo y Propiedad Privada, ob. cit.*, p. 288. *V.*, también, Brewer-Carías, Allan, "Comentarios a las Normas para el desarrollo y control de Urbanizaciones" dictada por Decreto n° 668 de 3 de julio de 1980, en *Revista de Derecho Público* n° 3, Editorial Jurídica Venezolana, Caracas, julio-septiembre 1980, pp. 77 a 88.

43 Brewer-Carías, Allan, "La Urbanización en Venezuela y la Ausencia de un Derecho Urbanístico", en *Derecho Urbanístico. Archivo de Derecho Público y Ciencias de la Administración*, vol. V, Universidad Central de Venezuela, Caracas 1983, p. 16.

Hatillo, a los fines de centralizar toda la información sobre la zonificación de gran parte del este y del sureste de la ciudad[44]. En la presentación a este Manual, comenzamos a evidenciar en la obra de Brewer su interés por el origen de las ciudades latinoamericanas y su lamento por el método de zonificación que lamentablemente se impuso a partir de los años cincuenta en Caracas, como copia de modelos extranjeros.

Al respecto señalaba en esa oportunidad:

> Contrariamente a la situación contemporánea, hasta las primeras décadas del presente Siglo, la regulación de los usos del suelo urbano estaba guiada, más por razones de estética y policía urbana que por criterios de discriminación de usos concretos y aislados en zonas. La ciudad era un todo de vida urbana, donde se mezclaban todos los usos posibles. Las ciudades eran, así, ciudades: un conjunto de asentamiento suburbano, donde se residía, se trabajaba, se comerciaba, se producía, se estudiaba, y donde había espacios de recreación y circulación. Los usos eran entremezclados y los inmuebles se caracterizaban por criterios de multiuso.
> Lamentablemente, la modernidad urbanística importada en la mitad de este Siglo, de nuevas corrientes de arquitectura urbana ideadas para otras realidad, y que coincidió con la transformación económica del país y el comienzo de su urbanización, condujo al abandono del esquema de ciudad que nuestro país había desarrollado en los siglos precedentes y que incluso, en su forma reticular, todavía existía en la década de los treinta[45].

Tal como señaláramos, la Ordenanza de Ordenación Urbana promulgada por los Distritos Sucre y Federal debía producir la posterior aprobación del Plan General de Desarrollo Urbano que nunca se dictó. Por su parte, las Ordenanzas de Zonificación de ambos municipios siguieron estando vigentes, reformándose en varias oportunidades y cumpliendo la labor planificadora que el Plan estaba llamado a cumplir. Este hecho trajo como consecuencia, que la ciudad no estuviese planificada como un todo sino dividida en dos amplias Ordenanzas de Zonificación. Así, en el este de la ciudad (gran parte de lo que era el Distrito Sucre), el proceso de urbanización se llevó a cabo de una forma aún más descoordinada. Tal como lo resume Brewer en la presentación del Manual, el único Plano de Zonificación aprobado globalmente para el este de la ciudad fue el famoso Plano del Acuerdo N° 25 sancionado por el Concejo Municipal del Distrito Sucre en fecha 15 de septiembre de 1966. "Si se observa dicho plano, en el mismo se asignó todo lo que es hoy el municipio Baruta y el municipio El Hatillo, la zonificación RE, o Zonas con reglamentación Especial...".

> La consecuencia de esa regulación fue que la asignación del uso del suelo urbano a los inmuebles, se hizo caso por caso, a medida que el Sureste de la ciudad se fue urbanizando, fundamentalmente mediante los oficios de los Ingenieros Municipales que contenían los permisos de construcción de las urbanizaciones, los cuales sólo podían consultarse en los archivos de la Ingeniería Municipal o en las oficinas del Urbanizador. En igual

---

[44] *Manual de Zonificación de los Municipios Baruta y El Hatillo*. Fundación de Derecho Público, Editorial Arte, Caracas 1994.

[45] *Manual de Zonificación... ob. cit.*, pp. 9.

sentido, los planos de las urbanizaciones, sólo podían ser consultados en los archivos de la ingeniería Municipal[46].

De ahí la necesidad de centralizar en un solo tomo los oficios y planos reguladores de esa parte de la ciudad, objetivo logrado en el Manual, el cual, si bien no es una publicación oficial, es consulta obligatoria de todo ingeniero, urbanista, arquitecto o abogado interesado en el área, dada la precisión de la información contenida en él.

De esta manera, en el ámbito de la ordenación urbanística, el Distrito Metropolitano de Caracas encontró una ciudad no planificada, sólo regida por múltiples Ordenanzas de Zonificación y Oficios aprobatorios aislados. Se impone entonces la promulgación por el Cabildo Metropolitano, de una Ordenanza que establezca claramente los lineamientos sobre la planificación urbanística y su ejecución. Esta competencia debe ser entendida en correspondencia con el ámbito espacial de los niveles municipales que integran el Distrito y no en el sentido excluyente que ha pretendido la Sala Constitucional en su Sentencia de fecha 13-12-00[47].

Sobre dicha competencia, la Sala Constitucional señaló lo siguiente:

> Corresponde al nivel metropolitano la planificación y ordenación urbanística y ambiental del área territorial donde ejerce sus competencias. Esto presupone una ordenación legal referente a lo general del área, pero no impide una particular dictado por cada municipio en lo que le es propio y que no choque con la general.

Este enfoque es coherente con la creación de un sistema de gobierno a dos niveles y con la idea de planificación general de la ciudad que se pensó en la década de los 70 y que comenzó, como hemos expuesto, con el Convenio de Mancomunidad Urbanística y la Ordenanza de Ordenación Urbana del Área Metropolitana de Caracas, pero que nunca llegó a concretarse en el anhelado Plan General de la Ciudad.

Lo que no es coherente con la competencia municipal en materia de ordenación urbanística (artículo 178) es la interpretación de la Sala Constitucional en cuanto a la imposibilidad para los municipios de modificar o dictar Ordenanzas de ordenación urbanística hasta tanto el Cabildo Metropolitano dicte dichos lineamientos. En efecto, señaló la Sala en su interpretación que "mientras las ordenanzas no se promulguen, quedan vigentes las ordenanzas de cada municipio, quienes no deberán modificarlas, hasta que los lineamientos generales en estas materias sean dictados por el Cabildo Metropolitano".

Esta última afirmación produjo alarma en los municipios que conforman el Distrito Metropolitano al verse imposibilitados de aprobar los Planes de Desarrollo Urbano Local cuya competencia les es asignada por la Ley Orgánica de Ordenación Urbanística. Varios municipios tenían adelan-

---

46 *Manual de Zonificación... ob. cit.*, pp. 9.

47 *Idem* 27.

tados dichos Planes o en la mayoría de los casos, tenían preparadas reformas a las Ordenanzas de Zonificación vigentes. Con la interpretación de la Sala Constitucional, parecía que dicho trabajo tendría que quedar congelado hasta tanto el Cabildo Metropolitano aprobara la Ordenanza de lineamientos generales en materia de planificación y ordenación urbanística. Lo cierto es que los municipios estaban obligados a dictar los respectivos Planes de Desarrollo Urbano Local desde la promulgación de la Ley Orgánica de Ordenación Urbanística en 1987 y ninguno de los municipios del Distrito Metropolitano de Caracas había, en doce años, ha cumplido con dicha obligación.

En nuestra opinión, los efectos de la afirmación de la Sala Constitucional tenían y tienen que ser interpretados tomando en cuenta los lineamientos que la misma Sala enunció para interpretar las competencias de los dos niveles municipales que conforman el Distrito Metropolitano: *el ámbito espacial*. En todo caso, dicha afirmación no podía ser nunca interpretada como la derogatoria de una competencia constitucional.

En el mismo sentido y con respecto a la interpretación de la Sala, Brewer ha señalado:

> La Sala Constitucional, lamentablemente, no fue lo exacto que se requería fuera en esta materia. Reconoció que la competencia en la materia es una competencia compartida entre los dos niveles de gobierno municipal, en indicó correctamente que, en particular, corresponde al Concejo Metropolitano de Caracas, dictar mediante Ordenanza el régimen de distribución del ejercicio de la competencia, conforme a los "macro" y lo "micro", entre el nivel metropolitano y el nivel municipal[48].

Sin embargo, con respecto a la congelación de la planificación urbanística a nivel municipal, fue enfático en cuanto que:

> ...en una afirmación sin asidero jurídico ni lógico-urbanísitco, (la Sala) señaló que mientras no se dictara a Nivel Metropolitano el Plan General de Ordenación Urbanística de Caracas, los municipios no podían modificar sus Ordenanza. Esto no tiene sentido alguno desde el punto de vista del ejercicio de las competencias municipales ni desde el punto de vista urbanístico[49].

En consecuencia, en materia de planificación urbanística la Ordenanza que sea dictada por el Cabildo Metropolitano debería seguir estos lineamientos y distribuir dicha competencia con base en el ámbito territorial de cada nivel. En opinión de Brewer, esto debe ser interpretado a la luz del sistema jerarquizado de planes consagrado en la Ley Orgánica de Ordenación Urbanística, siendo que al nivel metropolitano le correspondería el Plan de Ordenación Urbanística (POU) y al nivel municipal los Planes de Desarrollo Urbano Local (PDUL):

---

48 Brewer-Carías, Allan, *Federalismo y Municipalismo, ob. cit.*, pp. 132.
49 *Ibidem.*

En materia de planificación urbanística, la distribución de la competencia entre los dos niveles por la Ley Especial debe seguir la orientación de la Ley orgánica de Ordenación Urbanística, por lo que corresponde al nivel metropolitano el Plan de Ordenación Urbanística (art. 21 y siguientes LOOU) de toda la ciudad de Caracas (en lugar de al Ministerio de Infraestructura, antiguo Ministerio de Desarrollo Urbano) y a los niveles municipales, los Planes de Desarrollo Urbano Local (arts. 34 y sigts. LOOU), con todas las implicaciones y diferencias que establece la Ley Orgánica de Ordenación Urbanística[50].

## 2.2. Sobre el trazado regular de la ciudad

El interés de Brewer en Caracas se relaciona también con su obsesión por el tema de la ciudad y su historia, especialmente por el orden que se siguió para el trazado regular de la ciudad hispanoamericana en los dos primeros siglos que siguieron al Descubrimiento. Su admiración por la empresa emprendida por los españoles durante el poblamiento de América y la forma ordenada de dar cuerpo a dicho poblamiento, se tradujo en una apasionante investigación que está aún por terminarse. Esa admiración la ha expresado en los siguientes términos:

> ...en un lapso de dos siglos (XVI y XVII) en el Nuevo Mundo americano español se produjo la fundación del mayor número de ciudades jamás establecidas, con un trazado regular, en toda la historia de la humanidad. Es decir, ningún pueblo en la Historia Universal ha creado, antes o después, una red urbana tan completa y regular, en un espacio geográfico tan amplio y en un tiempo tan breve[51].

Es imposible resumir aquí la extensión de la investigación presentada por Brewer y cuya continuación está en estos momentos preparando por invitación de la Universidad de Columbia de la ciudad de Nueva York. Lo que sí es posible, y además indispensable para el ordenamiento de Caracas por venir, es tener presente el origen de Caracas como ciudad hispanoamericana que formó parte de esa gran empresa de poblamiento. Muchas soluciones a los problemas actuales de ordenamiento de la ciudad están ahí, de forma simple y sencilla, y desde hace más de cuatro siglos. Gran parte del origen del desorden actual de Caracas, está precisamente en haber olvidado esos orígenes. Por eso es tan importante tener presente que:

> Ese proceso de poblamiento formal, en todo caso, dio origen a una forma urbana ordenada, de trazado regular, propia de la ciudad hispanoamericana que perduró hasta las primeras décadas de este siglo, hasta que el modernismo en la arquitectura se apoderó del urbanismo, desordenando a la ciudad[52].

En el mismo sentido advierte Brewer:

---

50 Brewer-Carías, Allan, *Federalismo y Municipalismo, ob. cit.*, pp. 134.

51 Brewer-Carías, Allan, *La Ciudad Ordenada (Estudio sobre "el orden que se ha de tener en descubrir y poblar" o sobre el trazado regular de la ciudad hispanoamericana, en particular, de las ciudades de Venezuela)*. Instituto Pascual Madios, Universidad Carlos III de Madrid, Boletín Oficial del Estado, Madrid 1997, p. 35.

52 Brewer-Carías, Allan, *La Ciudad Ordenada… ob. cit.*, p. 37

> En esa forma, hasta esa fecha y antes de que el crecimiento económico y demográfico producto de la explotación petrolera lo deformara todo, la planta regular de las ciudades venezolanas permaneció durante casi cuatro siglos como inmovilizada en el tiempo. Después de los años cuarenta y cincuenta, con el auge petrolero y el cambio demográfico en las ciudades, estas explotaron, perdiéndose el orden, por efecto, tanto de la zonificación urbana como de la ocupación espontánea del suelo sin plan. La primera, impregnada por el modernismo en la arquitectura, abandonó el orden racional y adoptó otro orden en los asentamientos urbanos, que entre otros aspectos, acabó con la vida urbana, deformando la ciudad; la segunda, agravó aún más el desorden, rodeando las antiguas cuadrículas del centro de todas las ciudades y pueblos o las urbanizaciones hechas fuera del orden con asentamientos no controlados, producto de inacciones y ocupaciones ilegales, cuya forma recuerda la de las ciudades medievales, de trama intrincada[53].

Para culminar señalando con un llamado de atención:

> En gran parte, este proceso de deterioro de la ciudad tiene su origen en el desconocimiento, por los latinoamericanos, del modelo de ciudad americana, que si bien fue definido en la Colonia por los españoles, ellos lo hicieron por América y para los americanos, y del cual nos olvidamos[54].

## Conclusiones

Brewer y Caracas es Derecho y Ciudad, es derecho a la ciudad y es a la vez derecho de la ciudad. Derecho a una ciudad institucional y urbanísticamente ordenada.

Lo anterior no pretende ser un estudio exhaustivo sobre el régimen jurídico urbanístico de Caracas. Ha pretendido tan sólo resaltar y humildemente homenajear el trabajo de un gran estudioso y apasionado de Caracas. Sirve además como método de estudio de la evolución del régimen jurídico de Caracas, en la búsqueda de soluciones para su futuro régimen.

Desde el punto de vista jurídico urbanístico, el futuro de Caracas es hoy. En efecto, creado el Distrito Metropolitano de Caracas en enero de 2000, hoy, a tres años de su creación, se encuentra aún en la fase de su consolidación, encontrándose en una constante lucha por lograr su reconocimiento por las autoridades nacionales, estadales y municipales que conviven en su territorio.

Los lineamientos o directrices que el nivel metropolitano debe dictar en materia de planificación y ordenación urbanística no tienen aún forma de Ordenanza. Sin embargo, los objetivos parecen estar claros y se han enumerado algunos proyectos metropolitanos a cargo de la Secretaría del Desarrollo Urbano de la Alcaldía del Distrito Metropolitano de Caracas[55].

Estamos seguros que en la obra de Brewer por venir encontraremos nuevas fuentes de inspiración tanto en materia de régimen jurídico de pla-

---

53 Brewer-Carías, Allan, *La Ciudad Ordenada... ob. cit.*, p. 186

54 *Idem* 53.

55 *V.*, en www.alcaldíamayor.gov.ve.

nificación de la ciudad como en materia de mecanismos jurídicos que aseguren su ejecución. Sin embargo, tal como hemos tratado de evidenciar con este trabajo, muchas propuestas e ideas ya están ahí; basta con un verdadero estudio de las mismas. Asimismo, están ahí otras ciudades -Bogotá, Madrid-; sólo falta la voluntad política y la promulgación de unas claras reglas del juego que permitan que esas ideas se consoliden.

El establecimiento de esas reglas de juego comienza, sin lugar a dudas, con la promulgación de la ordenanza sobre lineamientos generales que defina claramente las competencias de los entes nacionales, distritales y municipales, y que cree los órganos de planificación y coordinación urbanística[56]. Al respecto consideramos que habría que tomar en cuenta, entre otros, los siguientes aspectos:

- La ordenanza no podría ir contra la LOOU puesto que el Poder Nacional sigue siendo el competente en materia de legislación de ordenación urbanística (artículo 156, num. 19C). Es necesario coordinar la regulación de la ordenación urbanística del Distrito Metropolitano con el proyecto de reforma de la LOOU, actualmente en etapa de estudio en la Asamblea Nacional
- La ordenanza debe contener las directrices en materia de planificación. Dichas directrices deben identificar cuáles planes deben ser considerados metropolitanos y dejar todo el resto de la facultad planificadora y de control a los municipios.
- La ordenanza debe tener un capítulo de Disposiciones Transitorias, a fin de crear un régimen transitorio mientras los municipios se adaptan a las directrices. De acuerdo a la LOOU (artículo 124), los municipios tenían 2 años para promulgar sus respectivos PDULes y ninguno de los municipios del Distrito Metropolitano cumplió con dicha obligación. Es necesario crear un régimen que impida que esa situación se repita.
- La ordenanza debe prever mecanismos que aseguren la ejecución de los planes. Podrían introducirse las figuras de los convenios urbanísticos, la transferencia de derechos de construcción, la obligatoriedad de un porcentaje mínimo del presupuesto para elaboración y ejecución de planes, la recuperación equitativa de plusvalías, etc.

---

56 *V.*, entrevista al Secretario de Planificación y Ordenación Urbanística de la Alcaldía Mayor, publicada en *El Universal* en fecha 5 de agosto de 2002, en www.eud.com

Este libro reúne veintisiete estudios dedicados al análisis de nociones fundamentales del Derecho Público a partir de la obra de Allan R. Brewer-Carías, el jurista venezolano de mayor influencia en su país y en el ámbito iberoamericano. Concebida con el respaldo del Instituto de Derecho Público de la Universidad Central de Venezuela y de la Fundación Estudios de Derecho Administrativo (FUNEDA), la compilación refleja la proyección académica de una obra que ha marcado generaciones de estudiosos del Derecho constitucional, administrativo y áreas afines.

Los trabajos aquí reunidos no responden a una única metodología ni a un enfoque homogéneo. Algunos examinan directamente los aportes doctrinales de Brewer-Carías, mientras otros toman su pensamiento como punto de partida para desarrollar reflexiones propias sobre problemas actuales del Derecho constitucional, administrativo, tributario, comparado o municipal. Esta diversidad da cuenta de que la obra de Brewer no solo es citada como autoridad, sino utilizada para la elaboración de nuevas ideas y debates.

Lejos de pretender exhaustividad, el libro propone una aproximación selectiva que pone de relieve la amplitud temática, la vigencia y la fecundidad intelectual del pensamiento de Brewer-Carías. La lectura conjunta de estos estudios permite (re)adentrarse en su producción doctrinal, al tiempo que invita a leerla o releerla críticamente y a continuar el diálogo académico que ella sigue suscitando.

ISBN 978 980 410 058 1

www.ingramcontent.com/pod-product-compliance
Lightning Source LLC
LaVergne TN
LVHW090213051026
849517LV00001B/46
*9789804100581*